Herkner,

Soziale Theorien und Parteien

8. Auflage

Zweiter Band

Berlin und Leipzig
1922

Die Arbeiterfrage

Eine Einführung

Von

Dr. Heinrich Herkner
Professor der Staatswissenschaften an der Universität zu Berlin

Achte, umgearbeitete Auflage

Zweiter Band:

Soziale Theorien und Parteien

Vereinigung wissenschaftlicher Verleger
Walter de Gruyter & Co.
vormals G. J. Göschen'sche Verlagshandlung – J. Guttentag, Verlagsbuchhandlung – Georg Reimer – Karl J. Trübner – Veit & Comp.
Berlin und Leipzig 1922

Die Arbeiterfrage

Eine Einführung

Von

Dr. Heinrich Herkner
Professor der Staatswissenschaften an der Universität zu Berlin

Achte, umgearbeitete Auflage

Zweiter Band:

Soziale Theorien und Parteien

Vereinigung wisse schaftlicher Verleger
Walter de Gru," & Co.
vormals G. J. Göschen'sche Verlagshandlung Guttentag, Verlagsbuchhandlung – Geoıg Reimer – Karl J. Trubn Veit & Comp.
Berlin und Leipzig 1922

Inhalt des zweiten Bandes.

Erster Abschnitt. Sozialkonservative Richtungen.

Erstes Kapitel.

Industriestaat und Agrarstaat.

Zweites Kapitel.

Sozialkonservative Theorien.

Drittes Kapitel.

Sozialkonservative Bewegungen.

Fünftes Kapitel.

Der Sozialliberalismus.

Dritter Abschnitt. Sozialistische Richtungen.

Sechstes Kapitel.

Der experimentelle Sozialismus.

Siebentes Kapitel.

Die Bodenreformbewegung.

Achtes Kapitel.

Der Marxismus.

Neuntes Kapitel.

Die sozialdemokratische Bewegung im Deutschen Reiche.

Zehntes Kapitel.

Die sozialistische Bewegung des Auslandes bis zum Weltkriege.

Elftes Kapitel.

Die sozialistische Arbeiterbewegung im Kriege.

Zwölftes Kapitel.

Die sozialistische Arbeiterbewegung nach dem Weltkriege.

Anhang.

Soziale Theorien und Parteien.

Je nachdem man die Gegenwart an den sozialen Zuständen, die in der Sturm- und Drangperiode des modernen Fabriksystems herrschten, oder an irgendwelchen abstrakten, persönlichen Idealen von allgemeinem Menschenglück und Menschenfrieden zu messen gewillt ist, werden die sozialen Reformen, die der zweite Teil des ersten Bandes vorführte, sehr verschiedene Zensuren erhalten. Die eigentliche Aufgabe einer wissenschaftlichen Orientierung über den Stand der Arbeiterfrage kann aber nicht darin bestehen, Lob oder Tadel auszuteilen. Hier kommt es weit mehr darauf an, den Gang der Dinge verstehen zu lehren. Dazu reicht die einfache Darstellung der sozialen Reformen nicht aus. Es genügt nicht, die besonderen konkreten Notstände zu kennzeichnen, aus denen die einzelnen sozialpolitischen Bestrebungen unmittelbar herausgewachsen sind und durch sie ihr nächstes Ziel empfangen haben, es muß auch der allgemeinen Einsichten und Absichten gedacht werden, die in den maßgebenden Trägern der sozialen Bewegung und Reform lebendig geworden sind. In wundervoller Verkettung und unentwirrbarer Wechselwirkung sind aus stolzen wissenschaftlichen Lehrgebäuden, aus in den tiefsten Falten des Gemütes wurzelnden religiösen, philosophischen und sozialen Weltanschauungen, aus Klasseninteressen und Klassenvorurteilen, aus dem wilden Hader politischer und wirtschaftlicher Parteien nicht weniger als aus der kraftvollen Wirksamkeit einzelner großer Fürsten, Staatsmänner, Schriftsteller, Gelehrter und Agitatoren schließlich all' die am Hergebrachten rüttelnden Bewegungen hervorgegangen, deren reife und reiche Werke beschrieben worden sind. Wenn in der Folge der Versuch gewagt wird, die Geschichte der sozialen Theorien und Parteien zu erzählen, so gibt die Rücksicht auf deren besondere Bedeutung für die industrielle Arbeiterfrage stets den Ausschlag. Es soll also nicht eine Geschichte der sozialen Theorien und Parteien überhaupt dargeboten, sondern nur zusammengetragen werden, was sich unmittelbar um das zentrale Problem der industriellen Arbeiterklasse gruppiert und von ihm, wie die Planeten von der Sonne, mit Wärme und Licht versorgt wird.

Erster Abschnitt.
Sozialkonservative Richtungen.

Erstes Kapitel.
Industriestaat und Agrarstaat.

1. Lebensfähigkeit und Militärtauglichkeit agrarischer und industrieller städtischer Bevölkerungen.

Am 20. April 1855 erteilte der preußische Minister v. d. Heydt den Fabrikinspektoren der Bezirke Düsseldorf, Aachen und Arnsberg eine Audienz. Diese Beamten entwarfen von den sozialen Zuständen der Fabrikarbeiter ein so gräßliches Bild, daß der Minister in die Worte ausbrach: „Wenn Ihre Berichte wahr sind, so mag doch lieber die ganze Industrie zu grunde gehen!“[1])

In der Tat, schon mancher wackere Mann, der die Lage der Fabrikarbeiter zum Gegenstande seiner Forschungen auserkoren hatte, ist von der Verzweiflung an der großindustriellen Entwicklung überhaupt gepackt worden. Was immer zur Verbesserung vorgeschlagen werden mochte, es erschien entweder unausführbar, oder doch ganz unzureichend, um dem modernen Fabrikarbeiter auch nur annähernd so wohltätige Existenzbedingungen zu verschaffen, als sie Handwerker und Bauer in der „guten alten Zeit“ in der Regel besessen hatten. So galt die sorgsame Erhaltung und Wiederherstellung der Wirtschaftsordnung, welche eben von der Industrie zerstört wurde, als vornehmstes Ziel der ganzen Sozialpolitik. Die einzige Lösung der industriellen Arbeiterfrage, welche Erfolg verhieß, bestand darin, die Entwicklung einer industriellen Arbeiterklasse überhaupt mit dem Aufgebote aller wirtschaftspolitischen Machtmittel zu verhindern.

Zu diesem Zwecke befürworteten manche eine möglichst weitgehende Restauration des zünftigen Handwerkes, während andere für die gewerblich-städtische Entfaltung auch dann, wenn sie sich in den Formen des Klein- und Mittelbetriebes vollzog, nur geringe Sympathien bekundeten. Als die vorzüglichste aller wirtschaftlichen Berufsarten galt ihnen die Ausübung der Landwirt-

[1]) Alphons Thun, Industrie am Niederrhein. I. S. 179.

schaft. Sie war es, welche der Bevölkerung in sittlicher, gesundheitlicher und politischer Hinsicht die weitaus besten Entwicklungsbedingungen gewährte. Die Quintessenz der sozialen Frage lag in dem Probleme, einen möglichst großen Bruchteil der Nation in der landwirtschaftlichen Betätigung zu erhalten.

Die wirkliche Entwicklung der Dinge ließ indes bald erkennen, daß auf dem angedeuteten Wege allein das soziale Problem nicht zu lösen war. Die Fabrikarbeiter waren einmal vorhanden und wurden immer zahlreicher. Aus der Anerkennung ihrer Notlage ergab sich die Konsequenz, diejenigen Reformen zu betreiben, welche einigermaßen Aussicht auf Erfolg boten. Die Sozialkonservativen dachten insbesondere an die Fürsorge durch die Staatsgewalt und korporative Einrichtungen mit autoritärem Charakter. Eine Erhebung der Industriearbeiter aus eigener Kraft erschien ihnen teils unerreichbar, teils gefährlich zu sein.

Obwohl die Erfahrungen der letzten Jahrzehnte bewiesen haben, daß die Großindustrie durchaus imstande ist, ihren Arbeitern eine erhebliche Verbesserung der materiellen Lage zu gewähren, hat sich der sozialökonomische Romantizismus doch bis in die neueste Zeit herein behauptet. Erschienen nur diejenigen Gesellschaftsklassen als Träger dieser Auffassung, deren Existenz bedroht wird, so wäre sie leicht zu verstehen. Jeder wehrt sich seiner Haut, so gut er kann. Nun besitzt die industriefeindliche Stimmung aber auch Anhänger innerhalb der Klassen, die durch die Industrie selbst emporgekommen sind, sie wird ferner von Männern vertreten, welche, persönlich uninteressiert, ausschließlich das Wohl des Volksganzen im Auge behaltend, kein höheres Ziel kennen als die Wahrheit zu erforschen und ihr zu dienen. So ist eine eingehende wissenschaftliche Kritik ihrer Beweisführung nicht zu umgehen. Wie eben angedeutet worden ist, beruht die hohe Wertschätzung, die man dem landwirtschaftlichen Berufe zollt, zum Teil darauf, daß er als der weitaus gesündeste angesehen wird. Die landwirtschaftliche Bevölkerung ist nach Ansicht vieler der eigentliche Jungbrunnen der gesamten Nation, während die Städte, welche, wie Kronos, ihre Kinder verschlingen, als Gräber des Menschengeschlechtes hingestellt werden. Je mehr die städtische Bevölkerung auf Kosten der ländlichen wächst, desto rascher entwickelt sich zwar die Blüte der Kultur, aber sie gleicht den Todesrosen auf den Wangen des Schwindsüchtigen. Sobald die ländliche Bevölkerung aufgezehrt ist, muß im städtischen Mittelstande ein rasches Sinken des geistigen Niveaus und damit der allgemeine Verfall eintreten[1]).

So fleißig diese unleugbar äußerst wichtigen Fragen erörtert worden sind[2]), so ist eine bestimmte Beantwortung leider noch

---

[1]) Georg Hansen, Die drei Bevölkerungsstufen. München 1889. S. 323. — Übrigens hat auch Goethe das Landvolk als ein Depot gefeiert, aus dem die Kräfte der sinkenden Menschheit sich immer wieder ergänzen und auffrischen (Äußerungen zu Eckermann 12. März 1828). Ähnliche Aussprüche bei Roscher (Ansichten der Volkswirtschaft I. 3. Aufl. 1878. S. 279): „Der Bauernstand ist die Wurzel des Volksbaumes. Die Blüten, Blätter und Zweige der Krone, ja selbst der Stamm, können absterben und, wenn die Wurzel gesund ist, wieder ersetzt werden. Aber wo die Wurzel nichts taugt, da geht der ganze Baum zugrunde"; ferner Gustav Freytag (Vermischte Schriften. I. Bd. 1901. S. 456): „Der Nationalökonom sollte den schönsten Nutzen (des bäuerlichen Grundbesitzes) darin finden, daß er der großen Mehrzahl von Menschen, welche nur mit kleinem Kapitale arbeiten, eine gesunde, freie und tätige Existenz gewährt, und daß das tüchtige menschliche Leben, welches sich in der Beschränkung seiner Sphäre entwickelt, ein nie versiegender Quell ist, aus dem die Nation die aufsteigende Kraft der Individuen schöpft; alle Kreise, alle Tätigkeiten des Erdenlebens rekrutieren sich aus der unverdorbenen, bildungsfähigen Menschenkraft, welche der Bauernstand unaufhörlich hergibt." Ähnliche Äußerungen bei Marshall, Prinziples of economics. 2. ed. London 1891. S. 257. Schöne Betrachtungen über denselben Gegenstand im Anschlusse an John Ruskin bei Feis, Wege zur Kunst I. Straßburg. S. XVII ff.

[2]) Vgl. insbesondere: Ballod, Die Lebensfähigkeit der städtischen und ländlichen Bevölkerung. Leipzig 1897; Kuczynski, Der Zug nach der Stadt. Stuttgart 1897; Rubner, Hygienisches von Stadt und Land. Berlin 1898; Ballod, Die mittlere Lebensdauer in Stadt und Land. Leipzig 1899; Brentano und Kuczynski, Die heutige Grundlage der deutschen Wehrkraft. Stuttgart 1900; Brentano, Der Streit über die Grundlage der deutschen Wehrkraft. Patria 1906; Bindewald, Die Wehrfähigkeit der ländlichen und städtischen Bevölkerung. J. f. S. V. XXV. S. 139 bis 198; H. Allendorf, Der Zug in die Städte. Jena 1901; Harald Westergaard, Die Lehre von der Mortalität und Morbilität. 2. Auflage. Jena 1901. S. 569—643; E. Roth, Die Wechselbeziehungen zwischen Stadt und Land in gesundheitlicher Beziehung

nicht möglich. Da nicht nur der Beruf, sondern auch Einkommen, Ernährung und hygienische Bedingungen allgemeiner Art maßgebend sind, tritt eine mißliche Konkurrenz von Einflüssen auf. Gut entlohnte Industriearbeiter mögen selbst bei einer gesundheitlich bedenklichen Berufsarbeit größere körperliche Leistungsfähigkeit behaupten als Zwergbauern oder Landproletarier, die am Hungertuche nagen. Die Frage muß also dahin präzisiert werden, welcher Beruf unter annähernd gleichen Wohlstandsverhältnissen die besten Grundlagen physischen Gedeihens gewährt. Nun fehlen statistische Beobachtungen, welche unmittelbar die Sterblichkeit im Zusammenhange mit Beruf und Wohlstand betreffen. Einen gewissen Ersatz können aber die nachstehenden Angaben der englischen Statistik über die Berufssterblichkeit insofern liefern, als hier wenigstens besondere Zahlen für die Arbeiter der Landwirtschaft und der Gewerbe geboten werden.

In den entsprechenden Altersklassen und Berufsarten betrug (1890/92) die Sterblichkeit pro 10 000 Lebende[1]):

---

und die Sanierung des Landes. Braunschweig 1903; A. Grotjahn, Soziale Hygiene und Entartungsproblem (Sonderabdruck aus dem Weylschen Handbuch der Hygiene. Vierter Supplementsband). Jena 1904; H. Herkner, Die Sterblichkeit landwirtschaftlicher und gewerblicher Bevölkerungsgruppen in der Schweiz. J. f. N. St. LXXXII. S. 51—63; Prinzing, Handbuch der medizinischen Statistik. 1906. S. 452—497; Claasen, Die Frage der Entartung. Archiv für Rassen- und Gesellschaftsbiologie. 1906; Abelsdorff, Die Wehrfähigkeit zweier Generationen. Berlin 1905; Thurnwald, Stadt und Land. Archiv für Rassen- und Gesellschaftsbiologie. 1904; Wellmann, Abstammung, Beruf und Heeresersatz. 1907; Mombert, Studien zur Bevölkerungsbewegung in Deutschland. 1907; Herkner, Die Entartungsfrage in England. J. f. G. V. XXXI. S. 357—379; Oldenberg, Über den Rückgang der Geburten- und Sterbeziffer. A. f. s. G. 32. Bd. S. 319 bis 377, 33. Bd. S. 401—500; Mombert, Über den Rückgang der Geburten- und Sterbeziffer in Deutschland. A. f. s. G. 34. Bd. S. 794—874; J. Wolf, Der Geburtenrückgang. 1912; Prinzing, Art. Stadt und Land in Grotjahn und Kaups Handwörterbuch der sozialen Hygiene. 1912; v. Gruber, Ursachen und Bekämpfung des Geburtenrückganges im Deutschen Reiche. 1914; Grotjahn und Kriegel, Jahresberichte über Fortschritte und Leistungen auf dem Gebiete der sozialen Hygiene. Jena seit 1902.

[1]) Ballod, Die mittlere Lebensdauer in Stadt und Land. Leipzig 1899. Seite 28.

Berufsarten	15 bis 20 Jahre	20 bis 25 Jahre	25 bis 35 Jahre	35 bis 45 Jahre	45 bis 55 Jahre	55 bis 65 Jahre	65 bis 100 Jahre
Selbst. Farmer u. deren Söhne	13	24	34	70	112	240	878
Landw. Arbeiter u. Dienstboten	17	39	52	83	128	246	986
Metallarbeiter	27	54	75	137	251	474	1313
Textilarbeiter	34	59	75	123	223	461	1389
Bergwerksarbeiter	38	57	64	97	196	443	1505

Da die ländlichen Arbeiter in England, wie aus anderen Publikationen hervorgeht, im allgemeinen einen weit niedrigeren Lohn empfangen, als die industriellen, so wird die trotzdem beträchtlich größere Sterblichkeit der letztgenannten Arbeitergruppe in der Tat um so schwerer ins Gewicht fallen, als sie im allgemeinen sich auch einer durchaus rationellen Ernährung erfreut [1]). In dem gleichen Sinne muß die Beobachtung wirken, daß die Bevölkerung von Manchester, also einer Stadt, deren Arbeiter zu den bestgestellten Englands zählen, in bezug auf die Lebensdauer tief unter dem Durchschnitte der englischen Bevölkerung steht. Die mittlere Lebensdauer betrug beim männlichen Geschlechte 1881—92 [2]):

Lebensjahr	0	5	10	15	20	25	30
England	43,66	52,75	49,00	44,47	40,27	36,28	32,52
Manchester Township	28,78	40,53	37,47	33,56	28,61	26,00	22,82

Während der Periode 1891—1900 betrug in England die Sterblichkeit des männlichen Geschlechts in den städtischen Bezirken 21,7 ‰, in den ländlichen 15,6 ‰; beim weiblichen Geschlechte waren die entsprechenden Ziffern 19 und 14,2 ‰ [3]).

In Preußen erfreute sich die männliche Bevölkerung auf dem Lande ebenfalls einer längeren mittleren Lebensdauer als in den Städten. Da die Bewohner der Landgemeinden und Gutsbezirke aber nicht ausschließlich Landwirtschaft treiben, muß bei der Bewertung der Ziffern auch auf die Stärke der landwirtschaftlichen Bevölkerung dieser Gebiete Rücksicht genommen werden. Das ist

[1]) Grotjahn a. a. O. S. 768 ff.

[2]) Ballod a. a. O. S. 136.

[3]) Prinzing in Grotjahn und Kaups Handbuch der soz. Hygiene. II. S. 505.

in der nachstehenden Zusammenstellung geschehen. Letztere bringt überdies noch zwei andere einflußreiche Momente, die Ausdehnung des landwirtschaftlichen Großbetriebes und die Bedeutung der ländlichen Lohnarbeiter zum Ausdrucke [1]).

	Auf 100 Einwohner der Landgemeinden u. Gutsbezirke kommen landwirtschaftlich Erwerbstätige	Von 100 ha landwirtsch. benutzbarer Fläche entfallen auf Betriebe über 100 ha	Von 100 ha landwirtschaftl. Erwerbstätigen sind Lohnarbeiter	Mittlere Lebensdauer der männl. Geschlechter im Alter 0 1891—1895
Posen	81,6	55,37 ha	76,22	43,03
Pommern . . .	80,8	57,42 „	74,36	43.95
Westpreußen . .	79,6	47,11 „	73,74	41,95
Ostpreußen . . .	78,6	38,60 „	74,26	39,63
Hannover . . .	65,6	6,92 „	63,32	46,49
Schleswig-Holstein	62,3	16,40 „	69,31	48,66
Sachsen	58,7	26,95 „	75,03	42,11
Hessen-Nassau .	57,2	6,69 „	60,50	44,54
Brandenburg . .	56,2	36,32 „	73,18	39,57
Schlesien . . .	53,7	34,41 „	70,50	36,87
Rheinland . . .	45,5	2,67 „	59,86	42,34
Westfalen . . .	40,3	4,77 „	60,50	43,91

Aus diesen Daten geht hervor, daß die größte mittlere Lebensdauer nicht dort zu finden war, wo die landwirtschaftliche Bevölkerung ungefähr $^4/_5$ der Gesamtbevölkerung der Landgemeinden bildete. Die stark industrialisierte Landbevölkerung von Rheinland und Westfalen stand in bezug auf die Sterblichkeit nicht schlechter da, als die überwiegend agrarische der Provinzen Posen oder Westpreußen. Die Erklärung wird in dem Umstande zu suchen sein, daß die ungünstige soziale Lage der Landarbeiter des Ostens einen Teil der gesundheitlich segensreichen Einflüsse des landwirtschaftlichen Berufes wieder aufhob. Jedenfalls verdient die Tatsache Beachtung, daß die besten Sterblichkeitsverhältnisse in Schleswig-Holstein, Hannover und Hessen-Nassau angetroffen wurden. Hier gehörten von der Bevölkerung der Landgemeinden noch ungefähr zwei Drittel der Landwirtschaft an, befanden sich aber in einer sozial höheren Stellung als in den übrigen stark agrarischen Gebieten; d. h. der Großbetrieb und demzufolge auch

[1]) Vgl. Ballod a. a. O. S. 37, 133; ferner: Statistik des Deutschen Reiches, N. F. Bd. 112. S. 340; Bd. 111. S. 164, 165.

die Schichte der landwirtschaftlichen Lohnarbeiter war schwächer vertreten.

In den Jahren 1900 bis 1901 und 1905 bis 1906 war in Preußen nach den von Ballod berechneten Sterbetafeln die korrigierte Sterblichkeit des männlichen Geschlechts in den Städten 25,1 und 23,3, auf dem platten Lande 22,9 und 21,6; für das weibliche Geschlecht ergaben sich als entsprechende Ziffern 22,3 und 20,8 sowie 21,5 und 20,5 [1]).

Wie aus der folgenden Zusammenstellung entnommen werden kann, unterliegt auch in der Schweiz die gewerbliche Bevölkerung der höchsten Sterblichkeit [2]), ohne daß man berechtigt wäre, für diese Bevölkerungsgruppe in ihrer Gesamtheit einen geringeren Wohlstand anzunehmen.

Jährliche Durchschnittszahl der Gestorbenen 1881 bis 1890 auf je 1000 Personen einer Altersgruppe.

	0	1—14	15—19	20—49	50—69
65 Gewerbliche Bezirke . .	174,2	8,7	5,1	11,2	38,6
69 Gemischte „ . .	155,0	7,9	4,9	9,7	35,7
48 Landwirtschaftl. „ . .	158,7	8,4	4,9	9,1	34,7

Von 1000 Lebendgeborenen traten das Alter von 70 Jahren an in der ersten Gruppe 232, in der II. 267, in der III. 274.

Zum besseren Verständnis sei erwähnt, daß in den gewerblichen Bezirken weniger als 40 %, in den gemischten 40—59 %, in den landwirtschaftlichen über 60 % der Bevölkerung der Landwirtschaft zugerechnet werden. Leider ist eine besondere Ermittelung der Sterblichkeit des weiblichen Geschlechtes nach Maßgabe des Berufes nicht erfolgt.

Sehr deutlich tritt die geringere Sterblichkeit der landwirtschaftlichen Bevölkerung in bezug auf die Lungenschwindsucht zu Tage [3]).

---

1) Prinzing a. a. O. S. 503.

2) Schweiz. Statistik, 128. Lieferung. Ehe, Geburt und Tod in der schweizerischen Bevölkerung während der zwanzig Jahre 1871—1890. III. Teil, 1. Hälfte. Bern. 1901. S. 26 ff.

3) Schweiz. Statistik, 137. Lieferung. S. 29.

Männliche Berufsangehörige der	Wird die Sterblichkeit einer Altersgruppe gleich 100 gesetzt, so beträgt sie für die vorbezeichnete Berufsart			
	20–29	30—39	40—49	50—59
Land- und Milchwirtschaft	48	51	54	64
Forstwirtschaft	28	54	55	52
Eisenbahnbau und -betrieb	49	55	65	72
Straßen- und Wasserbau	65	76	93	82
Schuhmacher	116	108	112	152
Schneider	154	134	150	161
Schreiner und Glaser	142	140	157	151
Schlosser	194	252	261	354
Küser und Kübler	146	271	221	173
Flach- und Dekorationsmaler	214	207	249	209
Eisengießerei, Maschinenbau	144	115	130	138
Hammer-, Huf- und Zeugschmiede	108	125	144	150
Uhren- und Uhrzeugfabrikation	206	198	184	168
Handel, Bank-, Agentur- und Versicherungswesen	220	168	152	130
Wirtschaftswesen	164	199	189	158
Post, Telegraph und Telephon	112	134	125	115
Öffentliche Beamte und Angestellte, Weibel und dergl.	128	131	148	172

Denselben Tatbestand läßt die nachstehende von Prof. A. Vogt (Bern)[1]) berechnete Tabelle erkennen:

Bezirksgruppen	Wohnbevölkerung dieser Gruppen 1888	Auf 1000 Angehörige der Wohnbevölkerung entfallen agrikole Bewohner	Von 100 000 Lebenden starben pro Jahr an Lungenschwindsucht
Bezirke mit weniger als 19% agrikoler Bevölkerung	547 160	103	276
Bezirke mit 20—33% agrik. Bev.	586 806	253	241
„ „ 33–43 „ „ „	593 125	379	221
„ „ 43—53 „ „ „	579 055	490	210
„ „ 56—86 „ „ „	611 608	643	178

Die bei einigermaßen verwandten Wohlstandsverhältnissen anscheinend günstigere Sterblichkeit der Landbevölkerung fällt um so mehr auf, als in allen hygienischen Veranstaltungen (Baupolizei, Wasserversorgung, Beseitigung der Abfallstoffe, Seuchentilgung, Nahrungs- und Genußmittelkontrolle) das Land im allgemeinen hinter

[1]) Zeitschrift für Schweiz. Statistik XXXX. II. Bd. S. 13.

den Städten zurücksteht[1]). Auch die Inanspruchnahme von Arzt und Apotheke begegnet auf dem Lande größeren Schwierigkeiten. Im Deutschen Reiche kommen ferner die Wohltaten der reichsgesetzlichen Krankenversicherung der Landbevölkerung erst seit 1914 überall zu statten. Nachdem die landwirtschaftlichen Produkte zufolge der Entwicklung der Verkehrsmittel der Verwertung auf dem Markte in immer wachsender Ausdehnung fähig geworden waren, hatte sich überdies der Ernährungszustand der landwirtschaftlichen Bevölkerung vor dem Kriege eher verschlechtert als verbessert[2]).

Wenn aus diesen Tatsachen der Schluß gezogen werden sollte, man müßte alles aufbieten, um einen möglichst großen Bruchteil des Volkes der Landwirtschaft zu erhalten, so ließe sich zweierlei einwenden:

1. Mag auch die gewerblich-städtische Bevölkerung in minder gesunden Verhältnissen leben als die landwirtschaftliche, so kann doch gerade durch soziale Reformen (Lohnerhöhung, Verbesserung der Ernährung[3]), Abkürzung der Arbeitszeit, Frauenschutz, Gewerbehygiene, kommunale Hygiene) der physische Zustand der gewerblichen Arbeiter, wie die Erfahrung lehrt, noch erheblich verbessert werden.

2. Zufolge des Gesetzes des abnehmenden Bodenertrages ist es nicht möglich, der landwirtschaftlich tätigen Bevölkerung bei starker Vermehrung Einkommensverhältnisse zu gewährleisten, welche die gesundheitlich vorteilhaften Einflüsse der landwirtschaft-

---

[1]) Diese Rückständigkeit des Landes wird lebhaft betont von Roth, a. a. O. S. 1—29.

[2]) Über diesen von Grotjahn zutreffend als „Mercantilisierungsprozeß der Nahrungsmittel" bezeichneten Vorgang vgl. Grotjahn, Über Wandlungen in der Volksernährung. Schmollers Staats- und sozialwissenschaftliche Forschungen. 20. Bd. Heft 2. 1902.

[3]) Die Mängel in der heute stattfindenden Ernährung der deutschen Industriearbeiter charakterisiert Grotjahn treffend in folgender Weise: „Sie essen nicht mehr in genügendem Maße wie ihre bäuerlichen Vorfahren Roggenbrot, Kartoffeln, Leguminosen, Molkereiprodukte, Fett und Mehlspeisen, und essen noch nicht genug Fleisch, Zucker, Butter und Weizenbrot wie die besseren Kreise, deren Ernährung sie unwillkürlich nachahmen." Soz. Hygiene und Entartungsprobleme. S. 771.

lichen Beschäftigung zu voller Wirksamkeit gelangen lassen. Man kommt früher oder später an einen Punkt, bei welchem die Ungunst der Einkommensverhältnisse die Vorteile der landwirtschaftlichen Berufsarbeit übertrifft.

Wer den erstgenannten Einwand erhebt, kann sich auf die Tatsache stützen, daß England trotz zunehmender Industrialisierung 1838 bis 1900 eine Verlängerung der mittleren Lebensdauer erzielt hat: sie betrug 1838/54 im Alter 0 39,91, 1891—1900 44,13 für das männliche Geschlecht; für das weibliche Geschlecht ergab sich eine Zunahme von 41,85 auf 47,77 Jahre[1]). Indessen hat nicht nur in England, sondern auch in den meisten Staaten des Kontinentes eine Abnahme der Sterblichkeit stattgefunden. In Preußen wuchs die mittlere Lebensdauer des männlichen Geschlechts von 35,38 in den Jahren 1867/77 auf 46,42 in den Jahren 1906/10; das weibliche Geschlecht erzielte innerhalb derselben Periode eine Veränderung von 37,99 auf 50,03 Jahre[2]). Diese Abnahme der Sterblichkeit beruhte allerdings zum größten Teil auf den Fortschritten, die in der Bekämpfung der Infektionskrankheiten (Pocken, Scharlach, Diphtherie, Cholera, Typhus) erzielt worden waren[3]). Deshalb wurde von anderen Forschern, z. B. Schallmeyer[4]) in dieser Abnahme der Sterblichkeit kein Beweis für die Steigerung der generativen Tüchtigkeit, sondern lediglich ein solcher für den Fortschritt der Hygiene erblickt. Ja eine Verlängerung der durchschnittlichen Lebensdauer könnte, seiner Meinung nach, sogar mit einer Verschlechterung der generativen Durchschnittsqualität sich wohl vertragen, nämlich insofern, als die Fortschritte der ärztlichen und hygienischen Kunst vielen schwächlichen Personen das Leben verlängern und ihnen dadurch eine stärkere Beteiligung an der Erzeugung der Nachkommenschaft ermöglichen[5]).

---

1) Ballod, Grundriß der Statistik. 1913. S. 65.

2) Ballod a. a. O. S. 62.

3) Vgl. besonders Kruse, Wolfs Zeitschrift. VI. S. 367, 378; A. Vogt, Zeitschrift für schweiz. Statistik. XXXX. II. S. 4—8.

4) Vererbung und Auslese im Lebenslauf der Völker. Jena 1903. S. 169.

5) Eine Ergänzung der beruflichen Mortalitätsstatistik durch berufliche Morbiditätserhebungen ist gewiß dringend zu wünschen.

Allein, wenn man auch nicht geneigt war, die Fortschritte der Medizin unter Umständen für eine der Rassenhygiene gefährliche Verminderung der Selektion verantwortlich zu machen[1]), konnte man doch die Verminderung der allgemeinen Sterblichkeit noch nicht als vollgültiges Zeugnis für die Ungefährlichkeit des Industrialismus gelten lassen. In den letzten Jahrzehnten war die städtische gewerbliche Bevölkerung eben überall noch in erheblichem Umfange durch Zuwanderer ländlicher Herkunft ergänzt worden. In Zürich waren 1894 von 121 657 Ortsanwesenden 55 832[2]), also 46,1 % auf dem Lande geboren; in Basel 1888 von 69 809 Ortsanwesenden 33 036 oder 47,3 %[3]). In Leipzig stammten 1885 31 %, in Breslau 1895 35,3 % vom Lande[4]). Trotz der noch sehr starken ländlichen Einwanderung waren die Geburtsziffern unserer Städte bereits geeignet, Bedenken hervorzurufen. Daß bei der ganz abnormalen Altersgliederung der städtischen Bevölkerungen die allgemeine Geburtsziffer (das Verhältnis der Geburten eines Jahres zu 1000 der mittleren Bevölkerung) nur irreführen kann, sollte nicht mehr betont zu werden brauchen. Nichtsdestoweniger begnügen sich viele statistischen Veröffentlichungen damit, diese unbrauchbaren Daten vorzuführen.

In Preußen[5]) entfielen auf 1000 gebärfähige Frauen (15 bis 40 Jahre) Geborene:

	Berlin	Stadt	Land
1876/80	149,2	160,6	182,9
1905/10	82,1	118,7	168,9

Wenn auch das Land von der Abnahme der Geburtenfrequenz nicht unberührt geblieben war, so war es doch in ungleich

---

Wie wenig oft die Ergebnisse beider Untersuchungen miteinander übereinstimmen, zeigt Prinzing, Die Erkrankungshäufigkeit nach Beruf und Alter. Z. f. St. W. 58. Jahrg. S. 432—459 und S. 634 bis 668.

[1]) Vgl. die Darlegungen Grubers, Führt die Hygiene zur Entartung der Rasse? Stuttgart 1904, die den Nachweis liefern, daß wir noch viel zu wenig Hygiene besitzen.

[2]) Ergebnisse der Volkszählung in der Stadt Zürich vom 1. Juni 1894. I. Zürich 1897. S. 152.

[3]) Die Bevölkerung des Kantons Basel-Stadt am 1. Dez. 1888, bearbeitet von Prof. Dr. K. Bücher. Basel 1890. Tab. XVII.

[4]) Bindewald a. a. O. S. 178.

[5]) Ballod a. a. O. S. 42.

schwächerem Grade von dieser besorgniserregenden Entwicklung erfaßt worden.

Demzufolge hatten die Unterschiede zwischen der städtischen und ländlichen Geburtenfrequenz im Laufe der Jahre sogar beträchtlich zugenommen.

In der Schweiz[1]) entfielen im Durchschnitte der Periode 1871 bis 1890 in den gewerblichen Bezirken auf 1000 im Alter der Gebärfähigkeit (15—45 Jahre) stehende verheiratete weibliche Personen 237 Geburten, in den landwirtschaftlichen Bezirken dagegen 266. Die reinen Stadtbezirke Genf, St. Gallen und Basel-Stadt standen mit 70 bezw. 88 und 100 Geburten auf 1000 im Alter der Gebärfähigkeit stehende weibliche Personen weit hinter dem Durchschnitte der Schweiz von 120. Der Bezirk Zürich wies eine etwas höhere Ziffer, nämlich 102 auf, enthielt aber 1888 neben 94 129 Stadtbewohnern 16 928 Bewohner von Landgemeinden. Noch stärker war die Beimischung ländlicher Elemente im Bezirke Bern. Er erreichte eine spezielle Geburtenziffer von 123, blieb aber doch hinter der Durchschnittsziffer des Kantons Bern, welche 142 betrug, weit zurück.

Wie immer es um diese Dinge bestellt sein mochte, jedenfalls bildete die vom Lande zugewanderte Bevölkerung noch so beträchtliche Bruchteile der industriellen Bevölkerung, daß auf Grund der vorliegenden Beobachtungen die Annahme nicht erlaubt war, die gewerblich-städtische Bevölkerung werde sich in Zukunft auch bei schwächerer ländlicher Zuwanderung — und für so stark industrielle Staaten wie England trat bereits eine sehr bedeutende Abschwächung der ländlichen Zuwanderung ein — in bezug auf Geburtenhäufigkeit und Sterblichkeit ebenso gut behaupten, als es bisher der Fall gewesen war. Im übrigen trat aber mit der ungleich stärkeren Abnahme der Geburtenfrequenz in den Städten die maßgebende Stellung, die der Landbevölkerung für den natürlichen Bevölkerungszuwachs zukommt, immer deutlicher zutage. Insofern könnten die

---

[1]) Schweizerische Statistik, 112. Lieferung. Ehe, Geburt und Tod in der schweiz. Bevölkerung während 1871—1890. II. Teil. Die Geburten. Bern 1897. S. 21, S. 45 ff. Vgl. auch die im Sozialpol. Centralblatt. III. S. 92 u. 93 mitgeteilten Degenerationserscheinungen auf seiten der wohlhabenden weiblichen Bevölkerung Nord-Amerikas.

Gefahren, welche aus der relativen Abnahme der Landbevölkerung entstehen, unmöglich verkannt werden.

Müssen aber die Bestrebungen, für einen beträchtlichen Bruchteil der Bevölkerung die landwirtschaftliche Beschäftigung zu erhalten, nicht an dem Gesetze des abnehmenden Bodenertrages scheitern? Dieses Bedenken ist namentlich von Dietzel und Brentano geltend gemacht worden [1]).

Jedenfalls kann die Frage nur für ein bestimmtes Gebiet, unter Berücksichtigung seiner Betriebsgliederung und des Zustandes seiner landwirtschaftlichen Technik, beantwortet werden. Soweit es sich um das Deutsche Reich handelt, unterliegt es keinem Zweifel, daß durch Vermehrung der intensiver wirtschaftenden Mittel- und Kleinbetriebe [2]), namentlich im Osten, die Landwirtschaft treibende Bevölkerung eine staatliche Zunahme erfahren könnte.

Abgesehen von den Änderungen in der Betriebsgliederung, welche die Bevölkerungskapazität der Landwirtschaft erweitern, sind noch überall sehr erhebliche Verbesserungen der Technik möglich [3]). Auch ist die Erwartung keineswegs zu kühn, daß noch neue technische Fortschritte erzielt werden können, welche die Wirksamkeit des Gesetzes vom abnehmenden Bodenertrage in ziemlich weite Fernen hinausschieben [4]). Im übrigen kann freilich nicht geleugnet werden,

---

[1]) Dietzel, Weltwirtschaft und Volkswirtschaft. Dresden 1900. S. 7—16; Brentano, Über Landwirtschaft und Industrie. Zeit (Wien) 29. Dez. 1900. Vgl. hierzu auch die m. E. zutreffenden Einwände, welche Schmoller (J. f. G. V. XXV. S. 1607, 1608) gegen Dietzel erhebt; ferner Skalweit, Die ökonomischen Grenzen der Intensivierung in der Landwirtschaft. Berlin 1903; Eßlen, Gesetz des abnehmenden Bodenertrages. München 1905; Ballod und Eßlen, Die Produktivität der Landwirtschaft in S. d. V. f. S. 132. Bd., S. 427—495; Eßlen, Das Gesetz des abnehmenden Bodenertrages. A. f. s. G. 30 Bd., S. 333—380, S. 721 bis 747; 32. Bd. S. 378—432.

[2]) Vgl. Herkner, Betriebseinrichtungen und Rentabilität der schweiz. Landwirtschaft. J. f. G. V. XXVIII. S. 860; Keup u. Mührer, Die volkswirtschaftliche Bedeutung von Groß- und Kleinbetrieb in der Landwirtschaft, 1913.

[3]) Vgl. Pohle, Deutschland am Scheidewege. 1902. S. 89 ff.

[4]) v. Lochow-Petkus, Maßnahmen zur weiteren Produktionssteigerung der deutschen Landwirtschaft auf der bisherigen Fläche. Archiv des deutschen Landwirtschaftsrats. 37. Jahrg. 1913.

daß es innerhalb der gegebenen Verhältnisse fast unmöglich erscheint zu gleicher Zeit sowohl die Intensität des Landbaues möglichst zu steigern, als auch der Industriebevölkerung eine möglichst gute und billige Ernährung zu verschaffen. Die Steigerung der Intensität verlangt, privatwirtschaftlich gesprochen, hohe Boden- und Produktenpreise, die Verbesserung der Volksernährung aber billige Lebensmittel. Vielleicht kann ein Ausgleich zwischen diesen Forderungen überhaupt nur auf Grundlage einer tief in die überlieferten Zustände eingreifenden agrarischen Bodenreform erfolgen, welche den störenden Faktor des privaten Bezuges der Bodenrente möglichst ausschaltet [1]).

Heute besteht bei einer zu gunsten der Intensivierung der Landwirtschaft veranlaßten Steigerung der Produktenpreise immer die dringende Gefahr, daß diese Preiserhöhungen nur zu bald in Steigerungen der Bodenrente und somit schließlich der Bodenpreise umschlagen, also der Landwirtschaft treibenden Bevölkerung als solcher auf die Dauer keinen Segen bringen, dagegen die gute Ernährung der Industriebevölkerung immer schwieriger gestalten [2]).

Wenn die zunehmende Industrialisierung Bedenken in bezug auf die physische Qualität und das Wachstum der Bevölkerung einflößt, dann wird die industriestaatliche Entwicklung auch einen nachteiligen Einfluß auf die Verteidigungsfähigkeit des Landes ausüben. Schon im Jahre 1828 mußte der Generalleutnant v. Horn den König darauf aufmerksam machen, daß das rheinische Gebiet nicht mehr imstande sei, das entsprechende Truppenkontingent zu stellen [3]). So stark war die Bevölkerung durch die Fabrikarbeit beeinträchtigt worden. Um die gleiche Zeit erklärte Dupin in der französischen Pairskammer, daß unter den zum Kriegsdienste befohlenen Männern in den Fabrikdistrikten 89 %, in den Ackerbau-

---

S. 53—63; K. zu Putlitz, Die Pflanzenzüchtung und ihre Bedeutung für die Land- und Volkswirtschaft. Preuß. Jahrbücher. Bd. 155. S. 462—473.

[1]) Ruhland, Leitfaden zur Einführung in das Studium der Agrarpolitik. 1894. S. 45 ff.

[2]) L. Brentano, Die deutschen Getreidezölle. 2. Aufl. 1911; Eßlen, Die Fleischversorgung des Deutschen Reiches. 1912.

[3]) Brentano und Kuczynski, Heutige Grundlage der deutschen Wehrkraft. 1900. S. 30.

distrikten dagegen nur 40 % untauglich wären. Nach Engel wurden aus ländlichen Gebieten von 100 Vorgestellten 26,6 aus Städten 19,7 für tauglich befunden. Im oberelsässischen Kreise Thann erwiesen sich 1881 von den in Spinnereien arbeitenden jungen Burschen nur 5 %, von den in Webereien arbeitenden 12 % tauglich; von den Stellungspflichtigen der ländlichen Berufsarten waren es 52 %[1]). Der Kreisarzt berichtete: „In Fabrikdörfern, wo alles von Jugend auf in den Fabriken arbeitet, waren fast alle Stellungspflichtigen untauglich, und wir glauben, wenn das so weiter geht, braucht man bald keine Aushebungskommissionen in diese Orte mehr zu schicken." In den von Singer untersuchten nordböhmischen Industriebezirken erwiesen sich 2,3—5,7 % der Fabrikarbeiter als tauglich[2]). Nach Untersuchungen von Dr. Böhi und Dr. Schuler[3]) waren in den Kantonen Thurgau, St. Gallen und Appenzell unter sämtlichen Rekruten 25,1 % untauglich; unter den Fabrikarbeitern bei Ausschluß der Sticker 39,4 %. Da bei den zur Stellung gelangenden jungen Arbeitern der Einfluß des Berufes noch nicht lange genug sich geltend macht, um allein die Untauglichkeit hervorzurufen, so sind die angeführten Ziffern mehr als der erschreckende Ausdruck dafür zu betrachten, wie tief die Arbeiterbevölkerung der Fabrikgegenden überhaupt körperlich herabgekommen war.

Leider ist die Rekrutierungsstatistik nicht so sorgfältig ausgebildet worden, daß es möglich gewesen wäre, den Stand der Dinge in der Gegenwart, deren Verhältnisse durch die sozialen Reformen doch schon nachhaltige Beeinflussungen erfahren haben, mit vollkommener Klarheit zu erkennen. Es kommt eben nicht nur auf den von den Stellungspflichtigen augenblicklich ausgeübten Beruf, sondern auch auf Wohnort und berufliche Abstammung überhaupt an. Der Deutsche Landwirtschaftsrat hatte deshalb auf ein Referat des Prof. Sering hin Beschlüsse gefaßt, durch welche die Reichsbehörden zu einer genaueren Erhebung und Verarbeitung der rekrutierungsstatistischen Materialien aufgefordert wurden[4]).

---

1) Herkner, Oberelsässische Baumwollindustrie. S. 351.

2) Singer, Untersuchungen über die soz. Zustände in Fabrikbezirken des nordöstlichen Böhmens. S. 332.

3) Über die Ernährung der Fabrikbevölkerung. Zürich 1883. S. 3.

4) Sering, Dade, v. Cetto, Die Bedeutung der land-

Daraufhin fand beim Heeres-Ergänzungsgeschäfte des Jahres 1902 in der Tat eine Untersuchung statt, welche den von landwirtschaftlicher Seite geäußerten Wünschen teilweise[1]) entsprach. Das Gesamtergebnis der Erhebungen war folgendes:

Gruppen		Zahl der Tauglichen	Von je 100 Tauglichen kamen auf jede Gruppe	Von je 100 abgefertigten Militärpflichtigen jeder Gruppe waren tauglich
I. Auf dem Lande geboren	a) in Land- oder Forstwirtschaft beschäftigt	75 606	25,72	58,64
	b) anderweit beschäftigt	110 389	37,55	58,40
	I. zusammen:	185 995	63,27	58,50
II. In der Stadt geboren	a) in Land- oder Forstwirtschaft beschäftigt	10 697	3,64	58,52
	b) anderweit beschäftigt	97 263	33,09	53,52
	II. zusammen:	107 960	36,73	53,97
	I. und II. zusammen:	293 955	100	56,75

Im Jahre 1913 waren die Tauglichkeitsprozente für die Gruppe I 67,06 und 65,78, für II 64,87 und 59,76.

Die relative Tauglichkeit der auf dem Lande geborenen Militärpflichtigen stellte sich also etwas günstiger dar wie die der Städter. Ferner behaupteten die in der Land- und Forstwirtschaft beschäftigten Leute in bezug auf Tauglichkeit noch immer die erste Stelle. Auch in der Schweiz zeigte z. B. der stark industrielle Kanton Appenzell A. Rh. äußerst ungünstige Resultate. Von den während der Jahre

wirtschaftlichen Bevölkerung für die Wehrkraft des Deutschen Reiches. Sonderdruck aus dem Archiv des Deutschen Landwirtschaftsrates. 26. Jahrg. 1902; O. v. Schjerning, Sanitätsstatistische Betrachtungen über Volk und Heer. 1910.

[1]) Wegen der nur teilweise erfolgten Berücksichtigung wurde in der XXXII. Plenarversammlung des Deutschen Landwirtschaftsrates (9.—12. 2. 1904) das Ersuchen an die Reichsbehörden wiederholt. Vgl. Zeitschrift für Agrarpolitik (Dr. Dade) II. S. 85.

1883 bis 1901 untersuchten 7760 Personen waren 46,44 % untauglich, während die Schweiz im Durchschnitte nur ein Untauglichkeitsprozent von 36,89 aufwies. Die Ursachen waren hauptsächlich Krankheiten des Herzens (Klappenfehler), Brüche, Kropfbildung, Augenleiden, zu geringer Brustumfang, zu geringe Körperlänge und allgemeine Schwächlichkeit [1]).

Die größere militärische Tauglichkeit der Landbevölkerung ist übrigens nur selten bezweifelt worden [2]). Auf diesen Punkt kommt es aber in der Streitfrage Agrarstaat gegen Industriestaat keineswegs allein an. Die Industrie gestattet eben doch eine weit größere Bevölkerungsdichtigkeit auszubilden. Der Export von Industrieprodukten bietet die Möglichkeit, über die Produktionsfähigkeit der heimischen Landwirtschaft hinaus Lebensmittel durch Einfuhr zu beschaffen, und so Leute, die sonst zur Auswanderung gezwungen wären, der Heimat zu erhalten. So vermag der Industriestaat trotz der relativ geringeren Tauglichkeit seiner industriellen Bevölkerung schließlich pro Quadratkilometer mehr Soldaten ins Feld zu stellen als der Agrarstaat. Und endlich kommt auch der technisch und finanziell größeren Leistungsfähigkeit der Industrienationen heute, wo die Fortschritte in der Waffentechnik und in der Konstruktion der Kriegsschiffe sich überstürzen, ebenfalls eine entscheidende Bedeutung zu.

Es ist in der Frage der Wehrfähigkeit landwirtschaftlicher und industrieller Bevölkerungsgruppen schließlich nicht nur die Quantität, sondern auch die Qualität erörtert worden. So erklärte z. B. der General W. v. Blume: „Eine mäßig starke Beigabe städtischer Elemente ist sehr geeignet, eine Truppe geistig zu beleben und dadurch deren Wert wesentlich zu erhöhen. Das ändert aber an der Tatsache nichts, daß, wenn man heute die militärischen Eigenschaften der ländlichen und städtischen Bevölkerung gegeneinander

---

[1]) Zeitschrift für schweiz. Statistik. XXXX. II. Bd. S. 73 bis 78.

[2]) Vgl. neben den S. 4 genannten Schriften von Ballod, Brentano, Kuczynski und Bindewald noch Oswald Heer, Beiträge zur Kenntnis der Rekrutierungsverhältnisse der landwirtschaftlichen und industriellen Bevölkerung der Schweiz. Schaffhausen 1897. Auch Grotjahn erörtert das Problem. Soz. Hygiene und Entartungsproblem. S. 746—753.

abwägt, die Wage sich zugunsten der ersteren neigt."[1]) Diese Auffassung schien in militärischen Kreisen die Regel zu bilden. Vereinzelt wurde sie allerdings durch hochgestellte Offiziere bekämpft, so durch General von Sauer[2]).

Vielleicht war aber eine Betrachtungsweise, welche lediglich Quantität und Qualität der Truppen ins Auge faßt, überhaupt ungenügend. Für den Erfolg kommt es doch vor allem auf das Verhältnis an, in welchem die Verteidigungskräfte zur Ausdehnung der zu verteidigenden Linien stehen. Daß ein hochentwickelter Industriestaat mit seiner Fülle wertvoller Kapitalien und seinen über den ganzen Erdball ausgedehnten Handelsbeziehungen zahlreichere und empfindlichere Angriffspunkte bietet als ein Agrarstaat, ist wohl nicht zu bezweifeln.

Alles in allem genommen könnten also die Argumente, welche die Entartung der industriestaatlichen Bevölkerungen dartun und somit die Erhaltung eines möglichst großen Bruchteiles der Bevölkerung im landwirtschaftlichen Berufe als ein Gebot der nationalen Selbsterhaltung hinstellen wollen, zwar einen gewissen Grad von Wahrscheinlichkeit, aber doch keine unbedingte Beweiskraft beanspruchen[3]).

Die im Vorstehenden erörterten Probleme sind durch den Weltkrieg in eine neue Phase eingetreten. Es hat sich gezeigt, daß die größere Verwundbarkeit des Industriestaates weniger in der militärischen Untauglichkeit seiner Bevölkerung liegt — der englische Industriestaat hat ja innerhalb einer überraschend kurzen Zeit eine sehr leistungsfähige große Armee aufzustellen vermocht — als darin, daß ihm die ausreichende Versorgung mit Rohstoffen und Lebensmitteln leichter unterbunden werden kann.

2. Die ökonomischen Gefahren des überwiegenden Industriestaates und Kritik der industriellen Produktivität.

Die Freunde der Erhaltung des Agrarstaates begnügten sich nicht mit dem Hinweise auf die besonderen Eigenschaften der land-

---

1) W. v. Blume, Die Grundlagen unserer Wehrkraft. Berlin 1899. S. 56.

2) Brentano und Kuczynski a. a. O. S. 29.

3) Vgl. auch den vermittelnden Standpunkt von G. Schmol-

wirtschaftlichen Bevölkerung, sondern hoben auch mit großem Nachdruck die Unentbehrlichkeit der landwirtschaftlichen Produkte hervor. Nur das Volk werde sich einer gesicherten Zukunft erfreuen, das die wichtigsten Lebensmittel und Rohstoffe von der eigenen Scholle gewinnen könne. Dieses Thema trat in zwei Variationen auf: in einer militärischen und einer handelspolitischen. Die erstere schilderte die Gefahren, welche einen Industriestaat dann treffen, wenn feindliche Armeen und Flotten die Zufuhr der Lebensmittel und den Export der Fabrikate abschneiden.

Es kann nach den Erfahrungen der Kriegsjahre gar keinem Zweifel unterliegen, daß wenigstens für ein Land von der ungünstigen Lage des Deutschen Reiches diesem Gesichtspunkte eine schlechterdings entscheidende Bedeutung zukommt. Das hat die nationalökonomische Literatur vor 1914 vielfach verkannt. Es wurden die handelspolitischen Lehren der agrarstaatlichen Richtung viel sorgfältiger erörtert als diese militärischen Argumente[1]).

Schon im 18. und 19. Jahrhundert hatten Süßmilch[2]), der Züricher Nationalökonom Joh. Heinr. Waser und Malthus[3]) folgende Gedanken entwickelt: Die Vorteile, welche ein Staat vor anderen durch Kapitalreichtum und Arbeitsgeschicklichkeit in bezug auf Produktion und Ausfuhr von Industrieprodukten besitzt, sind selten von Dauer. Nicht nur, daß durch die Konkurrenz anderer Industrieländer der auswärtige Absatz verloren gehen kann, auch die meisten Agrarstaaten streben mit aller Kraft danach, eine eigene Industrie zu entwickeln, d. h. die von ihnen erzeugten Rohstoffe nicht mehr auszuführen, sondern selbst zu verarbeiten und die im Inlande gewonnenen Lebensmittel zur Ernährung der hei-

ler, Grundriß der Allgem. Volkswirtschaftslehre. Leipzig 1900. S. 276, 277.

[1]) Vgl. insbesondere Oldenberg, Über Deutschland als Industriestaat. Verhandlungen des 8. evang.-sozialen Kongresses. Göttingen 1897. S. 64—104; Adolf Wagner, Agrar- und Industriestaat. 2. Aufl. Jena 1902.

[2]) Die göttliche Ordnung. II. Teil. Berlin 1765. S. 65 ff.; J. H. Labhart, Mitteilungen aus Pfarrer Wasers handschriftlichem Nachlaß. Zeitschrift f. schweiz. Statistik. Jahrg. 1880. S. 122 ff., 130 ff.

[3]) Versuche über das Bevölkerungsgesetz. Deutsch von Stöpel. Berlin 1879. Buch III. Kap. IX. S. 519 ff.

mischen Gewerbetreibenden zu verwenden. Die wirtschaftliche Blüte eines Landes, das auf die Einfuhr von Lebensmitteln und Rohstoffen angewiesen ist und diese mit Arbeitsleistungen auf dem Gebiete der Industrie und des Transportwesens bezahlt, kann deshalb keinen Bestand haben. Die Geschichte liefert in dem Niedergang von Venedig und Holland warnende Beispiele.

Oldenberg und bis zu einem gewissen Grade auch Adolf Wagner und später L. Pohle [1]) glaubten, daß den westeuropäischen Kulturländern ein gleiches Schicksal drohe, wenn der Industrialismus noch weiter vordringe. Schon heute, sagten sie, müsse England harte Kämpfe mit Deutschland und Amerika bestehen, seinen Industrieprodukten lohnenden Absatz zu verschaffen. Diese Schwierigkeiten drängten England von der gewohnten Bahn des Freihandels ab und brächten die Staatsmänner empor, welche den Kolonialbesitz in ein privilegiertes Absatzgebiet für das Mutterland umwandeln wollten. Nordamerika arbeite für eine panamerikanische Konföderation, um den Markt der südamerikanischen Agrarstaaten seiner eigenen Industrie vorzubehalten. Rußland entwickele unter Anwendung enormer Schutzzölle eine selbständige Industrie und suche deren Produkten auch die asiatischen Märkte in möglichst großem Umfange zu eröffnen. So gingen die Industriestaaten, denen die Ausdehnung zu Weltreichen nicht geglückt war, einer traurigen Zukunft entgegen. Das Ausland stelle nicht nur keinen schätzenswerten Markt für die heimischen Industrieprodukte mehr dar, sondern es versage auch als Lieferant von Rohstoffen und Lebensmitteln. Was solle aber mit unseren Arbeitermassen geschehen, wenn erst einmal die ostasiatischen Länder mit ihren billigen, bedürfnislosen Arbeitskräften die Bahn der industriellen Entwicklung betreten haben würden?

Heinrich Dietzel [2]) suchte zu zeigen, daß dem neomerkantilisti-

---

[1]) Deutschland am Scheidewege. Leipzig 1902. S. 126 ff. Vgl. auch die im Anschlusse an dieses Werk stattgefundene Polemik zwischen Pohle und Alfred Weber in J. f. G. V. XXVI. S. 1293 ff., 1700 ff. XXVII. S. 275 ff. Vgl. ferner Hildebrand, Die Erschütterung der Industrieherrschaft und des Industriesozialismus. 1910.

[2]) Weltwirtschaft und Volkswirtschaft. Dresden 1900; „Die Theorie von den drei Weltreichen." Die Nation (Th. Barth) Berlin 1900. Nr. 30—34; Sozialpolitik und Handelspolitik. Berlin 1902;

schen Abschlusse der drei Weltreiche ernste Hindernisse entgegenstünden. Die englischen Kolonien seien noch lange nicht imstande, in der Versorgung des Mutterlandes mit Rohstoffen und Nahrungsmitteln die Vereinigten Staaten zu ersetzen. Überdies hätten mehrere Kolonien bereits eine wirtschaftspolitische Selbständigkeit erlangt, auf die sie schwerlich verzichten würden. Südamerika wieder habe ein viel stärkeres Interesse, seinen Rohprodukten die europäischen Märkte offen zu halten, als in engere Beziehungen mit Nordamerika zu treten, das ebenfalls Rohstoffe ausführe. Weniger durchsichtig seien die Bedürfnisse des russischen Reiches. Wahrscheinlich werde indes auch hier eine Einfuhr von Produktionsmitteln schon im eigenen Interesse nicht so bald entbehrt werden können. Da Rußland an das Ausland stark verschuldet sei, werde es auch Westeuropa noch weiter Rohstoffe liefern müssen. Was endlich die vom „gelben Manne" ausgehende Gefahr betreffe, so stimmten neuere Beobachtungen darin überein, daß die Leistungsfähigkeit der Japaner als Fabrikarbeiter überschätzt worden sei [1]. „Dem niedrigen Lohne entspricht eine geringe Leistungsfähigkeit. Europäische Leiter japanischer Firmen schildern den japanischen Arbeiter als außerordentlich gelehrig und intelligent, am Anfang sehr fleißig, aber bei sich gleichbleibender Arbeit rasch in seinem Eifer und seiner Leistungsfähigkeit erlahmend . . . Ein eigentlicher Fabrikarbeiterstand hat sich erst zu bilden. Diese Bildung hat begonnen; aber sie ist . . . von einer Lohnsteigerung begleitet. Eine starke Erhöhung der Löhne wurde ferner herbeigeführt durch die Hebung des allgemeinen Niveaus der Lebenshaltung. Die täglichen Bedürfnisse sowie die Luxusbedürfnisse des Durchschnittsjapaners sind seit dem Kriege außerordentlich gewachsen und dementsprechend haben sich die Löhne in diesem Zeitraume in den meisten Industrien nahezu verdreifacht. Ein sich vielfach geltend machender Mangel

---

Das Produzenteninteresse der Arbeiter und die Handelsfreiheit. Jena 1903. Vgl. zu dieser Frage ferner: v. Schulze-Gävernitz, Britischer Imperialismus und engl. Freihandel. Leipzig 1906.

[1]) A. Tille, Der Wettbewerb zwischen weißer und gelber Arbeit in der industriellen Produktion. Berlin 1904. R. Rathgen, Die Japaner und ihr Wirtschaftsleben. Leipzig 1905. S. 128 ff. Noch größere Schwierigkeiten als bei der Erziehung des Japaners zum modernen Industriearbeiter sind bei den Chinesen zu überwinden. Vgl. W. Koch, Die Industrialisierung Chinas. 1910.

an Arbeitskräften unterstützt diese Tendenz."[1]) Dazu komme eine Menge anderer Verwickelungen: die tiefe Stufe der geschäftlichen Moral, die mangelhafte finanzielle Fundierung der Industrieunternehmungen, die Zerrüttung der Staatsfinanzen und die Schwierigkeiten, die Goldwährung aufrecht zu erhalten. Die pessimistischen Urteile über die voraussichtliche Entwicklung des Industrieexportes enthielten also mancherlei Übertreibungen. Noch weniger hielte die Ansicht der Prüfung stand, daß Amerika und Australien an Europa in absehbarer Zeit nicht mehr die notwendigen Lebensmittel und Rohstoffe liefern würden. In Südamerika sei die landwirtschaftliche Produktion noch einer beträchtlichen Ausdehnung fähig[2]). Und diese Ausdehnung würde gewiß eintreten, sobald steigende Getreidepreise sie rentabel machten.

Wie immer man nun die Möglichkeiten und Wahrscheinlichkeiten der Zukunft beurteilen möge, so viel sei unbedingt sicher, daß die auswärtigen Handelsbeziehungen nicht plötzlich verändert werden könnten. Selbst wenn man glaube, daß das britische Weltreiche, daß Panamerika und Rußland ihre Lebensmittel und Rohstoffe einmal vorsorglich der eigenen Industrie und dem eigenen Volke vorbehalten wollten, so könne eine derartige Veränderung im eigensten Interesse dieser Gebiete doch nur schrittweise angebahnt werden. Stiegen demzufolge in West- und Mitteleuropa die Rohstoffe und Lebensmittel im Preise, während gleichzeitig der Absatz der Industrieprodukte im Auslande auf wachsende Schwierigkeiten stoße, so werde eine Umbildung der volkswirtschaftlichen Struktur zugunsten der Landwirtschaft bei uns erfolgen, ähnlich wie mit dem Auftreten der überseeischen landwirtschaftlichen Konkurrenz die heimische Landwirtschaft hinter die Industrie zurücktrat. Die Möglichkeit, daß in künftigen Zeiten solche Veränderungen vorzunehmen sein würden, könnte keinen zwingenden Grund liefern, diese Umbildung schon jetzt vorzunehmen, wenn die Einfuhr vieler Rohstoffe und Lebensmittel aus dem Auslande und ihre Bezahlung mit Industrieprodukten

---

1) Dr. Max Huber, Bericht über die Erweiterung der Handelsbeziehungen der Schweiz mit Ostasien. (Als Manuskript gedruckt.) Zürich 1901. S. 5.

2) Pfannenschmidt, Die landwirtschaftlichen Produktionsverhältnisse Argentiniens. S. d. V. f. S. 141. Bd. 1. Teil. 1913.

heute noch volkswirtschaftlich und sozial-politisch vorteilhafter wäre.

Damit sind wir an den Kern des Problems gelangt. Die Freunde der industriestaatlichen Entwicklung argumentierten im Sinne der Ricardoschen Freihandels-Lehre[1]): Bei uns ist die industrielle Arbeit produktiver, in Rußland und Amerika die landwirtschaftliche. So ist es möglich, daß wir durch Bezahlung der Lebensmittel mit Fabrikaten erstere unter geringeren Kosten erwerben, als wenn wir sie selbst angesichts der progressiv härteren Bedingungen, die uns das Gesetz vom abnehmenden Bodenertrage auferlegt, beschaffen wollen. Wie für den Bezug der Lebensmittel von auswärts vorteilhafter ist, so gewinnen wieder die Bewohner der mit unerschöpften, reichen Naturfonds ausgestatteten Staaten am meisten, wenn sie die Industrieprodukte gegen ihre so leicht zu gewinnenden landwirtschaftlichen Erzeugnisse eintauschen.

Diese ganze, anscheinend logisch unanfechtbare Beweisführung ruht aber schon für die theoretische Betrachtung auf einem schwankenden Fundamente. Sie bedient sich des privat- und geldwirtschaftlichen Kostenbegriffes. Sie fragt nicht danach, welchen objektiven Aufwand ein Produkt verursacht, sondern allein, was der Unternehmer für die Produktion bezahlen bzw. berechnen muß. Nun stimmt der Betrag dessen, was eine Ware vom volkswirtschaftlichen und sozialen Standpunkte aus kostet, und was ein Unternehmer für die Herstellung dieser Ware bezahlen muß, durchaus nicht immer überein. Der Unternehmer muß sich von dem privatwirtschaftlichen Calcul bei Strafe des Unterganges leiten lassen. Der Volkswirt und Sozialpolitiker verkennt aber seine wahre Mission, wenn er sich nicht von der privat- oder geldwirtschaftlichen Brille unabhängig zu machen strebt. Er wird bei der Beurteilung der Produktionskosten einer Ware nach dem gesamten persönlichen und sachlichen Aufwand forschen, der die Bedingung dieser Produktion bildete. Von besonderem Interesse ist der persönliche Aufwand[2]).

---

[1]) Vgl. Dietzel, Weltwirtschaft und Volkswirtschaft, a. a. O. S. 7 ff.

[2]) Vgl. einige Ansätze zu der in der deutschen Nationalökonomie trotz Gossen (Entwicklung der Gesetze des menschl. Verkehrs. Neue Ausgabe. Berlin 1889) noch immer vernachlässigten Lehre von der subjektiven Arbeit bei Nichelson, Principles of

So groß auch die Schwierigkeit sein mag, in jedem Falle zu einer dem wirklichen Tatbestande adäquaten Erfassung der persönlichen Opfer zu gelangen, so kann sie doch nicht deren Vernachlässigung und die Beschränkung auf den bloßen Geldlohn rechtfertigen. Wir verzichten ja auch nicht auf den subjektiven Wertbegriff zugunsten des objektiven Geldpreises. Und daß ein Arbeiter infolge ungünstiger Stellung beim Abschlusse des Arbeitsvertrages gezwungen ist, selbst bei niedriger Bezahlung eine Fülle der höchsten persönlichen Güter in die Schanze zu schlagen, gibt uns nicht das Recht, über diese Opfer einfach hinwegzugleiten. Wenn uns die Statistik der Berufssterblichkeit zeigt, daß Feilenhauer, Schleifer, Steinhauer und ähnlich gestellte Arbeiter eine sehr kurze Lebensdauer besitzen, so liegt übrigens ein ziemlich sicheres Kriterium dafür vor, daß hier ein grobes Mißverhältnis zwischen Arbeit (Lebensaufopferung) und Erfolg (Lebensgewinn) besteht, d. h. eine negative Produktivität.

In der Finanzwissenschaft ist seit Hermann der Begriff des sogenannten „versteckten Staatsbedarfes" geläufig. Es kommen nämlich fast überall bedeutende Geldwerte an Arbeitsleistungen sowie an Vermögen und deren Nutzungen für die Staats-, Gemeinde- und korporativen Bedürfnisse zur Verwendung, ohne in irgendeiner Rechnung aufgeführt und kontrolliert zu werden. Man denke z. B. an die zahlreichen nicht budgetierten Opfer, welche die allgemeine Wehrpflicht der Bevölkerung auferlegt.

Im Wirtschaftsleben könnte man sehr wohl von „versteckten Produktionskosten" sprechen. Beispiele solcher „versteckten Produktionskosten" sind leicht zu finden. Es mag an Industrien erinnert werden, die entweder so niedrige Löhne oder so große Unregelmäßigkeiten der Beschäftigung darbieten, daß zahlreiche Arbeiterinnen einem lasterhaften Nebenerwerb anheimfallen oder daß von seiten der privaten und öffentlichen Armenpflege Zuschüsse zum Lebensunterhalt geleistet werden müssen. Es sind ferner die Benachteiligungen zu erwähnen, welche trotz § 16 der deutschen Gewerbe-

---

political economy vol. I p. 73—78 sec. ed. London 1902; Herkner, Die Bedeutung der Arbeitsfreude in Theorie und Praxis der Volkswirtschaft. Dresden 1905; Herkner, Arbeit und Arbeitsteilung im Grundriß der Sozialökonomik. II. Abteilung. S. 116—178. 1914. Vgl. im übrigen auch die Ausführungen im 1. Bande dieses Werkes. S. 75.

ordnung häufig die Nachbarn industrieller Anlagen treffen. Bald handelt es sich um Lärm und Erschütterungen des Grund und Bodens, bald um Schädigungen, die durch Staub, Ruß- und Gasentwicklung verursacht werden. Auch der rücksichtslosen Zerstörung landschaftlicher Schönheit durch so manche Industrieanlage mag gedacht werden. Der Gewinn einzelner wird erworben nicht nur auf Kosten derjenigen Personen, welche infolge des dann zurückgehenden Fremdenverkehrs leiden, sondern auch auf Kosten der ungezählten Tausende, die vielleicht den Genuß des betreffenden Landschaftsbildes zu den herrlichsten Genüssen ihres Daseins gezählt haben würden.

Ungleich wichtiger, aber leider noch weniger beachtet, werden die Schädigungen, welche die Gesellschaft durch ungünstige Arbeiterverhältnisse erleidet. Da läßt z. B. ein Unternehmer, um höhere Löhne, also privatwirtschaftlich gesprochen, höhere Produktionskosten zu vermeiden, Arbeitskräfte von auswärts kommen, die auf einer sehr niedrigen Stufe der sittlichen und materiellen Kultur stehen, häufig auch einer anderen Nationalität und Konfession angehören. Dadurch können für die Bewohner der betreffenden Ortschaften erhebliche, wenn auch in Geld nicht darstellbare Schädigungen persönlicher Güter entstehen[1]). Zuweilen tritt eine Er-

[1]) „Weniger zufrieden sind die einheimischen Arbeiter mit dem Bezuge fremder Arbeiter wegen des dadurch bewirkten Lohndruckes. Aber auch die übrigen Gesellschaftsklassen beklagen sich vielfach über sie. Wenn es auch anerkannt wird, daß viele dieser Arbeiter sparsam und zurückgezogen leben, so kommt es für die Beurteilung dieser ganzen Arbeiterklasse doch hauptsächlich in Betracht, daß zahlreiche rohe Verbrechen von Polen und Italienern begangen werden. Auch abgesehen hiervon findet sich die einheimische Bevölkerung von der ganz anderen und niederer stehenden Kulturstufe dieser Arbeiter abgestoßen." Jahresbericht der Großh. bad. Fabrikinspektion f. d. Jahr 1898. (Karlsruhe 1899.) S. 59, 60. Ferner: „In der Unterbringung der immer zahlreicher werdenden fremden Arbeiter, zumeist Italiener, zeigen sich fortdauernd schwere Mißstände nicht selten. Am meisten gilt dies von den in Ziegeleien tätigen Arbeitern. Die Unterkunftsräume starren von Schmutz und sind oft nach ihrer ganzen Beschaffenheit zu menschlichen Wohnungen völlig ungeeignet: Bretterhütten, Verschläge unter dem Dach des Brennofens usw. Tische und Stühle fehlen; die Erhellung durch Tageslicht ist oft sehr dürftig; als

höhung der Kriminalität ein, eine Zunahme unsittlicher Attentate gegen Kinder und Frauen, eine Einbürgerung ansteckender Krankheiten u. dgl. In diesen Fällen wird kaum bezweifelt werden können, daß diese „billigen Arbeiter", diese „niedrigen Produktionskosten" der Gesellschaft sehr teuer zu stehen kommen. Das gilt aber von ungünstigen Arbeiterverhältnissen überhaupt[1]).

Mögen die „versteckten Produktionskosten" immerhin bei absolut elender Lage der Arbeiterbevölkerung leichter zu entdecken sein, so sind doch selbst bei den Waren, die von gut bezahlten Industriearbeitern hergestellt werden, in vielen Fällen die wirklichen Kosten weit höher als die auf dem Kontor berechneten. Kann die „gute Bezahlung" wirklich als ein ausreichendes Äquivalent dafür gelten, daß so manche dieser Arbeiter infolge der Arbeitsteilung und Maschinenverwendung als „bloße Lückenbüßer des menschlichen Erfindungsgeistes" (Nietzsche) eine unendliche Verödung ihres Arbeits-

---

Betten dienen Bretterkisten mit einem Strohsack und zwei Decken; da Schränke zur Aufbewahrung von Kleidern und Wertsachen meist nicht vorhanden sind, kommen nicht selten Diebstähle vor; Wascheinrichtungen bemerkt man fast nirgends. In einer Glasfabrik standen die Betten Tag und Nacht in Benützung. Dagegen sind die Unterkunftsräume der italienischen Mädchen in einer Spinnerei und Weberei noch verhältnismäßig befriedigende zu nennen, trotzdem auch hier auf je eine Person nur ca. 5—7 cbm Luftraum entfielen, und die Reinlichkeit viel zu wünschen übrig ließ. Leider erschweren die bekannte Bedürfnislosigkeit dieser ausländischen Arbeiter und ihr Mangel an Ordnungssinn die Maßregeln der Aufsichtsbehörde zur Beseitigung der vorgefundenen Mängel, sowie die oft vorhandenen ernsten Bestrebungen der Arbeitgeber, ihren Verpflichtungen nachzukommen. Darin liegt eine nicht zu unterschätzende Gefahr für das kulturelle Aufsteigen unserer einheimischen Arbeiter, die diesen keineswegs verborgen ist, und worauf sie uns von selbst hinweisen." Jahresbericht der Großh. bad. Fabrikinspektion f. d. Jahr 1899. (Karlsruhe 1900.) S. 76. Ähnliche Klagen sind in den Berichten der reichsländischen Fabrikinspektion über die Folgen der Italienereinwanderung in die lothringisch-luxemburgische Eisenindustrie erhalten. Vgl. Bosselmann, Erzbergbau und Eisenindustrie in Lothringen-Luxemburg. S. d. V. f. S. CVI. S. 9 und 10.

[1]) Vgl. das bereits im ersten Bande dieses Werkes S. 72ff. Gesagte.

daseins über sich ergehen lassen müssen, daß sie in den trostlos monotonen Arbeitervierteln der Groß- und Fabrikstädte, in teuren Wohnungen eng zusammengepfercht, dahinleben, daß sie eine von Staub, Kohlen- und Schwefelsäure geschwängerte Luft atmen und den Ausblick auf Wald und Feld entbehren?

Sentimentale, unwissenschaftliche Erwägungen! wird mancher entgegnen. Obwohl nicht nur Poeten, sondern auch Realpolitiker wie Bismarck oder Rosebery Großstädten feindlich gesinnt[1])

---

[1]) Schon Shelley erklärte: „Hell is a city very much like London." Ebensowenig war Goethe ein Freund der Städte. „Gehen Sie einmal in unsere großen Städte," äußerte er zu Eckermann (12. März 1828), „und es wird Ihnen anders zu Mute werden. Halten Sie einmal Umgang an der Seite eines zweiten Hinkenden Teufels oder eines Arztes von ausgedehnter Praxis, und er wird Ihnen Geschichten zuflüstern, daß Sie über das Elend und über die Gebrechen erstaunen, von denen die menschliche Natur heimgesucht ist und an denen die Gesellschaft leidet." Und bei anderer Gelegenheit (11. März 1828): „Die frische Luft des freien Feldes ist der eigentliche Ort, wo wir hingehören; es ist, als ob der Geist Gottes dort den Menschen unmittelbar anwehte und eine göttliche Kraft ihren Einfluß ausübte." Wie heftig John Ruskin und Tolstoi die industriell-städtische Kultur angegriffen haben, ist bekannt. — Bismarck äußerte 1853 in einem Briefe: „Ich begreife eigentlich kaum, wie man nicht immer an der See wohnen kann und warum ich mich habe überreden lassen, zwei Tage in diesem gradlinigen Steinhaufen (gemeint ist Brüssel) hier zuzubringen." (Briefe an Braut und Gattin. Stuttgart 1900. S. 356.) Im November 1883 zu M. Busch: „Am wohlsten ist mir doch in Schmierstiefeln, im Walde tief drinnen, wo ich nichts höre als das Hacken und Hämmern des Spechts, weit weg von Ihrer Zivilisation." Und später: „Ich habe mich immer aus den großen Städten und dem Gestanke der Zivilisation weggesehnt, und mit jedem Male, wo ich dort sein mußte, mehr, und ich habe meine Muße verdient." Tagebuchblätter. Leipzig 1899. III. S. 163, 165. Noch härter lauten folgende Worte, welche Lord Rosebery als Vorsitzender des Londoner Grafschaftsrates im März 1891 sprach: „There is no thought of pride associated in my mind with the idea of London. I am always haunted by the awfulness of London: by the great appaling fact of these millions cast down, as it would appear by hazard, on the banks of this noble stream, working each in their own groove and their own cell, without regard or knowledge of each other lives — the heedless casualty of unnumbered thousands of men. Sixty years ago a great Englishman, Cobbett,

waren, mag man den Einwand gelten lassen, aber nur bei denjenigen, welche selbst lieber jahraus jahrein im Gerassel[1]) und Gestanke qualmbedeckter Fabrikstädte einförmigen Beschäftigungen nachgehen. Wer aber trotz interessanter, geistig anregender Berufsarbeit Wert darauf legt, in einem Villenviertel mit der Aussicht auf reizende Gärten zu wohnen; wer im Sommer der Stadt den Rücken kehrt, um in Höhenluft und Waldesduft die von der städtisch-industriellen Kultur zerrütteten Nerven zu erquicken, der hat das Recht zum überlegenen Spott verwirkt. Die ungeheure Ausdehnung, welche der Erholungszwecken dienende Reiseverkehr vor dem Kriege angenommen hatte, die Hunderte von Millionen, die eine sehr einträgliche Anlage in der sogenannten „Fremdenindustrie" gefunden hatten, die lieblichen Villen- oder Cottage-Viertel, welche man in so vielen Städten sich entwickeln sah, all diese Tatsachen wiesen doch mit großem Nachdrucke darauf hin, daß die Zahl derjenigen, die für sich und ihre eigene Familie solchen „sentimentalen" Regungen sehr zugänglich waren, rasch zugenommen hatte[2]).

---

called it a wen. If it was a wen then, what is it now? A tumour, an elephantiasis sucking into its gorged system half the life and the blood and the bone of the rural districts." E. Howard. To-Morrow, a peaceful path tho real reform. London 1898. S. 3.

[1]) Über „den Lärm in den Städten und seine Verhinderung" schreibt mit plastischer Anschaulichkeit der Berliner Stadtbauinspektor Pinkenburg in Weyls Handbuch der Hygiene. III. Supplementband.

[2]) Da in England im allgemeinen die Häßlichkeit der Städte größer ist als auf dem Kontinente, hat dort auch die Sitte, trotz der städtischen Berufstätigkeit auf dem Lande zu wohnen, weitere Kreise erfaßt. „Die Arbeiter wohnen vielfach in der Nähe der Fabriken, die Angestellten des Bureaus einige Meilen davon, der Chef weit draußen in der country. Dieses System hat eine Kehrseite: es führt zur kulturellen Verarmung der Städte. Ein Gang durch die Straßen von Liverpool nach Schluß der Geschäfte ist niederschlagend; geradezu fürchterlich aber ist ein Abend in Sheffield. Diese Stadt, die größer ist als Frankfurt, macht tagsüber den Eindruck eines einzigen qualmenden und stampfenden Pochwerkes; und wenn der Lärm zur Ruhe kommt, eilt alles, was einen reinlichen Rock trägt, in die Wohnungen draußen im anmutigen Hügelland des Don und Derwent. Die Straßen füllen sich mit einer zerlumpten Menge, die sich vor den Whiskyhöhlen und Tingeltangeln herumtreibt. Auch das arbeitende Proletariat ist hier

Aber die Arbeiter empfinden diese Nachteile des industriellen Lebens nicht so wie der höher gebildete Mensch! Der Einwand kann nur sagen sollen, daß die Nachteile den Arbeitern nicht immer vollkommen bewußt werden. Denn daß die Arbeiterschaft gegen die gesundheitlichen Insulten nicht immun geworden ist, beweist ihre höhere Sterblichkeit. Nun soll nicht bestritten werden, daß allerdings ein Teil der Arbeiterschaft gegen das Milieu der Fabrikstädte nur schwach reagiert[1]), daß namentlich jüngere Leute oft

---

nachlässig in seiner Kleidung, denn der englische Arbeiter kümmert sich viel mehr als der deutsche um die besitzenden Klassen. Warum sich also zusammennehmen, wenn doch keine Gentlemen da sind? Niemals habe ich die Wucht des von Björnson in „Über unsere Kraft" gezeichneten Bildes so empfunden wie in Sheffield; hier gibt es wirklich noch die zwei Nationen, die eine unten in der „Hölle", die andern droben auf der Burg. Nun ist Sheffield wahrscheinlich nicht schlechter verwaltet als andere englische Städte. Aber der Lordmayor, die Councillors und Aldermen gehören in der Mehrzahl zu den besitzenden Klassen. Sie wohnen draußen und es ist etwas anderes, ob man bloß die Geschäfte einer Stadt führt, für Beleuchtung, Sanität und Schule redlich sorgt oder ob man mit Frau und Kindern wirklich darin lebt." Reisebriefe aus England von B. Guttmann. Frankfurter Zeitung. 1904. Nr. 230.

[1]) In der schweizerischen Arbeiterpresse lassen sich übrigens auch andere Auffassungen finden. So schrieb das Züricher „Volkrecht" am 9. Oktober 1901:

„Die Jugend unserer Industriegegenden hat gar keine Jugendzeit. Denn vom 15. Lebensjahre an, also gerade von der Zeit an, wo das Denken anfangen könnte, reißt der Kapitalismus den jungen Knaben aus seinem Bette, lang bevor er ausgeschlafen hat, und sperrt ihn, nachdem er ihn schlaftrunken bei jedem Wind und Wetter, mangelhaft genährt und dürftig bekleidet, den oft stundenlangen Weg von der elterlichen Wohnung in die Fabrik gejagt hat, in eine staub- und rauch- und rußgeschwängerte Werkstätte, wo er inmitten lärmender Maschinen und hastender Menschen irgend einen Handgriff ausüben muß, Tag für Tag, Stunde um Stunde den gleichen. Von irgend welcher Nahrung für den Geist, für die Phantasie des Knaben keine Spur. Desgleichen nicht für seinen Drang nach Selbständigkeit, für seine Freude am eigenen Können!

Wie ganz anders steht der Knabe des selbständigen Bauern da, der nur mit und neben dem Vater und der Mutter und den Geschwistern arbeitet, mit ihnen Sorge und Geschick, Freud und Leid teilt und so ganz allmählich herausreift zum selbständigen

wegen der Ungebundenheit der Lebensweise, der Bierpaläste und Tingeltangel, der Entwicklung der Prostitution u. dgl., oder wegen des regeren Parteilebens, der Fülle von Bildungsgelegenheiten und anständigen edlen Vergnügungen der Stadt unbedingt den Vorrang vor dem Lande zuerkennen. In reiferem Lebensalter tritt leicht ein Umschwung ein. Da wird es klar, unter wieviel günstigeren Verhältnissen die Jugend auf dem Lande emporwächst[1]), welche Vorteile

---

Manne, der an des Vaters Stelle treten kann, der sein Ernährer, sein Lehrer, sein Führer, sein erster und ältester Freund gewesen?

Wie ganz anders dann die Jugend des freien Handwerks, die unter dem sittigenden Einfluß des Elternhauses, bewacht und behütet vom freundlichen Vaterauge, jeden Tag etwas neues lernte, Stufe für Stufe emporschritt in Kenntnissen und Fertigkeiten, fröhlich und stolz des mit jedem neuen Morgen sich mehrenden Wissens und Könnens, sicher im Bewußtsein der eigenen Kraft."

Oder am 1. November 1901:

„Fabrikarbeiter zu werden schien einst in unserem Lande allen und scheint heute noch in mancher Gegend desselben einem großen Teile der Leute das schlimmste Los zu sein, das einem Menschen zuteil werden könne. Erst vor wenigen Monden hatte der Schreiber dieser Zeilen Gelegenheit, die Wahrnehmung zu machen, daß diese Auffassung immer noch, selbst in der jüngeren Generation da und dort verbreitet ist.

Ein Fabrikler gilt in diesen Kreisen heute noch, wie vor einigen Jahrzehnten in unserem ganzen Volke, als eine Art verlorener Sohn, als der Inbegriff der Armut und Unselbständigkeit, ungefähr das, was ein Indier mit dem Worte Paria bezeichnet, die unterste Kaste der besitz- und rechtlosen Leute im Lande."

Übrigens hat auch in den Sozialistischen Monatsheften bereits eine Polemik über die Vorzüge von Stadt und Land stattgefunden. Vgl. Grottwitz, Freundschaft mit der Natur, und Lisbeth Stern, Einige Worte über städtische Kultur. 1903. S. 519 ff. und 609 ff. — In Belgien hat die Verlegung des Wohnsitzes auf das Land auch auf Seiten der Industriearbeiter bereits erhebliche Fortschritte aufzuweisen. Zu enorm billigem Preise und mit großer Schnelligkeit verkehrende Lokalzüge haben diese Entwicklung ermöglicht. Vgl. W. Lotz, Aufgaben der Verkehrspolitik auf dem Gebiete der Handelspolitik und der Wohnungsfrage. Patria 1903. S. 68; ferner E. Vandervelde, L'exode rural et le retour aux champs. Paris 1903. S. 272 ff.

[1]) Sehr richtig bemerkt Hansen (Drei Bevölkerungsstufen, S. 163): „Es ist klar, daß ein Kind, das in solcher Umgebung aufwächst, vieles vor dem Stadtkind voraus hat. Statt der vier

für den Haushalt ein kleiner Garten oder Landwirtschaftsbetrieb darbietet. So kommt es, daß die auf dem Lande angesiedelten Industrieunternehmungen, trotzdem sie in der Regel niedrigere Löhne bezahlen, doch keinen Mangel an Arbeitskräften zu beklagen haben, daß ferner ein großer Teil der Industriearbeiter, auch wenn die Fabrik in der Stadt liegt, den Wohnsitz auf dem Lande, oft unter unsäglichen Entbehrungen, zu erhalten trachtet. Bekanntlich empfindet der englische Arbeiter nur geringe Sympathien für den Sozialismus. Soweit aber sozialistische Ideen Beifall gefunden haben, ist er nicht durch sozialdemokratische Schriften, sondern durch die Werke der Bodenreformer Henry George und Alfred Russel Wallace erzielt worden[1]. Der alte Chartistenruf: Zurück auf das Land! findet eben auch im Herzen der modernen englischen Arbeiter noch immer ein lebhaftes Echo. Die Bodenverstaatlichung soll ja den industriellen Arbeitern die Möglichkeit verschaffen, eine kleine Farm zu erwerben. Trotz der beträchtlichen Fortschritte, welche die industriellen Arbeiter durch Gesetzgebung, Gewerkvereine und Genossenschaften erzielt haben, ist eine endgültige Aussöhnung mit dem Industrialismus nicht zu-

---

Wände des Kinderzimmers hat es Wald und Feld, ihm brauchen nicht Spielwarenkästen und Bilderbücher eine kümmerliche Vorstellung von den lebendigen Geschöpfen zu geben. Was es hört und sieht, sind Dinge, die gerade zu dem Geiste des Kindes eine laute Sprache reden, die immerfort zum Nachdenken auffordern. Das Landkind schöpft aus dem ewigen Born der Natur, es lernt durch die eigene Anschauung, das Stadtkind muß sich mit elenden Surrogaten begnügen."

„Dazu kommt das Leben im Dorfe. Die Einwohnerzahl ist nicht so groß, daß nicht ein jeder alle Dorfgenossen kennen lernen könnte. Und nicht bloß oberflächlich, sondern durch häufige Berührung in den verschiedensten Beziehungen, in Freude und Trauer, in Liebe und Haß. Wer aber hundert Menschen gründlich kennt, der kennt sie alle, der kennt die Menschen überhaupt. Das Stadtkind dagegen sieht zwar in einer Stunde vielleicht mehr Menschen als das Dorfkind im ganzen Jahre. Aber was sieht es von ihnen? Eilig und gleichgültig hastet alles aneinander vorüber, ohne daß einer sich um den anderen kümmert." Vgl. ferner: O. Mulert, Vierundzwanzig ostpreußische Arbeiter und Arbeiterfamilien. Ein Vergleich ihrer ländlichen und städtischen Lebensverhältnisse. 1908.

[1] Baernreither, Englische Arbeiterverbände und ihr Recht. Tübingen 1886. S. 84 ff.

stande gekommen. Industriefeindliche Schriftsteller wie John Ruskin, William Morris oder Robert Blatchford sind in Arbeiterkreisen sogar besonders beliebt. Auch nach der Auffassung von Eduard Bernstein besitzt der Sozialismus nur deshalb eine Zukunft in England, weil und soweit er den Arbeitern, wie einst der Chartismus, Rettung vor dem Industriesystem verspricht [1]).

Mag man den imposanten Errungenschaften der modernen Technik und des industriellen Kapitalismus mit Begeisterung zujauchzen oder diese ganze Entwicklung nur resigniert als etwas Unvermeidliches hinnehmen, auf jeden Fall muß anerkannt werden, daß dabei auch bedeutungsvolle ethische und ästhetische Kulturwerte

---

[1]) Bernstein erwähnt in der „Zeit" (Wien) vom 8. September 1900 den Brief eines Arbeiters, welcher die Chartistenzeit beschreibt und behauptet, der Arbeiter habe damals besser gelebt. Bernstein hält diese Behauptung nicht für unrichtig. „Manches, was der Arbeiter heute billig kauft, trägt wenig dazu bei, den Reiz des Lebens zu erhöhen, und manches, was ihm ehemals sein hartes Los erleichterte, ist den in mächtig angeschwollenen Großstädten oder großen Fabrikstädten beschäftigten Arbeitern heute teils ganz entzogen, teils nur mit dem Aufwand größerer Mittel zugänglich . . . Hunderttausende, nein Millionen von Industriearbeitern führen heute in den Großstädten, wo jeder Wohnraum mit Gold aufgewogen werden muß, ein Dasein, das trotz hoher Geldlöhne unendlich reizloser ist, als es das Leben desjenigen Landarbeiters war, der nicht gerade auf der tiefsten Stufe seiner Klasse stand. Die städtischen Arbeiterquartiere, wie sie heute noch überwiegen, wo man oft kilometerweise nur Mauersteine sieht, sind etwas Grauenhaftes, dessen niederdrückender Einfluß durch billige Industriewaren und Eingemachtes nicht aufgewogen wird. In der ersten Hälfte des Jahrhunderts hatte noch ein großer Teil der industriellen Arbeiter in gewissem Sinne Fühlung mit der Mutter Erde. In den folgenden Dezennien haben Millionen sie eingebüßt, und erst in ganz neuer Zeit fängt man an, der damit bewirkten Verödung systematisch entgegenzutreten."

In ähnlichem Sinne spricht sich auch Fr. Naumann aus in seinem Artikel: Großstadt oder Kleinstädte. Patria 1903. S. 43 bis 57. Nicht Verschärfung des Großstadtwesens, sondern industrielle Dezentralisation ist seine Losung. „Das industrielle Programm darf sich aber um keinen Preis darauf beschränken, Großstadtprogramm zu sein. Will der Industrialismus regieren, so muß er dem ganzen Lande etwas zu bieten haben."

zugrunde gehen[1]). Die Wertschätzung dieser Imponderabilien wird nach persönlicher Veranlagung und Weltanschauung verschieden ausfallen, aber sie dürfen in der Gewinn- und Verlustrechnung des Kapitalismus nicht fehlen.

Aber wenn das Fabriksystem den Arbeitern so große Opfer zumutet, warum verlassen denn die Landarbeiter scharenweise die Landwirtschaft und suchen industrielle Arbeit auf? Warum hat sich eine „Flucht vom Lande" und ein „Zug nach der Stadt" ausgebildet? Warum haben die Landwirte so oft über Arbeitermangel zu klagen? Es wäre sehr gewagt, aus der starken Abwanderung der Landbevölkerung auf eine allgemeine wachsende Abneigung gegen den landwirtschaftlichen Beruf an sich zu schließen. Dieses Moment kommt nur bei einem Teile der Abwanderer weiblichen Geschlechts in Frage. Wie die ungünstigen Sterblichkeitsverhältnisse der weiblichen Landbewohner zeigen, ist in der Tat die Frau auf dem Lande stärker belastet als in der Stadt. Es werden ihr Arbeiten zugemutet, welche ihre Kräfte übersteigen und

---

1) Viele feinsinnige Bemerkungen zur Kritik der modernen industrialistischen Kultur bei Vierkandt, Naturvölker und Kulturvölker. Leipzig 1896, insbes. VI. und VII. Kap.; vgl. ferner H. Muthesius, Kultur und Kunst, 1904 und Simmel, der in seiner „Philosophie des Geldes", 1900. S. 520 ff., sehr schön zeigt, wie leicht in der modernen wirtschaftlichen Kultur die Zwecke über den Mitteln vergessen werden. Treffend bemerkt auch Max Weber in einer lehrreichen Abhandlung über die protestantische Ethik und den „Geist" des Kapitalismus (A. f. s. G. XX. S. 16): „Vor allem ist das „summum bonum" dieser „Ethik" der Erwerb von Geld und immer mehr Geld, unter strengster Vermeidung alles unbefangenen Genießens, so gänzlich aller eudämonistischen oder gar hedonistischen Gesichtspunkte entkleidet, so rein als Selbstzweck gedacht, daß er als etwas gegenüber dem „Glück" oder dem „Nutzen" des einzelnen Individuums jedenfalls gänzlich Transzendentes und schlechthin Irrationales erscheint. . . . Diese für das unbefangene Empfinden schlechthin sinnlose Umkehrung des, wie wir sagen würden, „natürlichen Sachverhalts" ist nun ganz offenbar ebenso unbedingt ein Leitmotiv des Kapitalismus, wie sie dem von seinem Hauch nicht berührten Menschen fremd ist." Sombart hat in den früheren Werken (Mod. Kapitalismus. 1902) mehr die Lichtseiten, in den neueren (Proletariat, Die Juden i. d. Wirtschaftsleben. 1911, Der Bourgeois. 1913) mehr die menschlich abstoßenden Seiten des Kapitalismus unterstrichen.

nur auf Kosten der Gesundheit geleistet werden können. Bei den männlichen Abwanderern muß unterschieden werden zwischen den selbständigen Landwirten und den Landarbeitern, die wenigstens im Nebenberufe selbständige Landwirte sind, einerseits und den vollkommen landlosen Arbeitern andererseits, beziehungsweise den Leuten, welche, falls sie auf dem Lande bleiben würden, nur die Möglichkeit besäßen, in die letztgenannte Gruppe einzutreten. Bei den ersteren kann von einer Landflucht nicht gesprochen werden. Im Gegenteile. Es wird hie und da sogar über „Schollenkleberei" geklagt; d. h. es halten die Leute an dem landwirtschaftlichen Erwerbe fest, selbst wenn die ihnen zustehende Betriebsfläche zum Unterhalte einer Familie nicht ausreicht. Ja man bezahlt für Bodenparzellen so hohe Kauf- und Pachtgelder, daß sie nur auf Kosten einer normalen Vergütung der Arbeitsmühe entrichtet werden können[1]). Die Landflucht ist vorzugsweise dort zu finden, wo der herrschende Großgrundbesitz den Landarbeitern keine Aussichten gewährt, zu selbständigen kleinen Landwirten emporzusteigen[2]). Bedenkt man, daß in diesen Gegenden den Landarbeitern die Anlehnung an eine bäuerliche Dorfgemeinde häufig fehlte, daß die Löhne hinter denjenigen der Industrie zurückstanden und nur eine äußerst niedrig liegende Stufe der Lebenshaltung gestatteten, so wird man zögern, die Abwanderung vom Lande ohne weiteres aus einer Abneigung gegen den landwirtschaftlichen Beruf zu erklären. So mancher Abwanderer verließ ja auch gar nicht die Landwirtschaft, sondern zog über den Ozean, um dort zu erwerben, was ihm die

---

[1]) Ergebnisse der Erhebungen über die Lage der Landwirtschaft im Großherzogtum Baden. 1883. S. 7, 33; Herkner, Betriebseinrichtungen und Rentabilität der schweiz. Landwirtschaft. J. f. S. V. XXVIII. S. 869.

[2]) Nach den Berechnungen v. Mayrs (S. V. f. S. LVIII. Leipzig 1893. Tabelle I) trafen die größten Wanderungsverluste innerhalb der Zeit von 1885 und 1890 die Regierungsbezirke Cöslin (17,40 jährlich auf 1000 der mittleren Bevölkerung), Marienwerder (15,56), Posen (13,94), Königsberg 13,48), Bromberg (13,43), Gumbinnen (13,40), Stralsund (12,63), Danzig (11,41), also die klassischen Gebiete der Rittergüter. Diese Angaben sind durch neuere, tief eindringende Untersuchungen bestätigt worden. Vgl. M. Sering, Die Verteilung des Grundbesitzes und die Abwanderung vom Lande. Berlin. 1910.

Heimat versagte, nämlich den eigentümlichen Besitz eines Bauerngutes. In diesen Fällen übertraf die Anhänglichkeit an die Landwirtschaft sogar die Liebe zum Heimatsstaate.

Auch für England läßt sich, wie Hasbach[1]) nachweist, die Behauptung, daß in der landwirtschaftlichen Bevölkerung allgemein eine unüberwindliche Neigung in die Städte zu ziehen lebe, nicht aufrecht erhalten. „Die Arbeiter bleiben, wo gute Feldgärten erlangt werden können, wo gute Häuser zu einem billigen Preise zu haben sind, wo, wie auf den Gütern des Lord Tollemache, mit jedem Hause drei Acres Weide verbunden sind, wo die Hoffnung winkt, selbständig zu werden. Dies zeigt sich wiederum in Cumberland und Lancashire. Dort ist viel Ackerland in Grasland verwandelt worden, Bergwerke und große Industriestädte mit ihren Vergnügungen sind in ihrer Nähe, aber trotzdem ist die Abwanderung der Landarbeiter sehr gering. Die Dienstboten erhalten hohe Löhne und sparen, um einmal eine kleine Pachtung übernehmen zu können."

Endlich muß bedacht werden, daß die Verhältnisse auf dem Lande in hohem Maße durch das Herkommen bestimmt werden, namentlich in denjenigen Punkten, in denen das Herkommen den Arbeitgebern günstig war. Im deutschen Osten erinnerten noch mancherlei Sitten und Gebräuche lebhaft an die Zeiten, in denen das Landvolk persönlich unfrei und fronpflichtig war. Da gab es für den Arbeiter weder Arbeiterschutz noch Fabrikinspektion,

---

[1]) Die englischen Landarbeiter in den letzten hundert Jahren. (S. V. f. S. LIX.) 1894. S. 369; H. Levy, Landarbeiterfrage und Landflucht in England. A. f. s. G. XVIII. S. 483—519.

Vgl. dazu die Ergebnisse, zu welchen M. J. Bonn, Der Rückgang der engl. Landbevölkerung, Nation, 16. Nov. 1901, S. 101 gelangt: „Der ländliche Arbeiter in England wandert ab, ob die Löhne hoch oder ob sie zu niedrig sind; ja es scheint, daß gerade in den höher gelohnten Distrikten die Abwanderung am stärksten ist. Er wandert ab, weil ihn kein anderes Band an den Boden fesselt, als die jahrhundertelange Abhängigkeit, weil irgendwelche Aussicht, im Leben emporzusteigen, in der auf aristokratischem Monopolbesitz und kapitalistischem Großbetriebe beruhenden englischen Agrarordnung nicht vorhanden ist. Es ist somit die englische Agrarordnung, die die Verödung des flachen Landes zur Folge gehabt hat."

weder Gewerkvereine noch Genossenschaften, weder Koalitionsfreiheit noch Gewerbegerichte [1]), ja selbst die deutsche Arbeiterversicherung hat nur zögernd und spät das Gebiet des ländlichen Arbeitsverhältnisses betreten. Ist es da zu verwundern, wenn schließlich doch viele der Industrie den Vorzug vor der gesünderen und abwechslungsreicheren landwirtschaftlichen Tätigkeit einräumen?

3. Landwirtschaftliche Mittelstandspolitik.

Der Gegner des überwiegenden Industriestaates konnte noch ein Argument zugunsten seiner Stellung vorführen: In der Industrie sei wegen der geringen Lebensfähigkeit des kleinen Betriebes für einen Mittelstand kein Raum mehr; in der Landwirtschaft dagegen bestehe eher eine Überlegenheit des mittlern und kleinen Betriebes. Hier dürfe man sogar auf eine Zunahme des Mittelstandes hoffen.

Dieser Einwurf wurde von denjenigen nicht hoch gewertet, welche auf die Existenz eines Mittelstandes nur geringes Gewicht legten. Die geschichtliche Erfahrung scheint aber darzutun, daß die Perioden, in denen ein breiter Mittelstand vorhanden war, die erfreulichsten Züge aufwiesen. Es waren die sogenannten orga-

---

1) Vgl. die ausgezeichneten, präzisen Darlegungen H. v. Gerlachs in Patria! 1902. S. 85—90.

Bemerkt doch selbst die konservative Monatsschrift für Stadt und Land, herausgegeben von Prof. v. Nathusius, Leipzig, Novemberheft 1901, S. 1260: „Vor allem kommt aber die soziale Stellung in Betracht. Hat der städtische Arbeiter die Fabrik verlassen, so taucht er unter der großen Masse unter, er ist ein Mann wie jeder andere, und von Frau und Kindern gilt das gleiche. Auch kann er ohne besondere Schwierigkeiten die Arbeitsstelle wechseln, wenn sie ihm nicht gefällt, oder wenn er glaubt, sich zu verbessern. Auf dem Dorfe, wo jeder jeden kennt und wo namentlich unter der bäuerlichen Bevölkerung die Standesverhältnisse eine große Rolle spielen, bleibt der Arbeiter auch im sozialen Leben immer nur ein solcher, d. h. ein Mitglied der im Range zu unterst stehenden Berufsklasse und das übt unter den Verhältnissen der Gegenwart einen Druck auf ihn aus, dem er sich zu entziehen strebt."

Nach meinen Beobachtungen ist es ganz besonders die übermäßige Länge der täglichen Arbeitszeit, welche selbst Landarbeiter, die die landwirtschaftliche Arbeit der industriellen entschieden vorziehen, zum Übertritt in gewerbliche Berufe bestimmt.

nischen, positiven, aufbauenden Epochen in der Geschichte der Menschheit. Da zeigte sich eine glückliche Vereinigung von Arbeit und Genuß, von Rechten und Pflichten, ein offener Blick für gesunden Fortschritt; da finden wir eine lebhafte und allgemeine Teilnahme an öffentlichen Dingen, da waren wenige so arm, um durch den Umsturz nur gewinnen zu können, wenige so reich, um als gesellschaftliche Macht der Autorität des Staates zu trotzen; kein Bürger so reich, um mit Rousseau zu sprechen, daß er die andern kaufen könnte, und keiner so arm, daß er sich selbst verkaufen müßte. Das ist der Boden für wahre politische Freiheit, für eine tatkräftige Selbstverwaltung. Proletarischen Ausschreitungen kann durch die Verbindung der Mittelklasse mit den oberen Schichten, plutokratischen Anmaßungen durch die Allianz mit der Masse begegnet werden. Da ist eine breite Brücke zwischen reich und arm geschlagen. Die oberen Klassen ergänzen sich leicht aus den unteren, und die zahlreichen Zwischenglieder sorgen dafür, daß die Kulturerrungenschaften der Spitzen der Gesellschaft sich auch allmählich auf die breiten Volksmassen erstrecken. Da ist nicht zu besorgen, daß viele von Natur reich ausgestattete Individuen unter dem Drucke des Elends verkommen, oder in üppigem Reichtume erschlaffen. Die Produktion gedeiht und blüht. Produktion und Konsumtion sind leichter im Gleichgewichte zu erhalten. Die Arbeit der Gesellschaft findet einen kaufkräftigen Markt in der Heimat. Der wirtschaftliche Kreislauf vollzieht sich ohne ernstere Reibungen und Störungen. So war es in den guten Tagen Athens[1]) unnd Roms[2]), so in den Ruhmeszeiten italienischer, deutscher und niederländischer Städtefreiheit. Auf einem breiten Mittelstande beruht die Machtstellung Frankreichs[3]), ein breiter Mittelstand verleiht den meisten schweizerischen Kantonen, sowie dem Süden und Westen Deutschlands die gesunde soziale und

[1]) Pöhlmann, Geschichte der sozialen Frage und des Sozialismus in der antiken Welt. I. Band. München 1912. S. 211.

[2]) Bloch, Die ständischen und sozialen Kämpfe in der römischen Republik. Leipzig 1900. S. 88 ff.

[3]) Wie sehr die ganze französische Wirtschaftspolitik besonders im Zeichen der agrarischen Mittelstandspolitik steht, zeigt Bajkič, Die französische Handelspolitik 1892—1902. Stuttgart 1904. S. 460 ff.

politische Physiognomie. Darum sind Priester, Dichter und Denker, Staatsmänner, Historiker und Volkswirte aller Zeiten und Völker einig in dem Lobe eines zahlreichen, in mäßigem Wohlstande lebenden Mittelstandes, sie preisen ihn als das wichtigste Fundament eines gesunden Staatswesens und werden nicht müde, vor greller Vermögensungleichheit mit Nachdruck zu warnen.

Steht somit die Bedeutung des Mittelstandes ganz außer Frage, so kann die folgende Erörterung nur prüfen, ob wirklich der Mittelbetrieb, als das wirtschaftliche Fundament der Mittelklasse, in der Landwirtschaft eine größere Zukunft besitzt als im Gewerbe. Hier können wir uns auf ziemlich einwandsfreie Forschungsergebnisse beziehen. Die monographischen Arbeiten führen zu dem gleichen Resultate, welches die ausgezeichneten betriebstatistischen Aufnahmen des Deutschen Reiches aus den Jahren 1882, 1895 und 1907 zutage gefördert haben: Der Handwerksmeister verschwindet in großen und wichtigen Gebieten des gewerblichen Lebens, der Bauer bleibt bestehen, ja steht häufig weit gesicherter da als der Rittergutsbesitzer[1]). Es ist hier nicht möglich, die Gründe dieser

---

[1]) Die besten Aufschlüsse über die Frage der Lebensfähigkeit des bäuerlichen Betriebes gewähren in der neueren Literatur: Sering, Innere Kolonisation im östlichen Deutschland. Leipzig 1893; M. Hecht, Drei Dörfer der badischen Haardt. Leipzig 1895; Derselbe, Die badische Landwirtschaft am Anfange des 20. Jahrhunderts. Karlsruhe 1903; Spezialarbeiten von Auhagen, Stumpfe und Klawki in Thiel's Landw. Jahrbüchern 1896; Sering, Agrarfrage und Sozialismus. J. f. S. V. XXIII. Stumpfe, Der landwirtschaftliche Groß-, Mittel- und Kleinbetrieb. Berlin 1902. Von sozialistischer Seite haben sich für die Lebensfähigkeit der Kleinbetriebe ausgesprochen: Fr. O. Hertz, Die agrarische Frage im Verhältnis zum Sozialismus. Wien 1899; Derselbe, Agrarfrage und Sozialismus. Wien 1899; Ed. Bernstein, Voraussetzungen des Sozialismus und die Aufgaben der Sozialdemokratie. Stuttgart 1899; das Hauptwerk ist aber Ed. David's Sozialismus und Landwirtschaft. I. Bd. Berlin 1903. 2. A. 1922. Seit 1908 tritt mit zahlreichen Untersuchungen in den Sozialistischen Monatsheften auch der Sozialdemokrat A. Schulz für den Kleinbetrieb ein. Die beste Verteidigung der marxistischen Auffassung, nach welcher auch in der Landwirtschaft dem Großbetriebe die Zukunft gehört, hat K. Kautsky geliefert in seinem 1899 in Stuttgart erschienenen Werke: Die Agrarfrage. Vgl. auch die Rezension dieses Werkes von Bulgakoff, A. f. s. G. XIII. Gegen

Erscheinung ausführlich auseinanderzusetzen. Die Andeutung mag genügen, daß die wesentlichen Vorzüge des gewerblichen Großbetriebes (Arbeitsteilung, Maschinenverwendung, Interessierung der Lohnarbeiter durch Akkordlöhnung an den Ergebnissen ihrer Arbeitsleistungen, leichte Betriebserweiterung) von den landwirtschaftlichen Großbetrieben entweder gar nicht, oder doch nur in sehr beschränktem Umfange erzielt werden können. Wenn Karl Kautsky die Lebensfähigkeit des bäuerlichen Betriebes auf Unterkonsumtion und Überarbeitung der bäuerlichen Bevölkerung zurückführen will, so übersieht er, daß der landwirtschaftliche Großbetrieb des deutschen Ostens seinen Arbeitskräften doch noch weit ungünstigere Lebensbedingungen bietet, als sie vereinzelt bei der bäuerlichen Bevölkerung angetroffen werden. Außerdem ist es nicht gleichzuschätzen, wenn ein Landarbeiter auf fremdem Boden 14 oder 15 Stunden in Erntezeiten arbeitet, und wenn der Bauer auf eigener Scholle die gleiche Arbeitszeit aufweist. Die Arbeit für die eigene Wirtschaft wird mit weit größerem Interesse verrichtet, wirkt daher bei weitem nicht so ermüdend und abspannend als die widerwillig geleistete des gemieteten Taglöhners. Der letztere denkt, wie Auhagen sehr gut bemerkt, „wenn es doch erst Feierabend wäre"; der Kleinbauer, wenigstens bei allen dringenden Arbeiten: „wenn der Tag doch noch ein paar Stunden länger dauerte".

Soweit sozialkonservative Strömungen darauf abzielen, einen möglichst großen Bruchteil des Volkes der Landwirtschaft und insbesondere dem bäuerlichen Betriebe zu erhalten, dienen sie in der Tat dem Wohle der Gesamtheit und insofern auch dem der Industriearbeiter. Welche wirtschaftspolitischen Mittel nun wirklich

---

David richtet sich die Artikelserie Kautsky's in der Neuen Zeit: Sozialismus und Landwirtschaft. XXI. I. S. 677, 731, 745, 804. Vgl. dazu die Replik David's in den Soz. Monatsheften: 1903, S. 326, 559, 688, 750. Einen in mancher Hinsicht vermittelnden Standpunkt nimmt E. Vandervelde ein in La propriété foncière en Belgique. Paris 1900; Pringsheim, Neuere Literatur über Groß- und Kleinbetrieb in der Landwirtschaft. A. f. s. G. XXI. S. 266 ff. H. Levy, Entstehung und Rückgang der landwirtschaftlichen Großbetriebe in England. 1904; M. Sering, Politik der Grundbesitzverteilung in den großen Reichen. 1912. Vgl. auch Aereboe, Allg. landw. Betriebslehre. 5. Aufl. Berlin 1920.

imstande sind, eine starke Agrarbevölkerung zu erhalten, hat die soziale Agrarpolitik darzulegen[1]). Hier soll nur mit einem Worte jener resignierte Standpunkt bekämpft werden, der in der Wissenschaft allein Indikative gelten lassen will, die Aufstellung von Zielpunkten verschmäht oder zum mindesten von der praktischen Wirksamkeit der „dünnen Stimme" der Theorie eine sehr geringe Meinung hegt. Schließlich ist alle gesellschaftliche Entwicklung doch ein Produkt des menschlichen Willens. Es kann also nur darauf ankommen, ob die Wissenschaft ihre Ideale mit so über-

---

[1]) Vgl. insbesondere die Werke von Buchenberger, Agrarwesen und Agrarpolitik. 2 Bde. Leipzig 1892 u. 1893. 2. Aufl., bearbeitet von W. Wygodzinski. I. Bd. 1914; I. Teil. Stuttgart 1897; Gesammelte Aufsätze (I. Bd. Erbrechtspolitik) Stuttgart 1899; Sohnrey, Wegweiser für ländliche Wohlfahrts- und Heimatpflege. 3. Aufl. Berlin 1909; M. Weber, Agrarstatistische und sozialpolitische Betrachtungen zur Fideikommißfrage in Preußen. A. f. s. G. XIX. S. 503—575; David a. a. O.; Wegener, im Grundriß der Sozialökonomie. VII. 1922. S. 169—192. In parteipolitischer Hinsicht enthielt das in Leipzig beschlossene Agrarprogramm der nationalsozialen Partei eine treffliche Zusammenfassung der dringlichen Maßregeln. Vgl. Naumanns „Hilfe" 1900. Nr. 24 und 41. Die Losung Naumanns „Bauerngut an Bauerngut bis zur russischen Grenze" und das von Schulze-Gävernitz ausgesprochene Wort „Das Land der Masse" können mit der Einschränkung angenommen werden, daß auf dem Lande so viele aristokratische Existenzen, d. h. Leute von höherer Bildung, wirtschaftlicher Unabhängigkeit und Geneigtheit, dem öffentlichen Wohle sich ohne eigennützige materielle Absichten zu widmen, erhalten bleiben, als im Interesse der fortschreitenden Entwicklung des Landes selbst geboten erscheint. Es ist, wie z. B. die Schweiz zeigt, der ländlichen Bevölkerung keineswegs förderlich, wenn die aristokratischen Elemente ganz überwiegend den Kreisen der Industrie und des Handels angehören. Dort ist es erst 1898 gelungen, eine Interessenvertretung der Landwirtschaft im Bauernverband und Bauernsekretariate zustande zu bringen, nachdem Industrie, ja selbst Handwerk und Lohnarbeiter schon längst über solche verfügten. Ich stimme ferner mit dem philosophischen Sozialpolitiker Fr. Albert Lange darin überein, daß die Menschheit für das Opfer bevorzugter Existenzen Vorbilder gewonnen hat, nach denen sie ringen und streben kann. Es scheint mir aber nicht im Interesse einer harmonischen Entwicklung zu liegen, wenn solche Vorbilder nur noch in städtischen Verhältnissen zu finden wären. Das bedrohliche Übergewicht der städtisch-industriellen Kultur müßte dadurch eine bedenkliche Verstärkung erfahren.

zeugenden Beweisgründen ausstatten kann, als notwendig ist, um das Wollen einer genügend großen Zahl von Menschen zu bestimmen. Meiner Erfahrung nach ist die Erhaltung einer starken Agrarbevölkerung ein wirtschaftliches Ideal, für das die weitesten Kreise der Bevölkerung leicht zu gewinnen sind. Auch ein großer Teil der städtischen Bevölkerung wird hier von dem richtigen Gefühle beherrscht: tua res agitur[1]). Es ist eine sehr unzugängliche Erklärung, wenn die starke politische Position der agrarfreundlichen Parteien ausschließlich auf das traditionelle Übergewicht des östlichen Grundadels zurückgeführt wird. Die agrarischen Sympathien sind ja durchaus nicht auf den deutschen Osten beschränkt. Im Gegenteile, im Süden, im Westen des Reiches, in der Schweiz wurzeln sie weit fester. Hier bekunden konservative sowohl wie politisch links stehende Elemente, ja sogar sozialdemokratische Kreise[2]) das wärmste Interesse an allen Maßregeln, welche geeignet sind, die Landwirtschaft und die Lage der bäuerlichen Bevölkerung zu verbessern.

---

1) Treffende Bemerkungen von W. Lotz, Die agrarische Stimmung unter den Gebildeten Deutschlands. Der Lotse. Hamburg. 25. 1. 1902.

2) Vgl. H. Greulich, Die Notlage der Landwirtschaft. Zürich 1891. Im übrigen hatte der sozialdemokratische Arbeitersekretär Greulich bereits 1886 die Verstaatlichung des Getreidehandels zu dem Zwecke befürwortet, um den heimischen Landwirten höhere Getreidepreise zu verschaffen. Über die Beziehungen der schweizerischen Sozialdemokratie zur agrarischen Frage vgl. Herkner, Studien zur schweiz. Agrarbewegung. J. f. G. V. XXVII. S. 807, 810, 823. Es ist beachtenswert, daß die Verordnung zur Beschaffung von landwirtschaftlichem Siedlungsland vom 29. 1. 1919 von einer Regierung beschlossen worden ist, in der die Sozialdemokratie an erster Stelle stand. Vgl. Sering, Erläuterungen zu dem Entwurfe eines Reichsgesetzes zur Beschaffung von landw. Siedlungsland. Berlin. Reichsdruckerei, 1918; Derselbe, Die Ziele des ländlichen Siedlungswerkes. Deutsche Politik, 31. 1. 1919. Im Gegensatze zu dieser Auffassung stehen Wilbrandt (Sozialismus, 1919, S. 283—307) und Ballod (Der Zukunftsstaat, 1919, S. 55—136), welche die für die Ernährung des deutschen Volkes erforderliche Steigerung der landwirtschaftlichen Erträge von einer sozialisierten Großkultur erwarten.

4. Gewerbliche Mittelstandspolitik[1]).

Da die Arbeiterfrage nicht in erster Linie das Ergebnis der städtisch-gewerblichen Entwicklung, sondern die Folge davon ist, daß im Gewerbe der Großbetrieb immer weitere Ausdehnung gewonnen hat, war es im übrigen auch nicht unvernünftig, wenn ursprünglich von vielen Seiten eine Unterdrückung oder Erschwerung des Fabrikwesens als der relativ einfachste Weg zur Lösung der gewerblichen Arbeiterfrage betrachtet wurde. Langwierige Kämpfe haben sich namentlich auf deutschem Boden abgespielt, ehe das dem Großbetrieb günstige Prinzip der Gewerbefreiheit den vollen Sieg über das Zunftrecht des Handwerkes davongetragen hat. Trotzdem vermochte die uneingeschränkte Herrschaft der Gewerbefreiheit sich in Deutschland nur für kurze Zeit zu behaupten. Eine Innungsbewegung kam in Fluß und errang Erfolg auf Erfolg. Noch weiter als in Deutschland gingen die Versuche zur Wiederherstellung der Zunftverfassung in Österreich. In der Schweiz herrscht zur Zeit das Prinzip voller Gewerbefreiheit. Aber auch hier treten zahlreiche Gewerbetreibende lebhaft für Zwangsorganisationen des Handwerkerstandes ein, welche in mehr als einem Punkte an die Zünfte der Vergangenheit erinnern. Unter den Beweisgründen, welche für die künstliche Erhaltung des handwerksmäßigen Betriebes ins Treffen geführt werden, verdienen die folgenden eine sorgfältige Prüfung:

1. Ohne besonderen Schutz durch die Gesetzgebung geht der gewerbliche Kleinbetrieb dem rettungslosen Verfalle entgegen.

2. Der Untergang des Handwerks und verwandter Betriebsformen ist aber mit allen Erfolg versprechenden Mitteln im allgemeinen Interesse zu verhüten, a) weil es die wirtschaftliche Grundlage des städtischen Mittelstandes bildet; b) weil es die Entwicklung der Arbeiterklasse erschwert; c) weil es günstigere Arbeitsverhältnisse als die Großindustrie aufweist; d) weil es für die gewerbliche Ausbildung unentbehrlich ist; e) weil es im allgemeinen solidere Produkte liefert.

Da die Länder, in denen das Prinzip der Gewerbefreiheit sich siegreich behauptet, keine genaue gewerbliche Betriebsstatistik be-

---

[1]) Wernicke, Kapitalismus und Mittelstandspolitik. Jena 1907.

sitzen, so ist der Umfang, in dem dort der handwerksmäßige Betrieb noch heute besteht, leider in exakter Weise nicht anzugeben. Der Augenschein lehrt aber, daß selbst in England, in den Vereinigten Staaten von Nordamerika und in Belgien von einer vollständigen Vernichtung der gewerblichen Klein- und Mittelbetriebe nicht gesprochen werden kann [1]). Nach Berechnungen des Schweizerischen Gewerbevereins zählte das Gewerbe (ausschließlich Fabrik- und Hausindustrie) 1899 287 000 Erwerbstätige mit einem Gesamtjahresverdienste von 340,75 Mill. Frs. und einem Produktionswerte von 1133,3 Mill. Frs. [2]). Selbst wenn man annimmt, daß die Zahlen zu hoch gegriffen sind, kann von einem Untergange des Kleingewerbes nicht gesprochen werden. Statistisch vollkommenere Aufnahmen stehen für das Gebiet des Deutschen Reiches zu Gebote. Mag auch das lebhafte Interesse, welches Gesetzgebung und Verwaltung dem Handwerk gewidmet haben, hier nicht ohne Einwirkung auf die Betriebsgliederung geblieben sein, so wäre es doch absurd, die Erhaltung der 2 865 004 Allein- und Kleinbetriebe (1 bis 5 Personen), welche 1907 in Industrie einschließlich Bergbau und Baugewerbe nachgewiesen wurden, allein auf dieses Moment zurückzuführen:

In bedenklicheres Licht treten die Verhältnisse erst dann, wenn nicht der gegenwärtige Zustand, sondern die Entwicklungstendenzen ins Auge gefaßt werden. Da zeigt auch die deutsche Betriebsstatistik einen ausgesprochenen Rückgang in der relativen Bedeutung des Handwerkes [3]): (Siehe Tabelle Seite 45.)

Die Alleinbetriebe haben eine beträchtliche Abnahme erlitten. Die größten Betriebe zeigen die stärkste Zunahmetendenz. Es wäre aber falsch, von der Großindustrie anzunehmen, daß sie sich immer

---

[1]) Vgl. Bernstein, Die Voraussetzungen des Sozialismus und die Aufgaben der Sozialdemokratie. Stuttgart 1899. S. 55 ff.; sodann die Mitteilungen von Andreas Voigt in S. d. V. f. S. LXXVI. S. 112 ff., ganz besonders aber die interessanten Studien von Brodnitz, Betriebskonzentration und Kleinbetrieb in der englischen Industrie. J. f. N. St. 98. S. 173—218.

[2]) Zwanzigster Jahresbericht des Schweiz. Gewerbevereins. St. Gallen 1899. S. 8 ff.

[3]) E. Schwiedland, Der Wettkampf der gewerblichen Betriebsformen im Grundriß der Sozialökonomik. VI. Abteilung. 1914. S. 34.

Im Jahre	Es waren Personen tätig im Gewerbe (Industrie, Bergbau und Baugewerbe)							
	Allein-betriebe	Gehilfen-betriebe	in Gehilfenbetrieben					
			bis 5 Personen		6 bis 50 Personen		51 und mehr Personen	
				%		%		%
1882	1 430 465	4 503 198	5 839 939	55,1	1 109 128	18,6	1 554 131	26,2
1907	994 743	9 859 130	2 205 539	29,5	2 714 664	25,0	4 937 927	45,5
	—30%	+111%	—22%		+147%		+218,5%	

auf Kosten der kleineren Betriebe ausbreite. Gibt es doch eine Reihe von fabrikmäßig betriebenen Gewerben (Chemische Industrie, Elektrotechnik, Montanindustrie, Maschinenbau, Walzwerke u. a. m.), die niemals in die Sphäre des Handwerks gefallen sind. Der wirkliche Sachverhalt ist vielmehr der, daß zwar selbst die handwerksmäßigen Betriebe noch zunehmen, nur bleibt ihre Zunahme hinter dem Wachstum der Großbetriebe weit zurück. Immerhin stehen wir vor der Tatsache, daß der Schwerpunkt des gewerblichen Lebens im Deutschen Reiche im Mittel- und Großbetriebe liegt. Das gilt schon für die Zahl der erwerbstätigen Personen, noch mehr aber für den Wert der Produktion. Es darf ja nicht übersehen werden, daß die Großbetriebe, mit mächtigen Motoren und Arbeitsmaschinen ausgestattet, pro Kopf des Arbeiters einen höheren Wert produzieren als die kleineren Unternehmungen.

Die Ergebnisse der statistischen Aufnahmen wurden durch die monographischen Untersuchungen bestätigt, welche auf Veranlassung des Vereins für Sozialpolitik über die Lebensfähigkeit des Handwerks im Deutschen Reiche und in Österreich angestellt worden sind[1]). Prof. Bücher, dem das Zustandekommen dieser wertvollen Enquete vorzugsweise zu danken ist, leugnet nicht, daß das ganze Handwerk einem Verwitterungs- und Umbildungsprozeß unterliegt, und zwar handelt es sich dabei nach seiner Auffassung insbesondere um folgendes[2]): „Es findet statt: 1. eine Verdrängung des Handwerkes durch gleichartige Fabrik- und Verlagsproduktion; 2. eine

[1]) S. d. V. f. S. LXII—LXXI; vgl. außerdem Verhandlungen des Vereins für Sozialpolitik über die Handwerkerfrage in Cöln. S. d. V. f. S. LXXVI.

[2]) Vgl. Büchers Referat in Cöln, a. a. O. S. 24.

Schmälerung des Produktionsgebietes des Handwerkes durch beide; 3. eine Angliederung des Handwerkes an die großen Unternehmungen; 4. eine Verarmung des Handwerkes durch Bedarfsverschiebung; 5. eine Herabdrückung des Handwerkes zur Heimarbeit durch die Magazine". Trotzdem ist er der festen Überzeugung, daß das Handwerk als Betriebsform nie völlig untergehen kann. Es wird nur immer mehr auf die Position beschränkt, in der es die ihm eigentümlichen Vorzüge am meisten zur Geltung bringt. „Das ist heutzutage auf dem Lande der Fall, wo sich ihm dieselben Existenzbedingungen bieten, die es fand, als es im Mittelalter in den Städten entstand. Auf dem Lande haben wir 657 000 selbständige Handwerksmeister mit etwa einer halben Million Lehrlinge und Gesellen, also über 1 200 000 erwerbstätige Menschen, und der größte Teil des Gebietes, das diese beherrschen, ist dem Handwerke in diesem Jahrhundert gewonnen worden. Wenn das Handwerk auch die Städte jetzt verliert, so hat es dafür das Land erobert" [1]).

Diese Äußerungen zeigen, welch hohe Bedeutung einer starken Landbevölkerung für die Erhaltung des Handwerkerstandes zukommt.

Aus dem Gesagten geht hervor, daß das Handwerk auch ohne besonderen Schutz durch die Gesetzgebung nicht verschwinden wird. Die Freunde des Handwerkes bezweifeln aber, daß der aus eigener Kraft sich behauptende Teil der Handwerkerbevölkerung so zahlreich sein wird, als es im Hinblick auf deren besondere Vorzüge im Interesse der allgemeinen Wohlfahrt liegt. Es ist also zu prüfen, wie es um diese Vorzüge bestellt ist.

Daß die Handwerke die Grundlagen des städtischen Mittelstandes bildeten, kann nicht in Abrede gestellt werden. Zu beachten ist nur, daß auch die großindustrielle Entwicklung in dem technischen und kaufmännischen Beamtenpersonal Existenzen schafft,

---

[1]) a. a. O. S. 33. Die Einwirkungen des Krieges und der infolge des verlorenen Krieges eingetretene Zwang, im ganzen Wirtschaftsleben das äußerste an Rationalierung und Ökonomisierung der Arbeit zu erreichen, üben auf die Stellung des Handwerkers keinen günstigen Einfluß aus. Es ist nun die Frage, ob nicht die geringere Belastung mit sozialen Konflikten, die für die kleinsten Handwerksbetriebe besteht, in mancher Hinsicht wieder einen Ausgleich schafft.

der Lücken, welche die Großindustrie in den Mittelstand gerissen hat, einigermaßen auszufüllen. Allerdings fehlt hier, wie bei dem wirtschaftlichen Beamtenpersonal, das Moment der Selbständigkeit. Es ist aber fraglich, ob gerade dieser Umstand den Ausschlag geben darf. Die Sicherheit der Existenz, eine gewisse Stufe der Lebenshaltung, der sittlichen und geistigen Kultur dürften doch noch größeres Gewicht besitzen. In all diesen Beziehungen stehen höher qualifizierte Arbeiter und Angestellte der Großindustrie dem Handwerker kaum nach. Endlich hat auch die staatliche und kommunale Entwicklung [1]), die Ausbildung großer Transport-, Bank- und Versicherungsunternehmungen eine Fülle von Stellungen geschaffen, deren Inhaber unbedenklich als Mitglieder, zum Teil sogar als sehr wertvolle Mitglieder des Mittelstandes angesprochen werden dürfen.

Aber das Handwerk bietet bessere Arbeitsverhältnisse! Es gewährt vielen seiner Arbeitskräfte die Aussicht, selbständig zu werden, seine Arbeitsprozesse sind der Gesundheit weniger schädlich, die geringe Ausbildung der Arbeitsteilung und das Vorwalten der Handarbeit geben der Individualität des Arbeiters Gelegenheit zur Entwicklung, verursachen größere Befriedigung und regen sogar zu künstlerischem Schaffen an. Jedenfalls gewährt es dem Jüngling eine bessere gewerbliche und sittliche Erziehung.

Hier stoßen wir auf äußerst bestrittene Fragen. Während die Einen im Interesse der Arbeiter möglichst viel vom Handwerk erhalten wollen, fordern andere gerade im Interesse der aufsteigenden Klassenbewegung der Arbeiter die Aufopferung der kleingewerblichen Betriebsformen. Ihre geringe Produktivität gestatte keine auskömmlichen Löhne. Sie erhielten sich heute nur auf Kosten der Arbeiter. Sie seien es, welche die längste Arbeitszeit, die schlechfüllen, als der unterste Teil der Handwerker, als die „Alleinbetriebsinhaber". In der Industrie (einschließlich Bergbau und Baugewerbe) ist die Zahl der Angestellten innerhalb der Jahre 1895—1907 von 263 745 auf 686 007, im Handel und Verkehr von 261 907 auf 505 909 gestiegen. Ja selbst der fortgeschrittene Teil der industriellen Arbeiterklasse ist bereits imstande, manche welche die Funktionen einer Mittelklasse vielleicht noch besser er-

[1]) Die Zahl der höheren, mittleren und niederen Beamten in Betrieben des Reiches, der Einzelstaaten und Kommunen wurde 1907 mit 732 141 ermittelt.

testen Werkstättenverhältnisse aufwiesen. Die Lehrlinge würden als häusliche Dienstboten verwendet oder als unbezahlte jugendliche Arbeiter ausgebeutet. In jedem Falle träten sie unqualifiziert ins Leben und vermöchten später nur als minderwertige Tagelöhner und Fabrikarbeiter ihr Dasein kümmerlich zu fristen.

Das sind schwere Anklagen, die aber auf solides Beweismaterial gestützt werden konnten[1]). Immerhin sind es nicht alle Kleinbetriebe, die von diesen Beschwerden getroffen werden, sondern in erster Linie nur diejenigen handwerksmäßigen und hausindustriellen Betriebe, welche durch den aufreibenden Kampf mit dem technisch oder kaufmännisch überlegenen Großbetrieb bereits vollkommen entkräftet worden sind, wie z. B. Schuhmachereien, Schneidereien, Hauswebereien.

Systematische Massenbeobachtungen über die Lage der Arbeiter des Handwerkes fehlen. Es ist deshalb schwer zu sagen, ob die günstigen Verhältnisse von den ungünstigen aufgewogen werden, oder ob das Gegenteil stattfindet. Jedenfalls hatte früher die gewerkschaftliche Arbeiterbewegung mit ihren Tarifverträgen in kleineren Betrieben einen weit größeren Einfluß gewonnen als in der Großindustrie. Schon deshalb wäre es gewagt, die Arbeitsverhältnisse des Handwerks ausnahmslos als ungünstig zu verurteilen.

Eine interessante Untersuchung, welche A. Voigt über die gesundheitlichen Verhältnisse der kleingewerblichen und großgewerblichen Arbeiter in Wien angestellt hat, ist zugunsten des Hand-

---

[1]) Diese pessimistische Auffassung wird namentlich von Sombart, Moderner Kapitalismus, vertreten. Bd. I. S. 570—635, Bd. II. S. 561—585. Seine Beurteilung ergibt sich allerdings zum Teil schon aus der Art und Weise, in der er den Begriff des Handwerks faßt. Bringt man in diesen Begriff als wesentliches Merkmal die Abwesenheit des Erwerbsgeistes, so ist damit schon gesagt, daß derartige Betriebe sich in dem kapitalistischen Milieu nicht wohl behaupten können. Ich halte diese Fassung des Begriffs für zu eng, selbst für die Zeiten des Mittelalters. Vgl. Keutgen, Ämter und Zünfte. Jena 1903. S. 243 ff. Ich rechne, dem allgemeinen Sprachgebrauche folgend, auch Betriebe von etwa 10—15 Gehilfen mit ausgeprägter Erwerbstendenz noch dem Handwerke zu, also dasjenige, was Sombart als kleine kapitalistische Unternehmung bezeichnet.

werks ausgefallen [1]). Sowohl für Männer wie für Frauen war die Zahl der Krankheitstage im Kleingewerbe und zwar fast in allen Altersklassen geringer als in der Fabrikindustrie. Dieselbe Erscheinung zeigte sich in bezug auf die Sterblichkeit. Selbst die Tuberkulose, welche gewöhnlich als besondere Geißel des Kleingewerbes betrachtet wird, trat unter den Fabrikarbeitern häufiger auf. Diese Ergebnisse legten die Vermutung nahe, daß die besseren Werkstättenverhältnisse und hygienischen Schutzvorrichtungen der Fabriken bisher doch nicht imstande gewesen sind, die an sich größeren gesundheitlichen Gefahren des Fabrikbetriebes auszugleichen. Auch in bezug auf die Lohnverhältnisse scheint eine Überlegenheit der größeren Betriebe nicht immer vorhanden zu sein. Jedenfalls wird aber im Kleingewerbe weit gemächlicher gearbeitet, als in den vorzugsweise auf Akkordlohn gestellten Fabriken. Arbeiter höheren Lebensalters finden deshalb hier noch leichter Verwendung. Es kann deshalb trotz der im Kleingewerbe zuweilen beobachteten längeren Arbeitszeit die Arbeitsleistung geringere Ansprüche an die Kraft der Arbeiter gestellt haben. Dazu tritt die Erwägung, daß die größere Abwechselung in den Arbeitsverrichtungen, welche manche Handwerksbetriebe zu bieten vermögen, ebenfalls das Moment der wirklichen Arbeitsmühe abschwächt. Die eigentlich kunstgewerbliche Arbeit ist allerdings an den Großbetrieb übergegangen.

Ebenso wenig Klarheit wie in bezug auf die Arbeitsverhältnisse im allgemeinen, besteht in bezug auf die gewerblichen Erziehungsleistungen des Kleingewerbes. Auch hier stehen Fällen offenbarer, gewissenloser Ausbeutung jugendlicher Arbeitskraft andere gegenüber, in denen der Lehrherr seinem Namen volle Ehre macht. Und mag nun die Meisterlehre manche Mängel haben, so bietet sie doch oft eine bessere Gelegenheit zur Ausbildung dar, als die Fabrik. Jedenfalls übernehmen viele Fabriken einen Teil ihres gelernten Personales vom Kleingewerbe [2]). Auch hinsichtlich der

---

[1]) Gesundheitsverhältnisse im Groß- und Kleinbetriebe. J. f. S. V. XXIII. S. 153—189. Neuerdings ist dieses Problem auch von Prinzing, Die Erkrankungshäufigkeit nach Beruf und Alter. Z. f. St. W. LVIII. S. 432—459, 634—668 erörtert worden.

[2]) Nach meiner Kenntnis der Dinge wurde Sombart den Verhältnissen nicht vollkommen gerecht, wenn er die These auf-

Solidität der Produktion muß es bei einem peccatur intra et extra sein Bewenden haben.

Um zusammenzufassen: Das Handwerk besitzt gewiß eine Reihe von besonderen Vorzügen, welche dessen Lebensfähigkeit auch vom Standpunkt der Arbeiterinteressen [1]) zu einer erfreulichen Tatsache

---

stellte, „daß heute das Handwerk, soweit es überhaupt noch Hilfskräfte beschäftigt, seine Existenzfähigkeit großenteils auf der Ausbeutung unreifer Arbeitskräfte aufbaut". Man kann ebensogut, ohne das häufige Vorkommen einer Lehrlingsausbeutung zu leugnen, behaupten, daß die Existenz des Handwerks auch darauf beruhte, daß es lange Zeit hindurch die Funktion der Heranbildung des gewerblichen Nachwuchses immer noch besser erfüllte als die Großindustrie, und insofern den Vorteil billigerer Arbeitskraft als eine Art Besoldung für die Lehrlingsausbildung bezieht. Erst in den letzten Jahren hat namentlich in der Maschinenindustrie die Lehrlingsausbildung auch in den Fabriken große Fortschritte erzielt. Vgl. Coelsch, Deutsche Lehrlingspolitik im Handwerk 1910; Altenrath, Das Lehrlingswesen und die Berufserziehung des gewerblichen Nachwuchses. Schriften der Zentralstelle für Volkswohlfahrt, N. F. 7. Heft, 1912; v. Rieppel, Die Erziehung des Industriearbeiters. Technik und Wirtschaft. 6. Jahrg. S. 421—447; Neukamp, Fabriklehrlinge. J. f. G. V. 37. Jahrg. S. 709—723; Schultze, Die Lehrlingsausbildung in Fabriken. J. f. N. St. III. F. 45. Bd. 1913. S. 174—200.

[1]) Gelegentlich einer Umfrage, die ich im Sommer 1904 unter Züricher Arbeitern über die Motive der Berufswahl und das Maß der Berufsfreude in einzelnen Gewerben veranstaltete, wurde von den Auskunftspersonen, trotzdem sie auf dem Boden der sozialistischen Gewerkschaftsbewegung standen, sehr oft die Erklärung abgegeben, daß sie am liebsten in den handwerksmäßigen Betrieben (mit 10—20 Gehilfen) arbeiteten. Als Hauptvorzüge wurden genannt: 1. Bessere Gelegenheit zur gewerblichen Ausbildung wegen geringerer Arbeitsteilung und größerer Mannigfaltigkeit der Arbeitsaufgaben. 2. Günstigere Lohnverhältnisse, da größere und verschiedenartigere Ansprüche an das technische Können gestellt werden. Deshalb auch Vorherrschen des Zeitlohnes. 3. Größere Chancen für den tüchtigen Arbeiter, seinen Leistungen entsprechend behandelt zu werden, da der Arbeitgeber täglich selbst die Arbeit seiner Leute kennen lernt, während in größeren Betrieben eine verhängnisvolle Abhängigkeit von Vorarbeitern und Werkmeistern und deren oft parteiischem Urteile eintritt. 4. Bessere Behandlung. Darunter verstehen die Arbeiter vor allem einen Verkehrston, in dem sie als ebenbürtig und gleichberechtigt anerkannt werden.

machen. Dagegen ist es in hohem Maße zweifelhaft, ob sich auch Betriebe, die nur durch gesetzgeberische Eingriffe künstlich und notdürftig aufrecht erhalten werden, noch der genannten Vorzüge erfreuen. Kein Zweifel kann aber darüber bestehen, daß die Wahrnehmung der Handwerkerinteressen nicht genügt, um der industriellen Arbeiterfrage die Spitze abzubrechen. Selbst dann, wenn der auf Erhaltung des Handwerks abzielenden Politik in Zukunft weit größere Erfolge beschieden sein sollten, als es bisher der Fall gewesen, wird die industrielle Arbeiterklasse in den Ländern westeuropäischer Kultur einen so bedeutungsvollen Bestandteil der Bevölkerung ausmachen, daß über die indirekten Mittel der Agrar- und Handwerkerpolitik hinweg zu einer unmittelbaren Industriearbeiterpolitik geschritten werden muß.

Zweites Kapitel.

Sozialkonservative Theorien.

5. Französische Literatur.

Der Klassiker der konservativen Sozialpolitik ist der Genfer Simonde de Sismondi (1773—1842)[1]. Es läßt sich kaum ein Beweisgrund für die Erhaltung des Bauern- und Handwerkerstandes und gegen die Begünstigung der Großindustrie entdecken, der nicht bereits in seinen Schriften, und zwar in stilistisch glänzender Fassung, dargelegt worden wäre. Dabei steht er hoch erhaben über allen Klasseninteressen und Klassenvorurteilen da. Ursprüng-

In manchen Gewerben können diese Vorzüge nicht zur vollen Entfaltung kommen, weil die bessere und lohnendere Arbeit überhaupt nur Großbetrieben anvertraut wird (Möbelfabriken, Tapezier- und Dekorationsateliers), oder die minder entwickelten technischen Einrichtungen der kleineren Betriebe größere Anforderungen an die Arbeitsleistung der Arbeiter stellen oder endlich der den Arbeitern meist unsympathische Kost- und Logiszwang besteht.

[1]) L. Elster, Simonde de Sismondi. J. f. N. St. N. F. XIV. 1887; A. Aftalion, L'oeuvre économique de Simonde de Sismondi. Paris 1899; Gide und Rist, Geschichte der volkswirtschaftlichen Lehrmeinungen, deutsche Ausgabe 1913. S. 192—225.

lich ein Bewunderer des Smithschen Systemes, hat er sich erst ganz allmählich und unter schweren inneren Kämpfen zu einer selbständigen Auffassung durchgerungen. Die trüben Eindrücke, die er in England, dem Vaterlande der liberalen Ökonomie, aber auch des Fabrikwesens, der Handelskrisen und des landwirtschaftlichen Großbetriebes empfangen hatte, zwangen ihn zu einer gründlichen Revision seines volkswirtschaftlichen Gedankenschatzes. „In diesem überraschenden Lande," schreibt er[1]) in der Vorbemerkung zu der zweiten Auflage seiner Neuen Grundsätze der politischen Ökonomie, „das eine große Erfahrung zur Belehrung der übrigen Welt in sich zu bergen scheint, habe ich die Produktion zunehmen und die Genüsse abnehmen sehen. Die Masse der Bevölkerung scheint dort ebenso, wie die Philosophen, zu vergessen, daß das Anwachsen der Reichtümer nicht der Zweck der politischen Ökonomie ist, sondern das Mittel, dessen sie sich bedient, um das Glück aller zu fördern. Ich habe dieses Glück in allen Klassen gesucht, aber nirgends finden können .... Die englische Nation hat es für sparsamer befunden, auf die Bodenbestellungsarbeiten zu verzichten, die viel Handarbeit erfordern, und hat die Hälfte der Landbebauer, die ihre Felder bewohnten, verabschiedet, ebenso wie die Handwerker in den Städten; die Weber machen Platz den „power-looms" und unterliegen heute dem Hunger; sie hat es für sparsamer befunden, alle Arbeiter auf den niedrigsten Lohn zu setzen, mit dem sie leben können, so daß die Arbeiter, die nur noch Proletarier sind, keine Furcht hegen, sich in ein noch tieferes Elend zu stürzen, wenn sie immer zahlreichere Familien aufziehen; sie hat es für sparsamer befunden, die Irländer nur mit Kartoffeln zu nähren und ihnen nur Lumpen zur Kleidung zu geben, und so bringt jedes Schiff täglich Legionen Irländer, die zu billigeren Preisen arbeiten, als die Engländer, und diese aus allen Gewerben vertreiben. Was sind also die Früchte dieses ungeheueren angehäuften Reichtumes? Haben sie eine andere Wirkung gehabt als die Sorgen, die Entbehrungen, die Gefahr eines vollständigen Unterganges allen Klassen mitzuteilen? Hat England, als es die Menschen über den Dingen vergaß, nicht den Zweck den Mitteln geopfert?"

---

[1]) Deutsche Übersetzung von Robert Prager. Berlin 1901. S. XIII und XIV.

Wie kommt es, daß die Regierungen sich trotzdem so eifrig bemühen, das englische Vorbild nachzuahmen und die Großindustrie nach Kräften zu entwickeln? [1])

Zweifelsohne stellt die Industrie eine Reihe von Siegen des Geistes über die Materie dar. Sie hat für den Welthandel die Grundlage abgegeben und dieser schafft eine Fülle neuer moralischer Kräfte; er erweitert die Kenntnisse und knüpft innigere Bande der Brüderlichkeit zwischen den verschiedenen Nationen und Rassen. Der Mensch ist stets geneigt, Größe und Macht mit Enthusiasmus zu feiern, selbst wenn sie ihm schaden. So werden das Elend und die Not, auf welchen die Größe ruht, nur zu leicht übersehen. Diesem Hange unterliegen auch die Volkswirte und streben mehr nach dem Großen, als dem Nützlichen. Sie sind entzückt von der Ausdehnung des Handels, durch welchen die untersten Klassen der Gesellschaft mit den Produkten ferner Zonen versorgt werden. Sie bewundern die kühnen und gefährlichen Expeditionen in Länder mit tödlichem Klima, barbarischen Völkern und sturmgepeitschten Meeren. Sie lassen sich von der Größe der Magazine und Fabriken blenden. Und doch müßte der Volkswirt, dem es nicht auf die Größe und Schönheit der Dinge, sondern der Menschen ankommt, sich die Frage vorlegen, ob es denn zum Wohle der Menschheit zweckdienlicher ist, daß ein reicher Kaufmann alle Schätze einer Provinz vereinigt, oder daß Hunderte bescheidener Läden die Grundlage von ebensovielen unabhängigen Haushaltungen abgeben. Er müßte bedenken, ob all diese Arbeiter, welche den Gedanken eines einzigen Kopfes ausführen, ebensoviel menschliche Intelligenz entwickeln, als wenn sie ihrem eigenen Kopfe zu folgen, wenn sie selbst zu kombinieren und nachzudenken hätten. Ja er müßte sich schließlich auch fragen, ob das stattliche Landgut, das eine Quadratmeile einnimmt, ebensoviel tapfere Vaterlandsverteidiger als vierzig Bauerngüter ins Feld stellt. Gewiß ist der Mensch durch die technischen Fortschritte weit mächtiger geworden. Aber wird diese Macht mehr für oder gegen seine Mitmenschen ausgeübt? Ist durch die Großindustrie das Haus des armen Arbeiters besser ausgestattet worden? Besitzt er bessere Nahrung

---

[1]) Vgl. insbes. Études sur l'économie politique. Tome second. Paris 1883. S. 274 ff.

und Kleidung? Sind seine Arbeitsstunden kürzer geworden, die Anstrengungen seiner Muskeln geringer, seine Arbeiten weniger monoton und langweilig? Man braucht indes die Vergangenheit gar nicht erst zum Vergleiche heranzuziehen. Wir brauchen nur in diejenigen Gebiete Europas zu reisen, welche „weniger fortgeschritten", d. h. weniger industriell entwickelt sind. Dort finden wir unter dem Dache des Landmannes eine Fülle der herkömmlichen Bedarfsgegenstände, dort beobachten wir Ruhe, Zufriedenheit, Erholungen und Volksfeste. „Mag man das lachende Emmenthal durchstreifen oder in die entlegensten Täler des Kanton Bern vordringen, man kann nicht ohne Bewunderung und Rührung diese Holzhäuser auch des geringsten Bauern betrachten, so geräumig, so wohl eingefriedet, so gut gebaut und mit Schnitzereien ausgestattet stellen sie sich dar. Im Innern gewähren lange Gänge jedem der Zimmer, welche die zahlreiche Familie bewohnt, einen besonderen Ausgang; jedes Zimmer enthält nur ein Bett. Dieses ist mit Vorhängen, Decken und blendend weißem Linnen reichlich versehen. Sorgsam behandelte Einrichtungsgegenstände umgeben es. Die Schränke sind mit Wäsche gefüllt. Die Milchkammer ist geräumig, luftig und von ausgesuchter Sauberkeit. Große Vorratsräume für Korn, Pökelfleisch, Käse und Holz befinden sich unter dem gleichen Dache. In den Ställen trifft man das schönste und bestgehaltene Vieh Europas an. Im Garten werden Blumen gezogen. Männer wie Frauen sind behaglich und reinlich gekleidet. Die letzteren bewahren mit Stolz die alte Volkstracht. Ihr Antlitz trägt den Stempel der Kraft und Gesundheit, sie überraschen durch jene Schönheit der Züge, welche zum Charakter einer Rasse wird, wenn diese durch Generationen weder durch Laster noch durch Not gelitten hat. Mögen andere Länder sich ihres Reichtums rühmen, die Schweiz wird ihnen immer mit Stolz ihre Bauern entgegenstellen können"[1]). All diese Vorzüge gehen verloren, sobald die Industrie vordringt.

Aber man führt sie doch nur ein, um armen Arbeitern Brot zu verschaffen! Diese Behauptung ist mit der Tatsache schwer zu vereinbaren, daß die Fabrik dieselbe Ware mit einem geringeren

---

[1]) Études sur l'économie politique. Tome premier. Paris 1837, S. 172, 173.

Aufwande menschlicher Arbeit herstellen will. Nichtsdestoweniger wird dieser Widerspruch nicht beachtet, solange der Umstand, daß eine neue Arbeitsleistung begehrt und ein neuer Lohn in früher geschäftsstillen Gegenden gezahlt wird, die Augen blendet. Es entsteht ein unmittelbarer Vorteil, ein neuer Wohlstand wird geschaffen, eine neue Bevölkerung ins Dasein gerufen. Sie erhöht den Wert der landwirtschaftlichen Erzeugnisse der Nachbarschaft und jedermann ist zufrieden. Dabei wird das Elend, das dieser Aufschwung anderwärts erzeugt, übersehen. In dem Maße, in dem die Baumwollfabriken zunahmen, ging die häusliche Spinn- und Strickarbeit der Frauen unter. Diese gelegentlich ausgeführte Heimarbeit stellt die Ware freilich bei weitem nicht so schnell her, als es jetzt die Maschinen tun. Dennoch hat die Nation bei diesem Wechsel nichts gewonnen. Nachdem die Fabrik den Hausfrauen die passenden Nebenbeschäftigungen entzogen hat, blieben sie in den Stunden, die sie einst mit Spinnen nützlich ausfüllten, ohne Beschäftigung und ohne Verdienst. Überdies ist nicht zu vergessen, daß die Ausdehnung der Baumwollfabriken sich auch zum Teil auf Kosten der Woll- und Flachsverarbeitung vollzog. Ebensowenig kann die Industrie mit dem Hinweis gerechtfertigt werden, daß man alles im Inlande erzeugen müsse. Kann eine Industrie ihren Arbeitern keine menschenwürdige Existenz bieten, so ist es besser, entweder auf Waren dieser Art überhaupt zu verzichten oder, wenn man dies nicht will oder kann, eine so jammervolle Funktion ganz dem Auslande zu überlassen [1]). Aber auch zur Ausdehnung der Produktion und des Marktes ist die Industrie nicht notwendig. Sind doch die Absatzkrisen gerade die schlimmste Geißel der Fabriken und ihrer Arbeiter. Was hat es für einen Sinn, möglichst viel zu produzieren, wenn für die Waren keine kaufkräftigen Konsumenten vorhanden sind? Indem die Industrie den Lohn der gewerblichen Arbeiter herabdrückt, beraubt sie sich ja gerade selbst der Möglichkeit, leistungsfähige Käufer auf dem Inlandmarkte anzutreffen [2]).

Aber das industriell entwickelte Land kann mit Vorteil nach dem Auslande ausführen, es kann mit seinen niedrigen Preisen

---

[1]) Études. Tome second. S. 311.
[2]) a. a. O. S. 315.

den Gewerbefleiß der Ausländer vernichten und sich so unermeßliche Absatzmärkte verschaffen! Sismondi weist diesen Einwurf aus sittlichen Gründen zurück. „Unsere Pflichten gegen die menschliche Gesellschaft entsprechen denjenigen gegen unsere Landsleute; wir dürfen ebensowenig auf den Untergang des Türken oder Indiers spekulieren, wie auf den Verfall des Franzosen oder Engländers. Die Ungerechtigkeit ist im Grunde auch niemals vorteilhaft. Wenn wir den Gewerbefleiß anderer Völker untergraben, so werden wir bei ihnen unsere eigenen Konsumenten vernichten[1]). Überdies zeigt die Erfahrung, daß sich ein Land die Vernichtung durch die überlegene Industrie eines anderen nicht ruhig gefallen läßt, sondern sich durch hohe Schutzzölle verteidigt. Mit diesen Darlegungen will Sismondi aber nicht den Ausfuhrhandel überhaupt verwerfen. Er ist Freihändler und von den Vorteilen einer internationalen Arbeitsteilung überzeugt. Was er verdammt, das ist allein der Versuch, durch künstliche und einseitige Förderung der Fabrikindustrie die natürlichen Handelsbeziehungen zu stören; d. h. diejenigen Handelsbeziehungen, welche auf der ungleichen Ausstattung der verschiedenen Länder mit natürlichen Produktionsvorteilen beruhen.

Die wahre Grundlage des Staates und der Gesellschaft bildet der mit Bodeneigentum ausgestattete Bauernstand. Man braucht nicht bloß die Güter, welche die Bauern produzieren, zum Leben, sondern man braucht die Bauern selbst. Keine Gesellschaftsklasse hat so große Anhänglichkeit an das Land, als die Landwirte, die es bewirtschaften; keine besitzt mehr Kraft zu seiner Verteidigung, weil die Natur der landwirtschaftlichen Arbeiten selbst die Gesundheit kräftigt, Lebenskraft und Mut ausbildet. Man muß deshalb nicht fragen, wie man mit möglichst wenig Menschen die landwirtschaftlichen Produkte erzeugen könnte, sondern, im Gegenteil, unter welchen Bedingungen es möglich wäre, eine viel zahlreichere Bevölkerung auf das Land zu bringen, dort zurückzuhalten und glücklich zu machen. Die Gesellschaftsordnung kann den Bauern mehr Glück in der Gegenwart und mehr Sicherheit in der Zukunft verschaffen, als irgend einer anderen Klasse von Menschen, die von ihrer Handarbeit leben. Es wäre eine enge und

---

[1]) a. a. O. S. 317.

falsche Betrachtungsweise, in den Bauern nur ein Mittel der Güterproduktion zu erblicken. Im Gegenteil, sie sind ein Zweck, einer der großen Zwecke der Gesellschaft; eine glückliche Güterverteilung soll nur ein Mittel sein, ihre Zahl, ihre Wohlfahrt und ihre Anhänglichkeit an das Vaterland sicherzustellen“ [1]).

Um die wirtschaftliche und geistige Kultur der Landbevölkerung zu entwickeln, ist eine gewisse Zahl von Landedelleuten wünschenswert. Sie werden als der nächst den Bauern wichtigste Stand im Staate bezeichnet. Erst an dritter Stelle kommen die Stadthandwerker. „Die Zunftsatzungen hatten ihr Ziel, die Unabhängigkeit des Charakters, die Intelligenz, die Sittlichkeit und die Wohlfahrt der Handwerker zu entwickeln, vollkommen erreicht. Der Arbeiter stieg von Stufe zu Stufe empor. Er bildete sich auf der Wanderschaft aus. Ein edler Stolz auf sein Handwerk beseelte ihn, wenn er sein Meisterwerk anfertigte. Er verheiratete sich erst, wenn er es vernünftigerweise tun konnte und wußte, was er seiner neuen Würde des Familienvaters und Meisters schuldig war. Kurz, er stellte ein Wesen von höherem Gepräge dar als der Industrielle“ [2]). Und mag selbst der große Fabrikant sozial über den Handwerkern stehen, so stehen seine Arbeiter doch in bezug auf Kenntnisse, Erziehung, Sittlichkeit, Unabhängigkeit ebensoweit unter den Gesellen des Handwerks. Sismondi vergleicht die Fabrikanten mit jenen großen Grundeigentümern, welche sich durch Bauernlegen das ganze Land angeeignet haben. Mag die Technik dabei gewonnen haben, das Los der Menschen hat sich verschlechtert. Nichtsdestoweniger ist eine Wiederherstellung der Zünfte aussichtslos [3]). Die Volksmassen selbst sind dagegen. Sie glauben mit der Gewerbefreiheit einen Sieg über die Reichen errungen zu haben, während die Zunfteinrichtungen doch dem Schutze der Armen galten und ihnen zustatten kamen.

Sismondi kennt nur drei Mittel [4]), die Entwicklung in andere Bahnen zu lenken: 1. Die öffentliche Meinung muß über den wahren Charakter des Industrialismus aufgeklärt werden. 2. Die Regierungen dürfen nicht durch Prämien zu Erfindungen anreizen. 3. Die großen Kapitalien müssen von den Industrieunternehmungen

---

[1]) a. a. O. S. 240. [2]) a. a. O. S. 342.
[3]) a. a. O. S. 361. [4]) a. a. O. S. 363.

abgelenkt werden. Anstatt reich gewordene Leute mit Titeln auszuzeichnen, sollten die Monarchen ihre Orden dazu verwenden, solche Personen zur Aufgabe des Geschäfts zu veranlassen. Gleiche Teilung des Vermögens beim Erbgange, Erschwerung der Aktiengesellschaften, Einschränkungen auf dem Gebiete des Bankkredites, das alles könnte die Anhäufung des industriellen Kapitals in wenigen Händen zurückhalten.

Sismondi glaubt aber nicht, daß auf diese Weise der Industrialismus vollkommen verschwinden wird. Deshalb legt er sich auch die Frage vor, was zur Verbesserung der Fabrikarbeiterverhältnisse in Aussicht genommen werden könnte. Sein Programm umfaßt namentlich Arbeiterschutzgesetze, Koalitionsrecht und Arbeiterversicherung. Der Unternehmer soll für das Wohl des Arbeiters in höherem Maße verantwortlich gemacht werden. Heute braucht der Arbeitgeber dem Arbeiter im Lohne nur einen Teil des Lebensunterhaltes zu vergüten. Erkrankt der Arbeiter, wird er von einem Unfall, von Invalidität oder Arbeitslosigkeit betroffen, so muß die Gesellschaft im Wege der Armenpflege eintreten. Es gelingt also dem Unternehmer, einen Teil der Kosten, welche die Industrie selbst tragen sollte, auf andere Kreise abzuwälzen. Das ist nicht nur ungerecht, sondern vernichtet auch jedes Interesse des Arbeitgebers an dem Schicksale seiner Arbeiter. Müßte er dagegen für den erkrankten Arbeiter aufkommen, so würde er sich wohl hüten, durch ungesunde Arbeitsprozesse und elende Werkstättenverhältnisse die Erkrankungshäufigkeit zu steigern. „Heute läßt der Fabrikant zahlreiche Familien, die er an sich gezogen hat, plötzlich ohne Beschäftigung, wenn er entdeckt, daß eine Dampfmaschine imstande ist, ihre ganze Arbeit zu leisten.“ Nach Einführung einer Arbeitslosenversicherung auf seine Kosten würde er erkennen, „daß die Dampfmaschine keine Ersparnis bedeutet, wenn alle seine Arbeiter keine Arbeit mehr finden und er verpflichtet ist, ihnen im Kranken- oder Armenhaus einen Unterhalt zu gewähren, während er seine Dampfkessel heizt.“

„Diese Last, die auf ihn selbst zurückfällt, wäre eine prompte Justiz; heute sucht er seinen Nutzen im Leben der Menschen und läßt alle Schäden, die hieraus entstehen, auf die Schultern der Gesellschaft fallen. Wenn die von ihm gezahlten Löhne ausreichend sind, nicht nur für das Mannesalter seiner Arbeiter, sondern auch für ihre Kinder, für ihr Alter, für ihre Krankheiten; wenn die Arbeit, die er von ihnen verlangt, ihre Gesundheit nicht schädigt; wenn die Maschinen, die er erfindet, wie er versichert, nur Gelegenheit zur Leistung einer größeren Menge Arbeit geben, wird die Verantwortung, die nun auf ihn zurückfällt, keine Last für ihn sein; er wird keinen Grund haben, sich zu beklagen. Ist sie eine Last, so ist seine Industrie eine verderbliche, er tut besser auf sie zu verzichten, als die Verluste, die sie bringt, der Gesellschaft aufzuhalsen" [1]).

Ähnliche Gedanken hat später Fürst Bismarck zu gunsten der reichsgesetzlichen Arbeiterversicherung ausgesprochen [2]). Im übrigen dachte Sismondi ganz wie Bismarck daran, berufsgenossenschaftliche Organisationen der Unternehmer zu Trägern der Versicherung zu machen. Fügen wir noch hinzu, daß er auch Gewinnbeteiligungspläne erwog, so sind seine positiven sozialpolitischen Ideen der Hauptsache nach zur Darstellung gebracht.

In Frankreich sind es vorzugsweise Schriftsteller feudal- oder konservativ-katholischer Richtung gewesen, welche die Kritik Sismondis in vielen Punkten angenommen haben. Am schärfsten tritt die Absicht durch Bekämpfung der Industrie dem Grundadel wieder zu seiner alten Vorherrschaft zu verhelfen, bei de Bonald und de Maistre hervor. Freier von Parteibestrebungen und Vorurteilen sind die Vertreter der „christlichen Nationalökonomie", A. de Villeneuve-Bargemont und E. Buret, denen Adolphe Blanqui nahesteht.

Auf die neueren konservativen Reformbestrebungen hat aber den weitaus tiefsten Einfluß Le Play (1806—1882) ausgeübt [3]).

---

1) Neue Grundsätze, deutsch. 2. Bd. S. 270.

2) Eine direkte Beeinflussung Bismarcks durch Sismondi ist kaum anzunehmen. Obwohl die Schriften Sismondis gerade in den feudalen Kreisen von ganz Europa eifrig studiert wurden, deutet die Äußerung Bismarcks (Poschinger, Neue Tischgespräche. Bd. II. S. 353), Sismondi sei wie Ricardo ein jüdischer Bankier gewesen, auf keine große Vertrautheit mit diesem Abkömmling einer aus Pisa stammenden adligen Hugenottenfamilie. Der Vater Sismondis war calvinistischer Geistlicher in Genf, Sismondi selbst war nach einer kurzen kaufmännischen Lehre in Lyon einige Jahre in Toskana als praktischer Landwirt tätig. Durch mehr als 40 Jahre widmete er sich ausschließlich seinen gelehrten Arbeiten.

3) Vgl. Brentano, Gesammelte Aufsätze. I. Bd. Stuttgart

Er war ein Mann der deskriptiv-induktiven Forschung und suchte seine Kenntnisse nicht aus Büchern, sondern aus der eigenen unmittelbaren Beobachtung des wirklichen Lebens zu schöpfen. Einen großen Teil seines Lebens hat er Reisen durch ganz Europa gewidmet. So gelangte er auch nach Norddeutschland und lernte dort den niedersächsischen Einzelhof mit Anerbenrecht kennen. Er galt ihm fortan als wirtschaftspolitisches Ideal[1]), denn er bot für die Entfaltung eines tüchtigen Familienlebens die weitaus besten Bedingungen. Die Wiedergeburt der Familie, das war aber das oberste Ziel aller Le Play'schen Bestrebungen auf dem Gebiete der Sozialpolitik. Da in Frankreich der Code civil mit seiner Zwangsteilung und seinen Pflichtteilrechten der Kinder die ungeteilte Übergabe des Hofes an einen Erben unter wesentlicher Bevorzugung desselben ungemein erschwerte, so kam Le Play schließlich zu der sonderbaren Auffassung, daß nur von der Wiedereinführung der Testierfreiheit alles soziale Heil zu erwarten sei. Im übrigen wertet er alle Organisationen und Erscheinungen des wirtschaftlichen Lebens nach ihrer mehr oder minder großen Verwandtschaft mit den Verhältnissen des Einzelhofes. Am nächsten steht diesem ein patriarchalisch verwalteter größerer Landwirtschaftsbetrieb, der vom Eigentümer selbst geleitet wird[2]). Le Play wird deshalb nicht müde, gegen den Absentismus der großen Grundeigentümer Klage zu erheben[3]). Über den Kreis der landwirtschaftlichen Unternehmungen hinausgehend sind es weiter die Forst- und Bergwerksbetriebe, denen seine Sympathie zu Teil wird[4]). Obwohl selbst ein hervorragender Techniker, stellt er die Gewerbe weit hinter die Urproduktion zurück[5]). Sie sind weniger stabil und national. Sie begünstigen das Schwinden patriarchalischer Sitten und gewähren

---

1899. S. 117; A. v. Wenckstern, Le Play. J. f. S. V. XVIII. 1894. S. 1—61; René Prévôt in S. d. V. f. S. CXIV. S. 195 bis 208; Auburtin, Fr. Le Play d'après lui-même. Vie, Méthode, Doctrine. Paris 1906.

[1]) Le Play, La réforme sociale en France. Sixième éd. Tours 1878. II. S. 206 ff.

Vgl. auch Reuß, Le Play in seiner Bedeutung für die Entwicklung der sozialwissenschaftlichen Methode. Thünne, Archiv, V. S. 277 ff.

[2]) a. a. O. S. 236 ff.

[3]) S. 244. [4]) S. 269. [5]) S. 289 ff.

den Arbeitern eine weit weniger gesicherte Stellung. Die Industrieprodukte sind ihres hohen spezifischen Wertes wegen leicht transportabel. So entwickelt sich eine lebhafte Konkurrenz. Die Industriellen können deshalb nur dann bestehen, wenn sie ihre Unternehmungen und sozialen Beziehungen einer unausgesetzten Verfolgung ihrer Profitinteressen unterordnen. Wird diese Geistesverfassung nicht durch die Einflüsse der Religion, der Familie und der Sitte aufgehalten, so fördert sie den Egoismus weit mehr als die Nächstenliebe und die Anhänglichkeit an das Vaterland. Die von edleren Gesinnungen erfüllten Fabrikanten würden aber ihre Betriebe und das Los ihrer Familie gefährden, wenn sie ihren Gefühlsregungen nachgeben würden. Da die Industrie also ihren Vertretern die Betätigung der Humanität so sehr erschwert, steht sie in ihrer Bedeutung für die Volkswohlfahrt tief unter der Urproduktion. Immerhin stehen ihr auch manche Vorzüge zur Seite. Sie befördert eine größere geistige Regsamkeit und die Entwicklung des Volksschulwesens.

Innerhalb der Gewerbe ist es der handwerksmäßige und hausindustrielle Betrieb, dem Le Play die besten Einwirkungen auf Sittlichkeit und Kraft des Volkes nachrühmt[1]). Die Handwerkerfamilien zeichnen sich im allgemeinen durch Moral, weisen Unabhängigkeitssinn, Arbeitsamkeit und Sparsamkeit aus. Die Großindustrie dagegen entwickelt die Methoden der Technik, sie begünstigt die Ansammlung großer Reichtümer und erhöht zunächst die internationale Geltung eines Landes. Diese Blüte hat aber nur kurzen Bestand. Die Arbeiter verfallen leicht dem Pauperismus, die oberen Klassen der Korruption[2]). Am wenigsten Anlaß zu Sorgen geben noch die mit Wasserkräften arbeitenden und deshalb an das Land gefesselten Betriebe[3]). Hier herrscht eine größere Stabilität der Beziehungen zwischen Unternehmer und Arbeiter. Letztere leben mitten unter bäuerlichen Stammfamilien und betreiben oft selbst noch etwas Landwirtschaft.

Wie ersichtlich, gelangt Le Play der Hauptsache nach zu denselben Überzeugungen, die Sismondi vertreten hat, wenn auch in betreff der politischen Maßnahmen keine Übereinstimmung besteht. Beide wollen für einen möglichst großen Teil des Volkes die Land-

---

[1]) S. 178 ff. [2]) S. 190. [3]) S. 297.

wirtschaft erhalten. Sismondi befürwortet deshalb Freiteilbarkeit des Bodens und gleiches Erbrecht, Le Play Geschlossenheit der Höfe mit Anerbenrecht. Immerhin soll dieses System nicht durch das Gesetz erzwungen werden. Beide sind Freunde des Handwerkes und der Hausindustrie. Gegenüber der Großindustrie ist Le Play allerdings duldsamer, weil er glaubt, daß durch patriarchalische Wohlfahrtseinrichtungen (Patronate) manche ihrer Gefahren wirksam bekämpft werden könnten.

Le Play hat unter den französischen und belgischen Katholiken eine beträchtliche Zahl von Anhängern gewonnen. Als hervorragendste gelehrte Vertreter dieser Schule, der „Réforme soziale“ [1]), dürfen Claudio Jannet, Ch. Périn, P. Deleage, V. Brants und Du Maroussem [2]) gelten.

6. Englische Literatur.

I. Volkswirtschaftliche Schriftsteller. Minder fruchtbar für die Ausbildung sozialkonservativer Überzeugungen hat sich der Boden Englands erwiesen. Hier fehlte vor allem ein zahlreicher Bauernstand. Der herrschende landwirtschaftliche Großbetrieb verfügte so gut wie die Fabrik nur über besitzlose Lohnarbeiter, war ihr also in sozialer Beziehung wenig überlegen. Die Verteidiger der Landwirtschaft erschienen weit mehr als auf dem Kontinente einfach als Parteigänger des Grundadels, wenn sie nicht etwa für eine radikale Änderung der Grundbesitzverfassung zugunsten des bäuerlichen Betriebes eintraten.

Als konservativer Volkswirt darf vor allem Malthus (1776 bis 1834) genannt werden. Er wirkt nicht nur insofern konservativ, als er durch seine Bevölkerungslehre die herrschenden Klassen und Einrichtungen von der Verantwortlichkeit für das bestehende Elend freispricht, sondern tritt auch als Gegner der Entwicklung

---

[1]) Vgl. über die katholisch-sozialen Schulen; R. de Waha, Die Nationalökonomie in Frankreich. 1910. S. 184—355; G. Weill, Die christlich-soziale Bewegung in Frankreich. Grünbergs Archiv, III. 1912. S. 71—105.

[2]) Besonderes Interesse darf wohl wegen seiner Methode wie seines Inhaltes beanspruchen Du Maroussem, La question ouvriére Paris. 4 Bde. 1891/94; ferner desselben Autors Werk Les Enquêtes. Pratique et Théorie. Paris 1900.

zum überwiegenden Industriestaat auf. Sein Ideal ist ein gewisses Juste-Milieu, ein Gleichgewicht zwischen Landwirtschaft und Industrie. „Industrie und Handel erfüllen alle Klassen der Bevölkerung mit frischem Leben und Tatkraft, sie geben den unteren Ständen Gelegenheit, durch persönliche Vorzüge und Anstrengungen gesellschaftlich emporzusteigen, und eifern die höheren Stände an, ihren Ruhm nicht bloß in Rang und Reichtum zu suchen. Sie rufen Erfindungen hervor, fördern die Wissenschaft und die nützlichen Künste, verbreiten Verstand und Mut, flößen der Arbeiterklasse Sinn für feinere Bedürfnisse und Behaglichkeit ein, und, was das wichtigste ist, sie gestalten die Gesellschaft um, indem sie die Bedeutung der Mittelklasse verstärken, die hauptsächlich dafür entscheidend ist, ob in einem Lande Freiheit, Gemeinsinn und eine gute Regierung zu finden sind“ [1]). Da aber „die Lebensweise und die Beschäftigung eines industriellen Arbeiters und seiner Familie, selbst wenn sie am günstigsten sich gestalten, der Gesundheit und Tugend nicht vorteilhaft sind, so kann es nicht wünschenswert erscheinen, daß ein sehr großer Bruchteil der ganzen Gesellschaft aus Fabrikarbeitern besteht. Reichtum, Volkszahl und Macht wird doch schließlich nur wertvoll, wenn sie die Wirkung haben, die Summe menschlicher Tugend und menschlichen Glückes zu mehren und zu sichern“ [2]). Jedenfalls soll England imstande bleiben, seinen Getreidebedarf allein zu decken. Die Versorgung des Volkes mit dem wichtigsten Lebensmittel darf den unvermeidlichen Wechselfällen und Störungen des internationalen Handels nicht preisgegeben werden [3]). Um den Getreidebau Englands auf die Höhe des Bedarfes zu heben, müssen die Kornzölle erhalten werden. Unmittelbare Eingriffe, um die Verhältnisse der Industriearbeiter zu verbessern, werden von Malthus pessimistisch beurteilt. Er billigt zwar Gesetze zum Schutze unmündiger Arbeiter, spricht sich aber gegen deren Ausdehnung auf Erwachsene aus [4]). Das

---

1) Rob. Malthus, Drei Schriften über Getreidezölle. Übersetzt und herausgegeben von E. Leser. Leipzig 1896. S. 22. Es sei noch daran erinnert, daß der englische Begriff „Mittelklasse“ höhere Gesellschaftsschichten umfaßt als unser „Mittelstand“.

2) a. a. O. S. 22.

3) Vgl. auch das oben S. 20 Gesagte.

4) Bonar, Malthus and his work. London 1885. S. 301.

wäre eine hoffnungslose Durchkreuzung der Grundsätze des freien Wettbewerbes, auf denen nun einmal das Wirtschaftsleben unserer Gesellschaft beruht. Die Hebung der Arbeiter kann der Hauptsache nach nur aus ihrer eigenen Kraft hervorgehen, insbesondere durch vorsichtige Gewohnheiten in bezug auf die Eheschließung. Lediglich als ergänzende Maßregeln billigt Malthus staatlichen Schulunterricht, die Gewährung ärztlicher Hilfe an Arme und die Unterstützung der Auswanderung.

Dieselbe konservative Grundstimmung wie bei Malthus ist auch in den Schriften von Chalmers[1]) (1780—1845) zu finden. Er will einen kräftigen Grundadel erhalten wissen, denn, wo es Edelleute gibt, wird auch das gemeine Volk weniger unedel sein. Trotzdem spricht er sich gegen die Kornzölle aus. Er vertraut auf das natürliche Übergewicht des nationalen Ackerbaues und Grundbesitzes, das auch ohne Korngesetze die Ausbildung eines überwiegenden Industriestaates verhindern werde. Von den durch Fabrikatexport zu beschaffenden Lebensmitteln würde höchstens ein Zehntel des englischen Volkes ernährt werden können und dieses werde eine unsichere Existenz haben. Er hält es ebenso wie Malthus für ausgeschlossen, daß die Superiorität der englischen Industrie auf die Dauer zu erhalten sei.

In eigentümlichem Gegensatze Malthus und Chamers steht Sadler[2]). Er ist überzeugter Tory und Anhänger der Kornzölle, aber Gegner der Malthusschen Bevölkerungsgesetze und der auf ihr beruhenden Reformen der Armenpflege. Die Kornzölle lägen im Interesse der ländlichen Arbeiter und der kleinen grundbesitzenden Bauern, die nur bei Agrarschutz bestehen könnten. Ihm schwebt sogar eine Art innerer Kolonisation vor, indem er die ländlichen Armen durch Überlassung von Häuschen und Gartenland empor bringen will. Sein größtes Verdienst liegt aber in dem rastlosen Kampfe, den er schriftlich und mündlich für die Ausbildung des Arbeiterschutzes führte.

---

[1]) On political economy in connexion with the moral state and moral prospects of society. Glasgow 1832. Vgl. auch Held, Zwei Bücher z. soz. Geschichte Englands. S. 233 ff. und Holl, Chalmers und die Anfänge der kirchl.-soz. Bewegung. Zeitschrift für Theologie und Kirche. 23. Jahrg. 4. Heft. S. 219—265.

[2]) a. a. O. S. 241—245; Alfred, History of the factory movement. 1857.

II. Carlyle und Ruskin. Kann über die konservative Grundrichtung der genannten Männer trotz mancher Differenzen in bezug auf Einzelheiten kein Zweifel aufkommen, so ist es in der Tat fraglich, ob man berechtigt ist, auch Thomas Carlyle (1795—1881)[1]) den konservativen Sozialpolitikern zuzurechnen. Ist er doch von den Programmen der Tories ebensowenig erbaut als von denen der Whigs. Er verfolgt mit derselben ätzenden Schärfe die faulenzende Aristokratie, die rebhühnerschießenden, Entenjagden und Kornzölle liebenden rosigen Barone mit ihren frischen schmucken Gesichtern, wie die in Mammonsdienst versunkenen Baumwollenherren, die fürchten in die Hölle zu geraten, wenn sie nicht Gold auf Gold häufen. Ja, es finden sich selbst unter den radikalsten Sozialisten keine Männer, welche das System des laissez-faire und all die sogenannten Errungenschaften des Kapitalismus unbarmherziger und aufreizender an den Pranger gestellt hätten als Carlyle.

Ein Beispiel: „Vor den Assisen zu Stockport stehen ein Vater und eine Mutter und werden schuldig befunden, drei ihrer Kinder vergiftet zu haben, um eine Begräbniskasse um 3 Pfund Sterl. und 8 Schilling zu betrügen, die ihnen beim Tode eines jeden Kindes ausbezahlt werden mußten. Sie werden angeklagt, schuldig befunden und die amtlichen Behörden, flüstert man, deuten an, daß der Fall vielleicht nicht der einzige ist, und daß man vielleicht besser tut, wenn man dieser Sache nicht weiter nachforscht. . . . Solche Beispiele gleichen dem höchsten, dem Auge sichtbaren Bergesgipfel, unter welchem aber noch eine ganze, noch nicht sichtbar gewordene Gebirgsregion liegt. Menschliche Ehegatten hatten zu einander gesagt: Was wollen wir tun, um dem Hungertode zu entgehen? Wir sitzen hier tief in unserem finsteren Keller und die Hilfe ist weit. . . . Das Elternpaar von Stockport denkt: Unser armer kleiner Hungerleider Tom, der den ganzen Tag nach

---

[1]) v. Schulze-Gävernitz, Zum sozialen Frieden. Leipzig 1890. I. S. 77—291; Carlyle, Sozialpolitische Schriften, deutsch von E. Pfannkuch, herausgegeben von P. Hensel. 3 Bde. Göttingen 1895/99: P. Hensel, Th. Carlyle. Stuttgart 1901; Fr. Engels, Die Lage Englands, im I. Bd. des literarischen Nachlasses von K. Marx, Fr. Engels und Fr. Lassalle, herausgegeben von Fr. Mehring. Stuttgart 1902. S. 461ff.

Nahrung schreit, der in dieser Welt nur Böses und nichts Gutes sehen wird, wäre gut aufgehoben, wenn er diesem Elende sofort entrissen würde. Er wäre dann tot, und wir andern würden dadurch vielleicht am Leben erhalten. Dies wird gedacht und angedeutet und endlich getan. Und nachdem der kleine Tom umgebracht und aufgezehrt ist, kommt der arme kleine Hungerleider Jack daran und dann der arme kleine Hungerleider Bill. Welch ein Komitee der Wege und der Mittel!"[1]) Oder: „Was nützen Eure gesponnenen Hemden? Sie hängen hier zu Millionen unverkäuflich und hier sind wieder Millionen fleißige nackte Rücken, die sich vergebens danach sehnen. . . . Nur erst jetzt — in der Geschichte einer Erde, welche bis zu dieser Stunde überall Getreide wachsen läßt, wenn ihr sie pflügen wollt und Hemden liefert, wenn ihr sie spinnt und webt — hat der bloße zweihändige Arbeiter — mochte es mit anderen Arbeitern stehen wie es wollte — vergebens nach solchem Lohn geschrien, wie er unter gerechtem redlichen Lohne versteht, nämlich Nahrung und Kleidung! Das Göttliche konnte und kann nicht bezahlt werden, das Irdische aber konnte es stets. Gurth, ein bloßer Schweinehirt und geborener Leibeigener Cedriks des Sachsen, hütete Schweine im Walde und bekam einige Abfälle von dem Fleische. Ja der vierfüßige Arbeiter hat bereits alles, was dieser zweihändige so laut begehrt! . . . . Es gibt in ganz England kein zur Arbeit williges und taugliches Pferd, welches nicht seine gehörige Nahrung und Wohnung hätte und glatt gestriegelt und in seinem Herzen zufrieden umherginge . . . Wäre es mit einer solchen erbärmlichen Welt, in welcher alle arbeitenden Pferde gut gefüttert werden und unzählige arbeitende Menschen fast verhungern müssen, nicht am besten, wenn man mit ihr ein Ende machte und sie ein für alle Mal den Jötunen, Schlammriesen, Eisriesen und chaotischen Tiergöttern wieder überlieferte? Für die alten anarchischen Tiergötter mag sie ganz gut sein, aber viel zu erbärmlich, als daß die Menschen sie noch länger mit ihrer Gegenwart beehren sollten"[2]). Das alles ist gewiß nicht die Sprache, die konservative Schriftsteller in der Regel führen.

---

[1]) Vergangenheit und Gegenwart. Th. Carlyles, Ausgew. Schriften, deutsch von Kretzschmar. VI. Leipzig 1856. S. 4.

[2]) a. a. O. S. 21, 22.

Auch eine besondere Vorliebe für Landwirtschaft und Handwerk läßt sich bei Carlyle nicht nachweisen. Er geht nicht darauf aus, die wirtschaftliche Struktur, welche die Gesellschaft der Vergangenheit besaß, künstlich zu konservieren. Ihm kommt es nur auf die Gesinnung an, mit welcher und aus welcher heraus etwas unternommen wird. Und hier sind es allerdings nicht die Gesinnungen, leitenden Ideen und Abgötter der Gegenwart, die seinen Beifall finden. In seiner sozialpolitisch wertvollsten Schrift (Past and Present 1843) stellt er die tatkräftige, zweckmäßige, von starkem Glauben und tiefer Religiosität erfüllte Arbeit eines Abtes Samson, Beherrschers der Abtei Bury St. Edmonds, in packenden Kontrast zu dem gottlosen, selbstsüchtigen Mammonsdienste des Kapitalismus und seinen „laissez-faire“-Grundsätzen. Die Gesellschaft kann nur in „positiven Perioden“ blühen und gedeihen, nur dann, wenn große Männer, Helden, mögen es Priester, Könige, Heerführer oder Dichter sein, all ihre Kraft in selbstvergessenem Altruismus, „im Jenseits wurzelnd“, für eine transzendentale Idee einsetzen. Carlyle's Helden erinnern an Hegels „Geschäftsführer des Weltgeistes“ und „Seelenführer“, denen sich die Massen unterordnen, da sie fühlen, wie sehr deren Taten der Not der Zeiten entsprechen. Individualismus, Utilitarismus, Skepsis und Unglaube bedeuten Verfall und Zerstörung. Die liberalen und demokratischen Freiheiten, der ganze Parlamentarismus sind ihm ein Greuel. „Die Idee, daß die Freiheit eines Menschen darin besteht, daß er an den Wahlschranken seine Stimme abgibt und sagt: „Sehet, jetzt habe auch ich meinen zwanzigtausendstel Anteil an einem Schwätzer in unserem Nationalplapperment; werden nicht alle Götter mir gütig sein?“ ist eine der ergötzlichsten. . . . Ganz besonders die Freiheit, welche sich durch gesellige Isolierung, oder mit anderen Worten, dadurch erkaufen muß, daß jeder Mann getrennt von dem anderen steht und weiter „kein Geschäft mit ihm“ hat, als ein Kassakonto — dies ist eine Freiheit, wie die Erde sie nur selten gesehen, wie die Erde sich nicht lange gefallen lassen wird. . . . Diese Freiheit erweist sich, ehe sie noch lange in Tätigkeit gewesen und während noch alle Menschen jubelnd die Mützen emporwarfen, für die arbeitenden Millionen als die Freiheit, aus Mangel an Nahrung zu sterben, und für die müßigen Tausende und Einheiten als eine noch verhängnisvollere Freiheit, trotz des Mangels an

Arbeit zu leben und keine ernste Pflicht mehr in dieser Gotteswelt zu erfüllen zu haben. . . . Liebe Brüder, wir wissen nach Jahrhunderten konstitutioneller Regierung immer nur erst sehr unvollkommen, was Freiheit und Sklaverei ist“ [1]).

„Die wahre Freiheit eines Menschen, würdest Du sagen, bestehe darin, daß er den rechten Weg finde oder gezwungen werde, ihn zu finden und darauf zu wandeln; zu lernen und gelehrt zu werden, zu welcher Arbeit er wirklich tauge, und dann durch Erlaubnis, Überredung und sogar Zwang an diese Arbeit gestellt zu werden. . . . Du gestattest einem offenbar Wahnsinnigen nicht, über Abgründe hinwegzuspringen. Du verletzest seine Freiheit, Du, der Du klug bist und hältst ihn, wäre es selbst in einer Zwangsjacke, von den Abgründen fern. Jeder dumme, jeder feige und törichte Mensch ist nur ein weniger offenkundiger Wahnsinniger und seine wahre Freiheit wäre, daß jeder weisere und klügere Mensch durch metallene Halsbänder oder auf irgend welche sanftere oder härtere Art ihm, wenn er falsch geht, fassen und zwingen könnte, ein wenig richtiger zu gehen. . . . Die Freiheit verlangt neue Definitionen“ [2]). Also Autorität, nicht Majorität, eine Regierung der Weisesten, eine Aristokratie des Talentes, eine Verehrung der Helden, das ist für Carlyle der einzige Rettungsweg [3]).

Das Autoritätsprinzip soll auch in der Industrie Eingang finden. Die Fabrikanten müssen sich in „Hauptleute der Industrie“ verwandeln. Sie dürfen nicht mehr Leute sein, welche lediglich im Interesse ihres eigenen Gelderwerbs Arbeiter im Kampfe beschäftigen, sondern sie haben als die Offiziere der Arbeiter im Kampfe um bessere Lebensbedingungen aufzutreten. „Eure tapferen Schlachtenheere und Arbeiterheere müssen wie die anderen auf rechtmäßige Weise die Euren, sie müssen durch einen gerechten Anteil an der Eroberung unter Euch systematisch festgehalten und durch ganz andere und festere Bande als die eines zeitweiligen Tagelohnes zu Euren wirklichen Brüdern und Söhnen gemacht werden. Wie würden auch nur rotröckige Regimenter, geschweige denn Ritter, für Dich kämpfen, wenn Du sie am Abend der Schlacht gegen Bezahlung der stipulierten Schillinge ablohnen könntest und es ihnen frei-

1) a. a. O. S. 207.
2) a. a. O. S. 201. 3) a. a. O. S. 33.

stünde, am Morgen mit dir dasselbe zu tun! Chelsea-Hospitäler, Pensionen, Beförderungen, ein strenger dauernder Vertrag auf der einen Seite, wie auf der anderen, sind selbst für einen gemieteten Fechter unumgänglich notwendig" [1]). „Schaut um Euch. Eure Weltenheere sind der Meuterei, der Verwirrung, der Entblößung verfallen und stehen am Vorabend verzehrenden Unheils und Wahnsinns. Sie wollen nicht weiter für Euch marschieren, für 6 Pence täglich und nach dem Prinzip von Angebot und Nachfrage. . . . Nicht als ein verworrener, verwirrender Haufen, sondern als eine festgegliederte Masse, mit wirklichen Hauptleuten über sich, wollen diese Männer fernerhin marschieren. Alle menschlichen Interessen, vereinten menschlichen Bestrebungen und sozialen Gestaltungen in dieser Welt haben in einem gewissen Stadium ihrer Entwicklung der Organisation bedurft, und jetzt bedarf ihrer die Arbeit, das großartigste aller menschlichen Interessen." Spezielle Reformmaßregeln werden von Carlyle, dessen ganzes Sinnen und Trachten den obersten, allgemeinen Ideen gehört, nur nebenbei gestreift. So spricht er sich z. B. für öffentliche Volksschulen, Fabrikgesetzgebung und Beförderung der Auswanderung durch den Staat aus, für eine „freie Brücke nach Amerika". Von der sonst den konservativen Sozialtheoretikern eigentümlichen Wertschätzung der Landwirtschaft ist bei Carlyle nichts zu finden. Die großen Erfindungen auf dem Gebiete der industriellen Technik betrachtet er mit staunender und bewundernder Ehrfurcht.

Diese Bußpredigten Carlyles haben in England tiefgehende Wirkungen erzielt. Nicht mit Unrecht sind die sog. „christlichen Sozialisten" [2]) von H. v. Nostiz geradezu als Chorführer Carlyles bezeichnet worden. Auch die „Jung-England-Bewegung", welche konservativ gesinnte Geistliche und Aristokraten für soziale Reformen begeisterte, steht zum Teil im Banne Carlylescher Ideen. Endlich hat John Ruskin (1819—1900), ein Schriftsteller, dessen Einfluß noch im Wachsen begriffen ist, von Carlyle entscheidende Anregungen empfangen. Ruskin, [3]) der Sohn eines

---

[1]) a. a. O. S. 260.

[2]) Vgl. Brentano, Christlich-soziale Bewegung in England. J. f. G. V. VII. S. 737—807.

[3]) Aus den Werken Ruskins mögen hier nur diejenigen erwähnt werden, in denen die sozialreformerischen Gedanken im

reichen Weinhändlers in London, hatte sich ursprünglich kunstwissenschaftlichen Studien gewidmet. Dabei stand ihm von jeher die Sittlichkeit über der Kunst. Als größtes Kunstwerk galt ihm dasjenige, das dem Geiste des Beschauers auf irgend einem Wege die größte Zahl erhabener Ideen zuführt. Aber die Wirkung auf den Beschauer war ihm nicht allein maßgebend. Er forschte auch — und das war seine geniale Leistung — nach dem Einflusse, welchen die Kunst auf ihre Schöpfer, auf die Künstler und ihre Arbeiter selbst ausübt [1]). So pries er die Gotik wegen des weiten Spielraumes, den sie in allen dekorativen Einzelheiten, in der Gestaltung der Pfeilerkonsolen und Kapitäle, der Kreuzblumen und

---

Vordergrunde stehen: Unto This Last (1860); Munera Pulveris (1862/63); The Crown of Wild Olive (1866); Time and Tide by Weare and Tyne (1867); Fors Clavigera (1871—1884). Eine Würdigung Ruskins als Sozialreformer enthalten: G. Cohn, Die heutige Nationalökonomie in England und Amerika. J. f. G. V. 13. Jahrg. S. 33 und 34; Patrick Geddes, John Ruskin Economist (The Round Table Series, edited by H. Bellyse Baildon). Edinburgh 1887; John A. Hobson; J. Ruskin, Socialreformer, 2. ed. London 1899; S. Saenger, Ruskin, Sein Leben und Lebenswerk. Straßburg 1901; Herkner, Ruskin als Sozialreformer. Neue Deutsche Rundschau 1901. S. 225—237. Vgl. ferner die von Jakob Feis herausgegebenen, übersetzten und mit vortrefflichen Einleitungen versehenen Bruchstücke aus Ruskins Werken bei Heitz, Straßburg, insbesondere: „Was wir lieben und pflegen müssen" und „Wie wir arbeiten und wirtschaften müssen" und Einleitung zu „Wege der Kunst", I.

Von der bei E. Diederichs in Leipzig erscheinenden deutschen Ausgabe der „Gesammelten Werke" John Ruskins liegen zur Zeit vor: Bd. I. Die sieben Leuchter der Baukunst. Bd. II. Sesam und Lilien. Bd. III. Der Kranz von Olivenzweigen. Bd. IV. Vorträge über Kunst. Bd. V. Diesem letzten! Bd. VI/VII. Praeterita. Bd. VIII/X. Die Steine von Venedig. Bd. XI—XV. Moderne Maler. Ruskin-Biographien lieferten: W. G. Collingwood, The life and work of John Ruskin. 2. Bd. London 1893; M. v. Bunsen, Ruskin, Sein Leben und Wirken 1903; Charlotte Broicher, John Ruskin und sein Werk. 3 Bde. 1902/07; E. T. Cook, The life of John Ruskin. London 1911. 2 Bde. Der zweite Band des Werkes bietet ausführliche Charakteristiken der sozialökonomischen Werke und Bestrebungen Ruskins.

[1]) Vgl. das berühmte Kapitel „über die Natur der Gothik und das Amt des Handwerkers darin" in den Stones of Venice.

Krabben, der Simse und des Maßwerkes der künstlerischen Individualität zugestand. Sie war eine Kunst tatsächlich freier Arbeiter. Nirgends herrschte mechanische Gleichheit. Mit voller Lust und Liebe, mit ganzem Herzen konnte der Arbeiter bei einem Werke verweilen, das seiner Phantasie und Gestaltungsgabe stets neue Aufgaben eröffnete. Solche Kunst, die Beschauer und Schöpfer adelt, wird zum vornehmsten Bildungsmittel der Menschheit.

Die Kunst ist an gewisse äußere Voraussetzungen geknüpft. „Die Kunst kann nur gedeihen bei einem Volke, das ein zufriedenes Leben führt, in reiner Luft, fern vom Anblick häßlicher Dinge und frei vom Zwange bloß mechanischer Arbeit." „Keine Kunst ist möglich, ohne die ursprünglichen Kunstschätze Gottes vor Augen zu haben: Flur, Blumen, See und Himmel." „Niemals gab es eine Kunst in einem Lande, in dem das Volk von blutsaurer Arbeit bleich war und vom Todesschatten welk, wo die Lippen der Jugend, statt rosig, abgezehrt vom Hunger oder angefressen vom Gifte waren." Von all diesen unerläßlichen Vorbedingungen war im England der fünfziger Jahre für breite Schichten des Volkes nichts, wirklich gar nichts vorhanden. Der Industrialismus hatte alles vernichtet. Der einst so wonnige liebliche Charakter der englischen Landschaft war vielerorts verunstaltet, das gesunde blühende Volk old merrie England's zu zerlumpten, schmutzigen, unwissenden, rohen, trunk- und schwindsüchtigen, engbrüstigen und hohläugigen Proletariern herabgedrückt. Hier bestand die erste Aufgabe darin, Land und Luft wieder rein, das Volk wieder gesund und schön zu machen. So wurde Ruskin aus einem Kunstschriftsteller der vielleicht interessanteste und erfolgreichste konservative Sozialtheoretiker des modernen England. Teilt Ruskin auch in wichtigen Beziehungen die Anschauungen, welche Carlyle über den herrschenden Mammonismus und die ihm entsprechenden politischen und sozialen Gebilde ausgesprochen hatte, so entbehrt er doch keineswegs der Originalität. Er dringt tiefer in das ökonomische Detail der Fragen ein und bemüht sich, konkrete Reformen teils literarisch vorzubereiten, teils persönlich durchzuführen.

Vor allem leugnet Ruskin, daß die Nationalökonomie nur wirtschaftliche Güter zu berücksichtigen habe, und daß diese mit der Geldwage richtig bewertet werden können. Es läßt sich zwar alles leicht in Geld verwandeln, Gesundheit, Schönheit, Sittlichkeit, aber die Rückverwandlung des Geldes in solche Güter ist äußerst schwer, oft unmöglich. Der Mensch ist in Wirklichkeit ein Wesen, das einen lebhaften natürlichen Betätigungsdrang besitzt, das gute Arbeit liebt, der Selbstaufopferung fähig ist, nicht nur von Gelderwerbsinteressen, sondern auch von Sympathiegefühlen beherrscht wird, nicht nur auf marktgängige Waren ausgeht, sondern auch auf Güter, die immaterieller Art und auf dem Markt nicht verkäuflich sind. Wie kann nun eine Wissenschaft zu richtigen Ergebnissen gelangen, welche den Menschen als eine von Habgier getriebene Gelderwerbsmaschine ansieht? Nun sagen zwar die Volkswirte: „Die sozialen Sympathiegefühle sind zufällige und störende Elemente der menschlichen Natur, Habsucht und Fortschrittsdrang hingegen wirken stetig. Scheiden wir also die veränderlichen Elemente aus, und betrachten wir den Menschen bloß als ein von dem Streben nach dem größtmöglichen Geldgewinn geleitetes Wesen, um die Gesetze des Ein- und Verkaufes zu entdecken, durch welche die größte Ansammlung von Reichtümern erzielt werden kann. Sind diese Gesetze einmal gefunden, so steht es jedem frei, von dem störenden Elemente der Sympathiegefühle, so viel er mag, in die Rechnung einzuführen und die Abweichungen infolge veränderter Bedingungen sich klar zu machen.“ Das wäre ganz richtig, wenn die später einzuführenden Elemente von der gleichen Natur wären wie die zuerst geprüften Triebkräfte. Aber diese „störenden“ Elemente sind nicht von der gleichen Natur wie die konstanten. Sie wirken nicht mechanisch, sondern chemisch. Sie führen Eigenschaften ein, durch welche all unser früheres Wissen nutzlos wird. Ruskin bestreitet nicht die Richtigkeit der Folgerungen, welche die politische Ökonomie auf Grund ihrer Voraussetzungen ableitet. Er hat für sie aber ebensowenig Interesse, wie für eine Wissenschaft der Gymnastik, welche von der Annahme ausginge, daß Menschen keine Skelette hätten. Die Nationalökonomie ruht auf denselben Grundlagen. Sie nimmt nicht an, daß der Mensch kein Skelett habe, wohl aber, daß er nur aus Skelett bestehe und baut eine verknöcherte Fortschrittstheorie auf diese Ableugnung der Seele[1]. Ruskin unternimmt es, die Fundamente für eine neue Theorie der Volkswirtschaft zu legen.

---

[1]) Unto This Last. §§ 1—4.

Vor allem muß sich der Volkswirt klar machen, einmal, welche Güter in der Tat nützlich sind und das Leben fördern, und dann, mit welcher Art und Menge von Arbeit sie hergestellt werden. Die herrschende Schule läßt sich von der Warenmenge blenden und kümmert sich viel zu wenig um die Produktionsmethoden. Sie erforscht nicht, mit welchen Opfern in bezug auf Arbeitsdauer, Monotonie, Intensität und Gesundheit die Zunahme der Güter erzielt worden ist. Eine Steigerung des Wohlstandes, ein reeller Gewinn für das Leben liegt aber nur dort vor, wo der durch die Güterproduktion geschaffene Nutzen (die durch sie erreichte Lebensförderung) die Lebensaufopferung übertrifft, welche als Bedingung der Produktion auftrat [1]. Der Geldpreis eines Gutes beweist nichts für dessen Wert. Damit ein Wert zustande kommt, müssen drei Voraussetzungen erfüllt sein: das Gut muß dem Menschen objektiv nützlich sein; der Mensch muß für den Nutzen das richtige Verständnis besitzen; das Gut muß quantitativ in der richtigen Proportion zum Bedarfe des betreffenden Subjektes vorhanden sein [2]. Hier hat Ruskin Berührungspunkte mit der modernen Grenznutzentheorie. Eine Vermehrung des Wohlstandes kann nicht bloß durch Güterproduktion eintreten, sondern auch dadurch, daß über den Nutzen vorhandener Güter höhere Werturteile Platz greifen, oder daß durch eine veränderte Güterverteilung der Grenznutzen für die einzelnen erhöht wird. Das fände z. B. statt, wenn Güter, die jetzt ausschließlich von wenigen Leuten im Überfluß besessen und deshalb gering geschätzt werden, unter eine größere Zahl im genauen Verhältnisse zum wirklichen Bedarfe verteilt würden. Dieser Aktivseite des Güterwertes entspricht als Passivseite der Betrag der Kosten. Zur Ermittelung der wirklichen Kosten muß auch der Einfluß untersucht werden, welchen die betreffende Arbeitsleistung auf den Arbeiter selbst ausübt. Manche Arbeiten entwürdigen den Menschen, weil sie übermäßige Anforderungen an seine Kräfte stellen. Andere wieder schließen erhebliche Gefahren für Leib, Leben oder Sittlichkeit ein. Unter den Kostenbegriff ist nur diejenige Arbeit zu bringen, welche auf-

[1] Munera pulveris §§ 59—62; A Joy for ever § 31; The crown of wild olive. §§ 7, 8.

[2] Munera pulveris. §§ 12—20.

reibend und abstumpfend wirkt, welche unter häßlichen und schädlichen Umständen erfolgt und jeglichen erzieherischen, Geist oder Körper fördernden Charakters entbehrt. Solche Arbeit ist allein im wahren Sinne des Wortes Arbeit oder Lebenseinbuße (labour nach Ruskin gleich loss of life). Tätigkeiten, welche geistig oder körperlich heilsame Übungen einschließen, welche von mäßiger Dauer sind, für Geschicklichkeit und individuelle Wirksamkeit Raum gewähren, Charakter und Fähigkeiten entwickeln, sind nicht unter die Kosten zu rechnen. Sie beeinträchtigen ja das Leben nicht nur nicht, sondern sind selbst vornehmstes Lebensbedürfnis. Die Arbeit, welche ein kräftiger und tüchtig ausgebildeter Arbeiter während eines Arbeitstages von mäßiger Länge leistet, kann einen geringen Kostenbestandteil darstellen, während dieselbe Arbeit, wenn sie unentwickelten Kindern oder schwachen Frauen aufgebürdet wird, eine enorme Vergeudung von Lebenskraft zur Folge hat, also sehr hohe Kosten bedeutet. Man darf sich nicht dadurch irre machen lassen, daß der Unternehmer vielleicht für diese Arbeiten nur wenig zu bezahlen hat, daß ihm also die Arbeit billig zu stehen kommt.

Bei einer volkswirtschaftlichen Untersuchung der Produktionskosten ist genau zu ermitteln, in welchem Verhältnisse die Arbeitsleistung zu Rasse, Geschlecht, Alter, natürlichen Fähigkeiten, Ausbildung und Übung des Arbeiters steht. Außerdem ist die Länge der Arbeitszeit zu berücksichtigen. Selbst dem bestqualifizierten Arbeiter kann die an sich anregendste Arbeit zur Qual werden, wenn sie über eine bestimmte Zeitstrecke hinaus geleistet werden muß. Aus dem Gesagten geht hervor, daß es nach Ruskin eine Verminderung der Produktionskosten bedeutet, wenn die Menschen mit Sorgfalt zu Fleiß und technischer Leistungsfähigkeit erzogen werden; wenn die Arbeit so eingerichtet wird, daß sie selbst Interesse erweckt und unter günstigen Bedingungen (am besten in freier Luft oder in geräumigen, hellen, luftigen Werkstätten) auszuführen ist; wenn sie mit den körperlichen und geistigen Fähigkeiten des Arbeiters, mit seinen Anlagen und Neigungen möglichst übereinstimmt, und wenn sie endlich in Bezug auf die Dauer eine volle Erschöpfung ausschließendes Maß nicht überschreitet. Wenn innerhalb des Industrialismus die Einen bis zum Ruine ihrer Gesundheit sich plagen müssen, während Andere müßig gehen und dadurch verkommen, wenn zufolge der Arbeitsteilung und der Maschinen die Einen vorzugsweise rein mechanische, abstumpfende, nur bestimmte Muskeln in Anspruch nehmende Leistungen auszuführen haben, so daß ihre geistigen Anlagen unentwickelt bleiben, während die Anderen immer nur mit dem Gehirn arbeiten und dadurch die körperliche Gesundheit preisgeben, so ist das gewiß keine Ordnung der Dinge, welche sich durch niedrige Kosten auszeichnet. Es ist in vielen Fällen sogar sehr wahrscheinlich, daß durch diese Produktionsmethode mehr Leben vernichtet als entwickelt wird. Am schlimmsten steht es dort, wo auf diese unökonomische Weise Güter produziert werden, welche bei den Konsumenten leiblichen oder sittlichen Schaden stiften. Diese Voraussetzung trifft z. B. bei gewissen Mode- und Luxusartikeln, die ohne künstlerischen Wert nur der Eitelkeit dienen, tatsächlich zu. Auch des Alkohols wäre hier zu gedenken. Aus diesem Ideenkreis heraus ist die Stellung, welche Ruskin gegenüber dem Maschinenwesen einnimmt und die Vielen genügt, um Ruskin überhaupt nicht ernst zu nehmen, leicht verständlich. Er anerkennt nur diejenigen Maschinen, welche die Menschen von beschwerlichen Arbeiten erlösen, nicht aber solche, die Geist und Herz erfreuende Tätigkeiten verrichten. Ruskin hat nichts gegen die Verwendung von Wind und Wasser zu motorischen Zwecken einzuwenden. Verhaßt ist ihm allein die Dampfkraft[1]). Die Erzeugung des Dampfes hat massenhaften Kohlenbedarf zur Voraussetzung. Die Kohlenförderung verdammt Hunderttausende dazu, tief im Schoße der Erde, wie Schatten der Unterwelt, in engen Stollen, die zu stets gebückter Körperhaltung zwingen und in denen oft eine gräßliche Hitze herrscht, die besten Stunden ihres Daseins zu verleben. Auch ist der ewige Qualm und Ruß der Fabrikstädte mit in erster Linie dafür verantwortlich zu machen, daß heute das Leben großindustrieller Arbeiter wie mit einem Trauerflor verhüllt erscheint. Die durch Dampfkraft und Maschinen geschaffene moderne Arbeitsweise hat einem großen Bruchteil der Arbeiterbevölkerung den wohltätigsten, edelsten und sittlichsten aller Genüsse geraubt: die Freude an der eigenen Arbeit. Nichts hat auf die Entwicklung sozialrevolutionärer Strömungen so mächtig eingewirkt, als dieser Mangel. Materielle Genüsse oder bessere Bildung beseitigen ihn

[1]) Fors clavigera, letter LXXXV.

nicht, sondern machen ihn nur noch fühlbarer. „Es ist weit besser, den Leuten höhere Arbeit zu geben, als eine Erziehung, die sie über ihre Arbeit erhebt.“

Der Zunahme des Industrialismus entspricht eine Abnahme der Landbevölkerung. Auch in dieser Erscheinung erblickt Ruskin ein Zeichen des Verfalles. Er kennt Frankreich und die Schweiz gut genug, um für die Bedeutung eines zahlreichen Bauernstandes volles Verständnis zu besitzen. Ja, die landwirtschaftliche Arbeit ist dem Menschen so heilsam, daß auch die oberen Klassen sich mit ihr befassen sollten [1]) um die körperliche und geistige Gesundheit, welche durch ausschließlich geistige Funktionen aufs schwerste bedroht wird, dauernd zu behaupten. Zweierlei ist erforderlich, um eine Rückwanderung auf das Land in Fluß zu bringen. Einmal eine einschneidende Reform der Bodenbesitzverhältnisse, welche die Ausbildung eines zahlreichen bäuerlichen Erbpächterstandes ermöglicht. Dann aber auch eine Emanzipation von der geldwirtschaftlichen Wertungsweise. Man drängt sich jetzt in die Städte, weil dort leichter Geld zu verdienen ist und alles nur darauf bedacht ist, „Geld zu machen“. Man kümmert sich nicht um die Luft, die dort geatmet werden muß, nicht um die Menschen, mit denen man verkehrt, nicht um die Wohnung, in der man haust, noch um die Bedingungen, unter denen die Kinder heranwachsen. Angesichts dieser Verirrungen muß der Mensch erst wieder den Segen des Sonnenscheins, die landschaftliche Schönheit, die Weite des Raumes und die Nachbarschaft, die Anhänglichkeit an Scholle und Heim, erquickende Arbeit und Muße zur Selbstbesinnung in ihrer wahren Wirksamkeit schätzen lernen.

Wie die ländliche Arbeit der Entwicklung des Körpers, so hat die gewerbliche Tätigkeit der Entfaltung der geistigen Kräfte zu dienen. Sie kann aus einer drückenden Last, die sie heute unter der Herrschaft des Fabrikwesens so oft darstellt, in Genuß verwandelt werden, wenn Kunst [2]) und Handwerk wieder miteinander

---

[1]) Munera pulveris, § 109.

[2]) Zu beachten ist, daß Ruskin zur Kunst jegliche menschliche Arbeit rechnet, „welche mithilft, Sinn und Geist zu veredeln, sittliche Energie zu wecken, Begeisterung anzuregen und die Welt, worin wir leben, schöner zu gestalten.“ Vgl. Feis, Wie wir arbeiten und wirtschaften müssen. S. 20.

wie in alter Zeit verknüpft werden. Selbst der einfachste Gebrauchsgegenstand, den Menschenhand hervorbringt, kann vom Zauberstab der Kunst berührt werden. Im Wesen eines jeden Menschen, auch des schlichtesten und ungeschliffensten, schlummern gewisse Anlagen. Auch bei dem geringsten regt sich eine gewisse Phantasie, Empfindung und Geisteskraft, wenn auch schwach, zaghaft und schwankend. Den Beweis liefern die anmutigen Zierkunstarbeiten, die uns in den Erzeugnissen des gewerblichen Hausfleißes früherer Zeiten entgegentreten. Durch die Zerreißung von Kunst und Handwerk ist nicht nur das Arbeitsleben der großen Masse verödet, sondern auch die Kunst selbst in ihren Wurzeln bedroht worden. Die beste Nahrung am Haupte eines Baumes vermag nichts, wenn er an den Wurzeln stirbt. Die wahre Wurzel und Grundlage aller Kunst ruht im Handwerk. „Gibt es keine Möglichkeit, wirklich künstlerische Kraft und echtes künstlerisches Gefühl in zeichnerischen oder gewerblichen Betätigungen zu erkennen, wird die Kunst nicht im bescheidensten Gegenstand und Material anerkannt und als an sich ebenso wertvoll empfunden, wie die um soviel höher belohnte Kunst des Malers, — so kann die Verfassung der Künste keine gesunde sein; und wenn keine Künstler mehr im Handwerk zu finden sind, dann besteht die große Gefahr, daß sie auch aus den Künsten verschwinden, und statt dessen Fabrikanten und Händler werden“ [1]). Die gewerbliche Praxis im Handwerk stellt für den Künstler eine tüchtige Übung der Fähigkeiten und ein sehr wertvolles Gegengewicht gegen die Überanstrengung der bloßen Gehirntätigkeit dar. Durch die Vereinigung von Kunst und Gewerbe wird den Arbeitern ihre Beschäftigung die größte Freude bereiten, die Freude, schöne Dinge zu schaffen. Um der Reform die Wege zu bahnen, muß das kaufende Publikum sich der unendlichen Häßlichkeit seines Lebens erst wieder bewußt werden und Sehnsucht nach guter Handarbeit empfinden. Die Herstellung wird am besten in Handwerkergenossenschaften erfolgen, durch eine Wiedergeburt der hohen Ideale, von denen das Zunftwesen in der Zeit seiner Blüte getragen war. Es kommt Ruskin nicht auf die Erhaltung oder Wiederbelebung des selbständigen Kleinbetriebes an, sondern nur auf die

---

1) W. Crane, Über das Wiederaufleben von Zeichnung und Handwerk. S. 2 in „Kunst und Handwerk Arts and Crafts Essays I. Die dekorativen Künste“. Leipzig 1901.

Verdrängung der geistlosen, schablonenhaften Maschinenarbeit durch eine künstlerisch veredelte Handarbeit. Ob diese in genossenschaftlichen oder anderen Großbetrieben erfolgt, ist von sekundärer Bedeutung.

Diese Gedanken Ruskins fielen auf fruchtbares Erdreich. Eine mächtige, zu kühnen Hoffnungen berechtigende Bewegung leitete von ihnen ihren Ursprung ab. William Morris, Walter Crane, Cobden-Sanderson, Voysey u. a. setzten Ruskins Theorien mit glänzendem Erfolge in die Tat um und stellten ihr Vaterland an die Spitze des kunstgewerblichen Aufschwunges [1]). Aber auch auf dem Kontinente fand die frohe Botschaft von der kunsterfüllten Arbeit begeisterte Jünger in dem Belgier Henri van de Velde, in den Deutschen O. Eckmann, Peter Behrens u. a.[2]). Allerdings ist bis jetzt erst ein Satz des Programmes erfüllt: Der Künstler widmet sich wieder dem Gewerbe. Der zweite, sozial bedeutungsvollere, dem gewerblichen Arbeiter wieder künstlerische Betätigung zu erschließen, harrt noch der Verwirklichung [3]). Ob aus diesen Störmungen eine dem herrschenden Industrialismus überlegene und ihn gründlich umgestaltende Kraft erblühen wird, das mag dahingestellt bleiben. Jedenfalls hat Ruskin die weitaus wirksamsten und scharfsinnigsten Beweisgründe auseinandergesetzt, welche zugunsten einer Wiedergeburt vergangener Produktionsmethoden in die Wagschale geworfen werden können.

Noch deutlicher als in den Bestrebungen zur Erneuerung der Handarbeit tritt seine konservativ-aristokratische Weltanschauung dadurch zutage, daß er überall den Massenkultus der Gegen-

---

[1]) Aber auch zur Verbesserung der Volksbildung haben Ruskins Anregungen geführt. Es ist eine Ruskin-Hall-Bewegung entstanden. Vgl. darüber Schayer, Eine Arbeitshochschule in England. S. P. XI. S. 297; Brodnitz, Ruskin-Hall in Oxford. J. f. N. St. LXXIX. S. 241; über das Ruskin-Museum in Sheffield und das Manchester Art-Museum: Die Museen als Volksbildungsstätten. Schriften der Zentralstelle für Arbeiter-Wohlfahrtseinrichtungen. Nr. 25. S. 71—93.

[2]) Vgl. H. Muthesius, Kultur und Kunst. Jena und Leipzig 1904; Josef Aug. Lux, Die Volkswirtschaft des Talents. Leipzig 1906; Derselbe, Geschmack im Alltag. Dresden 1908.

[3]) Vgl. Sombart, Mod. Kapitalismus. II. S. 457 ff.

wart bekämpft. Nicht Quantität, sondern Qualität, lautet seine Losung. Es ist eine der hauptsächlichsten Schädigungen, denen wir durch die freie Konkurrenz ausgesetzt werden, daß sie die Verschlechterung der Qualität befördert. Der eine sucht da den anderen im Preise zu unterbieten und daraus entsteht dort, wo der Käufer die Eigenschaften der Ware nicht sofort richtig beurteilen kann, scheinbar eine fortschreitende „Verbilligung“, in Wirklichkeit eine unausgesetzte Herabminderung der Qualität. Ruskin tritt für hohe Preis- und Lohntaxen ein. Kann die Konkurrenz nicht mehr auf den Preis drücken, wird sie sich notgedrungen auf die Verbesserung der Qualität werfen. Heute kann der schlechte Arbeiter seine Arbeit zum halben Lohnsatz anbieten und dadurch entweder die Stelle des guten Arbeiters einnehmen, oder diesen durch seine Konkurrenz zwingen, gegen unzulängliche Bezahlung zu arbeiten.

Auch jeder Bevölkerungszunahme, die nur auf Kosten der Gesundheit und Tüchtigkeit des Volkes erreicht wird, steht Ruskin feindlich gegenüber. Nicht möglichst viele Menschen, sondern eine möglichst große Zahl „breitbrüstige, helläugige und glückselige Menschen“ aufzuziehen ist sein Ideal. Er tritt für Beschränkung der Verehelichungsfreiheit ein. Nur wer körperliche und geistige Tüchtigkeit erworben, soll als Belohnung die Erlaubnis zur Ehe erhalten. Je entschlossener man auf die Verbesserung des menschlichen Typus ausgeht, desto eher werden die Bedingungen erzielt werden, welche eine Zunahme der Bevölkerung gestatten. „Ein Stück Land, welches nur zehn träge, unwissende und sorglose Menschen erhält, wird dreißig oder vierzig intelligente oder fleißige Menschen ernähren.“

Ruskin ist ein Freund der Aristokratie. „Ein Vollblut-Adliger . . . mehr noch eine Edeldame, ist eine große Schöpfung — eine bessere als die meisten Standbilder; denn zur Schönheit der Form gesellt sich die Schönheit der Farbe und dazu noch die Macht des Denkens; herrlicher Anblick und wunderbar im Verkehr; und wir können eine solche Schöpfung nicht haben, ebensowenig wie eine Kirche, oder Pyramide, wenn nicht viele Menschen opferbereit von ihrem Leben dazu beitragen. Und besser ist es vielleicht, einen edlen Menschen, als eine schöne Kuppel, oder einen schönen Turm zu bilden — und erfreulicher, den Blick ehrfurchtsvoll auf ein hoch über uns stehendes Wesen, als auf eine Mauer zu richten;

nur hat ein solches schönes menschliches Wesen wiederum seine Pflichten — die eines lebendigen Turmes und Walls.“ „Ihr könnt niemals zu edel, Eure Gefolge niemals zu groß sein, seht aber zu, daß Eure Gefolge aus Vasallen besteht, die von Euch versorgt werden, nicht aus Sklaven, die Euch versorgen und Euch ernähren; daß die Menge, die Euch gehorcht, aus Menschen besteht, die von Euch getröstet, nicht unterdrückt, die von Euch erlöst, nicht unterjocht werden.“

7. Deutsche Literatur.

Verfolgt man die Entwicklung sozial-konservativer Ideen auf deutschem Boden, so ist zweierlei zu beachten. Einmal haben die Grundsätze des laisser-faire, die Unterordnung aller menschheitlichen Interessen, unter das Prinzip des größtmöglichen Geldreinertrages in Deutschland niemals, weder in der Literatur, noch in der Praxis, diejenige Verbreitung gefunden, die ihnen in England zu teil geworden ist. Dem widersprachen die Humanitätsideale der klassischen Dichtung und Philosophie, die besten Traditionen des deutschen Beamtentums und die Tiefe der geschichtlichen Bildung. Hier stand von Anfang an ein reiches Arsenal von Waffen gegen den Mammonismus zur Verfügung, das Carlyle mit scharfem Blick erkannt hatte, als er es unternahm, seine Landsleute zur Besinnung zu rufen. Sodann ist die Großindustrie erst in der zweiten Hälfte des neunzehnten Jahrhunderts zu nennenswerter Bedeutung gediehen. Wenn deutsche Volkswirte schon früher von Fabriken und Fabrikarbeitern sprechen, so waren es mehr Zustände des Auslandes (Englands, Belgiens oder Frankreichs), als heimatliche Erlebnisse, die ihnen zur Richtschnur dienten. Was die Konservativen Englands oder Frankreichs anstrebten, das besaß man noch in Deutschland. Während man dort aggressiv werden mußte, um dem Siegeslaufe des Industrialismus und seiner Weltanschauung Einhalt zu gebieten, durften sich die Deutschen noch lange auf die Erhaltung und Verteidigung des Bestehenden gegen die eindringenden fremden Anschauungen beschränken. Es fehlte der Widerstand, der erst den großen Mann entstehen läßt. So zeigt uns die deutsche Wissenschaft eine Fülle vortrefflicher, konservativ gerichteter Volkswirte, aber keine literarische Erscheinung, welche an Sismondi, Carlyle oder Ruskin heranreicht.

Adam Müller, der Freiherr vom Stein, Niebuhr, Rau wenigstens in seinen jüngeren Jahren, J. G. Hoffmann, Th. Bernhardi, die Philosophen Fichte und Hegel, der Staatsrechtslehrer Stahl, sie alle [1]) verwarfen die Forderungen des schrankenlosen Wettbewerbes und die ganze atomistische Gesellschaftsauffassung, sie alle waren Freunde des städtischen und ländlichen Mittelstandes und betrachteten die Großindustrie mit unverhohlenem Mißtrauen. Adam Müller, von romantischer [2]) Begeisterung für das Mittelalter erfüllt, legte dar, „wie an Stelle der herzlichen Verbindung des Meisters mit dem Stande der arbeitenden Gesellen und der handreichenden Lehrlinge in der alten Werkstätte in der neuen Manufaktur kalt, kalkulatorisch und auf das reine Einkommen gerichtet ein Entrepreneur an der Spitze stehe." Rau hoffte noch 1821, es werde Deutschland gelingen, durch zeitgemäße Reformen des Zunftwesens den Eintritt in die Großfabrikation zu vermeiden. Bei Fichte führte die Abneigung gegen das englische Wirtschaftssystem und seinen Welthandel bereits zur Utopie des „Geschlossenen Handelsstaates". Hoffmann [3]) und Stahl [4]) pflichteten in der Beurteilung der Fabrikindustrie im wesentlichen Sismondi bei. „Vor alles ist da", erklärt Stahl, „wo noch ein blühender Gewerbestand besteht, derselbe keineswegs der glänzenden Fabrikindustrie (dem jetzigen Idole der Staaten und der öffentlichen Meinung) zum Opfer zu bringen, sondern vielmehr durch jedes (nicht naturwidrige) Mittel gegen sie in Schutz zu nehmen." Er befürwortet die Erbpacht als rein privatrechtliches Verhältnis, damit in den Gebieten des vorherrschenden Großgrundbesitzes die Zeitpächter und Tagelöhner durch Erbpachtbauern verdrängt werden könnten. Es schwebt ihm also bereits eine Art innerer Kolonisation zur Verstärkung des ländlichen Mittelstandes vor, wie sie durch die neuere preußische Rentenguts-Gesetzgebung eingeführt wird. So lebhaft die meisten sozial-konservativen Schriftsteller Deutschlands für den Gedanken eintreten, einen möglichst zahlreichen Teil des Volkes der Landwirt-

---

[1]) Vgl. Roscher, Geschichte der Nationalökonomie in Deutschland. 1874. S. 639 ff.; 28. und 29. Kap.

[2]) Charakteristisch für die Romantik ist es, daß viele ihrer literarischen Vertreter praktische Landwirte zu werden strebten.

[3]) Nachlaß kl. Schriften. 1842. S. 170—211.

[4]) Rechts- und Staatslehre. 1846. II. 2. Abt. S. 30—87.

schaft zu erhalten, so verwarfen sie doch die Grundsätze der freien Teilbarkeit und preisen, wie es später Le Play nach deutschen Vorbildern in Frankreich tat, als vornehmsten Hort eines gesunden Bauernstandes das Anerbenrecht. Die Begründung ist überall fast die gleiche. Die fortgesetzte Teilung müsse den Bauernstand proletarisieren, also den ländlichen Mittelstand zugrunde richten und die Konzentration des Bodeneigentums in wenigen Händen begünstigen. An Stelle der alten Hörigkeit gegenüber den Gutsherren werde eine weit schlimmere gegenüber den Wucherern treten. Eine Ausnahme von dieser in Norddeutschland herrschenden Ansicht machen die Rheinländer P. Fr. Reichensperger und der Süddeutsche Rau. Sie verteidigen, den Spuren Sismondis folgend, die freie Teilung gerade deshalb, weil sie das wirksamste Mittel darstelle, einen möglichst zahlreichen Bauernstand zu begründen. Auch ihrer Meinung nach ist die ländliche Bevölkerung die nützlichste im Staate. „Das unbewegliche Eigentum, von dem man lebt, gibt dem Gemüte eine einache, sittliche, gesetzmäßige Stimmung, dem Geiste ein beharrliches Festhalten am Bestehenden, dem Charakter leidenschaftslose Ruhe und nüchterne Besonnenheit. Dieser entschiedene Hang der Besitzer von unbeweglichem Eigentume gibt ein herrliches Erhaltungsprinzip für die gesellschaftliche Ordnung, einen festen Stützpunkt ab, der den Staat in seinen Angeln erhält“ [1]).

Die Entwicklung der Eisenbahnen, die Wirkungen des Zollvereins und die erfolglosen Versuche zur Reform des Zunftwesens verschaffen in der zweiten Hälfte des Jahrhunderts den Grundsätzen des wirtschaftlichen Liberalismus größeren Beifall, und die Vertreter der Wissenschaft neigen zu optimistischen Beurteilungen der Industrie. In der Regel wird nur ein gewisses Gleichgewicht zwischen Ackerbau und Gewerbefleiß erstrebt, so von W. H. Riehl [2]), W. Kiesselbach [3]) und Wilhelm Roscher [4]). Letzterer, vielleicht der

---

[1]) Rau bei Bernhardi, Versuch einer Kritik der Gründe, die für großes und kleines Grundeigentum angeführt werden. St. Petersburg 1849. S. 442; P. Fr. Reichensperger, Die Agrarfrage aus dem Gesichtspunkte der Nationalökonomie, der Politik und des Rechts. Trier 1847. S. 308 ff.

[2]) Die bürgerliche Gesellschaft. 2. Aufl. 1854.

[3]) Sozialpolitische Studien. Stuttgart 1862. S. 301—355.

[4]) System der Volkswirtschaft. II. Bd. 10. Auf. 1882. S. 61.

angesehenste deutsche Volkswirt seiner Zeit, führt aus: „Der Ackerbau ist doch bei jedem kultivierten Volke die Grundlage der ganzen übrigen Wirtschaft. Seine Produkte haben im Durchschnitt eine viel größere Unentbehrlichkeit, als die des Gewerbefleißes, so daß sein Absatz von der Mode weniger zu fürchten braucht, vielmehr auf die Dauer vom Angebote selbst erzeugt wird. Ein Hinauswachsen des Gewerbefleißes kann deshalb nur in Staaten erfolgen, die bloß einen Teil ihrer Nation umfassen; oder es ist ein Element zwar vorübergehenden Glanzes, aber nachhaltiger äußerer und innerer Gefahr."

Noch bestand in der deutschen Landwirtschaft ein solches Gleichgewicht in der Tat. Aber auch unter diesen Voraussetzungen konnte die Notwendigkeit nicht verkannt werden, den Industriearbeitern in unmittelbarer Weise zu Hilfe zu kommen. Konservative Schriftsteller wie Viktor Aimé Huber und Hermann Wagener [1]) beteiligten sich an diesen Bestrebungen mit großem Eifer; der eine durch Förderung der genossenschaftlichen Gedanken im Sinne der „christlichen Sozialisten" Englands, der andere durch Eintreten für Arbeiterschutz und Arbeiterversicherung.

Als in den achtziger Jahren der Bauernstand durch die Agrarkrise schwer bedroht erschien und die Industrie allmählich das Übergewicht gewann, kam ein neuer, frischer Zug in die sozialkonservative Literatur. Unter dem Einflusse der Arbeiten von Miaskowski [2]) wurde das Problem des bäuerlichen Erbrechts wieder eifrig erörtert. Daran schlossen sich die Untersuchungen M. Serings und seiner Schüler über die Mittel und Wege einer „inneren Kolonisation" [3]) zur Verstärkung des ländlichen Mittelstandes im deutschen Osten. Großen Eindruck, namentlich in Laienkreisen,

---

[1]) Vgl. dessen Memoiren „Erlebtes", Berlin 1884, und das von ihm herausgegebene Staats- und Gesellschaftslexikon. Berlin 1859/67. 23 Bde. Das unter dem Pseudonym O. Stein erschienene Buch: „Vergangenheit, Gegenwart und Zukunft der nationalen Wirtschaftspolitik", Bern u. Leipzig 1882, das von manchem Wagener zugeschrieben wird, rührt nach einer freundlichen Mitteilung des Herrn Dr. K. Walcker von Dr. A. Memminger, Redakteur der Neuen Bayr. Landeszeitung, in Würzburg her.

[2]) Erbrecht und Grundeigentumsverteilung im Deutschen Reiche. S. d. V. f. S. XX, XXV.

[3]) S. d. V. f. S. LVI.

erregte das originelle und geistreiche Buch von G. Hansen[1]) über die drei Bevölkerungsstufen, dessen Grundgedanken O. Ammon[2]) mit anthropologischen Methoden, Ballod mittels der Bevölkerungsstatistik als richtig zu erweisen strebten. Adolf Wagner und Oldenberg wieder nahmen die Gedanken von Malthus auf und bekämpften aus sozial- und handelspolitischen Motiven den Übergang zum Industrieexport-Staate. Verwandten Bestrebungen diente die schriftstellerische Tätigkeit von Carl Jentsch[3]) und C. v. Massow[4]), auf die Paul de Lagarde[5]) einen erheblichen Einfluß ausgeübt zu haben scheint.

Auch für die hervorragendsten Schriftsteller katholischer Richtung[6]) lag der Schwerpunkt der sozialen Reform in der Erhaltung der Mittelstände. Als geeignetes Mittel dazu galt ihnen eine korporative Organisation, welche, soweit es sich um gewerbliche

---

[1]) Vgl. darüber und in betreff der folgenden Autoren die auf S. 4 und 5 dieses Bandes genannte Literatur.

[2]) Die Bedeutung des Bauernstandes. 1894; Die Gesellschaftsordnung und ihre natürlichen Grundlagen. 1895.

[3]) Weder Kommunismus noch Kapitalismus. Leipzig 1893. Die Agrarkrisis. Leipzig 1899.

[4]) Reform oder Revolution. Berlin 1894.

[5]) Deutsche Schriften. Göttingen 1890.

[6]) Vgl. im allgemeinen: Wermert, Neuere sozialpolitische Anschauungen im Katholizismus innerhalb Deutschlands. Jena 1885; Turmann, Le developpement du catholicisme social. Paris 1900; v. Zwiedineck-Südenhorst, Lohnpolitik und Lohntheorie. Leipzig 1900. S. 112—142 (Die Lohnfrage im Lichte der katholisch-sozialen Literatur). Im einzelnen: Hitze, Kapital und Arbeit und die Reorganisation der Gesellschaft. Paderborn 1881; Ratzinger, Die Volkswirtschaft und ihre sittlichen Grundlagen. Freiburg i. B. 1881; Derselbe, Die Erhaltung des Bauernstandes. Freiburg 1883; v. Hertling, Aufsätze und Reden sozialpolitischen Inhaltes. Freiburg i. B. 1884; Derselbe, Kleine Schriften zur Zeitgeschichte und Politik. Freiburg i. B. 1897; Kempel, Göttliches Sittengesetz und neuzeitliches Erwerbsleben. Mainz 1901; Klopp, Die sozialen Lehren des Freiherrn v. Vogelsang. St. Pölten 1894; H. Pesch, S. J., Lehrbuch der Nationalökonomie. 3 Bde. Freiburg 1905—1913; Die soziale Frage, beleuchtet durch die „Stimmen aus Maria-Laach". 17 Hefte; Staatslexikon, im Auftrage der Görres-Gesellschaft herausgegeben von J. Bachem. 2. Aufl. Freiburg.

Betriebe handelte, Arbeiter und Arbeitgeber vereinigen sollte. Im einzelnen fanden sich erhebliche Unterschiede, namentlich in bezug auf die mehr oder minder weitgehende Inanspruchnahme staatlichen Zwanges.

In der Beurteilung der politischen Fragen herrschte unter den Sozialkonservativen Deutschlands keine Übereinstimmung. Stahl, Hermann Wagener und Adolf Wagner zählten zu den politisch und kirchlich Konservativen strengster Observanz; andere huldigten einem gemäßigten Liberalismus.

8. Russische Literatur[1]).

Nachdem im 18. Jahrhunderte in Rußland teils von seiten des Adels, teils, im Interesse der Versorgung von Armee und Flotte, von seiten der Regierung Fabriken errichtet worden waren, wurde auch die Frage, ob man durch Schutzzölle die industrielle Entwicklung nach Kräften fördern, und das englische System der Maschinenarbeit annehmen solle, schon in den ersten Jahrzehnten des 19. Jahrhunderts eifrig besprochen. Für Industrieschutz und Maschinensystem trat namentlich Mordvinow (1815) mit Argumenten ein, welche den von Friedrich List in Deutschland vorgetragenen vielfach entsprachen. Da es aber dem tonangebenden Adel in seiner überwiegenden Majorität doch mehr auf billigen Bezug ausländischer Industrieartikel ankam, so wurden die Zeitschriften der feudalen Intelligenz nicht müde, unter Hinweis auf die traurigen Zustände der Fabrikarbeiter in England und gestützt auf die Autorität des in Rußland hochgeschätzten Sismondi, die Verderblichkeit des Industriesystems und die Segnungen der Natural- und Agrarwirtschaft in den lebhaftesten Farben auszumalen. „Der Hauptvorzug des Ackerbauers vor dem Handwerker", hieß es im „Geist der Journale" 1819, [2]) „besteht darin, daß der erstere hin-

[1]) Vgl. für die folgenden Darlegungen hauptsächlich: von Schulze-Gävernitz, Volkswirtschaftliche Studien aus Rußland. Leipzig 1899. S. 173—243; Tugan-Baranowsky, Geschichte der russischen Fabrik. Berlin 1900. S. 319—371, 589 bis 626; Wl. Simkhowitsch, Die sozialökonomischen Ideen der russischen Narodniki. J. f. N. St. LXIX. S. 641—678; Issaieff, Sozialpolitische Essais. Stuttgart 1902; Th. G. Masaryk, Zur russischen Geschichts- und Religionsphilosophie. 2 Bde. 1913.

[2]) Bei Tugan-Baranowsky a. a. O. S. 336.

sichtlich des Lebensunterhaltes unverhältnismäßig gesicherter ist, als der letztere. Jener hat seine eigenen von ihm selbst erzeugten Räder, Schuhe, Tuch; dieser muß alles kaufen. . . . Jener arbeitet nicht in geschlossenen Räumen, wie dieser, sondern stets in der frischen Luft. . . . Das gesundeste und heiterste Volk sind die Landleute. . . . Fabrikarbeiter sind meistenteils kränklich, schwindsüchtig, Krüppel, wassersüchtig und segnen frühzeitig das Zeitliche... Die Arbeiten des Ackerbauers sind sehr mannigfaltig und erfordern viel Aufmerksamkeit, Vorsicht und Verstand. . . . Kein Volk ist raffinierter als ein ackerbautreibendes. Hierdurch erklärt sich der Umstand, daß sich die Ausländer über den natürlichen Sinn des russischen Volkes nicht genug verwundern können. . . . Und sollte der russische Bauer ein Arbeiter wie der ausländische werden, was wird dann aus seinem natürlichen Sinn werden! Der Arbeiter hingegen befaßt sich mit irgend einem unbedeutenden Teil der Fabrikproduktion. . . . Durch die Arbeitsteilung wird die Vervollkommnung der Erzeugnisse begünstigt, — — aber durch sie wird auch der Arbeiter zur Maschine. Bei der Fabrikarbeit braucht er nichts zu überlegen, nichts zu kombinieren. Sein Verstand wird stumpf, seine menschliche Natur erniedrigt.... Hat der Landmann einen Kern vergraben, so erwartet er dessen Keimen und Befruchtung von oben.... Ein ackerbautreibendes Volk ist das andächtigste und zu gleicher Zeit friedfertigste, mächtigste und gesittetste Volk. Es ist auch in höchstem Grade dem Kaiser gehorsam.... Der Arbeiter erwartet nichts von Gott, sondern alles von der Maschine; und würde Gott über ihn keine Krankheiten verhängen, so möchte sich dieser schwerlich an den Allmächtigen erinnern. Das Zusammenleben einiger hundert oder tausend Arbeiter, die stets beisammen sind und gemeinschaftlich arbeiten, ohne Eigentum zu besitzen, nährt in ihnen den Geist der Empörung und des Aufruhrs."

Etwas freundlicher standen die sogenannten Slavophilen der gewerblichen Entwicklung gegenüber. Aber auch sie waren der Fabrik nicht hold und bevorzugten das bäuerliche Kleingewerbe (Kustari). „Das Gedeihen der Gewerbe", schrieb Kircevsky im „Moskoviter" 1845 [1]), „wird nicht durch das Stadtleben bedingt, welches hinsichtlich der geschichtlichen Entwicklung sowie des Cha-

---

[1]) a. a. O. S. 345.

rakters des Volkes und des Landes dem russischen Volkswesen nicht eigen ist. Das Stadtleben ist schwerlich für die Entwicklung des Volkes eine Notwendigkeit. . . . Das Volk soll sein landwirtschaftliches Leben weiter führen, sein Wohlstand muß aber gehoben werden. Es soll auch weiter, in seiner Familie verbleibend, sich mit Handwerk, Gewerbe, Handel, Manufaktur befassen, ohne daß dabei diese Gewerbezweige, wie es im Auslande geschieht, in dem gewöhnlich demoralisierenden städtischen Milieu konzentriert werden." Diese Anschauungen fanden in dem berühmten Werke des preußischen Barons von Haxthausen unbedingte Zustimmung. Ja er ging in der Glorifikation russischer Zustände sogar noch weiter als die russischen Schriftsteller selbst und erblickte in den auf der Zwangsarbeit der Leibeigenen beruhenden adeligen und „Possessionsfabriken" und in dem Kollektiveigentum der leibeigenen Dorfgemeinde (Mir) die Verwirklichung der erhabensten Ideen des St. Simonismus.

Obwohl auch Kankrin, der Finanzminister des Kaisers Nikolaus I., theoretisch durchaus auf dem Boden dieser Ideen stand, befolgte er tatsächlich, unter dem Drucke der realen Staatsnotwendigkeiten stehend, eine Politik der industriellen Protektion.

Im Zeitalter der liberalen Reformen Alexanders II. fingen zahlreiche Volkswirte Rußlands an, den Lehren des Manchestertums zu huldigen. Bastiat galt als der maßgebende Schriftsteller. Um so schärfer fiel bald die literarische Reaktion gegen die Einführung des westeuropäischen Wirtschaftssystems aus. Herzen[1]) und Tschernischewsky[2]), auf politischem Gebiete Männer des radikalsten Fortschrittes, begannen, auf literarisch faszinierende Weise, in ökonomischer Hinsicht wieder die Gedanken des russischen Adels aus der nikolaitischen Periode zu verteidigen. Zukunft und Heil des russischen Volkes liegt nicht in der Nachahmung des Westens, sondern in der Pflege der dem russischen Volksgeiste eigentümlichen Organisationen des Mir und der Artelj (Assoziationen).

Als Fortsetzung dieser Ideen entstand schließlich unter der

---

[1]) Gr. Jollos, A. Herzens sozialpolitische Ideen. J. f. S. V. XVII. S. 119—141.

[2]) Plechanow, N. G. Tschernischewsky. Stuttgart 1894. Tschernischewski, L'économie politique jugée par la science. Bruxelles 1874.

Führung von Woronzoff, Michajlowski und Lawroff[1]) die Lehre der Volkstümler (Narodniki). Diesem „Narodnitschestwo“ zufolge ist die kapitalistische Entwicklung für Rußland nicht nur unheilvoll, sondern wie sich namentlich Nikolai-on darzutun bemühte, auch unmöglich. Der russischen Volkswirtschaft liegen aber Kräfte zugrunde, die es ihr ermöglichen werden, ohne den kapitalistischen Entwicklungsweg Europas durchzumachen, sofort die sozialistische Gesellschaftsordnung zu erreichen. Diese Kräfte sind die bäuerliche Gemeinde, die Artelj, das Fehlen der Bourgeoisie als Klasse. So gelangte der politische Radikalismus schließlich auch auf ökonomischem Gebiete zu seinem Rechte, zu einem national-romantischen Sozialismus. Mit dem ökonomischen Materialismus von Marx vertrug sich diese Lehre allerdings schlecht genug. So sah man sich genötigt, gegenüber der „kausalen“ oder „objektiven“ Methode eine „subjektive“ Methode der Soziologie zu entwickeln, nach welcher der Fortschritt als das Werk der kritischen Intelligenz, der großen Ziele setzenden Persönlichkeiten und Individualitäten erscheint. Insofern haben die Narodniki manchen schätzenswerten Beitrag zur Kritik des Marxismus geliefert. Im übrigen aber liefert gerade die ökonomische Entwicklung Rußlands einen gewichtigen Beweis für den Marxismus gegen das Narodnitschestwo. Alle Macht der „kritisch denkenden Persönlichkeiten“ hat nicht zu hindern vermocht, daß Rußland immer mehr dem industriellen Kapitalismus anheimgefallen ist[2]). Den Neo-Marxisten P. v. Struve und Tugan-Baranowsky fiel es deshalb nicht allzu schwer, die Narodniki um allen wirtschaftlichen Kredit zu bringen[3]).

Auf dem Gebiete der schönen Literatur hat vor allem Tolstoi[4]) die Grundgedanken des Kapitalismus und Industrialismus in packender, zum Teil auch von Ruskin beeinflußter Weise angegriffen[4]).

1) Historische Briefe, deutsch. Berlin 1901.

2) Wittschewsky, Rußlands Handels-, Zoll- und Industriepolitik von Peter dem Großen bis auf die Gegenwart. Berlin 1905.

3) Einige Verwandtschaft mit den Lehren der Narodniki, allerdings ohne den spezifisch russisch national-romantischen Zug, zeigen die Werke von W. Kropotkin, insbesondere „Landwirtschaft, Industrie und Handwerk“. Berlin 1904.

4) Vgl. Michael Walter, Tolstoi nach seinen sozialökonomischen, staatstheoretischen und politischen Anschauungen. Zürich 1906.

Drittes Kapitel.

Sozialkonservative Bewegungen.

9. Der Bonapartismus.

Wie erinnerlich, war es Sismondi, also ein französischer Schweizer, gewesen, der sich um die wissenschaftliche Grundlegung der sozialkonservativen Politik die größten Verdienste erworben hatte. Die damals in Frankreich maßgebenden Ultras haben aber nur einen Teil seiner Gedanken angenommen; seine Kritik der Fabrikindustrie. Sie bot ihnen den willkommenen Deckmantel für Bestrebungen, welche lediglich die Wiedergeburt des aristokratischen Einflusses im alten Umfange bezweckten. Während Sismondi für die Grundsätze der freien Teilung und Gleichberechtigung der Erben eintrat, um einen möglichst zahlreichen Bauernstand zu gewinnen, legte Graf Peyronnet als Justizminister des reaktionären Kabinetts Villèle der Pairskammer 1826 einen Gesetzentwurf vor, welcher durch Begünstigung des Anerbenrechtes weitere Teilungen aufhalten sollte[1]. Es gelang indes nicht einmal, in der Pairskammer dem Entwurfe eine Mehrheit zu verschaffen. Ebensowenig Erfolg war den Versuchen beschieden, welche namentlich unter Führung der Pariser Baugewerbe zur Wiedereinführung des Zunftwesens stattfanden. Unter Louis Philippe, dessen Regierung die Großindustrie ebensosehr begünstigte, wie die Restauration den Grundadel, machte die kapitalistische Entwicklung gewaltige Fortschritte. So begann die industrielle Arbeiterklasse namentlich in den großen Städten bereits einen wichtigen Faktor des öffentlichen Lebens darzustellen: ja, in Paris bemächtigte sie sich infolge der Februarrevolution sogar der Herrschaft[2]. Diese mußte freilich sofort zusammenbrechen, nachdem Wahlen auf Grund des allgemeinen Stimmrechts vorgenommen worden waren. Bauern und Handwerker bildeten die

---

[1]) Vgl. die ausgezeichnete Darstellung dieser Vorgänge bei Brentano, Gesammelte Aufsätze. I. Bd. Stuttgart 1899. S. 51 bis 109.

[2]) K. Marx, Die Klassenkämpfe in Frankreich 1848—1850. Mit Einleitung von Fr. Engels. Abdruck aus der Neuen Rheinischen Zeitung. Berlin 1895; Derselbe, Der achtzehnte Brumaire des Louis Bonaparte. 3. Aufl. Hamburg 1885. S. 97 ff.

große Mehrheit der Bevölkerung. Ihren Interessen entsprach aber nicht ein sozialdemokratisches, sondern ein sozialkonservatives Regiment. Da Louis Napoleon in verständnisvoller Weise diesem Bedürfnisse gerecht zu werden wußte, gelang es ihm, die Kaiserkrone zu erwerben. Oft nannte er sich einen „Bauernkaiser“ [1]). Seine Regierung wollte der vernachlässigten Landwirtschaft wieder den gebührenden Rang unter den großen Interessen des Landes anweisen. Der treueste Freund des Kaisers, der Herzog von Persigny, nahm häufig an landwirtschaftlichen Festlichkeiten teil und pries die Unschuld, Treue und Genügsamkeit der Bauern im Gegensatze zu der Unruhe und dem Ständehasse der Städte. Zahlreiche landwirtschaftliche Vereine wurden begründet, Ausstellungen veranstaltet, tüchtige Landwirte mit Orden dekoriert. Die Volksschule hatte für Pflege der landwirtschaftlichen Bildung zu sorgen. Kredit- und Versicherungsanstalten für das flache Land traten ins Leben. In der Gascogne wurden ungefähr 275 000 ha öden Bodens urbar gemacht und an kleine Landwirte ausgeteilt. Der Kaiser legte Mustergüter an und veranstaltete 1866 eine große Agrar-Enquete. Im englisch-französischen Handelsvertrage wurde zugunsten der Weinbauern eine Reduktion des englischen Zolles von 159 Fr. auf 27,53 Fr. erzielt.

Noch größer waren die Anstrengungen, welche unternommen wurden, den Beschwerden der Arbeiter abzuhelfen und sie mit der bestehenden Ordnung zu befreunden [2]).

Napoleon hatte in seinen Prätendentenschriften ausgeführt, daß die napoleonische Idee in die Hütten gehe, nicht um den Armen die Erklärung der Menschenrechte zu bringen, sondern um ihren Hunger zu stillen, ihre Schmerzen zu lindern. „Die arbeitende

---

[1]) Treitschke, Historische und politische Aufsätze. N. F. Erster Teil. Leipzig 1870. S. 285 ff.; G. Adler, Die imperialistische Sozialpolitik. Tübingen 1897.

[2]) Des idées Napoléoniennes par le Prince Napoléon Louis Bonaparte. Bruxelles 1839. S. 20, 25; Lexis, Gewerkvereine und Unternehmerverbände in Frankreich. 1879 (S. d. V. f. S. XVII). S. 140; Treitschke a. a. O. S. 163—169, 273 ff.; Herkner, Die Baumwollindustrie des Ober-Elsaß. Straßburg 1887. S. 241 bis 260; Weill, Histoire du mouvement social en France (1852 bis 1902). Paris 1904; Fournier, Le second empire et la legislation ouvrière. Paris 1911.

Klasse", schrieb er damals, „besitzt nichts, es handelt sich darum, ihr Eigentum zu verschaffen. Sie hat nur ihre Arme und diesen muß eine für alle nützliche Beschäftigung gewährt werden. Sie steht wie ein Volk von Heloten inmitten eines Volkes von Sybariten. Man muß ihr einen Platz in der Gesellschaft schaffen und ihre Interessen mit dem Boden verknüpfen. Sie ist ohne Organisation, ohne Band, ohne Recht, ohne Zukunft; man muß ihr Recht und Zukunft verschaffen und sie in ihren eigenen Augen erheben durch Assoziation, Erziehung und Disziplin. Um aber das Volk der Erfüllung seiner Wünsche entgegenzuführen, sei ein Mann notwendig, in dem die Demokratie sich personifiziere, der das Gute aus den sozialistischen Ideen nehme, um es der Revolution zu entziehen und in die regelmäßige Ordnung der Gesellschaft einzufügen." Als Präsident erklärte er in einer Rede zu St. Quentin den Arbeitern: „Ich bin glücklich, unter Euch zu sein, und mit Vergnügen suche ich immer die Gelegenheit, mit diesem großen und edlen Volke in Berührung zu kommen, das mich erwählt hat; denn — jeder Tag beweist mir das — meine aufrichtigsten und ergebensten Freunde sind nicht in den Palästen, sie sind in der Strohhütte, sie wohnen nicht in goldgeschmückten Räumen, sie wohnen in den Werkstätten und auf dem Felde." Man darf Napoleon das Zeugnis nicht vorenthalten, daß er als Kaiser die St. Simonistischen Ideale seiner Sturm- und Drangperiode in gewissem Sinne zu verwirklichen gestrebt hat. Das Hilfskassenwesen der Arbeiter wurde überall gefördert, die Verwaltung der zahlreichen alten Wohltätigkeitsanstalten erfuhr vom Staate eine zweckmäßige Neuordnung, eine Unzahl neuer Stiftungen wurden ins Leben gerufen, darunter Krippen für Arbeiterkinder und Asyle für verstümmelte und genesende Arbeiter, „damit die Invaliden der Werkstatt mit den Invaliden des Schlachtfeldes gleichgestellt würden". Die Freigebung des Bäcker- und Schlächtergewerbes sollte die Lebensmittel verbilligen. Besondere Aufmerksamkeit wurde der Wohnungsfrage geschenkt. Arbeiterquartiere mit öffentlichen Bädern wurden mittels starker Zuschüsse aus Staatsmitteln erbaut. Um den arbeitenden Klassen lohnende Beschäftigung zu sichern, wurde in Paris sowohl wie in den größeren Provinzialstädten eine großartige Bautätigkeit hervorgerufen und begünstigt. Arbeiter erhielten aus öffentlichen Mitteln und aus der kaiserlichen Privatschatulle

Unterstützungen zum Besuche von Industrieausstellungen. Im Laufe der 60er Jahre begünstigte der Kaiser auch die Fachvereine und Genossenschaften. Das Koalitionsverbot fiel. In Zeiten wirtschaftlicher Krisen, wie während des nordamerikanischen Bürgerkrieges, schenkte die Regierung den Arbeitslosen ihren Beistand. Man bemühte sich, die Fabrikanten von umfangreichen Entlassungen abzuhalten; man beschäftigte die brotlos Gewordenen an öffentlichen Bauten und gewährte beträchtliche Unterstützungen. Der Kaiser ließ aus Privatmitteln Gelder an die Hilfskassen verteilen, „damit diese nützlichen Vereine nicht etwa dadurch zugrunde gingen, weil ihre feiernden Mitglieder keine Beiträge mehr zu entrichten vermöchten".

Ob dieses System zu einem gewissen Erfolge geführt haben würde, wenn die physische und geistige Kraft seines Trägers länger erhalten geblieben, und der deutsch-französische Krieg nicht ausgebrochen wäre, das sind Fragen, deren Natur eine bestimmte Antwort ausschließt [1]).

---

[1]) Vgl. zur Beurteilung Napoleons noch K. Hillebrand, Frankreich und die Franzosen. Berlin 1873. S. 203, 204; L. Bamberger, Charakteristiken. Berlin 1894. Zu beachten ist ferner die Kennzeichnung Napoleons durch Bismarck: „Ich habe den Eindruck, daß der Kaiser Napoleon ein gescheiter und liebenswürdiger Mann, aber so klug nicht ist, wie die Welt ihn schätzt. . . . Ich glaube, daß er froh ist, wenn er etwas Gutes in Ruhe genießen kann; sein Verstand wird auf Kosten seines Herzens überschätzt; er ist im Grunde gutmütig und es ist ihm ein ungewöhnliches Maß von Dankbarkeit für jeden geleisteten Dienst eigen." Gedanken und Erinnerungen. I. S. 155.

„Für den Kaiser", schrieb H. v. Kretschmann in seinen Kriegsbriefen aus den Jahren 1870—71, Berlin 1903, S. 191, 192, „tritt nirgends die geringste Sympathie, nicht einmal Mitleid hervor. Und doch, was hat dieser Mann getan. Jedes Dorf, und wäre es noch so klein, hat seine Chaussee, kann also seine Produkte bequem absetzen. Fragt man, so ist es immer der Kaiser, der es machte. . . . In den kleinsten Städten findet man öffentliche Waschanstalten, öffentliche Badehäuser: vom Kaiser eingerichtet; umfangreiche Institute, um dem verarmten und kranken Arbeiter zu helfen: vom Kaiser. Genug, wo man die Einrichtung findet, von der man meint, sie müsse nachgeahmt werden, so kann man schon im voraus behaupten, sie stammt vom Kaiser. Und das vergißt dies Volk so, daß es heute schon nicht mehr gewußt wird.

Jedenfalls stellt das zweite Kaiserreich einen erheblichen Versuch dar, Frankreich auf Grund sozialkonservativer Prinzipien zu regieren.

In der dritten Republik hat die Zersplitterung der konservativ gerichteten Parteien in Legitimisten und Bonapartisten, neuerdings in Nationalisten, in republikanische und monarchistische Katholiken keine konservative Politik höheren Stiles, sondern lediglich ein industriell-agrarisches Hochschutzzollsystem Méline aufkommen lassen. Immerhin hat sich auf dem Gebiete des Arbeiterschutzes der legitimistisch-katholische Graf de Mun erhebliche Verdienste erworben[1]). Größeren Einfluß als Regierungs- und Parteipolitik hat aber die Tatsache der langsamen Volksvermehrung ausgeübt. Sie ist vor allem in Betracht zu ziehen, wenn man den konservativen Charakter der französischen Volkswirtschaft erklären will. Da der spärlich fließende ländliche Bevölkerungsstrom auf dem Lande selbst relativ leicht Verwendung findet, so erhält die Industrie nicht diejenige Menge von Arbeitskräften, welche notwendig wäre, um ihr eine die übrigen Wirtschaftszweige überragende Stellung zu verschaffen. So hat sich jenes Gleichgewicht zwischen industrieller und agrarischer Bevölkerung erhalten, welches so vielen deutschen Theoretikern als Ideal gilt. Die starke Vertretung des ländlichen Mittelstandes unterstützt die Erhaltung mittlerer Betriebe auch im Gewerbe.

10. Der soziale Torysmus Englands[2]).

Bei der schwachen Vertretung des Bauernstandes in England mußten die sozialkonservativen Bestrebungen entweder zu einer einseitigen Begünstigung des großen Grundadels, oder zu radikalen Angriffen auf die überlieferte Grundeigentumsverteilung führen. Bis zur Wahlreform im Jahre 1832 beherrschte die Grundaristokratie das Parlament. Die Folge war, daß durch Getreidezölle

---

Ich glaube, der Kaiser hatte den Fehler der Dankbarkeit. Die Kreaturen, die ihm beim Staatsstreich halfen, hätte er, nachdem er Kaiser war, einfach beseitigen müssen . . . sie mußten gehindert werden, dem Kaisertume den Boden unter den Füßen wegzuziehen."

[1]) Turmann, Le Développement du catholicisme social. Paris 1900. S. 242—261.

[2]) Edmond Laskine, Zur Geschichte des sozialen Torysmus. Grünbergs Archiv V. 1914. S. 39—88.

die Preise der landwirtschaftlichen Produkte hoch genug erhalten wurden, um auch noch den Anbau des schlechtesten Bodens rentabel zu machen. Diese Zustände haben aber den ohnehin spärlichen Bauernstand nicht nur nicht erhalten, sondern geradezu vernichtet [1]). Seit 1760 ging die Zahl der Bauernstellen unaufhaltsam zurück. Maßgebend waren einmal die „Einhegungen der Gemeindeländereien". Die im Parlamente allmächtigen Grundeigentümer eigneten sich durch besondere Akte der Gesetzgebung diese ursprünglich im Kollektivbesitz der Gemeinden befindlichen Ländereien an, zwischen 1710 und 1843 nicht weniger als 7 353 000 Acres [2]). Dadurch wurde die Wirtschaftsführung namentlich der kleinen Bauern, deren Viehhaltung auf der Inanspruchnahme der Gemeindeweiden beruhte, schwer gefährdet. Sodann vernichtete die aufstrebende Fabrikindustrie die Möglichkeit, eine gewinnbringende gewerbliche Nebenbeschäftigung zu betreiben. Da die Preise des Bodens gewaltig stiegen, so war die Versuchung groß, den Besitz zu verkaufen und mit dem Erlös entweder eine Pachtung zu übernehmen, oder in die Stadt zu ziehen und Handel oder Gewerbe zu betreiben. Schließlich wurden auch viele Bauern und Pächter, welche während der Kontinentalsperre zu abnorm hohen Preisen gekauft oder gepachtet hatten, durch den Preisfall, der nach dem Friedensschlusse eintrat, ruiniert. Angesichts dieser Erscheinungen kann kaum angenommen werden, daß die Kornzölle den Übergang Englands zum überwiegenden Industriestaate in nennenswerter Weise verzögert hätten. Im Gegenteil. Die Auflösung der Bande, welche vordem noch einen Teil der Landbevölkerung mit dem Boden verknüpfte, hatte der Industrie zahlreiche Arbeitskräfte in die Arme getrieben. Diese Verhältnisse wurden von Sismondi richtig erfaßt. Er sprach deshalb, ganz im Gegensatze zu der kritiklosen Bewunderung der Landwirtschaft Englands, die damals noch bei den meisten Volkswirten im Schwunge war, eine schneidende Verurteilung der britischen Grundeigentumsverfassung und Agrarpolitik aus [3]).

---

[1]) Vgl. Brentano, Gesammelte Aufsätze. I. Bd. 1893. S. 210—222.

[2]) Shaw-Lefevre, Essays on English and Irish Land questions. S. 199.

[3]) Nouveaux principes, livre III, chap. VIII. Vgl. jetzt auch

Als durch die Wahlreform der Einfluß der industriellen Gesellschaftsklassen gesteigert worden war, wurde das System der Kornzölle allmählich auch politisch unhaltbar. Eine gewaltige Bewegung kam unter der Führung von Cobden und Bright in Fluß, welche 1847 den Führer der Konservativen, Robert Peel selbst, veranlaßte, den Übergang zum Freihandel zu vollziehen.

Obwohl die Kornzölle einen Druck auf die Lohnarbeiter ausübten und die bürgerlichen Führer der Antikornzoll-Liga mit Vorliebe im Namen der Arbeiter die künstliche Brotverteuerung bekämpften, hat sich die Arbeiterschaft diesen Bestrebungen gegenüber doch merkwürdig zurückgehalten. Ja, es kam sogar vor, daß Versammlungen der Liga durch Arbeiter gestört wurden. Die Führer im Kampfe um Abschaffung der Kornzölle waren eben Männer, welche sonst den Bestrebungen der Arbeiter auf dem Gebiete des Arbeiterschutzes und der Gewerkvereine erbitterten Widerstand leisteten. Sodann wurden die Kornzölle angegriffen, weil sie die Ausdehnung des englischen Industrieexportes aufhielten. Nun war aber die große Mehrheit der Arbeiter von glühendem Hasse gegen die Großindustrie beseelt. Sie wünschten nichts weniger als eine Ausbreitung der Industrie. Und so verderblich die Kornzölle in vielen Beziehungen sich erwiesen hatten, die Besorgnis erschien nicht unbegründet, daß der Übergang zum Freihandel die großen Weidewirtschaften und die Freisetzung zahlreicher Landarbeiter für die Industrie noch beschleunigen würde.

Die zu selbständiger Politik vorgedrungenen Arbeiter, die sogenannten Chartisten [1]), steckten sich andere Ziele. Sie strebten in erster Linie danach, durch demokratische Verfassungsänderungen einen maßgebenden Einfluß auf die Staatsgewalt zu erlangen. Insofern sind ihre Bemühungen gewiß nicht konservativ, sondern radikal-demokratischer Natur. Untersucht man aber, welchen Gebrauch diese Arbeiter von der Staatsgewalt zu machen beabsichtigten, so tritt bei der unter der Führung des irischen Edelmannes Feargus O'Connor stehenden Richtung, die unter den nordenglischen Fabrikarbeitern einen starken Anhang besaß, der sozialkonservative Kern

H. Levy, Die Not der englischen Landwirtschaft zur Zeit der hohen Getreidezölle. Stuttgart 1902.

[1]) Brentano, Die englische Chartistenbewegung. Preußische Jahrbücher 1874 und Art. Chartismus.

ihres Programms klar zutage. Die Regierung sollte 100 Millionen Pfund Sterl. aufnehmen, dafür Land ankaufen und es in kleinen Losen von 2 Acres verkaufen.

Gegen Ende des achtzehnten und zu Anfang des neunzehnten Jahrhunderts hatten die vom Fabrikwesen bedrohten Hausindustriellen und Arbeiter um Aufrechterhaltung der alten Lehrlingsgesetze, Lohnregulierungen und anderer Bestimmungen der zünftigen Ordnung, welche ihre Spitze gegen das Aufkommen der Fabriken richteten, beim Parlamente petitioniert. Nachdem 1814 das Prinzip der Gewerbefreiheit zum Siege gelangt war, wurden Fabriken und Maschinen zerstört und verbrannt. Trotz alledem war die Großindustrie auf der ganzen Linie vorgedrungen. Die Arbeiter begreifen, daß sie dieser Entwicklung gegenüber ohnmächtig sind. Sie können die Fabriken nicht vernichten, aber sie wollen den gewerblichen Beruf verlassen, sie wollen aus den Fabrikstädten hinaus, zurück auf das Land! O'Connor erblickt in jeder Fabrik, welche die Arbeitermassen vom Lande nach der Stadt zieht, ein Unheil für die allgemeine Wohlfahrt[1]). Die wahre Grundlage zum Gedeihen und Glück des Volkes sei der Ackerbau, wenn er von kleinen Bauern betrieben werde. Das Elend der Arbeiter Englands beruhe darauf, daß der Arbeiter von der Arbeit in der Natur zu der im Gewerbe verleitet worden sei. Keine Arbeit sei so wohltätig als die, welche auf dem Lande verrichtet werden könne. Nachdem die Arbeiter vom Lande losgerissen worden, fehle es an einem richtigen

---

[1]) Vgl. Tildsley, Entstehung und ökonomische Grundsätze der Chartistenbewegung. Jena 1898. S. 98; a. a. O. S. 71, 72, 95, 97; Tugan-Baranowsky, Studien zur Theorie und Geschichte der Handelskrisen in England. Jena 1901. S. 292 bis 353; M. Beer, Geschichte des Sozialismus in England 1913; Hermann Schlüter, Die Chartistenbewegung. 1922. Mancherlei interessante Schriftstücke zur Beurteilung des Chartismus in D. S. I. 15 ff., 167, 221, 486. Daß auch der politische Radikalismus von Cobett in ökonomischer Hinsicht durchaus konservative Ziele anstrebte, zeigt Foxwell, Geschichte der sozialen Ideen in England, in der deutschen Ausgabe von Thomsons Verteilung des Reichtums. Berlin 1903. S. LXXXVI bis LXXXVIII. „Bier, Brot, Schinken und Käse, soweit als möglich von dem großen Wasserkopfe (London) entfernt, in den gesunden Verhältnissen eines Landlebens genossen — das wäre eine Auffassung von dem Rechte des Arbeiters."

Wertmaßstab für die Löhne. Die ganze Welt würde mit den billigen Waren der billigen Arbeit überschwemmt. Das Fabriksystem trenne die Engländer immer mehr vom Lande, welches sie liebten, und dränge sie massenweise in schmutzige Städte, die sie haßten. Alles nur, damit einige Bürger Reichtümer gewännen und der Handel vermehrt würde. England sei als ackerbautreibender Staat ein glückliches Land, die Heimat eines zufriedenen Volkes gewesen, das für sich selbst arbeitete und von den Erzeugnissen des eigenen Klima gut leben konnte. Jetzt spinne und webe England für die ganze Welt, während sein eigenes Volk nackt und hungrig bleibe. Der beste Handel sei der Binnenhandel, die wichtigste Grundlage für diesen der Ackerbau. In den Maschinen wüchsen produktive Mächte heran, welche keine entsprechende Konsumkraft besäßen. Es müsse also ein Kosumentenstand geschaffen werden, der eine unbegrenzte Nachfrage im Innern ermögliche. Das sei erreichbar, wenn man eine große Zahl von Produzenten wieder auf dem Lande ansiedle, wo sie weit mehr Lebensmittel, als sie selbst brauchten, erzeugen könnten. Der Überschuß über den eigenen Verbrauch werde eine stetige, wachsende Nachfrage nach Gewerbeprodukten schaffen, einen weit besseren Markt, als der von Cobden und Bright gepriesene Exporthandel. Man wolle von dem Plane, eine Insel hungernder Bettler zur Herrin des Erdballes zu machen, nichts wissen, nichts von einem Übergewichte der Industrie über den Ackerbau, damit schließlich alle Vorteile einem Emporkömmling, der Geldaristokratie, zufielen. Diese habe die Arbeiter vom Lande weggezogen und zu niedrigen Sklaven ihrer Begehrlichkeit gemacht, wie es die Vorfahren im Mittelalter für die Barone gewesen seien.

Die Begeisterung für die Rückkehr zur Landwirtschaft war so groß, daß man nicht warten wollte, bis die volkstümliche Verfassung erkämpft sein würde. Man schritt zur Gründung einer Landankaufsgenossenschaft, welche die erworbenen Güter in kleinen Parzellen verpachten sollte. Rasch wurden 80 000 Pf. Sterl. für diesen Zweck aufgebracht. Durch möglichst weitgehende Belastung des Genossenschaftseigentums mit Hypotheken hoffte man zu weiteren Ankäufen die Mittel zu beschaffen. Dieser Plan „innerer Kolonisation“ scheiterte daran, daß die Regierung eine Reihe von Formfehlern zum Vorwande nahm, um das innerhalb des englischen Grundeigentumsrechtes ohnehin sehr schwierige Unternehmen lahm zu legen. Ebensowenig Glück hatten die Chartisten mit ihren vereinzelten Putschen, ihren Generalstreikversuchen und Monstre-Petitionen. Im Jahre 1848 mußte die Bewegung als gescheitert bebetrachtet werden. Die Korngesetze waren gefallen und damit das letzte Hindernis beseitigt, das, wie angenommen wurde, die Verwandlung Englands in die Werkstätte der Welt noch aufgehalten hatte. Die Landbevölkerung nahm immer mehr ab. Viele suchten ihr Ideal, den selbständigen Besitz eines Bauerngutes, in den Kolonien oder in den Vereinigten Staaten zu erreichen. Andere wandten sich den Fabrikstädten zu, die mit unheimlicher, elementarer Wucht immer weiter und weiter sich erstreckten. In dumpfer Resignation ließen die Fabrikarbeiter ihre ländlichen Bestrebungen fallen und wandten wieder ihre ganze Aufmerksamkeit den Maßregeln zu, welche, wie Arbeiterschutzgesetze, Gewerkvereine und Genossenschaften, ihnen in ihrer Fabrikarbeiterstellung einige Besserung verschaffen konnten.

In der großartigen Bewegung für die Ausbildung der Fabrikgesetzgebung haben neben einigen Radikalen wie Fielden und Stephens vor allem politisch konservativ gerichtete Männer wie Robert Owen, Thomas Sadler, Richard Oastler und am längsten, ausdauerndsten und erfolgreichsten Lord Ashley (später Graf Shaftesbury) die führende Stellung eingenommen[1]. Er machte es sich zur unverrückbaren Regel, alles mit eigenen Augen zu sehen und nichts auf Glauben oder Hörensagen hin anzunehmen. Er besichtigte die Fabriken, fuhr in die Kohlengruben hinunter, untersuchte die Maschinen und Wohnungen der Arbeiter und lernte diese selbst wie ihre Arbeiten in allen Einzelheiten kennen. So gewann er eine Macht, die er auf keinem anderen Wege hätte erzielen können. Über alles vermochte er aus eigener Erfahrung zu sprechen. Indem er eifrigen Verkehr mit den Arbeitern unterhielt und hundertemale mit ihnen den Tee nahm, drang er in das Verständnis ihrer Denk- und Lebensgewohnheiten ebenso wie ihrer dringendsten Bedürfnisse ein. So kam es, daß ein Mann, der jeder Erweiterung der politischen Rechte hartnäckigen Widerstand leistete und in kirchlicher Beziehung den Standpunkt starrer Orthodoxie vertrat, in der Geschichte der sozialen Reformbestrebungen dennoch einen Ehrenplatz einnimmt.

---

[1] Alfred, History of the Factory-Movement. 1857.

Die Reinheit der Motive, welche die genannten Tories zu dem Feldzug gegen die Greuel des Fabriksystemes bestimmten, kann in keiner Weise angezweifelt werden. Allein es ist klar, daß ihrer Wirksamkeit kein großer politischer Erfolg zuteil geworden wäre, wenn nicht die große Masse der aristokratischen Partei, in den emporkommenden Fabrikanten gefährliche Rivalen erblickend, von vornherein bereitwilligst alles unterstützt hätte, was, wie man annahm, die Industrie schädigen sollte. Sodann war es natürlich verlockend, den liberalen Fabrikanten, welche von Sympathie für den armen Mann überflossen, sobald sie die Kornzölle angriffen, die schauderhaften Verhältnisse in den Industriebezirken vorzuhalten.

Über die begrenzten Aufgaben der Fabrikgesetzgebung noch hinausgehend hat B. Disraeli[1]) (später Graf Beaconsfield), von Carlyle mächtig beeinflußt, den Versuch unternommen, die Konservativen für eine Sozialpolitik in großem Maßstabe zu gewinnen. Welches Urteil immer über seinen Charakter gefällt werden mag, er besaß eine faszinierende Persönlichkeit, eine ganz ungewöhnliche Begabung und den schärfsten Blick für die Bedeutung, welche den Problemen der Arbeiterfrage und der auswärtigen Politik zukam. Nach vergeblichen Versuchen, innerhalb der radikalen Richtung emporzukommen, wandte sich Disraeli den Tories zu, um diese, wie er später erklärte, für die großen Reformprojekte zu erziehen. Zunächst aber ging er auf ihre agrarischen Anschauungen und Interessen ein, um ihr Vertrauen zu erwerben. Schon 1835 verkündigte er, es sei immer seine Meinung gewesen, daß in gewissen Ständen des Landes eine Verschwörung gegen das bestehe, was man mit einem Worte als die Ackerbauinteressen bezeichnen könnte. Kein Volk vermöge ohne Ackerbauer auszukommen. Diese seien, als an das Land gebunden, die eigentlichen und geborenen Patrioten. Die Fabrikanten in Birmingham oder Manchester könnten dagegen, wenn sie Lust dazu hatten, auch nach Belgien, Frankreich oder Ägypten auswandern. So verteidigte er die Kornzölle und bekämpfte die Freihändler, denen es gleichgültig sei, ob es einen einzigen Morgen bebauten Landes in England gäbe; welche nur daran

[1]) Georg Brandes, Lord Beaconsfield, Ein Charakterbild. Berlin 1879; Oskar A. H. Schmitz, Die Kunst der Politik. Lord Beaconsfield, 1911.

dächten, den Exporthandel zu befördern und England zur Werkstätte der Welt zu machen. Nachdem die Kornzölle gefallen waren, trat er für anderweitige Unterstützungen der notleidenden Landwirtschaft ein. Disraeli war aber durchaus kein agrarischer Konservativer gewöhnlichen Schlages. Immer und immer wieder betonte er, auf das Prinzip: „Widerstand gegen Veränderung" lasse sich kein Parteileben gründen. In den großen Romanen „Coningsby" und „Sybil" zeigte er sich mit den Zuständen und Bestrebungen der Arbeiterklasse innig vertraut. Immer deutlicher trat sein Programm hervor, das Königtum nach dem Rate Bolingbrokes[1]) wieder zu einem Volkskönigtum zu machen. Es sollte die Grundaristokratie um sich scharen, das Whig-Regiment stürzen und die Massen durch soziale Reformen aus dem herrschenden Elende erheben. Die Chartisten seien weder dem Grundadel noch den Kornzöllen feindlich gesinnt. So wenig er die extreme Demokratie der „Volksverfassung" gutheißen könne, so lebhaft sympathisiere er im übrigen mit ihnen.

Es gelang Disraeli, eine Gruppe junger, romantisch veranlagter Leute aus hochadligen Kreisen für seine Ideen zu begeistern. Dieses „Junge England", von katholisierenden Tendenzen im Sinne Dr. Puseys erfüllt, sehnte sich nach den mystischen Symbolen und feierlichen Formen der Vergangenheit zurück. „Sie trauerten über das kalte und gleichgültige Verhältnis, das sich zwischen dem Landedelmann und seinen Bauern entwickelt hatte, über das Verschwinden der Volkstrachten und der alten naiv-ländlichen Sitten: sie zürnten, wenn sie die alten gotischen Abteien als Ruinen daliegen sahen, von welchen man einen Stein nach dem anderen für den Bau kasernenartiger Fabriken wegschleppte; sie erinnerten sich der Zeit, da es anstatt der kümmerlichen Rasse der Landarbeiter, die sie um sich sahen, noch eine Yeomanry, einen freien Bauernstand gab, der ein ebenso alter und gesetzlich ebenso gesicherter Stand wie der Adel selbst war; und da sie auf alten Burgen geboren und Erben großer Landgüter und großer Vermögen waren, beschlossen sie, soweit sie vermöchten, alles dieses zu ändern und sowohl der Kirche wie dem Volke das, was ihnen zukam, zu geben; beider Sache sei ja im Grunde nur eine; es habe eine Zeit gegeben, wo der Priester

---

[1]) Idea of a patriot king. 1738.

Gottes der geborene Tribun des Volkes war, wie es eine gegeben habe, in welcher der Edelmann zum Beschützer und Vater seiner Bauern geboren wurde“ [1]).

Im Sinne dieser Anschauungen konnte es nicht darauf ankommen, den Arbeiter aus seiner Abhängigkeit vom Arbeitgeber zu befreien. Sie sollte bestehen bleiben, aber nicht zur Ausbeutung sondern zur Veredelung der Arbeiter verwertet werden. Der Fabrikant hatte durch musterhafte Wohlfahrtseinrichtungen (Wohnungen, Bäder, Parks, Versorgungskassen, Gewinnbeteiligungen, Bibliotheken, Theater u. dergl.) in ähnlicher Weise für seine Leute zu sorgen, wie der Feudalherr im Mittelalter für diejenigen einstand, die sich in seinen Schutz und Schirm begeben hatten. Feudalisierung der Industrie, entsprechend den romantischen Vorstellungen, die sich das „Junge England“ von der Blütezeit des Feudalwesens gebildet hatte, das war der Kern des Programmes.

Der Kampf, den die Konservativen mit den Liberalen um die politische Gewalt zu führen hatten, sorgte dafür, daß diese Bevormundungsideale nur geringe Bedeutung im praktischen Leben erlangten. Gerade Disraeli war es, der schließlich im Wettbewerbe mit Gladstone die zweite große Wahlreform, die Einführung des Haushalter-Stimmrechtes, 1867 durchsetzte. Damit waren die Würfel gefallen. Die Entscheidung, welche der beiden großen Parteien ans Ruder kommen sollte, lag nun bei den Arbeitern. So begann jener Wettlauf der konservativen und liberalen Staatsmänner um die Arbeiterstimmen, welcher so weitgehende Reformen zustande gebracht hat, daß die Arbeiter es lange Zeit nicht nötig erachteten, eine eigene Partei zu begründen. Allerdings hat Disraeli in Arbeiterkreisen nie diejenige Popularität gewonnen, welche Gladstone, sein großer liberaler Gegner, genoß. Aber stets hat es hervorragende Führer der Arbeiter gegeben, welche den Tories näher standen, als den Whigs. Und wenn man die Entwicklung des Arbeiterschutzes und der Arbeiterversicherung, der Genossenschaften, der Gewerkvereine und der Kommunalverwaltung [2]) erblickt, so ist der Anteil konservativer Kabinette kaum

---

1) Brandes a. a. O. S. 183.

2) Vgl. die interessanten Ausführungen Sinzheimers über den Anteil, welcher Konservativen und Liberalen an der Reform

geringer als derjenige liberaler. Nachdem nun auch noch die von Disraeli zuerst verbreiteten Ideen des Imperialismus weit in die liberalen Kreise eingedrungen sind, besitzt die konservative Macht immer noch eine achtunggebietende Stellung. Dieses Ergebnis ist aber freilch nur dadurch erzielt worden, daß die Tories einen guten Teil des liberalen Programmes sich angeeignet haben. Sie haben, wie Disraeli einmal sagte, den Liberalen, während diese badeten, die Kleider gestohlen. Ebenso ist der Kampf gegen die Industrialisierung des Landes schon längst aufgegeben worden, d. h. sie haben aufgehört, eine sozialkonservative Partei zu sein.

11. Bismarcks Sozialpolitik[1]).

Ungleich vorteilhafter als in den Weststaaten lagen die wirtschaftlichen Voraussetzungen für eine sozialkonservative Politik noch in Deutschland. Abgesehen von den östlich der Elbe gelegenen Landstrichen, herrschte in der Landwirtschaft der bäuerliche Betrieb vor. Und auch in den Städten konnten die Handwerker in der Regel als die zahlreichste Bevölkerungsklasse gelten. Das Fabrikwesen hatte nur in einzelnen, weit auseinander gelegenen Bezirken Wurzel gefaßt[2]). Nachdem einige Staaten den Mittelständen konstitutionelle Rechte verliehen hatten, fand die Abneigung der meisten Regierungen gegen unbeschränkte Gewerbefreiheit auch in den Kammern eine sichere Unterstützung. So waren eigentlich alle maßgebenden Kreise in dem Wunsche einig, von den geschichtlich überkommenen Einrichtungen des Gewerbewesens soviel als irgend möglich zu erhalten.

Wie tief die sozialkonservativen Vorstellungen im Volke wurzelten, das trat noch während des Jahres 1848 offen zutage. Zwar

---

der Grafschaftsverwaltung zukommt: Der Londoner Grafschaftsrat. I. Bd. Stuttgart 1900. S. 459 ff.

[1]) Dietzel, Art. Bismarck; Schmoller, Briefe über Bismarcks volksw. und sozialpolitische Stellung und Bedeutung. S. P. VII. S. 1241—1249; 1271—1279; 1297—1306; G. Brodnitz, Bismarcks nationalökonomische Anschauungen. Jena 1902; Zeitlin, Fürst Bismarcks sozialpolitische Anschauungen. Leipzig 1902; A. Böhtlingk, Bismarck als Nationalökonom, Wirtschafts- und Sozialpolitiker. Leipzig o. J.; O. Schneider, Bismarcks Finanz- und Wirtschaftspolitik. 1912.

[2]) K. Marx, Revolution und Contre-Revolution. Stuttgart 1896. S. 1—13.

sprach sich die Mehrheit des Frankfurter Parlamentes für die Gewerbefreiheit aus, aber diese Haltung hatte eine äußerst temperamentvolle Gegenbewegung der Handwerker zur Folge. Zahlreiche Handwerkertage fanden statt. Schließlich kam selbst ein besonderes Handwerkerparlament in Frankfurt zustande. Nichts geringeres als die Beseitigung des Fabrikwesens wurde immer unverhohlener angestrebt. Der spiritus rector der ganzen Aktion war Prof. Winkelblech[1]), der trotz seiner technischen Bildung der industriellen Entwicklung feindlich gegenüberstand. Sein Plan zielte darauf ab, aus einer Regeneration des Zunftwesens heraus, unter Vermeidung der kapitalistischen Entwicklungsphase, unmittelbar zu einer höheren sozialen Ordnung, einer Art Mittelstandssozialismus, welchen er Föderalismus taufte, vorzudringen. Er hatte insofern manches mit den Bestrebungen der neueren russischen Narodniki gemein.

Das merkwürdigste war, daß diese Bewegung nicht mit der Revolutionszeit wieder verrauschte, sondern gerade in demjenigen Staate, der bis dahin das Prinzip der Gewerbefreiheit noch am nachdrücklichsten verteidigt hatte, nämlich in Preußen, zu gesetzlicher Anerkennung gelangte. Hier hatten die Bestrebungen der Handwerker nicht nur in den Stimmungen des romantisch veranlagten Königs, sondern auch bei der in Ausbildung begriffenen „kleinen, aber mächtigen Partei" der altpreußischen Konservativen eine freudige Unterstützung gefunden. Das weitaus wirksamste Argument, mit dem man gegen die Fabriken zu Felde zog, bildete den Hinweis auf die elende Lage ihrer Arbeiter. Und man war gerade damals um so weniger geneigt, dieses Moment leicht zu nehmen, als die Industriearbeiter im Rheinland und in Berlin eben eine so große Empfänglichkeit für sozialrevolutionäre Bestrebungen bewiesen hatten. Dazu traten die Sorgen, welche die proletarischen Bewegungen in Frankreich und in England hervorriefen. Das Wohl und die Sicherheit der Gesellschaft schien also in der Tat unbedingten Schutz der kleinbürgerlichen Produktionsweise zu gebieten.

Es wurden indessen nicht nur die Fabrikarbeiter gefürchtet. In den konservativen Kreisen waren die Fabrikherren gewiß ebenso

---

[1]) Er hat später unter dem Pseudonym Marlo ein System der Weltökonomie veröffentlicht (2. Aufl. Tübingen 1885, 4 Bde.). Vgl. W. Ed. Biermann, K. G. Winkelblech, Sein Leben und sein Werk. 2 Bde. Leipzig 1909.

unwillkommen. In den konstitutionellen Kämpfen waren sie bereits als eine Gesellschaftsklasse aufgetreten, der man die Fähigkeit zutrauen konnte, das traditionelle Übergewicht des Grundadels respektlos zu erschüttern. Als daher die auf Wiederbelebung des Zunftwesens abzielenden Verordnungen der preußischen Regierung der Kammer vorgelegt wurden, erhob sich Herr von Bismarck (18. Okt. 1849) und warf das Gewicht seiner unvergleichlichen geistigen Energie und Überlegenheit zu gunsten der Zünfte in die Wagschale. Er setzte den Zunftzwang in Parallele zu den Schutzzöllen und Eisenbahngarantien, für welche die liberalen Fabrikanten so wacker stritten. Nur sei der Schutz der Handwerker in ungleich höherem Grade gerechtfertigt. Die Fabriken bereicherten nur einzelne, denn er habe noch nie gesehen, daß die Fabrikarbeiter, so glücklich und glänzend ihm das Los derselben geschildert würde, große Kapitalien zurückgelegt oder sich bereichert hätten. Im Gegenteil, sie erzögen eine Masse von Proletariern, von schlecht genährten, durch die Unsicherheit ihrer Existenz dem Staate gefährlichen Arbeitern. Die Handwerker aber bildeten den Kern des Mittelstandes, eines Gliedes, dessen Bestehen im Staatsorganismus ganz unentbehrlich sei. Die geforderten Opfer könnten dagegen gar nicht in Betracht kommen. Wenn man sich nicht gescheut habe, tief in die bestehende Rechtsordnung einzuschneiden, um mittels der Stein-Hardenbergschen Gesetzgebung einen ländlichen Mittelstand zu schaffen, so sei die staatliche Hilfe für den Handwerker sicher ebenfalls begründet. Für das Konsumenten-Publikum möge die Gewerbefreiheit ja bequemer sein, da sie wohlfeilere Waren liefere. „Aber an dieser Wohlfeilheit klebt vergiftend das Elend und der Jammer des Handwerkers, der seinem Ruin entgegengeht, und ich glaube, es möchten uns unsere wohlfeileren Röcke aus dem Kleiderladen zuletzt unbehaglich auf dem Leibe sitzen, wenn ihre Verfertiger daran verzweifeln müssen, sich auf ehrliche Weise zu ernähren.“ Auch bei anderen Gelegenheiten verlieh Bismarck seiner Abneigung gegen das Fabrikantentum drastischen Ausdruck. Wenn der Adel die meisten Stellen in der Armee bekleide, so liegt die Ursache darin, daß dieser Beruf zwar ehrenvoll, aber nicht so lukrativ sei, als Fabriken anzulegen und mit königlicher Unterstützung fortzuführen und den Dank dafür durch Angriffe auf die Regierung zu zahlen. Er mißtraute der Bevölkerung der großen Städte und finde dort nicht das wahre preußische Volk. Letzteres werde vielmehr, wenn die großen Städte sich wieder einmal erheben sollten, sie zum Gehorsam zu bringen wissen, und sollte es sie vom Erdboden vertilgen.

Die Verordnungen zur Wiedereinführung der Innungen wurden von der Kammer genehmigt, erzielten aber nur geringe Erfolge. Die Bureaukratie, der von Bismarck so bitter gehaßte Geheimratsliberalismus, ließ sie der Hauptsache nach unausgeführt. Im übrigen ist freilich auch Bismarck selbst bald von dem günstigen Urteil über das Zunftwesen abgekommen. Als Bundestagsgesandter in Frankfurt fand er Gelegenheit, den Segen der Zunftordnung unmittelbar zu erproben.

„Die korporativen Verbände," schrieb er an Hermann Wagener[1]), den Redakteur der Kreuzzeitung, „sind hier weit entfernt, eine Grundlage christlicher Zucht und Sitte zu bilden, sie dienen vielmehr nur zum Tummelplatz untergeordneter politischer und persönlicher Zänkereien und als Mittel, die Ausbeutung des Publikums und den Ausschluß der Konkurrenz mit Erfolg zu betreiben. Ich entnehme aus diesen Erscheinungen noch kein Motiv, meine bisherige Überzeugung in diesen Fragen zu desavouieren, und gebe gern zu, daß die Resultate eines Systemes in der hiesigen Kleinstaaterei andere sind als in einem großen Lande, aber leugnen kann ich nicht, daß mich diese Erscheinungen stutzig gemacht haben." Und an anderer Stelle[2]), ebenfalls an H. Wagener: „Ich habe mir bisher viel von der Wiederaufhebung der Gewerbefreiheit versprochen; daß es aber damit allein nicht getan ist, beweisen die hiesigen Zustände. Das Zunftwesen ist hier bisher intakt und man vermißt keinen der Nachteile, die es mit sich führt: übermäßige Teuerung des Fabrikates, Gleichgültigkeit gegen Kundschaft und deshalb nachlässige Arbeit, langes Warten auf Bestellung, spätes Anfangen — frühes Aufhören, lange Mittagszeit bei Arbeiten im Hause, Mangel an Auswahl fertiger Gegenstände, Zurückbleiben in technischer Ausbildung und viele andere von den Mängeln, die ich stets zu tragen entschlossen gewesen bin, wenn ich dafür einen konservativen befriedigten Handwerkerstand haben kann. Diese Entschädigung für jene Übel fehlt aber hier in noch höherem Maße als in Berlin."

---

[1]) Vgl. dessen „Die kleine aber mächtige Partei". Nachtrag zu „Erlebtes". Berlin 1885. S. 45.

[2]) a. a. O. S. 49.

Obwohl später unter der Amtsführung Bismarcks vom Jahre 1881 ab eine immer weiter gehende Beförderung des Innungswesens in die Reichsgewerbeordnung, die ursprünglich auf dem Grundsatze der Gewerbefreiheit beruhte, hineingetragen worden ist, so scheint er persönlich diesen Galvanisierungsversuchen ziemlich skeptisch gegenüber gestanden zu haben. Niemals hat er zur Verteidigung der Innungsnovellen im Reichstage das Wort ergriffen und die Antworten, die er auf Huldigungs- und Begrüßungsdepeschen der Handwerkerpartei erteilte, sind sehr zurückhaltend und unbestimmt abgefaßt.

In der Tat, nicht mehr die Handwerker, sondern die Fabrikarbeiter waren es, die das sozialpolitische Interesse Bismarcks im Gegensatze zu dem Gros der konservativen Partei [1]) in immer wachsendem Maße erregten. Schon während des Verfassungskonfliktes trat er der Arbeiterfrage wieder näher. Er knüpfte mit Lassalle Verbindungen an, er riet dem König, die Klagen schlesischer Weber anzuhören und ihnen Mittel zur Gründung einer Produkivgenossenschaft anzuweisen, er befahl den staatlichen Organen, strenge Neutralität bei Konflikten zwischen Fabrikherrn und Arbeitern einzuhalten und erörterte den Gedanken einer Arbeiterversicherung. Um den manchesterlichen Auffassungen seines Kollegen Itzenplitz und dessen Geheimräten besser begegnen zu können, zog er hervorragende sozialpolitische Kräfte wie H. Wagener, Lothar Bucher, Rodbertus und Dühring in seine Kreise.

Der weitaus wichtigste und folgenschwerste Schritt war aber die Erteilung des gleichen und direkten Wahlrechtes, also die Erfüllung des vornehmsten Programmpunktes der Lassalleschen Arbeiterpartei. [2]) Es unterliegt keinem Zweifel, daß Bismarck sich von dieser Maßregel eine konservative Wirkung versprach. „Ich

---

[1]) Thun (Industrie am Niederrhein. I. S. 181) hebt mit Recht hervor, daß die Periode konservativer Herrschaft in den 1850 und 1860er Jahren sich durch absolute Stagnation in der Gesetzgebung und Verwaltung auf dem Gebiete der Arbeiterfürsorge gekennzeichnet habe.

[2]) Über Bismarcks Pläne zur Oktroyierung des allgemeinen gleichen und direkten Wahlrechts während der Konfliktszeit vgl. Oncken, Bismarck, Lassalle und die Oktroyierung des gleichen und direkten Wahlrechts. Preußische Jahrbücher. Bd. 146. S. 107 bis 140.

darf es wohl als eine auf langer Erfahrung gegründete Überzeugung aussprechen", hatte er am 15. April 1866 an den Grafen Bernstorff in London geschrieben, „daß das künstliche System indirekter und Klassenwahlen ein viel gefährlicheres ist, indem es die Berührung der höchsten Gewalt mit gesunden Elementen, welche den Kern und die Masse des Volkes bilden, verhindert. In einem Lande mit monarchistischen Traditionen und loyaler Gesinnung wird das allgemeine Stimmrecht, indem es die Einflüsse der liberalen Bourgeosieklassen beseitigt, auch zu monarchischen Wahlen führen. In Preußen sind neun Zehntel des Volkes dem Könige treu und nur durch den künstlichen Mechanismus der Wahl um den Ausdruck ihrer Meinung gebracht."

Obwohl die Sozialdemokratie gerade mit Hilfe des allgemeinen, gleichen und direkten Wahlrechts ihre politische Machtstellung erworben hat, ist tatsächlich doch insofern eine sozialkonservative Wirkung eingetreten, als eben Bismarcks Sozialreform ohne die Sozialdemokratie kaum durchzusetzen gewesen wäre. „Die Sozialdemokratie ist so, wie sie ist," erklärte Bismarck selbst am 26. November 1884 im Reichstage, „doch immer ein erhebliches Zeichen, ein Menetekel für die besitzenden Klassen dafür, daß nicht alles ist, wie es sein sollte, daß die Hand zum Bessern angelegt werden kann. . . . Wenn es keine Sozialdemokratie gäbe, und wenn nicht eine Menge Leute sich vor ihr fürchteten, würden die mäßigen Fortschritte, die wir überhaupt in der Sozialreform bisher gemacht haben, auch noch nicht existieren, und insofern ist die Furcht vor der Sozialdemokratie in bezug auf denjenigen, der sonst kein Herz für seine armen Mitbürger hat, ein ganz nützliches Element."

Die Einzelheiten sind an anderer Stelle (1. Bd. S. 346—373) dargelegt worden. Hier gilt es nur daran zu erinnern, daß die von 1881—1889 unter schweren parlamentarischen Kämpfen durchgeführte Arbeiterversicherungsgesetzgebung das grandioseste Werk sozialkonservativer Reform darstellt, das die Geschichte des 19. Jahrhunderts kennt. Es schloß zwei Bedingungen ein, die sich bis jetzt noch nirgends vereint vorgefunden haben: eine trotz demokratischen Wahlrechtes alles überragende Regierungsautorität und den zähen Willen, diese Macht dem Dienst einer sozialen Aufgabe zu weihen.[1])

[1]) Über die Beteiligung Schäffles an dem Werke vgl. dessen Memoiren: Aus meinem Leben. Berlin 1905. II. S. 143—185.

Wie sehr aber bei der ganzen Gesetzgebung für Bismarck das Ziel maßgebend war, der Arbeiterklasse ein Interesse an der Erhaltung des Reiches einzuflößen, lassen die Worte erkennen, mit denen er am 18. Mai 1889 den weitaus schwierigsten Teil seines Werkes, die Invaliditäts- und Altersversicherung, im Reichstage begründete:

„Ich habe lange genug in Frankreich gelebt, um zu wissen, daß die Anhänglichkeit der meisten Franzosen an die Regierung, die gerade da ist, und die jedesmal den Vorsprung hat, auch wenn sie schlecht regiert, aber doch schließlich auch die an das Land, wesentlich damit in Verbindung steht, daß die meisten Franzosen Rentenempfänger vom Staate sind, in kleinen, oft sehr kleinen Beträgen; von Portiers will ich nicht sprechen, das sind schon reiche Leute gegenüber den armen, die kleine Renten vom Staate haben. Die Leute sagen: wenn der Staat zu Schaden geht, dann verliere ich meine Rente; und wenn es 40 Franken im Jahre sind, so mag er sie nicht verlieren, und er hat Interesse für den Staat. Es ist ja menschlich natürlich . . . Wenn wir 700 000 kleine Rentner, die vom Reiche ihre Renten beziehen, haben, gerade in diesen Klassen, die sonst nicht viel zu verlieren haben, und bei einer Veränderung irrtümlich glauben, daß sie viel gewinnen können, so halte ich das für einen außerordentlichen Vorteil; wenn sie auch nur 115 bis 200 Mk. zu verlieren haben, so erhält sie doch das Metall in ihrer Schwimmkraft, es mag noch so gering sein, es hält sie aufrecht. Sie werden das nicht leugnen und ich glaube, daß, wenn Sie uns diese Wohltat von mehr als einer halben Million kleiner Rentner im Reiche schaffen können, Sie sowohl die Regierung — da ist es nicht nötig — aber auch den gemeinen Mann das Reich als eine wohltätige Institution anzusehen lehren werden.“

Außer durch Rentenberechtigungen hoffte Bismarck auch durch die Verbindung der Arbeiter mit Grundeigentum deren Interessen am Bestande der Staatsordnung zu kräftigen. „Die Tatsache, daß das Eigentum an Grund und Boden die Besitzer fester als jedes andere Band mit dem Staate und seinem Bestande verknüpft“, schrieb er Februar 1882 an das preußische Staatsministerium [1]), „hat für alle Klassen der Beteiligten gleichmäßige Geltung; der Eigentümer des kleinsten Hauses ist durch dieselben Interessen

[1]) Abgedruckt bei Buchenberger, Agrarpolitik. I. S. 437.

mit der Staatsordnung verbunden, wie der Besitzer ausgedehnter Landgüter. Der Staat hat deshalb alle Veranlassung, die Vermehrung der Grundbesitzer zu befördern. Er steigert dadurch den Wohlstand der Bevölkerung, indem er eine sorgfältigere und deshalb ergiebigere Bearbeitung des Bodens herbeiführt, weil jeder Arbeiter im eigenen Besitz und Interesse emsiger und erfolgreicher arbeitet, als für Lohn auf fremdem Besitz. Er vergrößert zugleich die Zahl derjenigen, in welchen das Bewußtsein des untrennbaren Zusammenhanges mit ihm und seinen Schicksalen am lebendigsten ist. Der Besitz einer Parzelle bietet, auch wenn sie allein den Eigentümer nicht zu ernähren vermag, ihm doch immer eine Gelegenheit zur Verwertung unbeschäftigter Stunden und einen Teil dessen, was er notwendig zu seiner Existenz braucht, und die Sicherheit eigener unkündbarer Wohnung gibt seiner ganzen Tätigkeit einen festen Rückhalt. Deshalb halte ich die Besorgnis für grundlos, daß die Beförderung der Grundstücksteilungen zur Vermehrung des Proletariates beitragen könne. Der Besitzer eines noch so kleinen Grundstückes ist immer besser und unabhängiger gestellt, als der besitzlose Proletarier, der mit Wohnung und Unterhalt lediglich auf den Ertrag seiner Handarbeit angewiesen ist."

Hier wird der kleine Grundeigentümerstand weit günstiger beurteilt, als es auf konservativer Seite die Regel bildet. Es ergibt sich also sowohl in bezug auf die Bauernpolitik als auch in bezug auf die Arbeiterversicherung eine vollkommene Übereinstimmung mit den Sismondischen Ideen. Leider ist Bismarck nicht dazu gekommen, in der angedeuteten Richtung eine größere Wirksamkeit zu entfalten. Immerhin fällt die Gesetzgebung, welche die Errichtung deutscher Bauergüter in den polnischen Teilen Preußens zum Zwecke hat, noch in seine Amtszeit.

Im übrigen hat die Politik des Fürsten Bismarck, die Gründung des Reiches und alles, was aus ihr folgte (die einheitliche Gesetzgebung im Gewerbe, Maß- und Gewichtswesen, Geld und Banken, Post und Telegraphie, Straf- und Prozeßrecht, die Entwicklung der Flotte, die Eisenbahnverstaatlichung in Preußen usw.) die kapitalistische Entwicklung des Deutschen Reiches in ungeahntem Maße gefördert. Es ist während seiner Amtsführung aus einem Lande, in dem ein gewisses Gleichgewicht zwischen landwirtschaftlicher und gewerblicher Tätigkeit bestand, in einen überwiegenden

Industriestaat, und zwar in den nach England und der Union bedeutendsten des Erdballes umgewandelt worden.

Dieser Umschwung hat freilich nicht in den Absichten des Fürsten gelegen. Er wollte der Landwirtschaft die erste Stelle erhalten und sie in den Stand setzen, den Brotbedarf des Reiches allein zu decken. Er klagte darüber, daß sie seit fünfzig Jahren den Amboß habe abgeben müssen. Rittergüter und Bauern erschienen ihm immer als die wichtigsten Stützen eines geordneten Regimentes im Lande. Seinem agrarpolitischen Ziele sollte die Zollpolitik dienen. So wurde 1877/78 unter seiner Führung ein Bündnis zwischen Großindustrie und Großgrundbesitz zum Zwecke des gegenseitigen Zollschutzes abgeschlossen. „Der Schutz von Eisen und Roggen ist gleich unentbehrlich für das Wohl des Vaterlandes", erklärte der Konservative v. Wedell-Malchow. [1]) Es ist aber in hohem Grade fraglich, ob diese Politik die industriestaatliche Entwicklung auch nur verlangsamt hat. Da wir nicht wissen können, welchen Weg die Entwicklung unter freihändlerischem Regimente eingeschlagen hätte, lassen sich zuverlässige Urteile nicht aufstellen. Allein angesichts des glänzenden Aufschwunges der deutschen Industrie und der großen Vorteile, welche aus der durch die Schutzzölle wesentlich begünstigten Kartellbildung gezogen worden sind, ist es nicht unbegreiflich, wenn im konservativen Lager zuweilen Stimmen laut wurden, welche behaupteten, daß die Landwirtschaft bei dem Bündnis mit der Großindustrie mehr verloren als gewonnen habe. Immerhin muß beachtet werden, daß selbst dann, wenn die Industrie bei freihändlerischer Politik weniger Kapital und Arbeitskräfte angezogen hätte, diese noch nicht unbedingt der heimischen Landwirtschaft verblieben sein würden. An Stelle der Abwanderung in die Industrieprovinzen hätte auch die in überseeische Gebiete eintreten können.

Die Politik Bismarcks hat den arbeitenden Klassen nicht nur Wohltaten beschert. Ihre revolutionären oder demokratischen Bestrebungen — Bismarck machte in dieser Beziehung keinen Unterschied — wurden mit der äußersten Härte unterdrückt. Ja, er hat sich sogar Reformen, die durchaus im Rahmen der konservativen Weltanschauung lagen, wie die Ausbildung des Arbeiterschutzes und

---

[1]) Vgl. Nitzsche, Die Anfänge der agrarischen Bewegung in Deutschland. Patria 1905. S. 186—212.

der Fabrikinspektion, widersetzt. So beklagenswert diese Haltung gewesen sein mag, so hat die Folgezeit bewiesen, daß diese Lücken in der deutschen Sozialreform auch von anderen Staatsmännern ausgefüllt werden konnten. Dagegen ist es äußerst unwahrscheinlich, daß das Werk der Arbeiterversicherung ohne die titanischen Kräfte des Fürsten vollendet worden wäre.

12. Evangelisch-soziale Bewegung[1]) und konservative Partei in Deutschland.

Solange Bismarck das Steuer des Reiches führte, konnte von einer selbständigen Stellung der konservativen Parteien nicht gesprochen werden. Sie besaßen nur soweit politische Geltung, als sie sich in den Dienst Bismarcks stellten. Immerhin muß einer Bewegung gedacht werden, welche gewiß viel dazu beigetragen hat, die Bismarckschen Reformen den konservativen Kreisen annehmbar zu machen. Es handelt sich um die evangelisch-sozialen Strömungen, also um diejenigen Strömungen, welche den sittlichen Gehalt und die religiöse Kraft des evangelischen Christentumes einsetzen, um den, entweder durch eigene Schuld oder durch Schuld unserer sozialen Zustände, ins Elend Geratenen Beistand zu leisten. Als erster Vertreter dieser Richtung in Deutschland gilt Wichern (1808 bis 1881), der Schöpfer der „Inneren Mission".

Diese stellt eine imposante Organisation der christlich-pietistischen Wohltätigkeitsbestrebungen dar. „Senfkornartig anfangend, hat sie doch ihre Kreise immer weiter und weiter gezogen und in geschicktester Weise geistige und leibliche Einwirkung miteinander zu verbinden gewußt. Ihre Anstalten umspannen das ganze Leben und suchen überall korporative Gestalt zu gewinnen. Ihre Krippen, Kleinkinderbewahranstalten, Kleinkinderschulen, Kinderkirchlein, Sonntagsschulen, Jünglingsvereine und Jungfernbünde, Gesellen- und Mägdeherbergen, Magdalenenstifte, Rettungsanstalten für verwahrloste Kinder, Schutzaufsichtsvereine für entlassene Sträflinge, Lesesäle für Arbeiter, mit einer Art Fortbildungsschule verbunden, Gesangvereine, Lesegesellschaften, Leihbibliotheken, ihre Kolportage von Volks-

[1]) W. Schneemelcher, Art. Christlich-soziale Bewegung (Evangelisch-soziale Bestrebungen in Deutschland); A. Erdmann, Die christliche Arbeiterbewegung in Deutschland. 1908. S. 259 bis 363.

kalendern und Traktaten, ihre Straßenpredigten und die Pastorisierung der untersten Stände in den großen Städten, ihre Armenvereine, Krankenasyle, Diakonissenanstalten, Altersasyle, Privatschulen, wo sie die Leitung der Staatsschulen nicht in ihre Hand zu bekommen wußten, ihre spezifisch christlichen Schullehrer-Seminarien, ihre Privatgymnasien, Konvikte für Theologie-Studierende, Stipendienvereine, Mäßigkeitsvereine, Arbeiterkolonien, Anstalten für Taubstumme, für Blinde, für Schwachsinnige, für Epileptische, ihre Damenstifte usw. bilden ein Netz, das sich über alle Verhältnisse erstreckt."[1]) Wicherns Ziele gingen aber noch weiter. „Was Sozialismus und Kommunismus im tiefsten Grunde seines Strebens und Bewegens verbirgt", erklärte er, „sind die entstellten, doch wahrheittragenden Züge des Angesichtes einer tiefgebeugten, schmerzerfüllten Menschheit, die sich in sozialer Beziehung nach Erlösung und Wiedergeburt sehnt." „Alle Verbrüderungen und Verschwisterungen der inneren Mission sind aber bis jetzt nur Verbindungen für Hilfsbedürftige; die Personen der unteren Klassen, die der Hilfe bedürfen, stehen jenen Verbindungen, die ihnen Dienst und Hilfe bringen, doch immerhin vereinzelt gegenüber. Ein neuer Schritt, der noch getan und verfolgt werden muß, ist: christliche Assoziationen der Hilfsbedürftigen selbst, für deren soziale (Familie, Besitz und Arbeit betreffende) Zwecke zu veranlassen. . . . Das Bestreben, Assoziationen der Hilfsbedürftigen zu veranlassen, ist ein freilich karikiertes, aber unleugbares Moment der Wahrheit in der sozialen Bewegung unserer Zeit. Gerade dadurch hat dieselbe mit einer solchen Bedeutung und Macht unter den handarbeitenden Klassen Eingang gefunden, sie hat ihnen damit die Möglichkeit einer Zukunft gezeigt, welche im gewissen Sinne den Elenden und Leidenden selbst anvertraut wird. Es ist einer der wesentlichsten Mängel der alten, nun gewichenen Zeit, daß in ihr diejenigen, die von ganzem Herzen ihre Liebe dem Volke zugewendet hatten, gegenüber den auf dies Ziel hinarbeitenden Richtungen wie mit gebundenen Augen standen. . . . Jetzt steht die Idee der „„Verbrüderung der Arbeiter"" mit ihrer Macht dem Christentume bereits gegenüber, — nicht bloß den politisch Konservativen, sondern auch den Freunden des Evangeliums und den Trägern der Kirche meist nur als ein dunkles Schreckbild bekannt... Der Geist, der sich der Angelegenheit bemächtigt hat, ist aus dem

[1]) Kambli, Die sozialen Parteien. St. Gallen 1887. S. 95, 96.

Fleische, von unten her, aber eine Überwindung dieses Geistes und eine Aussöhnung der Klassen der Gesellschaft wird nur möglich sein durch das von Liebe und Weisheit erfüllte Eingehen der Christenleute auf das Wahre, das in dieser von Gottes Liebe entkleideten Bewegung sich dennoch findet; das Wahre ist aber die innere Berechtigung der Sehnsucht nach sozialer Wiedergeburt." [1])

Die „christliche Assoziation der Hilfsbedürftigen selbst", das war die Aufgabe, der sich Viktor Aimé Huber, ein Freund Wicherns, mit besonderem Eifer widmete [2]). Auf Reisen in Belgien, Frankreich und England war seine Einsicht in die moderne Arbeiterfrage gewachsen. Nicht allein Mildtätigkeit innerhalb der bestehenden Ordnung der Dinge, sondern eine prinzipielle Veränderung der Grundlagen unseres Wirtschaftslebens mußte erstrebt werden. Unter der Führung der besitzenden Klassen sollten Genossenschaften ins Leben treten, wie sie die sogenannten christlichen Sozialisten in England befördert hatten. Von Staatshilfe wollte Huber, ein Gegner der Demokratie und Verteidiger des Absolutismus, nichts wissen.

Mittlerweile hatte die deutsche Arbeiterbewegung sich entwickelt. Die spärlichen Erfolge der Wichern-Huberschen Richtung auf dem Gebiete der eigentlichen Arbeiterfrage gaben zu denken. Pfarrer Todt vertiefte sich in das Studium der Sozialdemokratie und ihrer Literatur. Das Ergebnis, zu dem er gelangte, bestand in folgendem: Drei Momente bilden das Wesen der Sozialdemokratie: Kommunismus, Republikanismus und Atheismus.

Kommunismus und Republikanismus widersprechen an sich nicht dem evangelischen Christentum. Nur den Atheismus und die auf gewaltsamen Umsturz ausgehenden Bestrebungen hat der evangelische Christ zu bekämpfen. Der Sozialismus ist dem Christentum nicht nur nicht zuwider, sondern er harmoniert mit ihm. Die christliche Überzeugung verlange den Sozialismus. Ist der Republikanismus auch nicht unevangelisch, so muß nach Maßgabe der historischen Überlieferungen in Deutschland doch alles Heil von der Monarchie erwartet werden. Die Geistlichen sollten nicht unmittelbar Partei ergreifen,

[1]) a. a. O. S. 127, 128.

[2]) Vgl. Paul Göhre, Die evangelisch-soziale Bewegung. Leipzig 1896; Martin Wenk, Die Entwicklung der jüngeren Christlich-Sozialen. Patria. Jahrbuch der Hilfe. Berlin 1901. S. 31 bis 67; Kambli a. a. O. S. 350—385.

aber mit geistlich-kirchlichen Mitteln auf eine Umbildung der Gesinnungen in sozialer Richtung einwirken. Im Jahre 1877 erfolgte die Gründung eines Zentralvereins für soziale Reform auf religiöser und konstitutionell monarchischer Grundlage. Adolf Wagner und Rudolf Meyer nahmen an der Gründung teil. Die so zustande gekommene christlich-soziale Partei löste sich nach der kaiserlichen Botschaft von 1881 wieder auf, da sie ihr Ziel nun erreicht hätte.

Adolf Stöcker ergriff das Banner, welches diese Richtung sinken lassen wollte. Ursprünglich vertrat er nicht ein anderes Programm, sondern nur eine andere Taktik. Er ging wirklich unter das Volk, in die Volksversammlungen und lieferte den Führern der Sozialdemokratie auf ihrer eigenen Domäne hitzige Gefechte. Trotzdem hat Stöcker, ein außerordentlich gewandter Redner und schlagfertiger Debatter, sein Ziel nicht erreicht. Zwar gelang es ihm, zahlreiche evangelische Arbeitervereine ins Leben zu rufen, aber eine christlich-soziale Arbeiterpartei von Bedeutung kam nicht zustande. Um so mehr Zustimmung fand er in den kleinbürgerlichen Kreisen, namentlich in dem Maße, als er sich dem Antisemitismus zuwandte. Es ist hier nicht am Platze, den vielfach verschlungenen Pfaden der Stöckerschen Politik nachzuspüren. Es genügt hier, auf den „Evangelisch-sozialen Kongreß" (1890), als die letzte erfolgreiche Schöpfung Stöckers hinzuweisen.

In der Zeit der Aufhebung des Sozialistengesetzes und der kaiserlichen Februarerlasse hatte der Oberkirchenrat den Geistlichen empfohlen, sozialpolitischen Bestrebungen ihre Aufmerksamkeit zuzuwenden. Insofern erschien es durchaus zeitgemäß, allen sozial interessierten Elementen der evangelischen Kirchen einen Sammelplatz zu eröffnen. Darin bestand die Aufgabe des Evangelisch-sozialen Kongresses", der jedes Jahr eine Zusammenkunft abhielt. Zuerst standen die Theologen im Vordergrunde. Allmählich nahmen aber auch Hochschullehrer anderer Fakultäten in wachsender Zahl teil. Es fanden sehr bedeutsame und geistig hochstehende Diskussionen über soziale Tagesfragen statt. Schließlich gewannen die sozial und politisch fortschrittlich gesinnten Persönlichkeiten einen so beträchtlichen Einfluß, daß Stöcker 1896 seine eigene Schöpfung verließ und 1897 die Freie kirchlich-soziale Konferenz gründete. Sie stellt einen Zusammenschluß der sozial interessierten Kreise der kirchlichen Rechten dar, wie der evangelisch-soziale Kongreß eben durch den

Austritt der rechtsstehenden Mitglieder zu einer Vertretung der kirchlichen Linken wurde. Die Führung ging an die Naumannsche Gruppe über. Letztere nahm ein Programm an, das sie den Parteien des Sozial-Liberalismus angliederte [1]). Es wird deshalb besser an anderer Stelle erörtert. Diese Differenzen zwischen der älteren und

---

[1]) Vgl. über die weitere Entwicklung dieser Gruppe die dem Sozial-Liberalismus gewidmeten Darlegungen. Die Gründung der national-sozialen Partei hatte aber die Entwicklung des evangelisch-sozialen Kongresses in keiner Weise gestört. Nach wie vor wird er Jahr für Jahr abgehalten. Die stenographischen Protokolle der Verhandlungen erscheinen bei Vandenhoeck u. Ruprecht in Göttingen. Ihre Lektüre darf wärmstens empfohlen werden. Aus den Verhandlungsgegenständen mögen besonders hervorgehoben werden: Die sozialen Aufgaben des Staates als Arbeitgeber: v. Massow; Die soz. Lage der Frauen: Elisabeth Gnauck-Kühne, 1895; Arbeitslosigkeit und Recht auf Arbeit: Prof. Delbrück, 1896; Deutschland als Industriestaat: Dr. Oldenberg; Was verstehen wir unter Mittelstand?: Prof. Schmoller, 1897; Die religiös-sittliche Gedankenwelt der Industriearbeiter: D. Rade, 1898; Das konstitutionelle System im Fabrikbetriebe: Fabrikbesitzer Freese, 1899; Welche sittl. und soz. Aufgaben stellt die Entwicklung Deutschlands zur Weltmacht?: Prof. Rathgen, 1900; Soz. Entwicklungen im ersten Jahrzehnt nach Aufhebung des Sozialistengesetzes: Staatsminister v. Berlepsch, 1901; Einfluß der Künste auf das Volksleben: Dr. Schubring und Dr. Erdberg, 1902; Das soz. und ethische Moment in Finanzen und Steuern: Prof. A. Wagner, 1903; Organisation der Arbeit in ihrer Wirkung auf die Persönlichkeit: Lic. Traub, 1904; Die Bedeutung der Arbeiter-Organisationen für Wirtschaft und Kultur: Prof. Sieveking, 1905; Maximalarbeitstag: Prof. Harms, 1906; Kultur und Wirtschaft: Prof. v. Schulze-Gaevernitz; Aufgaben der Städte als Arbeitgeber: Beigeordneter Dr. Leoni, 1907; Die gemeinnützige Rechtsauskunft: Prof. Francke, 1908; Geistige Strömungen in der deutschen Gewerkschaftsbewegung: Lic. W. Schneemelcher, 1909; Fabrikarbeit und Frauenleben: Dr. Marie Baum, 1910; Die Landflucht: Ministerialdirektor H. Thiel, 1911; Individualisierung und Staatssozialismus: Prof. v. Wiese und Prof. M. Rade; Die Wohnungsfrage in den Städten, Prof. R. Eberstadt, 1912; Die Bedeutung der Konsumgenossenschaften: Prof. Wilbrandt, 1913; Zwang und Freiheit im Organisationsleben: Prof. Zimmermann, 1914; Stadt und Land: Pfarrer Dr. G. Koch; Erzeuger, Händler, Verbraucher: Dr. Hans Luther, 1917; Gedanken für die künftige Wiederannäherung der christlichen Völker: D. F. Siegmund-Schultze; Die Förderung der Begabten: Prof. Ziehen. 1918; Das soziale Evangelium im neuen Deutschland: Dr. P. Rohr-

jüngeren Richtung der Evangelisch-Sozialen übertragen sich auch auf die Leitung der evangelischen Arbeitervereine[1]). Der erste dieser Vereine war 1882 zu Gelsenkirchen in Westfalen begründet worden. Überhaupt blieb lange Zeit dieses hervorragende Industriegebiet an der Spitze der Bewegung. Hier gab es einen zahlreichen Arbeiterstand, dessen evangelisch und reichtreu gesinnten Mitglieder gegenüber der regen katholischen und sozialistischen Propaganda einer besonderen Organisation bedurften. Lic. Weber in M.-Gladbach, ein Gesinnungsgenosse Stöckers, war es, der sich diesen Aufgaben mit Umsicht, Eifer und Erfolg widmete. Bald breiteten sich die Vereine auch am Mittelrhein, in Hessen, Baden und Württemberg aus. Die jüngeren evangelischen Geistlichen dieser Gebiete hatten aber das Auftreten Naumanns mit Begeisterung verfolgt und leiteten ihre Vereine auch dessen neueren politisch unabhängigeren und fortschrittlicheren Auffassungen gemäß. Später ließ aber die Stellungnahme zur gewerkschaftlichen Bewegung so ernste Konflikte entstehen, daß Trennungen vom Gesamtverbande der evangelischen Arbeitervereine Deutschlands unvermeidlich wurden. Es hatten sich etwa drei Richtungen herausgebildet. Am weitesten rechts standen die sogenannten „Bochumer“, welche unter der Führung des nationalliberalen Redakteurs Quandel in Bochum und des ebenfalls nationalliberalen Fabrikanten Franken in Schalke mehr die religiöse und patriotische Seite des Programms als dessen soziale Forderungen betonten. Eine vermittelnde Wirksamkeit übte Lic. Weber aus, der im Vereine mit dem katholischen Bergarbeiter Brust den Gewerkverein Christlicher Bergarbeiter, also eine interkonfessionelle christliche Berufsorganisation, 1894 in Essen begründet hatte. Eine dritte, insbesondere in Württemberg stark vertretene und vom Geiste Naumanns erfüllte Gruppe hielt es für richtiger, die christlichen Arbeiter zum Eintritte in die freien Gewerkschaften zu veranlassen und damit

---

bach, 1920. Als Organ des Evangelisch-sozialen Kongresses wurde seit 1904 von Lic. W. Schneemelcher die Monatsschrift „Evangelisch-Sozial“ herausgegeben.

[1]) Vgl. bes. Göhre a. a. O. S. 108—135; Wenck a. a. O. S. 42 ff.; J. Weitbrecht, Die evangelischen Arbeitervereine. Patria. 1902. S. 147—166; Just, Der Gesamtverband der evangelischen Arbeitervereine Deutschlands. 1904; L. Weber, Lebenserinnerungen, o. J.; ferner die fortlaufende Berichterstattung über diese Verhältnisse in Naumanns „Hilfe“ und der „Sozialen Praxis“.

deren parteipolitische Neutralisierung zu befördern. Im Mai 1901 beschloß die Delegiertenversammlung in Speyer nach langen Debatten: „Den Mitgliedern der evangelischen Arbeitervereine wird dringend empfohlen, sich, soweit es für sie erforderlich ist, den Gewerkschaften anzuschließen, unter Ausschluß statutarisch oder prinzipiell parteipolitischer Gewerkschaften. In jedem Fall haben sie stets für die Neutralisierung der Gewerkschaften zu wirken.“ Unter diesen Umständen schieden die Vereine der Bochumer Richtung aus (50 Vereine mit zirka 7000 Mitgliedern). Da andererseits aber in der Folge auch Naumann wegen seiner selbständigen gewerkschaftlichen Agitationsreise in Rheinland-Westfalen aus dem Gesamtverbandsausschuß gedrängt wurde, verließen die Württemberger unter Führung von Weitbrecht ebenfalls den Gesamtverband. Dagegen haben sich die meisten nicht-sozialdemokratischen Arbeiterverbände wieder auf den Kongressen in Frankfurt a. M. 1904 und in Berlin 1907 zusammengefunden.

13. Katholisch-soziale Bewegung[1]) und Zentrumspartei in Deutschland.

Der protestantische Abt Uhlhorn hat einmal erklärt, die Maschine habe in ihrem Wesen etwas Protestantisches. Jedenfalls hat sich der moderne industrielle Kapitalismus zuerst unter protestantischen Völkern, namentlich solchen kalvinistischen Bekenntnisses ausgebildet. Im Kalvinismus liegt aber auch die Heimat des politischen Liberalismus. So trat die katholische Kirche von vornherein in einen Gegensatz zur modernen wirtschaftlich-politischen Entwicklung. Diese gegnerische und kritische Stellung brachte es mit sich, „daß sie ein offeneres Auge für die mit ihr verbundenen Schäden hatte, sie

[1]) Wermert, Neuere sozialpolitische Anschauungen im Katholizismus innerhalb Deutschlands. 1885; Liese, Art. christlich-soziale Bewegung (katholisch-soziale Bestrebungen); A. Erdmann, Die christliche Arbeiterbewegung in Deutschland. 1908. S. 13—259; Deite, Die kath.-soz. Bewegung in Deutschland, Z. f. G. V. 32. Jahrg. 1908. S. 957—982; Franz, Der soziale Katholizismus Deutschlands bis zum Tode Kettelers. 1914. Max H. Meyer, Die Weltanschauung des Zentrums in ihren Grundlinien. 1919. Als vornehmstes wissenschaftliches Organ der katholisch-sozialen Richtung ist die Monatsschrift Soziale Kultur, herausgegeben vom Volksvereinsdirektor Dr. W. Hohn, M.-Gladbach, in Verbindung mit Prof. Dr. F. Hitze in Münster seit 1880.

tiefer mitfühlte und empfand, während man auf protestantischer Seite, eben weil man die wirtschaftliche Entwicklung an sich als einen Fortschritt und insofern als etwas Gutes würdigte, leicht geneigt war, diese Schäden, wenn auch nicht ganz zu übersehen, so doch leichter zu nehmen.“[1]) Die katholische Kirche hatte in Deutschland zur Kritik um so mehr Veranlassung, als der Industrialismus nicht auf die evangelischen Teile des Reiches beschränkt blieb, sondern gerade im katholischen Rheinlande, unterstützt durch natürliche Vorteile und größtenteils durch protestantische Unternehmer geleitet, seine höchste Ausbildung erlangte. So konnte der deutsche Katholizismus mit der Pflege der agrarischen Interessen durch Bauernvereine und der Gründung von Gesellenvereinen, um die sich namentlich „Vater Kolping“ verdient machte, sein Auskommen nicht finden. Es galt auch, gegenüber der modernen Arbeiterfrage Farbe zu bekennen. Diese Notwendigkeit drängte sich dem Freiherrn von Ketteler schon im Jahre 1848 auf, aber erst später als Bischof von Mainz versuchte er ein sozialpolitisches Programm zu entwickeln. Hatte doch die von Ferd. Lassalle getragene Agitation gerade im Rheinlande große Erfolge geerntet. Ja, der Mainzer Bischof selbst war derart von Lassalle gefesselt worden, daß er sich anonym an ihn mit der Bitte um sozialpolitische Ratschläge wandte und katholischen Arbeitern den Beitritt zu den Lassalleschen Vereinen nicht verwehren wollte. Obwohl sich Ketteler für die Lassallesche Produktivassoziation begeisterte, so wollte er doch von Staatshilfe nichts wissen. Soweit die Selbsthilfe der Arbeiter bei der Kapitalbeschaffung nicht ausreichen würde, sollte sie durch die Wirksamkeit der christlichen Charitas ergänzt werden. Wichtiger ist, daß Ketteler, wie die in seinem Nachlasse vorgefundenen Studien zu seinem nicht vollendeten

---

[1]) Uhlhorn, Katholizismus und Protestantismus gegenüber der sozialen Frage. Göttingen 1887; M. Weber, Die protestantische Ethik und der „Geist“ des Kapitalismus. A. f. s. G. XX. S. 1 bis 54; interessant ist auch ein Vergleich zwischen G. Traubs Ethik und Kapitalismus (Heilbronn 1905) einerseits und Fr. Kempel, Göttliches Sittengesetz und Neuzeitliches Erwerbsleben (Mainz 1901) andererseits. Die Verträglichkeit der protestantischen Ethik mit dem modernen Industrialismus tritt dabei ebenso klar an den Tag als der unversöhnliche Gegensatz, in dem der strenge Katholizismus sich zum Wirtschaftsleben der Gegenwart befindet. Vgl. im übrigen auch die Literatur-Angaben S. 71, 72.

Werke: „Kann ein katholischer Arbeiter Mitglied der sozialistischen Partei sein?" beweisen, auch eine berufliche Organisation der Arbeiter erwog.

Unter dem Einflusse der Kettelerschen Ideen kam es 1868 in Krefeld zur Gründung einer christlich-sozialen Partei, als deren Organ die „Christlich-sozialen Blätter" herausgegeben wurden. Einen politischen Charakter wollte diese Parteigründung indes nicht erlangen. Bald befaßte sich auch die Generalversammlung der katholischen Vereine Deutschlands mit der Arbeiterfrage, und eine Bischofskonferenz in Fulda beschloß, diese Probleme bei der Ausbildung des Klerus zu berücksichtigen.

Über Wesen und Aufgaben der christlich-sozialen Vereine sprachen sich die Christl.-soz. Blätter folgendermaßen aus: „Kein Mitglied eines christlich-sozialen Vereins darf einem sozialdemokratischen Vereine angehören. Jeder christlich-soziale Verein muß sich eng an die Kirche anschließen; es ist unpraktisch, daß Geistliche unmittelbar an der Spitze stehen, aber angemessen, daß durchaus erprobte Leute diese Stellung einnehmen; hervorragende begüterte Männer, besonders Meister, sind als Ehrenmitglieder zuzuziehen, dürfen aber nicht Vorstandsmitglieder werden, um nicht das Mißtrauen der Arbeiter zu erregen. Strikes sind nicht absolut verwerflich, es darf nicht der Verdacht aufkommen, als schwimme man im Schlepptau des Kapitals. Politik ist fern zu halten, wenn nicht Fragen von kirchlicher Bedeutung auftauchen, dann ist entschiedene Parteinahme geboten. Zur Besprechung sozialer Fragen muß Sonntag abends eine Versammlung abgehalten werden. Krankenkassen, Kreditvereine sind zu gründen. Gesellenvereine, Fabrikarbeitervereine, Bauernvereine sind drei große Zweige des sozialen Bundes. Darum ist engste Alliierung geboten" [1]).

Eine bestimmtere Fassung erhielt das katholisch-soziale Programm durch den Mainzer Domkapitular Moufang, der, als er 1871 für den Reichstag kandidierte, nicht nur für freie Arbeiterassoziationen, sondern auch für gesetzlichen Arbeiterschutz, für Fabrikinspektion und ein gesetzliches Lohnminimum eintrat.

Obwohl die politische Vertretung der deutschen Katholiken im

---

1) Erdmann, Ein Beitrag zur ultramontanen Arbeiterpolitik. N. Z. XIX. 1. S. 749.

Reichstage, die Zentrumspartei, unter der Führung des manchesterlich angehauchten Windthorst den sozialpolitischen Fragen gegenüber eine große Reserve beobachtete, gewann der christlich-soziale Gedanke doch unter dem niederen Klerus, der ja selbst in der Regel aus den sozial bedrängten Volksschichten hervorgeht, begeisterte Apostel. Vor allem kam es in dem durchaus katholischen Mittelpunkte der rheinischen Tuchindustrie in Aachen, unter der Führung der Kapläne Cronenberg, Laaf und Litzinger, zu einer lebhaften Bewegung, die allmählich in immer schärfere Opposition zum Zentrum geriet. Nachdem 1873 ein Kongreß der christlichen Arbeiter West-Deutschlands getagt und weitgehenden Arbeiterschutz und Verstärkung der politischen Rechte verlangt hatte, wurde bei einer zweiten 1875 erfolgten Zusammenkunft die Aufstellung eigener Arbeiterkandidaturen beschlossen. Man wollte den Arbeitern, unter Wahrung der religiös-konfessionellen Interessen, die gleichen Vorteile bieten, die ihnen die Sozialdemokraten versprachen. Ähnliche Strömungen kamen auch in Essen zum Durchbruch. Im Jahre 1877 siegte dort der ehemalige Metalldreher Stötzel mit liberaler Hilfe gegen den offiziellen Zentrumskandidaten. Obwohl es der Zentrumspartei gelungen war, die Aachener Bewegung durch Diskreditierung ihrer Führer zu unterdrücken, glaubte man doch die Aufstellung eines sozialpolitischen Programmes durch die Partei selbst nicht länger aufschieben zu dürfen. Es geschah durch den Antrag, welchen Graf Galen 1877 namens seiner Fraktion im Reichstage stellte. Gefordert wurden: Wirksamer Schutz des religiös-sittlichen Lebens, insbesondere Sonntagsruhe, Schutz und Hebung des Handwerkerstandes durch Einschränkung der Gewerbefreiheit, Regelung des Verhältnisses der Lehrlinge und Gesellen zu den Meistern, Förderung der korporativen Verbände, erweiterter Schutz der Fabrikarbeiter, Normativbestimmungen über Fabrikordnungen, Verbot der Beschäftigung jugendlicher Arbeiter unter 14 Jahren und Beschränkung der Frauenarbeit in den Fabriken, Einführung paritätischer Schiedsgerichte, Revision der Freizügigkeit und der Haftpflicht.

Da während der 80er Jahre der gefährliche Wettbewerb der sozialdemokratischen Arbeitervereinigungen durch das Sozialistengesetz wesentlich abgeschwächt worden war, konnte sich das Zentrum damit begnügen, im Reichstage vorzugsweise für die Ausbildung des Arbeiterschutzes tätig zu sein und im übrigen die ganz unter geistlicher Führung stehenden katholischen Arbeitervereine auszubauen.[1])

Die Aufhebung des Sozialistengesetzes im Jahre 1890 und die päpstliche Enzyklika über die Arbeiterfrage vom Jahre 1891 stellten neue Aufgaben. Nicht als ob diese päpstliche Kundgebung selbst schon ein bestimmtes Programm aufgestellt hätte. Ihr Wert bestand vielmehr gerade in der Unbestimmtheit und Vieldeutigkeit der gebrauchten Wendungen. Es konnte so ziemlich jede katholische Partei das für ihre Verhältnisse Notwendige herausdeuten. Da erwiesen sich nun in den industriell entwickelten Gebieten Deutschlands die katholischen Arbeitervereine, deren Mitglieder nicht nur die verschiedensten Berufsinteressen aufwiesen und zum Teil gar nicht einmal der Arbeiterklasse angehörten, als ein zur Wahrnehmung der spezifischen Arbeiterinteressen durchaus untaugliches Instrument. Man versuchte es, zunächst durch Errichtung von beruflichen Fachabteilungen in den allgemeinen Vereinen einen Boden für gewerkschaftliche Betätigung zu schaffen. Da diese Experimente fehlschlugen, mußte man dem Gedanken selbständiger Berufsvereine nähertreten. Namentlich die vom Justizrat Bachem geleitete „Kölnische Volkszeitung" und die in M.-Gladbach und Essen tätigen katholischen Sozialpolitiker Prof. Hitze, Dr. Pieper, Giesberts und Brust huldigten diesen fortgeschritteneren Auffassungen.[2])

Sobald aber von den katholischen Arbeitern eine Verbesserung der Arbeitsbedingungen auf gewerkschaftlichem Wege unternommen wurde, wurden sie von den Unternehmern in derselben Weise wie die sozialistischen Gewerkschaften bekämpft. So sah man sich im Interesse des Erfolges genötigt, mit verwandten Organisationen zusammenzuarbeiten. Zunächst wurde der Anschluß an die evangelisch-sozialen Organisationen erstrebt, da deren Mitglieder doch auch auf dem Boden der christlichen Weltanschauung standen. Wie aber früher dargelegt worden ist, war auf evangelischer Seite der Gedanke einer interkonfessionellen christlichen Gewerkschaftsbewegung

---

[1]) Vgl. E. Giesberts, Die christliche Arbeiterbewegung in Deutschland. Monatsschrift für Christl. Sozialreform. Basel 1904. S. 5—14, 84—98.

[2]) Über die Entwicklung der christlichen Gewerkschaften: O. Müller, Die christliche Gewerkschaftsbewegung Deutschlands. Karlsruhe 1905; Erdmann a. a. O. S. 363—661.

ebenfalls bereits mit Erfolg vertreten worden. Im Jahre 1894 kam als erste Frucht dieser Bestrebungen der christliche Bergarbeiterverein zustande; bald folgten die Textil- und Metallarbeiter. Schon gaben sich einzelne Führer der Erwartung hin, es werde durch politische und religiöse Neutralisierung der sozialistischen Gewerkschaften in absehbarer Zeit möglich sein, die Arbeiter der verschiedenen Konfessionen und politischen Parteien in einer einzigen wirtschaftlichen Organisation zu vereinigen.

Diese Wendung hat aber die schärfste Gegnerschaft innerhalb der konservativen Kreise des deutschen Katholizismus, besonders in Berlin und Trier gefunden.

Die preußischen Bischöfe griffen in einem besonderen Hirtenbriefe diese Pläne an und forderten wieder zur Einrichtung bloßer Fachabteilungen in den katholischen Arbeitervereinen auf. Einen überaus eifrigen literarischen Vertreter fanden sie in Dr. Fr. Kempel [1]). Da ein gewerkschaftlicher Verein beständig ethisch relevante Handlungen vorzunehmen hat, die katholische Ethik aber von der protestantischen gerade in den Fragen der Erwerbsordnung wesentlich verschieden ist, so können interkonfessionelle Verbindungen, seiner Ansicht nach, nur unheilvoll werken. „Indem wir so einer streng konfessionellen Ausgestaltung der Gewerkvereine das Wort reden, glauben wir zuversichtlich beiden, dem katholischen wie dem protestantischen Bekenntnis, zu dienen. Kann doch aus einer unzeitigen Verbindung, einer Vermengung beider Konfessionen nur religiöse Verflachung, der Indifferentismus erfolgen, der schließlich zur völligen Neutralität übergehen muß, dessen Erbe niemand anders als das vollendete Antichristentum, der Sozialismus, sein kann.“ Auch die Behauptung, in wirtschaftlichen Dingen könne der Arbeiter volle Selbständigkeit verlangen, brauche also den bischöflichen Weisungen keine Folgen zu geben, sei grundfalsch. Er unterstehe vielmehr auch in dieser Beziehung durchaus der kirchlichen Lehr- und Hirtengewalt der Bischöfe. Grundsätzlich verwirft übrigens Kempel selbst rein katholische Gewerkschaften, denn der Katholi-

---

[1]) Die „christliche“ und „neutrale“ Gewerkvereinsbewegung. Mainz 1900 und Anhang: „Über die wirtschaftsliberale Richtung im Katholizismus und über die Frage der „interkonfessionell-christlichen“ Gewerkschaften“ in Kempels Göttliches Sittengesetz und neuzeitliche Erwerbsordnung. Mainz 1901.

zismus muß die ganze individualistisch-kapitalistische Ausgestaltung des Erwerbslebens, von der die Gewerkvereine nur ein Teil sind, als Todfeind bekämpfen.[1])

Der Gegensatz beider Richtungen hatte sich bis zum Ausbruch des Krieges behauptet,[2]) scheint seither aber überwunden worden zu sein.

14. Die Ziele der konservativen[3]) Richtungen vor dem Weltkriege.

Seit dem Rücktritte des Fürsten Bismarck hat sich die politisch konservative Partei von den Unternehmungen zur Verbesserung der industriellen Arbeiterverhältnisse immer mehr zurückgezogen. Den temperamentvollen sozialpolitischen Aktionen ihrer Parteigenossen, des Hofpredigers Stöcker und Universitätsprofessors Ad. Wagner[4]), stand die überwiegende Mehrheit der Konservativen übrigens stets kühl gegenüber. Ob für diese Haltung, wie von der Kreuzzeitung behauptet worden ist, in erster Linie die Rücksicht auf die in zollpolitischer Hinsicht verbündeten Großindustriellen maßgebend war, mag dahingestellt bleiben. Jedenfalls hat auch die Besorgnis, durch weitere Verbesserungen in der Lage der Fabrikarbeiter die „Leute-

---

[1]) „Von zweien das eine: entweder: man hieße das Gewerkvereinswesen gut, grundsätzlich gut; dann hieße man gut den ganzen neuzeitlichen geldmächtigen Industrialismus, von dem das Gewerkvereinswesen ja nur eine Begleiterscheinung sei; dann hieße man aber auch gut den ungezügelten freien Wettbewerb, also auch das maßlose Rennen und Jagen unserer Zeit nach Geld und Gewinn; — oder aber: man trete auf den Boden der christlichen Auffassung, dann müsse man verurteilen dieses Haschen und Erraffen irdischer Güter ohne Maß und Ende; dann müsse man verurteilen den uneingeschränkten freien Wettbewerb, also auch den neuzeitlichen Kapitalismus und Industrialismus, der ja aus dem freien Wettbewerb geboren sei, also auch das Gewerkvereinswesen, diese seine naturnotwendige Begleiterscheinung.“ Kempel a. a. O. S. 256.

[2]) Pesch, Ein Wort zum Frieden in der Gewerkschaftsfrage 1908; Biederlack, Theologische Fragen über die Gewerkschaftsbewegung. München 1910; Pesch, Lehrbuch der Nationalökonomie. 3. Bd. 1913. S. 743—756; J. Kaster, Die christlich-sozialen Ideen und die Gewerkschaftsfrage. M.-Gladbach 1922.

[3]) Handbuch der deutsch-konservativen Partei. 4. Aufl. 1911.

[4]) Vgl. Stillich, Die politischen Parteien in Deutschland. I. Die Konservativen. Leipzig 1908.

not", die Abwanderung der Landarbeiter in die Industriebezirke, zu verstärken, einen nicht unerheblichen Einfluß ausgeübt. Gegen die dringende Reform der Arbeiterschutzgesetzgebung, welche 1891 auf die Initiative Kaiser Wilhelm II. und unter Führung des Freiherrn von Berlepsch, also eines aus konservativen Kreisen stammenden Politikers, durchgeführt wurde, haben sogar einige Mitglieder der äußersten Rechten im Vereine mit Sozialdemokraten und Don Quixotes des Manchestertumes gestimmt.

Der Kampf für die Interessen der Landwirtschaft im allgemeinen und der Rittergüter im besonderen wurde allmählich, zum Teil noch unter der Führung des aus dem Amte geschiedenen Bismarck, zum wichtigsten Teil der konservativen Parteibetätigung[1]). Da aber auch Zentrum, Nationalliberale, Antisemiten und selbst einige Volksparteiler in der Verteidigung landwirtschaftlicher Interessen mit den Konservativen konkurrierten, so bestand im Reichstage bis 1912 eine kompakte agrarisch gesinnte Majorität. Ob sie sich hätte behaupten können, wenn eine den seit 1867 bezw. 1871 erfolgten Bevölkerungsverschiebungen Rechnung tragende Neueinteilung der Wahlkreise erfolgt wäre, ist allerdings zweifelhaft. Es kam vor, daß städtisch-industrielle Wahlkreise Hunderttausende von Einwohnern enthielten, während ländliche Wahlkreise nur 50 000 und 60 000 Einnwohner aufwiesen. Ein Wähler im schlesischen Kreise Löwenberg z. B. verfügte über einen zehnmal größeren politischen Einfluß, als derjenige in Berlin VI[2]).

Im Vereine mit dem Zentrum haben die Konservativen die ganze Innungsgesetzgebung auf das eifrigste unterstützt. So ist es dahin gekommen, daß die geltende Gewerbeordnung sich wieder den preußischen Innungsverordnungen von 1849 stark genähert hat. Die Abneigung gegen die Industrie würde wahrscheinlich noch energischer betont worden sein, wenn nicht in den sogenannten Freikonservativen eine Partei entstanden wäre, in welcher die Vereinigung von Grundbesitz und Industriekapital ihre politische Vertretung suchte. Da die

---

[1]) Vgl. die eingehende Darstellung, welche Lotz (Die Handelspolitik des Deutschen Reiches 1890—1900. Leipzig 1901) von dem Verlaufe der agrarischen Bewegung gibt; ferner Naumann, Demokratie und Kaisertum. 3. Aufl. 1904. S. 88—110.

[2]) Vgl. Naumann, Demokratie und Kaisertum. 3. Aufl. 1904. S. 55 ff.

Konservativen darauf angewiesen waren, mit dieser Gruppe in vielen anderen Beziehungen, z. B. in der Schutzzollpolitik, zusammenzuarbeiten, so mußte die industriefeindliche Stimmung etwas gedämpft werden.

Diese Skizze der konservativen Sozialpolitik kann nicht abgeschlossen werden, ohne des größten deutschen Staatsmannes der nachbismarckschen Ära zu gedenken. Johannes von Miquel[1]), in seinen jüngeren Jahren Anhänger der Kommunistenpartei und Bewunderer von Karl Marx[2]), hat den sozialen Fragen unausgesetzt die volle Aufmerksamkeit seines ungewöhnlich reichen Geistes gewahrt. Allerdings hat er später die Erfüllung seiner humanen Ideale vorwiegend innerhalb der Erhaltung, bezw. Reform der bestehenden Wirtschaftsformen erstrebt. Als Oberbürgermeister von Osnabrück entwarf er 1876 ein Innungsstatut, das als mustergültig anerkannt wurde und für die Wiedergeburt des Innungswesens viele Anhänger geworben hat. Ungleich bedeutungsvoller sind indessen seine Pläne zur Verstärkung des Bauernstandes geworden. Schon 1867 hat er die „innere Kolonisation" vertreten, 1886 im preußischen Herrenhause das Gesetz zur Beförderung deutscher Bauerngüter in Posen und Westpreußen verteidigt, seit 1890 als Minister die Rentengutsbildung für Preußen überhaupt als das geeignetste Mittel zur Verstärkung des Bauernstandes im Osten mit besonderer Vorliebe unterstützt. Ob Miquel von der Unterstützung, welche er der agrarischen Bewegung namentlich auch im Hinblick auf erhöhten Zollschutz angedeihen ließ, in der Tat eine Förderung der Landwirtschaft erwartete, oder ob diese Haltung mehr taktischen Rücksichten zur Befestigung und Erhöhung seiner politischen Machtstellung entsprang, das ist eine Frage, über welche heute ein gesichertes Urteil wohl noch nicht gewonnen werden kann. Miquel hatte, trotz seiner Abwendung vom radikalen Kommunismus, aber auch den Industriearbeitern sein Interesse erhalten. Mit großem Nachdruck ist von ihm für die Reform

---

[1]) Vgl. Schmoller, S. d. V. f. S. XCVIII. S. 10—13; eine feine Skizze der Persönlichkeit Miquels bietet Otto Hörth in der Ethischen Kultur. IX. Nr. 40. (5. X. 1901.)

[2]) E. Bernstein, Die Briefe J. Miquels an K. Marx. N. Z. 32. Jahrg. 2. Bd. S. 4—9, 65—75 und Äußerungen über Miquel im Briefwechsel zwischen Fr. Engels und K. Marx. Stuttgart 1913. 1. Bd. S. 181, 196, 202—204; 2. Bd. S. 38, 103, 108, 109, 119, 143, 147, 164, 165, 406; 3. Bd. S. 94, 233, 237, 285, 377; 4. Bd. S. 200.

der Wohnungsverhältnisse und für die praktische Anerkennung der Koalitionsfreiheit gewirkt worden. Die genannten Unternehmungen werden allerdings weit überstrahlt von Miquels größter Tat, von seiner Reform der direkten Besteuerung in Preußen. Hier hat er die Ideen der Gerechtigkeit, die bis dahin erst in dem Finanzwesen einiger kleinerer deutschen Staaten Ausdruck gefunden hatten, mit unvergleichlichem Geschick in dem größten deutschen Staat und in einem auf dem Dreiklassenwahlsystem beruhenden Parlamente zum Siege geführt. Indem er auch die Finanzverfassung der Gemeinden reformierte, hat er Fundamente errichtet, auf welchen sie größere soziale Aufgaben lösen können. Auf wirtschafts- und sozialpolitischem Gebiete haben Graf Posadowsky, v. Bethmann-Hollweg und Cl. v. Delbrück als Staatssekretäre des Reichsamtes des Innern die Miquelschen Gedanken auch weiterhin vertreten[1]).

[1]) Graf Posadowsky als Finanz-, Sozial- und Handelspolitiker. An der Hand seiner Reden dargestellt von J. Penzler. I. 1882—1899. Leipzig 1904; von Wiese, Posadowsky als Sozialpolitiker. 1909.

Zweiter Abschnitt.

Liberale Richtungen.

Viertes Kapitel.

Der kapitalistische Liberalismus.

15. Die ursprünglichen Grundgedanken und Leistungen des Liberalismus[1]).

Die aufgeklärten Geister des achtzehnten Jahrhunderts waren von der Überzeugung erfüllt, daß ein höchstes Wesen die Welt zu dem Zwecke der irdischen Beglückung der Menschheit erschaffen habe. Die Menschen und ihre Triebe sind von Natur aus gut, da Gott, der nur Gutes wollen kann, sie ins Leben gerufen hat. Wenn die Betrachtung der tatsächlichen Zustände soviel Unglück, Bosheit, Verkehrtheit und Unkultur aufweist, so kommt das nur daher, daß die Menschen ihre Verhältnisse nicht nach den von Gott gegebenen natürlichen Gesetzen sich entwickeln lassen. Die ganze künstliche Ordnung, die im Laufe der Zeiten im Widerspruche mit jenen Gesetzen aufgerichtet worden ist, muß deshalb beseitigt werden. An Stelle der besonderen Standesrechte und -pflichten hat unter den gleichberechtigten Mitgliedern der Gesellschaft eine rein vertragsmäßige Regelung der wirtschaftlichen Beziehungen zu erfolgen. Bei solchem Zustande natürlicher Freiheit wird auch die von Gott gewollte Ordnung, Harmonie und Schönheit des Daseins überall und in reichstem Maße erblühen. Sobald jedermann sein Interesse, das er selbst ja am besten versteht, soweit frei verfolgen kann, als es das gleiche Recht des Mitmenschen gestattet, wird auch das höchste Glück des

---

1) Vgl. Hasbach, Die allgemeinen philosophischen Grundlagen der von Quesnay und Smith begründeten politischen Ökonomie. Leipzig 1890; Dietzel, Art. Individualismus; Biermann, Staat und Wirtschaft. Bd. I. Die Anschauungen des ökonomischen Individualismus. Berlin 1905; O. Stillich, Der Liberalismus (Die politischen Parteien in Deutschland. 2. Bd.) 1911; O. Klein-Hattingen, Geschichte des deutschen Liberalismus. 2 Bde. 1911/12.

Ganzen, das doch immer nur das größte Glück der größten Zahl bedeutet, von selbst erwachsen. Der Staat braucht allein dafür zu sorgen, daß das Eigentum geschützt und der frei geschlossene Vertrag geachtet werde. Jeder ist dann auf sich selbst gestellt, Herr seiner Geschicke, Schmied seines Glückes. Frei von jeder künstlich gestalteten Ungleichheit werden im Wettbewerbe die Anlagen der Menschen die vollste Ausbildung erfahren. Darf jeder frei seine Tätigkeit und den Ort derselben wählen, so werden sich die vorhandenen Arbeitskräfte am zweckmäßigsten auf die einzelnen Produktionszweige verteilen. Wo Arbeitskräfte fehlen, steigt durch die ungenügende Befriedigung der Nachfrage der Lohn und sorgt dafür, daß Arbeiter zuwandern. Ebenso wird der sinkende Lohn die Abwanderung aus überfüllten Arbeitszweigen und Gebieten herbeiführen. Die hohen Warenpreise und Gewinne derjenigen Unternehmungen, deren Produktenmenge dem Bedarfe noch nicht genügt, werden zur Erweiterung der Produktion bis auf die Höhe der Nachfrage veranlassen. Geringerer Gewinn bei zurückgehender Nachfrage wird dazu nötigen, andere, dem gesellschaftlichen Bedarfe besser entsprechende Verwendungsweisen der Produktionsmittel aufzusuchen. Der Arbeiter, dessen Lohn nach Maßgabe seiner Arbeitsleistungen ausfällt, und dem der Genuß des erarbeiteten Einkommens gesichert ist, wird schon im eigensten Interesse auf gute Arbeitsleistungen bedacht sein. Im freien Wettbewerbe wird nur derjenige Unternehmer, der die Ansprüche des Publikums am besten befriedigt, sich behaupten. Die Freiheit des Verkehrs bedingt eine natürliche und somit gerechte Entwicklung der Preise und der Vergütungen für Arbeitsleistungen, für Boden- und Kapitalnutzungen. So wird im freien Spiel der wirtschaftlichen Kräfte jeder im eigenen Interesse dasjenige tun, was dem Wohle des ganzen am zuträglichsten ist. Überall wird mit dem kleinsten Aufwande das größtmögliche Ergebnis, der höchste Reinertrag erzielt werden. Eine stetige Verbesserung der materiellen Lage der Menschheit ist die notwendige Frucht der natürlichen Freiheit.

Wenn die Vorkämpfer des Liberalismus von der Aufhebung der Gebundenheit des ländlichen Grundeigentumes; von der Beseitigung der gutsherrlichen Lasten, unter denen der Bauer mancherorts fast erlag; von der Durchbrechung der zünftigen Schranken, die im städtischen Gewerbe Fortschritt und Initiative unterdrückten; wenn sie von der persönlichen Freiheit, der Freiheit der Wissenschaft, von der Aufklärung und Bildung des Volkes und von der Teilnahme des Bürgertums an der Staatsgewalt ein bisher unbekanntes Aufblühen der Produktion erwarteten: so haben sie sich, wie der Gang der Dinge im XIX. Jahrhunderte zeigte, durchaus nicht getäuscht. Die Produktions- und Verkehrstechnik nahm einen Aufschwung, der ohne Beispiel dastand. Diesem Glanze gegenüber fiel es den Klassen, welche durch die industrielle Entwicklung emporgetragen worden waren, überaus schwer, die tiefen Schatten und schweren Gebrechen unserer sozialökonomischen Kultur unbefangen anzuerkennen.

Und doch konnten, wie das erste Buch gezeigt hat, gerade diejenigen Ideen des Liberalismus, von denen seine edelsten und hochherzigsten Anhänger am tiefsten durchdrungen waren, erst in sehr bescheidenem Umfange verwirklicht werden, nämlich die allgemeine Wohlfahrt, die Freiheit, die Gerechtigkeit, die größtmögliche Entwicklung aller persönlichen Anlagen, der Grundsatz, jeden Menschen als Selbstzweck zu achten und nicht als bloßes Mittel zu gebrauchen.

16. Die „sogenannte Arbeiterfrage“ der Manchesterschule.

In welcher Weise haben sich die unbedingten Bewunderer und Verehrer der wirtschaftlichen Freiheit, die Ure[1]), Brougham[2]), Bright, die Dunoyer und Bastiat mit dem Elend der Fabrikarbeiter abgefunden?[3])

Zuerst wurde versucht, die Massenarmut zu leugnen. Es sollte sich um Übertreibungen, um Verallgemeinerungen einzelner Fälle handeln. Diese Einwände hatten das Gute, daß man die Lage der vom Kapitalismus bedrängten Arbeiter immer gründlicher erforschte. Je gründlicher aber die Untersuchung betrieben wurde, um so trauriger und zwingender fielen die Ergebnisse aus.

Ließ sich die Existenz des Elendes nicht in Abrede stellen, so wurde es bald als rasch vorübergehendes Leid einer Übergangs-

---

[1]) Philosophy of manufactures 1835.

[2]) Results of machinery.

[3]) Vgl. Gide und Rist, Geschichte der volkswirtschaftlichen Lehrmeinungen, deutsche Ausgabe von F. Oppenheimer. 1913. S. 364 bis 429; de Waha, Die Nationalökonomie in Frankreich. 1910. S. 1—184; H. Gehrig, Die Begründung des Prinzipes der Sozialreform. 1914. S. 96—137.

periode, bald als von den Beteiligten durch geringes Arbeiten und Sparen selbst verschuldet, bald als Fortschritt gegenüber früheren Zuständen, bald als Folge ungenügender kapitalistischer Entwicklung, bald als eine unvermeidliche, durch naturgesetzliches Walten bedingte Erscheinung hingestellt. Jedenfalls würden die von den sozialen Reformern erstrebten Maßregeln nicht nur ihren Zweck nicht erreichen, sondern vielmehr eine Verbesserung der Lage verhindern oder gar erhöhten Schaden anrichten. An den Grundsätzen des laisser faire dürfte keinesfalls gerüttelt werden. Eine eigentliche Arbeiterfrage wurde nicht anerkannt. Es gab höchstens eine „sogenannte" Arbeiterfrage. Unter diesem Tittel hat ein Anhänger der deutschen Manchesterpartei, John Prince-Smith[1]), eine Abhandlung veröffentlicht, der heute noch eine gewissermaßen klassische Bedeutung innewohnt. Sie enthält eben die Quintessenz der Anschauungen, welche vom kapitalistischen Liberalismus über das Wesen der Arbeiterfrage gehegt wurden:

Wenn über mangelnde Bedürfnisbefriedigung auf seiten der Arbeiter geklagt wird, so kennt der gewissenhafte Volkswirt kein anderes Hilfsmittel als vermehrtes Schaffen. Es müssen deshalb die Kenntnisse, die Geschicklichkeit, der Fleiß und vor allem das Kapital vermehrt werden. „Arbeitet und sparet! Lasset die eigene Not den Sporn, und den Genuß der Bessergestellten den Trieb Euch geben, Eure Willenskraft zu steigern, daß Ihr wenigstens die ersten Schritte auf dem Wege zur Erlösung aus der wirtschaftlichen Not machet — daß Ihr endlich dasjenige ermöglicht, was Ihr bisher in tausendjähriger Familienfolge nicht fertig brachtet, nämlich etwas über die

---

[1]) Volkswirtschaftliche Vierteljahrsschrift. 1864. S. 192 bis 207. Von einigen Mitgliedern der deutschen Freihandelspartei, insbesondere von V. Böhmert, wurden indes auch vernünftigere Anschauungen vertreten. Vgl. L. Grambow, Die deutsche Freihandelspartei zur Zeit ihrer Blüte. Jena 1903. S. 72—126; Becker, Das deutsche Manchestertum. Eine Studie zur Geschichte des wirtschaftspolitischen Industrialismus. Karlsruhe 1907. — Ein höheres Maß sozialpolitischer Einsicht als Prince-Smith bekundete der sonst diesem nahestehende Julius Faucher, der wenigstens in der Wohnungsfrage fortgeschrittene Ansichten vertrat. Vgl. dessen Aufsätze „Die Bewegung für Wohnungsreform" und „Über Häuserbauunternehmung im Geiste der Zeit" in der Vierteljahrsschrift für Volkswirtschaft und Kulturgeschichte. 1865, 1866 und 1869.

tägliche Notdurft hinaus zu erübrigen. . . . Nur derjenige kommt wirtschaftlich vorwärts, der etwas vor sich bringt."[1]) Unter Arbeiterfrage verstehe man die Frage: „Wie läßt sich die wirtschaftliche Lage der Lohnarbeiter plötzlich verbessern, unabhängig von der allgemeinen Hebung des Volkshaushaltes, auf die man nicht warten will?"[2]) Der Volkswirt erkennt auf den ersten Blick die Unlösbarkeit eines solchen Problems, denn „die wirtschaftliche Lage der Lohnarbeiter oder die durchschnittliche Lohnhöhe ist ganz einfach der Quotient aus dem durch die Arbeiterzahl dividierten Lohnfonds. Dieser Quotient läßt sich, abgesehen von einer Dezimierung der Arbeiter, nur dadurch vergrößern, daß man den Lohnfonds vermehrt; also vermehrt er sich nur mit der Vergrößerung oder zweckmäßigen Benutzung des Kapitals, d. h. mit der allgemeinen Hebung des Volkshaushaltes — auf die man einmal warten muß, so allmählich sie auch vor sich geht."[3]) Wenn nämlich große Entdeckungen, die Anwendung der Dampfkraft, die Vervollkommnung der Spinn- und Webemaschinen, der Bau der Eisenbahnen, die größere politische Freiheit die Kapitalvermehrung so beschleunigen, daß die Arbeitervermehrung nicht folgen kann, tritt Verbesserung der Lage und bald auch Gewöhnung an diesen Fortschritt auf seiten der Arbeiter ein. Sie können aber auch durch Konsumvereine eine Verwohlfeilerung der Lebensbedürfnisse und insofern eine reichlichere Befriedigung erzielen. Allerdings ist es fraglich, ob diese Vereine überall wirklich den Konsum verwohlfeilern. „Denn die Vorstellung, welche viele an dieselben knüpfen, daß nämlich der Konsum durch Umgehung des Kleinhandels verwohlfeilert werde, ist darum eine ganz falsche, weil im allgemeinen der Kleinhandel, so wie jede andere wirtschaftliche Tätigkeit nur da entstehen und bestehen kann, wo seine Dienste mehr wert sind, als was sie kosten, wo er also den Konsum verwohlfeilert. Nur an kleinen Orten, wo eben der Kleinhandel nicht hinlänglich durch Kapital und Konkurrenz entwickelt ist, dürften Vereine am Platze sein, welche die fehlende Tätigkeit des Kleinhandels selbst übernehmen.[4])

Übrigens hat sich die Lage der Arbeiter schon sehr verbessert. „Vergleicht man die jetzigen und früheren Preise der Kleiderstoffe und vielerlei Gerätschaften, so erkennt man, daß sehr viele zur

[1]) a. a. O. S. 193.
[2]) S. 195. [3]) S. 196. [4]) S. 199.

Behaglichkeit des Lebens beitragende Dinge, auf die der Unbemittelte früher verzichten mußte, jetzt für die Arbeiterklasse erreichbar geworden sind" [1]). Unter den Arbeitern, welche bereits in den kapitalistischen Betrieb eingereiht worden sind, herrscht nur ausnahmsweise Not. Es liegt auch gar nicht im Interesse der Kapitalisten, den Lohn herabzudrücken. Sie haben nur ein Interesse an möglichst wohlfeiler Arbeitsleistung. „Aber die Leistung eines durch Elend entkräfteten und abgestumpften Menschen ist gar nicht wohlfeil. Gut genährte Arbeiter leisten im Verhältnisse zu ihren Unterhaltskosten stets viel mehr als schlecht genährte. Schlechter Lohn gibt schwache Arbeit, und diese ist allemal teure Arbeit. Und je mehr sich die Industrie kapitalistisch entwickelt, um so wichtiger wird es dem Kapitalismus, bei seinen kostspieligen Anlagen und seinen großen kunstvoll ineinander greifenden Einrichtungen, Arbeiter zu haben von einer zuverlässigen Sorgsamkeit, die nur bei zufriedenen Menschen möglich ist, welche ein Interesse fühlen an dem Gedeihen eines ihnen wohltätigen Unternehmens. Wo es in größeren Industrien wenig gut bezahlte Arbeiter gibt, ist dies nur, weil es an zuverlässig sorgsamen Leuten fehlt, denn diese würde sich jeder industrielle Unternehmer gern durch guten Lohn sichern." [2])

Elend herrscht vorzugsweise nur bei den noch nicht in kapitalistische Betriebe eingereihten Arbeitern, deren Leistungen, wenig durch kapitalistische Hilfsmittel unterstützt, noch wenig produktiv sind. Sie verrichten meist Arbeiten, welche geringe Ausbildung voraussetzten. Bei solchen Beschäftigungen wird es immer einen übergroßen Andrang und einen bloßen Hungerlohn geben, solange es so viele Verwahrloste und ganz Mittellose gibt, und wo es diese gibt, da ist es sehr schwierig, deren Vermehrung zu beschränken. Von Vorsorge und Selbstbeherrschung ist bei ihnen keine Rede. „Daß die Nachkommen solcher Geschöpfe nicht anders sein können, als ihre Erzeuger, ist selbstverständlich. Und so erbt sich die Verwahrlosung fort und fort. Und forscht man näher nach der Geschichte der völlig Verwahrlosten (für deren Konservierung unsere Armenpflege Kapital millionenweise dem Lohnfonds der produktiven Arbeiter entzieht), so erfährt man fast immer, daß sie dem Stande eines alten und befestigten Erbstrolchtums angehören." [3])

---

[1]) S. 199. [2]) S. 200, 201. [3]) S. 202.

Die reiche Bedürfnisbefriedigung eines Industrievolkes kommt von dem angesammelten Kapitale her. „Also ist es ebenso natürlich als gerecht, daß im Industrievolke diejenigen, welche das Kapital gesammelt haben und es verwalten und erhalten, einen Hauptanteil an diesem Mehr, welches ihr Kapitalisieren bewirkt hat, empfangen. Und es ist ebenso unbillig als unstatthaft, zu verlangen, daß die Kapitallosen, welche in tausendjähriger Geschlechterfolge nichts vor sich gebracht haben, es niemals möglich machten, über den täglichen Bedarf hinaus etwas zu erübrigen, ... daß diese die Vorteile genießen sollen, welche nur aus dem Besitze eines Vorrates fließen können. Dennoch haben die Kapitallosen einen großen Vorteil von dem durch andere gesammelten Kapitale; denn als Lohn für ihre Arbeit empfangen sie, wenn auch nicht viel, doch viel mehr Befriedigungsmittel, als sie allein, ohne Hilfe von Kapital herstellen könnten." [1]) Diejenigen, welche vorratslos den täglichen Forderungen des Magens gegenüberstehen und nicht die wirtschaftliche Verwertung ihrer Arbeitskraft unternehmen oder abwarten können, müssen ihre Kraft gegen augenblickliche Bezahlung an Kapitalisten verkaufen. Sie erhalten für ihre Arbeitskraft einen Preis, welcher im Markte ebenso wie der Preis jeder Marktware bestimmt wird. „Natürlich will der Käufer nicht mehr dafür geben, als was andere Arbeitsuchende für gleich gute Leistung zu nehmen bereit sind. Reichen also die für Arbeit zu erlangenden Preise nicht zur behaglichen Existenz aus, so sind es nicht die Käufer, sondern die Arbeitsuchenden, welche die Preise gedrückt haben. . . . Die Vorstellung, daß der Kapitalist willkürlich den Arbeitspreis diktieren könne, weil er nicht wie der Vorratslose vom täglichen Hunger gedrängt wird, ist grundfalsch. Der Kapitalist für seine Person kann wohl warten, aber sein Kapital nicht; es muß immer durch Arbeit in Bewegung gesetzt werden, sobald es nur einen Augenblick ruht, fängt es an, sich selber zu fressen." [2]) Der Zwang zum Abschlusse des Lohnvertrages ist auf beiden Seiten gleich groß: hier der hungernde Magen, dort das fressende Kapital.

Da für den Arbeiter alles von der Nachfrage nach Arbeit abhängt, diese aber von der Erhaltung und Vermehrung des Kapitals bestimmt wird, so ist die sichere Erhaltung des Kapitales die erste und größte Frage für das Wohl des Lohnarbeiters. Die zuver-

[1]) S. 203. [2]) S. 204.

lässigsten Erhalter des Kapitales sind die Kapitalisten. Staatsbeamte werden in dieser Beziehung nie mit ihnen den Vergleich bestehen. Es liegt aber im Interesse des Arbeiters, daß die privatkapitalistische Unternehmung erhalten bleibt. Aber fast noch schlimmer als die Einschränkung dieser Produktionsweise durch öffentliche Betriebe wäre eine Kürzung des Gewinnes aus dem Kapitale. „Ist bei dem jetzt angeblich so hohen Unternehmergewinn das Kapitalisieren zu langsam für das Wohl der Arbeiter vor sich gegangen, wie würde es bei vermindertem Geschäftsgewinne damit stehen? Ein hoher Unternehmergewinn kommt sehr rasch den Arbeitern zugute, denn je größer der Geschäftsüberschuß, um so rascher kann daraus ein neues Kapital gebildet werden; und in je näherer Aussicht der vermehrte Kapitalbesitz steht, um so größer ist der Trieb zur gegenwärtigen Enthaltsamkeit, zur Erübrigung, zur Kapitalisierung; und Kapitalisierung ist Lohnsteigerung.“ [1]) Indem die Kapitalisten nach Kräften das Kapital vermehren, steigern sie tatsächlich, wenn auch nicht absichtlich, den Lohn; sie sind keine Feinde des Arbeiters. Den Lohn drücken die Arbeitsuchenden. Indem die Arbeiter die Zahl der Arbeitsuchenden vergrößern, verschulden sie selbst das Elend. Das wollen sie freilich nicht einsehen. Sie ahnen, daß eine Besserung, die bei ihnen selber und ihren Gewohnheiten zu beginnen hätte, eine moralische Kraft erfordert, die sie nicht in sich verspüren, und daß eine Umgestaltung allgemeiner Verhältnisse eine sehr weitaussehende Kulturarbeit wäre. Deshalb denken sie nur daran, durch den Zwang der Koalitionen den Willen zu bemeistern und durch ein so leichtes Mittel die ganze „Arbeiterfrage“ zu lösen. „Daß der grelle Abstand zwischen der Lebensstellung des mit tausend Händen und großartig angesammelten Hilfsmitteln schaffenden Kapitalisten und des nur mit zwei Händen arbeitenden mittellosen Menschen bei diesem reizbaren Neid erregen sollte, ist erklärlich. Und daß der Arbeiter, wenn sein Lohn zu karg ausfällt, die Schuld auf die Hand schieben sollte, aus der er ihn empfängt, ist ebenso naheliegend. Die Reizbarkeit ist bei dem Notleidenden, die Kurzsichtigkeit bei dem Niedrigstehenden entschuldbar. Aber nicht zu entschuldigen ist es, wenn Männer von wissenschaftlicher Bildung, um von sich reden zu machen, die Reizbarkeit aufstacheln, den Eingebungen dieser Kurzsichtigen eine scheinbar logische Grundlage geben, und Hoffnungen

[1]) S. 205.

erregen, welche um so bitterer getäuscht werden müssen, als die ganze angeschürte Bewegung eine Richtung hat, welche, wenn sie überhaupt eine Bedeutung gewinnt, nur zur Verschlechterung der Lage der Lohnarbeiter führen kann.“[1])

Man würde einer gefährlichen Täuschung zum Opfer fallen, wollte man die Kraft, welche die vorgetragenen Gedankenreihen auch später noch in einflußreichen Kreisen der Gesellschaft besaßen, irgendwie unterschätzen. Ganz abgesehen von Frankreich, Italien, Belgien und Holland, auch in Deutschland selbst bestritten der mächtige Zentralverband Deutscher Industrieller und die von ihm abhängige Presse einen erheblichen Teil ihres theoretischen Bedarfs aus dem Arsenale der alten Manchestermänner, wenn es galt, sozialpolitische Bestrebungen zu bekämpfen, so wenig auch sonst diese Träger der Kartell- und Schutzzollbewegung noch mit dem Manchestertum gemein hatten. Ja selbst ein Geist wie der des Fürsten Bismarck hat gegen die Fortbildung der Fabrikgesetzgebung ähnliche Argumente ins Treffen geführt. Dagegen sind in Deutschland die Grundanschauungen des kapitalistischen Liberalismus gerade bei den politisch liberalen Parteien verhältnismäßig selten anzutreffen gewesen. Die führenden Männer der Nationalliberalen und der Volkspartei waren ins Lager des sozial-reformerischen Liberalismus übergetreten, in welchem sich die ehemalige süddeutsche Volkspartei stets befunden hatte. Man fand die Vertreter der „sogenannten Arbeiterfrage“ vorzugsweise in der kleinen, aber überaus einflußreichen freikonservativen Gruppe der westdeutschen Großindustriellen[2]).

---

1) S. 206, 207.

2) Vgl. die Bekämpfung des Gewerkvereinswesens durch Dr. A. Tille, Generalsekretär des Arbeitgeberverbandes der Saarindustrie, in dessen Werken „Aus Englands Flegeljahren“. 1901. S. 304—400; Die Berufsstandspolitik des Gewerbe- und Handelsstandes. 4 Bde. 1910; Lujo Brentano und der akademische Klassenmoralismus. 1912; A. Kuhlo, Kathedersozialistische Irrwege. 1913; H. A. Bueck, Soziale Reform. Berlin 1903; mit wahrhaft erquickender Offenheit wurden die Grundsätze des kapitalistischen Liberalismus, in vollkommener Anlehnung an das alte Manchestertum, von Dr. E. Böninger gepredigt: Leitende Gedanken gesunder Volkswirtschaft. Leipzig 1899. Über die deutsche Volkswirtschaftslehre der Gegenwart fällte der Verfasser (S. 36) nachstehendes Urteil: „Überhaupt läßt sich nicht verkennen, daß zu der Zeit, wo die deutsche Wissenschaft auf anderen Gebieten beispiellose Triumphe feierte,

Unter dem Einfluß des politischen Umschwunges haben aber die hervorragendsten Industriellen der jüngeren Generation, Männer wie H. Stinnes, Vögler, W. Rathenau, K. v. Siemens, E. v. Borsig, neue Bahnen betreten und durch die Begründung der Arbeitsgemeinschaft mit den Gewerkschaften die leitenden Ideen moderner Sozialpolitik anerkannt [1]).

17. Die angeblich freie Konkurrenz und ihre Beziehungen zum Darwinismus.

Zunächst wird man die Frage erstaunt aufwerfen, mit welchem Rechte denn die Konkurrenz, welche nach Aufhebung der Zunftverfassung eingetreten war, als eine „freie" bezeichnet werden durfte. Privateigentum und Erbrecht [2]) waren bestehen geblieben. So gab

---

die Volkswirtschaftslehre bei uns auf einem Tiefstande angelangt ist, der späteren Geschlechtern unfaßlich erscheinen wird. Nicht das Streben jeder Wissenschaft, die Erforschung der Wahrheit, ist ihr Ziel geworden, sondern der Beifall einer urteilslosen, abseits stehenden Menge; nach der Art roher unwissender Bettelmönche des Mittelalters suchen ihre Vertreter durch Erregung der niedrigsten Triebe in des Menschen Brust, durch Neid und Mißgunst, die Begehrlichkeit der Massen gegen die im ruhigen Besitze lebenden Volksschichten zu erregen." Kein Mann von der Bedeutung Leroy-Beaulieus ist leider an deutschen Hochschulen zu finden (S. 35). Heute würde der Verfasser weniger pessimistisch urteilen, nachdem einige Gelehrte wie L. Pohle und A. Voigt eine Art Neo-Manchestertum zu begründen versuchten; vgl. Pohle, Die gegenwärtige Krisis in der deutschen Volkswirtschaftslehre 1911 und Herkners Gegenschrift: Der Kampf um das sittliche Werturteil in der Nationalökonomie. J. f. G. V. 36. Jahrg. S. 515—555. Als wirtschaftliches Organ dieser Richtung ist die von J. Wolf begründete, jetzt von L. Pohle herausgegebene Zeitschrift für Sozialwissenschaft anzusehen. Im übrigen beherrschten diese Anschauungen noch einen einflußreichen Teil der Tagespresse wie die Deutsche Arbeitgeber-Zeitung (Berlin), Rheinisch-Westfälische Zeitung, Hamburger Nachrichten, Schlesische Zeitung, Post, Berliner Neueste Nachrichten, Deutsche Industrie-Zeitung, Deutsche Volkswirtschaftliche Correspondenz. Vgl. auch die Ausführungen des ersten Bandes über die Stellungnahme der Arbeitgeber.

[1]) Vgl. auch die Geschäftsberichte der „Vereinigung der Deutschen Arbeitgeberverbände" für 1920 und 1921, ferner Die Tagung der Arbeitgeberverbände in Köln. Mainz 1922.

[2]) Daß das Erbrecht einen Erbkapitalismus schafft und insofern eine wirklich freie Konkurrenz nicht zustande kommen läßt,

die wirtschaftliche Macht, welche von den Vorfahren in früheren Zeiten erworben, oder verloren worden war, nur zu oft auch in den Entscheidungskämpfen der Gegenwart den Ausschlag. Da die Ordnungen der Vergangenheit von der Manchesterpartei als ungerecht und gewalttätig gebrandmarkt wurden, so war es schwer zu begreifen, wieso der Vermögensbesitz als Lohn der Arbeitsamkeit und Sparsamkeit, die Besitzlosigkeit aber als die gerechte Strafe für diejenigen erklärt werden konnte, die es „bisher in tausendjähriger Familienfolge nicht fertig brachten, etwas über die tägliche Notdurft hinaus zu erübrigen.“ Diese Auffassung wurde erst einigermaßen verständlich, wenn man bedachte, daß nach Prince-Smith auch Arbeiter und Arbeitgeber beim Abschlusse des Arbeitsvertrages nicht nur als rechtlich, sondern auch als tatsächlich gleich freie Kontrahenten einander gegenüberstehen. „Hier der hungernde Magen, dort das fressende Kapital.“ Nun ist es wohl richtig, daß der Kapitalist den Arbeiter ebensowenig entbehren kann, als die Arbeiter den Kapitalisten. Aber dieser Sachverhalt hilft, wie 1. Bd. § 2 gezeigt wurde, dem Arbeiter, der vereinzelt dem Arbeitgeber gegenübersteht, herzlich wenig. Die Gleichheit wird erst dann bis zu einem gewissen Grade hergestellt, wenn die Arbeiter den Unternehmern geschlossen als Körperschaft entgegentreten. Aber gerade diese Koalitionen der Arbeiter wurden vom kapitalistischen Liberalismus auf das heftigste bekämpft. Im übrigen sind auch bei organisiertem Vorgehen der Arbeiter die Kapitalisten immer noch insofern im Vorteile, als sie wegen ihres Besitzes für ihre Personen länger warten können, als die Arbeiter, deren Mittel selten über einige Wochen hinaus ausreichen. Ebensowenig wie die Konkurrenz zwischen Arbeiter und Kapitalisten kann auch die zwischen kleineren und größeren Kapitalisten, zwischen Handwerksmeistern und Fabrikanten als eine wirklich freie angesehen werden.

Gestattet also schon die außerordentliche Verschiedenheit der ökonomischen Ausrüstung, welche die einzelnen zufolge ihrer Abstammung erhalten haben, nicht, jeden als den Schmied seines Glückes anzusehen, so wird das Resultat des Wettbewerbes auch zwischen solchen, welche unter gleichen Bedingungen den Kampfplatz

---

gibt selbst Tille zu. Vgl. Von Darwin bis Nietzsche. Leipzig 1895. S. 203.

des Lebens betreten, noch durch Zufall und Glück[1]), durch die Macht der allgemeinen Konjunkturen, in erheblichen Umfange mitbestimmt.

Und selbst dann, wenn sich der einzelne ohne die Hilfe ererbten Besitzes und günstiger Konjunkturen emporzuarbeiten versteht, hat er seinen Erfolg immer Eigenschaften zu verdanken, deren Prämiierung und Ausbreitung im Interesse der sittlichen Empfindungen gewünscht werden kann?[2]) Der Wettbewerb erstreckt sich ja nicht unmittelbar auf die Lieferung guter Ware, sondern auf die Erzielung eines möglichst großen Geldreinertrages. Nun zeigt die Erfahrung, daß es Mittel genug gibt, auch mit schlechter Produktion dieses Ziel zu erreichen. Marktschreierische, schwindelhafte Reklame, die Verwendung billiger Surrogate, die Anmaßung von Auszeichnungen, Marken oder Firmen, die Herabsetzung der Konkurrenten, der Verrat von Geschäfts- und Betriebsgeheimnissen, das alles sind Mittel, deren Anwendung im Wettbewerbe so große Verbreitung gewonnen hat, daß eine besondere Gesetzgebung gegen „unlauteren Wettbewerb“ eintreten mußte. In anderem Zusammenhange ist auch dargetan worden, wie eifrig von mancher Seite danach gestrebt wird, im Gewinninteresse einen Teil der Produktionskosten auf die Gesellschaft abzuwälzen.

Schließlich wohnt dem Konkurrenzsystem noch ein mächtiger Trieb inne, die Konkurrenz überhaupt aufzuheben. Indem jeweils derjenige, der sich nun auf geraden oder krummen Wegen als der wirtschaftlich Überlegene ausweist, die schwächeren aus dem Felde schlägt, bleibt allmählich nur noch der Allerstärkste übrig. Er steht dann „hors concours“ da und mag sich durch rücksichtslose Ausbeutung seiner Monopolstellung reichlich für die Kosten des Kampfes entschädigen. Ob es ein einzelner Kapitalist, oder ob es eine Vereinigung von Kapitalisten ist, die zu dieser Stellung vordringt, hat wenig zu bedeuten. Jedenfalls sind viele der modernen Riesenvermögen gerade auf solche Entwicklungen zurückzuführen.

Aus diesen Gründen hat die Lehre von der allein seligmachenden Wirksamkeit der freien Konkurrenz in der wissenschaftlichen Nationalökonomie ihren Kredit eingebüßt. Nicht Vertreter der Sozial-

---

[1]) Vgl. Lange, Die Arbeiterfrage. 4. Aufl. Winterthur 1879. S. 82—147.

[2]) Vgl. Gustavus Myers, Geschichte der großen amerikanischen Vermögen. Deutsch. Berlin 1916.

wissenschaften, sondern solche der Naturwissenschaften waren es, welche, zum Teil im Anschlusse an Herbert Spencer, geblendet von den Lehren über Kampf ums Dasein und natürliche Auslese, das Defizit des kapitalistischen Liberalismus mittels einer Anleihe beim Darwinismus zu decken versuchten. Hierbei wurden sie von zwei äußerst einflußreichen Mächten unterstützt: einmal von dem großkapitalistischen Interesse selbst und dann von dem Vorurteile, das zugunsten der Naturwissenschaften in weiten Kreisen der Gesellschaft bestand. Segelte irgend eine Theorie unter naturwissenschaftlicher Flagge, so wurde sie von vielen schon als exaktes Gesetz betrachtet.

Dieser Auffassung gegenüber muß zunächst betont werden, daß über die Grundlehren des Darwinismus unter den maßgebenden Naturforschern selbst noch keine vollkommene Übereinstimmung besteht. So wird z. B. die Vererbung erworbener Eigenschaften von Weismann ebenso entschieden bestritten, wie von anderer Seite behauptet. Sodann ist Darwin[1]) selbst zu keiner bestimmten, konsequenten Ansicht über das Verhältnis gelangt, in dem seine Theorie zu den Grundsätzen des laisser faire steht. Da erklärt er einmal: „Wie jedes andere Tier ist auch der Mensch ohne Zweifel auf seinen gegenwärtigen hohen Zustand durch einen Kampf um die Existenz als Folge einer rapiden Vermehrung gelangt, und wenn er noch höher fortschreiten soll, so ist zu fürchten, daß er einem heftigen Kampfe ausgesetzt bleiben muß. Im anderen Falle würde er in Indolenz versinken, und die höher begabten Menschen würden im Kampfe um das Leben nicht erfolgreicher sein als die weniger begabten. Es darf daher unser natürliches Zunahmeverhältnis, obschon es zu vielen und offenbaren Übeln führt, nicht durch irgend welche Mittel bedeutend verringert werden.“ Aus diesen Äußerungen kann eine Zustimmung zu dem kapitalistischen Liberalismus nicht gefolgert werden. Darwin hat hier nicht die relativ sehr kurze Periode, seit welcher in England die Grundsätze der freien Konkurrenz angenommen worden waren, im Auge, sondern betont ganz allgemein, daß der beständige Kampf, welchen die Menschheit infolge ihrer raschen Vermehrung um die Erweiterung des Nahrungsspielraumes

[1]) Vgl. L. Woltmann, Die Darwinsche Theorie und der Sozialismus, Düsseldorf 1893. S. 11—19; O. Hertwig, Zur Abwehr des sozialen und politischen Darwinismus. München 1918.

führen mußte, ihre Aufwärtsentwicklung gefördert habe. Von diesem Standpunkte aus nimmt er gerade gegen den Rat Stellung, welchen viele Anhänger des Manchestertums den Arbeitern erteilten, nämlich durch Beschränkung ihrer Fortpflanzung ein geringeres Arbeitsangebot und damit eine Lohnerhöhung herbeizuführen.

Mit größerem Rechte kann eine Verurteilung der Gewerkvereine und Genossenschaften, welche sich in einem Briefe Darwins an Prof. H. Fick in Zürich vom 26. Juli 1872 findet, zugunsten des Konkurrenzsystems gedeutet werden. Hier beklagt es Darwin, daß die Gewerkvereine für alle Arbeiter gleichen Arbeitslohn und gleiche Arbeitszeit verlangten, daß sie den Stücklohn bekämpften und somit gegen allen Wettbewerb aufträten. Ebenso schlössen die Genossenschaften die freie Konkurrenz aus. „Dies scheint mir für den künftigen Fortschritt der Menschheit ein großer Übelstand zu sein.“[1]) Auf der anderen Seite führt Darwin aber auch aus: „Der Mensch häuft Besitztum an und hinterläßt es seinen Kindern, so daß die Kinder der Reichen in dem Wettlauf nach Erfolg vor denen der Armen einen Vorteil voraus haben, unabhängig von körperlicher oder geistiger Überlegenheit.“ Immerhin störe die mäßige Anhäufung von Wohlstand den Prozeß der Zuchtwahl durchaus nicht. „Wenn ein armer Mensch reich wird, so beginnen seine Kinder den Handel, oder ein Gewerbe, in welchem es des Kampfes genug gibt, so daß der an Körper und Geist Fähigere am besten fortkommt. Das Vorhandensein einer Menge gut unterrichteter Leute, welche nicht um ihr tägliches Brot zu arbeiten haben, ist in einem Grade bedeutungsvoll, welcher nicht überschätzt werden kann; denn alle intellektuelle Arbeit wird von ihnen verrichtet und von solcher Arbeit hängt der materielle Fortschritt jeglicher Art ab, um andere und höhere Vorteile gar nicht zu erwähnen. Wird der Wohlstand sehr groß, so verwandelt er ohne Zweifel leicht die Menschen in unnütze Drohnen, aber ihre Zahl ist niemals groß; auch tritt ein Eliminationsprozeß in einem gewissen Grade hier ein, da wir täglich sehen, wie viele Leute närrisch oder verschwenderisch werden und allen ihren Wohlstand vergeuden.“

---

[1]) Der Brief ist abgedruckt bei G. H. Schmidt, Volkswirtschaftliche Grundfragen. Hiltys Jahrbuch der schweiz. Eidgenossenschaft. XIII. S. 292. Die Darlegungen im 1. Bd. S. 160ff. zeigen übrigens, daß sich Darwin mit dieser Annahme irrt.

Hier wird also von Darwin die Tatsache, daß die verschiedene Vermögensverteilung die Resultate des Wettbewerbes fälscht, offen zugegeben. Aber er legt diesem Umstande kein großes Gewicht bei. Der Nachteil wird mehr als ausgeglichen dadurch, daß Privateigentum und Erbrecht auch wieder gut unterrichtete Leute ermöglichen, welche nicht um das tägliche Brot ringen müssen und deshalb intellektuelle Arbeit verrichten können. Die für die Menschheit wertvollsten Leistungen kommen also erst dann zustande, wenn Menschen der Notwendigkeit, sich im ökonomischen Konkurrenzkampfe zu betätigen, entrückt werden. Wirklich gefährlich ist nur der „sehr große Wohlstand", welcher die Menschen sowohl in wirtschaftlicher wie in geistiger Beziehung zum Müßiggange verleiten kann. Diese Anschauungen können jedenfalls eher zugunsten sozialreformatorischer Bestrebungen verwendet werden; denn letztere wollen ja gerade den „mäßigen Wohlstand" möglichst ausbreiten, während der freie Wettbewerb die gefährliche Anhäufung „sehr großen Wohlstandes" tatsächlich begünstigt. Schließlich soll sich Darwin am Ende seiner Tage noch sehr wenig hoffnungsvoll über die Zukunft der Menschheit ausgesprochen haben, und zwar auf Grund der Beobachtung, daß in unserer Zivilisation eine natürliche Auslese nicht zustande komme, und die Tüchtigsten nicht überlebten. Die Sieger im Kampfe um das Geld seien keineswegs die Besten oder Klügsten.

Weniger schwankend verhalten sich die Nachfolger Darwins. Die einen verteidigen nämlich auf Grund ihrer darwinistischen Überzeugungen das herrschende Wirtschaftssystem mit demselben Nachdrucke, mit welchem es die anderen auf Grund derselben naturwissenschaftlichen Doktrinen bekämpfen. Haeckel, Spencer, Huxley, O. Ammon[1]), H. E. Ziegler gehören zur ersten, Sir Alfred Russel

[1]) Über O. Ammon, der in seinen Schriften: „Die natürliche Auslese beim Menschen" 1893 und „Die Gesellschaftsordnung und ihre natürlichen Grundlagen" 1. Aufl. 1895 (3. Aufl. 1900), mittels anthropologischer Messungen den Beweis zu führen versuchte, daß die oberen Gesellschaftsklassen im allgemeinen ein Produkt der natürlichen Auslese darstellen, vgl. die eingehende Kritik in der 2. Aufl. meiner „Arbeiterfrage", S. 448—462; ferner C. Jentsch, Sozialauslese. 1898; Tönnies, Ammons Gesellschaftstheorie. A. f. s. G. XIX. S. 88—112. Zur Kritik Ammons sind ferner von Bedeutung die Untersuchungen, welche Nyström (Die

Wallace, der sich mit Darwin in den Ruhm teilt, die Selektionstheorie begründet zu haben, Pearson, Grant Allen, Dodel, W. Bölsche zur zweiten Gruppe. Aus diesem Zwiespalte der Meinungen unter den Darwinisten selbst geht jedenfalls eines mit Gewißheit hervor: der Darwinismus darf in seiner gegenwärtigen Gestalt noch keine Herrscherrolle im Reiche der Sozialwissenschaft beanspruchen.[1]

Formveränderungen des menschlichen Schädels und deren Ursachen. Braunschweig 1902. Abdruck aus dem Archiv für Anthropologie. Bd. 27) angestellt hat. Danach wären in Schweden gerade die gelehrten Kreise und die oberen Gesellschaftsklassen reicher an Rundköpfen, während Ammon in der Langköpfigkeit das anthropologische Merkmal größerer Begabung erblickt.

[1]) Zu diesem Ergebnisse führen auch die zahlreichen Arbeiten, welche durch das Kruppsche Preisausschreiben „Was lernen wir aus den Prinzipien der Deszendenztheorie in Beziehung auf die innerpolitische Entwicklung und Gesetzgebung der Staaten?" veranlaßt worden sind. Unter den 45 Arbeiten, welche zur genaueren Berücksichtigung kamen, haben nur zwei aus dem Darwinismus eine Verwerfung der staatlichen Sozialpolitik abgeleitet und zwar die eine aus anarchistischen, die andere aus manchesterlichen Anschauungen heraus. Weitaus die meisten Arbeiten haben sich für eine fortschreitende Sozialpolitik erklärt, ja von vielen wird sogar ein weitgehender Staatssozialismus verteidigt. Daraus geht, wie Prof. H. E. Ziegler mit Recht betont, hervor, daß keine der bestehenden politischen Parteien das Recht hat, ihre Prinzipien als die Konsequenzen der Deszendenztheorie hinzustellen. Sehr energisch macht die mit dem ersten Preise ausgestattete Arbeit von Schallmayer, Vererbung und Auslese im Lebenslauf der Völker, Jena 1903, gegen die bestehende Wirtschaftsordnung Front. „Nach unserer Auffassung", erklärt er S. 324, „wäre die beste Einkommensverteilung die, welche sowohl für jeden den größten Sporn zu sozialen Leistungen als auch für die generativ Tüchtigsten den größten Vermehrungsantrieb bilden würde. Von einer solchen Wirkungsweise ist auch die heutige Wirtschaftsordnung weit entfernt. Einerseits stehen soziale Leistungen und Einkommen vielfach in einem schreienden Mißverhältnisse und ebenso das Ansehen, das großenteils eine Folge des Besitzes ist, weil dieser Macht verleiht; andererseits wird der generativ Tüchtige auf keine Weise ermutigt, viele Kinder aufzuziehen. Gegenüber den „häufig laut werdenden entgegengesetzten Ansichten" betont Schallmayer, „daß unsere heutige Wirtschaftsordnung nicht im Sinne der natürlichen Auslese wirkt, sondern eher umgekehrt" (S. 324). Vgl. im übrigen: Natur und Staat. Beiträge zur naturwissenschaftlichen Gesellschaftslehre. Eine Samm-

Will man trotzdem auf die Verwertung darwinistischer Ideen im Gebiete der sozialen Forschung nicht verzichten, so muß folgendes berücksichtigt werden:

Im Tier- und Pflanzenleben besteht, wenn man von einigen ganz vereinzelten Erscheinungen absieht, kein Staat, keine Klassenbildung, kein Eigentum, kein Erbrecht, keine bewußte geschichtliche Entwicklung. Der Daseinskampf wird mit den Organen, welche den Individuen angeboren worden sind, ausgekämpft. Sie müssen diese Organe im Kampfe selbst entwickeln und üben, um sich zu erhalten. Der Mensch dagegen ist nicht allein auf seine persönlichen Kräfte angewiesen.[1]) Für ihn kommen auch Arbeits- und Produktionsinstrumente und Waffen in Betracht, deren Verteilung in hohem Maße durch die staatlich-rechtlichen Einrichtungen bestimmt wird. Im Daseinskampf der Tiere und Pflanzen wird der Unterliegende meist vollkommen vernichtet und von der Fort-

lung von Preisschriften. Herausgegeben von H. E. Ziegler in Verbindung mit J. Conrad und E. Haeckel, Fischer, Jena 1903. In dieser Sammlung sind außer der bereits genannten Arbeit von Schallmayer erschienen: Matzat, Philosophie der Anpassung. Mit der Einleitung zu dem Sammelwerke von H. E. Ziegler; Ruppin, Darwinismus und Sozialwissenschaft; Hesse, Natur und Gesellschaft; Michaelis, Die Prinzipien der natürlichen und sozialen Entwicklung; Eleutheropulos, Soziologie; ferner Arbeiten von Friedmann, Schalk, Methner und Häcker. Separat erschien Woltmann, Politische Anthropologie. Eisenach und Leipzig 1903. Vgl. dazu Tönnies, Zur naturwissenschaftl. Gesellschaftslehre. J. f. S. V. XXIX. S. 27—103; Eulenburg, Gesellschaft und Natur. A. f. s. G. XXI. S. 519—556. In den letzten Jahren haben namentlich unter dem Einflusse Gobineaus, Houston Stewart Chamberlains (Grundlagen des XIX. Jahrhunderts, München, 5. Aufl. 1904, 2 Bde.) und Sombarts (Die Juden und das Wirtschaftsleben. 1911) die Gedanken der Rassetheorien großen Anklang gefunden. Eine kritische Auseinandersetzung mit den erstgenannten Schriftstellern versucht Fr. Hertz, Moderne Rassetheorien. Wien 1904 (2. Aufl. 1915). Der Erörterung dieser Probleme dient das Archiv für Rassen- und Gesellschafts-Biologie. Herausgegeben von Plötz. Berlin seit 1904. — Leider hat auch der Dilettantismus sich dieser Fragen in großem Umfange bemächtigt, so daß streng wissenschaftlich verfahrende Anthropologen mit einem gewissen Unbehagen auf dieses ganze Treiben blicken.

[1]) Woltmann, Darwinsche Theorie. S. 328, 329.

pflanzung ausgeschlossen. Im menschlichen Konkurrenzkampfe handelt es sich nicht um sofort eintretende Vernichtung, sondern um eine Herabdrückung auf der sozialen Stufenleiter, unter Umständen um eine Abkürzung des Lebens. Weder im einen noch im anderen Falle tritt mit Notwendigkeit ein Ausschluß von der Fortpflanzung ein.

So kann höchstens innerhalb der einzelnen Gesellschaftsklassen von wirklicher Auslese durch den Wettbewerb gesprochen werden. Immerhin bleibt auch hier zu beachten, daß die Zahl bevorzugter Stellungen in einer Gruppe nicht notwendig mit der Zahl ihrer höheren Begabungen übereinzustimmen braucht. Das alles hängt von Entwicklungen ab, auf welche der einzelne Mensch keinen oder geringen Einfluß hat. In einzelnen Industriezweigen nimmt vielleicht die Zahl der Betriebe stark ab, während ihr Umfang wächst. Das bedeutet also eine Abnahme der bevorzugten Unternehmerstellungen. Oder durch das rasche Aufblühen einer Stadt, durch zollpolitische Veränderungen können sich für einzelne Gewerbe sehr vorteilhafte Konjunkturen ergeben. Die Möglichkeit zur Begründung bevorzugter Stellungen wird dadurch beträchtlich erweitert. Mindere Begabungen rücken zu günstigen Stellen vor, während anderwärts Begabtere sich mit geringeren Positionen begnügen müssen.

Man wird aber noch aus einem anderen Grunde Bedenken tragen, den einzelnen, selbst innerhalb seiner Klasse, lediglich nach dem äußeren Erfolge zu beurteilen. Man kann ja nur sagen, daß er sich den gegebenen Bedingungen am besten angepaßt hat. Die Anpassungsfähigkeit kann sittlich indifferent, selbst unsittlich sein [1]).

---

[1]) So schreibt Ruskin: „In einer Gesellschaft, wo sich das Leben nur nach den Gesetzen des Angebots und der Nachfrage regelt, und der Staat im übrigen nur seine Bürger hindert, physische Gewalt gegeneinander zu gebrauchen, sind die Individuen, denen es glückt, allgemein gesprochen, reich zu werden, die Fleißigen, die Entschlossenen, die Hochmütigen, die Knauserigen, die Behenden, die Ordentlichen, die Schlauen, die Phantasielosen, die Gefühllosen und die Ungebildeten. Die, die arm bleiben, sind die vollkommen Törichten und die vollkommen Weisen, die Trägen, die Unwürdigen, die Unterwürfigen, die Grübler, die Dummen, die Phantasievollen, die Feinfühligen, die Gelehrten, die Verschwenderischen, die Bösen aus Laune oder Trieb, die plump Schurkischen, die offen Diebischen und die im Grunde Herzensguten, Gerechten und Heiligen.

In der Textilindustrie kamen z. B. einige Männer deshalb ganz besonders empor, weil sie in bezug auf die Verwendung minderwertiger Kunstwolle geringere Skrupel besaßen als ihre Konkurrenten. Ebensowenig wird man in der künstlerischen, militärischen, politischen und gelehrten Laufbahn die größte Anpassungsfähigkeit unter allen Umständen als rühmenswerten Vorzug hinstellen wollen. Der „Streber" müßte ja sonst den idealen Typus der Menschheit bilden.

Nicht um Beseitigung des freien Wettbewerbes handelt es sich bei sozialen Reformen, wie die Naturforscher oft irrigerweise annehmen. Der Wettbewerb soll bestehen bleiben, aber die äußeren Bedingungen und Formen, in denen er heute erfolgt, sind so umzugestalten, daß sich mehr und mehr allen die gleiche soziale Gelegenheit eröffnet, und daß im allgemeinen diejenigen als Sieger im Kampfe hervorgehen, in denen die nach unseren sittlichen Vorstellungen wertvollsten Eigenschaften am vollkommensten verkörpert sind.

Der Wettbewerb wird dadurch eher verschärft als gemildert. Die Klassenbildung wirkt oft als Fessel des Wettbewerbes. Es gibt soziale Schichten, denen ungleich mehr bevorzugte Positionen offen stehen, als der Zahl ihrer höheren Begabungen entspricht. Die Talente dieser Kreise müßten eine ganz andere Tätigkeit entfalten, sobald sie auch mit den ähnlichen Begabungen anderer Schichten in wirklichen Wettbewerb treten, nicht mehr „unter sich" bleiben und auf dem Lotterbette großer Vermögen oder politischer und sozialer Vorrechte ausruhen können. Und selbstverständlich wird sich auch in den unteren Schichten der Begabte weit mehr bemühen, wenn er weiß, daß seinem Emporkommen keine starren äußeren Schranken, keine unbekehrbaren, hochmütigen Vorurteile entgegenstehen.

18. Die soziale Kompetenz des Staates.

Ist somit durch die Proklamierung der Gewerbefreiheit keine „natürliche Freiheit" geschaffen worden, so kann eine Regelung des Wettbewerbs durch die sozialpolitische Gesetzgebung oder durch Organisationen der Beteiligten auch nicht als eine Störung der natürlichen Freiheit und Entwicklung, als eine unberechtigte Einmischung hingestellt werden. Es ist hier lediglich die Zweckmäßigkeitsfrage zu entscheiden, ob zur Erreichung eines gegebenen Zieles das Eingreifen eines bestimmten Staates oder einer bestimmten, freier Initative entsprossenen Organisation den besten Erfolg verspricht. Alles Gerede darüber, was oder was nicht zu den Aufgaben des Staates im allgemeinen, des Staates an sich, zu rechnen ist, führt auf Abwege. Die reine Demokratie im Kanton Zürich und das ehemalige Zarenreich, die konstitutionelle Regierung eines mittleren deutschen Beamtenstaates und das Kabinett einer parlamentarischen zentralistischen Republik, wie Frankreich, das alles waren so durchaus verschiedene politische Kapazitäten und historische Individualitäten, daß den einen sehr wohl sozialpolitische Aufgaben gestellt werden konnten, für welche die anderen durchaus ungeeignet erschienen. Und ebenso verschieden, wie der Charakter der Staatsgewalt, ist der Charakter und die wirtschaftliche Struktur der Bevölkerung selbst. In dem einen Falle mag ein weit verbreiteter mäßiger Wohlstand und eine hohe Stufe der Volksbildung die Initiative freier Vereinigungen ausreichend erscheinen lassen, während anderwärts die Arbeiterklasse zur Selbsthilfe noch unfähig ist. In den meisten Ländern hat eben die Staatsgewalt wirtschaftliche und rechtliche Einrichtungen geschaffen, welche eine eingehende soziale Differenzierung zur Folge gehabt haben. Breite Schichten des Volks sind auf eine so tiefe Stufe der moralischen, geistigen und wirtschaftlichen Entwicklung herabgedrückt worden, daß sie die zur Selbsthilfe notwendige Kraft und Einsicht in absehbarer Zeit nicht erwerben können. Hier darf der Staat sich nicht damit begnügen, die verhängnisvollen Gesetze (Leibeigenschaft, Koalitionsverbote, Lohntaxen, Zunftprivilegien u. dgl.) abgeschafft zu haben. Er muß den Geschädigten auch Ersatz bieten. Es ist ein einfaches Gebot der justice réparative, um einen Ausdruck Fouillées zu gebrauchen, wenn solch ein Staat den früher von ihm selbst oder wenigstens mit seiner Duldung von anderen geradezu unterdrückten oder beraubten Volksmassen nicht bloß eine abstrakte Freiheit gewährt, sondern auch durch positive Maßnahmen seine Schuld, soweit es irgend angeht, zu sühnen versucht.

Die Beschränkung des Staates auf die Sicherheitsproduktion, diese von Lassalle durchaus mit Recht verspottete Nachtwächteridee, ist nichts anderes als die Philosophie eines gesättigten Bürgertums; sie entspricht dem Klasseninteresse derjenigen Kreise, welche wohlhabend und intelligent genug sind, um ihren Vorteil beim Abschlusse des Arbeitsvertrages oder im Konkurrenzkampfe mit den Handwerkern am besten dann zu wahren, wenn sich der Staat vollkommen passiv verhält. Übrigens ist ein Teil der Manchesterpartei nicht einmal konsequent geblieben, wie schon Bismarck 1849 so treffend hervorgehoben hat. Während man den Segen des laisser-faire pries, um die Zunftordnung zu stürzen, verlangte man Schutz gegen den ausländischen Wettbewerb und staatliche Subventionen für Eisenbahnen.

Es kann deshalb unmöglich das Recht des Staates zur Regelung in Frage gestellt werden. Es kommt lediglich darauf an, ob der Staat, um den es sich handelt, auch die Fähigkeit besitzt, die fragliche Aufgabe seinem Wollen entsprechend zu lösen.

Diese Fähigkeit wurde allerdings vom Manchestertum ganz allgemein bestritten und zwar in erster Linie unter Berufung auf die sogenannte Lohnfondstheorie.

19. Lohnfonds und Bevölkerungstheorie.

Nach dieser Anschauung, welche nicht nur von Prince-Smith, sondern auch von Mac Culloch, John Stuart Mill, Fawcett u. a. m. vertreten wurde, wird die mögliche Höhe des Lohnes gewissermaßen naturgesetzlich bestimmt. Sie hängt einerseits ab von der Größe des für Lohnzahlungen bestimmten Fonds, andererseits von der Zahl der Arbeiter, welche in diesen Fonds sich zu teilen haben. Gelänge es einer Gruppe von Arbeitern, mit Hilfe künstlicher Veranstaltungen (durch staatlichen Eingriff oder durch eigene Berufsorganisationen) einen größeren Anteil, als ihr naturgemäß zufalle, zu erzwingen, so müsse um eben diesen Betrag der Lohn anderer Arbeiter herabgehen. Der Güterbetrag, der als Lohn auf die Arbeiter als Klasse entfalle, lasse sich also nicht willkürlich verändern.

Wachse die Zahl der Arbeiter im Vergleiche zum Lohnfonds, so ergebe sich notwendig eine Lohnverminderung, im entgegengesetzten Falle eine Lohnerhöhung. Die Veränderungen setzten sich aber aus eigener Kraft durch. Irgend welche Eingriffe zur Beeinflussung der Lohnhöhe und Arbeitsbedingungen seien durchaus unlogisch und unvereinbar mit den von der politischen Ökonomie entdeckten Wahrheiten.

Diese Theorie ist ein Irrtum,[1]) und zwar ist er in der Annahme zu suchen, daß der wahre Gegenwert, den die Arbeiter empfangen, in dem Kapitale des Unternehmers zu erblicken sei. Nun gibt der Unternehmer aus seinem Kapitale dem Arbeiter allerdings schrittweise einen Lohn zu dessen Unterhalte. Allein in demselben Maße erhält er auch als Entgelt die Arbeitsleistung des Arbeiters. Er wird ja Eigentümer des Arbeitsproduktes. Der Unternehmer gibt im Lohn sein Kapital nur scheinbar weg. Sein Kapital ändert nur die Form. Erst besteht es aus Geld, das der Arbeiter im Lohne empfängt; dann besteht es aus Arbeitsleistungen, die an bestimmten Stoffen sich fixiert haben. Schließlich bietet der Unternehmer die Arbeitsprodukte zum Verkauf aus. Dadurch kehrt das Kapital wieder in die Geldform zurück. Der eigentliche Gegenwert für die Arbeit liegt somit in dem, was die Konsumenten für die Arbeitsprodukte hingeben. Nun ist weder das, was die Konsumenten bezahlen, noch der Gewinn der Unternehmer etwas so Starres und Bestimmtes, wie die ältere Nationalökonomie annahm. Die Anteile der Arbeiter und Unternehmer am Gesamtprodukte hängen bis zu einem gewissen Grade von ökonomischen Machtverhältnissen ab. Und gerade diese können durch staatliche Maßregeln und Organisationen der Arbeiter sehr wirksam verändert werden.

Neuerdings ist die Lehre in etwas veränderter Form von Taussig zu retten versucht worden. Man sagte, daß der Arbeitslohn eine Anweisung auf den vorhandenen Konsumtionsmittelvorrat der Gesellschaft darstelle. Die Größe dieses Vorrates wird durch die Produktionsverhältnisse der Vergangenheit bestimmt und ist deshalb innerhalb kürzerer Fristen nicht wesentlich zu verändern. Gelänge es den Arbeitern, auf irgend eine Weise eine bedeutende Lohnerhöhung

---

[1]) Vgl. Brentano, Die Lehre von den Lohnsteigerungen. J. f. N. u. St. 16. Bd. S. 251—281; Marx, Das Kapital. 1. Bd. 3. Aufl. 1883. S. 624 ff., 2. Bd. 1885. S. 445, 446; Lemcke, Über einige Bestimmungsgründe des Arbeitslohnes. Jena 1899. S. u. B. Webb, Theorie und Praxis der englischen Gewerkvereine. Deutsch von C. Hugo. Stuttgart 1898. 2. Bd. S. 137—183; Litmann, Die Möglichkeit der Lohnsteigerungen und die Lohnfondstheorien. (Zürcher Dissertation.) München 1902; Salz, Beiträge zur Geschichte und Kritik der Lohnfondstheorie. Stuttgart und Berlin 1905; Oppenheimer, Theorie der reinen und politischen Ökonomie. 2. Aufl. 1911, S. 605—681.

durchzusetzen, so würde zwar eine starke Nachfrage nach Bedarfsgegenständen der Arbeiterklasse eintreten. Dieser Nachfrage stünde aber noch kein entsprechendes Angebot gegenüber. Diese Preise müßten also eine Erhöhung erfahren, und die Arbeiter würden trotz des höheren Lohnes keine erheblich größeren Beträge von Bedarfsgegenständen erhalten.

Man kann diese Möglichkeit zugeben. Sie beweist aber nichts gegen Lohnerhöhungen. Im Laufe der Zeit wird eben doch die durch höhere Löhne bewirkte Preissteigerung auch eine vermehrte Produktion und somit ein die Preise wieder senkendes Warenangebot zur Folge haben. Diese Theorie besagt also nur, daß bei starker Lohnerhöhung erst eine gewisse Zeit verfließen muß, ehe die Produktionseinrichtung sich den veränderten Verhältnissen der kauffähigen Nachfrage angepaßt hat.

Während die eben besprochenen Lehren der Manchesterschule heute zumeist nur noch in bestimmten, den sozialen Reformen aus materiellen Gründen feindlich gegenüberstehenden Kreisen beifällige Aufnahme finden, wird dagegen auch von anderen Seiten oft die Ansicht vertreten, Malthus habe im wesentlichen doch Recht gehabt, als er die rasche Volksvermehrung für die Notlage der Volksmassen verantwortlich machte[1]). Der Laie fühlt sich in dieser Meinung vor allem durch die Erfahrung bestärkt, daß besonders kinderreiche

[1]) Vgl. Ludwig Elster, Art. Bevölkerungslehre; Dietzel, Der Streit um Malthus Lehre. Festgabe für A. Wagner 1905. Mit reichem statistischen Material operierende Behandlungen der Bevölkerungsfrage bieten A. Wagner in seiner Grundlegung der politischen Ökonomie. 3. Aufl. Erster Teil. 2. Halbband. 1893. S. 445—666 und G. Schmoller, Grundriß der Allg. Volkswirtschaftslehre. I. 1900. S. 158—187. Warum Troeltsch (Z. f. g. St. 1906. S. 572) annehmen zu müssen glaubt, daß die Besprechung, welche Lexis in Schmollers Jahrbuch, 1903, S. 1126 bis 1129, dem Buche von Oppenheimer, Das Bevölkerungsgesetz des T. R. Malthus, Berlin 1901, widmet, „offenbar" auf die im Texte gegebene Darstellung eingewirkt habe, ist mir unverständlich. Erst durch die Bemerkung von Troeltsch auf die Anzeige von Lexis aufmerksam geworden, finde ich nur, daß hier wie dort von kinderreichen Proletarierfamilien die Rede ist. Dabei lege ich aber den Hauptakzent auf die überdurchschnittliche Größe der Familie, während Lexis ganz allgemein davon spricht, daß die Notlage besitzloser Arbeiterfamilien durch große Kinderzahl verstärkt wird.

Arbeiterfamilien meist die Armenpflege in Anspruch nehmen müssen. In diesen Fällen gibt aber eigentlich nicht der Kinderreichtum an sich, sondern der Umstand, daß diese Familien von der herkömmlichen Familiengröße abweichen, den Ausschlag. Sind innerhalb eines Volkes Familien mit 3 bis 4 Kindern die Regel, so passen sich die ganzen Einkommensverhältnisse der Arbeiterklasse diesem Bedarfe an. Familien mit weniger Kindern stehen dann natürlich besser, solche mit mehr Kindern schlechter da als der Durchschnitt. Diese Verhältnisse haben aber mit der Frage, ob eine allgemein erfolgende starke Zunahme des Volkes die Lebensbedingungen der Volksmasse empfindlich erschwert, nichts zu tun. Zunächst wird man geneigt sein, diese Frage zu bejahen. Eine starke Volkszunahme hat zur Folge, daß die kindlichen und jugendlichen Altersklassen, deren Angehörige sich noch nicht wirtschaftlich produkttiv betätigen, eine größere relative Bedeutung erlangen. So bildet z. B. in Großbritannien und Irland die Altersgruppe 0—15 Jahre 34,8 %, in Frankreich mit fast stillstehender Bevölkerungsgröße aber nur 26,2 % der Gesamtbevölkerung. Wenn nun auch die obersten Altersklassen in Ländern mit bedeutender Volksvermehrung wieder eine kleinere Quote bilden als dort, wo langsame Zunahme besteht, so bleibt doch die Tatsache bestehen, daß bei rascher Volkszunahme die in wirtschaftlich produktivem Lebensalter stehenden Personen für eine größere Anzahl unproduktiver Personen aufzukommen haben. Diese Fürsorgepflicht kann nun aber die wirtschaftliche Energie so günstig beeinflussen, daß eine wirtschaftliche Organisation höherer Produktivität sich entwickelt und die Gesamtlage trotz der starken Volksvermehrung günstiger ausfällt als bei einer stagnierenden Bevölkerung. Völker mit geringer Zunahme leben allerdings zunächst bequemer. Sie finden in den überlieferten Formen des wirtschaftlichen Lebens ihr Genüge und verfallen damit leicht einer gewissen Rückständigkeit.

Nun führt eine starke Volksvermehrung zu der Konsequenz, daß immer mehr Menschen von einem gegebenen Ausmaße des Bodens ihren Unterhalt gewinnen müssen. Da der Boden fortgesetzte Verwendungen von Arbeit und Kapital unter sonst gleich bleibenden Umständen immer schwächer vergütet (Gesetz des abnehmenden Bodenertrages), so scheint mit Notwendigkeit eine allmähliche Verschlechterung im wirtschaftlichen Dasein eines rasch wachsenden Volkes einzutreten. Aber die Umstände bleiben eben nicht gleich! Mit der dichter werdenden Bevölkerung gewinnen auch Arbeitsteilung und Arbeitsvereinigung eine größere Ausdehnung und erhöhen die Produktivität der Arbeit. Landwirtschaftliche Fortschritte begegnen immer größerem Interesse. Vor allem aber ist bei den heutigen Verkehrsverhältnissen keineswegs jedes Land gezwungen, seinen Nahrungsbedarf ausschließlich der eigenen Scholle abzuringen. Die Pflege des auswärtigen Handels bietet die Möglichkeit, aus dünn besiedelten Ländern Nahrungsmittel und Rohstoffe zu beziehen und mit Produkten des heimischen Gewerbefleißes oder Diensten der heimischen Transportmittel zu bezahlen. So schließt der Übergang zum Industriestaat eine ungeheure Erweiterung der Bevölkerungskapazität ein. In der gleichen Richtung können auch Reformen auf dem Gebiete der inneren Wirtschaftspolitik wirken. Es kann unter Umständen an Stelle des extensiveren Betriebes der großen Gutswirtschaften die intensivere Bodennutzung durch kleinere und mittlere Betriebe treten. Es kann gerade durch soziale Reformen die Ergiebigkeit der menschlichen Arbeit auch im Industriebetriebe außerordentlich gesteigert werden. Die kapitalistische Betriebsweise arbeitet mit großen Verlusten und Friktionen, die aus dem Gegensatz der Interessen zwischen Unternehmern und Arbeitern entstehen. Im Interesse einer tauschwirtschaftlich günstigeren Verwertung der Ware Arbeit sucht der Arbeiter das Arbeitsangebot möglichst einzuschränken, gerade so wie der Unternehmer etwa in einem Kartell durch Produktionseinschränkung sich höhere Preise zu verschaffen trachtet. Wenn es aber im Wege besonderer Reformen gelingt, dem Arbeiter die Früchte der intensiveren Arbeitsleistung in vollem Umfange zu sichern, so wird die Produktion nicht nur von lästigen Störungen befreit, sondern gewinnt auch durch die steigende Kaufkraft der Arbeiterklasse selbst wertvolle Impulse.

Diese Betrachtungen zeigen, daß zwischen der Volksgröße, zwischen dem Tempo der Volkszunahme und den sozialen Zuständen weit verwickeltere Beziehungen und Wechselwirkungen bestehen als die Manchesterschule ahnte[1]). Der Druck, den die Volkszunahme ausübt, kann an sich ebensogut zum Segen gereichen und den sozialen Fortschritt befördern, als eine Verschlechterung der sozialen Verhält-

[1]) Es muß übrigens bemerkt werden, daß es auch unter den Manchestermännern Gegner der Malthusschen Lehre gab. Vor allem wäre B a s t i a t als solcher zu nennen.

nisse herbeiführen. Es kommt ganz darauf an, wie ein Volk auf diese mächtigen Antriebe, welche von der Volkszunahme ausgehen, reagiert. Bei den germanischen Völkern darf man wohl annehmen, daß die vorteilhaften Wirkungen bis jetzt weitaus das Übergewicht gehabt haben.

Nun kommt selbstverständlich der Frage der Volksvermehrung auch eine entscheidende Bedeutung für die Stellung zu, welche ein Volk im Verhältnis zu anderen Völkern erwirbt. Daß die wirtschaftliche Weltherrschaft der angelsächsischen Rasse und damit auch wieder all die großen sozialen Vorteile, welche aus dieser Herrscherrolle fließen, ohne starke Volksvermehrung nicht möglich gewesen wären, liegt so klar am Tage, daß es weiterer Erläuterungen nicht bedarf.

Fünftes Kapitel.

Der Sozialliberalismus.

20. Die klassische Ökonomie und die Arbeiterfrage.

Es ist früher gezeigt worden, daß die Begründer des Liberalismus von Tendenzen erfüllt waren, die durchaus nicht als kapitalistische bezeichnet werden können[1]). Ganz im Gegenteil. Gerade weil die Wirtschaftsordnung ihrer Zeit die Interessen des Besitzes vor denjenigen der Arbeit begünstigte, weil die Staatsgewalt in der Regel nur zugunsten der Mächtigen gegenüber den wirtschaftlich Schwachen eingriff, waren sie Feinde der Staatsintervention. Diese Abneigung gegen staatliche Regulierungen ist aber bei den wissenschaftlich hervorragenden Vertretern der liberalen Ökonomie, bei einem Adam Smith, J. B. Say oder Mac Culloch, niemals zu jenem Zerrbilde ausgeartet, welches erst Epigonen zweiten und dritten Ranges entwickelt haben. Der kapitalistische Liberalismus war weit weniger eine Lehre der unabhängigen Wissenschaft, als ein System, das sich die Sophisten und Soldschreiber des Kapitals für den täglichen Hausgebrauch zu-

[1]) Vgl. H. Huth, Soziale und individualistische Auffassung im 18. Jahrh. vornehmlich bei A. Smith und H. Ferguson, 1907; H. Levy, Die Grundlagen des ökonomischen Liberalismus in der Geschichte der englischen Volkswirtschaft. 1912; H. Gehrig, Die Begründung des Prinzips der Sozialreform. 1914. S. 16—64; Goetz Briefs, Untersuchungen zur klassischen Nationalökonomie. 1915.

rechtgelegt hatten. Es wäre daher ganz verkehrt, wenn man den Sozialliberalismus, wie es zuweilen geschieht, erst mit John Stuart Mill beginnen lassen wollte. Wer hat schärfer als Adam Smith[1]) eine Rechtsordnung gebrandmarkt, welche die Koalition der Arbeitgeber gestattete und beförderte, diejenigen der Arbeiter aber unterdrückte, obwohl, seiner Ansicht nach, selbst die koalierten Arbeiter gegenüber den Arbeitgebern immer noch den schwächeren Teil darstellen würden! „Die gewöhnliche Höhe des Arbeitslohnes", führt er aus, [2]) „hängt überall ab von einem zwischen diesen beiden Personen, deren Interessen ganz und gar nicht dieselben sind, getroffenen Übereinkommen. Der Arbeiter wünscht so viel als möglich zu erhalten, der Brotherr so wenig als möglich zu geben; erstere verbinden sich gern miteinander, um den Arbeitslohn zu erhöhen, und letztere tun dasselbe, um ihn zu erniedrigen. Es ist jedoch nicht schwer vorauszusehen, welcher der beiden Teile gewöhnlich das Übergewicht dabei behält und den anderen zur Erfüllung seiner Bedingungen zwingt. Die Arbeitgeber können sich ihrer geringeren Anzahl wegen viel leichter vereinigen, und außerdem erlaubt das Gesetz, oder verbietet wenigstens nicht ihre Vereinigung, während es den Arbeitern gegenüber letzteres tut. Wir haben keine Parlamentsakte gegen Vereinigungen, welche das Herabdrücken des Arbeitslohnes bezwecken, aber viele gegen die das Erhöhen desselben anstrebenden. Ferner können die Arbeitgeber solche Streitigkeiten viel länger aushalten. . . . . . Auf die Länge der Zeit mag der Arbeiter seinem Arbeitgeber ebenso notwendig sein, wie dieser ihm, aber diese Notwendigkeit macht sich für letzteren nicht so unmittelbar geltend, wie für ersteren. . . . Die Arbeitgeber haben immer und überall eine Art von stillschweigender, aber dauernder und gleichartiger Übereinkunft, den Arbeitslohn nicht über seinen jeweiligen Stand zu erhöhen. Diese Übereinkunft zu verletzen, ist überall eine äußerst unpopuläre Handlung und eine Art Schande für den Arbeitgeber seinesgleichen gegenüber" [3]). Vereinigen sich

---

[1]) Zur Würdigung Ad. Smiths vgl. Hasbach, Untersuchungen über A. Smith. 1891 und Feilbogen, Smith und Turgot. Wien 1892. S. 145—163.

[2]) Natur und Ursachen des Volkswohlstandes. Deutsch von Löwenthal. Berlin 1882. I. S. 70.

[3]) a. a. O. S. 71.

die Arbeiter zu dem Zwecke, eine Lohnherabsetzung abzuwehren oder eine Erhöhung zu erzwingen, so wird viel Aufhebens davon gemacht. „Sie sind verzweifelt und handeln mit dem Wahnsinn verzweifelter Menschen, welche entweder verhungern oder ihre Arbeitgeber durch Schreck zu einer sofortigen Erfüllung ihrer Forderungen zwingen müssen. Die Arbeitgeber erheben bei diesen Gelegenheiten ihrerseits ein ebenso großes Geschrei und unterlassen es nie, laut nach der Hilfe der Behörden zu rufen und die unnachsichtige Anwendung jener Gesetze zu fordern, welche mit so großer Strenge gegen die Vereinigungen von Dienern, Arbeitern und Tagelöhnern erlassen worden sind“ [1]. Wegen des Eintretens der Behörden, der besseren Organisation und der von vornherein günstigeren Stellung der Arbeitgeber erzielen die streikenden Arbeiter selten Erfolge. „Immer wenn das Gesetz“, klagt A. Smith an anderer Stelle [2], „die Mißhelligkeiten zwischen Brotherren und deren Arbeitern auszugleichen versucht, sind seine Ratgeber die Brotherren.“ Wollte das Gesetz unparteiisch sein, so müßte es die Koalitionen der Brotherren ebenso behandeln wie die der Arbeiter. Ein solches Verbot würde allerdings unausführbar sein [3]. So ergibt sich die Forderung, alle gesetzlichen Benachteiligungen der Arbeiter zu beseitigen, um einen einigermaßen gerechten Zustand herbeizuführen. Wenn unter diesen Umständen die Löhne steigen sollten, so wäre das selbst im volkswirtschaftlichen Interesse durchaus nicht zu beklagen. Kein moderner Sozialreformer kann eifriger als Adam Smith bemüht sein, die vorteilhaften Wirkungen der Lohnsteigerungen auseinanderzusetzen [4]. Die Erhöhung der Löhne verteure den Preis der Waren gerade so, wie einfache Zinsen eine Schuld wachsen ließen, während die Steigerung des Gewinnes der Wirkung von Zinseszinsen gleichkomme. „Unsere Kaufleute und Fabrikanten beklagen sich sehr darüber, daß die hohen Arbeitslöhne den Preis der Waren verteuern und somit den Absatz derselben im In- und Auslande erschweren, aber sie sagen nichts von den schlechten Folgen der hohen Kapitalgewinne; sie schweigen von den schädlichen Einflüssen ihres eigenen Gewinnes, und beklagen sich nur über den Anderer“ [5]. Noch schärfer wird Smith, wo es sich darum handelt,

[1] a. a. O. S. 72.
[2] a. a. O. S. 139.
[3] a. a. O. S. 154.
[4] a. a. O. S. 87 ff.
[5] a. a. O. S. 105.

die durch die Zollpolitik geschaffene Monopolstellung gewisser Industrieller anzugreifen. „Dieses Monopol hat einzelne Klassen der letzteren so sehr vermehrt, daß sie gleich einem übermäßig angewachsenen stehenden Heere selbst der Regierung furchtbar geworden sind und bei vielen Gelegenheiten die Gesetzgebung eingeschüchtert haben. Das Parlamentsmitglied, welches irgend einen die Kräftigung dieses Monopols anstrebenden Gesetzesvorschlag unterstützt, erlangt nicht nur sicher den Ruf, daß er den Handel verstehe, sondern auch viel Popularität und Einfluß bei einem Stande, dessen Anzahl und Reichtum ihm eine große Wichtigkeit verleiht. Widersetzt er sich aber einem solchen Vorschlage, und hat er vielleicht gar Ansehen genug, um denselben möglicherweise wirksam zu durchkreuzen, so können ihn weder die anerkannteste Rechtschaffenheit, noch der höchste Rang, noch die größten der Öffentlichkeit geleisteten Dienste vor den ehrenrührigsten Schmähungen und Verleumdungen, vor persönlichen Beleidigungen, vor wirklicher Gefahr selbst seitens wutentbrannter und in ihren Hoffnungen getäuschter Monopolisten schützen“ [1]). Smith bekämpft indes nicht nur die staatliche Privilegierung kapitalistischer Interessen, sondern befürwortet auch positive Maßregeln des Staates zum Schutze der wirtschaftlich Schwächeren. Er verteidigt die Gesetze, welche die Auszahlung des Lohnes in Waren untersagen [2]). Er hält staatliche Preistaxen für angezeigt dort, wo durch Zünfte eine Monopolstellung der Unternehmer besteht. Er tritt für die Regulierung der Banknotenausgabe ein und stellt dabei den Satz auf: „In gewisser Hinsicht können derartige Gesetze zweifellos als ein Eingriff in die natürliche Freiheit betrachtet werden; solche Äußerungen der natürlichen Freiheit einiger Individuen aber, welche die Sicherheit der ganzen Gesellschaft gefährden können, werden durch die Gesetze aller Staaten, der freiesten wie der despotischesten, verhindert und sollen es werden. Die Verpflichtung, Brandmauern zu errichten, um das Übergreifen des Feuers zu verhindern, ist auch ein Eingriff in die natürliche Freiheit, genau so wie die hier vorgeschlagenen, das Bankgeschäft betreffenden Bestimmungen“ [3]).

Mit ergreifenden Worten schildert er den traurigen, freudeleeren Zustand, in welchen die arbeitenden Klassen durch die Aus-

[1]) a. a. O. S. 484. [2]) a. a. O. S. 154.
[3]) a. a. O. S. 335.

bildung der Arbeitsteilung versetzt worden sind. „Derjenige, der sein ganzes Leben mit der Verrichtung einiger weniger Hantierungen verbringt . . . hat keine Gelegenheit, seinen Verstand zu üben, oder seine Erfindungskraft zur Überwindung von Schwierigkeiten anzustrengen, die ihm eben niemals begegnen. . . . Sein einförmiges Leben untergräbt seinen Mut, und läßt ihn das ungeregelte, ungewisse und abenteuerliche Leben eines Kriegers mit Abscheu betrachten. Sogar seine körperlichen Fähigkeiten werden dadurch beeinträchtigt, so daß er keiner anderen Beschäftigung als der ihm gewöhnten mit Kraft und Ausdauer obliegen kann. So scheint er seine Geschicklichkeit in seinem eigentlichen Gewerbe auf Kosten seiner geistigen, körperlichen und militärischen Fähigkeiten zu erwerben. Dies ist aber der Zustand, in welchen die ärmeren arbeitenden Klassen, die große Volksmasse also, in jeder zivilisierten Gesellschaft notwendig verfallen müssen, wenn die Regierung nichts dagegen tut“[1]). Zwei Mittel sind es, die Ad. Smith in Vorschlag bringt: die Organisation einer allgemeinen obligatorischen Volksschule und die Pflege des kriegerischen, wehrhaften Geistes. „Die Sicherheit eines jeden Staates hängt stets mehr oder minder von dem kriegerischen Geiste der großen Volksmasse ab“[2]). Aber „selbst wenn auch der kriegerische Geist im Volke zum Schutze der Gesellschaft gar nichts beitrüge, verdiente es doch die ernsteste Aufmerksamkeit seitens der Regierung, das Eindringen dieser von Feigheit unzertrennlichen Art der geistigen Verstümmelung in die große Volksmasse zu verhindern, ebenso wie sie dasselbe dem Aussatze oder einer anderen ekelhaften, wenn auch weder tödlichen noch gefährlichen Krankheit gegenüber tun müßte, selbst wenn kein anderer öffentlicher Nutzen daraus entstände, als die Vermeidung eines so großen öffentlichen Übels“[3]). Diese Zitate zeigen deutlich genug, daß die Manchestermänner kein Recht besitzen, Ad. Smith zu den Ihren zu rechnen, jene Leute, welche, wie Lassalle sagte, „am liebsten allen Staat abschaffen, Justiz und Polizei an den Mindestfordernden vergeben und den Krieg durch Aktiengesellschaften betreiben lassen möchten, damit nirgends ein Akt oder ein sittlicher Punkt sei, von welchem aus ihrer kapitalistischen Ausbeutungssucht ein Widerstand geleistet werden könnte.“

[1]) a. a. O. II. S. 292, 293. [2]) a. a. O. II. S. 297.
[3]) a. a. O. II. S. 298.

Nicht einmal Ricardo kann ohne weiteres für den kapitalistischen Liberalismus in Anspruch genommen werden [1]). Eine Verschiebung der Einkommensverhältnisse, welche den Arbeitern einen größeren Teil des Einkommens zuwenden würde, hielt er für eine erstrebenswerte Verbesserung des Zustandes der Gesellschaft, weil dadurch die bei weitem wichtigste Klasse der Gesellschaft, die arbeitende, gewinnen würde. „Die Freunde der menschlichen Gesittung" müßten die Arbeiterklasse „durch alle gesetzlichen Mittel" antreiben, sich die Gegenstände körperlichen und gemütlichen Wohlbehagens zu verschaffen. Er gab auch offen zu, daß die Einführung der Maschinen zwar den Interessen der Besitzenden förderlich sei, aber oft äußerst nachteilig auf die Lage der Arbeiter einwirke. Im Parlamente brachte er die staatliche Fürsorge für Arbeiterwohnungen in Vorschlag. Er stimmte für die Aufhebung der Koalitionsverbote und für die Einsetzung einer parlamentarischen Kommission, um die sozialpolitischen Pläne Robert Owens zu untersuchen. Wenn Ricardo die Truckverbote verwarf, so geschah es gerade im Hinblicke auf die Einrichtungen, welche Owen im Interesse seiner Arbeiter getroffen hatte und die durch solche Gesetze verhindert werden konnten. Im allgemeinen hat indes Ricardo selbst in erster Linie rein theoretische Zwecke verfolgt und sich darüber beklagt, daß man seine Ausführungen nicht so hypothetisch auffasse, wie sie gemeint gewesen seien. Er kommt deshalb für die vorliegenden Fragen weit weniger in Betracht, als sein Schüler Mac Culloch. Bei ihm aber finden sich so pessimistische Äußerungen [2]) über die sozialen Zustände, welche die Entwicklung der Großindustrie begleitet haben, daß man an die sozialkonservativen Anschauungen von Sismondi und Malthus erinnert wird. Der wohltätige Einfluß der Fabriken hänge in hohem Maße davon ab, daß sie hinter der Landwirtschaft und anderen, gesichertere Arbeitsgelegenheit bietenden Wirtschaftszweigen zurückständen. Wo sie indes das vorherrschende Interesse ausmachten, liege Grund zu ernsten Besorgnissen vor. „Wir haben davon Notiz genommen, daß in der

[1]) Vgl. Rae, Contemporary socialism. London 1901. S. 360; Schüller, Die klassische Nationalökonomie. Berlin 1895. S. 67, 68; neuerdings auch Diehl, D. Ricardos Grundgesetze der Volkswirtschaft und Besteuerung. III. Bd. Sozialwissenschaftliche Erläuterungen. Leipzig 1905. S. 21 ff., 427, 472.

[2]) The principles of political economy, 5th ed. Edinburgh 1864. S. 131—140.

Entwicklung der Fabriken eine Tendenz sich äußert, die Großbetriebe, in denen einige wenige Personen Arbeitermassen leiten, zunehmen zu lassen. Wir bezweifeln aber, daß ein Land, mag es noch so reich sein, in einem wirklich heilsamen und gesunden Zustande sich befindet, wo das maßgebende Interesse dargestellt wird von einer kleinen Zahl großer Kapitalisten und einer großen Zahl Arbeiter, die zwar von ihnen beschäftigt, aber durch keinerlei Bande der Dankbarkeit, des Mitgefühls oder der Zuneigung mit ihnen verbunden werden. Diese Entfremdung wird durch den großen Betriebsumfang, welchen jetzt die meisten Geschäfte aufweisen, veranlaßt. Dieser macht es den Arbeitgebern, selbst wenn sie es wünschen würden, unmöglich, mit der Masse ihrer Leute bekannt zu werden. Im allgemeinen kennen sie kaum deren Namen; sie achten bloß auf ihre Aufführung in der Fabrik; sie wissen nichts von ihrer Lebensweise außerhalb derselben, nichts von der Lage ihrer Familien. Freundlichere Gefühle finden keinen Raum bei einem Verkehr dieser Art; im allgemeinen wird alles auf beiden Seiten durch die engherzigsten und selbstsüchtigsten Erwägungen bestimmt. Ein Arbeiter und seine Maschine werden ungefähr mit dem gleichen Mitgefühl und der gleichen Rücksicht behandelt. Eine Bevölkerung dieser Art muß äußerst unzufrieden sein“ [1]. „Vielleicht kommt man schließlich zu dem Ergebnisse, daß es unweise war, das Fabriksystem einen so großen Aufschwung in diesem Lande nehmen zu lassen, und daß frühzeitig Maßregeln hätten ergriffen werden sollen, sein Wachstum zu verhindern und einzuschränken. Gegenwärtig kann an nichts dergleichen mehr gedacht werden. Ob zum Guten oder Bösen, wir sind viel zu weit vorgedrungen, um noch zurück zu können. Wir haben keine andere Hoffnung mehr, als es zu voller Entwicklung zu bringen, aber auch durch eine umsichtige Gesetzgebung alles, was möglich ist, zu versuchen, um Rückschläge abzuwenden und zu mildern“ [2]. Mac Culloch denkt hier an den Freihandel, die Verbesserung des Geldwesens, die Beseitigung drückender Abgaben, aber auch an eine Reform der Armenpflege, welche weder die Gefühle der Arbeiter verletzt noch deren Arbeitseifer vermindert; d. h. die staatliche Armenpflege soll in Notständen so viel leisten, daß die Arbeiter von der bereits erreichten Stufe der Lebensführung nicht wieder herabgeschleudert werden [3]. Mac Culloch sieht die

[1] a. a. O. S. 139.
[2] a. a. O. S. 136.
[3] a. a. O. S. 372.

Lebenshaltung als Regulator des Lohnes an. Da er aber, wie Ad. Smith, hohe Löhne auch für einen volkswirtschaftlichen Vorteil erachtet[1]), ist ihm sehr daran gelegen, daß durch die Einwirkungen der Krisen die Lebensgewohnheiten und damit auch die Löhne nicht herabgedrückt werden.

In der gleichen Absicht befürwortete Mac Culloch ein staatliches Verbot gegen die Einwanderung von Arbeitern, die wie die irischen auf einer niedrigeren Stufe der Lebenshaltung als die heimischen stehen[2]). Er hat ferner alle Bemühungen Lord Shaftesburys um die Ausbildung der Fabrikgesetzgebung im Parlamente unterstützt, soweit sie den Schutz der Frauen und Kinder bezweckten[3]), und in entschiedenster Weise staatliche Eingriffe zur Verbesserung der Arbeiterwohnungsverhältnisse gefordert. Elende Wohnungen finden, da sie billig sind, immer Bewohner. „Nichts kann aber klarer sein, als die Pflicht der Regierung, gegen Mißbräuche dieser Art Vorbeuge- und Abhilfsmaßregeln zu ergreifen. Der schädliche Einfluß solcher Behausungen beschränkt sich nicht auf die Bewohner. Wenn es aber auch der Fall wäre, so wäre das noch kein triftiger Grund, die Einführung eines besseren Systemes abzulehnen. . . Wie wir Schutzmaßregeln gegen die Pest ergreifen, so sollten wir uns auch gegen den Typhus zu sichern trachten und dagegen, daß eine Wohnung inmitten von Schmutz und Ungemach über einen irgendwie beträchtlichen Bruchteil der Bevölkerung ihren verrohenden Einfluß ausübt"[4]). „Freiheit ist nicht, wie manche anzunehmen scheinen, der Zweck der Regierung. Den Zweck bildet die Förderung der öffentlichen Kultur und Wohlfahrt. Die Freiheit ist nur insofern wertvoll, als sie zu diesem Zweck beiträgt." Mit der fortschreitenden Entwicklung des Industrialismus könnten aber sehr wohl neue Grundsätze notwendig werden und neue Forderungen an die Regierung herantreten[5]).

Ja sogar Richard Cobden hat einen Liberalismus vertreten, in dem sozialreformerische Züge keineswegs fehlen. Er war im Gegensatz zu Bright ein Anhänger der Fabrikgesetzgebung für Kinder und Frauen und der allgemeinen Volksschule[6]). Trotz aller Freiheitsliebe schätzte er doch den Fortschritt noch höher als die Freiheit

---

1) a. a. O. S. 346 ff.
2) Rae, Contemporary socialism. S. 364.
3) a. a. O. S. 366.
4) a. a. O. S. 362.
5) a. a. O. S. 367.
6) a. a. O. S. 372.

und hielt diejenige Regierung für die beste, welche den Fortschritt der Gesellschaft am wirksamsten förderte. Gelegentlich seiner Reise nach Preußen im Jahre 1838 gelangte er zu einer enthusiastischen Bewunderung der Regierung dieses Landes, welche trotz der absolutistischen Formen doch dem Fortschritt diente. „Ich vermute," erklärte er [1]), „daß gegenwärtig, soweit die große Volksmasse in Betracht kommt, Preußen die beste Regierung Europas besitzt. Hätte unser Volk solch eine einfache und wirtschaftliche Regierung, welche so tief von der Gerechtigkeit gegen alle erfüllt ist und so unausgesetzt danach strebt, ihre Untertanen geistig und sittlich zu erheben, um wie viel besser würde es um 12 oder 15 Millionen in Großbritannien stehen, welche, obwohl sie kein Wahlrecht besitzen, doch überzeugt sind, freie Männer zu sein."

21. Der Sozialliberalismus in der wissenschaftlichen Literatur Englands und Frankreichs [2]).

Unter diesen Umständen kann John Stuart Mill nur als ein Schriftsteller angesehen werden, welcher die arbeiterfreundlichen Tendenzen Smiths und Mac Cullochs fortsetzt. Wodurch er sich von seinen Vorgängern unterscheidet, das ist insbesondere das tiefere Studium, welches er Robert Owen und den sozialistischen Denkern Frankreichs widmet. Die gelehrte Welt hatte ihnen bis dahin geringe Aufmerksamkeit geschenkt, ja sie kaum einer Widerlegung für wert erachtet. Von dieser hochmütigen Haltung ist Mill weit entfernt.

„Bliebe uns nur die Alternative: entweder der bisherige Zustand, wobei das Ergebnis der Arbeit sich fast im umgekehrten Verhältnisse zur Arbeit verteilt, so daß die größten Anteile denjenigen zufallen, die überhaupt nie gearbeitet haben, die nächstgrößten denen, deren Arbeit beinahe nur nominell ist, und so weiter hinunter, indem die Vergütung in gleichem Verhältnisse zusammenschrumpft, wie die Arbeit schwerer und unangenehmer wird, bis endlich die ermüdendste und aufreibendste körperliche Arbeit nicht mit Gewißheit darauf rechnen kann, selbst nur den notwendigsten Lebensbedarf zu erwerben; wenn, sagen wir, die Alternative wäre: Dies oder Kommunismus, so

---

[1]) a. a. O. S. 393.

[2]) Vgl. G. Cohn, Die heutige Nationalökonomie in England und Amerika. J. f. G. V. XIII. S. 1—46; Gehrig, a. a. O. S. 64 bis 96.

würden alle Bedenklichkeiten gegen den Kommunismus, große wie kleine, nur wie Spreu in der Wagschale sein." Aber so liegen die Dinge in Wirklichkeit nicht. „Die sozialen Einrichtungen Europas nehmen ihren Anfang von einer Eigentumsverteilung, die nicht das Ergebnis einer gerechten Teilung oder der Aneignung durch Erwerbstätigkeit, sondern der Eroberung und Gewalttätigkeit war.... Die Gesetze haben die Wagschale zwischen den verschiedenen Klassen nicht nach Recht und Billigkeit gehalten, sondern haben einigen Hindernisse in den Weg gelegt, um anderen Vorteile zu gewähren; sie haben absichtlich Ungleichheiten begünstigt und verhindert, daß alle beim Wettlaufe gleichmäßig gestellt sind. Wenn die Gesetze nur ebensoviel täten, um die sozialen Ungleichheiten zu mildern und eine bessere Verteilung des Vermögens zu begünstigen, als sie jetzt tun, um die Ungleichheit zu vergrößern und den Besitz zu konzentrieren, so würde sich schon zeigen, daß das Prinzip des Privateigentums in keinem notwendigen Zusammenhange steht mit den physischen und sozialen Leiden, welche fast sämtliche sozialistischen Systeme als davon untrennbar voraussetzen"[1]). So erblickte Mill die Aufgabe der Volkswirtschaft weniger in einer absoluten Vermehrung des Nationalvermögens, als in einer besseren Verteilung. Zu diesem Zwecke seien die Reformen der Grundeigentumsverhältnisse, des Erbrechtes, eine große nationale Kolonisationsmaßregel, Gewinnbeteiligungssysteme, Arbeiterschutzgesetze, Genossenschaften und allgemeine Erziehung und Bildung ins Auge zu fassen. Das sozialpolitische Programm Mills trug im wesentlichen das gleiche Gepräge wie das Carlyles; nur daß sich Mill in politischer Beziehung durchaus auf dem Boden liberal-demokratischer Grundsätze bewegte. Die Neigung, auch die Staatsgewalt in den Dienst sozialreformatorischer Aufgaben zu stellen, ist bei dem Verfasser der berühmten Abhandlung „Über die Freiheit" allerdings erst im späteren Lebensalter schärfer hervorgetreten.

„Während wir mit allem Nachdrucke", bemerkt Mill in seiner Selbstbiographie, „die Tyrannei der Gesellschaft über das Individuum verwarfen, die man den meisten sozialistischen Systemen unterstellt,

[1]) Grundsätze der politischen Ökonomie, deutsch von Soetbeer. 4. Ausgabe. Leipzig 1881. S. 210—229; Selbstbiographie, deutsch von Kolb. Stuttgart 1894. S. 192—193; Althaus, Englische Charakterbilder. I. Berlin 1869. S. 165—235.

nahmen wir doch eine Zeit in Aussicht, in welcher die Gesellschaft nicht mehr nach Arbeitern und Müßiggängern sich gliedern würde — in welcher die Regel, „wer nicht arbeitet, soll auch nicht essen“ nicht bloß auf die Armen, sondern unparteiisch auf alle Anwendung findet — in welcher die Verteilung des Arbeitserzeugnisses, statt, wie in so hohem Grade jetzt geschieht, vom Zufall der Geburt abzuhängen, durch einstimmige Beschlüsse oder nach anerkannten gerechten Grundsätzen vor sich geht — in welcher es nicht länger unmöglich sein oder für unmöglich gehalten werden wird, daß menschliche Wesen sich eifrig anstrengen in Schaffung von Wohltaten, die nicht ausschließlich ihnen, sondern auch der Gesellschaft, der sie angehören, zugute kommen. Der Zukunft schien uns die soziale Aufgabe obzuliegen, die größte individuelle Freiheit des Handelns mit einem gemeinschaftlichen Eigentumsrecht an dem Rohmaterial des Erdballes und der gleichen Teilnahme aller an den Wohltaten der vereinigten Arbeitstätigkeit in Verbindung zu bringen.“

Wie ersichtlich, ist es weniger die Frage der Staatshilfe, welche die ältere von der neueren Nationalökonomie trennt. Der wesentliche Unterschied liegt in der Beurteilung, welche die Koalitionen und die Berufsvereinigungen der Arbeiter finden. Adam Smith und seine Nachfolger haben die Koalitionsverbote verworfen, aber sie glaubten nicht, daß die Arbeiter selbst nach Beseitigung der Verbote auf diesem Wege zu wesentlichen Verbesserungen durchdringen würden. Mac Culloch hatte sich die richtige Einsicht in diese Verhältnisse durch die Lohnfondstheorie versperrt. Diese Theorie wurde auch von Mill lange Zeit vertreten. Erst durch das Buch Thorntons „On labour; its wrongful claims and rightful dues“ London 1869 [1]) wurde eine bessere Würdigung der Gewerkvereine angebahnt, der sich Mill sofort mit Freude anschloß [2]). Die fortschreitende Entwicklung des Gewerkvereinswesens hat die Lohnfondslehre bald

---

[1]) Das Werk ist ins Deutsche übersetzt worden von Dr. M. Schramm: Die Arbeit, ihre unberechtigten Ansprüche und ihre berechtigten Forderungen. Leipzig 1870.

[2]) Mill, Fortnightly Review, Mai 1869, in der Gomperzschen Ausgabe der ges. Werke. 12. Bd. Die Arbeiterfrage. Über die Stellung der englischen Nationalökonomen gegenüber der Gewerkvereinsfrage vgl. S. und B. Webb, Theorie und Praxis der engl. Gewerkvereine (Industrial Democracy). Deutsch von C. Hugo. 2. Bd. 1898. S. 137—183.

zu einer literar-historischen Kuriosität herabgedrückt. Die maßgebenden englischen Nationalökonomen [1]) der Gegenwart haben sie aufgegeben und erblicken in der Gewerkvereinsorganisation eines der wirkungsvollsten Mittel zur Hebung der Arbeiterklasse. Insofern dürfen sie in noch höherem Maße, wie ihre Vorgänger, als Vertreter des Sozialliberalismus bezeichnet werden. Manchesterliche Anschauungen, wie sie noch von Herbert Spencer [2]) in der Schrift „The man versus the state" verfochten wurden, bildeten mehr und mehr die Ausnahme, nicht die Regel, nachdem auch Jevons [3]) und A. Tonynbee [4]) im Sinne sozialpolitischer Betätigung gewirkt hatten.

Was für Mac Culloch gilt, trifft im wesentlichen auch für J. B. Say, den bedeutendsten Vertreter der klassischen Ökonomie in Frankreich [5]), zu. Er billigt ausdrücklich gewisse Ausführungen Sismondis, welche den gesetzlichen Schutz der Arbeiter begründen. „Sismondi, im Prinzipe die mit der Intervention des Staates in die Privatverträge verbundenen Unzukömmlichkeiten zugebend, glaubt dessenungeachtet, daß das Gesetz denjenigen unterstützen müsse, der notwendig in einer so prekären und hilflosen Lage ist, daß er oft ungünstige Bedingungen annehmen muß. Es ist unmöglich, in diesem Punkte die Meinung Sismondis nicht zu teilen." Ähnlich, wie Adam Smith, tadelt es auch Say, daß der

---

[1]) Vgl. insbes. Marshall, Principles of economics. 1. Bd. 2. Aufl. London 1891 (deutsche Übersetzung von Ephraim und Salz unter dem Titel: Handbuch der Volkswirtschaftslehre. 1. Bd. Stuttgart 1905); Derselbe, Elements of economics of industry. 2. Aufl. London 1898. S. 390—427; Derselbe, The social possibilities of economic chivalry, 1907; Derselbe, Industry and Trade 1919; Nicholson, Principles of political economy, 1. Bd. 2. Aufl. London 1902. 2. Bd. 1897; 3. Bd. 1901.

[2]) Über Spencer vgl. v. Wiese, Zur Grundlegung der Gesellschaftslehre. 1906.

[3]) The State in relation to Labour. 3. ed. 1894; Methods of social reform. 2. ed. 1904.

[4]) Lectures on the industrial revolution in England, Popular addresses, Notes and other Fragments. New edition. 1908.

[5]) Béchaux, Die französische Nationalökonomie der Gegenwart. Übersetzt von Wampach. Berlin 1903; v. Waha, Die Nationalökonomie in Frankreich. 1910; Gide und Rist, Geschichte der volkswirtschaftl. Lehrmeinungen. (Deutsche Ausgabe. 1913.)

Staat die Koalitionen der Unternehmer, die ohnehin schon der stärkere Teil seien, befördert oder duldet, während die Koalitionen der Arbeiter unterdrückt werden. Im übrigen ist nicht zu bestreiten, daß in Frankreich dank der Wirksamkeit Bastiats die Nationalökonomen, welche dem vulgärsten Typus des Manchestertumes entsprechen, bis in die neuesten Zeiten herein (M. Block, Leroy-Beaulieu, Baudrillart, Yves Guyot, Bellet usw.) ungleich häufiger anzutreffen sind als anderwärts. Im übrigen haben die Franzosen in der sozialkonservativen und sozialistischen Literatur Größeres geleistet, als auf sozialliberalem Gebiet. Immerhin können die deskriptiven Arbeiten von Villermé (Tableau de l'état physique et moral des ouvriers employés dans les manufactures de coton, de laine et de la soie 1840) und Boyers De l'état des ouvriers et de son amelioration par l'organisation du travail (2. Aufl. 1841) einen hohen Rang beanspruchen. In neuerer Zeit hat sich teils unter deutscher, teils unter englischer Einwirkung eine sozialliberale durch die Revue d'économie politique vertretene Richtung herausgebildet, deren bedeutendste Vertreter Cauwès[1]), Gide[2]), R. Jay[3]), St. Marc, P. Pic[4]), Bourguin[5]), Andler, Aftalion u. a. sind. Neben ihnen sind die französisch schreibenden Belgier de Laveleye[6]), Mahaim[7]), Ansiaux[8]) und Waxweiler[9]) zu nennen.

22. Der sozialreformatorische Liberalismus in der deutschen Wissenschaft.

Auch in Deutschland haben die Anhänger der Adam Smithschen Schule, Kraus und Lotz, ihre arbeiterfreundliche Gesinnung

---

[1]) Cours d'économie politique. Paris. 3. Aufl. 1893, insbesondere III. Bd.

[2]) Cours d'économie politique. 2. Aufl. Paris 1911; Les Institutions de Progrès Social. 1912.

[3]) Études sur la question ouvrière en Suisse. Paris 1893.

[4]) Les lois ouvrières. 2. Aufl. Paris 1903.

[5]) Les systèmes socialistes et l'Evolution économique. 1904 (deutsche Übersetzung von Katzenstein. 1906).

[6]) Le socialisme contemporain. 6. Aufl. Paris 1891: Eléments d'économie politique. Paris 1884.

[7]) Études sur l'association professionelle. Liège 1891.

[8]) La théorie de l'individualisme. Paris 1896: Travail de nuit. Bruxelles 1898; L'industrie armurière Liègeoise. Bruxelles 1899; L'industrie du tressage de la paille. Bruxelles 1900.

[9]) La participation aux bénéfices. Paris 1898.

offen bekannt[1]). Bei der ganzen Struktur des deutschen Wirtschaftslebens in den ersten Jahrzehnten des 19. Jahrhunderts waren es naturgemäß nicht großindustrielle, sondern ländliche und kleingewerbliche Verhältnisse, die sie zum Ausgangspunkte ihrer Kritik nehmen mußten. Hier schien die Aufhebung der Feudal- und Zunftverfassung die Bedingung jedes sozialen Fortschrittes zu sein. Nichts berechtigt aber zu der Annahme, daß diese Männer zur Heilung der Schäden des Fabriksystems lediglich ein laisser-faire-Rezept verschrieben haben würden. Von Lotz liegen aus den letzten Jahren seines Lebens Äußerungen vor, welche beweisen, wie tief ihn die Fabrikarbeiterfrage zu bewegen begann[2]). „Durch das Verhältnis der Fabrikherren zu ihren Arbeitern hat sich eine Institution geschaffen, welche das in unseren Tagen zu Grabe getragene Lehenswesen mit all seinen verderblichen Folgen und Auswüchsen wieder ins Leben zu rufen strebt." „Die Verhältnisse der Arbeiter sind meistens äußerst drückende." „Dem Drucke der Fabrikherren läßt sich nicht mit Erfolg begegnen."

Ausreichende Gelegenheit zu einem umfassenden Studium der Arbeiterfrage bot in der ersten Hälfte des 19. Jahrhunderts nur das kapitalistisch entwickelte Westeuropa. In Paris war es, wo Lorenz Stein[3]), von der Macht des sozialen Problems ergriffen, die rechtshistorischen Studien, um derentwillen er sich dahin begeben hatte, verließ, sich in die gesamte soziale Literatur Frankreichs vertiefte und die Gedanken der liberalen Ökonomie in sozialreformatorischem Sinne weiterzubilden beschloß.

Vermag er auch in bezug auf die positive Sozialpolitik keine ausreichenden Aufschlüsse zu gewähren, so hatte er doch durch das Studium der sozialen Bewegung in Frankreich die Überzeugung gewonnen, daß die im Gefolge der Großindustrie auftretende Ar-

---

1) Vgl. Schüller, Die Wirtschaftspolitik der historischen Schule. Berlin 1899. S. 16—44; v. Philippovich, Das Eindringen der sozialpolitischen Ideen in die Literatur. Festgabe für Schmoller, 2. Bd. XXXI. 1908; Judith Grünfeld, Die leitenden sozial- und wirtschaftsphilosophischen Ideen in der deutschen Nationalökonomie und die Überwindung des Smithianismus bis auf Oertel und Hermann. 1913.

2) a. a. O. S. 33.

3) Ernst Grünfeld, Die Gesellschaftslehre von L. v. Stein, 1909.

beiterklasse — das Proletariat — eine weltgeschichtliche Tatsache ersten Ranges darstelle. Alle Ministerkämpfe, alle Aufstände, alle Intriguen, alle politischen Erschütterungen seien nichts neben dieser Entwicklung, die allein die wahre Tatsache der Zeit bilde. „Von allem, was in ihr geschieht, hat nichts eine dauernde Bedeutung, als das, was mit dieser zusammenhängt, sie überragt Königtum, innere und äußere Politik mit solcher entscheidender Gewalt, daß das ganze Gebäude der klügsten und bestorganisierten Staatsordnung wie ein Nichts zertrümmert daliegt, sobald sie auftritt. Hätte ich in Wort und Gedanken die Macht, die ganze Kraft des Geistes aller Staatsmänner, ja aller, die an öffentlichen Dingen teilnehmen in Anschauung oder Tat, auf diesen einzigen Punkt zu lenken, ich würde es tun, und müßte darüber jeder andere Teil der Geschichte vergessen werden. Denn hier und nirgends anders liegt der Schwerpunkt der wahren Geschichte, das Lebendige der nächsten Zukunft“ [1]). Daß diese neue Klasse bei den Grundsätzen der liberalen Ökonomie nicht bestehen kann, daß sie mit dem Siegeslaufe der Großindustrie einen immer größer werdenden Bruchteil der Gesellschaft darstellt, darüber herrscht bei Stein dieselbe Klarheit wie darüber, daß die sozialistischen und kommunistischen Systeme zur unmittelbaren Lösung der Konflikte nicht geeignet sind.

Eine ähnliche Stellung wie Stein nahm Bruno Hildebrand [2]) ein. Dagegen vermochte Eugen Dühring bereits 1865, also noch vor Thornton und Mill, durch die Erfolge der englischen Arbeiter belehrt, die Koalition als wichtigstes Instrument für die materielle Hebung der Arbeiterklasse zu bezeichnen. „Gegenwärtig aber ist es an der Zeit, die Wahrheit, daß es außer dem gewöhnlichen juristischen Rechtsschutz noch Bürgschaften der wirtschaftlichen Gerechtigkeit geben müsse, in das Leben einzuführen. Bis jetzt sind die auf Lohnerhöhung gerichteten Koalitionen ganz allein imstande gewesen, etwas von dem wirtschaftlichen Rechte zur Geltung zu bringen“ [3]). Der Inhalt des Eigentumes weise zwei verschiedenartige Bestandteile auf. „Die ausschließliche und vollständige Herrschaft über die Sache

---

[1]) L. Stein, Die industrielle Gesellschaft. 2. Ausgabe. Leipzig 1855. S. 15, 16.

[2]) Die Nationalökonomie der Gegenwart und Zukunft. Frankfurt a. M. 1848.

[3]) E. Dühring, Kapital und Arbeit. Berlin 1865. S. VIII.

ist in hohem Maße bedingt durch die Herrschaft über den Menschen, der in irgend einer Form zur Hilfeleistung bei der Ausnutzung direkt oder indirekt gezwungen oder genötigt werden muß. Das Eigentum wird seine sozial verhängnisvollen Wirkungen verlieren, wenn es gelingt, die Herrschaft des Eigentümers über den Menschen zu brechen. Das ist aber durch die Koalitionen möglich. Sie setzen den Menschen als Menschen in den Stand, ‚die Belohnung seiner Arbeit zu bestimmen, d. h. an Stelle der einseitigen Auferlegungen wirklich freie Verträge zu schließen'"[1]). Lohnerhöhungen können die wirtschaftliche Entwicklung nicht schädigen, denn sie haben eine Erweiterung der Nachfrage von seiten der nun besser gestellten Arbeiter und deshalb eine Vergrößerung des Marktes zur Folge. Die Besorgnis, daß in der Lohnsteigerung zu weit gegangen werden könnte, ist grundlos. Immer stehen ja den Arbeitern als mächtige Gegenpartei die Arbeitgeber gegenüber, deren nächste Interessen die Niederhaltung der Löhne empfehlen. „Durchschnittlich wird aber auch dann auf Lohnerhöhung zu dringen sein, wenn nur der einseitige Antrieb des Mangels und Elends vorliegt und sich für die Beteiligten nicht übersehen läßt, was von seiten der Arbeitgeber wirklich geleistet werden könnte. Sehr oft müssen letztere erst durch die Forderungen der Arbeit angespornt werden, auf einen besseren und lohnenderen Geschäftsbetrieb zu denken"[2]).

So bedeutungsvoll die Ausführungen Dührings für die Zeit, in welcher sie niedergeschrieben wurden, erscheinen, so konnten sie doch von dem Wesen und der Wirksamkeit der Arbeiterkoalitionen noch keine konkreten Vorstellungen verschaffen.

Unter den Einwirkungen des Milliardenregens, der Ausschreitungen der Gründerzeit und der zunehmenden Geltung manchesterlicher Anschauungen im öffentlichen Leben fühlten sich die hervorragendsten Vertreter der wissenschaftlichen Nationalökonomie (Brentano, Conrad, Held, Hildebrand, Knapp, Mithoff, Nasse, Roscher, Schmoller, Schönberg, Wagner) von der Notwendigkeit durchdrungen, im Verein mit Männern der Verwaltung, der Presse, des Geschäftslebens und der Politik durch eine besondere Organisation den Ideen der sozialen Reform zum besseren Durchbruch zu verhelfen. So entstand 1872 der Verein für

---

[1]) a. a. O. S. IX.

[2]) a. a. O. S. XI.

Sozialpolitik[1]). Über die Aufgaben des Vereins bestanden anfänglich erhebliche Meinungsdifferenzen. Brentano und J. v. Eckardt, damals Redakteur des angesehenen Hamburger Korrespondenten, wünschten die Organisation nur näheren Gesinnungsgenossen zugänglich zu machen. Schmoller dagegen empfahl den Verein allen offen zu halten, die nur einigermaßen positiv sozialpolitischen Ideen zugänglich waren, also auch Männern wie R. Gneist und E. Engel, obwohl sie dem manchesterlichen Gedankenkreise näher standen als die Mehrheit der Gründer des Vereins. Tatsächlich hat der Schmollersche Standpunkt gesiegt. An und für sich ist der Verein weder eine Partei, noch eine Interessenvertretung. Allen Mitgliedern ist nur das Streben gemeinsam, sich gegenseitig und andere durch die Debatten und die vom Verein veranlaßten Arbeiten über die wichtigsten sozialpolitischen Zeitfragen zu belehren und aufzuklären. Es handelt sich also um einen wissenschaftlichen Verein, der allerdings auch einen Einfluß auf die öffentliche Meinung ausüben will. Er will, nach den Worten seines langjährigen Vorsitzenden Schmoller, „wie der Chor der antiken Tragödie die leidenschaftlichen Handlungen der Bühne begleitet, ruhig und leidenschaftslos zur Seite stehend, für das Wahre und Gute, für das Billige und Gerechte eintreten und versuchen, diesen höchsten Mächten des Menschenlebens ein größeres Gewicht zu verschaffen". Die stattliche Reihe sozialwissenschaftlicher Arbeiten (1921 159 Bände), die auf Veranlassung des Vereins entstanden sind, hat in der Tat auf die Entwicklung der Reichsgesetzgebung einen nicht unerheblichen Einfluß ausgeübt[2]).

---

[1]) Else Conrad, Der Verein für Sozialpolitik und seine Wirksamkeit auf dem Gebiete der gewerblichen Arbeiterfrage. Jena 1906; Gehrig a. a. O. S. 137—212.

[2]) Aus der Wirksamkeit des Vereins, die über das Gebiet der Arbeiterfrage weit hinausragt, seien die folgenden zur gewerblichen Arbeiterfrage in unmittelbaren Beziehungen stehenden Untersuchungen hervorgehoben: Verhandlungen der Eisenacher Versammlung zur Besprechung der sozialen Frage am 6. und 7. Oktober 1872 mit Referaten von Brentano über Fabrikgesetzgebung, von Schmoller über Arbeitseinstellungen und Gewerkvereine, von Engel über Wohnungsnot. Leipzig 1873; Bd. 2. Über Fabrikgesetzgebung, Schiedsgerichte und Einigungsämter, 1873; Bd. 5. Über Alters- und Invalidenkassen für Arbeiter, 1874; Bd. 6. Über Beteiligung der Arbeiter am Unternehmergewinn, 1874; Bd. 7. Über Bestrafung des Kontraktbruches, 1874; Bd. 13. Das Verfahren bei

Ungeachtet ihrer ruhigen, maßvollen und durchaus wissenschaftlichen Haltung haben die Gründer und Leiter des Vereins mancherlei Angriffen und Verdächtigungen von rechts und links zur Zielscheibe dienen müssen. Von manchesterlicher Seite, wo noch immer selbst von hervorragenden Männern angenommen wurde, die Sozialdemokraten wollten mit 6—8 stündiger Arbeit so viel verdienen, daß sie täglich Rehbraten essen und Champagner trinken könnten, wurden sie als Kathedersozialisten verspottet, von sozialistischer Seite als Streber bekämpft. Jedenfalls kamen gewisse Angriffe den Vorurteilen der gebildeten und besitzenden Kreise so sehr entgegen, daß sie nicht ohne Erwiderung gelassen werden durften. Gustav Schmoller war es, der in seinem offenen Sendschreiben an Herrn Professor Dr. H. v. Treitschke „Über einige Grundfragen des Rechtes und der Volkswirtschaft" (Jena 1875) eine glänzende Verteidigung lieferte. Im übrigen standen den Sozialpolitikern der von J. v. Eckardt geleitete Hamburgische Korrespondent und die von Nagel redigierte Konkordia zur Seite.

Ähnliche Angriffe sind immer wieder von Zeit zu Zeit gegen die leitenden Männer des Vereins gerichtet worden[1]). Dabei kam es wohl vor, daß der Wirksamkeit des Vereins in den ersten Jahren seines Bestandes noch eine gewisse Anerkennung zuteil wurde. Die bedrohliche, staatsgefährliche Haltung sollte erst das Ergebnis der

Enqueten über soziale Verhältnisse, 1877; Bd. 17. Gewerkvereine und Unternehmerverbände in Frankreich, 1879; Bd. 18. Die amerikanischen Gewerkvereine; Bd. 19. Die Haftpflichtfrage, 1880; Bd. 26. Die Arbeiterversicherung in Frankreich, 1884; Bd. 30/32. Die Wohnungsnot der ärmeren Klassen, 1886/87; Bd. 45—47. Arbeitseinstellungen, Fortbildung des Arbeitsvertrages und Arbeiter-Ausschüsse, 1890; Bd. 76. Koalitions- und Vereinsrecht, 1898; Bd. 94 bis 98. Wohnungsfrage, 1901, 1902; Bd. 114. Wohlfahrtseinrichtungen der Arbeitgeber in Deutschland und Frankreich, 1905; Bd. 116. Arbeitsverhältnis in privaten Riesenbetrieben, 1906; Bd. 132. Die wirtschaftlichen Unternehmungen der Gemeinden, 1910; Bd. 133—153. Auslese und Anpassung der Arbeiterschaft. 1910 bis 1912; Bd. 136 u. 137. Untersuchungen über das Volksspar- und Versicherungswesen, 1912 und 1913; Bd. 138. Probleme der Arbeiterpsychologie, 1912; Bd. 139. Die Verteuerung der Lebensmittel, 1912; Bd. 145. Löhne und Lebenskosten in Westeuropa, 1914; Kosten der Lebenshaltung in deutschen Großstädten, 1914; Bd. 150. Untersuchungen über Konsumvereine, 1915.

[1]) Vgl. z. B. H. A. Bueck, Kathedersozialismus. Berlin 1906.

neueren Entwicklung sein. Das waren aber Behauptungen, die jeder soliden Grundlage entbehrten. Sah man im Sinne gewisser Arbeitgeberkreise die Hebung der Arbeiterklasse zu größerer tatsächlicher Freiheit und Anteilnahme an den Gütern der modernen Kultur als staatsgefährlich an, so war der Verein im Jahre 1872 mindestens ebenso gefährlich und bedenklich wie in neuerer Zeit.

Von der Kollektivarbeit, die innerhalb des Vereines geleistet wird, ist natürlich die wissenschaftliche und literarische Wirksamkeit zu trennen, welche die einzelnen Vereinsmitglieder außerhalb des Vereins entwickeln. Im übrigen kann im Rahmen dieser Darstellung unmöglich eine erschöpfende Würdigung der wissenschaftlichen Leistungen erfolgen, welche die deutsche Nationalökonomie auf dem Gebiete der sozialen Reformen aufzuweisen hat. Das hieße einfach die Geschichte der neueren deutschen Nationalökonomie schreiben. Es muß genügen, einige „representative men" zu nennen.

Am schärfsten wird der sozialliberale Gedanke, politisch in demokratischer Fassung, durch Lujo Brentano zum Ausdrucke gebracht. Brentano lehrt, daß die Analyse, der Marx die Arbeiterzustände unterworfen hat, richtig ist, solange die Arbeiter der Organisation entbehren und vereinzelt ihre Ware Arbeit anbieten. Ganz anders aber, wenn sie in nationalen Berufsverbänden organisiert sind. Dann braucht der Arbeiter nicht mehr bedingungslos seine Arbeit anzubieten, er hat vielmehr die Möglichkeit, entsprechend den Marktverhältnissen, auf den Lohn einzuwirken und seine Lebensweise zu erhöhen. In England hat diese Entwicklung seit den fünfziger Jahren sich wirklich vollzogen und weit mehr zur Hebung der Arbeiterklasse beigetragen, als die von Marx einseitig in den Vordergrund gestellte Fabrikgesetzgebung. Mit der aufsteigenden Klassenbewegung der Arbeiter aber spitzen sich die Gegensätze nicht in der von Marx gelehrten Weise immer weiter zu, sondern die wachsende Masse und Reife der Arbeiter bewirkt, daß sie von den Unternehmern als tatsächlich gleichberechtigte Kontrahenten beim Abschlusse des Arbeitsvertrages anerkannt werden. Anstelle der Klassenkämpfe, der Arbeitseinstellungen und Aussperrungen, treten allmählich rein geschäftliche Verhandlungen in Schiedsgerichten und Einigungsämtern. Mag die Entwicklung vorerst auch nur in wenigen Industrien diese Höhe bereits erreicht haben, so werden doch immer weitere Kreise der Arbeiterbevölkerung von ihr ergriffen. Der

Selbsthilfe der Arbeiterverbände kommt also eine viel größere Tragweite zu, als die Fortschrittler im Sinne von Schulze-Delitzsch, als Marx oder gar Lassalle angenommen haben. Die liberale Wirtschaftsordnung, weit entfernt, ihrem Untergange zuzueilen, beginnt sich im Gegenteile mit der Herstellung der faktischen Freiheit des Arbeitsvertrages erst recht zu entfalten.

Brentano hat diese Anschauungen zunächst in den „Arbeitergilden der Gegenwart" (2 Bände, Leipzig 1871 und 72), sodann im „Arbeitsverhältnis gemäß dem heutigen Recht" (Leipzig 1877), in der „Gewerblichen Arbeiterfrage" (Schönbergs Handbuch der politischen Ökonomie, erste Auflage, Tübingen 1882), in dem im Auftrage des Vereins für Sozialpolitik herausgegebenen Bande „Über Arbeitseinstellungen und Fortbildung des Arbeitsvertrages (Leipzig 1890), im Handwörterbuch der Staatswissenschaften in den Artikeln „Gewerkvereine", „Gewerkvereine in England", in der Artikelserie „Negative und positive Gewerkvereinspolitik" (S. P. VII. Nr. 45 bis 52) und in den Schriften „Der Schutz der Arbeitswilligen" 1912 und „Über Syndikalismus und Lohnminimum" 1913 niedergelegt. Er hat sich aber nicht damit begnügt, die Sache der Arbeiterberufsvereine gegen jeden Angriff, ob er von rechts oder von links her kommen mochte, mit dem ganzen Aufgebote seiner schlagfertigen Dialektik, seines feurigen Temperamentes, seines espritvollen Stiles und enormen Wissens unermüdlich zu verteidigen, sondern er hat auch auf den Gebieten der Agrar- und Handelspolitik die Ideen des Liberalismus mit der gleichen Hingebung vertreten [1]).

Die Arbeiten Brentanos haben auf Friedrich Albert Lange einen so tiefen Einfluß ausgeübt, daß des letzteren „Arbeiterfrage" [2]) von der dritten Auflage an jedenfalls dem reformatorischen

[1]) Vgl. insbesondere Agrarpolitik I. Stuttgart 1897; Gesammelte Aufsätze, I. Bd. Erbrechtspolitik. Alte und neue Feudalität. Stuttgart 1899; Brentano-Kuczynski, Die heutige Grundlage der deutschen Wehrkraft. Stuttgart 1900; Das Freihandelsargument. Berlin 1901; Adolf Wagner und die Getreidezölle. Hilfe 1901. Nr. 11, 12; Die Schrecken des überwiegenden Industriestaates. Berlin 1901; Die Malthussche Lehre und die Bevölkerungsbewegung der letzten Dezennien. 1909; Die deutschen Getreidezölle. 2. Aufl. 1911. Eine Würdigung der Leistungen Brentanos enthält das 1896 in russischer Sprache erschienene Buch W. v. Sviatlowskys: „Brentano und seine Schule".

[2]) Fr. A. Lange, Die Arbeiterfrage. Ihre Bedeutung für

Liberalismus näher steht, als dem Sozialismus von Lassalle oder Marx. Charakteristisch für seine Auffassung sind die allgemeinen Prinzipien, die er für die Lösung der Arbeiterfrage aufstellt[1]):

1. Die Arbeiterfrage ist in der großen und umfassenden Bedeutung anzuerkennen, die ihr durch die Entwicklung des Industrialismus, die Entstehung einer Sozialwissenschaft und die Idee der Humanität verliehen worden ist.

2. Jede einzelne Maßregel muß auf den Zweck einer wirklichen und vollständigen Emanzipation der Arbeiter aus ihrer unwürdigen Abhängigkeit von den Unternehmern gerichtet sein.

3. Die materielle Hebung der Arbeiter darf nicht von der intellektuellen und moralischen getrennt werden.

4. Die Arbeiterfrage muß stets im Zusammenhange mit der allgemeinen sozialen Frage erfaßt werden. Es handelt sich darum, die ganze Periode fortschreitender Differenzierung in der Vermögenslage der Individuen durch den stillen, aber stetigen Einfluß der Gesetze in eine Periode zunehmender Ausgleichung zu verwandeln.

5. Gewährung möglichster Bewegungsfreiheit für alle diejenigen Schritte, durch welche sich die Arbeiter selbst aus ihrer bisherigen Ohnmacht und Erniedrigung zu erheben suchen.

„Wir glauben aber nicht, daß die soziale Frage durch irgend ein denkbares Mittel am Morgen nach einer Revolution gelöst werden kann, weil sie im wesentlichen eine Frage der geistigen Beschaffenheit der Generation und einer Reform aller Anschauungen und Grundsätze ist. Daher handelt es sich darum, eine ganze Periode herbeizuführen, in welcher sich der treibende Keim eines neuen sozialen Lebens ungehemmt entfalten, der Drang der arbeitenden Klassen nach Vervollkommnung ihrer selbst und Erringung eines würdigen Daseins frei ausleben kann, ohne daß die Staatsgewalt sofort wieder mißbraucht werde, um Unreifes zu fixieren, Subjektives über Gebühr zu verallgemeinern und gleichsam das Faß zu schließen, bevor die Gärung zu Ende ist“[2]).

In wichtigen Fragen der allgemeinen, der wirtschaftlichen und

---

Gegenwart und Zukunft. 1. Aufl. Duisburg 1865, 2. Aufl. Winterthur 1870, 3. Aufl. 1875.

[1]) a. a. O. S. 378—386.

[2]) a. a. O. S. 388.

sozialen Politik stimmten Johannes Conrad[1]), Gustav Cohn[2]), Wilhelm Lexis[3]) und Karl Bücher[4]) mit Brentano-Lange überein. Dabei gestanden aber insbesondere die beiden zuletzt genannten Gelehrten den durch Rodbertus und Marx vertretenen theoretischen Leistungen des Sozialismus doch eine erheblich größere Bedeutung zu.

Sie berührten sich insofern mit Männern wie Schäffle[5]) und Adolf Wagner[6]), die aber trotz vieler theoretischer Übereinstimmungen und einer gewissen Neigung zu den politisch konser-

---

[1]) Grundriß zum Studium der pol. Ökonomie. II. Teil. Volkswirtschaftspolitik. 4. Aufl. Jena 1911. S. 199—333.

[2]) Unter seinen sozialpolitischen Schriften sind hervorzuheben: Arbeit und Armut. J. f. G. V. V. S. 993—1042; Ideen und Tatsachen im Genossenschaftswesen, ibid. VII. S. 1—52; Über internationale Fabrikgesetzgebung. J. f. N. St. XXXVII. S. 313—426; Grundlegung der Nationalökonomie. Stuttgart 1885.

[3]) Gewerkvereine und Unternehmerverbände in Frankreich; Art. Verteilung im Handwörterbuch der Staatswissenschaften; Allgemeine Volkswirtschaftslehre. 2. Aufl. 1913.

[4]) Die Entstehung der Volkswirtschaft. 8. Aufl. 1911; Arbeit und Rhythmus. 4. Aufl. 1909. Beide Werke enthalten wertvolle Beiträge zur Lehre von der Arbeit.

[5]) Das gesellschaftliche System der menschlichen Wirtschaft. 2. Aufl. Tübingen 1867; Kapitalismus u. Sozialismus. Tübingen 1870.

Unter den späteren sozialpolitischen Arbeiten dieses ausgezeichneten Gelehrten verdienen besondere Erwähnung: Die Quintessenz des Sozialismus. 13. Aufl. Gotha 1891; Bau und Leben des sozialen Körpers. 4 Bde. Tübingen 1875—78. (2. Aufl. 1896); Der korporative Hilfskassenzwang. Tübingen 1882; Die Aussichtslosigkeit der Sozialdemokratie. 4. Aufl. Tübingen 1891; Bekämpfung der Sozialdemokratie ohne Ausnahmegesetz. Tübingen 1890; Kern- und Zeitfragen. Berlin 1894; Neue Folge der „Kern- und Zeitfragen". Berlin 1895; Ein Votum gegen den Zolltarifentwurf. Tübingen 1901.

[6]) Aus der großen Zahl seiner Schriften seien als besonders markante Äußerungen genannt:

Rede über die soziale Frage. 1871; Offener Brief an H. B. Oppenheim. 1872; Grundlegung der politischen Ökonomie. 3. Aufl. 2 Teile. 1892—94; Mein Konflikt mit dem Freiherrn von Stumm. 1895; **Sozialismus, Sozialdemokratie, Katheder- und Staatssozialismus.** 1895; Unternehmergewinn und Arbeitslohn. 1897; Wohnungsnot und städtische Bodenfrage. 1901; Theoretische Sozialökonomie. 1. Bd. 1907. 2. Bd. 1909. Eine schöne Kennzeichnung seiner wissenschaft-

vativen Richtungen doch wieder in der Stellung zu den Agrarzöllen einander bekämpften. Jedenfalls darf aber Adolf Wagner als der hervorragendste und konsequenteste Vertreter des Staatssozialismus angesehen werden, d. h. derjenigen Richtung, welche die Lösung der wichtigsten Fragen durch gesetzlichen Zwang, durch Verstaatlichungen und Kommunalisierungen herbeizuführen strebt.

Gustav Schmoller, der mit vollem Rechte von sich sagen konnte, daß er ebenso Verfassungs-, Verwaltungs- und Wirtschaftshistoriker sei wie Nationalökonom, daß er die psychischen und sozialen Entwicklungsprozesse ebenso verfolge, wie die rein wirtschaftlichen, war doch vor allem Sozialpolitiker. Dabei darf dieser Begriff freilich nicht in dem engen Sinne eines bloßen Spezialistentums in industriellen Arbeiterfragen, wie Arbeiterschutz, Arbeiterversicherung, Koalitionsrecht und derartigem mehr aufgefaßt werden. Sozialpolitik im Schmollerschen Sinne hatte weit mehr zu bedeuten und schloß auch einen guten Teil von dem mit ein, was jetzt als „Sozialisierung“ alle Geister beschäftigt. Der soziale Gedanke war ihm ein Ferment, dazu berufen, in unser gesamtes Dasein, in unsere ganze staatliche, gesellschaftliche und wirtschaftliche Ordnung tief einzudringen und sie damit gründlich umzugestalten. Mit Hilfe der Sozialpolitik sollte die strahlende Norm des suum cuique auf allen Lebensgebieten erglänzen, sollte überall die Idee der Gerechtigkeit sich siegreich erheben. Schmoller selbst hat seine Abhandlung über die Gerechtigkeit in der Volkswirtschaft in die vorderste Reihe seiner Werke gestellt. Ob mit Recht oder Unrecht, mag dahingestellt bleiben. Aber kein Zweifel kann darüber auftauchen, daß die Idee der Gerechtigkeit immer den Leitstern seines Wirkens gebildet, daß sie im Zentrum seiner ganzen Weltanschauung gestanden hat. „Das Beste, was wir besitzen“, sagt er, „ruht auf der Idee der Gerechtigkeit.“ „Aller sozialer Fortschritt hängt von weiteren Siegen der Gerechtigkeit ab.“ Aristoteles hat einst den Ausspruch getan: „Nicht der Morgenstern und nicht der Abendstern sind so wunderherrlich wie die Gerechtigkeit.“ Wie in so vielen anderen Dingen hat Schmoller sicher auch darin dem ihm wahl-

---

lichen Verdienste und seiner sympathischen Persönlichkeit bieten die von G. Schmoller und M. Sering zum 70. Geburtstag Wagners gehaltenen Ansprachen. Vgl. J. f. G. V. XXIX. S. 411 bis 420.

verwandten griechischen Denker, der ihm als der erste des Altertums galt, aus vollem Herzen zugestimmt.

Diesen weiten Horizonten der Schmollerschen Sozialpolitik war es zu danken, daß der Verein für Sozialpolitik sich niemals auf das sozialpolitische Arbeitsgebiet im engeren Wortsinne, wie es zum Beispiel die Gesellschaft für soziale Reform pflegt, beschränkt hat. Er hat vielmehr mit heißem Bemühen auch danach getrachtet, im Aktienrecht, in der Personalbesteuerung, in der Handelspolitik, im Kreditwesen, in der Verfassung und Verwaltungsorganisation der Städte, in der Politik der Binnenschiffahrt usw. der Sache der sozialen Reform ebenso zu dienen, wie etwa in der Fabrikgesetzgebung, im Hilfskassenwesen oder im Koalitionsrecht Vorbildliches zu leisten.

Noch deutlicher vielleicht als in den späteren Zeiten mit ihrer ungeheuren, zersplitternden Mannigfaltigkeit der Ansprüche, die an Schmoller gestellt wurden, trat gerade im ersten Jahrzehnt seiner öffentlichen Wirksamkeit klar zutage, welch' tiefe Wurzeln die Idee der sozialen Reform in seinem ganzen Wesen geschlagen hatte, also in den Jahren, die der Gründung des Vereins vorangingen. Die Gedanken, die er 1872 in der so berühmt gewordenen Rede zur Besprechung der sozialen Frage in Eisenach entwickelte und die für die Verbreitung sozialpolitischer Ideen im deutschen Bürgertume vielleicht ebenso wichtig geworden sind, wie dann das „Kommunistische Manifest" von Marx und Engels für den Sozialismus der Arbeiterklasse, waren in der Hauptsache schon 1863 von dem damals erst 25 Jahre zählenden jungen Extraordinarius der Universität Halle ausgesprochen worden, und zwar in den lichtvollen und weitblickenden Aufsätzen über die Arbeiterfrage, die er in den Preußischen Jahrbüchern veröffentlicht hatte, um gegenüber Lassalle Stellung zu nehmen. Als Schmoller in Eisenach sprach, waren bereits F. A. Langes Arbeiterfrage, Marx' Kapital, Schäffles Kapitalismus und Sozialismus, und Brentanos Arbeitergilden der Gegenwart erschienen. Als er sich mit Lassalle auseinandersetzen wollte, konnte er sich nur auf Lorenz von Stein, Hildebrand und Th. v. Bernhardi stützen und trotzdem: welch' imponierende Reife des Urteils, welch' tiefe Erfassung aller mit der Arbeiterfrage zusammenhängenden Dinge! In kühnem Entwurfe enthielten diese Aufsätze eigentlich schon alles, was Schmoller in späteren feinziselierten Spezialarbeiten und schließlich in seinem monumentalen Grundriß näher ausgeführt hat.

Mit bewunderungswürdiger Klarheit und Bestimmtheit schob er aus Lassalles Ideen alles zur Seite, was, wie die Lehre vom ehernen Lohngesetze, nur verwirrend und hemmend auf sozialpolitische Bestrebungen einwirken konnte. Er geht Hand in Hand mit Lassalle, wo es gilt, das Manchestertum zu kritisieren und die große zivilisatorische Mission der Staatsgewalt dem Zeitbewußtsein tief einzuhämmern. Er steht aber hoch über Lassalle, wo er es unternimmt, die wahre Bedeutung des Arbeiterschutzes, der Arbeiterversicherung, der Gewerkschaften, der Genossenschaften und der Wohnungspolitik klarzulegen.

Die drohende Revolution könne, wie er darlegte, durch Reformen vermieden werden. Schmoller war Optimist, und ein gnädiges Geschick, das ihn vor unserem entsetzlichen Zusammenbruche aus dem Leben abberufen, hat ihm gestattet, seinem Optimismus bis zum Tode treu zu bleiben. Er besaß ein felsenfestes Vertrauen zu den Kräften, von deren Wirksamkeit das Gelingen der Reformen abhing: zur Macht des „sittlichen Pathos", zu dem Genius des deutschen Volkes, zur Monarchie und ihrem Beamtentum, zu den allgemeinen Entwicklungstendenzen unseres Zeitalters. „Unsere ganze Wirtschaftsgeschichte ist ein Wachsen der sittlichen Solidarität und Gemeinschaft, ein Wachsen der Gleichmäßigkeit und Kontinuität der ökonomischen und sozialen Existenz." Der wahre Fortschritt auch im ökonomischen Leben hängt von seinem Zusammenhang mit den übrigen Lebensgebieten und Zwecken, von der gesamten ethischen Kultur ab. Denn kein Zweig und kein Glied kann dauernd gedeihen, wenn der übrige Organismus leidet. Es gibt keine ökonomische Handlung, die, wenn sie wirklich unsittlich, nicht auf die Dauer auch ökonomischen Schaden stiftet. Und umgekehrt ist jede wirkliche sittliche Handlung, jede den Verhältnissen und Umständen entsprechende Tat auch ökonomisch auf die Dauer und das Ganze gesehen vorteilhaft. Das augenblickliche Interesse des Unternehmers mag durch niedrige Löhne gefördert werden, das dauernde Interesse nur durch einen intelligenten, hochstehenden und zufriedenen Arbeiterstand. Nicht unbedingte Gleichheit der äußeren Lebenslage und Genüsse kann als Ziel angesehen werden, wohl aber eine Hebung der äußeren Lage bis zu dem Punkt, wo auch für den Arbeiter Familienglück und häusliches Behagen, sittlicher und geistiger Fortschritt erblühen können.

Auch diese maßvoll umgrenzten Ziele werden freilich erst durch langwierige innere Kämpfe, durch tausendfache Kulturarbeit der einzelnen und der Jahrhunderte erreichbar sein, durch jene Tätigkeit,

„die nie ermattet,
Die zu dem Bau der Ewigkeiten
Zwar Sandkorn nur für Sandkorn reicht,
Doch von der großen Schuld der Zeiten
Minuten, Tage, Jahre streicht."

Was Schmoller Lassalle entgegenhielt, gestützt auf gründliche Studien in Philosophie, Geschichte, Recht, Wirtschaft und Technik, war weitaus das bedeutendste, was damals gesagt wurde. Leider konnte Lassalle diesem ebenbürtigen Gegner nicht mehr antworten. Erst ein Teil der Schmollerschen Ausführungen war erschienen, als Lassalles Leben bereits einen jähen Abschluß gefunden hatte. So ist der Welt ein wissenschaftlich-politischer Zweikampf entgangen, der ohne Zweifel von den wohltätigsten Einflüssen auf unsere soziale Entwicklung gewesen sein würde.

Den vollendetsten Ausdruck hat Schmollers sozialpolitisches Bekenntnis in dem zweiten Teile des Grundrisses der allgemeinen Volkswirtschaftslehre gefunden (1. Aufl. Leipzig 1904, 3. Aufl. 1919), einer unerschöpflichen Quelle tiefer staatswissenschaftlicher Weisheit, einem Werke von unvergleichlicher Feinheit der Charakterisierung und großartiger Universalität der Synthese [1]).

Ähnliche Differenzen, wie innerhalb der älteren Gelehrtenwelt, bestehen auch unter den jüngeren akademischen Lehrern. Während Werner Sombart zeitweise dem theoretischen Marxismus [2]) sehr nahestand, kann die sozialpolitische Stellung v. Philippovichs [3]) mit derjenigen von Schmoller in Parallele gesetzt werden. Dietzel,

[1]) Die Abschnitte des Grundrisses, die überwiegend sozialen Fragen gewidmet sind, hat Schmoller unter dem Titel „Die soziale Frage", erschienen 1918, in einem besonderen Werke zusammengefaßt. Im übrigen sind zur Beurteilung seiner sozialpolitischen Stellungnahme besonders folgende Veröffentlichungen heranzuziehen: Über einige Grundfragen des Rechts und der Volkswirtschaft, 2. Aufl. 1875 (später noch 1894 u. 1904 unter dem Titel: Über einige Grundfragen der Sozialpolitik u. Volkswirtschaftslehre, erschienen). Zur Literaturgeschichte des Staats u. Sozialwissenschaften. 1888; Zur Sozial- u. Gewerbepolitik d. Gegenwart. 1890; Charakterbilder. 1913.

[2]) Sozialismus u. soz. Bewegung im 19. Jahrh. 1. Aufl. 1896; Der moderne Kapitalismus. 2 Bde. 1. Aufl. 1902, 2. Aufl. 1916/17.

[3]) Grundriß der politischen Ökonomie. 2. Bd. Volkswirtschaftspolitik. I. Teil. 8. Aufl. 1918, II. Teil. 10. Aufl. 1921.

Lotz, Jastrow und in der Hauptsache auch v. Schulze-Gävernitz stehen auf streng liberalem Boden.

Bringen die zuletzt genannten Männer die liberale Auffassung besonders auf zollpolitischem Gebiete zum Ausdruck, so sucht Julius Wolf, zollpolitisch eher den protektionistischen Richtungen zuneigend, vor allem die sozialpolitischen Auffassungen des älteren Liberalismus zu verteidigen. Mit besonderem Nachdrucke ist von ihm die Verelendungstheorie des Sozialismus bekämpft worden [1]. Er lehnt es aber ab, Manchestermann zu sein. Er hält soziale Reformen, wie die Arbeiterschutz- und Arbeiterversicherungsgesetzgebung, ferner Maßregeln zur Bekämpfung der Wohnungsnot und der Arbeitslosigkeit für geboten; auch die Koalitionsfreiheit und die Gewerkvereine will er nicht verwerfen. Aber „was die auf sich gestellte Sozialreform vermag im Vergleiche zu dem, was die in der bürgerlichen Wirtschaftsordnung wirksamen Kräfte des technischen Fortschrittes durch das Mittel des freien Marktes leisten, auf dem sozialen Gebiete leisten, ist gering und unbedeutend. Die herrschende Meinung (d. h. hier der reformatorische Liberalismus) irre insofern, als sie die Leistungsfähigkeit der sozialen Reform über-, diejenige der bürgerlichen Wirtschaftsordnung unterschätze. Schließlich werde auch der Umstand verkannt, daß alle soziale Ergiebigkeit einer Zeit die ökonomische voraussetzt. Eine Sozialreform ist ein Unding, wenn nicht eine Hebung der Produktivität der Arbeit vorangegangen ist; denn nicht der Unternehmergewinn ist der Fonds, aus dem die „Sozialreform" ihre Mittel schöpft; jene Fonds sind vielmehr im wesentlichen die im Wachsen der Produktivität gewonnenen Überschüsse."

Die geringe Entwicklungsfähigkeit der landwirtschaftlichen Produktivität bildet in Verbindung mit der Tatsache der Konjunktural- (und Beute-) Einkommen die eigentliche Ursache des sozialen Elends in unserer Zeit. Die wichtigsten sozialpolitischen Aufgaben bestehen deshalb in der Hebung der landwirtschaftlichen Produktivität und der Beschränkung des Zufalls- und Glückseinkommens. „Die anderen Aufgaben und Leistungen der Sozialpolitik — Arbeiterorganisation, Arbeiterschutz, Arbeiterversicherung, Organisation des Haushalts — greifen das soziale Problem nicht in seinem Kern auf, womit jedoch ihre absolute Bedeutsamkeit nicht in Frage gezogen sein soll" [2].

---

[1]) System der Sozialpolitik. I. Bd. Stuttgart 1892.

[2]) Wolfs Zeitschrift für Sozialwissenschaft. I. S. 89; II.

Die lebhafte Betätigung der deutschen Gelehrten auf dem Gebiete der sozialpolitischen Forschung hat namentlich auch auf die Vertreter der Nationalökonomie in Belgien, Italien, England, Frankreich, Skandinavien und Nordamerika einen erheblichen Einfluß ausgeübt[1]).

23. Der Sozialliberalismus und die politischen Parteien.

Am stärksten ist in der praktischen Politik die sozialliberale Richtung in England durchgedrungen. Indem beide der großen historischen Parteien des Landes den Interessen der Arbeiterklasse frühzeitig entgegenkamen, dauerte es lange, ehe eine besondere Arbeiterpartei[2]) von nennenswerter Bedeutung sich entwickeln konnte. Beide Parteien konnten auf Arbeiterstimmen rechnen; ja von dem mehr oder minder großen Entgegenkommen gegen die Wünsche der Arbeiterklasse hing es oft ab, welche Partei die Majorität im Parlamente und damit die Regierung erhielt. Unter diesen Umständen ist es ein ganz aussichtsloses Beginnen, feststellen zu wollen, ob tatsächlich die konservative, oder die liberalradikale Partei[3]) mehr zur Verwirklichung des sozialliberalen Programmes (Fabrikgesetzgebung, Anerkennung der Gewerkvereine und Genossenschaften, Wohnungsgesetzgebung, soziale Versicherungs- und Steuerpolitik) beigetragen hat. Tatsächlich liegen die Verhältnisse so, daß sowohl auf seiten der Konservativen wie der Liberalen Vertreter des kapitalistischen und solche des Sozialliberalismus zu finden sind. Welcher Gruppe es

und 780; Die Wohnungsfrage als Gegenstand der Sozialpolitik. Jena 1896; Die Arbeitslosigkeit und ihre Bekämpfung. Dresden 1895; Nationalökonomie als exakte Wissenschaft. Leipzig 1908. S. 197 ff.; Die Volkswirtschaft der Gegenwart und Zukunft. 1912; Der Geburtenrückgang. 1912.

1) Vgl. oben S. 146; ferner v. Schullern-Schrattenhofen, Die theoretische Nationalökonomie Italiens in neuerer Zeit. 1891; A. Loria, Die Entwicklung der ital. Nationalökönomie in jüngster Zeit. A. f. s. G. XIX. S. 689 ff.; Cohn, Die heutige Nationalökonomie in England und Amerika. J. f. S. V. XIII. S. 947—982 und die Abhandlungen von Ashley, Gide, Graziani, Farnam und Fahlbeck in der Festgabe für Schmoller. 1. Bd. XV—XIX.

2) Güttler, Die englische Arbeiterpartei. 1914.

3) Der hervorragendste Vertreter des radikalen Flügels der sozialliberalen Richtung ist der spätere Premierminister Lloyd George gewesen. Vgl. dessen Reden: Bessere Zeiten, deutsch bei E. Diederichs. Jena 1911.

jeweils gelingt, ihre Anschauungen innerhalb der Partei zur Geltung zu bringen, das hängt von dem viel verschlungenen Getriebe des politischen Lebens ab. Sind die Konservativen im Amte und schlagen sozialliberale Maßregeln vor, so bekämpft sie vielleicht der rechte Flügel der Liberalen mit manchesterlichen, der linke Flügel mit sozialistischen Argumenten. Und andrerseits hat selbst ein Disraeli es nicht verschmäht, sozialpolitischen Unternehmungen einer liberalen Regierung mit den plattesten laisser-faire-Redensarten zu opponieren.

Eine gewisse Verwandtschaft mit den englischen Verhältnissen besitzen diejenigen der Schweiz[1]). Auch hier ist der Sozialliberalismus im wesentlichen die Politik der regierenden freisinnig-demokratischen Parteien. Immerhin sind die sozialkonservativen Einflüsse in ihnen wegen der zahlreichen Bauern, Handwerker und Hausindustriellen praktisch viel wichtiger als in England. Kommt es zu eidgenössischen Volksabstimmungen, so haben nur diejenigen Maßregeln Aussicht auf Erfolg, denen auch die Zustimmung eines erheblichen Bruchteiles des Mittelstandes zuteil geworden ist. Da die Arbeiterschaft der großen Städte viele Ausländer enthält, so erscheint im politischen Leben der Einfluß der Industriearbeiter schwächer, als man ihrer Zahl nach vermuten möchte. Am entschiedensten werden die sozialliberalen Forderungen von den demokratischen Gruppen der industriellen Ostschweiz (Zürich, St. Gallen, Glarus) verfochten. Die Arbeiterschaft hat deshalb lange Zeit auf die Begründung einer eigenen Partei verzichtet. Seitdem dies geschehen ist, können die demokratischen Richtungen in geringerem Umfange als früher auf Arbeiterstimmen zählen. Die notwendige Folge ist eine gewisse Verstärkung ihrer sozialkonservativen Tendenzen. Die Freisinnigen der Westschweiz stehen, ebenso wie die industriellen Konservativen, manchesterlichen Auffassungen noch ziemlich nahe.

Größere Erfolge als in der Literatur hat der Sozialliberalismus in der französischen Politik der dritten Republik errungen. Zwar besteht in Frankreich eine besondere politische Organisation der Arbeiterklasse. Bei dem Zwiespalte, der aber zwischen den sozialkonservativ-monarchisch-klerikalen und den kapitalistisch-republikanischen Strömungen der bürgerlichen Gesellschaft besteht, hat die

---

[1]) Vgl. Berghoff-Ising, Die sozialist. Arbeiterbewegung in der Schweiz, 1895, u. die späteren Ausführungen über die Schweiz in dem der sozialist. Bewegung des Auslandes gewidmeten Kapitel.

sozialistische Arbeiterpartei mit Hilfe der großen radikalen Partei manche Erfolge erringen können. Nicht selten hing es von ihr ab, welche der beiden feindlichen Parteien ans Ruder kam, oder am Ruder erhalten blieb. Diese Machtstellung hat zu Konzessionen geführt, die tatsächlich in sozialliberalem Sinne wirkten.

Anders geartet waren die Verhältnisse Deutschlands. Hier standen dem Getriebe der Parteien feste monarchische Regierungen als besondere Mächte gegenüber. Im Reiche wie in den meisten Einzelstaaten verfolgten sie, von einer kurzen Periode in den 60 er und 70 er Jahren abgesehen, der Hauptsache nach sozialkonservative Tendenzen. Da für eine eigentliche Parteiregierung kein Boden vorhanden war, so bestand auch für Parteibündnisse zur gemeinsamen Übernahme der Regierung keine Veranlassung. Die Arbeiterpartei brauchte zu diesem Zwecke keine Kompromisse mit den ihr nahestehenden Richtungen abzuschließen und diese hätten auch durch Paktieren mit Arbeiterprogrammen ihre Regierungsfähigkeit kaum verbessern können. Da die Arbeiterpartei in den meisten Industriestädten bereits die Mehrheit der Wähler gewonnen hatte, sahen sich die liberalen Parteien[1]) im allgemeinen mehr genötigt, auf die Interessen der Mittelstände Rücksicht zu nehmen. Wären sie anders vorgegangen, so würden sie ihre Wähler aus diesen Kreisen zwar verloren, aber kaum viele aus der Arbeiterklasse gewonnen haben. In bezug auf eigentliche Arbeiterforderungen konnte die Sozialdemokratie als reine Industriearbeiterpartei bei der Konkurrenz um die Arbeiterstimmen leicht den Vorsprung behaupten. Von den großen Parteien besaß nur die katholische Zentrumspartei aus konfessionellen Gründen zahlreiche Anhänger unter der industriellen Arbeiterschaft. Die Rücksicht auf diese nötigte die Zentrumspartei, in sozialpolitischen Angelegenheiten öfters mit den sozialreformerischen Elementen der liberalen Partei Hand in Hand zu gehen. Solche waren in allen liberalen Parteien vorhanden. Innerhalb der nationalliberalen[2]) Gruppe aber wurden sie durch industrie-kapitalistisch-agrarisch-zünftlerische, inner-

---

[1]) Vgl. über die Entwicklung des deutschen Liberalismus; außer Stillich noch O. Klein-Hattingen, Geschichte des deutschen Liberalismus. 2 Bde. 1911/12; M. Wenck, Handbuch für liberale Politik. 1911.

[2]) Politisches Handbuch der nationalliberalen Partei. 1907 und erster Nachtrag 1910.

halb der Volkspartei durch bankkapitalistisch-manchesterliche Strömungen oft in Schach gehalten. Am frühesten hatte die kleine süddeutsche Volkspartei, wenigstens in ihrem Programme, die Gedanken des Sozialliberalismus zum Ausdruck gebracht. Allein dieser Sozialliberalismus war weniger der naturgemäße Ausdruck für die Interessen der volksparteilichen Wählerschaften[1]), als die Folge der persönlichen Stellung, welche das einflußreichste Mitglied dieser Richtung, L. Sonnemann, von jeher eingenommen hatte. Als Herausgeber der vorzüglich redigierten „Frankfurter Zeitung" hatte er eines der größten Tageblätter Deutschlands in den Dienst der sozialliberalen Sache gestellt, und diese insofern nicht nur in der eigenen kleinen Partei, sondern in der öffentlichen Meinung überhaupt mächtig gefördert.

Zu den Vereinigungen, deren tatsächliche Wirksamkeit später den Sozialliberalismus förderte, gehörte auch die jetzt nicht mehr bestehende nationalsoziale Gruppe. Die leitende Persönlichkeit war der ehemalige evangelische Pfarrer Friedrich Naumann[2]).

Im Jahre 1860 als Sohn eines sächsischen Geistlichen geboren, übernahm er, nachdem er in Leipzig und Erlangen Theologie studiert hatte, eine Stellung bei der Inneren Mission im Rauhen Hause zu Horn bei Hamburg. Den Wichern-Stöckerschen Gedankenkreisen blieb er auch noch als Pfarrer einer armen Landgemeinde im sächsischen Erzgebirge sowie als Vereinsgeistlicher für Innere Mission in Frankfurt a. M. im wesentlichen treu. Allmählich wurden aber die Differenzen, namentlich in bezug auf die Beurteilung der Sozialdemokratie, zu groß, als daß ein weiteres Zusammenarbeiten zwischen den Stöcker folgenden älteren Christlich-sozialen und den jüngeren, die sich um Naumann scharten, möglich gewesen wäre. Die Letzteren gründeten zur Vertretung ihrer Anschauungen eine besondere Wochenschrift: „Die Hilfe". Mutig wurde hier der energische Kampf gegen die kapitalistische Politik aufgenommen, mochte sie in konservativen, freikonservativen oder nationalliberalen Kreisen vertreten werden. Nicht durch Ausnahmegesetze, sondern durch

---

[1]) Vgl. die Darlegungen von Esenwein, Zeit. (Berlin.) Nr. 16. 1912.

[2]) Martin Wenck, Die Entwicklung der jüngeren Christlichsozialen. Patria. Jahrbuch der „Hilfe". 1901. S. 34—68; Derselbe, Die Geschichte der Nationalsozialen. Patria 1905. S. 36 bis 136; Derselbe, Fr. Naumann, Ein Lebensbild 1920.

größere Bewegungsfreiheit auf politischem und gewerkschaftlichem Gebiete werde die Sozialdemokratie in eine radikale Reformpartei verwandelt werden. Reste sozialkonservativer Anschauungen, die sich noch in der Beurteilung der Handwerkerfrage und der Getreidezölle erhalten hatten, wurden unter dem Einflusse von Max Weber und G. v. Schulze-Gaevernitz überwunden. Eine Partei, welche eine Zukunft haben wolle, dürfe sich nicht, wie Max Weber in der Erfurter Delegiertenversammlung 1896 ausführte [1]), auf die durch die Großindustrie zum Untergange verurteilten Gesellschaftsschichten stützen wollen. Miserabilismus und Gefühlsweichheit gehörten nicht in die Politik, die ein hartes Handwerk sei. Man müsse rücksichtslos für die Macht und Größe des Deutschen Vaterlandes eintreten. Das bedeute Förderung der Großindustrie, der Armee- und Flottenverstärkung. „Wir müssen begreifen", hatte Weber in seiner Freiburger Antrittsvorlesung ein Jahr zuvor erklärt [2]), „daß die Einigung Deutschlands ein Jugendstreich war, den die Nation auf ihre alten Tage beging und seiner Kostspieligkeiten halber besser unterlassen hätte, wenn sie der Abschluß und nicht der Ausgangspunkt einer deutschen Weltmachtspolitik sein sollte." „Nicht in erster Linie für die Art der volkswirtschaftlichen Organisation, die wir ihnen überliefern, werden unsere Nachfahren uns vor der Geschichte verantwortlich machen, sondern für das Maß des Ellenbogenraumes, den wir ihnen in der Welt erringen oder hinterlassen" [3]).

So ging man mehr und mehr darauf aus, die Arbeiter der Großindustrie für ein Programm zu gewinnen, in welchem auf Grund des Industrialismus eine vom Kaisertume geführte nationale Machtpolitik mit der Hebung der Industriearbeiter Hand in Hand gehen sollte [4]). War früher die Stellung der Sozialdemokratie zur

---

[1]) Die Hilfe, 1896. Nr. 49. S. 5.

[2]) Der Nationalstaat und die Volkswirtschaftspolitik. Freiburg i. B. und Leipzig 1895. S. 32.

[3]) a. a. O. S. 19.

[4]) Im November 1896 waren in Erfurt die nachstehenden Grundlinien für die Tätigkeit des national-sozialen Vereins beschlossen worden:

§ 1. Wir stehen auf nationalem Boden, indem wir die wirtschaftliche und politische Machtentfaltung der deutschen Nation nach außen für die Voraussetzung aller größeren sozialen Reformen im Innern halten, zugleich aber der Überzeugung sind, daß die äußere Macht auf die Dauer ohne Nationalsinn einer politisch interessierten

Religion als der schwächste Punkt ihres Programmes bezeichnet worden, so hieß es jetzt, ihre Achillesferse sei die Haltung in den Fragen der nationalen Machtpolitik. „Wir brauchen einen Sozialismus, der sich dadurch regierungsfähig erweist, daß er dem Vater-

---

Volksmasse nicht erhalten werden kann. Wir wünschen daher eine Politik der Macht nach außen und der Reform nach innen.

§ 2. Wir wünschen eine feste und stetige auswärtige Politik, die der Ausdehnung deutscher Wirtschaftskraft und deutschen Geistes dient. Um sie zu ermöglichen, treten wir für die ungeschmälerte Durchführung der allgemeinen Wehrpflicht, für eine angemessene Vermehrung der deutschen Kriegsflotte, sowie für Erhaltung und Ausbau unserer Kolonien ein. Im Interesse der vaterländischen Macht und Ehre werden wir Mißstände in unseren militärischen und kolonialen Einrichtungen stets offen bekämpfen.

§ 3. Wir stehen fest auf dem Boden der deutschen Reichsverfassung und wünschen ein kräftiges Zusammenwirken der Monarchie und der Volksvertretung. Wir sind für Unantastbarkeit des allgemeinen Wahlrechts zum Reichstage und für Ausdehnung desselben auf Landtage und Kommunalvertretungen. Wir fordern Verwirklichung der politischen und wirtschaftlichen Vereinsfreiheit und ungeschmälerte Erhaltung der staatsbürgerlichen Rechte aller Staatsbürger.

§ 4. Wir wollen eine Vergrößerung des Anteils, den die Arbeit in ihren verschiedenen Arten und Formen in Stadt und Land, unter Männern und Frauen an dem Gesamtertrag der deutschen Volkswirtschaft hat, und erwarten dieselbe nicht von den Utopien und Dogmen eines revolutionären, marxistischen Kommunismus, sondern von fortgesetzter politischer, gewerkschaftlicher und genossenschaftlicher Arbeit auf Grund der vorhandenen Verhältnisse, deren geschichtliche Umgestaltung wir zu gunsten der Arbeit beeinflussen wollen.

§ 5. Wir erwarten, daß die Vertreter deutscher Bildung im Dienst des Gemeinwohls den politischen Kampf der deutschen Arbeit gegen die Übermacht vorhandener Besitzrechte unterstützen werden, wie wir andererseits erwarten, daß die Vertreter der deutschen Arbeit sich zur Förderung vaterländischer Erziehung, Bildung und Kunst bereit finden werden.

§ 6. Wir sind für Regelung der Frauenfrage im Sinne einer größeren Sicherung der persönlichen und wirtschaftlichen Stellung der Frau und ihre Zulassung zu solchen Berufen und öffentlichen Stellungen, in denen sie die fürsorgende und erziehende Tätigkeit für ihr eigenes Geschlecht wirksam entfalten kann.

§ 7. Im Mittelpunkte des geistigen und sittlichen Lebens unseres Volkes steht uns das Christentum, das nicht zur Partei-

lande ein starkes Heer und eine große Schlachtflotte gewährt." Diese Wendung kostete den Nationalsozialen allerdings einen ihrer begabtesten Anhänger, P. Göhre[1]), der zur Sozialdemokratie übertrat.

Nachdem es aber, ungeachtet großer Opfer der Partei, bei den Reichstagswahlen von 1903 nur gelungen war, einen einzigen Kandidaten wenigstens in eine erfolgreiche Stichwahl zu bringen (von Gerlach in Marburg), beschloß Naumann, die Auflösung der eigenen Partei und den Anschluß an die damalige „Freisinnige Vereinigung" zu beantragen. Nicht ohne scharfe Opposition wurde dieser Antrag schließlich auf dem Vertretertage in Göttingen angenommen. Dr. Maurenbrecher, der Sekretär der national-sozialen Partei, dagegen schloß sich der Sozialdemokratie an[2]).

Naumann war, nachdem ein Erlaß des Oberkirchenrates vom 16. Dezember 1895 die Beteiligung der Geistlichen an jeglicher sozialpolitischen Agitation untersagt hatte, trotz starker religiöser Empfindungen mit seinen Gesinnungsgenossen Wenck und Kötzschke

---

sache gemacht werden darf, sich aber auch im öffentlichen Leben als Macht des Friedens und der Gemeinschaftlichkeit bewähren soll.

Eine Ergänzung fanden diese Grundlinien durch das in Göttingen 1899 beschlossene Gemeindeprogramm und das Agrarprogramm, das 1900 in Leipzig zur Beratung gelangte.

[1]) Vgl. dessen Artikel: Wandlungen der Nationalsozialisten. S. M. Berlin 1901. S. 917—936.

[2]) Vgl. Wenck, Die Geschichte der National-Sozialen. S. 124 ff. Es wird sich nicht in Abrede stellen lassen, daß die starke Betonung des Kaisertums und seiner machtpolitischen Aufgaben, die von Naumann ausgingen, auch unerwünschte Folgen gezeitigt hat. Sie machte tatsächlich die unheilvolle Außenpolitik der wilhelminischen Aera populärer und gewährte ihr dadurch eine nicht unerhebliche Unterstützung. Brentano hatte schon früh (vgl. Hilfe vom 3. Juni 1900) diese bedenkliche Seite der Naumann'schen Wirksamkeit unterstrichen. Auch Max Weber, der die Persönlichkeit Wilhelm II. weit zutreffender beurteilte, als Naumann, hat, wie der vom 14. Dez. 1906 datierte Brief an Naumann (Politische Schriften, 1921) deutlich erkennen läßt, versucht, Naumann gegen den dynastischen innerpolitischen Machtkitzel und gegen die außenpolitische dynastische Prestigepolitik der großen Worte scharf zu machen. Diese Bemühungen sind nicht ohne Erfolg geblieben, aber der Erfolg kam zu spät und war nicht kräftig genug, um die Geister, die Naumann gerufen, wieder zu beschwören.

aus dem Pfarramte geschieden und widmete sich mit bewunderungswürdiger Selbstlosigkeit der national-sozialen Propaganda. Trotz einer ganz ungewöhnlichen rednerischen und schriftstellerischen Begabung verließ er sich keineswegs auf diese glänzenden Eigenschaften allein, sondern war unausgesetzt bemüht, durch gründliches Studium von Leben und Wissenschaft seine Leistungsfähigkeit für die patriotische Aufgabe, die er sich gestellt hatte, zu erhöhen [1]). Sein 1919 erfolgter Tod bedeutet einen unersetzlichen Verlust für die Sache der demokratischen Sozialreformer.

Angesichts der Zersplitterung, welche der deutsche Sozialliberalismus in parteipolitischer Hinsicht aufwies, schien es geboten, für seine Anhänger einen besonderen Sammelpunkt zu begründen. Der „Verein für Sozialpolitik" konnte nicht ausreichen, da er einer Ortsgruppenorganisation entbehrte und vor allem ein akademisch-wissenschaftliches Gepräge besaß. So trat eine „Gesellschaft für soziale Reform" mit dem Sitze in Berlin am 6. Januar 1901 ins Leben. Auch hier gehörten keineswegs bloß liberale Reformer, sondern auch Anhänger der katholischen Zentrumspartei und sogar der Stöckerschen Richtung an. Der Vorsitzende des Vorstandes war der Staatsminister a. D. Dr. Freiherr von Berlepsch [2]). Nach § 1 der Satzung hat die Gesellschaft den Zweck: „I. Durch Aufklärung in Wort und Schrift die soziale Reform auf dem Gebiete der Lohnarbeiterfrage in Deutschland zu fördern. Als wesentliche Bestandteile dieser Reform erachtet sie: a) den weiteren Ausbau der Gesetzgebung im Interesse der Arbeiterklasse; b) die Förderung der

---

[1]) Aus der Reihe der Naumannschen Schriften verdienen besondere Erwähnung: Das soziale Programm der evangelischen Kirche. Leipzig 1890; Was heißt christlichsozial? Bd. I. Leipzig 1894; Asia. Berlin 1900; Neudeutsche Wirtschaftspolitik. 9. bis 12. Tausend. Berlin 1911; Demokratie und Kaisertum. 4. Aufl. Berlin 1905; Die politischen Parteien. 9.—13. Tausend. Die beste Vorstellung von seiner Wirksamkeit verschafft das Studium der von ihm herausgegebenen Wochenschriften: Die Hilfe (seit 2. Dez. 1894); Die Zeit (Oktober 1901—1903); Naumann gab ferner das Jahrbuch der Hilfe Patria! heraus seit 1901; über die Wirksamkeit Naumanns ist noch zu vergleichen: Meyer-Benfey, Fr. Naumann. Göttingen 1904.

[2]) Vgl. dessen programmatische Schrift: Warum betreiben wir die soziale Reform? (Heft 11 der Vereinsschriften.)

Bestrebungen der Arbeiter, in Berufsvereinen und Genossenschaften ihre Lage zu verbessern. II. Als deutsche „Sektion der Internationalen Vereinigung für gesetzlichen Arbeiterschutz" deren Bestrebungen mit allen Kräften zu unterstützen." Die Gesellschaft besitzt eine große Zahl rühriger Ortsgruppen und hat sich im Laufe der Jahre alle nicht sozialdemokratischen Arbeiter- und Angestelltenverbände, während der Krieges aber auch die freien Gewerkschaften angegliedert. Publizistisch wurde das Programm der Gesellschaft in ausgezeichneter Weise durch die von Prof. Dr. E. Francke[1]) und Prof. Dr. W. Zimmermann, jetzt Prof. Dr. L. Heyde, in Berlin herausgegebene Wochenschrift „Soziale Praxis" und die „Schriften der Gesellschaft für soziale Reform" (Jena, Fischer) vertreten.

Wird schließlich die Frage aufgeworfen, worin denn eigentlich das Wesen des Sozialliberalismus bestehe, so fällt die Antwort nicht ganz leicht. Weder gegenüber dem Sozialkonservatismus und kapitalistischen Liberalismus, noch gegenüber dem opportunistischen Sozialismus ist die Grenze mit voller Schärfe zu ziehen. Im allgemeinen wird man aber immerhin in der Stellung zum Industriestaatsproblem einen erheblichen Unterschied zwischen Sozialkonservatismus und Sozialliberalismus feststellen können. Was selbst den Reformer, der sozial-konservativen Anschauungen weit entgegenkommt, wenigstens von den Konservativen strengster Observanz trennt, das ist das Mac Cullochsche: Wir können nicht mehr zurück! Es bleibt uns nichts anderes übrig, als den Industrialismus und Kapitalismus voll zu entwickeln, ihnen aber soviel als irgend möglich zur Hebung der Arbeiterklasse abzunötigen. Im Gegensatze dazu behauptet der Konservative: Wir können, wir müssen zurück; ja besser selbst ein Stillstand, als ein Fortschreiten auf industrialistischem Wege.

Warum nehmen die Sozialliberalen an, daß wir nicht mehr zurück können? „Alle Einwirkung auf das Gesellschaftsleben", erklärt Brentano, „kann nur insoweit sowohl erfolgreich als auch gerecht sein, als sie der Natur der Dinge, von der die natürliche Entwicklung ein Teil ist, nicht widerstrebt"[2]). Die Natur der

---

[1]) Über die ausgezeichnete Persönlichkeit E. Francke's, gest. 23. Dez. 1921, vgl. Zum Gedächtnis Prof. Dr. E. Franckes. Berlin 1922. Büro für Sozialpolitik.

[2]) L. Brentano, Ethik und Volkswirtschaft in der Geschichte. München 1901. S. 41.

Dinge begründet aber einen gewaltigen Unterschied zwischen landwirtschaftlicher und industrieller Produktion. „Das hauptsächliche landwirtschaftliche Produktionsmittel ist der Boden; dieser ist nur in beschränkter Menge vorhanden, wird immer teuerer und gibt, von Ausnahmefällen, deren Bestimmung nicht in die Macht der Menschen gegeben ist, abgesehen, steigende Erträgnisse nur zu immer steigenden Kosten (Gesetz des abnehmenden Bodenertrages). Das hauptsächliche industrielle Produktionsmittel dagegen sind vermehrbare Kapitalien. Sie können nicht nur zu gleichen, sondern zu immer geringeren Kosten beschafft werden, und jede Mehrverwendung von Arbeit und Kapital führt hier also zu steigenden Erträgen. Daher denn ein Land um so weniger Menschen ernähren kann, je agrarischer sein Charakter ist, und daher umgekehrt die größere Bevölkerungsdichtigkeit industrieller Länder. Daher ferner die Anhäufung von Überschüssen über die aufgewendeten Kosten, d. h. die Anhäufung von Reichtum in agrarischen Gegenden, weit langsamer vor sich geht, als in überwiegend industriellen Gegenden. Und daher die Länder, sobald ihre Bevölkerung so stark wächst, daß sie ihren Nahrungsbedarf nur mehr zu exorbitanten Kosten im Inlande erzeugen können, mehr und mehr Industrieländer werden. Dadurch wird die Möglichkeit geboten, die steigende Ungunst der heimischen natürlichen Produktionsmittel durch Herbeiführung der Produkte ergiebigerer Naturgaben auszugleichen. Die Wirkungen der beschränkten Ertragsfähigkeit ihrer heimischen Fluren werden aufgehoben, indem die unbeschränkte Ertragsfähigkeit der in der Industrie verwendeten vermehrbaren Kapitalien ihnen das Mittel bietet, die Erträgnisse der ergiebigsten Böden ferner Länder einzutauschen“ [1]). „Trotz aller romantischen Begeisterung für Land und Landwirtschaft werden die Menschen daher zur Stadt und Industrie getrieben. Und so wird es bleiben, solange die dura necessitas des Menschen Schicksal bestimmt“ [2]). Eine rasch wachsende Nation muß schließlich Menschen oder Waren exportieren!

In bezug auf die Mittel und Wege, welche der industriellen Arbeiterklasse einen höheren Anteil an den materiellen Früchten

---

[1]) Brentano, Schrecken des überwiegenden Industriestaates. Berlin 1901. S. 20.

[2]) Brentano, Über Landwirtschaft und Industrie. Zeit. (Wien.) 29. XII. 1900. S. 197.

der industriellen Entwicklung vermitteln sollen, unterscheiden sich sozialkonservative und sozialliberale Richtungen in geringerem Maße. Beide treten für gesetzlichen Arbeiterschutz ein. Die meisten Vertreter des Liberalismus nehmen auch die obligatorische Arbeiterversicherung an. L. Brentano hat sie ursprünglich nur deshalb verworfen, weil er von ihr ungünstige Einwirkungen auf die gewerkschaftliche Entwicklung befürchtet hat. Auch die Koalitionsfreiheit wird nicht nur von den Liberalen, sondern auch von einzelnen Konservativen gefordert. Allerdings steht ihr die Masse der Konservativen teils mit erheblichen Bedenken, teils mit geringer Zuversicht gegenüber. Wichtiger als die Wirksamkeit freier Organisationen erscheint ihnen die Staatshilfe und sie beabsichtigen wohl auch die gewerkschaftlichen Verbände staatlich zu reglementieren. Während die Liberalen zur Unterstützung des Mittelstandes bereit sind, soweit die Mittelstandspolitik nicht auf Kosten der industriellen Entwicklung und der Lohnarbeiter betrieben zu werden braucht, ziehen die Konservativen im Zweifel die Förderung des Mittelstandes derjenigen der Arbeiterklasse vor. Konflikte treten namentlich in bezug auf die Konsumgenossenschaften auf.

Da den Konservativen eine Wirtschaftsverfassung als Ideal vorschwebt, welche den Inlandsbedarf durch die Produktion des Inlandes in möglichst großem Umfange befriedigt, mußten sie die Weltpolitik innerlich kühler aufnehmen, als die Liberalen. Wenn sie trotzdem für Flottenvermehrung eintreten, so waren es mehr Erwägungen taktisch-politischer als wirtschaftlich-sozialer Natur, die sie bestimmten.

In politischen Fragen neigen die Konservativen naturgemäß mehr zu autoritären, die Liberalen zu demokratischen Lösungen.

Gegenüber dem kapitalistischen Liberalismus unterscheidet sich der Sozialliberalismus vor allem durch die praktische Anerkennung der Koalitionsfreiheit und der Arbeiterberufsvereine. Dazu tritt eine tatkräftigere Propaganda für gesetzlichen Arbeiterschutz.

Trotz aller Konzessionen, welche der Sozialliberalismus in bezug auf die gesellschaftliche Kontrolle der Arbeitsbedingungen dem Sozialismus macht, hält er doch an dem Privateigentum, an der kapitalistischen Unternehmung, an der Selbstbestimmung und Selbstverantwortlichkeit grundsätzlich fest.

Dritter Abschnitt.

Sozialistische Richtungen[1].

Sechstes Kapitel.

Der experimentelle Sozialismus.

24. Robert Owen und der ältere englische Sozialismus[2].

Es gibt kaum ein Zeitalter, in dem nicht einzelne Personen oder Gruppen von der Überzeugung erfüllt waren, daß die vorhandenen wirtschaftlichen und gesellschaftlichen Übel allein durch Aufhebung des

[1]) Allgemeinere Darstellungen des neueren Sozialismus enthalten: K. Grün, Die soziale Bewegung in Frankreich und Belgien. 1845; L. Stein, Die industrielle Gesellschaft. Der Sozialismus und Kommunismus Frankreichs von 1830—1848. 2. Ausg. 1855; Engels, Die Entwicklung des Sozialismus von der Utopie zur Wissenschaft. 2. Aufl. 1883; Sombart, Sozialismus und soziale Bewegung. 1. Aufl. 1896. 6. Aufl. 1908; v. Tugan-Baranowsky, Der moderne Sozialismus. 1908; Grünberg, Art. Sozialismus und Kommunismus in Elstens Wörterbuch. 1911; Gide-Rist, Geschichte der volksw. Lehrmeinungen (deutsch). 1913; M. Adler, Wegweiser, Studien zur Geistesgeschichte des Sozialismus. 1914; B. Hildebrand, Die Nationalökonomie der Gegenwart und Zukunft. 1848; Dühring, Kritische Geschichte der Nationalökonomie und des Sozialismus. 1. Aufl. 1871. 4. Aufl. 1900; Marlo, Untersuchungen über die Organisation der Arbeit. 2. Aufl. 1884. Bd. II; Denis, Histoire des systèmes èconomiques et socialistes. 2 Bde. 1904/1907; Muckle, Die Geschichte der sozialistischen Ideen im 19. Jahrh. 2 Teile. 1909; Adler-Meyer, Art. Sozialismus und Kommunismus. 1911; L. Stein, Sozialismus und Kommunismus des heutigen Frankreich. 2. Ausg. 1848; H. P. G. Quack, De socialisten, personen en stelsels. 3 Bde. 1878/92; A. Menger, Das Recht auf den vollen Arbeitsertrag. 1. Aufl. 1896. 3. Aufl. 1904;; Bourguin, Les systèmes socialistes. 1904 (deutsch 1906); Diehl, Über Sozialismus, Kommunismus und Anarchismus. 2. Aufl. 1911; Beer, Geschichte des Sozialismus in England. 1913. Als bibliographisches Hilfsmittel ist zu nennen: J. Stammhammer, Bibliographie des Sozialismus und Kommunismus. 2 Bde. 1893/1900.

[2]) Vgl. insbes. The life of R. Owen written by himself, with selection from his writings and correspondance. vol 1 and Ia.

Privateigentumes an den Produktionsmitteln, oder gar nur durch völlige Gemeinschaftlichkeit der Lebensweise gründlich ausgerottet werden könnten [1]). Das Nachstehende soll nicht eine Übersicht über die Geschichte der sozialistischen Gedanken überhaupt bieten. Diese kommen hier, ebenso wie früher die sozialkonservativen und liberalen, nur insofern zur Besprechung, als sie in unmittelbare Beziehungen zur Lösung der modernen Arbeiterfrage gesetzt worden sind. Von diesem Standpunkte aus verdient unter den älteren Sozialisten Robert Owen das intensivste Interesse.

Owen (geboren am 14. Mai 1771 zu Newton in Northwales) gehörte seiner Weltanschauung nach, die er sich größtenteils durch autodidaktische Studien erworben hatte, durchaus der materialistischen Aufklärungs- und Humanitätsphilosophie des XVIII. Jahrhunderts an. Das ganze Weltall erschien ihm als ein großes Laboratorium. Alle Dinge seien chemische Verbindungen, und der Mensch nur eine besonders komplizierte Verbindung. Es galt ihm als Axiom, daß vernünftige Erziehung und wirtschaftlich günstige Lage mit derselben Sicherheit vortreffliche Menschen hervorbringen müßten, als bestimmte Mengenverhältnisse gegebener Elemente bestimmte neue Verbindungen eingehen.

Als er mit dem 1. Januar 1800 die Leitung der großen Baumwollspinnereien in New-Lanark übernommen hatte und der Arbeitgeber einer Arbeiterbevölkerung von 2000—2500 Personen geworden war, beschloß er alsbald, die Richtigkeit seiner Überzeugungen durch praktische Versuche zu erweisen. Obwohl er es mit einer in jeder Be-

London 1857/58; Lloyd Jones, The life, times, and labours of R. Owen. London 1890; Herkner, Art. Owen; Helene Simon, R. Owen, Sein Leben und seine Bedeutung für die Gegenwart. 1905; Frank, Podmore, R. Owen. 1906. Denis, a. a. O. voll. II. Paris 1907. So 387—483; Beer a. a. O. S. 177—196; Dolleans, R. Owen. 1907.

1) Die Versuche, zwischen Sozialismus und Kommunismus in der Weise zu unterscheiden, daß der letztere eine über das Gemeineigentum an den Produktionsmitteln hinausgehende Gemeinschaftlichkeit bedeute, sind ebenso erfolglos gewesen wie die von Dietzel vorgeschlagene Abgrenzung, nach der für den Sozialismus eine extreme Befolgung des Sozialprinzips, für den Kommunismus des Individualprinzips wesentlich sein sollte. Der Sprachgebrauch hält sich durchaus an das Mittel, nicht an die sozialpsycholog. Motivationen. Vgl. Dietzel, K. Rodbertus. 2. Abt. 1888. S. 5, 29 ff.

ziehung tief herabgekommenen Arbeiterschaft zu tun hatte, die ihm voll sozialer, nationaler und kirchlicher Vorurteile äußerst mißtrauisch gegenüberstand, gelang es ihm durch eine zwölfjährige Arbeit doch, das ersehnte Ziel zu erreichen und diese Arbeiter zu einer menschenwürdigen Existenz emporzuheben. Die Mittel, die er anwandte, bestanden in einer durch Anschauungsunterricht und körperliche Übungen belebten Jugenderziehung, in Einschränkung der Kinderarbeit, Verkürzung der Arbeitszeit, höheren Löhnen, Beschaffung billiger Nahrungsmittel durch Einkauf im Großen, Erbauung guter Wohnungen, Fürsorge für Kranke und Invalide, Unterdrückung der Wirtshäuser und Schenken und einer eigentümlichen Fabrikdisziplin, welche Säumige nicht nur zu strafen, sondern Fleißige auch mit besonderen Auszeichnungen zu belohnen verstand.

Durch vier Abhandlungen, die in den Jahren 1812 und 1813 erschienen, erhielt die Welt von Owens Wirken in New-Lanark Kunde. Sie führten den Titel: A new view of society; or essays on the principle of the formation of the human character and the application of the principle to practice. Die Grundsätze, die Owen in diesen Schriften aufstellte und die überhaupt für sein ganzes späteres Denken und Handeln maßgebend geblieben sind, hat er selbst einmal in folgender Weise zusammengefaßt:

1. Der Charakter wird im allgemeinen durch die Umstände, die das Individuum umgeben, nicht durch letzteres selbst ausgebildet. Owen leugnet ererbte und angeborene Eigenschaften zwar nicht ganz, mißt ihnen aber nur untergeordnete Bedeutung bei. 2. Alle Gewohnheiten und Gefühle lassen sich der Menschheit anerziehen. 3. Die Neigungen unterliegen nicht der Kontrolle des Individuums. 4. Jedes Individuum kann dahin gebracht werden, mehr zu erzeugen, als es zu konsumieren imstande ist, wenn ihm nur ein ausreichender Grund und Boden überlassen wird. 5. Die Kultur hat die Mittel geschaffen, mit deren Hilfe die Bevölkerung jederzeit in einer angemessenen Lage erhalten und jedem Individuum die größte Glückseligkeit gewährt werden kann, ohne daß es der Laster oder des Elendes als Hindernisse der Volksvermehrung bedürfen würde. 6. Jedes Gemeinwesen kann durch eine entsprechende Kombination dieser Grundsätze in einen Zustand versetzt werden, in dem nicht nur Laster, Armut und Elend verschwinden, sondern auch jeder einzelne mehr ständiges Glück genießt, als irgend jemandem unter den bisher herrschenden

Verhältnissen zuteil werden konnte. 7. Alle Grundsätze, auf welchen bisher die Gesellschaft gegründet gewesen ist, sind irrig. 8. Der Umschwung, der durch die Annahme der neuen und richtigen Grundsätze bewirkt werden würde, läßt sich durchführen, ohne daß einem Menschen auch nur die geringste Unbill geschähe.

Diese Schriften und seine großen praktischen Erfolge machten Owen rasch in allen Kreisen der Gesellschaft bekannt. Tausende pilgerten Jahr für Jahr nach New-Lanark, dieser Oase des sozialen Friedens in der Zeit der tiefsten Erniedrigung des englischen Arbeiterstandes. Minister, Gesandte, Prinzen, insbesondere der Herzog von Kent, Könige und Kaiser interessierten sich für Owen, seine Werke und seine Pläne. So glaubte er in der Tat, die Zeit nahe bereits, in der alle Kabinette Europas nach seinen Grundsätzen regieren würden. Da ernüchterte ihn einigermaßen die Bemerkung von Gentz: „Wir wünschen gar nicht, daß die Massen wohlhabend und unabhängig werden. Wie könnten wir sie sonst beherrschen?"

Die guten Erfolge, die Owen in New-Lanark mit der Einschränkung der Kinderarbeit und Abkürzung der Arbeitszeit erzielt hatte, bewogen ihn, bei einer Fabrikantenzusammenkunft eine entsprechende Gesetzgebung in Vorschlag zu bringen. So geschickt auch Owen seine Vorschläge vertreten mochte, er fand bei den „Cotton-Lords" wenig Gehör. Auch der ältere Sir Robert Peel, der die Sache, da Owen nicht Mitglied des Parlaments war, hier vertrat, ließ sich von den Fabrikanteninteressen nur zu sehr beeinflussen. Wenn trotzdem einige Erfolge erzielt wurden und die 1802 nur zum Schutze der Kirchspiellehrlinge erlassene Gesetzgebung eine Erweiterung erfuhr, so war das ausschließlich der rastlosen Energie Owens zu danken, der sich jahrelang zu diesem Zwecke vorzugsweise in London aufhielt. Allerdings blieb das Erreichte weit hinter Owens Wünschen zurück. Owen hatte einen Gesetzentwurf empfohlen, der die Arbeitszeit in allen Fabriken auf $10^1/_2$ Stunden herabsetzte, die Beschäftigung von Kindern unter 10 Jahren verbot und für Kinder unter 12 Jahren den halbtägigen Schichtwechsel anordnete. Zur Durchführung schlug Owen besondere Fabrikinspektoren vor.

Eine schwere Wirtschaftskrise, welche 1815 ausbrach, gab Owen Veranlassung, den tieferen ökonomischen Ursachen des Notstandes nachzuspüren. Er gelangte dabei zu der Auffassung, daß die Überproduktion aus der schlechten Lebenshaltung der Arbeitermassen, aus deren Unterkonsumtion folge. In ungeheurem Maße habe das Fabriksystem die produktiven Kräfte Englands gesteigert. In der Kriegszeit habe der gestiegenen Produktionsfähigkeit auch eine starke öffentliche Konsumtion entsprochen. Letztere sei durch den Frieden beseitigt worden.

Die Einführung der Maschinen habe aber die menschliche Arbeit entwertet und somit die Kauf- und Konsumkraft der arbeitenden Klassen niedergehalten. So habe ein Mißverhältnis zwischen Produktion und Konsumtion entstehen müssen. Vor allem komme es also darauf an, Einrichtungen zu treffen, die eine der Steigerung der Produktivkraft entsprechende Ausdehnung der Kaufkraft gewährleisteten. Man solle die Arbeitslosen von Staats wegen beschäftigen und dadurch den Wert der Arbeit wieder heben, der jetzt durch den Wettbewerb der Arbeitslosen falle. Die Arbeitslosen seien in Kolonien von etwa 1500 Personen zu vereinigen und hätten zunächst durch ihre Arbeit die Befriedigung ihres Bedarfes zu bewirken. Überschüsse seien zur Verzinsung und Zurückzahlung aufgenommener Kapitalien zu verwenden. Nur diese Maßnahmen stellten eine den Fortschritten der Zeit gemäße Reform der Armenpflege dar, nicht das Aushungerungssystem der Malthusianer. Nicht nur Erziehung, auch Beschäftigung schulde der Staat seinen Angehörigen.

Im übrigen war Owen weit entfernt, die Krisen ausschließlich auf die Unterkonsumtion der arbeitenden Klassen zurückzuführen. Auch in den Willkürlichkeiten des Luxus und der Mode erblickte er erhebliche Ursachen wirtschaftlicher Störungen und wollte deshalb, um die Anpassung der Produktion an den Bedarf zu erleichtern, beide möglichst einschränken.

Mit derartigen Vorschlägen fand Owen in der Blütezeit des Manchestertumes freilich nur wenig Anklang. Gleichwohl unternahm es Owen, als bald eine zweite Krise hereinbrach, speziell für den Grafschaftsrat von Lanarkshire, neuerdings eine Denkschrift über diese Frage auszuarbeiten (Report to the county of Lanark 1820). Dieselbe enthält insofern einen neuen Zug, als Owen nun an Stelle der „künstlichen“ Metallwährung eine Arbeitswährung eingeführt wissen will, da die Arbeit ja das natürliche Maß des Wertes bilde. Durch die Arbeitswährung würde mit wachsender Produktivität auch die Kaufkraft der Arbeiter entsprechend zunehmen. Diese Gedankenreihen Owens sind übrigens nicht sonderlich klar. Während die Arbeitswährung die Aufgaben, die ihr Owen stellte, doch nur dann hätte erfüllen können, wenn durch sie das Renteneinkommen weggefallen wäre, versprach Owen den Rentenbeziehern von der Änderung wegen der durch sie bedingten Erhöhung der Produktion noch ein sehr viel größeres Einkommen. Während früher die kommunistischen Kolonien nur für Arbeitslose gedacht waren, vertrat Owen nun immer entschiedener den Gedanken, daß die ganze Gesellschaft in derartige Gemeinwesen aufzulösen sei. So pedantisch Owen ihre ganze technische Einrichtung auseinandersetzte, so wenig wurden die sozialökonomischen Probleme erörtert. Er betonte nur immer wieder, die Wurzeln des herrschenden Elendes beständen darin, daß unter der geltenden Wirtschaftsordnung Produktion und Konsumtion lediglich im Wege der Profitmacherei, des Gewinnes über den Kostenpreis hinaus, entwickelt werden könnten. Profite kämen zustande, wenn das Angebot der Nachfrage entspräche, oder hinter ihr zurückbliebe. Das Interesse der Gesellschaft erheische aber das Gegenteil.

Die Frage, wie die gemeinsam hergestellten Produkte zu verteilen seien, kam für ihn kaum in Betracht. Infolge der planmäßig organisierten Produktion könnten so viele Güter hergestellt werden, daß man ebensowenig daran denken würde, Güter als Privateigentum anzusammeln, als jetzt Wasser auf Flaschen gefüllt und aufgespeichert würde, wo es im Überflusse vorhanden. Diese Ideen, die Owen namentlich noch in dem Book of the New Moral World 1820 auseinandersetzte, beherrschten ihn schließlich mit solchem Nachdrucke, daß er deren Richtigkeit durch Experimente nachzuweisen versuchte.

Der theoretisch interessanteste Versuch war die Einrichtung einer Arbeits-Tauschbank (Labour-Exchange) 1830—1832 in London. Auch hier handelte es sich für Owen wieder darum, den Arbeitslosen Beschäftigung zu gewähren. Der Arbeiter, der ein Produkt hergestellt, konnte es in dem Magazine abliefern und erhielt dagegen eine Bescheinigung über die Zahl der Arbeitsstunden, die zur Herstellung für nötig erachtet wurden. Mit der Bescheinigung konnte er dann dem Magazine eine entsprechende Menge von anderen Waren, deren er bedurfte, entnehmen. Bei der Abschätzung hielt man sich so ziemlich an die hergebrachten Preise und setzte dann für je 6 d eine Arbeitsstunde. Wenn überhaupt, so konnte diese Einrichtung nur für Handwerker, die noch genußreife Produkte erzeugten, nicht aber für kapitallose Teilarbeiter der modernen Produktionsweise eine Bedeutung erlangen. Dazu kam noch der Umstand, daß die Leitung keineswegs alle Produkte anzunehmen brauchte. Die Annahme wurde von den jeweiligen Nachfrageverhältnissen abhängig gemacht und mußte natürlich auch davon abhängig gemacht werden, wenn die Einrichtung nicht sofort zusammenbrechen sollte.

Hier wie bei den anderen fehlgeschlagenen Experimenten tröstete man sich damit, daß der Versuch wohl geglückt wäre, wenn man nur genug Kapital besessen und nicht mit der Gegnerschaft des Grundeigentümers zu kämpfen gehabt hätte, auf dessen Boden der Betrieb der Anstalt eröffnet worden war.

Von einem Kreise hingebungsvoller Schüler unterstützt, predigte Owen deshalb unentwegt im ganzen Lande sein Evangelium von der kooperativen Organisation der Gesellschaft. Außerdem beteiligte er sich als eifriger Mitarbeiter an den zur Förderung der Bewegung herausgegebenen Zeitschriften (Economist, Crisis, Orbiston Register, Cooperative Magazine, Cooperator). Überall sollten Konsumvereine gegründet und das durch diese gewonnene Kapital schließlich zur Selbstbeschäftigung der Arbeiter verwendet werden. Bekanntlich ist bis jetzt nur der erste Teil des Programms durch die englischen Genossenschaften, die sich seit 1848 allerdings mehr unter dem Einflusse der christlichen Sozialisten entwickelten, in die Wirklichkeit umgesetzt worden. Immerhin verbleibt Owen das Verdienst, die Bewegung in Fluß gebracht und das ökonomische Bekenntnis der Genossenschaftler festgestellt zu haben.

Die zweite Hälfte von Owens Leben war weniger glücklich und erfolggekrönt als die erste. An Stelle der allgemeinen Bewunderung traten allmählich die heftigsten Angriffe. Die Hauptgegner Owens stellte die Geistlichkeit, da er selbst alle Religion für falsch erklärt hatte und einige feurige Anhänger seines Freidenkertums selbst zu einer atheistischen Propaganda sich verstiegen. Unter den Geistlichen war es insbesondere der Bischof von Exeter (Moore's Rev. Pamphleteer), der vor keinem Mittel zurückschreckte, um Owen zu verdächtigen, zu verleumden und herabzusetzen. Mit dem kirchlichen Interesse verband sich das der Fabrikanten, denen Owens Kreuzzug wider die Profitmacherei bei der allgemeinen Gärung in den Arbeiterkreisen nicht mehr so harmlos wie im Anfange erschien. So kam es, daß betörte Volksmassen bei Versammlungen in Burslem und Bristol sich an der Person des bereits im Greisenalter stehenden Owen vergriffen.

Als Owen den Tod nahen fühlte, begab er sich in seine Geburtsstadt. Er starb daselbst 1858 und wurde im Grabe seiner Eltern zur Ruhe gebettet.

Schon diese knappe Skizze wird die hervorragende sozial-politische Bedeutung des Mannes erkennen lassen. Owen war der erste der modernen Großindustriellen, der Arbeitswohlfahrtseinrichtungen und zwar in selbstlosester Weise, ohne jede gewinnsüchtige Nebenabsicht, einführte; er vertrat zuerst den Gedanken, die Kinderarbeit gesetzlich einzuschränken und die Arbeitszeit überhaupt zu regeln; mit Lancaster und Bell teilte er den Ruhm, am frühesten für die Einführung eines obligatorischen staatlichen Volksschulwesens in England agitiert zu haben; er gehört ferner zu den Urhebern derjenigen Krisentheorien, welche den geringen Anteil der arbeitenden Klassen am Volkseinkommen als die vornehmste Störungsursache erklären. Von sozialkonservativen Theoretikern (Sismondi, Malthus) wie von sozialistischen Denkern (Proudhon, Rodbertus, teilweise auch Marx) ist diesem Gedanken bis in die neuesten Zeiten herein stets eine ganz besondere Bedeutung eingeräumt worden. Owen gebührt ferner das Verdienst, die staatliche Arbeitsstatistik und das Problem der Bekämpfung der Arbeitslosigkeit zuerst vollauf gewürdigt zu haben. Und endlich ist Owen ohne Zweifel der geistige Urheber der Genossenschaftsbewegung. In sittlicher Beziehung ist seine reine Menschenliebe, seine Selbstlosigkeit und Aufopferungsfähigkeit, seine Überzeugungstreue und Toleranz zu rühmen. Als Agitator und Politiker hat er es stets verschmäht, den Leidenschaften der Menge zu schmeicheln, Haß und Neid zu erregen und das Panier des Klassenkampfes zu entrollen. Durch friedliches Überreden und Überzeugen allein wollte er alles erreichen. Mag diese Haltung auch vom ethischen Standpunkte im allgemeinen günstiger zu beurteilen sein, als vom politischen, so war es für eine Zeit, die von den Kämpfen um Reformbill, Armengesetz, Freihandel und Volkscharte durchwühlt wurde, sicher ein Glück, daß Owen die ökonomisch-sozialistischen Bestrebungen von denjenigen der politischen Parteien gesondert erhielt. Gegen diese hohen persönlichen Vorzüge fallen seine Selbstgefälligkeit, sein Prunken mit vornehmen Beziehungen, seine autokratischen Neigungen kaum ins Gewicht.

Als Schriftsteller war Owen nicht bedeutend. Am besten sind noch seine kürzeren Ansprachen und Denkschriften. Sonst wirken die vielen Wiederholungen, das ständige Abschweifen von konkreten, praktischen Aufgaben in das Reich ökonomischer Phantastik ungemein ermüdend. Von seinen Ideen war er viel zu fest überzeugt, als daß er vermocht hätte, sich in entgegenstehende Auffassungen hineinzudenken und sie zu widerlegen. Nur zu oft setzt er den Widersachern einfach seine Behauptungen, die für ihn eine axiomatische Bedeutung hatten, noch einmal entgegen, eine Eigentümlichkeit, die Holyoake auf den walisischen Ursprung Owens zurückführt. Der Hauptsache nach hat Owen seine Grundsätze vollständig aus seinen eigenen Erfahrungen gewonnen. Erst später fand er, daß John Bellers[1]) bereits 1696 (Proposals for raising a colledge of industry) ähnliche Gedanken ausgesprochen hatte, diesem also objektiv die Priorität gebühre. Bemerkenswert erscheint, daß Owen trotz seiner politisch konservativen Gesinnung den Gedanken, die alte Wirtschaftsordnung wieder aufzubauen, im allgemeinen abgelehnt hat. Immerhin hat er die früheren Verhältnisse gegenüber dem herrschenden Zustande als das Bessere erklärt. Er werde sich der Abschaffung des Baumwollzolles widersetzen, drohte er auf einer Versammlung der Fabrikbesitzer im Jahre 1815, wenn diese nicht in die Forderung der Fabrikgesetzgebung einwilligten. Ohne solche Reformen sei das Fabriksystem ein Fluch, dessen Ausbreitung man bekämpfen müsse. Das geschehe durch die Aufrechterhaltung eines Zolles, welcher der Baumwollindustrie das Rohmaterial verteuert. Im übrigen läßt er aber keine Zweifel darüber aufkommen, daß die technischen Errungenschaften der Menschheit den größten Segen spenden würden, sobald man zur gemeinwirtschaftlichen Organisation übergegangen sein werde. Insofern unterscheidet sich Owen scharf von den sozialen Reformern konservativer oder liberaler Richtung, mögen ihm auch, wie den meisten Sozialisten, einzelne Forderungen (Arbeiterschutz, Wohlfahrtseinrichtungen, Genossenschaftswesen, Volkserziehung) mit jenen gemeinsam sein.

Die Stellung, welche hier Owen in der Geschichte des Sozialismus eingeräumt worden ist, wird von einzelnen Gelehrten, ins-

[1]) Über Bellers vgl. Bernstein in: Vorläufer des Neueren Sozialismus. I. 2. 1895. S. 694—719.

besondere von A. Menger bestritten[1]). Während der Nationalökonom das Wesen des Sozialismus darin sucht, daß die gesellschaftliche Produktionsweise der Großbetriebe nicht mehr durch das Profitinteresse des Privatkapitals, sondern unmittelbar für und durch die Gesellschaft geleitet wird, hat Menger das Recht auf den vollen Arbeitsertrag, auf Existenz und auf Arbeit zum Merkmal des Sozialismus gestempelt. Bei Anwendung dieses Maßstabes erscheint ihm Godwin als der erste wissenschaftliche Sozialist der neueren Zeit. Und dabei führt Menger selbst aus, daß Godwin den ganzen Apparat des kommunistischen Staates verwirft, daß er Individualwirtschaft und Privateigentum in möglichst gleicher Verteilung aufrecht erhalten will und in wesentlichen Beziehungen schon auf dem Standpunkt des heutigen Anarchismus steht[2]). Ebensowenig kann Charles Hall[3]) als hervorragender Sozialist gelten. Mag er auch das Einkommen der besitzenden Klassen als Abzug vom Arbeitsertrage der Arbeiter ansehen, so ist das eine Vorstellung, die sich auch bei liberalen Ökonomen findet. (A. Smith, Ricardo.) Dagegen fehlt ihm der für den modernen Sozialismus maßgebende Gedanke der höheren Produktivität der Kollektivwirtschaft. Er plaidiert für Kollektiveigentum am Grund und Boden, will ihn aber in möglichst gleich großen Anteilen zur Sondernutzung austeilen. Größeres Interesse flößt seiner werttheoretischen Gedankengänge wegen W. Thompson[4]) ein. In praktischer Hinsicht hat er aber ganz nach dem Vorbilde von Owen die sozialistische Gemeinde empfohlen. Dasselbe gilt für John Gray[5]). Der durch seine theoretische

---

1) a. a. O. 3. Aufl. 1904.

2) S. 44. Vgl. Das Eigentum von William Godwin, deutsch von Bahrfeldt, Heft 2 der Adlerschen Sammlung der Hauptwerke des Sozialismus; Beer a. a. O. S. 107—121.

3) Die Wirkungen der Zivilisation auf die Massen von Charles Hall, deutsch von Oldenberg, Heft 4 der Adlerschen Sammlung; Beer a. a. O. S. 124—135.

4) Eine deutsche Übersetzung seines Hauptwerkes „Untersuchung über die Grundsätze der für das menschliche Glück dienlichsten Verteilung des Reichtumes" ist durch O. Collmann erfolgt und in zwei Bänden in Berlin 1903/04 erschienen; Beer a. a. O. S. 221.

5) Vom menschlichen Glück, von John Gray, deutsch von Freund, Heft 8 der Adlerschen Sammlung.

Analysen hervorragende Hodgskin[1]) will die individualistische Form der Gesellschaft beibehalten, hofft aber durch die Koalition der Arbeiter die Gewinne der müßigen Kapitalisten (er unterscheidet zwischen Unternehmer und Kapitalist) einschränken oder beseitigen. Weniger zuversichtlich denkt John Francis Bray von der Wirksamkeit der Arbeitervereinigungen. Er tritt deshalb für eine kollektivistische Produktionsweise ein und schlägt zu diesem Zwecke die Gründung großer nationaler Kooperativgesellschaften für die einzelnen Gewerbe vor.

Im allgemeinen sind die oben genannten Zeitgenossen Owens neuerdings etwas überschätzt worden. Einmal geschah dies von englischer Seite[2]), um die Rolle Englands bei der Ausbildung der sozialistischen Ideen im Vergleiche zu Deutschland und Frankreich erheblicher erscheinen zu lassen, dann aber auch von anderen Autoren, um Marx und Engels als Leute hinzustellen, die ihre wertvollsten Ideen anderen Schriftstellern entnommen hätten.

25. St. Simon und die St. Simonisten[3]).

In Frankreich war es nicht die Entwicklung der Großindustrie, sondern das politische Ereignis der großen Revolution, welches

[1]) Vgl. E. Halévy, Thomas Hodgskin. Paris 1903; Denis a. a. O. Vol. II. S. 483—542; Marx, Theorien über den Mehrwert. 3. Bd. 1910. S. 313—381.

[2]) H. S. Foxwell, Geschichte der sozialistischen Ideen in England. Diese Abhandlung ist in deutscher Übersetzung der deutschen Ausgabe des Werkes von Thompson beigegeben; sie wurde zur englischen Übersetzung des Mengerschen Werkes als Einleitung geschrieben. Die um Owen sich gruppierenden Sozialisten werden auch in dem Nachtragband zu Quack's De Sozialisten, Amsterdam 1904, behandelt.

[3]) Vgl. insbesondere L. Stein, Der Sozialismus und Kommunismus des heutigen Frankreich. I. Bd. 2. Aufl. Leipzig 1848. S. 232—299; O. Warschauer, Geschichte des Sozialismus und Kommunismus im 19. Jahrhundert, I. St. Simon und der St. Simonismus. Berlin 1892; Georges Weill, L'école Saint-Simonienne. Paris 1896; Muckle, Henri de St. Simon. Die Persönlichkeit und ihr Werk. Jena 1908; E. Troeltsch, Die Dynamik der Geschichte nach der Geschichtsphilosopie des Positivismus. Philosophische Vorträge der Kant-Gesellschaft Nr. 23. Berlin 1919; W. Eucken, Zur Würdigung St. Simons. J. f. G. V. 45. Jahrg. S. 1051—1066.

sozialistische Ideen zur Entfaltung brachte. Zu den Ersten, welche die Unzulänglichkeit der 1789 zur Herrschaft gelangten wirtschaftlich liberalen Grundsätze klar erkannten, gehörte der Graf St. Simon[1].

Um die Sozialwissenschaft vorwärts zu bringen, müsse man im kräftigsten Lebensalter ein möglichst originelles und tätiges Leben führen, sodann alle Theorien und praktischen Erfahrungen kennen lernen, selbst alle Klassen der Gesellschaft durchlaufen und sich in die verschiedensten sozialen Positionen bringen. Im Alter habe man die Summe der Beobachtungen zu ziehen, die über die Wirkungen der Handlungen angestellt würden, und Lehrsätze daraus abzuleiten. Diese Ratschläge St. Simons spiegeln seinen eigenen Entwicklungsgang ziemlich deutlich wider. Er wurde im Jahre 1760 geboren und gehörte dem ältesten Adel Frankreichs an. Als Offizier kämpfte er unter Washington im Unabhängigkeitskriege der Nordamerikaner. In die Heimat zurückgekehrt, glückte es ihm, während der Revolutionszeit durch Spekulationen in Nationalgütern ein Vermögen zu erwerben. In der Nähe der polytechnischen Schule wohnend, machte er ein großes Haus und suchte namentlich durch den Verkehr mit den Gelehrten dieser Anstalt sich über die neueste Entwicklung der Naturwissenschaften zu unterrichten. Bei seiner verschwenderischen Lebensweise war sein Vermögen bald aufgezehrt. Er versank in tiefe Armut und wurde einige Zeit von einem seiner ehemaligen Angestellten unterhalten. Dann suchte er als Abschreiber für eine Pfandleihanstalt 1000 Fr. im Jahre zu verdienen. In dieser Not legte er selbst Hand an sich, wurde aber gerettet.

Als Schriftsteller lenkte er 1819 durch eine Parabel die Aufmerksamkeit weiterer Kreise auf sich. Hier warf er die Frage auf, ob der plötzliche Verlust von 3000 der größten Gelehrten, Künstler,

[1]) Wenn G. Eckstein (Der alte und der neue St. Simon, Grünberg's Archiv II. S. 425—441) und H. Cunow (N. Z. 38. Jahrg. 1. Bd. S. 281—287) betonen, daß St. Simon weder Utopist, noch Sozialist gewesen sei, so wird ihnen zuzustimmen sein. St. Simon fordert keine Vergesellschaftung der Produktionsmittel, verkennt die Bedeutung der Klassenkämpfe und das Primäre in der gesellschaftlichen Entwicklung bleibt für ihn der Geist. Die Stellung St. Simons in der Geschichte des Sozialismus beruht ganz und gar auf der Tatsache, daß der Kreis seiner nächsten Freunde den Übergang zum Sozialismus vollzogen hat.

Techniker und Industrieunternehmer, oder derjenige der Prinzen von Geblüt, der Hofchargen, der obersten Staatsbeamten und der größten Grundbesitzer, zusammen 30 000, für Frankreich eine größere Schädigung bedeuten würde. Der Verlust so vieler Landsleute würde die Franzosen auf alle Fälle betrüben, aber die 30 000 Höflinge, Beamte und Grundeigentümer wären leicht zu ersetzen. Für das wirkliche Leben Frankreichs seien nur die geistigen Arbeiter maßgebend. Die Gesellschaftsordnung trage dieser Tatsache aber nicht Rechnung. Deshalb müßten die Industriels, d. h. alle wirklich Arbeitenden, die Herrschaft erlangen. Im „Neuen Christentum“[1]) führte er aus, daß sich die Religion nicht ausrotten lasse. Man könne sie nur reformieren. Mit dem Gebote der christlichen Liebe solle nun dadurch Ernst gemacht werden, daß die Lage der zahlreichsten und ärmsten Klasse schon in diesem Leben verbessert werde. Der Glaube an die Verbesserungsfähigkeit der Menschheit und an die religiöse Pflicht, diese Verbesserung zu realisieren, bildet einen Grundzug der St. Simonistischen Religion. Dazu bedürfe es aber eines positiven hierarchischen Aufbaues im Gegensatze zu der bloßen Verneinung des Liberalismus. Auch müsse man begeistert sein, um Großes zu vollbringen.

Auf dem Totenbette erklärte er, sein ganzes Leben lasse sich in dem Gedanken zusammenfassen, allen Menschen die freieste Entwicklung ihrer Fähigkeiten zu verschaffen.

Eine strengere Systematisierung und Überleitung zum Sozialismus haben diese in zahlreichen Schriften zerstreuten Ideen erst durch seine Schüler, insbesondere durch Bazard, erfahren[2]). Dieser Paulus der St. Simonisten war es auch, der nach der Julirevolution im Verein mit Enfantin das Volk aufforderte, in eine große, industrielle und theokratische Gemeinschaft der Güter und des Lebens einzutreten. Von der Tribüne der Deputiertenkammer aber wurde Klage geführt gegen eine Sekte, welche die Gemeinschaft der Güter und der Frauen predige. Zur Entgegnung und

[1]) Hauptwerke des Sozialismus und der Sozialpolitik, herausgegeben von C. Grünberg, Neue Folge. St. Simon, Neues Christentum, übersetzt und eingeleitet von Muckle. 1911.

[2]) Doctrine de St. Simon, Exposition. Première année 1828 bis 1829. Deuxième année 1830; K. Schmidtlein, St.-Amand Bazard. J. f. S. V. 46. Jahrg. S. 65—107.

Rechtfertigung richteten am 1. Oktobber 1830 Bazard und Enfantin[1]), die Häupter dieser Sekte der St. Simonisten[2]), eine Schrift an den Präsidenten der Kammer.

„Das System der Gütergemeinschaft“, heißt es da, „wird allgemein verstanden als die gleiche Teilung unter allen Mitgliedern der Gesellschaft, sei es die des Stoffes der Produktion, sei es die der Früchte der Arbeit aller. Die St. Simonisten verwerfen diese gleiche Teilung des Eigentumes, die in ihren Augen eine größere Gewalttätigkeit, eine empörendere Ungerechtigkeit sein würde, als die ungleiche Teilung, die ursprünglich durch die Gewalt der Waffen, durch die Eroberung vor sich gegangen ist. Denn sie glauben an die natürliche Ungleichheit der Menschen, und sehen eben diese Ungleichheit als die Grundlage der Gesellschaftung, als die unentbehrliche Bedingung der gesellschaftlichen Ordnung an. Sie verwerfen das System der Gütergemeinschaft; denn diese Gemeinschaft wäre eine offenkundige Verletzung des ersten aller sittlichen Gesetze, die sie zu verbreiten gesandt sind, und welches will, daß in Zukunft jeder nach seinen Fähigkeiten gestellt und nach seinen Werken belohnt werde. Aber in Gemäßheit dieses Gesetzes fordern sie die Aufhebung aller Privilegien der Geburt ohne Ausnahme und infolgedessen die Vernichtung des Erbwesens, des größten aller Privilegien, desjenigen, das sie gegenwärtig alle umfaßt, und das zur Folge hat, daß es die Verteilung der gesellschaftlichen Vorzüge dem Zufall überläßt, unter der kleinen Zahl derer, die darauf Anspruch machen können, und daß es die zahlreiche Klasse zur Entsittlichung, zur Unwissenheit, zum Elende verurteilt. Sie fordern, daß alle Werkzeuge der Arbeit, die Grundstücke und die Kapitalien, welche gegenwärtig die zerstückelte Grundlage der Einzelbesitzungen bilden, in eine gesellschaftliche Grundlage vereint werden, und daß diese Grundlage ausgebeutet werde durch Gesellschaftung und in hierarchischer Ordnung in der Weise, daß die Aufgabe eines jeden der Ausdruck seiner Fähigkeit, und sein Reichtum der seiner Werke sei. Die St. Simonisten greifen die Einrichtung des Eigentums

---

1) Hauptwerke des Sozialismus, herausgegeben von G. Adler, 5. Heft. Prosper Enfantin, Die Nationalökonomie des St. Simonismus. 1905.

2) Neuerdings auch abgedruckt in Bernsteins Dokumenten des Sozialismus. Bd. I. 1. Heft. S. 34, 35.

nur insoweit an, als sie für einige das gottlose Privilegium des Müßigganges heiligt, das heißt das Vorrecht, von der Arbeit anderer zu leben, nur insoweit es dem Zufalle der Geburt die soziale Klassenstellung des einzelnen überläßt. Das Christentum hat die Frauen aus der Sklaverei befreit; aber es hat sie trotzdem zu einer untergeordneten Stellung verdammt, und überall im christlichen Europa sehen wir die Frauen noch mit dem religiösen, politischen und bürgerlichen Bann belegt. Die St. Simonisten haben die endgültige Befreiung verkündet, aber ohne deshalb das heilige, durch das Christentum verkündete Gesetz der Ehe anzugreifen. Sie treten im Gegenteil dafür ein, daß dieses Gesetz verwirklicht werde, daß es eine neue Weihe erhalte, daß die Kraft und Unverletzlichkeit des Bundes, den die Ehe heiligt, noch gesteigert werde. Sie fordern wie die Christen, daß ein einziger Mann nur mit einer einzigen Frau verbunden werde. Aber sie lehren, daß die Gattin dem Gatten gleichberechtigt sein soll und daß sie gemäß der besonderen Gnade, die Gott ihrem Geschlechte verliehen hat, seine Genossin sei in dem dreifachen Amte des Tempels, des Staates und der Familie, so daß die soziale Persönlichkeit, die bis jetzt nur der Mann gewesen ist, fortan der Mann und die Frau sei. Die Religion St. Simons kommt nur zu dem Zwecke, jenem schändlichen Schacher, jener gesetzlichen Prostitution ein Ende zu machen, die heute unter dem Namen der Ehe so häufig die ungeheuerliche Verbindung der Hingebung mit der Selbstsucht, der Erleuchtung mit der Unwissenheit, der Jugend mit der Hinfälligkeit heiligt."

Diese hier in enger Verbindung mit sozialistischen Bestrebungen auftretende Lehre von der Emanzipation der Frau ist von besonderem Interesse. Übrigens ist aber gerade diese Lehre dem St. Simonismus verhängnisvoll geworden. Enfantin gab ihr eine so anstößige Auslegung, daß unter den St. Simonisten ein Schisma entstand. Dem Schisma folgte die vollständige Auflösung der Simonisten-Gemeinschaften bald nach. Es verdient aber hervorgehoben zu werden, daß zu ihnen eine große Zahl hervorragender Männer gehört hat, wie A. Thierry, A. Comte, B. Buchez, Leroux, A. Blanqui, M. Chevalier, de Lesseps, Carnot, Pereire.

26. Karl Fourier (1772—1837).[1])

Die Eindrücke, welche Owen von der Lage seiner eigenen Arbeiter erhielt, hatten ihn zu sozialistischen Überzeugungen gedrängt. Auch Fourier hat aus der eigenen geschäftlichen Tätigkeit die maßgebenden Anregungen empfangen. Freilich bildeten nicht die Mißstände des Fabrikwesens, sondern diejenigen des Handels den Ausgangspunkt. Man erzählt, daß Fourier als fünfjähriger Knabe in dem Tuchladen seines Vaters einem Kunden, der sich nach der Beschaffenheit der vorgelegten Ware erkundigte, offenherzig die Mängel mitteilte und deshalb gezüchtigt wurde. Dieser Vorgang habe auf ihn einen tiefen Eindruck gemacht. Und so habe er schon von Kindheit an über die Mittel nachgedacht, welche den Handel auf die Grundlage der Wahrheit und Gerechtigkeit zu stellen vermöchten. Mancherlei Erfahrungen in späterem Lebensalter wirkten im gleichen Sinne. Als Kommis in Marseille erhielt er z. B. im Jahre 1799, während einer Hungersnot, den Auftrag, eine Schiffsladung Reis heimlich ins Meer versenken zu lassen, um die Hausse-Spekulation seines Hauses zu fördern. Ein anderes Mal machten ihn wieder die starken Unterschiede stutzig, welche er in bezug auf die Äpfelpreise an zwei nur 30 km von einander entfernten Orten wahrnahm. Er fand, daß die Vermittlerrolle zwischen Produzenten und Konsumenten eine verhältnismäßig große Anzahl von Personen beschäftige und nutzbringender produktiver Tätigkeit entzöge. Nun begnügten sich die Kaufleute aber nicht einmal mit der Funktion der Vermittlung, sondern trachteten nach einer selbständigen sozialen Machtstellung, nach einer Handelsfeudalität. Sie wollten nicht als dienende Organe tätig sein, sondern sich zur Herrschaft über

[1]) Seine Hauptwerke sind: Théorie des quatre mouvements 1808; Traité de l'association domestique-agricole 1882; Le nouveau monde industriel et sociétaire 1829. Vgl. auch Oeuvres choisies, Paris, o. J., herausgegeben und mit einer wertvollen Einleitung ausgestattet von Ch. Gide. Eine gute Würdigung Fouriers bieten: K. Grün, Die soziale Bewegung in Frankreich, 1845, S. 127—261; H. Greulich, Karl Fourier (Ein Vielverkannter) in Richters Jahrbuch für Sozialwissenschaft und Sozialpolitik II. Zürich 1881; O. Warschauer, Geschichte des Sozialismus und Kommunismus im 19. Jahrhundert. Zweite Abteilung. Fourier, Seine Theorie und Schule. Leipzig 1893; H. Bourgin, Fourier 1905; Asch, Lehre Ch. Fouriers. 1914.

Produzenten und Konsumenten erheben. Wucherische Ausbeutung und Verfälschung der Waren würden auf die schamloseste Weise betrieben. Der Grundsatz der freien Konkurrenz vermöchte in keiner Weise dem Übel zu steuern. Erst führe die Konkurrenz zu einer kostspieligen Zersplitterung der Kräfte, später zur Beseitigung der Konkurrenz im Wege der Handelskoalitionen und Privatmonopole. Deshalb sei die Güterzirkulation der privatkapitalistischen Unternehmung zu entziehen und in ein Amt verantwortlicher und absetzbarer Angestellten umzuwandeln. So gelangte Fourier zu dem Gedanken des Gemeindekontors.

Das Gemeindekontor gewährt Kredit gegen Verpfändung von Liegenschaften und Waren. Zur Aufbewahrung der letzteren werden Lagerhäuser errichtet. Im übrigen kann das Kontor auch Verkaufs- und Speditionsagenturen übernehmen. Die Tätigkeit des Gemeindekontors würde also ungefähr den modernen Kornhausgenossenschaften entsprechen. Fourier will auf diese Weise aber nicht nur das Getreide, sondern sämtliche innerhalb der Gemeinde gewonnenen Produkte verkaufen lassen. Von der kommunalen Absatzorganisation gelangt er zur kommunalen Hauswirtschaft. Es ist zweckmäßiger, von Gemeindewegen ein großes Waschhaus zu errichten, als daß 300 bis 400 Familien jede für sich ihre Wäsche besorgen. Die gleichen Vorteile würde eine große Gemeindebäckerei und eine Gemeindekochanstalt gewähren. Wird aber ein beträchtlicher Teil der Erwerbs- und Hauswirtschaft in kommunale Anstalten verlegt, so verliert schließlich auch die Einzelwohnung immer mehr ihren Sinn. Auch in dieser Beziehung wird ein großes Gebäude mit Theater- und Versammlungssälen, mit Bibliotheken und Lesezimmern, mit Gesellschaftszimmern und Wandelgängen große Vorzüge aufweisen. Leicht kann dann auch eine Person eine größere Anzahl von Kindern warten und pflegen. Übrigens ist die beste Gesellschaft für Kinder diejenige von Kindern selbst. Die Vereinigung einer größeren Zahl von Kindern verschiedenen Lebensalters bietet auch die Möglichkeit, die weitaus erfolgreichste Unterrichtsmethode zur Anwendung zu bringen, nämlich die kleinen Kinder durch die größeren unterweisen zu lassen. Nur wenige Erwachsene werden zur Oberaufsicht erforderlich sein.

Ist aber erst Absatz und Hauswirtschaft kommunalisiert, so wird die Produktion bald folgen. Niemand kann sich mehr der Einsicht verschließen, welche große Zeit- und Kraftvergeudung die kleinbäuerliche Parzellenwirtschaft darstellt. Im Anschlusse an das Gemeindekontor können einige Manufakturen eingerichtet werden, in denen während der Zeit, welche die Landwirtschaft freiläßt, gewerbliche Arbeiten auszuführen wären.

Es ist bemerkenswert, daß bei Fourier, im Gegensatze zu anderen sozialistischen Denkern, die gemeinschaftliche Organisation der Produktion nicht das Anfangs-, sondern das Schlußglied der Entwicklungsreihe darstellt.

Die gemeinschaftliche Produktionsweise wirft eine neue, schwierige Frage auf. Wird dann noch mit ausreichendem Fleiße gearbeitet werden? Wird man ohne Zwang auskommen? Wird ein durch Behörden ausgeübter Zwang nicht schwerer ertragen werden, als der, den jetzt Hunger und Not ausüben?

Die Lösung des Problems schien Fourier das von ihm entdeckte Gesetz der Attraktion zu bieten.

Der Mensch scheut, wie die Erfahrung lehrt, im allgemeinen nicht die Tätigkeit an sich. Wenn die Arbeit trotzdem in der Regel als notwendiges Übel angesehen wird, so geschieht es nur deshalb, weil sie den besonderen Neigungen des Arbeiters so oft nicht entspricht, weil sie zu lange dauert, weil sie bald in trostloser Einsamkeit oder unter schmutzigen, ekelhaften, ungesunden Begleitumständen geleistet werden muß. Auch wird der Handarbeiter nicht geehrt. Er steht auf der tiefsten Stufe der gesellschaftlichen Anerkennung. Es kommt deshalb alles darauf an, die Arbeit so einzurichten, daß sie dem natürlichen Tätigkeitsdrange des Menschen, seinem Geselligkeitsbedürfnisse, seinem Ehrgeiz, seinem Familiensinn, seinem Abwechselungsbedürfnisse, seinen Schönheitsempfindungen usw. gerecht wird. Dann wird es keines äußeren Druckes mehr bedürfen. Aus Freude an der Sache selbst wird der Mensch seine Arbeit verrichten.

Derartige Einrichtungen sind möglich. Fourier analysiert die menschlichen Triebe und findet, daß aus dem freien Ausleben aller Individuen vollkommene Harmonie erwächst. Der allgütige Schöpfer kann nicht sich widerstreitende Triebe erschaffen haben. Nicht die Triebe sind schlecht und unvernünftig. Das ist nur die privatwirtschaftliche Atmosphäre, innerhalb welcher sie sich bis jetzt betätigen mußten. Erfüllen wir unsere gemeinwirtschaftliche Bestimmung, so werden sie nur Glück und Segen stiften: „Les attractions sont proportionelles aux destinées!“

Schon die Interessen der Arbeitsteilung fordern die Organisation einer großen Zahl von Arbeitergruppen. Es ist aber nicht notwendig, daß jedes Individuum ausschließlich einer einzigen Gruppe angehört. Man kann ihm die Freiheit gewähren, sich jeweils gerade derjenigen Gruppe anzuschließen, deren Arbeiten seinen Neigungen am besten entsprechen. Im allgemeinen wird keine Arbeit länger als durch zwei Stunden gern ausgeführt. Wie der Schmetterling von Blütenkelch zu Blütenkelch flattert, so kann auch der Arbeiter sich bald dieser, bald jener Arbeitsgruppe zugesellen. So wird alle Arbeit mit dem größten Eifer getan und das Maximum der Produktivität und Glückseligkeit erzielt werden.

Leider dehnt Fourier die unbeschränkte Herrschaft der Triebe auch auf das sexuelle Leben aus. So gelangt er zu Konsequenzen, die ihm mit Recht die schärfste Kritik zugezogen haben.

Wie soll die Verteilung des gemeinwirtschaftlichen Arbeitsertrages erfolgen? Fourier antwortet: Nach Maßgabe des Kapitales, der Arbeit und des Talentes. Dieser Verteilungsschlüssel frappiert und ist in der Tat nicht ganz folgerichtig. Die Beteiligung des Kapitales erfolgt aus praktischen Gründen. Fourier will den Übergang zur Gemeinschaft nicht durch Gewalt erzwingen. Der Klassenkampf, die Eroberung der Staatsgewalt und die Verwertung der letzteren zur Sozialisierung des Wirtschaftslebens, das sind Gedanken, denen Fourier fremd und abgeneigt gegenübersteht. Lediglich die seinen Organisationsplänen innewohnende Zweckmäßigkeit und Überlegenheit soll die allgemeine Verbreitung zustande bringen. In dieser Beziehung denkt er ganz wie Owen. Es kommt, wie in den Naturwissenschaften, alles auf das Experiment an. Alle sozialen Umgestaltungspläne müssen erst im kleinen auf ihren Wert hin ausprobiert werden. Denjenigen, welche sich am besten bewähren, gehört dann von selbst die Zukunft. Natürlich ist Fourier davon durchdrungen, daß seinen Ideen der Sieg zufallen wird. Er bezeichnet auch charakteristischerweise die gemeinschaftliche Einheit als Phalanx. Wie einst die Phalangen Philipps von Macedonien alle Schlachtordnungen siegreich durchbrachen, so werden auch Fouriers Phalangen die privatkapitalistische Wirtschaftsordnung vernichten. Aber trotz dieses felsenfesten Glaubens an sein System hält sich Fourier nicht für berechtigt, es unter Anrufung der Arbeiterklasse mit Gewalt durchzusetzen, sondern wartet geduldig Jahre hindurch mittags 12 Uhr in seiner ärmlichen Mansarde auf den Menschenfreund, der ihm eine Million zur Begründung der ersten Phalange zur Verfügung stellen werde. Um das Kapital für seine Pläne zu interessieren, erhält es deshalb auch einen Anteil am Reinertrage der Wirtschaft.

Sodann sollen auch hervorragende Leistungen, welche ein besonderes Talent bedingen, reichlicher ausgestattet werden. Es finden also doch nicht alle Arbeiten schon den Lohn in sich selbst, sondern Fourier sucht zu ausgezeichnetem Wirken noch durch eine höhere Vergeltung anzuspornen. Diese Verteilungsweise hat übrigens nur für das Übergangszeitalter Bedeutung, später soll alles derart in Hülle und Fülle zu Gebote stehen, daß die Frage nach der Verteilung unpraktisch wird.

Obwohl Fourier wie Owen in der Hauptsache experimenteller Sozialist ist, d. h. obwohl er glaubt, man müsse die bessere Organisation erfinden, und im Wege des unmittelbaren praktischen Versuches ihre Leistungsfähigkeit erweisen, hat er doch auch eine Art ökonomischer Entwicklungslehre aufgestellt. Die Menschheit befindet sich zuerst in einem Zustande unbewußter, naiver Glückseligkeit, welchen er als Edenismus bezeichnet. Die Gaben der Natur stehen ohne eigene Anstrengung dem Menschen im Überflusse zu Gebote. Allmählich wird durch die Bevölkerungszunahme eine gewisse Arbeit notwendig, zu welcher vom Manne die schwächere Frau gezwungen wird. Diese Stufe der „Wildheit“ wird abgelöst vom „Patriarchat“, einem Zeitalter der Familienwirtschaft mit väterlicher Autorität. Ehe, Familieneigentum am Grund und Boden und Sklaverei treten auf. Mit der Verwandlung der patriarchalischen Autorität in eine militärisch-staatliche Zwangswirtschaft entsteht die „Barbarei“, welche in bezug auf die Glückseligkeit das tiefste Niveau darstellt. Aus der Barbarei arbeitet sich die Menschheit zur „Zivilisation“ empor, d. h. zur privatkapitalistischen Wirtschaftsordnung, die aber eine wirtschaftliche Anarchie bedeutet. Mit der Begründung der ersten Gemeinwirtschaft beginnt der „Garantismus“, der erst noch das Gepräge einer Übergangszeit trägt. Mit der vollen Überwindung der kapitalistischen Reste bricht der Sozialismus an, d. h. die Menschheit kehrt durch bewußte Tätigkeit zum vollen Glücke des Edenismus zurück und verlebt in diesem Zustande Zehntausende von Jahren. Von den äußerst phantastischen und nicht sehr geschmackvollen Schilderungen, welche von dieser Periode entworfen werden, braucht man keine Notiz zu nehmen.

Es könnte vielleicht in Frage gezogen werden, ob es gerechtfertigt sei, von dem Systeme Fouriers so ausführlich zu sprechen, da nähere Beziehungen zwischen ihm und der Entwicklung der Arbeiterfrage nicht vorhanden zu sein scheinen. Fourier geht ja vornehmlich von der zu seiner Zeit in Frankreich noch vorherrschenden kleinbäuerlichen Produktionsweise aus. Er kennt den modernen Kapitalismus nur in der Form des Handels. Immerhin ist der bewußte Gegensatz bemerkenswert, in dem Fourier sich zum wirtschaftlichen und politischen Liberalismus befindet. In seiner Analyse der freien Konkurrenz tritt auch schon der Gedanke auf, daß die Konkurrenz Monopole ausbilde und sich somit selbst vernichte. Überhaupt besitzt Fourier eine lebhafte Empfindung für die Bedeutung des ökonomischen Faktors in der Geschichte und für die Macht des Großbetriebes. Insofern sind die Kerngedanken des neueren Sozialismus doch schon bei ihm zu finden. Dazu kommt, daß auch seine Organisationsprojekte selbst auf das Denken der Anhänger von K. Marx großen Einfluß gewonnen haben. Man könnte z. B. August Bebel[1]) in dieser Beziehung eher einen Fourieristen, als einen Marxisten nennen. Sein Buch über die Frau ist aus Fourierschem Geiste geboren. Auch der Nestor der schweizerischen Sozialdemokratie, Karl Bürkli, stand unter dem Einflusse Fouriers.

Lange Zeit hindurch blieb Fourier völlig unbeachtet. Gleich St. Simon litt er nicht selten bittere Not. H. Heine erzählt, daß er ihn oft in seinem grauen, abgeschabten Rocke längs den Pfeilern des Palais-Royal habe hastig dahinschreiten sehen, die beiden Rocktaschen schwer belastet, so daß aus der einen der Hals einer Flasche und aus der anderen ein langes Brot hervorguckten. Schließlich scharte sich auch um ihn ein Kreis hingebender und geistvoller Schüler. Ihre Zeitschriften, Jahrbücher und andere Werke, namentlich diejenigen Victor Considérants[2]), trugen die Lehren sogar über die Grenzen der Heimat hinaus nach England und Amerika.

---

[1]) Bebel hat Fourier auch eine eingehende Studie: Charles Fourier, sein Leben und seine Theorien, Stuttgart 1898, gewidmet.

[2]) V. Considérant, Fouriers System der sozialen Reform in Adlers Hauptwerken des Sozialismus. 6. Heft. 1906.

27. P. J. B. Buchez[1]) (1796—1865) und L. Blanc (1811—1882).

Buchez, ein intimer Freund Bazards, ging aus der Schule der St. Simonisten hervor. Auch bei ihm bot der Mißerfolg der politischen Revolutionen die Veranlassung, sich eingehender mit den sozialen und wirtschaftlichen Fragen zu beschäftigen. Vergebens hatten die Jakobiner sich bemüht, den christlichen Grundsätzen der Brüderlichkeit und Gleichheit im öffentlichen Leben zur Verwirklichung zu verhelfen. So galt es, die Erhebung der arbeitenden Klassen auf anderen Bahnen zu versuchen: durch ökonomische Selbsthilfe und Assoziation. Schon 1831 organisierte Buchez eine Tischler-Produktiv-Genossenschaft; 1834 folgte eine solche der Goldarbeiter; 1840 gab er ein populär geschriebenes, von Arbeitern redigiertes Blatt „L'Atelier" heraus, welches die Propaganda für freie Arbeiter-Produktivgenossenschaften betrieb. Im übrigen war Buchez kein Gegner der freien Konkurrenz. Nicht diese trage an den gesellschaftlichen Übeln die Schuld, sondern der Niedergang der Moral. In einer Gesellschaft, die das Sittengesetz achte, werde der freie Wettbewerb wohltätig wirken. Um aber die moralischen Zustände zu verbessern, bedürfe man der Kirche. Buchez trat deshalb in freundlichere Beziehungen zum Katholizismus. Der liberalen Ökonomie, insbesondere der malthusischen Lehre, war Buchez abgeneigt: „elle a justifié le mal et découragé le bien".

Das zum Betriebe der Produktivgenossenschaft erforderliche Kapital sollten die Arbeiter entweder im Wege des Kredits oder durch persönliche Beiträge beschaffen. Ursprünglich dachte Buchez an staatliche Einrichtungen zur Förderung des Genossenschaftskredites; später an gemeinnützige, aus philanthropischen Bestrebungen hervorgehende Banken. Hat die Genossenschaft die aufgenommenen Kapitalien zurückgezahlt, so bildet das Genossenschaftskapital einen Fonds, welcher der Genossenschaft als solcher gehört, der von den Mitgliedern ihr nicht entfremdet werden darf und im Falle der Liquidation anderen Genossenschaften zufällt. Vom Reingewinne sollten 20 Proz. dem Genossenschaftskapital, 40 Proz. den Mitgliedern nach Maßgabe der verdienten Arbeitslöhne, 40 Proz. dem Reservefonds zugewiesen werden.

---

1) N. Wassilieff, P. J. B. Buchez, der Begründer der modernen Assoziationsbewegung Frankreichs. Bern 1898.

Auf diesem Wege werde die privatkapitalistische Produktionsweise allmählich in eine genossenschaftlich organisierte Wirtschaftsordnung übergehen. Eine andere Entwicklung wäre weder gerecht noch möglich. Das Eigentum ist eine geschichtliche Kategorie und ein moralisches, wenn auch nicht absolut gerechtes Recht, so daß es die Arbeiterklasse wenigstens im Interesse ihrer Erziehung und Disziplin, durch eigene Anstrengungen erwerben müsse.

Im Gegensatze zu den freien, miteinander im Wettbewerbe stehenden Produktivgenossenschaften von Buchez befürwortet Louis Blanc[1]) staatlich organisierte und zentralisierte Genossenschaftsverbände, welche lediglich mit den privatkapitalistischen Betrieben in Konkurrenz treten sollen. Als Historiker[2]) hat er das allgemeine Aperçu der St. Simonisten, daß die Geschichte eine Kette von Klassenkämpfen, von Kämpfen zwischen ausbeutenden und ausgebeuteten Gesellschaftsschichten darstelle, durch die Entwicklungsgeschichte der „Bourgeoisie", d. h. der Inhaber der Produktionsmittel, und des „Peuple" oder Proletariats, d. h. der lediglich von ihrer Hände Arbeit lebenden Klasse, unter sorgsamer Berücksichtigung der materiellen Produktionsweise zu erhärten versucht. Er schilderte, wie die Bourgeoisie als Trägerin des kapitalistisch-individualistischen Prinzipes vordrang, wie ihr ökonomischer Individualismus auf dem Gebiete der theoretischen Nationalökonomie in der Schule der Physiokraten, auf dem der Politik in Montesquieus konstitutioneller Doktrin, auf dem der Philosophie in Voltaires Skeptizismus zum Ausdrucke kam. Dagegen fanden die Interessen des Volkes, die Grundsätze der Gleichheit und Brüderlichkeit, ihren Herold in Rousseau. Die große Revolution war nur ein Kampf zwischen den Girondisten, den Vertretern der Bourgeoisie, mit den Montagnards, den Repräsentanten des Volkes. Die volle Herrschaft habe die Bourgeoisie unter der Regierung des „Bürgerkönigs" Louis Philippe erlangt. Die Darstellung dieses Zeitraumes bot Blanc die Gelegenheit, an den Zuständen der kapitalistischen Gesellschaft eine ätzende Kritik zu üben. Wie Fourier, dem er viel verdankte, richtete er seine Angriffe vorzüglich gegen den freien Wettbewerb, der die ganze Gesellschaft ruiniere und schließlich

---

[1]) O. Warschauer, Geschichte des Sozialismus und Kommunismus im 19. Jahrhundert. III. L. Blanc. Berlin 1896.

[2]) Histoire des dix ans 1830—1840, 1841/1844; Histoire de la révolution française, 1847/62.

durch die Schaffung von Riesenmonopolen sich selbst aufhöbe[1]). Insofern darf L. Blanc bereits als ein Vertreter der sogenannten materialistischen Geschichtsauffassung gelten.

Da Blanc in der staatlich unterstützten Produktivgenossenschaft das Allheilmittel erblickte, mußte das Volk in erster Linie maßgebenden Einfluß auf die Staatsgewalt zu gewinnen suchen. Indem er die Volksherrschaft zum Zwecke sozialer Reformen forderte, erscheint er als Begründer der Sozialdemokratie. Das zur Macht gelangte Proletariat müsse ein Fortschrittsministerium einsetzen, dessen Aufgabe in der Lösung der sozialen Frage, d. h. in der Aufhebung des Proletariates, bestehe. Dieses Ziel sei durch folgende Maßregeln zu erreichen: I. Verstaatlichung der Eisenbahnen, der Bergwerke, der Bank von Frankreich und des gesamten Versicherungswesens. II. Eröffnung staatlicher Lagerhäuser, in denen die Produzenten die Waren gegen Empfangsscheine abgeben. Die Empfangsscheine stellen ein durch die Waren vollkommen gedecktes Papiergeld dar. III. Die Einrichtung staatlicher Verkaufshallen für den Detailverkehr. Die Ergebnisse dieser Staatsbetriebe bilden die Einnahmen des Fortschrittsministeriums, des „Budgets der Arbeiter". Was von diesen Einnahmen nach Amortisation und Verzinsung der Schulden übrig bleibt, dient zur Beförderung gewerblicher und landwirtschaftlicher Produktivgenossenschaften.

Um der Unterstützung des Staates teilhaftig zu werden, müssen die Genossenschaften bestimmten Normativbedingungen genügen. Nachdem die Arbeiter ihren Lohn (ursprünglich dachte Blanc an gleiche, später an proportionale Löhne) empfangen haben, die geliehenen Kapitalien verzinst und die übrigen Kosten gedeckt erscheinen, sind vom Reingewinne 25 Proz. zur Tilgung der geliehenen Kapitalien, 25 Proz. zu einem Unterstützungsfonds für Kranke und Invalide, 25 Proz. zur Verteilung unter die Arbeiter und 25 Proz. für einen allgemeinen Genossenschafts-Reservefonds zu verwenden. Die Genossenschaften eines und desselben Berufes dürfen nicht miteinander konkurrieren, sondern bilden eine Art Kartell, welches Löhne und Verkaufspreise reguliert. Die Kartelle der verschiedenen Berufe bilden einen Zentralverband, in dessen Kasse eben jede Genossenschaft den vierten Teil ihres Reingewinnes einzahlt.

---

[1]) Organisation du travail. 1840.

Dadurch wird eine Art Krisenversicherung geschaffen. Anfangs erfolgt die Einrichtung und Leitung der Produktivgenossenschaften durch die Staatsbehörden. Später, nachdem über die Qualifikationen der Mitglieder ausreichende Erfahrungen vorliegen, tritt das Prinzip freier Wahl in Kraft. Durch diese Einrichtungen wird zugleich das „Recht auf Arbeit" verwirklicht. Im Wettbewerbe mit dieser staatlich organisierten Genossenschaftswelt wird die private Unternehmung bald die Waffen strecken müssen.

Durch die Februar-Revolution gelangte L. Blanc in die provisorische Regierung. Er durfte indes nicht an der Spitze eines Arbeitsministeriums die Durchführung seiner Pläne erproben, sondern erhielt den Auftrag, erst im Luxemburg-Palaste eine Art Enquete über die Mittel zur Lösung der sozialen Frage zu veranstalten. An den Notstandsarbeiten, welche unter der Bezeichnung Nationalwerkstätten unternommen wurden, hat er keinen Anteil gehabt. Dagegen gelang es ihm, in Clichy einige Produktivgenossenschaften ins Leben zu rufen, welche mit der Lieferung von Ausrüstungsgegenständen für die Nationalgarde betraut wurden. Trotzdem sie sich bewährt hatten, wurden sie später von der Regierung zerstört, da sie als Herd revolutionär-sozialistischer Bestrebungen angesehen wurden.

L. Blanc wurde beschuldigt, am 15. Mai 1848 die Volksmassen zu einem Attentate gegen die Nationalversammlung veranlaßt zu haben. Er entzog sich dem Prozesse durch die Flucht nach England. Nach dem Sturze des zweiten Kaiserreiches kehrte er zurück, übte aber keinen politischen Einfluß mehr aus.

28. P. J. Proudhon (1809—1865)[1].

Es gibt kaum einen anderen sozialökonomischen Denker, dessen Ideen so schwer in wenige Worte zu fassen sind, als diejenigen Proudhons. Er läßt nichts Absolutes gelten. Alles ist wandelbar und nur, was die Veränderung zuläßt, erscheint ihm richtig. Diesem allge-

---

[1]) Die Hauptwerke über Proudhon in deutscher Sprache sind: K. Diehl, P. J. Proudhon, Seine Lehre und sein Leben. 3 Abteilungen. Jena 1888, 1890 und 1896; A. Mülberger, P. J. Proudhon, Leben und Werke. Stuttgart 1899. Vgl. ferner die beißende Kritik, welche K. Marx im „Elend der Philosophie" (deutsch von Bernstein und Kautsky, mit Vorwort von Fr. Engels, Stuttgart 1885) gegen die Contradictions économiques Proudhons

meinen Gesetze der Bewegung und des Fortschrittes sind auch seine eigenen Anschauungen unterworfen. Was heute als gewaltige Offenbarung von ihm verkündet wird, hat schon morgen seine Bedeutung für ihn wieder verloren. Um eine adäquate Vorstellung vom Wesen und der Entwicklung dieses merkwürdigen Autodidakten zu gewähren, der bald als Schriftsetzer, bald als Kommis oder Journalist kümmerlich sein Brot erwarb, müßte man wie bei einem Kinematographen eine Fülle von Momentaufnahmen aneinanderreihen. Immerhin hat seinem ganzen Sinnen und Trachten doch ein höherer Leitstern vorgeschwebt: die Idee der Gerechtigkeit. Wie kann sie im ökonomischen, wie im politischen Dasein verkörpert werden? Im Wirtschaftsleben nur dann, wenn das arbeitslose Einkommen, die Rente, aufgehoben wird. Im Staate dagegen gilt es, die Grundsätze der Anarchie, bezw. des Föderalismus zu verwirklichen. Ehe und Familienleben, überhaupt das individualistische Prinzip unserer Wirtschaftsordnung soll erhalten bleiben, aber dem Eigentum muß die Macht der Ausbeutung entzogen werden. Es muß aufhören, den Diebstahl möglich zu machen. Dieses Motiv beherrscht das 1840 erschienene Buch: Qu'est-ce que la propriété? Seine Antwort lautete: La propriété c'est le vol, ein Satz, den Lassalle im Deutschen mit „Das Eigentum ist Fremdtum geworden", ausgedrückt hat. Proudhon suchte zu zeigen, daß beim Austausche der Güter nicht gleiche Werte gegeben würden. Die Macht, welche das Eigentum dem Kapitalisten verleihe, gestatte es diesem, beim Erwerbe der Arbeit dem Arbeiter im Lohne weniger Wert zu zahlen, als die Arbeitsleistung darstelle. So ernte der Eigentümer, wiewohl er nicht säe; verzehre, wiewohl er nicht produziere; genieße, wiewohl er nicht arbeite. Das Eigentum mache also den Diebstahl möglich, werde zum Diebstahl. Trotz dieser Auffassung trat Proudhon schon damals nicht für kommunistische Bestrebungen ein. In einer kommunistischen Gesellschaft würden die Starken ebenso von den Schwachen ausgebeutet werden, wie heute die Schwachen von den Starken.

---

richtete. Auch der Briefwechsel zwischen Engels und Marx (1913) enthält bemerkenswerte Äußerungen über Proudhon I. 23, 30—32, 37, 43, 56, 100, 209—218, 220—228, 265—267, 311. Eine eingehende Darstellung der volkswirtschaftlichen Lehren Proudhons bei Gide-Rist a. a. O. S. 326—363. Die philosophischen, moralischen und politischen Arbeiten Proudhons behandelt Bouglé, La Sociologie de Proudhon 1911.

Sechs Jahre später erschien das bekannteste Werk Proudhons: „Das System der wirtschaftlichen Widersprüche oder die Philosophie der Not". Hier wird die Wertlehre [1]), welche in der Erstlingsschrift bereits angedeutet war, weiter ausgeführt. Nutz- und Tauschwert der Güter geraten im Systeme der freien Konkurrenz miteinander beständig in Widerstreit. Je größer die Menge der Nutzwerte, desto geringer ihr Tauschwert. Nun liegt ein hoher Tauschwert im privatwirtschaftlichen Interesse und dieses bestimmt tatsächlich den Gang der Produktion. Die möglichst reichliche Produktion von Nutzwerten, welche im Interesse der Gesamtheit liegt, kommt deshalb nicht zum Durchbruche. Der Widerspruch, den die freie Konkurrenz im Werte erzeugt, überträgt sich auf alle Betriebe der Volkswirtschaft, da ja der Wert das ganze Leben durchdringt. In ähnlicher Weise werden auch in bezug auf andere Kategorien des Wirtschaftslebens (Arbeitsteilung, Maschinen, Konkurrenz, Monopol, Steuer, Handel, Kredit, Eigentum, Gemeinschaft) die ihnen innewohnenden Widersprüche auseinandergesetzt. Proudhon war durch K. Marx und K. Grün mit der Philosophie Hegels bekannt gemacht worden. Die dialektische Methode, die Entwicklung der Antithese aus der These und die Aufhebung des Widerspruches in der Synthese, das war eine Denkweise, welche mit den eigenen Anlagen trefflich harmonierte und die er nun mit Vorliebe zur Anwendung brachte. Im Anschlusse an die klassische Ökonomie werden erst die vorteilhaften Seiten einer Einrichtung, mit Hilfe der sozialistischen Kritik sodann die üblen Folgen dargetan. Aber der Sozialismus ist für Proudhon nur Antithese, nicht höhere Synthese. In dem Kapitel, das der Gemeinschaft gewidmet ist, kritisierte er auch die sozialistischen Projekte, insbesondere diejenigen Fouriers, in unbarmherziger Weise. Und es läßt sich gar nicht leugnen, daß er die Schwächen dieser Systeme mit großem Scharfblick erfaßt hat. „Der Sozialismus will den Haushalt abschaffen, weil er zu viel kostet; die Familie, weil sie dem Vaterlande Unrecht tut; das Eigentum, weil es den Staat beeinträchtigt. Der Sozialismus will die Rolle der Frau vertauschen; aus der Königin, wozu die Gesellschaft sie berufen, will er eine Priesterin der Kotytto machen" [2]). Weil heute für das Proletariat Ehe, Familie,

[1]) V. v. Stockhausen, Die Wertlehre Proudhons in neuer Darstellung. Bern 1898.

[2]) Die Widersprüche der Nationalökonomie oder die Philo-

Eigentum und Erbschaft fehlen, will man diese Einrichtungen für einen überwundenen Standpunkt erklären und für alle beseitigen. Es kommt aber darauf an, Ehe, Familie, Eigentum und Erbe für alle zu verwirkllichen[1]). Die Gemeinschaft ist eine Religion der Not. Zur Gemeinschaft muß sich der Arme bequemen, der sein Dasein nach dem Prinzipe der äußersten Kostenverminderung einzurichten gedrängt wird. Die Aufgabe besteht darin, die ökonomische Lage für alle so zu verbessern, daß sie auf die Gemeinschaft verzichten können[2]). „Niemand ist mit dem Nachteile der Bodenzerstückelung, dem Aufwande der Haushaltungen, der Unvollkommenheit der kleinen Industrie und den Gefahren der Vereinzelung unbekannt. Die Persönlichkeit ist stärker als alle Vorstellungen; der Egoismus zieht die Chancen der Lotterie der Unterwerfung unter die Gemeinschaft vor"[3]). „Hebt die Freiheit auf und der Mensch ist nur ein elender Galeerensklave, der die Kette seiner getäuschten Hoffnungen bis zum Grabe schleppt; hebt den Individualismus der Existenzen auf, und ihr macht aus der Menschheit einen großen Polypenstamm"[4]). „Mit der Gemeinschaft geht also die Familie zugrunde; und mit der Familie verschwinden die Namen Gatte und Gattin, Vater und Mutter, Sohn und Tochter, Bruder und Schwester; die Ideen der Verwandtschaft und der Verschwägerung, der Gesellschaft und der Häuslichkeit, des öffentlichen und Privatlebens erlöschen; ein ganzes Reich von Beziehungen und Tatsachen hört auf. Der Sozialismus, auf welche Weise er sich auch ausdrücken mag, läuft notwendig auf diese Albernheiten hinaus"[5]). „Die Gemeinschaft führt auf allen ihren Wegen zum Selbstmord. Nach dem Vorbilde der Familie errichtet, löst sie sich mit der Familie auf; der Verteilung bedürfend, geht sie durch die Verteilung zugrunde; zur Organisation gezwungen, stirbt sie durch die Organisation. Endlich setzt die Gemeinschaft das Opfer voraus; und zugleich die Materie und die Form des Opfers aufhebend, kann sie, weit davon entfernt, die zu ihrer Existenz notwendige Reihe herzustellen, nicht einmal das erste Glied ihrer Entwicklung setzen"[6]). Fourier gegenüber leugnet Proudhon, daß die Arbeit in dem Maße heute eine Last sei, wie dieser behauptet. „Die Arbeit trägt

---

sophie der Not von P. J. Proudhon, deutsch von W. Jordan. 2. Ausg. Leipzig. II. Bd. S. 234.

1) a. a. O. S. 235. 2) S. 360. 3) S. 313.
4) S. 339. 5) S. 330. 6) S. 344.

ebenso wie die Liebe, von der sie eine Form ist, ihren Reiz in sich; sie bedarf weder der Abwechslung, noch der kurzen Dauer, noch der Musik, noch der Plaudereien, noch der Prozessionen, noch zärtlicher Gespräche, noch der Rivalitäten, noch der Polizeidiener, sondern allein der Freiheit und der Intelligenz; sie interessiert, sie gefällt, sie begeistert uns durch die Ausströmung des Lebens und des Geistes, die sie verlangt und ihre mächtigste Bundesgenossin ist die Sammlung, so wie die Zerstreuung ihre größte Feindin ist"[1]).

Fourier hatte ausgeführt, daß die Gefahr der Übervölkerung bei seinem System ausgeschlossen sein werde, einmal durch die gute Ernährung, welche die Unfruchtbarkeit begünstige, dann aber auch dadurch, daß die Frau mit mehreren Männern in geschlechtlichen Verkehr treten dürfe, ein Umstand, der in der gleichen Richtung wirken würde.

Diese Gedanken flößen der sittlich vornehmen Natur Proudhons tiefen Ekel ein. Woher solle denn bei den durch zu reichliche Mahlzeiten gemästeten Insassen der Phalanstère's noch eine Neigung zur Arbeit übrig bleiben, da sie alle Kraft der Verdauung widmen würden! Im übrigen sei der Fourierismus nichts als ein System der allgemeinen Prostitution. „Das ist das ganze Geheimnis der Fourieristischen Lösung des Problems der Bevölkerung. Es ist bewiesen, daß die öffentlichen Mädchen in Millionen Fällen nicht einmal Mutter werden: dagegen das Leben im Hause, die häusliche Pflege, die eheliche Keuschheit begünstigen die Fortpflanzung ausnehmend. Also ist das Gleichgewicht der Bevölkerung gefunden, wenn wir, statt uns in abgeschlossenen Paaren, welche die Fruchtbarkeit begünstigen, zu vereinzeln, alle Prostituierte werden. Freie Liebe, unfruchtbare Liebe, das ist ganz eins"[2]).

Fragt man, auf welchem Wege nun die höhere Einheit der von Proudhon gleich heftig bekämpften liberalen und sozialistischen Gedankenreihen gewonnen werden soll, so wird in den Contradictions auf ein später erscheinendes Werk hingewiesen, die Solution du problème social. Es erschien in der Tat im Jahre 1848.

Da alle Produzenten auch Konsumenten sind, so können sie

---

[1]) S. 349. [2]) S. 414.

durch Vermittlung einer Tauschbank[1]) gleichzeitig eine Organisation des Konsums verwirklichen. Die Produzenten erhalten nach Maßgabe der an die Tauschbank abgelieferten Produkte das Recht, denselben Wert in solchen Produkten der Tauschbank zu entnehmen, die ihren Bedürfnissen entsprechen. Die Konstituierung des Wertes besorgt die Tauschbank. Sie befreit überdies den Arbeiter aus der Abhängigkeit des Kapitals dadurch, daß sie ihm einen unentgeltlichen Kredit in Tauschbons eröffnet oder, wie Proudhon später vorschlug, aus den bei ihr lagernden Vorräten Rohstoffe und Produktionsmittel den Produzenten gegen Überlassung des Wertes in fertigen Produkten zur Verfügung stellt. Ist auf diesem Wege Joch und Monopol des Kapitals gebrochen, so stellt die rein vertragsmäßige Ordnung der wirtschaftlichen Beziehungen die denkbar beste Wirtschaftsverfassung dar, eine Organisation, die alle Vorteile des wirtschaftlichen Liberalismus und Kommunismus ohne deren Nachteile in sich schließt.

Insbesondere werden durch diese mutualistischen Einrichtungen auch die Handelskrisen unmöglich werden. Diese entstehen jetzt dadurch, daß der Arbeiter die mit den Rentenaufschlägen belasteten Waren mit seinem Lohne nicht in entsprechendem Umfange zurückkaufen kann. Fällt der Zins infolge der Unentgeltlichkeit des Kredites weg, so erhält der Arbeiter die Waren billiger und kann eine der Produktivkraft entsprechende Konsumkraft äußern. Die praktische Ausführung des Volksbankplanes, die Proudhon eifrig betrieb, mußte aufgegeben werden, da er in dem kritischen Zeitpunkte eben eine längere Freiheitsstrafe zu verbüßen hatte. Es kann übrigens nicht bezweifelt werden, daß das Proudhonsche Projekt an denselben Ursachen zusammengebrochen sein würde, welche der Owenschen Labour Exchange den Untergang brachten (vgl. oben S. 195). Auch bei Proudhon gab es keine Garantie, daß die bei der Bank eingelieferten Waren gerade dem Bedarfe der Konsumenten entsprächen.

In politischer Beziehung ist Proudhon ebenfalls Individualist und seine Gedanken stellen in mancher Hinsicht nur die äußerste Fortbildung der Vorstellungen dar, welche seit der Entwicklung des Independententumes aus den Strömungen der Reformation

---

[1]) Vgl. über Proudhons und verwandte Tauschbankprojekte die eingehende Darstellung von Diehl. II. S. 35—79; 176—269.

einen so mächtigen Einfluß auf das politische und wirtschaftliche Denken der westeuropäischen Gesellschaft gewonnen haben. Das Individuum ist souverän[1]), aber diese Souveränität wird durch die politischen und wirtschaftlichen Einrichtungen vollkommen unterdrückt. Daran können Konstitutionalismus, Parlamentarismus, Demokratie und allgemeines Wahlrecht nichts ändern. Der Despot bleibt, mag er Fürst, mag er, wie Ibsen später gesagt hat, kompakte Majorität heißen. Wenn auch der einzelne alle paar Jahre einmal seine Stimme abgeben darf, so kann ihn das nicht dafür entschädigen, daß der Staat die wichtigsten Seiten seines Daseins beherrscht, daß dieser wenigstens formell die Alleinherrschaft an sich gerissen hat, daß der einzelne kein Recht gegen den Staatswillen besitzt und sein ganzer Rechtskreis nur auf Anerkennung und Selbstbeschränkung des Staates beruht.

Die sichere Rettung kann nur darin gefunden werden, daß der Grundsatz eines wirklich freien Vertrages auf die ganze Ordnung des menschlichen Zusammenlebens angewendet wird.

Die souveränen Individuen, welche dieselbe Örtlichkeit bewohnen, treten zu einer Gruppe, der Gemeinde zusammen. Sie übertragen im Wege des Vertrages dieser Gruppe einen Teil ihrer Souveränität. Sie bilden die Gemeinde, um gewisse Aufgaben, denen der einzelne isoliert nicht gewachsen wäre, durch Vereinigung besser zu bewältigen. Die Gemeinde hat aber keine anderen Befugnisse als diejenigen, die ihr von den Mitgliedern eingeräumt worden sind. Zu diesen Befugnissen gehört insbesondere das Recht, behufs Wahrnehmung derjenigen Interessen, welche die Leistungsfähigkeit der Gemeinde übersteigen, größere Verbände ins Leben zu rufen. Diese höheren Verbände mögen dann wieder für die allgemeinsten Zwecke (Vertretung nach außen, Heerwesen) Föderationen eingehen. Die Organe, welche an der Spitze eines solchen Verbandes freier Körperschaften stehen, haben aber immer eine streng begrenzte Aufgabe. Sie besitzen kein Atom mehr Recht, als ihnen durch die Körperschaften übertragen worden ist, von denen sie ihre Existenz ableiten. Nie können die Vereinigungen mehr Recht besitzen, als sie von ihren Angehörigen empfangen haben, und immer sollen letztere mehr Recht behalten, als sie abgeben. Die letzte und oberste Quelle alles Rechtes bleibt das souveräne Individuum.

[1]) Proudhon, Du principe fédératif. Paris 1863.

Von dem tiefgehenden Einflusse, welchen die ökonomischen und politischen Ideen Proudhons auf die soziale Bewegung bei den romanischen und slavischen Völkern ausgeübt haben, wird noch an anderer Stelle zu sprechen sein.

29. Karl Rodbertus (1805—1875)[1].

Die Keime sozialistischer Gedanken, welche in Frankreich den Theorien J. J. Rousseau's und der revolutionären Praxis der Jakobiner entsprossen waren, hatten Fichte[2]), den Bewunderer der französischen Revolution, zu einer sozialistischen Utopie, den geschlossenen Handelsstaat (1800) angeregt. Mag seine Sozialphilosophie auch auf spätere Denker, insbesondere auf Rodbertus und Lassalle, nicht ohne Einfluß geblieben sein, so wurzelt sie in ökonomischer Hinsicht doch so stark in den Zuständen der Vergangenheit und steht demzufolge den Empfindungen des modernen Arbeitersozialismus so fern, daß es nicht gerechtfertigt ist, hier ausführlicher von ihr zu sprechen. Praktisch wichtiger war das Interesse, welches verschiedene Deutsche, die in den 30 er und 40 er Jahren in Paris lebten, für die sozialpolitischen Bestrebungen gewannen. Neben Börne und Heine sind namentlich der ehemalige Göttinger Privatdozent Schuster[3]) und der Schneidergeselle Weitling[4]) zu nennen. Ernstes wissenschaftliches Inter-

---

[1]) Dietzel, K. Rodbertus, I. Darstellung seines Lebens. Jena 1886. II. Darstellung seiner Sozialphilosophie. Jena 1887. Jentsch, K. Rodbertus. Stuttgart 1889; Th. Kozak, Rodbertus-Jagetzows sozialökonomische Ansichten. Jena 1882; Marx, Theorien über den Mehrwert. II. 1. 1905. S. 167—304; Diehl, Art. Rodbertus 1911.

[2]) Marianne Weber, Fichtes Sozialismus und sein Verhältnis zur Marxschen Doktrin. Tübingen 1900; M. Adler, Wegweiser 1914. S. 78—109.

[3]) H. Schmidt, Ein Beitrag zur Geschichte des „Bundes der Geächteten". N. Z. XVI. I. S. 150.

[4]) W. Weitling, Die Menschheit wie sie ist und wie sie sein sollte, 1838 (neu herausgegeben von E. Fuchs, Sammlung gesellschaftswissenschaftlicher Aufsätze, 9. Heft. München 1895); Garantien der Harmonie und Freiheit, 1842 (neu herausgegeben von Fr. Mehring, 1908); Das Evangelium eines armen Sünders, 1845 (neu herausgegeben von E. Fuchs, Sammlung gesellschaftswissenschaftlicher Aufsätze, 4. und 5. Heft. München 1894). Vgl. im übrigen G. Adler, Die Geschichte der ersten sozialpolitischen Arbeiterbewegung in Deutschland. Breslau 1885. S. 17 ff.

esse bietet aber erst K. Rodbertus, der bereits im Jahre 1839 einen herrlichen Aufsatz über die Forderungen der arbeitenden Klassen verfaßt hat[1]. Diese Abhandlung enthielt alle Grundgedanken seiner späteren Wirksamkeit.

Proudhon und Rodbertus werden nicht selten in einem Zuge genannt. Und sie stimmen in der Tat in wichtigen Punkten miteinander überein: sie verwerfen den sich selbst überlassenen Verkehr, führen den Wert auf die Arbeitskosten zurück und leiten die Handelsstockungen aus den ungenügenden Lohnverhältnissen der Arbeiter ab. Nicht das Eigentum an sich soll beseitigt werden, sondern nur seine Fähigkeit, Renten vom Arbeiter zu erheben. Ihr Ideal ist ein Zustand, in dem es nur Arbeitseinkommen gibt. Das aus Arbeitseinkommen fließende Eigentum ist aber sakrosankt und vererblich. Von einer gemeinwirtschaftlichen Lebensweise will auch Rodbertus nichts wissen. Von Arbeiterschutz und Arbeitseinstellungen verspricht er sich ebensowenig wie Proudhon. Für beide besteht das nächste Ziel in einer Feststellung der Werte.

Im übrigen aber welch gewaltiger Unterschied zwischen dem Denker von Jagetzow, der nach gründlichen akademischen Studien in behaglicher Muße, welche er als wohlhabender Rittergutsbesitzer genoß, seine Forschungen unternehmen und dem von Nahrungssorgen und politischen Kämpfen abgehetzten, unter dem Drucke journalistischer Tagespflichten schreibenden Proudhon, zwischen dem Bewunderer des festgefügten preußischen Staatswesens und dem anarchistischen Verächter jeder bureaukratischen Einmischung!

Die Entfaltung der Kultur konnte sich nach Rodbertus, der auch als Wirtschaftshistoriker Bedeutendes geleistet hat, nur auf Grundlage der Arbeitsteilung vollziehen, diese aber nur mit Hilfe der Sklaverei. Letztere hat der Liberalismus, indem er im Arbeiter Menschenrecht und Menschenwürde anerkannte, zwar der Form nach, nicht aber in bezug auf ihren wirtschaftlichen Kern überwunden. Er überläßt das Lohnverhältnis dem freien Vertragsabschlusse der Beteiligten. „Es ist klar, daß der Besitz seine ganze Überlegenheit benutzen wird, für sich einen möglichst günstigen Abschluß zu erzielen, einen Abschluß, der ihm selbst einen möglichst großen, der Arbeit einen möglichst kleinen Teil vom Produkt zuwendet. Dahin zu

[1] Kozak-Wagner, Aus dem literarischen Nachlaß von Rodbertus-Jagetzow. III. Berlin 1885. S. 195 ff.

streben, legt der Freihandel dem Besitz sogar als Pflicht auf. Nicht allein, weil er den Eigennutz als die vorzüglichste wirtschaftliche Tugend proklamiert, sondern auch weil im Freihandel das allgemeinste Gebot ist, so wohlfeil wie möglich zu produzieren. Es ist aber klar, daß der die Produktion unternehmende und leitende Besitz, dem die Arbeitslöhne als Kosten des Produktes erscheinen, unter sonst gleichen Verhältnissen, dies in dem Maße mehr vermag, als der Lohn niedrig ist. Deshalb drückt im Freihandel der Besitz unausgesetzt auf den Lohn, und dieser Druck gelingt ihm, unter gewissen die freihändlerische Produktion regelmäßig begleitenden Umständen, auch nur zu gut, denn im Durchschnitt wird im Freihandelssystem der Lohn stets auf demjenigen Betrage festgehalten werden, den die Nationalökonomie als den notwendigen Unterhalt des Arbeiters bezeichnet"[1]). In wirtschaftlicher Hinsicht hat sich die Lage des freigewordenen Arbeiters eher verschlechtert als verbessert. Es fehlt eben das Interesse, das der Herr an dem Arbeitssklaven nahm, so lange er noch einen Bestandteil seines Vermögens ausmachte. Für die meisten Arbeiter ist die sogenannte Freiheit heute nichts als eine fortwährende Abhängigkeit von fremden individuellen Willen und fremder individueller Moral, die Abhängigkeit von dem Willen und der Moral der Grund- und Kapitalbesitzer. Wie stark auch die Produktivität der Arbeit zugenommen haben mag, die Fortschritte sind, da der Arbeiter auf der tiefsten Stufe der Lebensweise festgehalten blieb, nur den besitzenden Klassen zugeflossen, der Anteil der Arbeiter am Nationalprodukt ist gefallen. Kaufkraft und Produktivkraft stehen nicht mehr im geraden Verhältnis. „Die Kaufkraft des größten Teils der Gesellllschaft vermindert sich vielmehr im Verhältnis der steigenden Produktivität, und die Gesellschaft kommt in den Fall, Gebrauchswert zu produzieren, der nicht mehr Marktwert und Kaufkraft ist, während doch noch bei den meisten die Bedürfnisse danach nicht befriedigt sind"[2]). „Es muß mit einem Worte zu jener unglaublichen Unvernunft kommen, daß, während noch die Mehrzahl der Gesellschaft in Armut schmachtet, dieselbe ihre Produktivkräfte doch bei weitem nicht mit voller Kraft wirksam werden lassen darf, weil dann

---

1) Kozak a. a. O. S. 152.

2) Rodbertus-Jagetzow, Zur Beleuchtung der sozialen Frage I. Berlin 1875. S. 50.

auch noch der kleinere Teil in Armut gestürzt werden würde"[1]). So kommt es der Gesellschaft teuer zu stehen, daß die Arbeit so billig ist.

Da die Arbeiter nach der Auffassung von Rodbertus für die ökonomische Betrachtung noch in einer Art Sklaverei sich bewegen, erscheint ihm die Verteilung politischer Rechte an sie vollkommen inkonsequent. „Welch ein törichter unbeschreiblicher Widerspruch in der Auffassung derjenigen Nationalökonomen, welche die Arbeiter in ihrer rechtlichen Stellung über die Geschicke der Gesellschaft mitentscheiden und zugleich sie nationalökonomisch nur immer als Ware behandeln lassen wollen! — denn die Arbeit sind in dieser Beziehung die Arbeiter"[2]).

Diese Zustände sind in keiner Weise das Ergebnis natürlicher Gesetze, deren Geltung der Mensch nicht aufheben kann. „Wie soll Natur sein, was, klar wie die Sonne, nur das Produkt jahrtausendlanger menschlicher Gesetzgebung ist? Sind denn unsere Staaten, als sie Leibeigenschaft und Zünfte aufhoben, als sie das Grundeigentum von seinen Fesseln befreiten, der Arbeit und dem Kapital die freie Wahl der Beschäftigung überließen und damit die Nationalproduktion unter die treibende Kraft des Wetteifers und der Konkurrenz stellten, sind, frage ich, unsere Staaten damals mit ihren Bürgern neu auf die Welt gekommen? War dem Einen so von Natur der Grundbesitz, waren dem Anderen so von Natur die Rohstoffe und Maschinen angewachsen, wie den Dritten ihre bloßen Arme und Beine? . . . Aber, wenn der Staat so lange nicht aus Naturgesetzen bestanden hatte, warum denn plötzlich jetzt, wo die einen mit sehr künstlichen, durch nichts weniger als Naturgesetze zutage geförderten Werkzeugen, die anderen in der Tat nur mit ihren natürlichen Organen in jenen Kampf eintreten, den man Konkurrenz nennt?"[3]) „Nur in der Natur tragen die Dinge und Verhältnisse ihr vernünftiges Gesetz in sich, in der Gesellschaft verlangen sie es von den Menschen"[4]). „Die Atome des Staates sind nicht tote physikalische Einheiten, sondern lebendige Individuen, selbstbewußte Menschenseelen. Darum sind die Staaten, nicht wie physische Organismen, nur in ihren Handlungen nach außen frei, sondern, abweichend von diesen, durch und

---

[1]) a. a. O. S. 47. [2]) a. a. O. S. 51.

[3]) Kleine Schriften von Rodbertus-Jagetzow, Berlin 1890. S. 324.

[4]) Zur Beleuchtung I. S. 53.

durch freie Organismen. Sie sind nicht so glücklich oder unglücklich, daß sich ihre Lebensfunktionen von selbst, mit Naturnotwendigkeit, vollziehen. Wie sie als geschichtliche Organismen sich selbst organisierende Organismen sind, sich ihre Gesetze und Organe selbst zu geben haben, so gehen auch die Funktionen ihrer Organe nicht mit Notwendigkeit vor sich, sondern sie, die Staaten selbst, haben sie in Freiheit zu regeln, zu unterhalten und zu fördern. Sich im Staatsleben Naturgesetzen zu unterwerfen, heißt, sich des „Göttlichen" im Menschen begeben, heißt von sozialen Organismen mutwillig in Krankheit und Tod gehen"[1]).

So entschieden Rodbertus den Staat zur Lösung der sozialen Frage in Anspruch nimmt, so wenig kann er sich für die bloße Feststellung der Maximalarbeitszeit durch die Gesetzgebung erwärmen. „Ob ein Gaul vor dem Karren niederstürzt, weil er zu lange arbeitet, oder weil er bei kürzerer Arbeit zu schlecht gefüttert wird, das scheint mir ganz auf eins herauszukommen"[2]). Solche Gesetze sind ihm nur eine „Nachäfferei Englands, wo diese human sozialen Kapriolen jetzt 50 Jahre lang spielen und doch die soziale Frage schwieriger und schwäriger geworden ist als überall, wo solche Antitierquälerei nicht stattgefunden"[3]). Legt Rodbertus somit das Schwergewicht in eine Lohnerhöhung, so verspricht er sich doch auch von den eigenen Bemühungen der Arbeiter, durch Organisation und Arbeitseinstellungen eine Verbesserung des Einkommens zu erkämpfen, keinerlei Erfolge. Er mißbilligt den „Strike-Unsinn" und begrüßt aufs freudigste „jede energische Unterdrückung, die das unglückliche Koalitionsgesetz dem Staate gegen Ausschreitungen noch übrig läßt". „Dies Gesetz beruht auf einer so vollständigen Verkennung der sozialen Pflichten der einzelnen Klassen der Gesellschaft, daß man nach hundert Jahren die Gesetzgebung für verrückt halten wird, welche die Einstellung von Dienstleistungen gestattete, die zum Leben des sozialen Körpers notwendig sind. Dies Gesetz ist in der Tat die höchste Ausgeburt des Individualismus"[4]).

Die Lohnregulierung soll durch den Staat erfolgen. Zunächst müßte entsprechend den verschiedenen Ansprüchen, welche die Ar-

---

[1]) Briefe und sozialpolitische Aufsätze von Rodbertus-Jagetzow, herausgegeben von Dr. R. Meyer. II. Bd. S. 519.

[2]) a. a. O. I. S. 234. [3]) a. a. O. S. 292.

[4]) a. a. O. S. 90.

beiten in verschiedenen Gewerben an Hirn- und Muskelkraft stellen, eine Normalarbeitszeit festgestellt werden[1]). Die Arbeitsquantität, welche von einem mit Durchschnittseigenschaften begabten Arbeiter innerhalb der Normalarbeitszeit fertiggestellt wird, gilt als Normalwerk. Der auf das Normalwerk entfallende Lohn ist unter der Autorität des Staates zwischen Arbeitern und Arbeitgebern zu vereinbaren. In weiterer Folge könne an Stelle des Geldlohnes eine Bescheinigung über die geleistete Arbeit treten. Jedes Normalwerk zerfiele in 10 Werkstunden. Hätte ein besonders fleißiger Arbeiter in einem Gewerbe, dessen Normalarbeitszeit auf 6 Stunden angesetzt worden ist, im Tage zwei Normalwerke geleistet, so erhielt er 20 Werkstunden bescheinigt und könnte mit diesen Anweisungen den Magazinen Waren entnehmen, die 20 Werkstunden gekostet haben. Da aber auch für die Funktionäre der Gesellschaft, welche andere als materielle Arbeiten verrichten, gesorgt werden muß, so sind von den tatsächlich geleisteten Werkstunden Abzüge zu machen.

Rodbertus glaubt nicht, und dadurch unterscheidet er sich von anderen Vertretern des experimentellen Sozialismus, daß diese Veränderungen innerhalb kurzer Zeit ausgeführt werden können. Es wird mehrere hundert Jahre brauchen, ehe die Entwicklung soweit fortgeschritten sein wird. Der Staat kann eben selbst nur sehr langsam die Funktionen, welche heute noch die Grund- und Kapitalbesitzer ausführen, selbst übernehmen. „Das Grund- und Kapitaleigentum übt eine erziehende Gewalt in der Gesellschaft aus, die nicht zu entbehren ist, eine Art häuslicher Gewalt, die nur durch ein völlig verändertes nationales Unterrichtssystem, zu dem aber selbst noch wieder alle Vorbedingungen fehlen, ersetzt werden könne — denn das jeden Augenblick und auf jedem Fleck der Gesellschaft, immerhin auch nur zunächst in seinem eigenen Interesse, tätige Grund- und Kapitaleigentum trägt heute noch weit mehr zur Aufrechterhaltung der sozialen Ordnung bei, als die ganze Staatsgewalt in allen ihren Zweigen, die immer, und auch heute, nur ausnahmsweise einschreiten kann“[2]). Es ist noch zu bezweifeln, „ob die sittliche Kraft des Volkes schon groß genug wäre, um aus freiem Willen auf dem Wege der nationalen Arbeit, das ist des nationalen Fortschrittes, zu beharren, ohne daß, wie heute, der Zwang des Grund- und Kapitaleigentums es darauf festhält, und,

[1]) Kleine Schriften S. 337—359.

[2]) Kozak a. a. O. S. 193.

selbst mit der Geißel der Not, darauf vorwärts treibt"[1]). Es genügte zunächst, wenn die staatliche Lohnregulierung die Löhne in dem Verhältnisse, in welchem die Produktivität der Arbeit in Zukunft wachsen würde, zunehmen ließe. Damit wäre immerhin schon die Wurzel des bestehenden Übels, die im Verhältnisse zur Produktivität fallende Lohnquote, beseitigt.

Die soziale Frage kann nicht „auf der Straße mittelst Strikes, Pflastersteinen oder gar Petroleum" gelöst werden. Solche Mittel mochten genügen, als es nur abzuschaffen, zu zerstören galt. „Heute heißt es organisieren." Die soziale Frage ist „von eigentümlicher Konstitution, wie eine Sinnpflanze: vor rauhen, gewalttätigen Händen fährt sie erschrocken zurück. Dauernder sozialer Friede, einheitliche politische Regierungsgewalt, fester, vertrauensvoller Anschluß der arbeitenden Klassen an diese Gewalt, große Aufnahmen, Vorarbeiten und Anstalten, die eine Reihe tiefer Kombinationen bilden und nur in Ruhe, mit Ordnung und Energie zu treffen sind, — das sind die Vorbedingungen der Lösung der sozialen Frage. Sie schließen gleichermaßen eine zerfahrene Staatsgewalt, eine turbulente Arbeiterbevölkerung und „Carlsbader Beschlüsse" aus[2]).

Die Arbeiterbewegung kann deshalb nur dann segensreich wirken, wenn sie sich monarchisch, national und sozial betätigt. In nationaler Beziehung vertrat Rodbertus den Gedanken einer Expansion nach dem Balkan und dem Oriente hin[3]).

Überblickt man die positiven Vorschläge von Rodbertus, so wird man nicht geneigt sein, ihm eine große Bedeutung für die Entwicklung der sozialen Reform zuzugestehen. Abgesehen von seinen agrarpolitischen Ideen, auf die hier nicht eingegangen werden kann, ist es ja allein das Prinzip der Lohnregulierung, auf das bei ihm alles ankommt. Die Art seiner Lohnregulierung ist aber ziemlich unpraktisch. Für diejenigen Mächte, welche bis jetzt wirklich Erfolge auf diesem Felde erzielt haben, für die Arbeiterberufsvereine, fehlt ihm jedes Verständnis.

Dennoch hat Rodbertus für die Verbreitung sozialpolitischen Interesses, wenigstens in Deutschland, Großes geleistet. Seine einschneidende Kritik des wirtschaftlichen Liberalismus, seine kon-

---

1) Zur Beleuchtung I. S. 28.
2) Kleine Schriften S. 359.
3) a. a. O. S. 269—283.

servative Fassung des sozialistischen Gedankens, sind in Kreise gedrungen, welche der sozialdemokratischen Agitation nicht zugänglich gewesen wären. Erst das Studium von Rodbertus hat viele zwischen dem Sozialismus an sich und seiner augenblicklichen Vertretung durch die Sozialdemokratie unterscheiden gelehrt. Er hat das Vertrauen des Staates zur eigenen sozialpolitischen Befähigung ungemein gehoben. Insofern gehören seine Ideen jedenfalls zu den Imponderabilien, welche die Ausbildung der sozialen Gesetze im Deutschen Reiche wesentlich unterstützt haben. In der nationalsozialen Partei entwickelte sich auch eine politische Gruppe, deren Hauptaufgabe in der Vereinigung des monarchischen, nationalen und sozialen Gedankens bestand.

Siebentes Kapitel.

Die Bodenreformbewegung.

30. Die Lehren der Bodenreformer.[1])

Die Bodenreformer machen einzig und allein den privaten Bezug der Bodenrente dafür verantwortlich, daß Privatkapital und Verkehrsfreiheit zu so unglücklichen sozialen Ergebnissen geführt haben. An und für sich sind diese Einrichtungen vortrefflich und müssen die allgemeine Wohlfahrt hervorbringen, sobald es gelungen sein wird, die störenden und lähmenden Einflüsse des Vaters aller Hindernisse, des Bodenmonopols, auszuschalten.

Theorie und Praxis der Bodenreformer weisen mit Sozialismus und Liberalismus zahlreiche Berührungspunkte auf. Ohne Widerrede und in vollem Umfange wird die ätzende Kritik gebilligt, welche die sozialistischen Schriftsteller an den gesellschaftlichen Zuständen üben. Manche Bodenreformer gehen noch weiter und fordern mit den Sozialisten eine Verstaatlichung oder Kommunali-

---

1) Zur allgemeinen Orientierung dienen Diehl, Art. Bodenbesitzreform; Derselbe, Der ältere Agrarsozialismus und die neuere Bodenreformbewegung in Amerika, England und Deutschland. Grünbergs Archiv, I. S. 225—284. 1911; Paula Gutzeit, Die Bodenreform 1907.

sierung alles Grundeigentumes, während andere mit der bloßen Wegsteuerung der Bodenrente, mit Bodenbesitzreformen oder einer möglichst gleichmäßigen Verteilung des Grundeigentumes auszukommen glauben.

Zum Teil sind es soziale Übel allgemeiner Art, zum Teil solche aus dem Bereiche der Agrarverfassungen oder des städtischen Wohnungswesens gewesen, welche in Verbindung mit einer ausgeprägten individualistischen Abneigung gegen völlige Verstaatlichung und Bureaukratisierung des Wirtschaftslebens den meist in leicht verständlicher, in einzelnen Fällen sogar literarisch glänzender Sprache vorgetragenen Lehren der Bodenreformer eine erhebliche Werbekraft verschafft haben.

So gab schon im 18. Jahrhundert die Beseitigung der Allmenden, deren sich die Grundeigentümer bemächtigten, in den ländlichen Kreisen Englands [1]) die Veranlassung zu der Propaganda von Thomas Spence (1750—1814), eines revolutionär gesinnten Proletariers, der den Übergang des Grundeigentums an die Gemeinden forderte.

„Es gibt keine Lebensmöglichkeit als durch den Boden und seine Erzeugnisse“, erklärte er 1775 [2]), „folglich haben wir an dem, ohne das wir nicht leben können, dasselbe Eigentumsrecht wie an unserem Leben. Die großen Herren, welche das Land für sich mit Beschlag belegt haben, konnten damit alle Dinge, die Menschen so gut wie die anderen lebenden Geschöpfe, von ihrem Eigentume abhängig machen, ebenfalls mit Beschlag belegen. Ob diese Menschen lebten, sich vermehrten, arbeiteten oder kämpften, alles geschah dann nur für ihre jeweiligen Herren; und diese, Gott lohn es ihnen, nahmen alles gnädigst entgegen, als das, was ihnen zukam. Denn wenn sie die Mittel zum Leben verleihen, so verleihen sie das Leben selbst, und natürlich meinten sie, daß sie ein Recht auf alle Dienste und Vorteile hätten, die aus dem Leben oder Tode des Wesens zu gewinnen wären, denen sie das Leben schenkten.“

---

[1]) Niehuus, Geschichte der englischen Bodenreformtheorien. 1910; Beer, Geschichte des Sozialismus in England.

[2]) Thomas Spence, Das Gemeineigentum am Boden. Aus dem Englischen übersetzt von F. v. Eichmann (Hauptwerke des Sozialismus und der Sozialpolitik. Herausgegeben von G. Adler, 1. Heft. 1904), S. 24 ff.

Das Gemeindeland soll nach Spences Plänen in kleinen Parzellen auf je 7 Jahre an den Meistbietenden verpachtet werden. Die Gemeinde bedarf dann keiner weiteren Einnahmen, kann Wohlfahrtseinrichtungen aller Art erhalten und einen etwa noch verbleibenden Überschuß unter die Gemeindemitglieder verteilen.

In wesentlichen Punkten stimmte William Ogilvie (1736 bis 1819), ein Schüler von Adam Smith und Ferguson, seit 1761 Professor der humanistischen Wissenschaften in Aberdeen, mit Spence überein. Sein Recht auf Grundeigentum [1]) erschien 1782, erzielte aber in der öffentlichen Meinung keinen Widerhall, da er, seiner Stellung wegen, von einer Agitation absehen mußte und das Buch überdies von der Regierung verboten worden war. Seine Gedankengänge fanden aber den Beifall von Thomas Paine (1737—1809) eines Vorkämpfers der radikalen Demokratie und einflußreichen Lehrers der britischen Arbeiterklasse [2]). Seine Bodenreform (unter dem Titel Agrarian Justice oppesed to agrarian Law and agrarian Monopoly 1797 erschienen) geht von dem Grundsatze aus, daß jeder Grundeigentümer nur auf den durch Arbeit und Kapital geschaffenen Bodenwert einen Anspruch besitze, dagegen der Gesellschaft für den Besitz des ursprünglichen Bodenwertes eine Abgabe schulde, die am besten als Erbschaftssteuer erhoben werde. Auf diese Weise sei es möglich, nicht nur den vom Grundeigentum ausgeschlossenen Volksgenossen im Alter von 21 Jahren eine Abfindungssumme von 15 £ zu zahlen, sondern auch noch viele andere Kompensationen zu gewähren (Alters- und Invalidenrenten, Schulreformen, Fürsorge für Arbeitslose).

Die meisten neueren Bodenreformer haben in theoretischer Hinsicht die Lehre Ricardos von der Grundrente zum Angelpunkte ihres Systems gemacht. Ricardo [3]) selbst hatte aus ihr keine boden-

---

[1]) William Ogilvie, Das Recht auf Grundeigentum. Aus dem Englischen übersetzt von Adolf M. Freund. (Adlers Sammlung. 7. Heft. 1906.)

[2]) Vgl. Niehuus, a. a. O. S. 47—58; Beer, a. a. O. S. 52—54, 121—124.

[3]) Franz Oppenheimer (D. Ricardos Grundrententheorie, Berlin 1909) glaubt sogar annehmen zu dürfen, Ricardo habe die Absicht verfolgt, das Grundeigentum mit Hilfe der Rententheorie gegen die durch manche Äußerungen von Adam Smith geförderten agrarsozialistischen Angriffe zu verteidigen. Die Grundrente fließe zwar

reformerischen Forderungen, sondern nur die Aufhebung der Kornzölle abgeleitet. Bei freihändlerischer Handelspolitik würde die Notwendigkeit, im Inlande auch schlechtere Böden zur Deckung des Getreidebedarfs heranzuziehen, und damit der die Grundrentensteigerung begründende hohe Getreidepreis entfallen [1]).

Die Nachfolger Ricardos hielten sich aber vor allem an die Tatsache, daß die Grundrente nach Ricardo doch ein arbeitsloses Einkommen, ihre Steigerung einen unverdienten Wertzuwachs (unearned increment) darstelle und deshalb möglichst im Interesse der Gesamtheit verwendet werden müßte.

Für die Besteuerung des Rentenzuwachses setzte sich bereits James Mill [2]) 1821 ein. Sein Sohn, John Stuart Mill [3]), hat diese Gedanken teils theoretisch tiefer und umfassender begründet, teils aber auch für die Zwecke der praktischen Ausgestaltung vervollständigt. Je länger er über diese Probleme nachdachte, um so mehr kam bei ihm die Überzeugung zum Durchbruch, daß gerechterweise sogar aller verpachtete Grund und Boden zu verstaatlichen und die Pachtrente an die Staatskasse abzuführen sei. Da er der vorhandenen Staats- und Gemeindeverwaltung aber die Fähigkeit, diese Aufgabe erfolgreich durchzuführen, nicht zutraute, begnügte er sich mit der Forderung, wenigstens jede weitere Ausdehnung des Bodeneigentumes zu verbieten.

Zu einer weitere Kreise erfassenden Bodenreformbewegung hat sich die Kritik der Grundrente aber erst unter dem Einflusse des Amerikaners Henry George [4]) verdichtet. Er ist ein Schriftsteller

---

dem Eigentümer des Grund und Bodens zu, sei aber doch keine Folge des Grundeigentumes. Sie sei ein Vorteil aus einem Naturmonopol, aber dennoch kein Monopolpreis. Sie werde am Preise verdient als unerarbeiteter Gewinn, bilde aber keinen Preisbestimmungsgrund.

[1]) Diehl, D. Ricardos Grundsätze der Volkswirtschaft. II. Bd. 1. Teil. 1905. S. 385—395.

[2]) Vgl. Niehuus, a. a. O. S. 167—171.

[3]) a. a. O. S. 171—182.

[4]) Henry George wurde 1839 in Philadelphia geboren und begann seine Laufbahn als Setzerlehrling, vertauschte diesen Beruf aber bald mit dem eines Schiffsjungen, um an Bord eines ostindischen Kauffahrers Ostindien persönlich kennen zu lernen. Später kehrte er auf kurze Zeit zur Druckerpresse zurück, wurde aber nochmals Matrose. Nach der Entdeckung der Goldlager am Frazers

von vielseitiger Lebenserfahrung, scharfer Beobachtung, reicher Phantasie, glänzendem Geiste und hinreißender Darstellungsgabe.

George betrachtet es als eine notorische, keines weiteren Nachweises bedürftige Tatsache, daß ungeachtet aller staunenswerten Fortschritte der Produktionstechnik die großen Massen des Volkes immer mehr verarmen. Worin ist die Ursache dieses Elendes zu suchen? Es kann nicht auf den Mangel an Kapital zurückgeführt werden, wie die Anhänger der Lohnfondstheorie wollen, denn der Arbeiter erzeugt selbst die Werte, aus denen sein Lohn fließt. Es entspringt nicht der Übervölkerung, denn das Wachstum der Bevölkerung bedeutet nicht eine Abnahme, sondern eine Zunahme der produktiven Kräfte. „Denn selbst wenn die Zunahme der Bevölkerung die Kraft des Naturfaktors der Produktion dadurch schwächt, daß sie ärmeren Boden in Angriff zu nehmen zwingt, so vergrößert sie doch die Kraft des menschlichen Faktors so sehr, um dies mehr als auszugleichen. Zwanzig vereint arbeitende Leute werden auch da, wo die Natur geizt, mehr als zwanzigmal so viel Güter produzieren, als ein einziger an einem Orte produzieren kann, wo die Natur überaus freigiebig ist. Je dichter die Bevölkerung, desto größer wird die Teilung der Arbeit, desto bedeutender die Ersparungen bei der Produktion und bei der Verteilung [1]).

Das Übel wird auch nicht durch den Kapitalzins begründet. Dieser entspringt aus der Vermehrungsfähigkeit, „welche die reproduktiven Kräfte der Natur und die in der Wirkung analoge Fähigkeit zum Austausche dem Kapitale verleihen. Er ist nichts Willkürliches, sondern etwas Natürliches; er ist nicht das Ergebnis

---

River auf der Vancouvers-Insel begab er sich dorthin als Goldgräber, ohne indes besondere Erfolge zu erzielen. So wurde er neuerdings Setzer, begann aber auch eine journalistische Tätigkeit, die ihm bald die Stelle eines Chefredakteurs bei den San Franzisko Times verschaffte. Ein von ihm selbst gegründetes Blatt ging in der Krise der siebziger Jahre zugrunde, und George fand nur durch eine kleine amtliche Stellung schließlich die Muße, um sein Hauptwerk „Progress and Poverty“ zu verfassen. Vgl. über H. George auch Schmoller, Zur Literaturgeschichte der Staats- und Sozialwissenschaften 1888, S. 247—259 und Damaschke, Die Bodenreform, 8. Aufl. 1913. 7. Kap.

[1]) Fortschritt und Armut, deutsch von Gütschow. Berlin 1881. S. 132.

einer besonderen sozialen Einrichtung, sondern der allgemeinen Gesetze, denen die Gesellschaft unterliegt. Er ist daher gerecht"[1]).

Die Ursache der Verarmung kann auch nicht in den Regierungsformen oder in der Handelspolitik liegen. Ob Demokratie oder Monarchie, ob Schutzzoll oder Freihandel, das Elend findet sich gleichmäßig in allen zivilisierten Ländern vor.

So kann der Grund, aus dem trotz der Zunahme der produktiven Kraft der Lohn beständig einem Minimum zustrebt, das nur eben zum Leben dürftig ausreicht, einzig und allein in der Tatsache erblickt werden, daß die Grundrente noch rascher als die produktive Kraft nach aufwärts strebt und dadurch eine beständige Tendenz zur Niederhaltung des Lohnes hervorbringt. „Die Arbeit kann die Vorteile, welche die fortschreitende Zivilisation bringt, nicht einheimsen, weil sie ihr unterschlagen werden. Da das Land zur Arbeit notwendig, aber in Privatbesitz übergegangen ist, so erhöht jede Steigerung der produktiven Kraft der Arbeit nur die Grundrente — den Preis, welchen die Arbeit für die Gelegenheit, ihre Kräfte auszuüben, zahlen muß; und so gehen alle die durch den Fortschritt gewonnenen Vorteile an die Grundbesitzer, und der Lohn steigt nicht. Der Lohn kann sich gar nicht bessern, denn je größer der Verdienst der Arbeit, desto größer der Preis, welchen sie von ihm für die Gelegenheit, überhaupt Verdienst machen zu dürfen, hergeben muß. Der bloße Arbeiter hat somit nicht mehr Interesse an dem Aufschwunge produktiver Kraft, als der kubanische Sklave an der Preiserhöhung des Zuckers. Und gerade wie eine solche Erhöhung die Lage des letzteren dadurch verschlimmern kann, daß sie seinen Herrn veranlaßt, ihn noch härter anzutreiben, so kann die Lage des freien Arbeiters durch die Zunahme der Produktionskraft seiner Arbeit sowohl positiv wie relativ einen Wechsel zum Schlimmern erfahren. Denn durch die fortwährende Steigerung der Grundrente erzeugt, entsteht eine spekulative Tendenz, welche die Wirkung künftiger Verbesserungen durch eine noch weitere Steigerung der Rente diskontiert und so bewirkt, den Lohn, wo es nicht schon durch die normale Steigerung geschehen ist, auf den Sklavenpunkt niederzudrücken — den Punkt, bei welchem der Arbeiter gerade noch leben kann."

[1]) a. a. O. S. 166, 167.

Das Privateigentum am Grund und Boden und die damit gegebene Möglichkeit der Landspekulation sind in letzter Linie selbst für die Wirtschaftskrisen, die Arbeitslosigkeit, unter welcher die Arbeiterklasse so schwer leidet, verantwortlich zu machen. Die Arbeitslosen der Städte würden hinaus auf das Land wandern und da ihr Brot als Farmer verdienen, wenn nicht der Boden durch Landspekulation aufgekauft worden wäre und nur zu einem Preise abgetreten würde, bei welchem dem Arbeiter nichts mehr zum Leben übrig bleibt.

Somit liegt die Lösung der sozialen Frage in der Beseitigung des privaten Grundrentenbezuges eingeschlossen. Ohne daß den Eigentümern irgend eine Entschädigung zuzuerkennen wäre, ist die Grundrente einfach wegzusteuern. Die Besteuerung der Grundrente genügt, um alle öffentlichen Ausgaben zu bestreiten. Alle anderen Steuern können deshalb wegfallen. Die Grundrentensteuer wird sogar noch beträchtliche Überschüsse abwerfen. Diese können zur Verstaatlichung der Verkehrsmittel, zum Baue von Arbeiterwohnungen, öffentlichen Bädern, Vergnügungsanstalten usw. usw. verwendet werden.

Das mit packender Rhetorik geschriebene Werk von Henry George gewann die Herzen der amerikanischen und englischen Arbeiter im Fluge und verlieh so der Bodenreformbewegung einen bemerkenswerten Aufschwung. Dazu kam, daß ein berühmter Naturforscher, Alfred Russel Wallace, der unabhängig von Darwin ebenfalls die Gedanken der Evolutionstheorie entwickelt hatte, in einer Schrift „Landnationalisation, its necessity and its aims" (1882) ein Bodenreformprogramm aufstellte, das sich in manchen Beziehungen mit den Lehren Henry Georges zwar berührte, aber den Besonderheiten der englischen Agrarzustände noch bessere Rechnung trug. Wallace trat für eine Ablösung des privaten ländlichen und städtischen Grundeigentumes mit Hilfe des Staates bezw. der Gemeinde zugunsten der Pächter und Mieter ein.

Staat und Gemeinde sollten aber Obereigentümer bleiben und durch unbedingtes Verbot der Afterpacht und Einschränkung der Hypothekenbelastung die Ausbildung einer neuen Grundherrnklasse verhüten. Im übrigen seien Einrichtungen zu treffen, die jedem britischen Untertan ein Stück Land für seinen persönlichen Besitz zu dem richtigen landwirtschaftlichen Werte zusicherten. Von diesen Reformen wird eine Wiedergeburt der Gesellschaft erwartet.

Diese Ideen, für deren Verbreitung unter den Massen verschiedene Propaganda-Vereinigungen in wirksamer Weise eintraten, haben zweifelsohne zu erheblichen praktischen Folgen geführt. Sowohl die großen irischen Agrarreformen wie die Versuche zu einer inneren Kolonisation in England und Schottland stehen zu ihnen ebenso in naher Beziehung wie die Gründung von Gartenstädten und die Versuche zur steuerlichen Belastung des unverdienten Wertzuwachses.

In Deutschland waren bodenreformerische Ideen 1852 durch Hermann Heinrich Gossen, später in den 70er Jahren durch Samter und Theodor Stamm vertreten worden, ohne aber in weiteren Kreisen Beachtung zu finden. Erst dem früheren Bankier und Besitzer der Gaggenauer Eisenwerke, Michael Flürscheim (1844—1912) glückte es, der Bodenreformbewegung wenigstens zu einer gewissen Volkstümlichkeit zu verhelfen. Der deutsche Arbeiter war durch die Sozialdemokratie eben schon längst an den Gedanken der Verstaatlichung aller Produktionsmittel gewöhnt worden. Die Bodenreformbewegung erschien ihm als verächtliche Halbheit.

Flürschleims Gedankengänge, die in nicht unwesentlichen Punkten von denen Georges abweichen, erfordern deshalb noch eine besondere Darstellung[1]).

Nach Flürscheim war früher die soziale Frage eine Folge des Gütermangels. Es wurde zu wenig produziert. Heute ist die soziale Frage dagegen zu einer Frage des Güterüberflusses geworden. Wirklicher Überfluß ist freilich nicht vorhanden. Eine gleichmäßige Verteilung der vorhandenen Vorräte würde das Los der Einzelnen nur mäßig verbessern. Aber es könnte ein wirklicher Überfluß vorhanden sein, wenn der die Arbeitslosigkeit verursachende scheinbare Überfluß, d. h. die Absatzschwierigkeit für vorhandene oder zu schaffende Arbeitserzeugnisse, nicht eine ungeheure Kraftvergeudung auf allen Gebieten hervorriefe. „Wenn alle hierdurch im Zwischenhandel, im Militarismus, in unvollkommenen Gütererzeugungseinrichtungen, im Bettler- und Verbrechertum vergeudeten Kräfte produktiv tätig wären, könnte Wohlstand für alle geschaffen

---

[1]) Sie wurden zuerst in der Schrift „Auf friedlichem Wege" 1884 entwickelt.

werden“[1]). Der Schlüssel, um das Problem der Überproduktion zu lösen, liegt in der Verteilung. Die heutige soziale Frage besteht darin, die Ursache zu finden, warum Millionen Arbeitsfähiger und Arbeitswilliger auf allen Gebieten der Gütererzeugung, welche ein ungestilltes Bedürfnis nach den verschiedenen Erzeugnissen dieser Arbeit haben, und solche gern untereinander austauschen möchten, diesen Tausch nicht vollziehen und hierdurch die ersehnte Arbeitsgelegenheit nicht erlangen können[2]).

Das Hauptunglück besteht nun nicht darin, daß einzelne im Überflusse schwelgen, während Massen darben, sondern in dem Umstande, daß erstere nicht noch mehr vergeuden, d. h. daß sie ihr Einkommen nicht verbrauchen, sondern zum Teil ersparen und zinsbringend anlegen, wodurch eine weitere Verschiebung des Einkommensverhältnisses in der unheilvollen Richtung stattfindet. Die Zunahme des Zinseinkommens kann nur durch erhöhte Tributleistung seitens der zinsschuldenden Volksmassen erfolgen; der Zins ist nicht, wie H. George annimmt, gewissermaßen ein Naturprodukt, sondern eine Besteuerung der Gütererzeuger. Durch diese Besteuerung wird die Kauf- und Konsumfähigkeit der Volksmassen beeinträchtigt. Das, was erzeugt worden ist, findet keinen genügenden Absatz und deshalb wird auch schon von vornherein weit weniger produziert, als nach Maßgabe der gegebenen Produktionsmittel produziert werden könnte[3]).

Wenn nun diejenigen Klassen, die durch die geltende Ordnung der Dinge begünstigt werden, den nicht konsumierten Teil ihres Einkommens der Nachfrage nach neuen Produktionsmitteln zuwenden wollten, so würde die heutige soziale Frage ebenfalls nicht bestehen. Die Herstellung der betreffenden Güter würde den Kreislauf zwischen Produktion und Konsumtion in Gang erhalten und die Kultur fördern).

Der Sitz des Übels ist darin zu finden, daß die Kapitalisierungen großenteils keine Steigerung der Nachfrage nach Produktionsmitteln herbeiführen, sondern nur die Konsumtionskraft der Massen einschnüren. Der größte Teil des Weltkapitals kann heute nicht als wirkliches, der Gütererzeugung dienendes Kapital angesehen werden,

---

[1]) Der einzige Rettungsweg. 3. Aufl. Dresden u. Leipzig 1890. S. 559.

[2]) a. a. O. S. 560. [3]) S. 561.

[4]) S. 562.

sondern er ist nichts als eine Fiktion, etwas gar nicht Vorhandenes, Wertloses; denn er besteht einfach aus dem Preise, für den das gesetzliche Recht, aus irgend einem Grunde den Nebenmenschen tributpflichtig zu machen, auf dem Markte sich verkaufen läßt. Kann jemand durch die Macht des Staates in Form der Steuer einen Mitmenschen zwingen, ihm einen Tribut im Werte von 4 M. zu zahlen, so hat das Dokument, welches ihm dieses Recht verleiht, verzinsliches Staatspapier genannt, heute einen Wert von etwa 105 M. an der Börse. Dem größten Teile der modernen Staatsschulden steht nur in geringem Maße wirkliches Eigentum gegenüber [1]).

Eine Hauptquelle solchen imaginären Kapitales bildet nun auch der Grund und Boden. Er ist kein Erzeugnis der Arbeit, bietet aber infolge seiner Unentbehrlichkeit ein unfehlbares Mittel der Tributerhebung für diejenigen, welche ihn mit Beschlag belegen können. Der Wert dieses Rechtes bildet einen Hauptteil des Nationalkapitales und entspricht dem Betrage, welchen die zu dem üblichen Zinsfuße kapitalisierte Grundrente ergibt. Da der Zins die wesentliche Grundlage für das Zustandekommen des imaginären Kapitales bildet, so gilt es, seinen Ursprung zu ermitteln.

Die Mutter des Kapitalzinses ist die private Aneignung der Grundrente. Die Unzerstörbarkeit, Unbeweglichkeit des Bodens enthebt den Besitzer der Notwendigkeit, Erhaltungsarbeit leisten zu müssen. Die Unvermehrbarkeit und Unentbehrlichkeit des Bodens zur Existenz, sowie seine selbsttätige Hervorbringung wertvoller Rohstoffe gibt seinem Eigentümer die Macht, eine Miete für seine Herleihung zu beanspruchen. Seine Verkäuflichkeit gibt jedem, der Gütter besitzt, mit denen er Land kaufen kann, die Macht, eine entsprechende Miete, also Zins für die Herleihung der betreffenden Güter zu beanspruchen, weil er solche Miete erlangen könnte, wenn er die betreffenden Güter in Landbesitz verwandeln würde.

Die Aufhebung des privaten Bodeneigentumes genügt also, um Grund- und Kapitalrente zu beseitigen und alles Einkommen zu einem Arbeitseinkommen zu machen. Der Zins wird sich höchstens noch in der Form einer Gefahr- oder Verlustprämie behaupten können.

So erscheint die Bodenbesitzreform als ein versöhnendes Mittelglied zwischen Individualismus und Sozialismus.

Flürscheim versuchte 1892 die Richtigkeit seiner Lehren durch

[1]) S. 566.

Gründung einer Bodenreform-Kolonie Topolobambo in Mexiko zu beweisen. Bald entstanden aber unter den Ansiedlern so schwere Streitigkeiten, daß Flürscheim 1893 eine neue Kolonie „Freeland" ins Leben rief. Aber auch diese Unternehmung scheiterte ebenso wie spätere Versuche nach Owen-Proudhonschem Muster, Warenbanken in Neuseeland und anderwärts zu errichten.

Ungefähr gleichzeitig mit Flürscheim hatte sich der Wiener Theodor Hertzka[1]) (geb. 1845), ein als Kenner des Geld- und Währungswesens geschätzter, von Ricardo stark beeinflußter Schriftsteller, vom Manchestertum zur Bodenreform bekehrt. Es gelang ihm, teils durch seine geistvollen, glänzend geschriebenen Bücher, noch mehr aber durch den Plan, in Ost-Afrika am Kenia einen bodenreformerischen Musterstaat zu errichten, die Aufmerksamkeit weiter Kreise zu gewinnen. Die Expedition kam 1894 in der Tat zustande, vermochte aber keinen Erfolg zu erzielen.

Nachdem schon E. Dühring[2]) im Laufe der 70er Jahre die Rolle der Gewalt bei der Entstehung des Eigentumes, zumal des großen Grundeigentumes, und die mit der Eigentumszentralisation verknüpfte Arbeiterbeherrschung und -Ausbeutung in den Vordergrund seiner sozialen Kritik gerückt und ein diese Übel ausschließendes „sozialitäres System" zu entwickeln versucht hatte, trat Franz Oppenheimer 1895 mit einer Schrift „Freiland in Deutschland" hervor, in der die von Dühring und Hertzka ausgegangenen Anregungen zu einem von ihm später als „Liberaler Sozialismus" bezeichneten Systeme verschmolzen wurden[3]).

[1]) Die Gesetze der sozialen Entwicklung 1886; Freiland 1890; Die Probleme der menschlichen Wirtschaft 1897. In seiner neuesten Schrift (Das soziale Problem 1912) sucht Hertzka die letzte Quelle aller sozialen Unterdrückung in den Religionen, ohne indes bodenreformerische Gedanken ganz zu verabschieden. Er erklärt vielmehr ausdrücklich seine Übereinstimmung mit Oppenheimers ökonomischen Lehren (S. 218). Über Hertzka vgl. Schmoller, Zur Literaturgeschichte S. 260—274.

[2]) H. Köppe, Das „sozialitäre System" Eugen Dührings. Grünbergs Archiv IV. 1914. S. 393—439.

[3]) Die Siedlungsgenossenschaft 1896; Großgrundeigentum und soziale Frage, 1898; Das Bevölkerungsgesetz des T. R. Malthus, 1901; Das Grundgesetz der Marxschen Gesellschaftslehre, 1903; D. Ricardos Grundrententheorie, 1909; Theorie der reinen und politischen Ökonomie, 1911.

Auch Oppenheimer entrichtete zunächst der Idee der Koloniegründung seinen Tribut. Eine „Siedlungsgenossenschaft" wurde 1905 auf dem Gute Wenigenlupnitz bei Eisenach errichtet, mußte aber schon 1908 mit erheblichen Verlusten wieder aufgelöst werden.

Seither hat sich Oppenheimer ausschließlich wissenschaftlichen Studien, vor allem der Beschäftigung mit Smith, Malthus, Ricardo und Marx zugewendet und dadurch die erstmals 1895 ausgesprochenen Gedanken in bemerkenswerter Weise systematisch ausgebaut.

Es würde zu weit führen, den Entwicklungsgang im einzelnen zu verfolgen. Für die vorliegenden Zwecke genügt es, die Grundgedanken der letzten Veröffentlichungen wiederzugeben [1]).

Die Ausbeutung der Arbeit wird durch Monopole verursacht, die teils rechtlicher (Eigentum, Verträge, Patente), teils natürlicher (natürliche Seltenheit oder Unvermehrbarkeit der Monopolprodukte) Art sind. Das weitaus wichtigste und der gesellschaftlichen Wohlfahrt verhängnisvollste Monopol bildet das durch die Absperrung der Arbeiterklasse vom Boden entstandene, lediglich rechtliche Bodenmonopol. In der deutschen Landwirtschaft könnten 32 Millionen mittelständische Existenzen ihren Unterhalt finden, während jetzt von 17 Millionen landwirtschaftlicher Bevölkerung mindestens 10 Millionen als Proletarier leben, weil sie entweder zu wenig oder gar kein Land besitzen.

Aber nicht das Grundeigentum, wie die übrigen Bodenreformer behaupten, sondern nur das große Grundeigentum bildet die Quelle aller sozialen Übel; „es ist ein Fremdkörper, der krankheitserregend wirkt", ein noch nicht ausgestoßener Rest einer auf Eroberung aufgebauten Gesellschaft. Auf ihm beruht der sogenannte Kapitalismus mit allen seinen sozialen Mißverhältnissen. Wäre die Arbeiterklasse nicht vom Boden durch das große Grundeigentum abgesperrt worden, so hätte es die für den Kapitalprofit notwendigen freien Arbeiter nicht gegeben, würden keine Arbeiter gezwungen gewesen sein, ihre Arbeit zu einem Minderwerte an den Kapitalisten zu verkaufen. Das große Grundeigentum treibt aber wegen des sozialen Druckes, den es auf die Landarbeiter ausübt, diese zur Landflucht und Abwanderung in industrielle Gebiete. So regelt die Lebenslage der Landproletarier

---

1) Die soziale Frage und der Sozialismus 1912; Wert und Kapitalprofit 1916; Der Ausweg 1919; Kapitalismus, Kommunismus, Wissenschaftlicher Sozialismus 1919.

in den Gebieten des großen Grundeigentums auch den Normallohn für ungelernte Arbeitskräfte auf den Arbeitsmärkten des ganzen Erdballes, die durch die rechtliche und ökonomische Freizügigkeit zu einer Einheit geworden sind. Der Normallohn kann nicht mehr betragen als der Lohn des „Grenzkulis", vermehrt um die Transportkosten, die aufzuwenden sind, um aus den Gebieten des größten sozialen Druckes in Gebiete geringeren Druckes zu kommen. Alle anderen Löhne stehen nur so hoch über diesem Normalniveau, „wie es der Seltenheit der Vorbedingungen entspricht".

Würde den Gebieten ohne großes Grundeigentum der Strom der zuwandernden Arbeiter abgeschnitten werden, so würde auch die kapitalistische Ausbeutung unmöglich sein. Es würden nicht mehr zwei Arbeiter einem Arbeitgeber, sondern zwei Arbeitgeber einem Arbeiter nachlaufen. Der Kapitalismus ist ein Bastard von Knechtschaft und Freiheit, von großem Grundeigentum und Freizügigkeit.

Die Beseitigung des großen Grundeigentums bahnt sich durch die Stolypinsche Agrarreform und innere Kolonisation in Rußland an, welche auch den ostdeutschen Rittergütern die zu ihrer Existenz unentbehrlichen Saisonarbeiter entziehen. Die großen Grundeigentümer werden dann froh sein, ihren Landbesitz für innere Kolonisation verkaufen zu können.

Oppenheimer erblickt in diesen durch elegante Beweisführung und glänzendes suggestives Darstellungstalent ausgezeichneten Darlegungen eine Synthese der besten Ideen, welche sowohl von den Klassikern des ökonomischen Liberalismus wie des Sozialismus, namentlich von Marx, entwickelt worden sind.

In ihrer gegenwärtigen Gestalt bieten die Oppenheimerschen Lehren nicht nur keine Begründung sozialpolitischer Bemühungen, sondern lassen solche weit eher als einen ziemlich überflüssigen, wenn nicht gar schädlichen Versuch mit untauglichen Mitteln erscheinen. Die kapitalistische Gesellschaft wird durch ihre eigenen Entwicklungstendenzen den Untergang des Großgrundeigentumes und damit die Erlösung von allem Mehrwert, von aller ersatzlosen Aneignung fremder Arbeit herbeiführen. Und zwar so rasch, „daß die meisten von uns noch Bürger dieses Zukunftsstaates sein werden", ... „die freie Menschheit kann und wird diesen Planeten bewohnen als ein Geschlecht von Fürsten, die sich von den Elementen bedienen lassen."

Unter diesen Umständen hat die Organisation einer Bodenreformbewegung keinen eigentlichen Sinn. Es kann deshalb nicht wundernehmen, daß in der deutschen Bodenreformbewegung nicht der Theoretiker Oppenheimer, sondern der ganz und gar auf unmittelbare praktische Wirksamkeit eingestellte Damaschke[1]) die leitende Stellung inne hat.

Nachdem H. Freese[2]) 1896 als I. Vorsitzender des „Deutschen Bundes für Bodenbesitzreform" dessen Auflösung beantragt und durchgeführt hatte, weil die Bodenreform-Arbeit sich in Deutschland als hoffnungslos erwiesen habe, gründete Damaschke 1898 den „Bund Deutscher Bodenreformer" mit einem neuen Programm, das nicht nur diesem Bunde zahlreiche Anhänger gewonnen, sondern auch bemerkenswerte Erfolge sozialpolitischer Art erzielt hat.

Damaschke, ein äußerst wirkungsvoller Redner und Schriftsteller, hat es verstanden, die Bewegung sowohl vor der Scylla rein theoretischer Spekulationen wie vor der Charybdis utopischer Kolonie-Gründungen zu bewahren. Sie ist unter seiner Führung zu praktischer Reformarbeit erzogen worden.

Während Oppenheimer die städtische Boden- und Wohnungsfrage, bei der sich der Monopolcharakter des Grundeigentumes doch besonders fühlbar macht, in seinen zahlreichen Schriften kaum streift, hat Damaschke zweifelsohne gerade durch die eifrige Beschäftigung mit den Problemen der kommunalen Boden-, Wohnungs- und Steuerpolitik seine Stellung im öffentlichen Leben begründet. Erwerb und Verwertung des kommunalen Grundeigentumes (Erbbaurecht, Wiederkaufrecht), die Einführung der Wertzuwachssteuern und die Besteuerung nach dem gemeinen Wert, der Schutz der Forderungen der Bauhandwerker, die Gestaltung der Bauordnungen, das alles ist mit besonderer Vorliebe in der wohlorganisierten Presse der Bodenreformer immer wieder unter voller Berücksichtigung aller praktischen Erfahrungen erörtert worden. Dabei sind

---

[1]) Die Bodenreform. 8. Aufl. 1913; Aufgaben der Gemeindepolitik. 6. Aufl.; Geschichte der Nationalökonomie. 7. Aufl. 1913; Jahrbuch der Bodenreform seit 1905. Außerdem gibt Damaschke noch das jetzt unter dem Titel „Bodenreform" (früher Deutsche Volksstimme, Freiland) erscheinende, populär gehaltene Organ der Bewegung heraus.

[2]) H. Freese, Bodenreform 1907.

aber auch land-, berg- und kolonial-wirtschaftliche Bodenfragen keineswegs ganz aus den Diskussionen der Bodenreformer ausgeschieden worden.

Der Kassenabschluß des Bundes Deutscher Bodenreformer betrug 1897: 1258 M., 1912: 162225 M. Die Zahl der körperschaftlichen Mitglieder betrug 1912 748, die ihrerseits (unter Ausschluß der Staats- und Gemeindebehörden) wieder über 1 Million Mitglieder besitzen.

31. Zur Kritik der Bodenreformbewegung.

Eine Kritik, welche vorzugsweise die theoretischen Ideen der Bodenreformer zum Ausgangspunkte wählen würde, müßte vor allem die These, welche sowohl George wie Flürscheim keines Beweises für bedürftig erachten, nämlich den Satz von der zunehmenden Verarmung der großen Massen des Volkes, ganz entschieden bestreiten. Sodann wäre zu betonen, daß H. George die Einsicht in die wahre Bedeutung des Kapitalbesitzes und der Kapitalrente vollständig abgeht. In diesem Punkte wird er von Flürscheim unleugbar übertroffen, wenn auch dieser wieder in die schwersten Irrtümer verfällt, insofern er den ganzen Kapitalrentenbezug aus der Einrichtung des privaten Bodeneigentumes ableitet. Vieles hat Flürscheim von Rodbertus und Proudhon übernommen. Von Rodbertus die Unterkonsumtionstheorie zur Erklärung der Krisen; von Proudhon außerdem noch die Ansicht, daß nach Beseitigung des Renteneinkommens eine vollständige Verkehrsfreiheit die weitaus beste Ordnung des Wirtschaftslebens darstelle. Originell und verdienstlich ist es aber, wenn Flürscheim die sogenannten „falschen oder imaginären" Kapitalisierungen in den Vordergrund des Interesses rückt. Mag er auch über das Verhältnis der imaginären Kapitalsbildung zur echten (bezw. über den Umfang desjenigen Kapitales, das nur Erwerbskapital, subjektives, privates Kapital und nicht Produktivkapital, objektives, nationales Kapital ist) allzu ungünstige Vorstellungen hegen, so war es bei der geringen Aufmerksamkeit, welche diesen imaginären Kapitalisierungen von der Theorie geschenkt worden ist, ganz angemessen, diese Vernachlässigung scharf zu betonen.

Das System Oppenheimers[1]) geht vielfach von Erscheinungen

[1]) Soweit Oppenheimer Gedanken vertritt, die schon Hertzka ausgesprochen hat, trifft auch für ihn zu, was Schmoller in

und Zusammenhängen aus, gipfelt tatsächlich in agrarpolitischen Forderungen (innere Kolonisation, Freiteilbarkeit des Grundeigentumes), welche auch innerhalb der herrschenden nationalökonomischen Richtungen ganz oder teilweise anerkannt werden [1]). Freilich bestehen sehr erhebliche Meinungsverschiedenheiten nicht nur über die ökonomische und soziale Tragweite der fraglichen Vorgänge, sondern auch über deren politische Beurteilung. Soweit nur über Gewicht und Menge gestritten wird, sollte, meint man wohl, die Statistik eine allgemein gültige Entscheidung herbeiführen können. Tatsächlich ist sie aber noch lange nicht fein genug ausgebildet, um diesen Anforderungen zu entsprechen. So müssen die Lücken, die sie bietet, durch Schätzungen und Ausnahmen ausgefüllt werden, in denen die Subjektivität stark zur Geltung kommt.

Während z. B. Oppenheimer glaubt, daß für die Bauernwirtschaft der ganzen Welt ein Hektar Land pro Kopf als Norm gerechnet werden könnte, werden diese Annahmen von Tugan-Baranowski auf Grund der sehr eingehenden Untersuchungen, die gerade in Rußland über diese Fragen angestellt worden sind, aufs entschiedenste bestritten.

Niemand bezweifelt, daß eine Landflucht besteht, daß sie in Gebieten vorherrschenden Großgrundeigentums stärker auftritt als in bäuerlichen Gebieten, und daß sie in den Städten den Arbeitsmarkt zum Nachteil der Arbeiter beeinflußt. Ob aber von einem „ungeheuren Überangebot", das „ausschließlich erzeugt wird durch die massenhafte Zuwanderung landgeborener Proletarier", als einer andauernden Erscheinung gesprochen werden darf, ist schon fraglich. Von industrieller Seite wird sehr oft über absoluten Arbeitermangel geklagt und die aufsteigende Entwicklung der Industriearbeiter-Löhne bei uns zeigt, daß das „ungeheure Überangebot" keine Verschlechte-

---

seiner Kritik Hertzkas geltend macht (Zur Literaturgeschichte der Staats- und Sozialwissenschaften. S. 260—274). Im übrigen kommen noch die erheblichen Einwände in Betracht, die von Conrad Schmidt, S. M. 1912, S. 1321—1324, Tugan-Baranowski, Annalen f. s. P. III. 1914. S. 477—481, Köppe, Grünbergs Archiv III. 1913. S. 536—544, IV. S. 344—353 und Schumpeter, Zeitschrift für Volkswirtschaft, Verwaltung und Sozialpolitik, Wien 1913. S. 797—799 erhoben werden. Cl. Heiß, Ein neuliberaler deutscher Ökonomist, Z. f. St. W., 57. Jahrg. 1901. S. 705—736 verhält sich mehr referierend und bewundernd.

[1]) Vgl. oben S. 29, 30, 34.

rung, sondern höchstens eine Verlangsamung in der aufsteigenden Entwicklung der industriellen Arbeiterverhältnisse herbeigeführt.

Es ist möglich, daß bei starker innerer Kolonisation wenigstens für einige Jahrzehnte die Landflucht an Bedeutung verlieren und die Kapitalgewinne dadurch geändert werden könnten, obwohl der dann eintretende starke Kapitalbedarf für die neuen Siedelungen, für Ablösungs- und Tilgungszwecke nicht unterschätzt werden darf. Daß aber nach Beseitigung des Großgrundeigentumes und der dadurch hergestellten „freien Marktwirtschaft“ nur noch „Splitter“ von Kapitalprofit und Kapitalzins vorkommen werden, das ist eine Behauptung, für die wenig überzeugende Gründe angeführt werden. Die günstigere Lage des Arbeitsmarktes werde dem Arbeiter gestatten, wie Oppenheimer glaubt, rasch Ersparnisse zu machen und sich entweder als „Alleinmeister“ oder als Mitglied einer Arbeiterproduktiv-Genossenschaft zu betätigen. Tatsächlich ist weder eine große Zahl von Alleinmeistern noch die Entwicklung von Arbeiterproduktiv-Genossenschaften mit der modernen Technik und Industrieverfassung vereinbar.

Noch all dem empfiehlt es sich, für die hier interessierenden Zwecke mehr die Programme als die theoretischen Hilfskonstruktionen, die zu ihrer Begründung ausgearbeitet worden sind, kritisch zu beleuchten. Es ist dabei vor allem zwischen ländlichen und städtischen Bodenbesitzverhältnissen scharf zu unterscheiden.

Wir erinnern uns, daß die Bodenreformer von der Steigerung der Grundrente ausgehen. Unter dem Einflusse der Agrarkrise hatte aber in ganz West- und Mitteleuropa die Grundrente Jahrzehnte hindurch eine sinkende Tendenz gezeigt, sogar dort wo man mit Hilfe ziemlich hoher Agrarzölle sich aufs Äußerste bemühte ihre Minderung abzuwehren. Setzt man die vor der Neuverpachtung erzielte Summe gleich 100, so betrug die neue Pacht in den 7 östlichen Provinzen Preußens:

Pachtbeginn	Zahl der Güter	Verhältnis zu 100
1870—74	106	163,4
1875—79	128	172,5
1880—84	158	124,2
1885—89	152	93,8
1890—94	133	89,9
1895—99	156	85,4
1900—04	111	81,2
1905—09	119	109,5

Die später eingetretene Steigerung der Bodenwerte ist teils durch veränderte weltwirtschaftliche Beziehungen, teils durch den höheren Zolltarif von 1902, teils durch Fortschritte der landwirtschaftlichen Technik herbeigeführt worden, welche es erlaubten, sehr viel höhere Erträge aus dem Boden herauszuwirtschaften. In den Gebieten des Nationalitätenkampfes hatte übrigens schon früher der Wettbewerb der deutschen und polnischen Ansiedelungstätigkeit eine beträchtliche Steigerung der Preise herbeigeführt.

Es ist anzunehmen, daß die Erfahrungen der Kriegszeit 1914/15 dazu führen, auch die Futtermittelversorgung in möglichst großem Umfange der einheimischen Landwirtschaft vorzubehalten. Dann würde mit einer weiteren Steigerung der Bodenrenten zu rechnen sein, ja es würden sich dann für Deutschland Verhältnisse herausbilden, wie sie in England in den ersten Jahrzehnten des 19. Jahrhunderts bestanden und gerade zur Entwicklung der Ricardoschen Grundrentenlehre geführt haben.

Insofern ist es sehr leicht möglich, daß die Fragen der agrarischen Bodenreform in nächster Zeit noch beträchtlich an Bedeutung gewinnen werden. Es wird zu entscheiden sein, ob die Steigerung der Futtermittelproduktion lediglich in der hergebrachten Weise mit Hilfe einer durch hohe Zölle künstlich gesteigerten Rentabilität des Futterbaues zu versuchen ist, oder ob man im Interesse der künftigen Landwirte, welche dann nur um so höhere Bodenpreise zu zahlen hätten, und der gegenwärtigen Konsumenten mit bodenreformerischen Eingriffen (staatliches Bodenankaufs-Monopol, Verstaatlichung des Hypothekenkredits u. dgl. m.) die Steigerung der Bodenwerte wirksam bekämpfen will.

Die bodenreformerische Lösung dürfte auch dort viele Anhänger gewinnen, wo infolge der Latifundienbildung und einer starken Vertretung des großen Grundeigentums die Vorteile höherer Bodenrenten nur einer eng begrenzten Klasse zustatten kämen und die im allgemeinen extensive Betriebsweise des Großbetriebes gar nicht einmal die Möglichkeit der erwünschten Steigerung der Naturalerträge wahrscheinlich machen würde. In derartigen Gebieten (wie in großen Teilen Norddeutschlands, Böhmens, Ungarns, Galiziens, Rumäniens, Unter-Italiens und Siziliens) dürfte selbst ein staatliches Obereigentum mit bäuerlichen Erbpächtern, deren Pachtgelder freilich von Zeit zu Zeit revidierbar sein müßten, einen wirtschaftlichen und sozialen Fortschritt darstellen.

Trotzdem würde überall mit sehr erheblichen politischen Schwierigkeiten zu rechnen sein. Selbst in Zeiten zurückgehender Grundrente wollten vermögende Grundeigentümer vom Auskaufe durch den Staat nichts wissen. Der Verzicht auf das Bodeneigentum bedeutet eine empfindliche Einbuße an politischer und sozialer Macht. Dazu tritt die wirtschaftliche Erwägung, daß die Kapitalabfindung, mag sie auch reichlich bemessen sein, doch im Laufe der Zeit wegen der sinkenden Tendenz des Zinsfußes an Wert verliert. Heute kommt noch die Entwertung des Geldes durch die übermäßige Emission des Papiergeldes als ein Faktor in Betracht, der jeden Bodeneigentümer bestimmen wird, diese realen Werte unter keinen Umständen mit unsicheren Papierwerten freiwillig zu vertauschen.

Wo das Grundeigentum gut verteilt ist, wie etwa im Süden und Westen Deutschlands, in der Schweiz und in Frankreich, da wird selbst bei steigender Grundrente eine mehr oder minder weitgehende Bodenverstaatlichung der herrschenden Volksstimmung aufs äußerste zuwiderlaufen. Da kommt eben der „unverdiente Zuwachs“ durch Steigerung der Grundrente auch ohne Bodenverstaatlichung tatsächlich, mittelbar und unmittelbar, einem sehr großen Bruchteile der Bevölkerung zustatten.

Und wenn das Vorhandensein von einzelnen Mißständen auch nicht geleugnet werden kann, so hat andererseits die feste Beziehung, die das Grundeigentum der bäuerlichen Bevölkerung zum Grund und Boden verschafft, doch auch manche wirtschaftlich und sozial segensreiche Folgen als Gegengewicht aufzuweisen. Der große Fleiß, die sorgsame Behandlung, welche hier dem Boden gewidmet werden, entspringen dem Bewußtsein, daß alle Früchte dieser Opfer und Mühen der eigenen Wirtschaft und den Nachkommen unverkürzt zufallen müssen. Sie entspringen weiter jener Liebe und Anhänglichkeit an die heimatliche Scholle, die nur das sichere volle Eigentum erwachsen läßt.

Mag auch bei der Ordnung des Pachtwesens[1]) die theoretische Möglichkeit vorliegen, Meliorationen ihrem Urheber zuzurechnen, so sind die Schwierigkeiten, die in der Natur der Sache liegen, doch

---

[1]) Vgl. A. Skalwirt, Das Pachtproblem. 1922.

zu groß, als daß je eine beide Teile durchaus befriedigende Lösung erzielt werden kann.

Schließlich ist auch der Gedanke nicht abzuweisen, daß der Staat als Bodeneigentümer seine Machtstellung zu fiskalischen oder politischen Zwecken mißbrauchen kann. Aus diesen und den eben angeführten Gründen wird wahrscheinlich selbst dort, wo seit alters her eine Pächterbevölkerung besteht, wie in England und Italien, die Verwandlung der Pächter in Eigentümer der Übertragung des Bodeneigentumes von den großen Grundherren an den Staat vorgezogen werden. So hat man ja auch in Irland tunlichst vielen Pächtern das Aufsteigen zu Eigentumsbauern ermöglicht [1]). Die Blüte der Landwirtschaft erfordert eben doch eine individualistische Gestaltung der Agrarverfassung [2]). Das Ziel der Bodenreform kann deshalb nicht darin bestehen, daß der ganzen Nation als solcher, sondern daß einer möglichst großen Zahl einzelner Volksgenossen der Bodenbesitz erschlossen wird [3]).

Am weitesten ist in dieser Beziehung die Gesetzgebung einiger australischer Staaten (Neuseeland, Süd-Australien) vorgeschritten [4]). Es sind dort Flächenmaxima aufgestellt worden, über welche hinaus niemand Boden erwerben oder pachten darf. Dazu treten progressive Besteuerungen des Grundeigentumes, Besteuerungen des un-

---

1) Vgl. Sering, Die Politik der Grundbesitzverteilung in den großen Reichen (Veröffentlichungen des Kgl. Preuß. Landes-Ökonomie-Kollegiums, Heft 9) 1912; The Land, The Report of the Land Enquiry Committee vol. I. 1913. S. 324—384. — H. Martens, Irische Agrarreform 1915.

2) Dieser Gedanke kam in der großen von Stolypin eingeleiteten Agrarreform Rußlands deutlich zum Ausdrucke. Vgl. Preyer, Die russische Agrarreform 1914. Tatsächlich führt aber auch die Politik der Bolschewiki zu demselben Ergebnisse. Vgl. Sering, Die Umwälzung der osteuropäischen Agrarverfassung. Archiv für innere Kolonisation. XIII. Heft 3/4. 1920/21.

3) Vgl. die ausgezeichnete Arbeit Ed. Davids über Sozialismus und Landwirtschaft. 2. Aufl. 1922.

4) Vgl. Métin, Le socialisme sans doctrines. 2. Aufl. Paris 1910. Ein sonst sozialistischen Experimenten ziemlich kritisch gegenüberstehender Forscher bemerkt: „Es steht außer Frage, daß die sozialistische Landverteilungspolitik Australien außerordentlichen Segen gebracht hat." Junghann, Sozialismus in Australien. Z. f. St. W. Jahrgang 70, S. 96.

verdienten Wertzuwachses, ja in Neuseeland sogar Expropriationsbefugnisse gegenüber dem Großgrundbesitze. Während so auf verschiedenen Wegen die Ausbildung des großen Grundeigentumes verhindert wird, erfahren die mittleren und kleineren Grundeigentümer mannigfache Unterstützungen.

Einfacher als für das ländliche Grundeigentum liegt die Frage für die städtische. Da liegen so grelle und empörende Mißstände vor, da fällt die oft rapid anschwellende Bodenrente einer so kleinen Zahl Bevorzugter zu, daß eine einschneidende Reform von weiten Kreisen zu den dringlichsten sozialen Aufgaben unserer Zeit gerechnet wird[1]).

---

[1]) In Berlin ergab sich selbst bei Häusern, an denen keine baulichen Veränderungen stattgefunden hatten, innerhalb der Periode 1868—1877 eine Mietssteigerung, die 50—100 % und selbst noch mehr betrug. Das Gelände am Kurfürstendamm, das in den 30er Jahren des vorigen Jahrhunderts etwa 50 000 Mk. wert war, repräsentierte Ende der 90er Jahre zirka 50 Millionen Mk. (P. Voigt, Grundrente und Wohnungsfrage in Berlin. Jena 1901. S. 218 bis 237). Der Grund und Boden Berlins wurde auf 2—3 Milliarden berechnet, während das Baukapital 4 Milliarden betrug (A. Wagner, Wohnungsnot und städtische Bodenfrage. Berlin. Soz. Streitfragen. Heft XI). In Frankfurt a. M. wurden für die Zeit von 1842—1894 bei 110 Probehäusern Steigerungen festgestellt, die in einem Falle 581,3 %, in einem anderen 507,6 %, in 4 Fällen 400 bis 500 %, in 16 300—400 %, in 18 200—300 %, in 36 100—200 %, in 22 50—100 % und in 12 weniger als 50 % ausmachten (Adickes, Über die weitere Entwicklung des Gemeindesteuerwesens. Z. f. St. W. 50. Bd. S. 633 ff.). Nach den Erhebungen von Prof. Th. Kozak war der Wert überbauter Parzellen im Spalenquartier und am Marktplatz in Basel während des Zeitraumes 1868 bis 1893 gestiegen und in den Zonen I um 210,6 %, II 385,1 %, III 183,1 %, IV 584,4 %, V 331,9 %, VI 428,1 %, VII 1147,6 %, VIII 1114,7 % (Bericht über die Erhebungen betr. Liegenschaftsverkehr in Kt. Basel-Stadt. Basel 1899. S. 16). In Chicago stieg der Wert eines Grundstücks in der Größe eines Viertel Acre von 20 Dollars im Jahre 1830 auf 1 250 000 Dollars im Jahre 1894 (A. Weber, Über Bodenrente und Bodenspekulation. Leipzig 1904. S. 126). In München sind in einzelnen Stadtteilen die Bodenwerte innerhalb der Zeit von 1860—1904 um das Sechzigfache gestiegen (Brentano, Wohnungszustände und Wohnungsreform in München. München 1904. S. 5). In Freiburg i. B. betrug der Durchschnitt der Bauplatzpreise pro qm 1862—1870: 5,40 Mk., 1894 bis 1902: 19,37 Mk.; in den Hauptgeschäftsstraßen betrug der Wert

Da es sich um Werterhöhungen handelt, welche aus der gesamten Entwicklung der Gemeinde fließen, wird weniger an eine Verstaatlichung als an eine Kommunalisierung oder Munizipalisierung der städtischen Grundrente zu denken sein. Jedenfalls ist es schon jetzt nicht ganz unmöglich, der Gemeinde wenigstens einen erheblichen Anteil an diesen Werterhöhungen zu sichern, die keineswegs individueller Tüchtigkeit, sondern gesellschaftlichen Zusammenhängen entspringen. Fast überall bestanden Abgaben, die beim Besitzwechsel von Immobilien erhoben wurden. Man hatte zur Begründung dieser Verkehrssteuern auch den Gesichtspunkt ins Treffen geführt, daß sie wenigstens teilweise den Zuwachs durch Konjunkturen träfen. Das war richtig, allein es geschah doch nur in höchst unvollkommener Weise. Der Fehler lag darin, daß der gesamte Wert der Liegenschaft das Steuerobjekt bildete und nicht der unverdiente Zuwachs, auf den es hauptsächlich ankommen sollte. Hier hat zuerst die kommunale Finanzpolitik eingesetzt. Außerdem verdient die Erwerbung ausgebreiteten Grundeigentumes durch die Stadtgemeinden selbst und die Überlassung desselben im Wege des Erbbaurechtes an Genossenschaften und Private volle Beachtung[1]).

---

für überbauten Boden pro qm 1864—1868 im Mittel 92,54 Mk., 1898—1902 499,12 Mk. (Mewes, Bodenwerte, Bau- und Bodenpolitik in Freiburg i. Br., Karlsruhe 1905. S. 66, 75).

[1]) Vgl. die S. 213 genannten Schriften A. Damaschkes; ferner R. Hallgarten, Die kommunale Besteuerung des unverdienten Wertzuwachses in England. (Münchener Volkswirtschaftliche Studien, XXXII); F. Pabst, Die Besteuerung des unverdienten Wertzuwachses von Grund und Boden. Z. f. N. St. LXXX. S. 350—371; A. Wagner, Die finanzielle Mitbeteiligung der Gemeinden an kulturellen Staatseinrichtungen und die Entwicklung der Gemeindeeinnahmen. Jena 1904. S. 50 ff. Obwohl A. Weber (Über Bodenrente und Bodenspekulation, 1904) vielfach eine scharfe Kritik an den Lehren der Bodenreformer übt, gesteht doch auch er zu (S. 144): „Es bleibt Tatsache, daß in vielen Fällen der Wertzuwachs infolge Steigens der städtischen Grundrente so gewaltige Höhen erreicht hat und zwar ohne Tätigkeit, ohne Spekulation und daher auch ohne volkswirtschaftlich relevantes Risiko, daß man zum Vergleiche nur hinweisen kann auf hohe zufällige Erbschaften Nicht- oder Entferntverwandter. Und wie hier die Gesellschaft — sei es als Staat oder Gemeinde — Anteil nimmt, so wäre das auch bei diesem wirklich unverdienten Wertzuwachse an und für sich be-

Ob die im Kriege eingetretene Zwangsbewirtschaftung des Hausbesitzes, die nicht nur eine absolute Steigerung der städtischen Bodenrente, sondern selbst eine der Geldentwertung entsprechende Erhöhung verhindert, auf die Dauer haltbar sein wird, läßt sich zurzeit noch nicht übersehen[1]).

---

rechtigt und in hohem Maße wünschenswert." Im übrigen ist Weber zuzustimmen, daß es auch noch andere Mittel im Kampfe gegen die Steigerung der Grundrente gibt (vgl. das VI. Kap. seiner interessanten Studie) und daß die Steigerungstendenz durch die industrielle Dezentralisationsbewegung, welche durch den Ausbau der Binnenwasserstraßen begünstigt wird, eine fühlbare Abschwächung erfährt. Vgl. auch Naumann, Neudeutsche Wirtschaftspolitik. 1902. S. 64 ff.; Brunhuber, Die Wertzuwachssteuer. Jena 1900; Bredt, Die Wertzuwachssteuer. Berlin 1906; P. Kompert, Kritische Betrachtungen über die Bodenreform 1907; The Land, The Report of the Land Enquiry Committee vol. 2. Urban 1914. Zur Bekämpfung bodenreformerischer Bestrebungen ist der Schutzverband für Deutschen Grundbesitz e. V. Berlin gegründet worden. Die literarische Vertretung seines Standpunktes erfolgt in den Vierteljahrsheften „Um Grund und Boden" und in den „Bodenpolitischen Zeitfragen" (seit 1904). Beide Organe werden von Prof. Dr. R. van der Borght, kaiserl. Präsident a. D. herausgegeben. In Heft 1 der „Zeitfragen" behandelt Görnandt, Die Entwicklung des Bodenreformgedankens in Deutschland, in Nr. 2 Wirth, Wohnungsverhältnisse, Bauordnung und Grundstückpolitik der Stadt Cöln, in Nr. 3 Wehl, Die Wirtschaftlichkeit der wichtigsten Bauklassen Groß-Berlin, in Nr. 4 v. d. Borght, Den Fragebogen für Erhebungen über den städtischen Immobiliar-Kredit.

[1]) Vgl. die Ausführungen im ersten Bande über die Reform der Arbeiterwohnungsverhältnisse.

Achtes Kapitel.

Der Marxismus[1]).

32. Friedrich Engels.

Bis in die neuesten Zeiten herein ist Friedrich Engels beinahe ganz hinter der mächtigen Persönlichkeit von Karl Marx verschwunden. Die Lehren, auf deren Entwicklung er einen entscheidenden Einfluß ausgeübt hat, werden als Marxismus bezeichnet. Von der wahren Bedeutung des Mannes haben erst Veröffentlichungen aus den letzten Jahren eine zutreffende Vorstellung gegeben[2]).

Friedrich Engels kam am 28. November in Barmen so recht als ein Liebling der Götter zur Welt. Seine Familie, seit Generationen

1) Angesichts des Umfanges, zu dem allmählich die Marx-Literatur angeschwollen ist, sei hier im allgemeinen auf Sombarts Bibliographie des Marxismus hingewiesen. A. f. s. G. XX. S. 413 bis 430.

2) Der Briefwechsel zwischen Fr. Engels und K. Marx 1844 bis 1883. Herausgegeben von A. Bebel und Ed. Bernstein, 4 Bde. 1913. Interessante Besprechungen dieser biographisch ungemein wichtigen Veröffentlichung bieten: H. Oncken, Marx und Engels, Preußische Jahrbücher, Bd. 155, S. 209—257. 1914; Fr. Mehring, Engels und Marx, Grünbergs Archiv, 5. Jahrg., 1914. S. 1—39; Ed. Bernstein, Politik und Ökonomie im Briefwechsel Marx-Engels. A. f. s. G., 38. Bd., 1914, S. 826—869; Schmoller J. f. G. V., 39. Jahrg. 1915. S. 423—433; Gustav Mayer, Marx und Engels in ihrem Briefwechsel. Zeitschrift für Politik. 1914. S. 428—444. Friedrich Engels Jugendbriefe. Herausgegeben von Gustav Mayer, Neue Deutsche Rundschau 1913 (September- und Oktoberheft). Das anschaulichste Charakterbild von Engels scheint mir P. Lafargue „Persönliche Erinnerungen an Fr. Engels, N. Z. XXIII. 2. Bd. S. 556—561 entworfen zu haben, vgl. ferner W. Sombart, Fr. Engels 1895; K. Kautsky, Fr. Engels, 2. Aufl. 1908 bietet geringes Interesse.

Von der groß angelegten Engels-Biographie, die Gustav Mayer schreibt, sind bis jetzt erst der erste Band, Friedrich Engels in seiner Frühzeit 1820—1851 (Berlin 1920), und zu dessen Ergänzung Friedrich Engels Schriften der Frühzeit gesammelt und herausgegeben von G. Mayer erschienen (ebenfalls Berlin 1920). Vgl. auch die ausführlichen Anzeigen des Werkes durch Oncken, Historische Zeitschrift Bd. 123, S. 239—261 und Herkner, Über Engels und Lassalle, Preußische Jahrbücher, Bd. 181, S. 1—13.

mit dem bergischen Lande und dessen strengen Pietismus unlöslich verbunden, durch kaufmännisch-industrielle Betätigung bereits zu gediegenem Wohlstande emporgestiegen, sicherte ihm eine glückliche Kindheit. In dem patrizierhaft geräumigen Hause und dem großen Garten mit herrlichem alten Baumbestand wuchs Engels als der älteste von acht Geschwistern heran, ein „wurzelhaft Wesen", blond, blauäugig, schlank, körperlich und geistig elastisch, kerngesund, ohne Nerven, ein leidenschaftlicher Reiter, Jäger, Schwimmer und Fechter, kraftstrotzend bis zur Rauflust, eigenwillig, lebensfroh und sinnenfreudig, aber auch glänzend begabt, ein Virtuose der Zeitausnützung, von unerschöpflicher Arbeitskraft und Arbeitslust, ein sonniger, heller Geist, schwärmend für Jung-Siegfried, dem er sich mit seinem stürmischen Tatendurst und Trotz gegen alles Herkommen eng verwandt fühlte, ja den er gewissermaßen als seinen niederfränkischen Landsmann ansah. Eine ausgeprägte Herrennatur, voll militärischer Interessen, äußerlich mehr einem Gardeleutnant gleichend, nicht selten auch schroff und barsch auftretend, im Grunde genommen doch weichherzig und von edelster, aus einem ungeheuren Überschuß eigener Kräfte fließenden Ritterlichkeit erfüllt; ein Gentleman, der trotz aller Neigungen für eine genialische Ungebundenheit der Lebensführung der Bohème gegenüber sehr gut Distanz zu halten verstand und die guten Umgangsformen des Elternhauses niemals verleugnete.

Als Jüngling fühlte er den dichterischen Drang in sich, gottähnlich aus seinem Geiste Menschen zu schaffen und der Taten stärkste Fülle durch würdige Lieder auf die Nachwelt zu bringen. Reiche Phantasie, ein bedeutendes Talent für Sprache und Sprachwissenschaft, sichere Empfindungen für die Architektonik aller geistigen Arbeit, eine geradezu erstaunliche, ja, gefährliche Leichtigkeit der literarischen Produktion, „arbeitsfähig zu jeder Stunde des Tages und der Nacht, voll oder nüchtern, im Schreiben quick und unvergleichlich rasch in der Auffassung", wie Marx erklärte, — das alles setzte ihn in den Stand, das Durchschnittsmaß der üblichen poetischen Leistungen eines deutschen Jünglings erheblich zu übertreffen. So dichtete er als Zwanzigjähriger:

Die Sonne sinkt, rings dunkel wird das Land,
Und nur im Westen dringt durch Wolkenschleier
Des Abendrotes heiß entflammter Brand.

Es ist ein ernst und ein geheiligt Feuer,
Das auf dem Grabe eines Tages glüht,
Der manches uns gebracht, was lieb und teuer.
Jetzt starb er hin, und ihren Mantel zieht
Die dunkle Nacht mit ihrem Sternenblicke leis über
unser irdisches Gebiet.

Noch besser lag ihm freilich die damals unter dem Einfluß von Börne und Heine zu großer Geltung kommende, feuilletonistisch geformte politische Korrespondenz, der Reisebrief und ähnliches.

Daß dieser Vollblutmensch mit der engherzigen, aber auch in der eigenen Familie hochgehaltenen Orthodoxie des Wuppertales bald in schwere Konflikte geraten mußte, bedarf keiner Erklärung. Aber während er durch Börnes Schriften leicht und rasch für den politischen und nationalen Radikalismus der schwarz-rot-goldenen Burschenherrlichkeit gewonnen wurde, hat er sich vom frommen Glauben seiner Kindheit erst nach schwerem Ringen zu befreien vermocht.

Zuerst glaubte er in der Mystik die wahre Offenbarung zu erhalten, und vertiefte sich in den Theosophen Jacob Böhme. Dann nahmen ihn die milden Lehren Schleiermachers gefangen. „Die Religion ist Sache des Herzens und wer ein Herz hat, kann fromm sein . . . Das ist Schleiermachers Lehre und dabei bleibe ich“ [1]).

Sein Feuergeist vermochte aber auch hier nicht lange auszuharren. Er lernte David Strauß, der ihm wie ein junger Gott erschien, und dessen „Leben Jesu“ kennen. Die Bekanntschaft mit Strauß führte ihn dem Philosophen zu, von dem Strauß selbst ausgegangen war: Hegel.

So leuchtete Hegels Sonne noch, als sie schon längst am Horizonte versunken war [2]). Engels berauschte sich an dem Feuertranke des Hegelschen Idealismus. Vor allem entzückten ihn die Denkmethode des Meisters, die sogenannte Dialektik, und dessen Geschichtsphilosophie, die Treitschke als Hegels größte wissenschaftliche Tat und fast ebenso folgenreich wie Kants Pflichtenlehre bezeichnet hat [3]). Sie ist dem jungen Engels „wie aus der Seele geschrieben“ [4]). „Es ist ein enormes Werk“, dessen „ungeheure Ge-

[1]) a. a. O. S. 1403.
[2]) Treitschke, Deutsche Geschichte. IV. S. 482.
[3]) a. a. O. III. S. 719. [4]) Jugendbriefe S. 1407.

danken“ ihn „auf furchtbare Weise packen“ [1]). Es sind „Granitgedanken“, es ist „ein zyklopisches Gebäude“.

Was ihn mit so großer Begeisterung erfüllte, war der Glaube an die Vernunft in der Weltgeschichte[2]). Die Weltgeschichte ist die Entwicklung des Begriffs der Freiheit.

Für Hegel ist die Weltgeschichte ein sinnvolles Ganze und wer die Weltgeschichte vernünftig ansieht, den sieht auch die Welt vernünftig an. Der Weltprozeß ist der Fortschritt im Bewußtsein und damit auch in der Verwirklichung der Freiheit. Die Geschichte zeigt, wie der Geist allmählich zum Bewußtsein und Wollen der Wahrheit kommt. Es findet ein Fortschreiten vom Unvollkommenen zum Vollkommenen statt.

Diesen Endzwecken wurden alle Opfer auf dem weiten Altar der Erde und im Verlauf der Weltgeschichte gebracht. In diesem endlosen Entwicklungsprozeß ist jede Stufe notwendig und somit berechtigt für die Zeit und die Bedingungen, denen sie ihren Ursprung verdankt. Alles wirkliche ist insofern vernünftig. Aber jede Entwicklungsphase wird hinfällig und unberechtigt, sie hört auf notwendig, mithin vernünftig und wirklich zu sein gegenüber neueren höheren Bedingungen, die sich allmählich in ihrem eigenen Schoße ausbilden. Sie muß dann einer neuen Phase Platz machen, die ihrerseits wieder an die Reihe des Verfalles und Unterganges kommt. „Vernunft wird Unsinn, Wohltat Plage“ und „alles was besteht, ist wert, daß es zu Grunde geht“. Es gibt nichts Endgültiges, Absolutes, Ewiges. Alles steht im Flusse der Bewegung. Nichts besteht als der ununterbrochene Prozeß des Werdens und Vergehens, des Aufsteigens ohne Ende vom Niederen zum Höheren. Dabei können freilich oft Rückschläge auftreten.

So wird also die Welt nicht als ein Komplex von fertigen Dingen, Ideen, Begriffen und Einrichtungen aufgefaßt, sondern als

---

[1]) a. a. O. S. 1410.

[2]) Vgl. zu den folgenden Ausführungen Hegel, Vorlesungen über die Philosophie der Geschichte (Reclam Nr. 4881—4885); P. Barth, Die Geschichtsphilosophie Hegels und der Hegelianer. 1890; Fr. Engels, L. Feuerbach und der Ausgang der klassischen deutschen Philosophie. 1895; Hammacher, Das philosophisch-ökonomische System des Marxismus. 1909; Plenge, Marx und Hegel. 1911; M. Adler, Studien zur Geistesgeschichte des Sozialismus. 1914. S. 210 bis 224.

ein Komplex von Prozessen, wobei die scheinbar stabilen Dinge nicht minder wie ihre Gedankenabbilder in unserem Kopfe, die Begriffe, eine ununterbrochene Veränderung des Werdens und Vergehens durchmachen. Das alles geht scheinbar zufällig vor sich. Die Bewegung erscheint oft rückläufig, aber in all dem setzt sich doch schließlich eine fortschreitende Entwicklung durch.

Dabei erhebt sich die Frage nach den Kräften, die dieses perpetuum mobile im Gange erhalten.

Es sind die menschlichen Leidenschaften, Interessen, Talente, Neigungen, die menschliche Selbstsucht. Nichts in der Weltgeschichte wird ohne Leidenschaft und Selbstsucht vollbracht. Man glaubt etwas sehr Großes zu sagen, erklärt Hegel, wenn man sagt, der Mensch ist von Natur aus gut, aber man vergißt, daß man etwas weit Größeres sagt mit den Worten: Der Mensch ist von Natur böse.

Das Böse ist die Form, in der die Triebkraft der geschichtlichen Entwicklung sich darstellt. Jeder neue Fortschritt tritt notwendig auf als Frevel gegen ein Heiliges, Ehrwürdiges, als freche Rebellion gegen die alten absterbenden, aber durch Gewohnheit geheiligten Zustände.

Während die Einzelnen ihren eigenen Interessen nachgehen, verwirklichen sie, unbewußt und gegen ihre Absicht, doch nur die Zwecke des Weltgeistes. Es ist eine „List der Vernunft", sich der menschlichen Leidenschaften zur Erreichung ihrer besonderen Zwecke zu bedienen. Der Einzelne glaubt völlig frei und selbständig zu handeln und spielt doch nur eine Rolle, die ihm der Weltgeist in seinem Drama zugedacht hat.

Das sind in aller Kürze die Hegelschen Ideen, welche Engels, wie er selbst bekennt, am tiefsten ergriffen haben. Von ihnen durchdrungen kam er 1841 nach Berlin, um bei der Garde-Artillerie als Einjähriger zu dienen, geriet aber auch in die Gesellschaft der „Freien", eine Vereinigung ultraradikaler, ja anarchistischer Kraftgenies, welche vermeinten, ihre Opposition gegen Staat und Gesellschaft auch durch die Zügellosigkeit der eigenen Lebensführung bekräftigen zu müssen. Engels war aber eine zu groß angelegte Natur, als daß er sich in diesem wüsten Treiben hätte ganz verlieren können.

Seit Mitte 1841 lag Feuerbachs „Wesen des Christentums" vor und eroberte die Jugend im Sturme. „Die Begeisterung war allgemein," berichtet Engels, „wir waren alle momentan Feuerbachianer."

Schon Hegel hatte den Pantheismus gelehrt. Feuerbach erhob die Menschheit offen zur Gottheit. Die wahre Religion besteht in dem Kultus der Menschheit. Nicht Gott hat die Menschen, sondern die Menschen haben sich Gott erschaffen. Homo homini deus est. Das höchste Gut ist die Liebe der Menschen zum Menschen. Heilig ist das Wohl jedes Menschen.

Das volle Wesen der Menschen kommt aber nicht in der vereinzelten Persönlichkeit, sondern nur in der Gemeinschaft zum Ausdrucke. Insoweit bezeichnet sich Feuerbach als Kommunist. Sein Prinzip heißt Ego und Alter-Ego. Egoismus und Kommunismus sind so unzertrennlich wie Kopf und Herz. „Ohne Egoismus hast Du keinen Kopf, ohne Kommunismus kein Herz"[1]).

Engels aber besaß ein Herz, ein Herz von grenzenloser Aufopferungsfähigkeit für seine Mitmenschen. Er wurde also zunächst Kommunist im Sinne Feuerbachs.

In der ersten philosophischen Schrift, die Engels anonym 1842 über „Schelling und die Offenbarung" veröffentlichte, hieß es bezeichnenderweise:

„Das Selbstbewußtsein der Menschheit ist der neue Gral, an dessen Thron sich die Völker jauchzend versammeln. Das ist unser Beruf, daß wir dieses Grales Tempeleisen werden, für ihn das Schwert um die Lenden gürten und unser Leben fröhlich einsetzen in dem letzten heiligen Kriege, dem das tausendjährige Reich der Freiheit folgen wird"[2]).

Und ein Jahr später erklärte er:

„Dies ist die Aufgabe, die uns obliegt. Unsere Partei muß beweisen, daß, wenn alle philosophischen Bemühungen der Deutschen von Kant bis Hegel nicht nutzlos oder schlimmer als nutzlos sein sollen, ihr Ende nur der Kommunismus sein kann." „Wir deutschen Sozialisten", schrieb er 1895, „sind stolz darauf, daß wir abstammen nicht nur von St. Simon, Fourier und Owen, sondern auch von

---

[1]) Vgl. Masaryk, Die philosophischen und soziologischen Grundlagen des Marxismus, 1899, S. 26.

[2]) Adler a. a. O. S. 223.

Fichte, Hegel." „Die deutsche Arbeiterbewegung ist die Erbin der deutschen klassischen Philosophie."

Für den kaufmännischen Beruf bestimmt, war es ihm nicht wie Marx gegönt, auf deutschen Hochschulen sich frei der systematischen Pflege und Ausbildung seiner reichen Gaben zu widmen. Unter dem Einflusse von Moses Heß[1]), des „Vaters des deutschen Sozialismus", stehend, erblickte er in dem Kommunismus bereits 1842 und 43 die allein folgerichtige, notwendige Weiterentwickelung der junghegelschen Lehren. Unter diesen Umständen bedeutete für ihn die Betätigung in der Spinnereifirma Ermen & Engels in Manchester, wohin ihn der Vater im Interesse der geschäftlichen Ausbildung geschickt hatte, freilich mehr, als ihm irgendeine deutsche Hochschule hätte bieten können. Er befand sich im Mittelpunkte des Industriekapitalismus und seiner heißen Klassenkämpfe. Was er in seiner Vaterstadt, dem deutschen Manchester, an Fabrikarbeiterelend und Klassengegensätzen von früher Jugend an erlebt und empfunden, das trat nun in unendlich erweiterten Maßstabe und vollster Entfaltung seinem empfänglichen Geiste entgegen. Rasch wurden enge Beziehungen zu den Führern der Chartisten und Oweniten angeknüpft, und die wuchtigen Gedanken und packenden Schilderungen Carlyles innerlich verarbeitet.

Erst hier kam dem Jünger der Hegelschen Ideenlehre das Schwergewicht der wirtschaftlichen Interessen und Interessengegensätze im Entwicklungsgange der Menschheit zum vollen, deutlichen Bewußtsein. Nun stürzte er sich auch in das Studium der Nationalökonomie, des englischen und französischen Sozialismus. Aber weit mehr als diese Bücher mögen eigene Beobachtungen und Erlebnisse zu Saatkörnern geworden sein, aus denen sich bei ihm, durchaus selbständig, die ersten Keime der materialistischen Geschichtsauffassung ausbildeten. Die Interessen und nicht die Prinzipien würden die Revolution beginnen und durchführen, erst aus den Interessen könnten sich die Prinzipien entwickeln.

Leider war er nicht mehr unbefangen genug, als er nach England kam. Unter dem Einfluß von Hegel, Feuerbach und Moses Heß hatten bei ihm bereits Überzeugungen feste Wurzeln geschlagen, für die er im englischen Leben vor allem nur Bestätigungen zu suchen geneigt war. Ohnehin voreilig in seinen Schlüssen,

[1]) Th. Zlocisti, M. Heß. 2 Bde. 1921.

ließ er sich verleiten, die besonderen Verhältnisse des Notjahres 1842 in Manchester zu verallgemeinern. Etwa um den 20. November 1842 hatte er englischen Boden betreten und schon am 30. November sandte er eine Korrespondenz aus London an die Rheinische Zeitung in Köln: England stehe am Vorabend der sozialen Revolution. Die Stellung der englischen Industrie sei unmöglich geworden, die Lage der Staatsfinanzen und der Volksernährung fordere den Freihandel. Dieser aber bedeute den Untergang der Industrie, von der die Hälfte des englischen Volkes leben müsse. Während er also vom Freihandel nur Verschärfung der Krise und unvermeidlichen Umsturz erwartete, setzte er die größten Hoffnungen auf den Chartismus, der bekanntlich schon 7—8 Jahre nachher vollkommen abgestorben war. Er spottete über die Kurzsichtigkeit und Borniertheit der Engländer, welche in unerschütterlicher Sicherheit sich die Kraft zutrauten, auch ohne Revolution das Land einer besseren Lage zuzuführen.

Der Gang der Ereignisse hat diesen Engländern, die von den siegsicheren Lehren der Junghegelianer so gar nichts verstanden, vollkommen recht gegeben, während die so oft prophezeite Revolution und der von den Sozialisten immer wieder an die Wand gemalte Zusammenbruch des englischen Industriestaates bis heute noch nicht eingetreten sind.

Die Beteiligung an der englischen Arbeiterbewegung veranlaßte Engels ein merkwürdiges[1]), auch heute noch sehr lesenswertes Buch: Die Lage der arbeitenden Klasse in England. Nach eigener Anschauung und authentischen Quellen, 1845, zu verfassen.

Die Teilung der Arbeit, führte Engels aus, die Benutzung der Dampfkraft, der Mechanismus der Maschinen, das sind die drei großen Hebel, mit denen die Industrie daran arbeitet, die Welt aus ihren Fugen zu reißen. Der zahlreiche kleine Mittelstand der guten alten Zeit wird aufgelöst und in wenige reiche Kapitalisten und viele arme Arbeiter gespalten. Wie die Arbeiter in den Fabriken, wie der Reichtum in den Händen der Kapitalisten, so drängt sich das elende Volk in den Städten zusammen. Das System der freien Konkurrenz erzeugt grauenhafte Not als Normalzustand und besondere Verschärfungen dieser Not durch periodisch auftretende Handelskrisen. Eine

---

[1]) Nach Treitschke (V S. 516) „im Einzelnen parteiisch übertreibend, im wesentlichen wahrheitsgetreu, ein geistreiches und gründliches Buch".

blutige furchtbare Revolution scheint bevorzustehen, wenn es nicht noch in letzter Stunde gelingt, die einander feindlichen Gesellschaftsklassen, Proletariat und Bourgeoisie, in dem höheren Prinzipe des Kommunismus, der eine Sache der ganzen Menschheit ist und deshalb über diesen Klassen steht, zu vereinigen und zu versöhnen.

Engels hatte nicht nur Sinn für die Leiden und Kämpfe der Gegenwart, sondern, als Verehrer der Hegelschen Geschichtsphilosophie, auch schon für die Entwicklungskeime zu einer künftigen höheren Gesellschaftsform und Produktionsweise, welche im Schoße dieses Kapitalismus liegen.

Diesem größeren Werke standen zwei glänzende, geniale Essais zur Seite: „Umrisse zu einer Kritik der Nationalökonomie" und eine prächtige Besprechung des eben erschienenen Carlyleschen Buches über Vergangenheit und Gegenwart unter dem Titel: Die Lage Englands [1]).

Dadurch wurde Engels sozusagen über Nacht berühmt. Von Bruno Hildebrand [2]) wurde er bereits 1848 als der „ohne Zweifel begabteste und kenntnisreichste unter allen deutschen Sozialschriftstellern" bezeichnet, während Marx noch ganz unbekannt war. Hildebrand übte eine scharfe Kritik an Engels Leistungen, wies zahlreiche Übertreibungen, Einseitigkeiten und Irrtümer nach. Die durch die Industrie gehobenen Teile der Arbeiterklasse würden übersehen, die Zustände der Vergangenheit auf Kosten der Gegenwart verherrlicht, Ausnahmeerscheinungen aus den Zeiten einer schweren Handelskrise als normale Verhältnisse hingestellt. Aber die ganze Kritik ist erfüllt von tiefem Respekt für den Verfasser und dessen warmes Mitgefühl für die Leiden des Proletariats [3]).

Es waren also überaus schwere Irrtümer, denen der junge Engels bei der Beurteilung der englischen Zustände zum Opfer gefallen war. Ihre Wirkung fiel um so schlimmer aus, als sie von Engels auch auf Marx übertragen wurde. Erfüllt von diesen Ideen, hatte Engels

---

[1]) Aus dem literarischen Nachlaß von K. Marx, Fr. Engels und Ferd. Lassalle. Herausgegeben von Fr. Mehring. 1. Bd. Gesammelte Schriften von K. Marx und Fr. Engels vom März 1841 bis März 1844. Stuttgart 1902. S. 432—491.

[2]) Bruno Hildebrand, Die Nationalökonomie der Gegenwart und Zukunft, 1848, S. 155.

[3]) a. a. O. S. 163—283.

im August 1844, als er über Paris in die Heimat reiste, den dort wohnenden Marx aufgesucht. Im Gegensatz zu früheren flüchtigen Begegnungen kam es dieses Mal zu jenem innigen Freundschafts- und Arbeitsbunde, der vielleicht nur in der Gemeinsamkeit der wissenschaftlichen Arbeit des Ehepaares Beatrice und Sidney Webb ein Gegenstück besitzt. Engels wurde nach einem glücklichen Ausdrucke von Wilbrandt Marxens „Auge für die Wirklichkeit". Leider aber hatte das Engelssche Auge die Wirklichkeit in England keineswegs so zutreffend aufgenommen, als Marx, in nationalökonomischen Dingen damals noch hinter Engels zurückstehend, annehmen zu dürfen glaubte.

Es entstand eine Gemeinschaft, in der Engels für Marx eigentlich alles, was er überhaupt nur opfern konnte, geopfert hat. Ein erheblicher Teil seiner geistigen Arbeit erschien überhaupt gar nicht mehr unter seinem eigenen Namen, sondern unter dem von Marx [1]).

33. Karl Marx [2]).

Karl Marx [3]) wurde am 5. Mai 1818 in Trier geboren. Der Vater, eine weiche, zarte Natur, hatte sich als Rechtsanwalt aus

[1]) So wird auf der Schrift „Revolution und Konterrevolution in Deutschland", ins Deutsche übertragen von K. Kautsky, Stuttgart 1896, als Verfasser K. Marx angegeben, während es sich tatsächlich um ein Werk von Engels handelt. Vgl. Briefwechsel I. S. 226.

[2]) Eine wissenschaftlich einigermaßen befriedigende Marx-Biographie — Spargo's K. Marx, New York 1910, konnte als solche nicht gelten — ist nunmehr durch Franz Mehring, K. Marx. Geschichte seines Lebens. 1911 veröffentlicht worden. Sie beruht vornehmlich auf den von Fr. Mehring herausgegebenen 4 Bänden. „Aus dem literarischen Nachlaß von Karl Marx, Fr. Engels und Ferd. Lassalle", 1902 (in die Folge kurz als „Nachlaß" zitiert) und dem S. 240 bereits genannten Briefwechsel mit Engels. —

Besondere Beachtung verdienten ferner die geistvolle Studie R. Wilbrandt's K. Marx, 1918 und M. Beer, K. Marx 1903. Wilbrandt versteht es, die Entwicklung der Marx'schen Weltanschauung (erst die Ideenwelt der bürgerlichen Freiheitskämpfer Locke, Rousseau, Lessing, dann Kant-Fichte, Hegel's Dialektik, Feuerbach's Humanismus und schließlich den naturwissenschaftlichen Positivismus) in überaus feiner und durchsichtiger Art darzustellen. —

[3]) Die Familie hieß ursprünglich Mordechai. Karl Marxens

bitterer Armut zu mäßigem Wohlstande emporgearbeitet und mit der Familie 1824 den protestantischen Glauben angenommen, vielleicht um auch äußerlich von der jüdischen Bevölkerung, die ihrer wucherischen Geschäfte halber im Rheinlande verhaßt war, abzurücken[1]), vielleicht auch nur, um, wie sich Heine ausdrückte, den Taufzettel als Eintrittsschein zur europäischen Kultur zu benutzen. Er neigte in politischer Hinsicht konservativen Anschauungen zu und hatte sich mit der seit 1815 eingeführten preußischen Herrschaft rasch befreundet.

Während die ungewöhnliche Begabung Karl Marxens schon sehr früh zutage trat, zeichneten sich seine Geschwister in keiner Weise aus. Er war deshalb der ganze Stolz und die größte Hoffnung des Vaters.

Mit 17 Jahren wurde das Gymnasium absolviert und die Universität Bonn bezogen, angeblich um jura et cameralia zu studieren. Tatsächlich scheinen die Freuden des rheinischen Studentenlebens stark im Vordergrunde gestanden haben. Im Briefwechsel mit dem Vater ist von wildem Treiben, Duellen und vernichteten Schulbüchern die Rede. Nach zwei Semestern verlobte sich der junge Student mit der um vier Jahre älteren Jenny von Westphalen, einer gefeierten Ballkönigin, dem „schönsten Mädchen von Trier". Sie war die Tochter des sehr freisinnig gerichteten Geheimen Regierungsrates von Westphalen, der mit der Familie Marx in freundschaftlichem Verkehre stand. Der Halbbruder Jennys wurde in der Reaktionszeit der 50 er Jahre preußischer Minister. Die Liebe machte Marx zum Poeten. Er dichtete drei Hefte Liebeslieder (1837), die aber selbst nach dem Urteile der größten Marx-Verehrer als ebenso phantastisch wie trivial bezeichnet werden müssen.

Im Jahre 1836 erfolgte die Übersiedelung nach Berlin. Wichtiger als die Lehrer der Universität, aus deren Vorlesungen sich

---

Vorfahren väterlicher- und mütterlicherseits waren Rabbiner. Die Mutter, eine geborene Preßburg, stammte aus Holland, wohin ihre Vorfahren im 16. Jahrhundert aus Ungarn eingewandert waren. Sie sprach zeitlebens nur ein schlechtes Deutsch und scheint einen nennenswerten Einfluß auf ihren Sohn nicht ausgeübt zu haben.

[1]) Fest steht, daß um dieselbe Zeit eine größere Zahl jüdischer Familien den Übertritt vollzog.

Marx nichts machte, wurde für seine geistige Entwicklung ein Freundeskreis, in dem der Privatdozent der Theologie Bruno Bauer und der Historiker Köppen hervorragten.

Marx vertiefte sich mehr und mehr in die Philosophie, erst in die Kants und Fichtes, dann in die „groteske Felsenmelodie“ Hegels, die ihm anfänglich nur wenig behagte. Das dämonische, genialische Wesen des jungen Marx führte zu häufigen Konflikten mit dem Vater, der ihm (März 1837) schrieb:

„Mein Herz schwelgt zuweilen in Gedanken an Dich und Deine Zukunft, und dennoch zuweilen kann ich mich traurig ahnender, Furcht erregender Ideen nicht entschlagen, wenn sich wie ein Blitz der Gedanke einschleicht: Ob Dein Herz Deinem Kopfe, Deinen Anlagen entspricht? Ob es Raum hat für die irdischen, aber sanften Gefühle, die in diesem Jammertale dem fühlenden Menschen so wesentlich trostreich sind? Ob, da dasselbe offenbar durch einen, nicht allen Menschen verliehenen Dämon belebt und beherrscht wird, dieser Dämon himmlischer oder faustischer Natur sei?“ Der Sohn verteidigte sich gegen diese Klagen, „die Stimme des Herzens scheine nur zu verstummen, weil der kämpfende Geist sie übertäube“. Der Vater hatte aber auch über die ihm „ekelhafte Zerissenheit“, über die unpünktliche Korrespondenz, den ungeordneten Lebenswandel, namentlich aber über das souveräne Schalten mit dem Gelde zu jammern. „Als wären wir Goldmännchen, verfügt der Herr Sohn in einem Jahre für beinahe 700 Taler, gegen alle Abrede, gegen alle Gebräuche, während die Reichsten keine 500 ausgeben. Und warum? Ich lasse ihm die Gerechtigkeit widerfahren, daß er kein Prasser, kein Verschwender ist. Aber wie kann ein Mann, der alle acht oder vierzehn Tage neue Systeme erfinden und die alten mühsam erwirkten Arbeiten zerreißen muß, wie kann der, frage ich, sich mit Kleinigkeiten abgeben? Wie kann der sich kleinlicher Ordnung fügen? Jeder hat die Hand in seiner Tasche und jeder hintergeht ihn“. Auch die Berliner Exmatrikel stellt fest, daß Marx öfters wegen Schulden verklagt worden war.

Der am 10. Mai 1838 erfolgte Tod des Vaters legte dem Zwanzigjährigen den Abschluß der Studien nahe. Mit einer Dissertation über die Epikuräische Philosophie wurde am 15. April 1841 die Doktorwürde in Jena „in absentia“ erworben. Der Gegensatz zu der herrschenden Ordnung hatte sich allmählich so vertieft, daß die ursprüngliche Absicht, die akademische Laufbahn einzuschlagen aufgegeben wurde. Die Erfahrungen, welche Freund Bruno Bauer gemacht hatte, ließen deutlich genug erkennen, daß Männer der junghegelschen Richtung auf kein Vorwärtskommen im Bereiche der preußischen Unterrichtsverwaltung rechnen durften. So widmete sich Marx, wie so viele andere hervorragende Männer jener Zeit, der Journalistik, obwohl dieser Beruf mit seiner Begabung schlecht genug übereinstimmte. Er konnte den Mann der Gelehrsamkeit auch als Zeitungsschreiber nicht verleugnen. Er mochte die Feder nicht ansetzen, ehe ein Buch, das ihm für die Sache wichtig erschien, noch nicht gelesen war. Die Zeitungsartikel kamen deshalb meist zu spät, wuchsen sich zu breiten und über das Verständnis der Durchschnittsleser weit hinausragenden gelehrten Abhandlungen aus.

Der Regierungsantritt Friedrich Wilhelms IV. verlieh der liberal-konstitutionellen Bewegung einen gewissen Aufschwung, und so wurde 1842 die Rheinische Zeitung in Cöln auf Veranlassung der von Mevissen, Oppenheim, Bürgers u. a. geführten Kreise des rheinischen Bürgertums herausgegeben. Marx [1]) betätigte sich hierbei erst als Mitarbeiter, später als Chefredakteur. Kommunistischen Ideen stand er noch fern, leitete aber sein Blatt bald in so radikalem Sinne, daß die Regierung es vom 1. Januar 1843 unterdrückte. Der Zeitungs-

---

[1]) Die Persönlichkeit von Marx schildert Treitschke (V 3. A. S. 201): „Ein kräftiger Mann von vierundzwanzig Jahren, dem die dichten schwarzen Haare aus Wangen, Armen, Nase und Ohren quollen, herrisch, ungestüm, leidenschaftlich, voll unermeßlichen Selbstgefühls, aber tief ernst und gelehrt, ein rastloser Dialektiker, der mit seinem unerbittlichen jüdischen Scharfsinne jeden Satz der junghegelschen Lehre bis zu den letzten Folgerungen durchführte und jetzt schon durch strenge volkswirtschaftliche Studien seinen Übergang zum Kommunismus vorbereitete."

Fr. Engels widmet in einem scherzhaften, den Kreis der „Freien" porträtierenden Heldengedichte Marx folgende Verse:

„Ein schwarzer Kerl aus Trier, ein markhaft Ungetüm,
Er gehet, hüpfet nicht, er springet auf die Hacken
Und raset voller Wut, und gleich als wollt er packen
Das weite Himmelszelt und zu der Erde ziehen,
Streckt er die Arme sein weit in die Lüfte hin,
Geballt die böse Faust, so tobt er sonder Rasten,
Als wenn ihm bei dem Schopf zehntausend Teufel faßten."

Dokumente des Sozialismus, herausgegeben von Ed. Bernstein, I. S. 441.

dienst hatte Marx die große Bedeutung der wirtschaftlichen Fragen erschlossen und ihn zum Studium der Nationalökonomie und der sozialistischen Lehren angeregt.

Marx wandte sich zunächst nach Paris, um dort mit seinem Freunde Arnold Ruge die Deutsch-Französischen Jahrbücher herauszugeben. Hier erfolgte auch sein Anschluß an die Kommunistische Partei.

Wie war Marx zu kommunistischen Überzeugungen gelangt? Den philosophischen Ausgangspunkt bildete, wie bei Engels, so auch bei ihm die Hegelsche Philosophie, vielleicht weniger die Geschichtsphilosophie als die Dialektik und Rechtsphilosophie. Im Unterschiede zu Engels scheint er niemals religiös empfunden zu haben. Gewissenskämpfe religiöser Art haben in seinem geistigen Werdegange keine Bedeutung besessen. Feuerbach war ihm mehr willkommener Bundesgenosse als Lehrer im Atheismus und Materialismus. Danach war der Mensch das höchste Wesen für den Menschen geworden[1]). Das Glück der Menschen sollte nicht mehr im Jenseits gemacht und gefunden werden, wohin es die Religionen verlegt hatten, sondern im Diesseits, hier auf Erden. So verwandelte sich die „Kritik des Himmels in die Kritik der Erde, die Kritik der Religion in die Kritik des Rechts, die Kritik der Theologie in die Kritik der Politik.“ „Die Waffe der Kritik kann allerdings die Kritik der Waffen nicht ersetzen. Die materielle Gewalt muß gestürzt werden durch materielle Gewalt, allein auch die Theorie wird zur materiellen Gewalt, sobald sie die Masse ergreift.“ Die Theorie wird in einem Volke immer nur so weit verwirklicht, als sie die Verwirklichung seiner Bedürfnisse ist[2]). In dem Proletariate, das von der Großindustrie erzeugt worden ist, wächst eine Gesellschaftsklasse heran, in deren nächstem wirtschaftlichen Interesse die Verwirklichung der neuen atheistischen Humanitätsphilosophie liegt, des „realen Humanismus“, wie Marx seine Auffassung damals nannte. „Wie die Philosophie im Proletariate ihre

---

1) Vgl. Marx, Zur Kritik der Hegelschen Rechtsphilosophie. Nachlaß I. S. 384—398.

2) Beim Einzelnen kann die Allgewalt der Idee freilich auch auf andere Weise zur Geltung kommen. „Die Ideen, an die der Verstand unser Gewissen geschmiedet hat, das sind Ketten, denen man sich nicht entreißt, ohne sein Herz zu zerreißen, das sind Dämone, welche der Mensch nur besiegen kann, indem er sich ihnen unterwirft.“ Nachlaß I. S. 279.

materiellen, so findet das Proletariat in der Philosophie seine geistigen Waffen." „Die Philosophie kann nicht verwirklicht werden ohne die Aufhebung des Proletariates, das Proletariat kann sich nicht aufheben ohne die Verwirklichung der Philosophie."

Marx war kein Mann, der selbst die Welt der Tatsachen unmittelbar beobachtet hätte. Er tauchte nicht, wie es Engels getan, ganz in praktischen Bewegungen unter. Er bezog seine Kenntnis der Wirklichkeit aus der Literatur und den Bibliotheken. Da waren es außer dem Buche von Engels anscheinend zwei Werke, die in volkswirtschaftlicher Hinsicht tiefen Eindruck erzielten: Lorenz Steins Sozialismus und Kommunismus des heutigen Frankreich (1842) und Proudhons Schrift über das Eigentum (1840).

Lorenz Stein, ebenfalls Hegelianer, vermittelte die erste Bekanntschaft mit den Lehren der französischen Sozialisten und der Geschichtsschreiber, welche wie Thierry, Mignet, Guizot, L. Blanc in der Geschichte eine Kette von Klassenkämpfen und in der neuesten Entwicklung einen Kampf zwischen Proletariat und Bourgeoisie erblickten.

Proudhon [1]) hatte das Eigentum als Diebstahl erklärt. (Vgl. oben S. 215 f. Der besitzlose Arbeiter wird durch den Eigentümer der Produktionsmittel gezwungen, einen Teil des Wertes seines Arbeitsproduktes abzutreten, der dann als Pacht, Miete, Leibrente, Zins, Profit oder Unternehmungsgewinn verteilt wird. Der an die Eigentümer der Produktionsmittel fallende Teil beruht auf Betrug und Gewalt der einen, auf Unwissenheit und Schwäche der anderen Partei. So kennzeichnet sich der Eigentümer als ein Dieb, weil er für nichts durch den Tausch Produkte erhält.

Als Engels im Jahre 1844 Marx in Paris besuchte, ergab sich bereits eine so weitgehende Übereinstimmung der Überzeugungen, daß die erste gemeinsame Arbeit „Die heilige Familie" [2]) verabredet wurde. Engels lieferte freilich nur einen kleinen Beitrag. Das Werk ist in der Hauptsache eine Abrechnung Marxens mit den ehemaligen Freunden, die sich nicht, wie Engels und er selbst, vom Junghegelianismus zum Kommunismus entwickelt hatten. Auf Betreiben der preußischen

---

[1]) Über das Verhältnis von Marx zu Proudhon vgl. G. Adler, Die Anfänge der Marxschen Sozialtheorie (Festgabe für A. Wagner), 1905.

[2]) Nachlaß II. S. 103—329.

Regierung, die sich durch einzelne, Marx zugeschriebene Artikel des „Vorwärts“, eines kleinen, in Paris in deutscher Sprache erscheinenden Revolutionsblattes, verletzt fühlte, wurde Marx ausgewiesen, begab sich 1845 nach Brüssel und erwarb dort die belgische Staatsangehörigkeit. Auch Engels fand sich ein. Marx bereitete im Winter 1846/47 eine kritische Auseinandersetzung mit Proudhon vor, dessen „System der ökonomischen Widersprüche oder Philosophie des Elends“ in kleinbürgerliche Unzulänglichkeiten auszumünden schien. Proudhon stetllte sich den Arbeiter immer noch als einen genußreife Waren anfertigenden Kleinmeister vor, den man durch Tauschbanken, Unentgeltlichkeit des Kredits u. dgl. in den Besitz des „vollen Arbeitsertrages“ bringen müsse. „Das Elend der Philosophie“ [1]), wie der Titel der 1847 erschienenen Gegenschrift von Marx lautete, in französischer Sprache geschrieben, kann als die erste national-ökonomische Leistung von Marx angesehen werden. Er zeigt hier bereits eine weitgehende Vertrautheit mit der klassischen Nationalökonomie und der sozialistischen Literatur Englands.

Die beiden jungen Revolutionäre hatten Beziehungen zu dem „Bunde der Kommunisten“, einer geheimen internationalen Arbeiterverbindung, angeknüpft. Im November 1847 fand in London eine Konferenz statt, die Marx und Engels beauftragte, ein für die Öffentlichkeit bestimmtes Partei-Programm zu verfassen. So kam das kommunistische Manifest zustande [2]), das wenige Wochen vor Ausbruch der Februarrevolution die Druckerei verließ. Es bildet das weitaus wichtigste Dokument des neueren Sozialismus. In einer literarisch überaus wirksamen, zündenden, gedankenreichen und geistsprühenden Darstellung werden hier zum ersten Male die Grundsätze entwickelt, welche für die sozialdemokratische Bewegung der ganzen Kulturwelt bis in die neuesten Zeiten herein maßgebend geblieben sind.

34. Das „Kommunistische Manifest“ [3]) und die „Neue Rheinische Zeitung“.

Das Manifest war die Frucht einer gemeinsamen Arbeit von Engels und Marx. Nachdem der von Engels herrührende erste Ent-

[1]) Das Werk wurde in einer von E. Bernstein und K. Kautsky bewirkten Übersetzung 1885 von Fr. Engels neu herausgegeben.

[2]) E. Drahn, Zur Vorgeschichte des kommunistischen Manifestes und der Arbeiterinternationale. N. Z. 37. Jahrg. 2. Bd. S. 131.

[3]) Das Kommunistische Manifest, 7. autorisierte deutsche Aus-

wurf bekannt geworden[1]), läßt sich die besondere Bedeutung der Arbeit, die jeder der beiden geleistet hat, einigermaßen erkennen. Vergleicht man die Engelsche, in Katechismusform abgefaßte und durch eine schlichte gemeinverständliche Sprache ausgezeichnete Arbeit mit dem „Kommunistischen Manifest" (der Titel rührt von Engels her), so scheint es, als ob Marx vornehmlich den scharfen, zugespitzten, antithesenreichen und packenden Stil beigesteuert hätte, eine Ausdrucksweise, die freilich weit über das Aufnahmevermögen der proletarischen Massen hinausging und den Dingen oft genug Gewalt antat. Ferner gehört, nach dem ausdrücklichen Zeugnisse von Engels, der durchgehende Grundgedanke Marx' allein an, „daß die ökonomische Produktion und die aus ihr mit Notwendigkeit folgende gesellschaftliche Gliederung einer jeden Geschichtsepoche die Grundlage bildet für die politische und intellektuelle Geschichte dieser Epoche; daß demgemäß die ganze Geschichte eine Geschichte von Klassenkämpfen gewesen ist, Kämpfen zwischen ausgebeuteten und ausbeutenden, beherrschten und herrschenden Klassen auf verschiedenen Stufen der gesellschaftlichen Entwicklung; daß dieser Kampf aber jetzt eine Stufe erreicht hat, wo die ausgebeutete und unterdrückte Klasse (das Proletariat) sich nicht mehr von der sie ausbeutenden und unterdrückenden Klasse (der Bourgeoisie) befreien kann, ohne zugleich die ganze Gesellschaft für immer von Ausbeutung, Unterdrückung und Klassenkämpfen zu befreien."

Engels hat dieses Zeugnis aber selbst wieder abgeschwächt, indem er mitteilte, daß sie beide sich diesen Gedanken schon mehrere Jahre vor 1845 allmählich genähert hätten. Und Engels „Lage der arbeitenden Klassen in England" enthält ja in der Tat eine den

gabe. Mit Vorreden von K. Marx und Fr. Engels und einem Vorwort von K. Kautsky, Berlin 1906; Ch. Andler, Le manifeste communiste II. Introduction historique et commentaire, Paris 1901, verfolgt die Entwicklung der leitenden Ideen aus dem französischen Sozialismus heraus; Antonio Labriola, Zum Gedächtnis des Kommunistischen Manifestes. Eingeleitet und übersetzt von Fr. Mehring. 1907.

[1]) Grundsätze des Kommunismus. Eine gemeinverständliche Darlegung von Fr. Engels. Aus dessen Nachlaß herausgegeben von Ed. Bernstein. 1914.

Grundgedanken des Manifestes oft recht nahekommende Auffassung [1]). Aber Marx habe im Frühjahr 1845 die Entwicklungstheorie des Manifestes bereits so klar ausgesprochen, daß ihm das volle geistige Eigentum an ihr gebühre.

Der Umstand, daß Marx und Engels innerhalb gewisser Grenzen unabhängig voneinander zu Auffassungen gekommen sind, aus denen die materialistische Geschichtsauffassung hervorging, erscheint begreiflich, wenn man bedenkt, daß beide von der Hegelschen Philosophie ausgegangen und mit Feuerbach zum Materialismus übergegangen waren, daß beiden die französische Geschichtsschreibung und das Werk von Lorenz Stein bekannt gewesen sein muß.

Hegel hatte in der Geschichtsphilosophie gelehrt, „daß die Verfassung eines Volkes mit seiner Religion, mit seiner Kunst und Philosophie oder wenigstens mit seinen Vorstellungen und Gedanken, seiner Bildung überhaupt (um die weiteren äußerlichen Mächte sowie das Klima, die Nachbarn, die Weltstellung nicht weiter zu erwähnen), seine Substanz, seinen Geist ausmacht“ [2]). In dem herrlichen Kapitel über die „geographische Grundlage der Weltgeschcihte“ wurde dieser

---

[1]) So heißt es z. B. S. 298 (Ausgabe von 1882): „Das Proletariat würde durch den fortschreitenden Ruin der kleinen Mittelklasse, durch die mit Riesenschritten sich entwickelnde Zentralisation des Kapitals in den Händen Weniger, in geometrischer Proportion zunehmen und bald die ganze Nation, mit Ausnahme weniger Millionäre, ausmachen. In dieser Entwicklung tritt aber eine Stufe ein, wo das Proletariat sieht, wie leicht es ihm wäre, die bestehende soziale Macht zu stürzen, und dann folgt eine Revolution . . . Der Kommunismus steht seinem Prinzipe nach über dem Zwiespalt zwischen Bourgeoisie und Proletariat, er erkennt ihn nur in seiner historischen Bedeutung für die Gegenwart, nicht aber für die Zukunft berechtigt an; er will gerade den Zwiespalt aufheben. Er erkennt daher, solange der Zwiespalt besteht, die Erbitterung des Proletariats gegen seine Unterdrücker allerdings als eine Notwendigkeit, als den bedeutendsten Hebel der anfangenden Arbeiterbewegung an, aber er geht über diese Erbitterung hinaus, weil es eben eine Sache der Menschheit, nicht bloß der Arbeiter ist.“

[2]) Reclamsche Ausgabe S. 85. Vgl. dazu noch: „Um der ursprünglichen Dieselbigkeit ihrer Substanz, ihres Inhalts und Gegenstandes willen sind die Gedanken in unzertrennlicher Einheit mit dem Geiste des Staates; nur mit dieser Religion kann

Grundgedanke in einzelnen Beziehungen genauer ausgeführt und namentlich die Eigenart der Vereinigten Staaten Amerikas aus den ökonomisch-natürlichen Bedingungen ihrer Entwicklung erklärt. Die lockeren Formen der politischen Verfassung ergeben sich ihm aus der Abwesenheit der Klassengegensätze. „Ein wirklicher Staat und eine wirkliche Staatsregierung entstehen nur, wenn bereits ein Unterschied der Stände da ist, wenn Reichtum und Armut sehr groß werden und ein solches Verhältnis eintritt, daß eine große Menge ihrer Bedürfnisse nicht mehr auf diese Weise, wie sie es gewohnt ist, befriedigen kann. Aber Amerika geht dieser Spannung noch nicht entgegen, denn es hat unaufhörlich den Ausweg der Kolonisation in hohem Grade offen . . . Eine Vergleichung der nordamerikanischen Freistaaten mit europäischen Ländern ist daher unmöglich, denn in Europa ist solcher natürlicher Abfluß der Bevölkerung, trotz aller Auswanderungen, nicht vorhanden: hätten die Wälder Germaniens noch existiert, so wäre freilich die französische Revolution nicht ins Leben getreten.“

Diesen Gedanken, die man Marx oder Engels zuschreiben könnte, wenn man nicht wüßte, daß sie von Hegel herrühren, war übrigens schon durch Montesquieu, durch Hume und Kant vorgearbeitet worden. Nicht mit Unrecht spricht man davon, daß die erstgenannten Schriftsteller einen geographisch-historischen Materialismus vertraten [1]). Und selbst der Idealist Schiller hat den materiellen Existenzbedingungen des Menschen einen entscheidenden Einfluß in dem Distichon eingeräumt:

Würde des Menschen.

„Nichts mehr davon, ich bitt euch. Zu essen gebt ihm, zu wohnen;
Habt Ihr die Blöße bedeckt, gibt sich die Würde von selbst.“

Wie so vielen anderen Beziehungen stellen auch hier die Marx-Engelsschen Lehren nur teils eine Verengerung, teils eine Umkehrung der Hegelschen Gedanken dar [2]). An Stelle der menschlichen Leidenschaften überhaupt, die nach Hegel die Welt bewegen, tritt das ökonomisch-soziale Interesse, an Stelle der gegenseitigen Abhängig-

---

diese Staatsform vorhanden sein, sowie in diesem Staate nur diese Philosophie und diese Kunst.“ S. 94.

[1]) Vgl. Woltmann, Der historische Materialismus. 1900 S. 17 ff.

[2]) Vgl. Plenge, Marx und Hegel 1911 S. 142 ff.

keit von Staat, Wirtschaft und geistiger Kultur die ausschließliche Bestimmung durch die Ökonomie. Die geistigen Prozesse verlieren ihre Eigenbewegung und sollen nur als Spiegelbilder der in der materiellen Welt vor sich gehenden Veränderungen gedacht werden.

Das Manifest enthält im Keime auch bereits alle anderen dem Marxismus eigentümlichen Lehren: die Konzentrations-, Sozialisierungs-, Akkumulations-, Verelendungs- und Zusammenbruchstheorie [1]). Die Stellungnahme zu ihnen muß besonderen späteren Abschnitten vorbehalten bleiben. Hier kommen nur die für die unmittelbare politische Betätigung maßgebenden Gesichtspunkte in Betracht. Die Kommunistenpartei betont in aller Schärfe ihren internationalen Charakter durch die Parole: Proletarier aller Länder vereinigt Euch! Da die politische und ökonomische Entwicklung nicht überall in gleicher Weise fortgeschritten ist, so ergeben sich im Einzelnen mancherlei Besonderheiten für die parteipolitische Betätigung in den einzelnen Ländern. Überall aber haben die Kommunisten das Proletariat über seinen schroffen Klassengegensatz zur Bourgeoisie aufzuklären und mit dem Bewußtsein seiner welthistorischen Mission zu erfüllen: die Bourgeoisieherrschaft zu stürzen, die politische Macht zu erobern, das bürgerliche Eigentum abzuschaffen.

Wo, wie in Deutschland die Bourgeoisie noch nicht zur vollen Herrschaft gekommen, kämpft die Kommunistische Partei gemeinsam mit der Bourgeoisie gegen die absolute Monarchie, das feudale Grundeigentum und die Kleinbürgerei. „Sie unterläßt aber keinen Augenblick, bei den Arbeitern ein möglichst klares Bewußtsein über den feindlichen Gegensatz zwischen Bourgeoisie und Proletariat herauszuarbeiten, damit die deutschen Arbeiter sogleich die gesellschaftlichen und politischen Bedingungen, welche die Bourgeoisie mit ihrer Herrschaft herbeiführen muß, als ebenso viele Waffen gegen die Bourgeoisie kehren können, damit nach dem Sturze der reaktionären Klassen in Deutschland sofort der Kampf gegen die Bourgeoisie selbst beginnt."

Die große revolutionäre Lawine, auf welche die Kommunisten rechneten, kam, vielleicht noch früher als man sie erwartet hatte. Marx und Engels kehrten in die Heimat zurück und gaben in Cöln

---

[1]) W. Sombart, Sozialismus und soziale Bewegung 6. Aufl. 1903 S. 83 ff.

die Neue Rheinische Zeitung heraus, um im Sinne ihres Manifestes zu wirken[1]).

Da im Deutschland des Jahres 1848 die Fabrikindustrie erst in einzelnen Gebieten eine in Betracht fallende Ausdehnung gewonnen hatte, trug die soziale Bewegung, welche neben der demokratisch-konstitutionellen und unitarisch-nationalen einherging, weit mehr ein zünftlerisches als ein sozialistisches Gepräge.

In der Neuen Rheinischen Zeitung wurde von modernen Arbeiterfragen nicht viel gesprochen[2]). Man steuerte vielmehr im Sinne des radikalen Kleinbürgertums und gewisser Kreise der „Intelligenz“ auf die großdeutsche demokratische Einheitsrepublik los. Erst nach der Begründung der bürgerlichen Republik sollte ja im Sinne des Kommunistischen Manifestes die proletarische Politik beginnen, die rote Republik eingerichtet werden. Um aber die Todeswehen der alten und die blutigen Geburtswehen der neuen sozialistischen Gesellschaft abzukürzen, mußte man zum „revolutionären Terrorismus“ seine Zuflucht nehmen. Deshalb wurden alle Parteien, die lediglich eine parlamentarische oder gar eine konstitutionelle Monarchie anstrebten auf das Gehässigste angegriffen. Man fühlte sich als Jacobinerpartei und sprach im Stile der Schreckensmänner von 1793 vom „citoyen Hohenzollern“. Seine Absetzung oder Hinrichtung erschien als das logische Endergebnis der ganzen Revolution. „Wir Rheinländer haben das Glück bei dem großen Menschenschacher zu Wien einen „Großherzog“ vom Niederrhein gewonnen zu haben, der die Bedingungen nicht erfüllt hat, unter denen er Großherzog wurde. Ein „König von Preußen“ existiert für uns erst durch die Berliner Nationalversammlung und da für unseren „Großherzog“ vom Niederrhein keine Berliner Nationalversammlung existiert, so existiert für uns kein „König von Preußen“. Dem Großherzoge vom Niederrhein sind wir durch den Völkerschacher anheimgefallen! Sobald wir weit genug sind, die Seelenverkäuferei nicht mehr anzuerkennen, werden wir den „Großherzog vom Niederrhein“

[1]) Nachlaß III. S. 3—273; G. Adler, Die Geschichte der ersten sozialpolitischen Arbeiterbewegung in Deutschland 1885. S. 214—230.

[2]) Am wichtigsten sind in dieser Hinsicht die Artikel von Marx über französische und englische Klassenkämpfe (Nachlaß III S. 115—124) und von Engels über die englische Zehnstundenbill (a. a. O. S. 384—396).

nach seinem Besitztitel fragen.“ Man jubelte, als die Düsseldorfer Geschworenen einen Mann freisprachen, der „Tod dem König“ gerufen hatte.

Einen breiten Raum nahm die auswärtige Politik in den Spalten des Blattes ein. Für Polen, Ungarn und Italiener herrschte die größte Begeisterung, da diese Völker als Kerntruppen der Revolutionsarmee galten. Marx hätte der Republik Polen selbst ganz Westpreußen mit Danzig und Elbing überlassen.

Die übrigen Slaven, die Großrussen, aber auch die österreichischen Slaven, (Tschechen, Slovenen, Kroaten, Serben) unterstützten ihre Regierungen und wurden deshalb in Acht und Bann getan. Dem Volkstum der letztgenannten Stämme müsse alle Zukunft abgesprochen werden. Diese Völkerabfälle ohne geschichtliche Leistungen seien bestimmt, in den großen Nationen aufzugehen [1]). Marx wollte auch in nationalen Dingen gewissermaßen nur den Großbetrieb gelten lassen. Für die richtige Bewertung nationaler Bestrebungen bot eben die materialistische Geschichtsauffassung keinen Raum. So beging man in der Prognose die schwersten Irrtümer. Die Abneigung gegen die Slaven führte zu dem ersten Zusammenstoß mit dem Russen

[1]) Gegen die Möglichkeit eines Südslavenstaates wird betont, daß Deutschland und Ungarn sich nicht vom adriatischen Meere abschließen lassen können. Das ist für sie ebenso eine Lebensfrage wie für Polen z. B. die Ostseeküste von Danzig bis Riga. Gegen Bakunins Klagen über die Gewaltpolitik, die Deutsche und Ungarn gegen die Slaven betrieben hätten, wird erklärt: „Und endlich, welches „Verbrechen“, welche „fluchwürdige Politik“ daß die Deutschen und Magyaren zu der Zeit als überhaupt in Europa die großen Monarchien eine „historische Notwendigkeit“ wurden, alle diese kleinen, verkrüppelnden, ohnmächtigen Nationchen zu einem großen Reich zusammenschlugen und sie dadurch befähigten an einer geschichtlichen Entwicklung teilzunehmen, der sie, sich überlassen, gänzlich fremd geblieben wären. Freilich, dergleichen läßt sich nicht durchsetzen, ohne manch sanftes Nationenblümlein gewaltsam zu zerknicken. Aber ohne Gewalt und ohne eherne Rücksichtslosigkeit wird nichts durchgesetzt in der Geschichte, und hätten Alexander, Cäsar und Napoleon dieselbe Rührungsfähigkeit besessen, an die jetzt der Panslawismus zugunsten seiner verkommenen Klienten appeliert, was wäre da aus der Geschichte geworden! Und sind die Perser, Kelten und christlichen Germanen nicht die Tschechen, Oguliner und Sereschaner wert?“. Nachlaß III. S. 255, 256.

Michael Bakunin, der auf dem Prager Slavenkongresse einen demokratischen Panslavismus vertreten hatte und später noch öfters die Zirkel Marxens stören sollte.

Mit dem Zusammenbruche der revolutionären Bewegung in Deutschland mußte auch die Neue Rheinische Zeitung ihr Erscheinen (am 19. Mai 1849) einstellen. Marx wurde, da er während seines Aufenthaltes in Belgien die preußische Staatsangehörigkeit aufgegeben hatte, als Ausländer wegen Verletzung des Gastrechtes ausgewiesen. Er beantwortet diese Verfügung in folgender Weise:

„Das Gastrecht, welches die frechen Eindringlinge die Borussen (Vorder-Russen) uns Rheinländern auf unserem eigenen Grund und Boden oktroyiert haben, ist allerdings schmählich durch die Neue Rheinische Zeitung verletzt worden. Wir glauben, uns dadurch den Dank der Rheinprovinz verdient zu haben. Wir haben die revolutionäre Ehre unseres heimischen Boden gerettet“.

Engels nahm an dem Aufstande zugunsten der vom Frankfurter Parlamente beschlossenen Verfassung teil und flüchtete nach dessen Besiegung durch die preußischen Truppen nach der Schweiz, begab sich aber bald nachher über Frankreich nach Manchester.

Auch Marx suchte ein Exil in London auf, da seinem Aufenthalte in Frankreich, wohin er sich zunächst gewandt hatte, Schwierigkeiten in den Weg gelegt wurden. Er sollte in der Bretagne interniert werden.

Zunächst wollte man die Sache der sozialen Revolution noch nicht verloren geben und hoffte auf einen bald einsetzenden Umschwung.

Der Sieg der Bourgeoisie könne nur das Vorspiel einer proletarischen Umwälzung sein. Schon im Januar 1848 hatte Engels die „gnädigen Herren vom Kapital“ apostrophiert: „Ihr müßt uns die Reste des Mittelalters und die absolute Monarchie aus dem Wege schaffen. Ihr müßt alle mehr oder weniger besitzlosen Klassen in wirkliche Proletarier, in Rekruten für uns verwandeln. Ihr müßt uns durch eure Fabriken und Handelsverbindungen die Grundlage der materiellen Mittel liefern, deren das Proletariat zu seiner Befreiung bedarf. Zum Lohne dafür sollt ihr eine kurze Zeit herrschen. Ihr sollt Gesetze diktieren, ihr sollt euch sonnen im Glanz der von euch geschaffenen Majestät, ihr sollt bankettieren im königlichen Saale und die Königstochter feiern. Aber vergeßt es nicht, der Henker steht vor der Tür."

Nachdem die bürgerliche Demokratie den Absolutismus, Feudalismus und schließlich den Liberalismus der großen Bourgeosie überwunden hat, müßten die Arbeiter „so viel nur irgend möglich der bürgerlichen Abwiegelung entgegenwirken und die Demokraten zur Ausführung ihrer jetzigen terroristischen Phrasen zwingen. Sie müßten dahin arbeiten, daß die unmittelbare revolutionäre Aufregung nicht sogleich nach dem Siege wieder unterdrückt werde [1]). Sie müssen sie im Gegenteil so lange wie möglich aufrecht erhalten. Weit entfernt, den sogenannten Exzessen, den Exempeln der Volksrache an verhaßten Individuen oder öffentlichen Gebäuden, an die sich nur gehässige Erinnerungen knüpfen, entgegenzutreten, muß man die Exempel nicht nur dulden, sondern ihre Leitung selbst in die Hand nehmen. Während des Kampfes und nach dem Kampfe müssen die Arbeiter neben den Forderungen der bürgerlichen Demokraten ihre eigenen Forderungen bei jeder Gelegenheit aufstellen. Sie müssen Garantien für die Arbeiter verlangen, sobald die demokratischen Bürger sich anschicken, die Regierung in die Hand zu nehmen. Sie müssen sich diese Garantien nötigenfalls erzwingen und überhaupt dafür sorgen, daß die neuen Regierer sich zu allen nur möglichen Konzessionen und Versprechungen verpflichten; — das sicherste Mittel, sie zu kompromittieren .... Sie müssen neben den neuen offiziellen Regierungen zugleich eigene revolutionäre Arbeiterregierungen, sei es in der Form von Gemeindevorständen, Gemeinderäten, sei es durch Arbeiterklubs oder Arbeiterkomitees errichten, so daß die bürgerlichen demokratischen Regierungen nicht nur sogleich den Rückhalt an den Arbeitern verlieren, sondern sich von vornherein von Behörden überwacht und bedroht sehen, hinter denen die ganze Masse der Arbeiter steht .... Die Waffen und die Munition dürfen unter keinem Vorwande aus den Händen gegeben, jeder Entwaffnungsversuch muß nötigenfalls

---

[1]) Diese Gedanken wurden von Marx und Engels in der Ansprache der Zentralbehörde an den Kommunistenbund vom März 1850 zum Ausdruck gebracht. Sie ist abgedruckt als Anhang zu den Enthüllungen über den Kommunistenprozeß zu Köln von Karl Marx, von Engels herausgegeben. Sozialdemokratische Bibliothek. IV. Bd. Hottingen-Zürich 1885.

mit Gewalt vereitelt werden . . . Die Arbeiter können natürlich im Anfang der Bewegung noch keine direkt kommunistischen Maßregeln vorschlagen. Sie können aber:

1. Die Demokraten dazu zwingen, nach möglichst vielen Seiten hin in die bisherige Gesellschaftsordnung einzugreifen, ihren regelmäßigen Gang zu stören und sich selbst zu kompromittieren, sowie möglichst viele Produktivkräfte, Transportmittel, Fabriken, Eisenbahnen usw. in den Händen des Staates zu konzentrieren.

2. Sie müssen die Vorschläge der Demokraten, die jedenfalls nicht revolutionär, sondern bloß reformierend auftreten werden, auf die Spitze treiben und sie in direkte Angriffe auf das Privateigentum verwandeln, so z. B., wenn die Kleinbürger vorschlagen, die Eisenbahnen und Fabriken anzukaufen, so müssen die Arbeiter fordern, daß diese Eisenbahnen und Fabriken als Eigentum von Reaktionären vom Staate einfach ohne Enschädigung konfisziert werden. Wenn die Demokraten die proportionale Steuer vorschlagen, fordern die Arbeiter progressive, wenn die Demokraten selbst eine gemäßigte progressive beantragen, bestehen die Arbeiter auf einer Steuer, deren Sätze so rasch steigen, daß das große Kapital dabei zugrunde geht; wenn die Demokraten die Regulierung der Staatsschulden verlangen, verlangen die Arbeiter den Staatsbankerott. . . . . Ihr Schlachtruf muß sein: „Die Revolution in Permanenz."

Zunächst sind diese Ratschläge allerdings „Literatur" [1]) geblieben. Die neue große Wirtschaftskrise, welche Marx und Engels voraussagten, und aus der die nunmehr erfolgreiche Revolution hervorgehen sollte, trat nicht ein. Wie so oft, hatten sich Marx und Engels in bezug auf die Prognose der nächsten Zukunft vollkommen getäuscht.

35. Marx und Engels im englischen Exil.

Marx befand sich in der übelsten materiellen Lage, als er den Boden Englands betrat. Er hatte für Frau und Kinder zu sorgen. Die Neue Rheinische Zeitung hatte einen beträchtlichen Teil der eigenen beschränkten Mittel verschlungen. Ganz auf den Ertrag

[1]) Um so größer ist der Einfluß, den diese im Jahre 1850 erteilten Ratschläge auf die russischen Revolutionäre, ganz besonders auf Lenin, und die deutsche Gefolgschaft des Bolschewismus, Syndikalisten, Spartakisten und Kommunisten ausüben.

seiner Feder angewiesen, stand er den größten Schwierigkeiten gegenüber, da er sich für literarischen Broterwerb überhaupt wenig eignete und durch den Sieg der Gegenrevolution der Markt für Literatur seiner Richtung so gut wie vernichtet war.

Da faßte Engels einen hochherzigen Entschluß. Um Marx ausgiebig unterstützen zu können, trat er trotz heftigen Widerwillens gegen den „hündischen Commerz" wieder als Kommis in die Filiale des väterlichen Geschäfts in Manchester ein und verzichtete damit auf eine seinen großen Gaben entsprechende Berufstätigkeit wissenschaftlicher und schriftstellerischer Art. Er hoffte soviel zu erwerben, um Marx eine auskömmliche bürgerliche Existenz und die Muße zur Ausführung der geplanten gelehrten Forschungen zu sichern [1]). Außerdem half er noch dadurch, daß er die Artikel, welche Marx der Daily Tribune in New-York lieferte, ins Englische übersetzte, ja eine nicht unerhebliche Zahl dieser Artikel an Stelle von Marx verfaßte, diesen aber natürlich das Honorar beziehen ließ. Gerade was Marx versagt war, die leichte, rasche, literarische Produktion, die gefällige, verständliche plastische Schreibweise, das war Engels im besonderen Maße eigentümlich [2]).

Engels hegte von Marx eine so hohe Meinung, daß es ihm, wenn nun einmal nur einer von ihnen beiden zu freier Wirksamkeit gelangen konnte, im Interesse der Gesamtentwicklung zu liegen schien, vor allem Marx der Wissenschaft zu erhalten.

Man glaubt vielleicht, daß es Engels, dem Sohne eines reichen Fabrikanten, nicht allzu schwer gefallen sein wird, den Freund mit Geld, Rotwein, Porter und Zigarren zu unterstützen. Dabei wird übersehen, daß er nur als Kommis im väterlichen Geschäfte angestellt war und von seinem Vater, der ihn am liebsten nach Calcutta

---

[1]) Marx schreibt am 31. Juli 1865 (Briefwechsel, III. S. 267): „Es ist wahrhaft niederschmetternd, sein halbes Leben abhängig zu bleiben. Der einzige Gedanke, der mich dabei aufrecht hält, ist der, daß wir zwei ein Kompagniegeschäft treiben, wo ich meine Zeit für den theoretischen und Parteiteil des business gebe."

[2]) Die umfassende und für deren außenpolitische Stellungnahme höchst anerkennenswerte juristische Wirksamkeit von Marx und Engels in den 50er und 60er Jahren kann jetzt bequem aus den von N. Rjasanoff herausgegebenen „Gesammelte Schriften" von K. Marx und F. Engels 1857—1862 2 Bde. 1917, studiert werden.

verbannt hätte, recht knapp gehalten wurde. Übrigens mußte er schon aus geschäftlichen Rücksichten eine ziemlich kostspielige Lebensführung beibehalten. Er geriet daher nicht selten selbst in Schulden, da er für Marx weit über die eigenen Mittel hinaus eintrat.

Das Tragische dieser Beziehungen lag nun darin, daß die von Engels gebrachten Opfer ihren Zweck nur sehr unvollkommen erfüllten. Es gelang ihm trotz besten Willens niemals, Marx ganz von den Sorgen des täglichen Lebens zu befreien. Das lag nicht an Engels, sondern ganz und gar an Marx selbst.

Wie schon der Student Marx trotz erheblicher Geldsendungen des Vaters immer in Schulden steckte, so ging es auch im späteren Leben. Und noch weniger als er selbst scheint seine Frau, die geborene Baronin von Westphalen, es je verstanden zu haben, Einkommen und Lebensführung miteinander in Harmonie zu bringen. Sie machte hinter dem Rücken ihres Gemahls Schulden und brachte es nicht einmal über sich alle Schulden einzugestehen, wenn Engels eine Sanierungsaktion unternahm. In dieses häusliche Elend gewährt der Briefwechsel zwischen Engels und Marx einen geradezu erschütternden Einblick. Die meisten Briefe Marxens sind erfüllt von Klagen dieser Art. Die notwendigsten Kleidungsstücke und Mobilien sind im Pfandhause versetzt, Krämer, Bäcker, Metzger wollen nicht weiter auf Kredit liefern. Der Hauseigentümer fordert die längst fällige Miete und droht mit Delogierung. Briefe werden unfrankiert abgeschickt, weil das Geld für ein paar Marken nicht aufzutreiben. Ja es fehlt selbst das für die literarische Arbeit erforderliche Papier. Marx stellte Wechsel aus, vergaß aber die Summe wie den Verfallstag zu notieren und wurde dann durch die Präsentation aufs peinlichste überrascht. Mehrmals machten Marx und seine Frau Erbschaften, ohne daß je eine wirkliche Besserung eingetreten wäre. Zunächst mußten aus dem Ertrage ältere, zu Wucherzinsen aufgenommene Schulden abgezahlt werden und was übrig blieb, das wurde sofort dadurch verschlungen, daß die Lebenshaltung eine Steigerung erfuhr. Das verhängnisvolle Mißverhältnis zwischen Einnahmen und Ausgaben blieb nach wie vor bestehen.

Man wundert sich, daß ein so grimmiger Feind der Bourgeoisie den größten Wert darauf legte, nach außen hin den Schein der Wohlhabenheit vorzutäuschen. Es wurde ein in fashionabler Gegend gelegenes Ein-Familienhaus bewohnt und die Gäste, die in der

Familie Marx verkehrten, gewannen den Eindruck eines behaglichen Wohlstandes[1]). Marx rechtfertigt sein Vorgehen damit, daß es das einzige Mittel gewesen sei, um Kredit zu bekommen. Als ob der Kredit nicht gerade erst dadurch notwendig geworden wäre, daß eine zu hohe Lebenshaltung für notwendig erachtet wurde! Es scheint, daß tatsächlich die Rücksicht auf Frau und Kinder den Ausschlag gegeben hat. „Es ist das einzige Mittel“, schreibt Marx am 31. Juli 1865 an Engels „damit die Kinder, abgesehen von dem vielen, was sie gelitten hatten und wofür sie wenigstens kurze Zeit entschädigt wurden, Beziehungen und Verhältnisse eingehen können, die ihnen eine Zukunft sichern können. Ich glaube, Du selbst wirst der Ansicht sein, daß, selbst bloß kaufmännisch betrachtet, eine reine Proletariereinrichtung hier unpassend wäre, die ganz gut ginge, wenn meine Frau und ich alleine oder wenn die Mädchen Jungen wären“[2]).

Im Jahre 1869 schied Engels, nachdem er schon längere Zeit Gesellschafter der väterlichen Firma gewesen war, aus dem Erwerbsleben aus. Er glaubte, sein Einkommen reiche nun für Marx und ihn aus. Trotzdem Marx jährlich mindestens 350 £ bezog und zwei seiner drei Töchter günstig verheiratet waren, hörte auch jetzt die Geldnot noch nicht auf, wenn sie auch nicht mehr den akuten Charakter der früheren Jahre annahm. Da Engels seinen Wohnsitz nach London verlegte, schrumpfte der Briefwechsel natürlich stark ein und es liegen für diese Zeiten nur spärliche Aufschlüsse vor.

Die bedeutungsvollsten wissenschaftlichen Leistungen Marxens, die Schrift „Zur Kritik der politischen Ökonomie“ 1859 und das „Kapital“ I. Bd. 1867 stammen aus der Zeit seiner größten materiellen Not, deren Einwirkungen vielfach durch schwere Erkrankungen verschärft wurden. Neben die gelehrte Forschung trat vom Jahre 1864 die Leitung der Internationalen Arbeiterassoziation, für die Marx eine die leitenden Gedanken des Kommunistischen Manifestes wieder aufnehmende Inaugural-Adresse[3]) verfaßt hatte.

[1]) M. Kowalewskij, Erinnerungen an K. Marx. Die Zukunft. XIX. Nr. 3 (15. X. 1910). S. 84.

[2]) Briefwechsel III. S. 267.

[3]) Die Adresse ist in extenso abgedruckt in dem Hochverrats-Prozeß wider Liebknecht, Bebel, Hepner vor dem Schwurgerichte zu Leipzig vom 11.—26. März 1872. Mit einer Einleitung von W. Liebknecht. Nach der 2. Aufl. unveränderter Neudruck. 1911, S. 217—226.

Diese Organisation, mit deren Hilfe Marx hoffte die sozialistische Bewegung aller Länder im Sinne seiner Lehren leiten zu können, brach tatsächlich infolge der von Bakunin geführten anarchistischen Gegnerschaft schon 1872 zusammen. Obwohl Marx erst 1883 starb, ist es ihm, anscheinend infolge schwerer Erkrankungen nicht möglich geworden, sein wissenschaftliches Lebenswerk selbst abzuschließen [1]). Engels betätigte sich auch noch über den Tod des Freundes hinaus als allezeit opferfreudiger, entsagender Helfer und übernahm es, den 2. und 3. Band des „Kapitals" aus dem Nachlasse herauszugeben, während der 4. Band nach Engels Tode von K. Kautsky veröffentlicht worden ist. Über die ungeheuren Schwierigkeiten, mit denen die Herausgeber des Marxschen Nachlasses zu kämpfen hatten, geben ihre Vorreden genügenden Aufschluß [2]).

Ein Mann von der Bedeutung Marxens, ein Freund von Heine und Freiligrath, von Miquel und L. Bucher konnte niemanden gleichgültig lassen, der irgendwie mit ihm mittelbar oder unmittelbar in Berührung trat. Den Einen hat er eine unbegrenzte Verehrung [3]), den Anderen fanatischen Haß eingeflößt. Noch ist die Stunde zu einer unparteiischen Würdigung nicht gekommen. Was er geschaffen, wirkt auch auf die Gegenwart noch zu stark ein, als daß es ganz objektiv beurteilt werden könnte. Es sind überdies viele Unterlagen zur vollen Erfassung seiner Persönlichkeit noch nicht veröffentlicht worden. Einstweilen werden Fernerstehende sich vor allem an den Briefwechsel mit Engels halten müssen. Aus ihm scheint sich folgendes Charakterbild zu ergeben:

---

[1]) Auch die allzuweit gehende Vertiefung in russische Agrar-Veröffentlichungen soll ihn gehindert haben, das „Kapital" zu vollenden. Lafargue, N. Z. XXIII. 2. Bd. S. 560.

[2]) Marx, Das Kapital. 2. Bd. Herausgegeben von Fr. Engels, 1885; 3. Bd. Herausgegeben von Fr. Engels, 1894; Marx, Theorien über den Mehrwert (sogenannter 4. Bd. des Kapital). Herausgegeben von K. Kautsky. 1. Bd. 1905, 2. Bd. (in zwei Teilen) 1905, 3. Bd. 1910.

[3]) Ganz auf den Ton des Heroen-Kultus gestimmt sind die Skizzen von W. Liebknecht, K. Marx zum Gedächtnis 1896 und von Klara Zetkin, Karl Marx und sein Lebenswerk. 1913. Etwas kritischer urteilt Fr. Mehring als Herausgeber des Nachlaßwerkes und in seiner Geschichte der Deutschen Sozialdemokratie 3. Aufl. 4. Bd. Mehring kann weder Marxens Stellungnahme gegen Lassalle, noch die gegen Freiligrath und v. Schweitzer durchaus billigen.

Marx war tief von der Größe seiner weltgeschichtlichen Mission und der unbedingten Richtigkeit seiner Lehren durchdrungen. So oft auch die Ereignisse eigensinnig einen ganz anderen Verlauf nahmen, als er prophezeit hatte, das Bewußtsein der eigenen Unfehlbarkeit konnte dadurch nicht erschüttert werden. Wären die Goldlager von Kalifornien nicht gerade Ende der 40er Jahre entdeckt worden, was er nicht voraussehen konnte, so würde sich die Geschichte ganz nach den Lehren des Kommunistischen Manifestes abgespielt haben.

Marx gehörte zu den Männern, deren Auge, gewissermaßen blind für die Farben des Guten und Edlen in der Menschheit, ganz den Nachtseiten des menschlichen Charakters und der menschlichen Zustände zugewandt blieb. Als Kritiker überschritt er alle Grenzen des guten Geschmackes und schreckte auch nicht davor zurück, jedem seiner Gegner, ja selbst relativ nahestehenden Persönlichkeiten, auf die schwächsten Verdachtsmomente hin, die größten Schurkenstreiche zuzutrauen. Wer ihm nicht blindlings Folge leistete, mußte irgendwie von der Reaktion bestochen worden sein.

So empfängt man den Eindruck, daß Marx weit mehr durch einen glühenden Haß gegen die herrschenden Gesellschaftsklassen als durch Empfindungen der Liebe zum Volke zur politischen Betätigung angetrieben wurde. Handelte es sich nicht gerade um das Wohl seiner eigenen Familie, so ist bei ihm von rein menschlicher Teilnahme nicht viel zu bemerken. Ja diese Mängel seines Herzens haben sogar einmal dazu geführt die unendliche Freundschaft, die ihm Engels erwies, ernstlich in Frage zu stellen.

Engels lebte in freier Verbindung mit einer aus ärmlichen Verhältnissen stammenden Irländerin Mary Burns, die ihm durch den Tod plötzlich entrissen wurde. Er berichtete in tiefstem Schmerze über den Verlust. Marx beantwortete die Nachricht mit zwei Sätzen[1]: „Die Nachricht vom Tode der Mary hat mich ebensosehr überrascht als bestürzt. Sie war sehr gutmütig, witzig und hing fest an Dir". Das war alles, der ganze übrige Brief handelte nur von Geldnöten, in denen Marx wieder steckte.

Engels, der gewohnt war, jedem Schnupfen, den ein Glied der Familie Marx zu erdulden hatte, seine volle Teilnahme zu widmen,

[1]) Briefwechsel III. S. 106.

mußte eine Woche verstreichen lassen, ehe es ihm möglich wurde, wieder an Marx zu schreiben.

„Du wirst es in der Ordnung finden, daß diesmal mein eigenes Pech und Deine frostige Auffassung desselben es mir positiv unmöglich machten, Dir früher zu antworten. Alle meine Freunde, einschließlich den Philister-Bekannten, haben mir bei dieser Gelegenheit, die mir wahrhaftig nahe genug gehen mußte, mehr Teilnahme und Freundschaft erwiesen als ich erwarten konnte. Du fandest den Moment passend die Überlegenheit Deiner kühlen Denkungsart geltend zu machen."

Bemerkenswert ist weiter, daß Marx nationalen Empfindungen fast unzugänglich war, ja solche bei anderen nicht einmal zu verstehen vermochte. Dieser Mangel erklärt sich aber aus seiner Herkunft und seinen Lebensschicksalen. Seine Mutter war Holländerin. In seiner Heimat herrschten in der ersten Hälfte des vorigen Jahrhunderts noch vielfach Sympathien für französisches Wesen vor, er selbst war später belgischer, dann englischer Staatsangehöriger geworden, zwei seiner Töchter waren an Franzosen verheiratet, er mußte viel in englischer und französischer Sprache schreiben. So wurde er „international" und seine im vertrauten Verkehre angewandte Sprache ein geradezu greuliches Gemisch von Deutsch, Französisch und Englisch. Noch ferner als deutsches Wesen, stand ihm alles Preußentum. Er gestand selbst ein, nur „höchst mangelhafte Kenntnisse von der preußischen Geschichte" zu besitzen. Etwas „Lausigeres" habe die Weltgeschichte nie produziert. In der Liste der preußischen Fürsten gebe es nur drei Charaktermasken: „Pietist, Unteroffizier und Hanswurst" [1]).

Die Schwächen, die der Persönlichkeit von Marx anhafteten, haben dadurch eine verhängnisvolle Bedeutung gewonnen, daß sie sich zum nicht geringen Teil auch auf die von seinem großen Geiste beherrschte Bewegung übertragen haben. Auch der kleinste sozialdemokratische Zeitungsschreiber und Agitator suchte Marx wenigstens in den Beziehungen zu kopieren, in denen die Nachahmung nicht allzuschwer erschien, d. h. vor allem in dem kalten, gehässigen, zynischen, höhnischen, galligen, arroganten und von Selbstbewußtsein strotzenden Ton, der einen guten Teil der Marxschen Arbeiten verunstaltet.

---

[1]) Briefwechsel II, S. 135.

Marx würde in dieser Richtung wohl noch schwerere Fehler begangen haben, wenn es nicht hier und da Engels gelungen wäre, ihn wohltätig zu beeinflussen.

Man darf sich Engels durchaus nicht als Musterknaben und Tugendspiegel vorstellen. Es hat Zeiten gegeben, in denen sein Treiben toll genug gewesen sein mag. Dem sinnlichen Lebensgenuß in jeder Form zugetan, liebte er Paris nicht nur als Zentrum der sozialrevolutionären Bewegung. „Wenn die Französinnen nicht wären, wäre das Leben überhaupt nicht der Mühe wert", schrieb er im März 1847, und versicherte, wenn er 5000 Fr. Rente hätte, „ich täte nichts als arbeiten und mich mit den Weibern amüsieren" [1]). Der Besuch der berühmtesten Ball-Lokale und die Bemühungen, die Bekanntschaften hübscher Grisetten zu machen, nahmen einen breiten Raum im Bereiche seiner Interessen ein [2]). Jedes freudige Ereignis wurde von ihm, aber auch von Marx, durch einige Gläser über den Durst gefeiert und es fehlte nicht an bösen Händeln, die er sich in betrunkenem Zustande zugezogen hatte. Sieben Stunden im Sattel auf Fuchsjagd, das ist das großartigste körperliche Vergnügen, das er kennt [3]).

Man kann sich leicht vorstellen, wie sauer es dieser von Lebenskraft und Lebenslust überschäumenden, frischen Junkernatur gefallen sein mag, den größten Teil seines Tages dem Kontor einer Spinnerei und dem Besuch der Börse zu widmen.

Im Kreise der näheren Bekannten führte Engels den Spitznamen „General". Militärwissenschaftliche Dinge flößten ihm ein brennendes Interesse ein. Er träumte wohl im Stillen davon, sich noch einmal als ein Moltke der Revolutionsarmee auszuwirken. Jedenfalls empfand er die Pflicht, sich auch militärisch auf alle Möglichkeiten vorzubereiten.

Diese Studien wirkten dadurch sehr vorteilhaft auf ihn ein, daß sie ihm die Augen über die wahre Bedeutung des preußischen Heeres und damit doch auch des preußischen Staates öffneten. Begeistert folgte er den militärischen Unternehmungen im dänischen, böhmischen und französischen Feldzuge. Über letzteren schreibt er viel beachtete Artikel für die Pall Mall Gazette. „Moltkes Operationen sind ganz musterhaft" [4]). „Den Antibismarckismus zum alleinleiten-

[1]) Briefwechsel I, 62.
[2]) a. a. O., S. 54, 55.
[3]) a. a. O. II, S. 227.
[4]) Briefwechsel IV, S. 321.

den Prinzip erheben, wäre absurd. Erstens tut Bismarck jetzt wie 1866, immer ein Stück von unserer Arbeit, in seiner Weise und ohne zu wollen, aber er tuts doch. Er schafft uns reineren Bord als vorher“ [1]). Deshalb erscheint Engels die Haltung W. Liebknechts, der mit Bebel sich bei der Abstimmung über die Kriegsanleihe der Stimme enthalten hatte, verwerflich. „Wenn das die allgemeine Meinung in Deutschland, hätten wir bald wieder einen Rheinbund, und der edle Wilhelm (Liebknecht) sollte einmal sehen, was er in dem für eine Rolle spielte und wo die Arbeiterbewegung bliebe. Ein Volk, das immer nur Hiebe bekommt und Tritte, ist allerdings das wahre um eine soziale Revolution zu machen und dazu in Wilhelms geliebten Kleinstaaten! . . . Du (Marx) bist natürlich auch auf Wilhelms Seite!“ [2] Aus anderen Äußerungen geht klar hervor, wie wenig Marx im Stande war, Engels ganz zu folgen. So schrieb Engels z. B. schon am 10. August 1870: „Du siehst aber, wie recht ich hatte, in dieser preußischen Militärorganisation eine ganz enorme Kraft zu sehen, die bei einem Nationalkrieg, wie jetzt, vollständig unbesiegbar ist“ [3]).

Nicht allein in den Fragen der großen Politik, auch in wirtschaftswissenschaftlichen, technologischen und naturwissenschaftlichen Dingen hat Engels dem Freunde die wertvollste Förderung gewährt.

Engels war nicht wie Marx vor allem Stubengelehrter, er stand mitten im Geschäfts- und Gesellschaftsleben der größten Fabrikstadt Englands, „mit einem Fuße in der Bourgeoisie“ [4]), er führte, wie Lafargue [5]) es richtig schilderte, eine Art Doppelleben: „die sechs Wochentage war er von 10—4 Uhr Kaufmann, der hauptsächlich die vielsprachige Korrespondenz des Hauses zu führen hatte und auf die Warenbörse ging; im Mittelpunkte der Stadt hatte er eine offizielle Wohnung, wo er seine Geschäftsfreunde empfing.“ Immer stramm und peinlich nett gekleidet, als ob er bei einer Revue erscheinen sollte, teilte er ihre sportlichen Vergnügungen, erschien in ihren Versammlungen und auf ihren Banketten.

Der Revolutionär und Gelehrte Engels dagegen wohnte mit einer heißblütigen Irländerin in einem kleinen Vorstadthäuschen,

---

1) a. a. O., S. 320. 2) a. a. O., S. 320.
3) a. a. O., S. 317. 4) a. a. O., S. 3.
5) N. Z. XXIII., Bd. 2, S. 556.

zu dem nur politische und wissenschaftliche Freunde, namentlich aber auch Männer der irischen Revolutionspartei Zutritt besaßen.

So strömten Engels wertvolle Anschauungen und wichtige Tatsachen in Hülle und Fülle zu. Trotz der von ihm selbst betonten Trägheit „en fait de théorie" legte er sich doch immer wieder die Frage vor, ob die neuen Eindrücke mit den alten Lehren im Einklange ständen. Freilich fehlte es ihm bei der Mannigfaltigkeit der Ansprüche, die er selbst und das Leben stellten, oft an der entsprechenden Vertiefung. So scheint er nicht selten mehr geistvoller und literarisch begabter Amateur als exakter Fachmann zu sein.

Die reifste Frucht der Muße, deren er sich seit 1869 erfreuen konnte, war „Herrn Eugen Dührings Umwälzung der Wissenschaft" (1878), eine Schrift, die wohl mehr als irgend eine andere zur Popularisierung des Marxismus beigetragen hat. Im Jahre 1884 folgte „Der Ursprung der Familie, des Privateigentums und des Staats." Hier wird im Anschlusse an die Forschungen Lewis H. Morgans die Richtigkeit der materialistischen Geschichtsauffassung auch für urgeschichtliche Zeiten darzulegen gesucht. Die wissenschaftliche Basis, auf der Engels dabei arbeitete, war nicht breit genug, um zu einwandfreien Resultaten zu führen. Es unterliegt aber keinem Zweifel, daß die Soziologie von der kleinen Schrift überaus fruchtbare Anregungen empfangen hat. Nach dem Tode von Marx wurde die Arbeitskraft von Engels teils durch die Herausgabe des Nachlasses von Marx, teils durch den brieflichen Verkehr mit den leitenden Parteigenossen in aller Herren Länder vollkommen in Anspruch genommen. Er war eben der Mann, der alle Kultursprachen verstand[1]).

Im Gegensatze zu dem genialen Ordnungsmangel, der bei Marx herrschte, war Engels, trotz seines beweglichen und feurigen Temperaments, „methodisch wie eine alte Jungfer. Er bewahrte alles und registrierte es mit der peinlichsten Genauigkeit. . . . In seinen beiden großen hellen Arbeitszimmern, deren Wände von

[1]) „Engels stottert in 20 Sprachen", hieß es (vgl. Lafargue a. a. O., S. 560), da er in Augenblicken der Erregung leicht stotterte, ein Umstand, der ihm nicht gestattete, in öffentlicher Rede erfolgreich zu wirken. Auch Marx war übrigens die Rednergabe versagt.

Bücherschränken bedeckt waren, lag kein Schnipfelchen Papier auf dem Boden und die Bücher, mit Ausnahme von etwa einem Dutzend auf dem Schreibtische befindlichen, standen alle an ihrem Platze. Diese Räume erschienen eher als Empfangszimmer wie als Studierzimmer eines Gelehrten."

Für die eigene Person war er sehr sparsam und machte nur Ausgaben, die er für unbedingt nötig hielt, gegenüber seiner Partei und seinen Parteifreunden gab es keine Grenzen für seine Freigebigkeit.

So darf Engels wohl auch als die menschlich weitaus anziehendste Persönlichkeit in der Reihe der geschichtlich bedeutsam gewordenen Sozialisten Deutschlands bezeichnet werden.

Er starb 1895.

36. Die materialistische Geschichtsauffassung[1]).

So verschieden die Ideen gewesen sein mögen, welche die sozialistischen Vorgänger von Marx und Engels verkündet haben, so lassen sich doch gewisse gemeinsame Züge nachweisen. Alle hielten eine prinzipielle Veränderung der Wirtschaftsordnung im Interesse der allgemeinen Wohlfahrt für geboten. Alle verwarfen den Gedanken einer determinierten, durch menschliche Willkür nur

---

[1]) Aus der kaum übersehbaren Literatur, die der „materialistischen Geschichtsauffassung" (der Name rührt von Engels her) gewidmet worden ist, seien hervorgehoben; Fr. Mehring, Über den historischen Materialismus (Anhang zu desselben Verfassers Die Lessing-Legende, 1893); Stammler, Wirtschaft und Recht nach der materialistischen Geschichtsauffassung 1896 und desselben Verfassers Art. Materialistische Geschichtsauffassung; Lamprecht, Herder und Kant als Theoretiker der Geschichtswissenschaft, J. f. N. St. N. F. 69. Bd. (1897) S. 161 ff., Masaryk, Die philosophischen und soziologischen Grundlagen des Marxismus, 1899; L. Woltmann, Der historische Materialismus, 1900; Karner, Die soziale Funktion der Rechtsinstitute (Marx Studien I. 1904); M. Adler, Kausalität und Theologie im Streite um die Wissenschaft (Marx-Studien I. 1904); v. Tugan-Baranowsky, Theoretische Grundlagen des Marxismus, 1905; Koppel, Für und wider K. Marx, 1905; M. Weber, R. Stammlers „Überwindung" der materialistischen Geschichtsauffassung, A. f. s. G. XXIV. S. 98—152, 1907; Erdmann, Die philosophischen Voraussetzungen der materialistischen Geschichtsauffassung. J. f. G. V. 31. Jahrg. S. 919—974, 1907; M. Adler, Marx als Denker

in geringem Maße zu beeinflussenden ökonomischen Entwicklung. Die Verbesserung unserer sozialen Zustände sei in erster Linie nicht an ökonomische, sondern an intellektuelle und sittliche Voraussetzungen geknüpft. Es sei Sache des Intellektes, das richtige Heilmittel zu entdecken, Sache des Intellektes, zu begreifen, daß das richtige Heilmittel nunmehr gefunden worden sei. Zur Einsicht müsse der sittliche Wille treten, das Heilmittel in der Praxis zu erproben und, wenn es sich bewährte, zur allgemeinen Anwendung zu bringen. Mit verschwindenden Ausnahmen, zu denen namentlich Louis Blanc zu zählen ist, glaubten die Anhänger des experimentellen Sozialismus, daß es eine genügend große Zahl verständiger und guter Menschen gebe, um die Neuordnung des Wirtschaftslebens auszuführen. Politische und soziale Kämpfe, Kämpfe der Arbeiterklasse gegenüber den übrigen Klassen der Gesellschaft, Demokratie und Eroberung der Staatsgewalt durch das Proletariat, das waren Gedanken, die diesen Männern fern lagen, ja zum Teil unmittelbar von ihnen verworfen wurden. Owen, St. Simon, Fourier, Rodbertus sympathisierten in politischer Beziehung eher mit konservativautoritären Anschauungen.

1908; v. Schulze-Gävernitz, Marx oder Kant 1908; Sombart, Lebenswerk von Marx 1909; Hammacher, Das philosophisch-ökonomische System des Marxismus, 1909; G. Jäger, Sinn und Wert des Marxismus. J. f. G. V. 34. Jahrg. S. 1135 bis 1189, 1541—1580; 1910; v. Schulze-Gävernitz, Was fällt von Marx — was bleibt von Marx? Hilfe, Nr. 36, 37, 44, 45, 1910; Sulzbach, Die Anfänge der materialistischen Geschichtsauffassung 1911; Plenge, Hegel und Marx 1911; M. Adler, Marxistische Probleme 1913; v. Below, Die deutsche wirtschaftsgeschichtliche Literatur und der Ursprung des Marxismus. J. f. N. St. III. F. Bd. 43. S. 561—593, 1913; M. Adler, Der soziale Sinn der Lehre von K. Marx. Grünbergs Archiv. IV. S. 1—30, 1913; Derselbe, Studien zur Geistesgeschichte des Sozialismus 1914; Wilbrandt, K. Marx. 1918. S. 46—62; Oskar Blum, M. Adlers Neugestaltung des Marxismus. Grünbergs Archiv. VIII. Jahrg. 1919. S. 177—248; E. Troeltsch, Über den Begriff der historischen Dialektik. Historische Zeitschrift. 120. Bd. S. 393—451; K. Vorländer, Marx, Engels und Lassalle als Philosophen 1920; Braunthal, Marx als Geschichtsphilosoph 1920; Cunow, Die Marxsche Geschichts-, Gesellschafts- und Staatstheorie. II. Bd. 1921. S. 143—271.

Man hat diese Sozialisten als „utopische Sozialisten" bezeichnet. Der Ausdruck scheint mir nicht gerecht zu sein. Als utopisch werden in der Regel phantastische, nicht realisierbare, wissenschaftlich wertlose Gedanken hingestellt. Nun ist aber gar nicht zu leugnen, daß diese utopischen Sozialisten namentlich als Kritiker wissenschaftlich sehr Bedeutendes geleistet haben, daß so manches ihrer Projekte einen wertvollen Kern enthält, daß die werbende Kraft des sozialistischen Gedankens zum guten Teil gerade ihrer Wirksamkeit zuzuschreiben ist.

Der Ausdruck utopisch ist aber auch insofern unzweckmäßig, als, wie sich zeigen wird, der sogenannte wissenschaftliche Sozialismus von Marx und Engels selbst und in noch höherem Maße die unter dem Einflusse ihrer Ideen stehende Arbeiterbewegung utopische Elemente enthält.

Worin sich der Marx-Engelssche Sozialismus von den bisher besprochenen Richtungen unterscheidet, das ist sein ökonomischer Determinismus. Die sozialistische Ordnung hängt nicht vom Verstand und guten Willen des Menschen ab. Sie ist vielmehr das absolut notwendige Ergebnis der Entwicklungstendenzen, von welchen die kapitalistische Produktionsweise beherrscht wird. Die Aufgabe besteht nicht darin, zu erfinden, was sein soll. Es gilt nur zu zeigen, was wird, was sich gestaltet. Trotz dieser Auffassung, welche eine politisch quietistische Haltung vorzuschreiben scheint, hat sich niemand mehr als gerade Marx und Engels um die Organisation einer politisch-demokratischen Arbeiterpartei mit sozialistischem Programm bemüht.

Die von Marx und Engels entwickelte Lehre stellt einen Gedankenbau dar, zu welchem die Philosophie Hegels, der Materialismus von Feuerbach [1]), die sozialistische Ökonomie der Engländer und Franzosen nicht weniger als die Revolutionspraxis der Babouvisten und ihres Nachfolgers, des Verschwörers Auguste Blanqui, verwendet worden sind. Die Philosophie Hegels enthielt, wie bereits dargetan wurde, gleichzeitig konservative und revolutionäre, zum Fortschritte treibende Bestandteile. Marx und

---

1) Engels, Fr. Ludwig Feuerbach und der Ausgang der klassischen deutschen Philosophie. 2. Aufl. Stuttgart 1895. S. 1 bis 25; ferner L. Woltmann, Der historische Materialismus. Düsseldorf 1900. S. 125—177.

Engels wandten gerade letzteren ihre volle Aufmerksamkeit zu. Sie blieben dabei aber nicht stehen, sondern verließen unter der Einwirkung Ludwig Feuerbachs auch den philosophischen Idealismus des Meisters. Für Hegel war der Denkprozeß, den er, wie Marx erklärt, unter dem Namen Idee in ein selbständiges Subjekt verwandelte, der Demiurg des Wirklichen, das nur seine äußere Erscheinung bildet. Bei Marx und Engels wird das Ideelle nichts anderes als das im Menschenkopfe umgesetzte und übersetzte Materielle. Die stofflich, sinnlich wahrnehmbare Welt, zu der wir selbst gehören, gilt ihnen als das einzig Wirkliche und unser Bewußtsein und Denken wird als das Erzeugnis eines stofflichen körperlichen Organes, des Gehirnes, aufgefaßt. „Die Einwirkungen der Außenwelt auf den Menschen drücken sich in seinem Kopfe aus, spiegeln sich darin ab, als Gefühle, Gedanken, Triebe, Willensbestimmungen, kurz als „ideale Strömungen" und werden in dieser Gestalt zu „idealen Mächten" [1]). Der historische Materialismus der kommunistischen Dioskuren leugnet also nicht das Vorhandensein ideeller Triebkräfte. Aber sie nehmen die ideellen Triebkräfte nicht als letzte Ursachen hin, sondern untersuchen, was hinter ihnen steht, welches die Triebkräfte sind. Diese letzten treibenden Ursachen glauben sie auf dem Gebiete des wirtschaftlichen Lebens, der Produktionsweise, zu finden und entwickeln die sogenannte materialistische Geschichtsauffassung [2]).

Die Grundgedanken dieser Lehre sind durch Marx zum ersten Male in der Schrift gegen Proudhon ausgesprochen worden: „Mit dem Moment, wo die Zivilisation beginnt, beginnt die Produktion sich aufzubauen auf den Gegensatz der Berufe, der Stände, der Klassen, schließlich auf dem Gegensatze zwischen angehäufter und unmittelbarer Arbeit. Ohne Gegensatz kein Fortschritt: das ist das Gesetz, dem die Zivilisation bis heute gefolgt ist. Bis jetzt haben sich die Produktionskräfte auf Grund dieser Herrschaft des Klassengegensatzes entwickelt". Und ferner: „Die sozialen Verhältnisse sind eng verknüpft mit den Produktivkräften. Mit der Erwerbung neuer Produktivkräfte verändern die Menschen ihre Produktionsweise, und mit der Veränderung ihrer Produktionsweise, der Art, ihren Lebensunterhalt zu gewinnen, verändern sich alle ihre gesellschaftlichen Verhältnisse, die Handmühle ergibt eine Gesellschaft

---

[1]) Engels a. a. O., S. 23.

[2]) a. a. O., S. 45, 46.

mit Feudalherren, die Dampfmühle mit industriellen Kapitalisten. Aber dieselben Menschen, welche die sozialen Verhältnisse gemäß ihrer materiellen Produktionsweise gestalten, gestalten auch die Prinzipien, die Ideen, die Kategorien gemäß ihren gesellschaftlichen Verhältnissen. Somit sind diese Ideen, diese Kategorien ebensowenig ewig als die Verhältnisse, die sie ausdrücken. Sie sind historische, vergängliche, vorübergehende Produkte. Wir leben inmitten einer beständigen Bewegung des Anwachsens der Produktivkräfte, der Zerstörung sozialer Verhältnisse, der Bildung der Ideen; unbeweglich ist nur die Abstraktion der Bewegung mors immortalis" (S. 101).

In der Folge haben sowohl Marx wie Engels fast in jeder ihrer wichtigeren Veröffentlichungen [1]) kurze mit früheren Fassungen

---

[1]) Mit Vorliebe pflegt der Kritik die Fassung zu Grunde gelegt zu werden, die Marx in der Schrift „Zur Kritik der politischen Ökonomie" (1859) gewählt hat. Danach „bildet die Gesamtheit der Produktionsverhältnisse (die einer bestimmten Entwicklungsstufe der materiellen Produktivkräfte entsprechen) die ökonomische Struktur der Gesellschaft, die reale Basis, worauf sich ein juristischer und politischer Überbau erhebt, und welcher bestimmte gesellschaftliche Bewußtseinsformen entsprechen. Die Produktionsweise des materiellen Lebens bedingt den sozialen, politischen und geistigen Lebensprozeß überhaupt. Es ist nicht das Bewußtsein der Menschen, das ihr Sein, sondern umgekehrt ihr gesellschaftliches Sein, das ihr Bewußtsein bestimmt. Auf einer gewissen Stufe ihrer Entwicklung geraten die materiellen Produktivkräfte der Gesellschaft in Widerspruch mit den vorhandenen Produktionsverhältnissen, oder, was nur ein juristischer Ausdruck dafür ist, mit den Eigentumsverhältnissen, innerhalb deren sie sich bewegt hatten. Aus Entwicklungsformen der Produktivkräfte schlagen diese Verhältnisse in Fesseln derselben um. Es tritt dann eine Epoche sozialer Revolution ein. Mit der Veränderung der ökonomischen Grundlage wälzt sich der ganze ungeheure Überbau langsamer oder rascher um. In der Betrachtung solcher Umwälzungen muß man stets unterscheiden zwischen der materiellen, naturwissenschaftlich treu zu konstatierenden Umwälzung in den ökonomischen Produktionsbedingungen und den juristischen, politischen, religiösen, künstlerischen und philosophischen, kurz ideologischen Formen, worin sich die Menschen dieses Konfliktes bewußt werden und ihn ausfechten. Kautskysche Ausgabe, 1897, S. XI. XII. Außerdem verdient die Darlegung von Engels in Herrn E. Dührings Umwälzung der Wissenschaft 2. Aufl. 1886, S. 237, Beachtung. Er erklärt, „daß die

keineswegs ganz übereinstimmende Formulierungen der materialistischen Geschichtsauffassung gegeben. Engels hat sich sogar noch $1^1/_2$ Jahre vor seinem Tode bemüht eine neue, bessere Fassung dieser Gedanken zu finden und in einem Briefe vom 25. Januar 1894 geschrieben:

„Die politische, rechtliche, philosophische, religiöse, literarische, künstlerische usw. Entwicklung beruht auf der ökonomischen. Aber sie alle reagieren aufeinander und auf die ökonomische Basis. Es ist nicht, daß die ökonomische Lage Ursache, allein aktiv ist und alles andere nur passive Wirkung. Sondern es ist Wechselwirkung auf Grundlage der in letzter Instanz stets sich durchsetzenden ökonomischen Notwendigkeit .... Die Menschen machen ihre Geschichte selbst, aber in einem gegebenen, sie bedingenden Milieu, auf Grundlage vorgefundener tatsächlicher Verhältnisse, unter denen die ökonomischen, so sehr sie auch von den übrigen politischen und ideologischen beeinflußt werden mögen, doch in letzter Instanz die entscheidenden sind und den durchgehenden, allein zum Verständnis führenden roten Faden bilden ... Je

Produktion und nächst der Produktion der Austausch ihrer Produkte, die Grundlage aller Gesellschaftsordnung ist; daß in jeder geschichtlich auftretenden Gesellschaft die Verteilung der Produkte und mit ihr die soziale Gliederung in Klassen und Stände, sich danach richtet, was und wie produziert, und wie das Produzierte ausgetauscht wird. Hiernach sind die letzten Ursachen aller gesellschaftlichen Veränderungen und politischen Umwälzungen zu suchen, nicht in den Köpfen der Menschen, in ihrer zunehmenden Einsicht in die ewige Wahrheit und Gerechtigkeit, sondern in Veränderungen der Produktions- und Austauschweise; sie sind zu suchen nicht in der Philosophie, sondern in der Ökonomie der betreffenden Epoche. Die erwachende Einsicht, daß die bestehenden gesellschaftlichen Einrichtungen unvernünftig und ungerecht sind, daß Vernunft Unsinn, Wohltat Plage geworden, ist nur ein Anzeichen davon, daß in den Produktionsmethoden und Austauschformen in aller Stille Veränderungen vor sich gegangen sind, zu denen die auf frühere ökonomische Bedingungen zugeschnittene gesellschaftliche Ordnung nicht mehr stimmt. Damit ist zugleich gesagt, daß die Mittel zur Beseitigung der entdeckten Mißstände ebenfalls in den veränderten Produktionsverhältnissen selbst — mehr oder minder entwickelt — vorhanden sein müssen. Die Mittel sind nicht etwa aus dem Kopfe zu erfinden, sondern vermittelst des Kopfes in den vorliegenden materiellen Tatsachen der Produktion zu entdecken".

weiter das Gebiet, das wir gerade untersuchen, sich vom Ökonomischen entfernt und sich dem rein abstrakt Ideologischen nähert, desto mehr werden wir finden, daß es in seiner Entwicklung Zufälligkeiten aufweist, desto mehr im Zickzack verläuft seine Kurve. Zeichnen Sie aber die Durchschnittsachse der Kurve, so werden Sie finden, daß, je länger die betrachtete Periode und je größer das behandelte Gebiet ist, daß diese Achse der ökonomischen Entwicklung um so mehr annähernd parallel läuft"[1]).

Bei diesem Stande der Dinge hat die Kritik sich vor allem die schwierige Frage vorzulegen, welche der verschiedenen Fassungen der Lehre zum Ausgangspunkte genommen werden soll, welche der Lehren den „echten Ring" darstellt. Soll man den von Engels gewählten, namentlich in späteren Jahren sehr viel vorsichtiger formulierten Gedanken den Vorrang vor denen Marxens einräumen? Nun haben aber auch Marx und Engels selbst in verschiedenen Perioden ihres Lebens nicht nur voneinander abweichende Darlegungen geboten, sondern überhaupt niemals eine systematische Entwicklung versucht. So kann selbst über den Sinn der einzelnen Äußerungen sehr wohl gestritten werden. In diesen flüchtig skizzierten, geistvollen und anregenden Aperçus wird sogar zuweilen mit denselben Ausdrücken ein verschiedener Gedankeninhalt verknüpft. Es ist deshalb ein besonders heftiger Streit darüber entbrannt, was denn nun eigentlich mit den so oft verwendeten Terminis „Produktivkräften" und „Produktionsverhältnissen" gesagt sein soll. Die Einen interpretieren den Begriff „Produktivkraft" möglichst eng, er soll nur eine technische Bedeutung haben[2]). Die Anderen dagegen wollen alles hineinlegen, was die gesellschaftliche Produktion fördert, z. B. auch den jeweiligen Stand der Mathematik oder einer Naturwissenschaft[3]). Noch mißlicher ist die Unsicherheit, die über den Sinn des Ausdruckes „Produktionsverhältnisse" besteht. Bald scheint Marx in sie auch die Eigentumsverteilung einzuschließen, bald wieder erschienen ihm die rechtlichen Zustände nur als ein „Überbau" oder als ein „Spiegelbild" der materiellen Produktion.

[1]) Abgedruckt in D. S. II. S. 74.
[2]) So Hammacher a. a. O. S. 160.
[3]) Vgl. v. Tugan-Baranowski, a. a. O. S. 4—10.

Nur im letztgenannten Falle trifft die sehr eingehende und vielbeachtete Kritik zu, die Stammler[1]) an der materialistischen Geschichtsauffassung übt. Er betont, daß die soziale Wirtschaft ein Recht gar nicht hervorbringen kann, weil man schon ein geregeltes Zusammenwirken, eine Rechtsordnung, logisch voraussetzen muß, wenn überhaupt von sozialer Wirtschaft gesprochen wird. Die soziale Wirtschaft entsteht erst als Gestaltung eines technischen Materials in bestimmten Rechtsformen. Wirtschaft und Recht verhalten sich nicht wie Ursache und Folge, sondern wie Inhalt und Form zu einander. Wenn Marx sagt: „Die Technologie enthüllt das aktive Verhalten des Menschen zur Natur, den unmittelbaren Produktionsprozeß seines Lebens, damit auch seiner gesellschaftlichen Lebensverhältnisse und der ihnen entquellenden geistigen Vorstellungen," so kommt der notwendige Umweg, den alle fortschreitende Technik machen muß, um auf die Rechtsordnung einzuwirken, zu keinem entsprechenden Ausdrucke. Wenn man z. B. die Benutzung der Dampfkraft als die Ursache der sozialen Umwälzung unseres Jahrhunderts hinstellt, so wird übersehen, daß diese sich, wie jeder technische Fortschritt, zunächst nur in die bestehende Rechtsordnung einordnet. „Die Maschine gewährt nur eine bestimmte Möglichkeit zur Verwertung innerhalb der überkommenen sozialen Ordnung, von welcher Gestaltung alsdann ein reicher Gebrauch gemacht wird. In diesem vollzieht sich derjenige sozial-wirtschaftliche Vorgang, den man als Zersetzung des Handwerkes zu bezeichnen pflegt, und der sich wiederum in lauter Massenerscheinungen gleichartiger Rechtsverhältnisse als seine, ihn komponierenden Elemente zerlegen läßt. Die kapitalkräftigen Unternehmer, welche die teueren Maschinen in Privateigentum nehmen und durch Lohnarbeiter bedienen lassen, werfen eine größere Masse billiger Waren auf den Markt, schließen leichter Kaufverträge über sie ab, als der Handwerker, dessen Produktionskosten höher sind, und ziehen dabei stetig größere Absatzgebiete und immer steigende Massen von Lohnarbeitern in ihre Vertragsverhältnisse hinein"[2]). Es ist klar, daß unter einer anderen Rechtsordnung, etwa einer kommunistischen oder anarchistischen, die Wirkung der Dampfmaschine auch eine völlig verschiedene gewesen sein würde. Die materialistische Geschichtsauffassung begeht also

[1]) Stammler a. a. O. S. 440 ff.

[2]) a. a. O. S. 286.

den Irrtum, „daß sie bei Veränderung eines Elementes (und zwar des technischen) aus dem komplexen Systeme (der sozialen Ordnung) das nächste Entwicklungsstadium des Ganzen ausschließlich als Folge jenes einzelnen Elementes hinstellt, während es in Wirklichkeit aus denjenigen Kombinationen besteht, welche das relativ unveränderte Weiterwirken der übrigen Elemente mit den Veränderungen jenes einen eingeht“[1]).

Diese Einwände sind logisch gewiß unanfechtbar; aber sie werden der richtigen Erfassung der treibenden Kräfte nicht gerecht. Den entscheidenden Anstoß gibt doch ein technisches Ereignis. Ihm wird daher mit Recht die größere Wichtigkeit zuerkannt werden. Betrachtet man das Getriebe einer Fabrik, so schreibt man die ganze Bewegung dem Motor zu. Logisch ist dieses Urteil auch nicht korrekt. Bie Bewegung kommt nicht allein durch die Dampfkraft zu stande. Sie ist vielmehr das Ergebnis eines ganzen Systems von technischen Vorrichtungen. Ohne eine bestimmte Festigkeit des Dampfkessels, der Transmissionsanlagen, ohne die Anwendungsmöglichkeit des Eisens u. dgl. würde das Resultat ein ganz anderes sein. Trotzdem wird sich niemand durch diese Überlegungen abhalten lassen, die Dampfkraft dabei als die wichtiste Potenz anzusehen. Und in analoger Weise wird auch der Nationalökonom mit Recht in den wirtschaftlich-technischen Veränderungen und den aus ihnen entstehenden Klassengegensätzen immer die prinzipalen Kräfte der Entwicklung erblicken.

Engels hat in späteren Äußerungen selbst zugegeben, daß die ursprünglichen Formulierungen der materialistischen Geschichtsauffassung zu schroff und einseitig ausgefallen seien, daß man den Gedanken der Wechselwirkung zu wenig betont habe. „Wir hatten den Gegnern gegenüber das von diesem geleugnete Hauptprinzip zu betonen, und da war nicht immer Zeit, Ort und Gelegenheit, die übrigen an der Wechselwirkung beteiligten Momente zu ihrem Rechte kommen zu lassen“[2]).

Läßt man aber in dem verwickelten Spiele unzähliger einander durchkreuzender und bearbeitender Kräfte die ökonomischen Potenzen nur als die einflußreichsten erscheinen, so fällt damit freilich auch

---

[1]) Simmel, Zur Methodik der Sozialwissenschaft. J. f. G. V. XX. S. 229, 230.

[2]) D. S. II., S. 72.

die strenge Bestimmtheit der ganzen sozialen Enwicklung dahin. Die ökonomische Entwicklung mag mit den überlieferten Formen des sozialen Daseins in Widerspruch geraten und mehr oder minder schwere Konflikte erzeugen. Aus diesen Konflikten geht aber nicht die rechtliche Einrichtung einer höheren Entwicklungsstufe schon gewissermaßen automatisch und mit unausweichlicher Notwendigkeit hervor. Es erwachsen zunächst nur Bestrebungen auf Abänderung der unzweckmäßig gewordenen Rechtsverhältnisse. Bei diesen Abänderungen gewinnen die Ideen der Menschen, ihre Vorstellungen über dasjenige, was sozial sein sollte — und diese Ideen sind ja nicht nur durch ökonomische Verhältnisse ausgebildet worden —, eine hervorragende Bedeutung. Neben die Kausalbetrachtung tritt also eine Teleologie, ein Zweckgedanke. Über dieses Wollen und Wünschen in der Zukunft läßt sich aber im Sinne exakter Wissenschaft, mit vollkommener Gewißheit, keine Aussage machen.

Man hat den historischen Materialismus bald als die Hypothese einer Gesetzmäßigkeit, bald als Methode und „heuristisches Prinzip“ [1]) bezeichnet.

Nimmt man ihn als Hypothese, so kommt es darauf an festzustellen, ob die vorläufige Annahme, die Entwicklung der materiellen Produktion bilde die Grundlage alles gesellschaftlichen Lebens und damit aller wirklichen Geschichte, mit Hilfe der empirischen Forschung als richtig erwiesen werden kann. Marx hat der Hauptsache nach nur die nationalökonomische und soziale Entwicklungsgeschichte der neuesten Zeit, die Bewegungsgesetze des modernen Kapitalismus dargestellt, ohne sich im übrigen mit dem ideologischen (politischen, rechtlichen, religiösen, philosophischen oder künstlerischen) Überbau mehr als gelegentlich zu befassen. Engels hat den Versuch gemacht, die Urgeschichte mit Hilfe seiner Hypothesen aufzuklären. Selbst wenn diese Verifikationsbemühungen gründlicher und erfolgreicher durchgeführt worden wären, als es tatsächlich der Fall gewesen ist, so bliebe immer noch der Einwand bestehen, daß vielleicht nur gerade in der Urgeschichte und in der neuesten Geschichte die materielle Produktion die Grundlage alles Geschehens gebildet habe, während in anderen Epochen religiöse, nationale oder rassenmäßige Momente maßgebend seien.

---

1) Vgl. Sombart, Das Lebenswerk von K. Marx. S. 35.

Das Gewicht dieses Einwandes haben die Anhänger des historischen Materialismus keineswegs verkannt. So hat schon Engels die weltgeschichtliche Erscheinung des Christentumes aus ökonomischen Beziehungen zu entwickeln gesucht und Karl Kautsky hat diese Versuche nicht nur fortgeführt, sondern auch noch durch Untersuchungen über Ethik und Produktionsweise ergänzt [1]). Da diese Arbeiten aber nicht einmal im Lager der Marxisten selbst uneingeschränkte Zustimmung gefunden haben, kann hier von ihnen abgesehen werden. Ebenso geringe Erfolge wie auf dem Gebiete der religiössittlichen Probleme konnte die Lehre bei der wissenschaftlichen Erfassung der Nationalitäten- und Rassenfragen bis jetzt erzielen. Mit Recht betont Friedjung (Das Zeitalter des Imperialismus. II. Bd. 1922. S. 9), daß die mächtige, die Geister an- und aufregende sozialistische Bewegung nur eine dürftige historische Literatur und kein einziges Geschichtswerk ersten Ranges hervorgebracht hat. Der unermeßliche Inhalt der wirtschaftlichen, politischen, besonders der Geistesgeschichte verengte sich bei Anwendung der materialistischen Geschichtsauffassung immer mehr und mehr. Unter den Händen dieser Geschichtsschreiber „trocknete das durch die Adern der Historie pulsierende Blut förmlich ein". Die sozialen Fortschritte der Menschheit stellen sich keineswegs nur in der Form der Revolutionen und

---

[1]) Vgl. D. S. I, S. 249—256; K. Kautsky, Ethik und materialistische Geschichtsauffassung 1906; Derselbe, Der Ursprung des Christentums 1908; Maurenbrecher, Von Nazareth nach Golgatha 1909; Derselbe, Von Jerusalem nach Rom. Gegen den proletarischen Charakter des Urchristentums nahmen Stellung Harnack, Aus Wissenschaft und Leben 2. Bd. 1911 und E. Troeltsch, Die sozialen Lehren der christlichen Kirchen und Gruppen 1912. Troeltsch bemüht sich in diesem Werke die Eigenbewegung der religiösen Idee nachzuweisen. Max Weber hatte in seiner berühmten Abhandlung „Die protestantische Ethik und der Geist des Kapitalismus" (Archiv für Sozialwissenschaft 1905/06) eine Abhängigkeit der wirtschaftlichen Entwicklung von religiössittlichen Faktoren wahrscheinlich gemacht. In umfassenden religionssoziologischen Studien (Gesammelte Aufsätze zur Religionssoziologie 3 Bde. 1920/21) kommt er zu dem Ergebnis, daß es überhaupt keine allgemeine Formel gibt, welche die gegenseitigen Einwirkungen des ökonomisch-sozialen und des geistig-religiösen Faktors im Kulturleben der Völker auszudrücken vermöchte. Vgl. dazu O. Hintze, J. f. G. V. 46. Jahrg. S. 251—258.

Klassenkämpfe ein. Auch der friedliche, besonnene Ausgleich spielt eine bedeutende Rolle.

37. Die Werttheorie von K. Marx[1]).

Dagegen wird man den historischen Materialismus als ein Verfahren gelten lassen dürfen, das neben anderen anzuwenden ist, um uns einen tieferen Einblick in die Triebkraft der geschichtlichen Entwicklung zu erschließen. Gewiß erschöpft sich nicht alle Ge-

---

[1]) In der Literatur, welche der Kritik der Marxschen Wertlehre gewidmet ist, nimmt den vornehmsten Platz ein die Abhandlung von E. v. Böhm-Bawerk, Zum Abschluß des Marxschen Systemes, Festgaben für K. Knies, Berlin 1896, S. 85—207; Derselbe, Kapital und Kapitalzins. 2. Aufl. I. Innsbruck 1900. S. 495—558. So wichtig die Kritik der Marx'schen Wertlehre vom theoretischen wie praktisch-politischen Standpunkte erscheinen mag — kommt ihr doch eine außerordentliche agitatorische Bedeutung zu —, es geht doch nicht an, wie es jüngst O. Spann auf der Tagung der Arbeitgeberverbände in Köln (März 1922) getan hat, die Wertlehre noch immer als den Grundpfeiler des Kommunismus oder Sozialismus anzusehen. Bekanntlich hat der englische Sozialismus auch die Grenznutzentheorie, welche für Spann ein unübertreffliches Gegengift gegen den Sozialismus darzustellen scheint, für sozialistische Bestrebungen sehr gut zu verwenden gewußt. Spann führte aus: „Die norddeutsche geschichtliche Schule der Volkswirtschaftslehre, welche die meisten Lehrstühle Deutschlands beherrschte, war theoretisch nicht fähig, dem mit schärfster Begriffswissenschaft und Logik gewappneten Marxismus entgegenzutreten. Sie begnügte sich daher mit ganz allgemeinen, mehr instinktmäßigen Abweisungen." Es wäre angebracht gewesen, diese „Abweisungen" deutlicher zu kennzeichnen. Soll etwa damit die Lebensarbeit eines Gelehrten wie Brentano gemeint sein, der durch die Begründung seiner Gewerkschaftstheorie wohl mehr als irgend ein anderer Gelehrter zur inneren Umbildung der sozialistischen Bewegung in Deutschland beigetragen hat? Eine Antikritik gegen Böhm vom marxistischen Standpunkte aus hat R. Hilferding (Marx-Studien S. 1—65) versucht, damit aber selbst auf marxistischer Seite keine ungeteilte Zustimmung gefunden. Vgl. C. Schmidt, A. f. s. G. XX. S. 407. Vgl. ferner Platter, Grundlehren der Nationalökonomie. Berlin 1903. S. 188—259; v. Bortkiewicz, Wertrechnung und Preisrechnung im Marxschen System. A. f. s. G. XXIII. S. 1—51, XXV. S. 10—52, XXV, S. 445—489; E. Lukas, Spekulation und Wirklichkeit im ökonomischem Marxismus. 1922.

schichte in Kämpfen um „Futterplätze und Futteranteile“ (W. Sombart), aber daß diese Kämpfe unendlich wichtiger gewesen sind als die ältere Historie zugeben wollte, wird heute nicht mehr bezweifelt werden können. In dieser Hinsicht haben Geschichtsschreibung, Rechtswissenschaft, Politik und Soziologie durch Marx und Engels überaus wertvolle und fruchtbare Anregungen empfangen.

Marx beginnt in seinem wissenschaftlichen Hauptwerke (Das Kapital, Hamburg, I. Bd. 1867, II. Bd. 1885, III. Bd. 1894) mit der Analyse der Warenproduktion. Als Waren gelten die nicht für den eigenen Bedarf, sondern für den Markt erzeugten Güter, soweit sie in beliebiger Menge hergestellt werden können. Da bei der Produktion aller stofflichen Güter Schätze und Kräfte des Bodens in Anspruch genommen werden müssen, diese an sich aber nicht unbeschränkt sind, so kann eine sichere Abgrenzung des Warenbegriffes auf diese Weise allerdings nicht erzielt werden. In Wirklichkeit gibt es nur Güter, bei deren Produktion die Naturschranken neben den anderen für sie maßgebenden Produktionsbedingungen zeitweise eine durchaus sekundäre Bedeutung besitzen.

Auf dem Markte werden, nach Marx, Waren durch den Verkehr einander in bezug auf den Wert gleichgesetzt: z. B. x Ztr. Eisen = y Ztr. Getreide = z Ztr. Leinwand = einer bestimmten Quantität Geld. Diese Gleichsetzung kann nur die Folge davon sein, daß sie eine gemeinsame Eigenschaft haben. Körperliche Eigenschaften können es nicht sein. Diese sind offenbar ganz verschieden. Auch der Gebrauchswert ist nicht die Ursache. Von ihm wird vielmehr beim Austausche abstrahiert. Innerhalb des Austauschverhältnisses gilt ein Gebrauchswert genau so viel wie der andere, wenn er nur in gehöriger Proportion vorhanden ist. Die eine Warensorte ist so gut wie die andere, wenn nur der Tauschwert gleich groß ist. Als Gebrauchswerte sind die Waren verschiedener Qualität, als Tauschwerte können sie nur verschiedener Quantität sein, enthalten also kein Atom Gebrauchswert. Sieht man aber vom Gebrauchswerte ab, so bleibt den Waren nur die eine gemeinsame Eigenschaft, Arbeitsprodukte zu sein. Der Grund ihrer Kommensurabilität ist also die gleiche Arbeitsmenge, die in ihnen verkörpert ist.

Schon diese Entwicklung ist mit Recht sehr bestritten worden. Die Waren tauschen sich nicht selbst aus, sondern nur durch Vermittlung ihrer Besitzer. Beim Austausche werden auch gar nicht

Äquivalente gegeben. Im Gegenteil. Der Tausch kommt nur dadurch zustande, daß jeder das Gut des anderen höher schätzt als das Preisgut, das er selbst dafür zu geben hat. Die Schätzung beruht auf der Bedeutung, welche eine Person der Ware für die Zwecke ihres Verbrauches, ihrer Produktion, ihres Erwerbes beilegt. Nicht deshalb, weil eine Ware Arbeit verursacht hat, wird sie geschätzt. Die Arbeit wird vielmehr nur deshalb aufgewendet, weil die Ware, um die es sich handelt, geschätzt wird. Das gemeinsame Moment in den ausgetauschten Waren ist deshalb der soziale, der objektive Gebrauchswert. Dieser spielt die maßgebende Rolle auch dann, wenn der Käufer die Ware nicht für den eigenen Konsum, sondern für Erwerbszwecke verwendet. Die Ware würde zu solchen Zwecken nicht dienen können, wenn sie nicht selbst bezw. die Ware, zu deren Herstellung sie verwendet wird, sozialen Gebrauchswert darstellen würde. Diese letzte Verwendungsweise vermag einer Ware auch in ihren Vorstufen erst den Wert zu sichern. Wenn Marx hervorhebt, der Gebrauchswert allein könne noch keinen Tauschwert begründen, so kann man entgegnen, daß auch die Eigenschaft, Arbeitsprodukt zu sein, noch keinen Tauschwert garantiert. Es ist auch keineswegs zutreffend, daß die Waren außer der Eigenschaft, Arbeitsprodukte zu sein, sonst keine gemeinsamen Eigenschaften aufweisen. Sie können im Vergleiche zum Bedarfe selten sein, regelmäßig Gegenstand von Angebot und Nachfrage bilden, die Aneignung zulassen u. a. m. Es liegt eine Art Erschleichung vor, wenn von vornherein nur Waren, die Arbeitsprodukte sind, herangezogen werden und dann gesagt wird, sie hätten nichts Gemeinsames als die Eigenschaft, Arbeitsprodukte zu sein. An und für sich kann man zwischen Häusern, Grundstücken, Geld und einzelnen Warenmengen ebensogut Wertgleichungen aufstellen, wie zwischen letzteren allein. Woher kommt dann die Kommensurabilität, da Grundstücke doch offenbar nicht nur Arbeitsprodukte sind?

Man abstrahiert eben beim Austausche keineswegs, wie Marx annimmt, vom Gebrauchswerte überhaupt. Lediglich die spezielle Modalität des Gebrauchswertes der Ware, d. h. ob sie zur Nahrung, Kleidung, Wohnung, zur Produktion dient, tritt zurück, aber durchaus nicht die Frage, ob sie überhaupt Gebrauchswert darstelle.

Die gleichen Arbeitsmengen, welche, nach Marx, in den Waren gleichen Tauschwertes enthalten sein sollen, werden nach der Arbeitszeit gemessen. Maßgebend ist aber nicht die im einzelnen Falle wirklich stattgefundene Arbeitszeit, sondern die gesellschaftlich notwendige Arbeitszeit; d. h. die unter normalen Bedingungen in bezug auf Produktionstechnik, Arbeitsgeschick, Arbeitseifer usw. angewendete Arbeitszeit. Überdies bewirkt die Arbeitsmenge nur dann einen Wert, wenn sie in Produkten verkörpert wird, welche dem gesellschaftlichen Bedürfnisse entsprechen[1]). Damit gibt Marx aber selbst zu, daß die Arbeitsmenge allein nicht für die Bewertung maßgebend ist. Um einen Wert zu erzielen, muß die Arbeit so dirigiert werden, daß sie einem gesellschaftlichen Bedürfnisse dient, also objektiven Gebrauchswert besitzt. Diese Direktion ist aber unter den herrschenden Verhältnissen Sache des Unternehmers, nicht des Arbeiters[2]). Der Wert fließt somit jedenfalls nicht aus der Arbeit des Arbeiters allein, sondern aus dem Zusammenwirken von Arbeiter und Unternehmer. Ebenso ist es ja auch im allgemeinen Sache des Unternehmers, die übrigen für die Wertentstehung maßgebenden Bedingungen (normalen Produktionstechnik, Arbeitsintensität) herbeizuführen.

Bilden, nach Marx, die Arbeitszeiten eines hochqualifizierten Arbeiters und eines Tagelöhners, mögen im übrigen alle für die Wertentstehung notwendigen Bedingungen erfüllt sein, gleiche Werte? Durchaus nicht. Die schwierigere, komplizierte Arbeit gilt als potenzierte oder multiplizierte einfache Arbeit; 10 Stunden gewöhnlicher Durchschnittsarbeit erzeugen vielleicht erst ebensoviel Wert, als 2 Stunden höherer Arbeit.

Fragt man nach einem Beweise für die Behauptungen, so erklärt Marx, die faktischen Austauschverhältnisse besorgten diese Reduktion. Hier liegt aber zweifellos ein Zirkelschluß vor. Marx will erst mit seiner Werttheorie die Austauschverhältnisse erklären und nun müssen die Austauschverhältnisse herhalten, um seine Werthypothese zu stützen. Tatsächlich ist indes eine Kommensurabilität der Arbeitsleistungen keineswegs immer vorhanden. Die Multiplikation der Tagelöhnerarbeit ergibt noch lange keine gelernte Arbeit und die

---

[1]) Kapital I. 3. Aufl. S. 77.

[2]) Marx selbst vergleicht im II. Kap. (3. Aufl. S. 329) den Befehl des Kapitalisten auf dem Produktionsfelde mit dem des Generals auf dem Schlachtfelde, unterläßt es aber die notwendigen Folgerungen zu ziehen.

Multiplikation selbst hochqualifizierter technischer Arbeit bringt noch keine ausgezeichneten dirigierenden und kaufmännischen Leistungen hervor [1]).

Wie der Wert aller Waren, so richtet sich innerhalb der kapitalistischen Wirtschaftsordnung auch der Wert der Arbeitskraft, die ja als Ware gilt, nach der zu ihrer Hervorbringung gesellschaftlich notwendigen Arbeitszeit, d. h. nach der Arbeitszeit, welche notwendig ist, um die Mittel zur gewohnheitsmäßigen Lebenshaltung und Fortpflanzung zu produzieren. Im Lohne hat der Kapitalist den Wert der Arbeitskraft zu bezahlen. Er würde keinen Vorteil aus der Beschäftigung von Arbeitern erzielen, wenn der Wert der Arbeitskraft und der Wert der von ihr geleisteten Arbeit übereinstimmten oder letzterer gar hinter ersterem zurückbliebe; wenn also die Arbeitskraft nur so lange tätig wäre, um die zu ihrer Reproduktion notwendigen Werte zu erzeugen. Der Kapitalist strebt danach, die Arbeiter über die zur Reproduktion der Arbeitskraft erforderliche Zeit hinaus arbeiten zu lasssen. Wäre der Arbeiter z. B. imstande, innerhalb fünf Stunden den zu seiner Lebensfristung notwendigen Bedarf zu erzeugen, während er zehn Stunden vom Arbeitgeber beschäftigt wird, so würde das Arbeitsergebnis von fünf Stunden letzterem als Mehrwert zufallen. Der Kapitalist braucht eben dem Arbeitgeber nur den Wert der Arbeitskraft zu bezahlen, während er selbst die Leistungen des Arbeiters nach Maßgabe der gesellschaftlich notwendigen Arbeitszeit, die in ihnen steckt, auf dem Markte bezahlt erhält. „Der Umstand, daß die tägliche Erhaltung der Arbeitskraft nur einen halben Arbeitstag kostet, obgleich die Arbeitskraft einen ganzen Tag wirken, arbeiten kann, daß daher der Wert, den ihr Gebrauch während eines Tages schafft, doppelt so groß ist als ihr eigener Tageswert, ist ein besonderes Glück für den Käufer, aber durchaus kein Unrecht gegen den Verkäufer“ [2]). Trotz dieses Zugeständnisses gründet Marx seine ganze „Ausbeutungs“-Lehre auf diesen Tatbestand.

Damit jedoch der Kapitalist die Arbeitskraft als Ware auf

[1]) Eine Vervollständigung der marxistischen Werttheorie in der Richtung einer besseren Berücksichtigung der qualifizierten Arbeit hat H. Deutsch, Qualifizierte Arbeit und Materialismus, Wien 1904, unternommen.

[2]) Kapital I. 3. Aufl. S. 174.

dem Markte vorfinde, müsssen verschiedene Bedingungen erfüllt sein[1]). Der Arbeiter muß über seine Arbeitskraft frei verfügen können, also freier Eigentümer seines Arbeitsvermögens, seiner Person sein. Der Arbeiter darf ferner nicht die Möglichkeit haben, selbst Waren, in denen sich seine Arbeit vergegenständlicht hat, zu verkaufen. Er muß genötigt sein, seine Arbeitskraft selbst, die nur seiner lebendigen Leiblichkeit existiert, als Ware feilzubieten. Der Kapitalist muß also den freien Arbeiter auf dem Warenmarkte vorfinden, „frei in dem Doppelsinne, daß er als freie Person über seine Arbeitskraft als seine Ware verfügt, daß er andererseits andere Waren nicht zu verkaufen hat, los und ledig, frei ist von allen zur Verwirklichung seiner Arbeitskraft nötigen Sachen.“ Dieses Verhältnis ist kein naturgeschichtliches, da die Natur nicht auf der einen Seite Geld- oder Warenbesitzer und auf der anderen bloße Besitzer der eigenen Arbeitskräfte produziert. Das Verhältnis ist auch nicht allen Geschichtsperioden gemein. „Es ist offenbar selbst das Resultat einer vorhergegangenen historischen Entwicklung, das Produkt vieler ökonomischen Umwälzungen, des Unterganges einer ganzen Reihe älterer Formationen der gesellschaftlichen Produktion.“

Das vom Kapitalisten bei der Produktion vorgeschossene Kapital (C) zerfällt in zwei Teile; in eine Geldsumme (c), die für Produktionsmittel, und in eine andere Geldsumme (v), die für Arbeitskräfte verausgabt wird; c stellt den in konstantes, v den in variables Kapital verwandelten Wertteil dar. Ursprünglich ist $C = c + v$. Am Ende des Produktionsprozesses ergibt sich ein Warenquantum, dessen Wert $= c + v + m = C^1$, wobei m ein Inkrement von v oder den Mehrwert darstellt. Die weitere Analyse des Prozesses erheischt nun, von demjenigen Teile des Produktenwertes, in dem nur der konstante Kapitalwert (c) wiedererscheint, ganz abzusehen, also $c = o$ zu setzen. „Die Gleichsetzung des konstanten Kapitals mit o befremdet auf den ersten Blick. Indes vollzieht man sie beständig im Alltagsleben. Will jemand z. B. Englands Gewinn an der Baumwollindustrie berechnen, so zieht er vor allem den an die Vereinigten Staaten, Indien, Ägypten usw. gezahlten Baumwollenpreis ab; d. h. er setzt den im Produktenwert nur wiedererscheinenden Kapitalwert $= o$ . . Damit das variable Kapital funktioniere, muß konstantes Kapital in entsprechenden Proportionen, je nach dem bestimmten tech-

[1]) a. a. O. S. 144.

nischen Charakter des Arbeitsprozesses vorgeschossen werden. Der Umstand jedoch, daß man zu einem chemischen Prozeß Retorten und andere Gefäße braucht, verhindert nicht, bei der Analyse von der Retorte selbst zu abstrahieren"[1]).

Setzt man das konstante Kapital = o, so reduziert sich das vorgeschossene Kapital von c + v auf v und der Produktwert c + v + m auf den Produktwert v + m; m drückt hier die absolute Größe des produzierten Mehrwertes aus. „Seine proportionelle Größe aber, also das Verhältnis, worin das variable Kapital sich verwertet hat, ist offenbar bestimmt durch das Verhältnis des Mehrwertes zum variablen Kapital, oder ist ausgedrückt in $\frac{m}{v}$ .... Diese verhältnismäßige Verwertung des variablen Kapitales, oder die verhältnismäßige Größe des Mehrwertes, nenne ich Rate des Mehrwertes"[2]). Die Masse (M) des produzierten Mehrwertes aber ist gleich dem Mehrwert, den der Arbeitstag des einzelnen Arbeiters liefert, multipliziert mit der Anzahl der angestellten Arbeiter. „Da aber ferner die Masse Mehrwert, die der einzelne Arbeiter produziert, bei gegebenem Wert der Arbeitskraft, durch die Rate des Mehrwertes bestimmt ist, so folgt dies Gesetz: Die Masse des produzierten Mehrwertes ist gleich der Größe des vorgeschossenen variablen Kapitals multipliziert mit der Rate des Mehrwertes, oder ist bestimmt durch das zusammengesetzte Verhältnis zwischen der Anzahl der von demselben Kapitalisten gleichzeitig exploitierten Arbeitskräfte und dem Exploitationsgrad der einzelnen Arbeitskraft"[3]). Der Exploitationsgrad bestimmt sich nach dem Verhältnis zwischen der Mehrarbeit und der notwendigen (d. h. zur Reproduktion der Arbeitskraft notwendigen) Arbeit. Der aus der Mehrarbeit gewonnene Mehrwert wird „absoluter Mehrwert", der durch Verminderung der notwendigen Arbeit erzielte „relativer" Mehrwert genannt.

38. Industrielle Reservearmee, Zentralisation, Verelendung und Zusammenbruch.

Der Exploitationsgrad der Arbeit, und somit auch die Masse des Mehrwertes, nimmt zu durch Verlängerung des Arbeitstages und Abkürzung der notwendigen Arbeit. Die Abkürzung der not-

---

[1]) S. 196. [2]) S. 197. [3]) S. 299.

wendigen Arbeit kann erfolgen durch Verbesserung der Technik, Verstärkung der Arbeitsintensität und Verwendung billigerer jugendlicher und weiblicher Arbeitskräfte. Die Vermehrung des Mehrwertes erfolgt also durch Erhöhung der Produktionskraft der Arbeit und Verminderung ihrer Lebensansprüche. Mit der Erhöhung der Produktivität, der ausgedehnteren Anwendung immer vollkommenerer Produktionsmittel geht eine Veränderung in der technischen Zusammensetzung des Kapitales vor sich: eine verhältnismäßige Abnahme des variablen und eine Zunahme des konstanten Kapitalteiles. „Da die Nachfrage nach Arbeit nicht durch den Umfang des Gesamtkapitales, sondern durch den seines variablen Bestandteiles bestimmt ist, fällt sie also progressiv mit dem Wachstum des Gesamtkapitales. . . . . Diese mit dem Wachstume des Gesamtkapitales beschleunigte und rascher als sein eigenes Wachstum beschleunigte relative Abnahme seines variablen Bestandteiles scheint auf der anderen Seite umgekehrt stets rascheres absolutes Wachstum der Arbeiterbevölkerung als das des variablen Kapitales, oder ihrer Beschäftigungsmittel. Die kapitalistische Akkumulation produziert vielmehr, und zwar im Verhältnis zu ihrer Energie und ihrem Umfang beständig eine relative, d. h. für die mittleren Verwertungsbedürfnisse des Kapitals überschüssige, daher überflüssige, oder Zuschuß-Arbeiterbevölkerung" (industrielle Reservearmee) [1]. Sie „drückt während der Perioden der Stagnation und mittleren Prosperität auf die aktive Arbeiterarmee und hält ihre Ansprüche während der Perioden der Überproduktion und des Paroxismus im Zaum" [2].

„Je größer der gesellschaftliche Reichtum, das funktionierende Kapital, Umfang und Energie seines Wachstumes, also auch die absolute Größe des Proletariates und die Produktivkraft seiner Arbeit, desto größer die industrielle Reservearmee. Die disponible Arbeitskraft wird durch dieselben Ursachen entwickelt, wie die Expansivkraft des Kapitales. Die verhältnismäßige Größe der industriellen Reservearmee wächst also mit den Potenzen des Reichtumes. Je größer aber eben diese Reservearmee im Verhältnis zur aktiven Arbeiterarmee, desto massenhafter die konsolidierte Übervölkerung, deren Elend im umgekehrten Verhältnis zu ihrer Arbeitsqual steht. Je größer endlich die Lazarusgeschichte der Arbeiterklasse und die industrielle Reservearmee, desto größer der offizielle Pauperismus.

---

[1] S. 646. [2] S. 656.

Dies ist das absolute allgemeine Gesetz der kapitalistischen Akkumulation. . . . Das Gesetz, wonach eine immer wachsende Masse von Produktionsmitteln, dank dem Fortschritte in der Produktivität der gesellschaftlichen Arbeit, mit einer progressiv abnehmenden Ausgabe von Menschenkraft in Bewegung gesetzt werden kann — dies Gesetz drückt sich auf kapitalistischer Grundlage, wo nicht die Arbeiter die Arbeitsmittel, sondern die Arbeitsmittel den Arbeiter anwenden, darin aus, daß je höher die Produktivkraft der Arbeit, desto größer der Druck der Arbeiter auf ihre Beschäftigungsmittel, desto prekärer also ihre Existenzbedingung: Verkauf der eigenen Kraft zur Vermehrung des fremden Reichtumes oder zur Selbstverwertung des Kapitales. . . . Innerhalb des kapitalistischen Systemes vollziehen sich alle Methoden zur Steigerung der gesellschaftlichen Produktivkraft der Arbeit auf Kosten des individuellen Arbeiters; alle Mittel zur Entwicklung der Produktion schlagen um in Beherrschungs- und Exploitationsmittel der Produzenten, verstümmeln den Arbeiter in einen Teilmenschen, entwürdigen ihn zum Anhängsel der Maschine, vernichten mit der Qual seiner Arbeit ihren Inhalt, entfremden ihm die geistigen Potenzen des Arbeitsprozesses, im selben Maße, worin letzterem die Wissenschaft als selbständige Potenz einverleibt wird; sie verunstalten die Bedingungen, innerhalb deren er arbeitet, unterwerfen ihn während des Arbeitsprozesses der kleinlichst gehässigen Despotie, verwandeln seine Lebenszeit in Arbeitszeit, schleudern sein Weib und Kind unter das Juggernautrad des Kapitales. Aber alle Methoden zur Produktion des Mehrwertes sind zugleich Methoden der Akkumulation, und jede Ausdehnung der Akkumulation wird umgekehrt Mittel zur Entwicklung jener Methoden. Es folgt daher, daß im Maße wie Kapital akkumuliert, die Lage des Arbeiters, welches immer seine Zahlung, hoch oder niedrig, sich verschlechtern muß. Das Gesetz endlich, welches die relative Übervölkerung oder industrielle Reservearmee stets mit Umfang und Energie der Akkumulation im Gleichgewichte hält, schmiedet den Arbeiter fester an das Kapital, als den Prometheus die Keile des Hephästos an den Felsen. Es bedingt eine der Akkumulation von Kapital entsprechende Akkumulation von Elend. Die Akkumulation von Reichtum auf dem einen Pol ist also zugleich Akkumulation von Elend, Arbeitsqual, Sklaverei, Unwissenheit, Brutalisierung und moralischer Degradation auf den Gegenpol, d. h. der Klasse, die ihr eigenes Produkt als Kapital produziert"[1]).

„Das selbst erarbeitete, sozusagen auf Verwachsung des einzelnen unabhängigen Arbeitsindividuum mit seinen Arbeitsbedingungen beruhende Privateigentum (des Bauern und Handwerker) wird verdrängt durch das kapitalistische Privateigentum, welches auf Exploitation fremder, aber formell freier Arbeit beruht. Sobald dieser Umwandlungsprozeß nach Tiefe und Umfang die alte Gesellschaft hinreichend zersetzt hat, sobald die Arbeiter in Proletarier, ihre Arbeitsbedingungen in Kapital verwandelt sind, sobald die kapitalistische Produktionsweise auf eigenen Füßen steht, gewinnt die weitere Vergesellschaftung der Arbeit und weitere Expropriation der Privateigentümer eine neue Form. Was jetzt zu expropriieren, ist nicht länger der selbstwirtschaftende Arbeiter, sondern der viele Arbeiter exploitierende Kapitalist. Diese Expropriation vollzieht sich durch das Spiel der immanenten Gesetze der kapitalistischen Produktion selbst, durch die Zentralisation der Kapitalien. Je ein Kapitalist schlägt viele tot. Hand in Hand mit dieser Zentralisation, oder der Expropriation vieler Kapitalisten durch wenige, entwickelt sich die kooperative Form des Arbeitsprozesses auf stets wachsender Stufenleiter, die bewußte technische Anwendung der Wissenschaft, die planmäßige Ausbeutung der Erde, die Verwandlung der Arbeitsmittel in nur gemeinsam verwendbare Arbeitsmittel, die Ökonomisierung aller Produktionsmittel durch ihren Gebrauch als Produktionsmittel kombinierter, gesellschaftlicher Arbeit, die Verschlingung aller Völker in das Netz des Weltmarktes und damit der internationale Charakter des kapitalistischen Regimes. Mit der beständig abnehmenden Zahl der Kapitalmagnaten, welche alle Vorteile dieses Umwandlungsprozesses usurpieren und monopolisieren, wächst die Masse des Elendes, des Druckes, der Knechtschaft, der Entartung, der Ausbeutung, aber auch die Empörung der stets anschwellenden und durch den Mechanismus des kapitalistischen Produktionsprozesses selbst geschulten, vereinten und organisierten Arbeiterklasse. Das Kapitalmonopol wird zur Fessel der Produktionsweise, die mit und unter ihm aufgeblüht ist. Die Zentralisation der Produktionsmittel und die Vergesellschaftung der Arbeit erreichen einen Punkt, wo sie unerträglich werden mit ihrer kapitalistischen Hülle. Sie wird gesprengt.

[1]) S. 662—664.

Die Stunde des kapitalistischen Privateigentums schlägt. Die Expropriateurs werden expropriiert."

„Die aus der kapitalistischen Produktionsweise hervorgehende kapitalistische Aneignungsweise, daher das kapitalistische Privateigentum, ist die erste Negation des individuellen, auf eigene Arbeit gegründeten Privateigentumes. Aber die kapitalistische Produktion erzeugt mit der Notwendigkeit eines Naturprozesses ihre eigene Negation. Es ist die Negation der Negation. Diese stellt nicht das Privateigentum wieder her, wohl aber das individuelle Eigentum auf Grundlage der Errungenschaft der kapitalistischen Ära: der Kooperation und des Gemeinbesitzes der Erde und der durch die Arbeit selbst produzierten Produktionsmittel"[1]).

Mit diesem Ausblick schloß der erste und für die sozialdemokratische Bewegung weitaus wichtigste Teil des Marxschen Werkes ab. Die folgenden Bände sind erst nach seinem Tode von Friedrich Engels aus dem Nachlaß herausgegeben worden.

39. Der dritte Band des „Kapital". Das Rätsel der Durchschnittsprofitrate[2]).

In diesem kommt es Marx darauf an, „die konkreten Formen aufzufinden und darzustellen, welche aus dem Bewegungsprozeß des Kapitales, als Ganzes betrachtet, hervorwachsen. In ihrer wirklichen Bewegung treten sich die Kapitale in solchen konkreten Formen gegenüber, für die die Gestalt des Kapitales im unmittelbaren Produktionsprozeß, wie seine Gestalt im Zirkulationsprozeß, nur als besondere Momente erscheinen. Die Gestaltungen des Kapitales, wie wir sie in diesem Buche entwickeln, nähern sich also schrittweis der Form, worin sie auf der Oberfläche der Gesellschaft, in der Aktion der verschiedenen Kapitale aufeinander, der Konkurrenz, und im gewöhnllichen Bewußtsein der Produktionsagenten selbst auftreten"[3]).

Es wird zunächst auseinandergesetzt, wie sich Mehrwert in Profit und die Rate des Mehrwertes in Profitrate verwandelt.

[1]) S. 789, 790.

[2]) Vgl. die S. 258 genannte Literatur und v. Bortkiewicz, Zur Berichtigung der grundlegenden theoretischen Konstruktion von Marx im dritten Bande des „Kapital". J. f. N. St. 89. Bd. S. 319—335.

[3]) Kapital III. 1. S. 1, 2.

Was die Ware dem Kapitalisten kostet und was die Produktion der Ware selbst kostet, das sind ganz verschiedene Größen. „Der aus Mehrwert bestehende Teil des Warenwertes kostet dem Kapitalisten nichts, eben weil er dem Arbeiter unbezahlte Arbeit kostet. Da jedoch auf Grundlage der kapitalistischen Produktion der Arbeiter selbst, nach seinem Eintritt in den Produktionsprozeß, ein Ingrediens des in Funktion begriffenen und dem Kapitalisten zugehörigen produktiven Kapitales bildet, der Kapitalist also der wirkliche Warenproduzent ist, so erscheint notwendig der Kostpreis (k) der Ware für ihn als die wirkliche Kost der Ware selbst" [1]). Was der Kapitalist dann als Mehrwert erhält, erscheint ihm als Profit, und er erwartet gleichen Vorteil auf alle Teile des Kapitales, die er vorstreckt. Bezeichnet man den Kostpreis der Ware mit k, den Profit mit p, so wird aus der Formel W (Warenwert) $= c + v + m$ erst $W = k + m$ und schließlich $W = k + p$. Die Rate des Mehrwertes gemessen am Gesamtkapital (C) heißt Profitrate $\left(\frac{m}{C}\right)$ [2]). Würden die Waren stets zu ihren Werten verkauft, so müßten wegen der ungleichen organischen Zusammensetzung des Kapitales in verschiedenen Unternehmungen ungleiche Profitraten entstehen. Der Mehrwert und weiter auch der Profit müßte ja um so größer sein, je mehr der variable Kapitalanteil den konstanten übertrifft.

Wäre z. B. in fünf verschiedenen Produktionssphären folgende ungleiche organische Zusammensetzung des Kapitales vorhanden, so würde sich trotz gleicher Mehrwertsrate $\left(\frac{m}{v}\right)$ von 100 Proz. doch eine ungleiche Profitrate ergeben: [3])

	Mehrwert	Profitrate
80c + 20v	20	20%
70c + 30v	30	30 „
60c + 40v	40	40 „
85c + 15v	15	15 „
95c + 5v	5	5 „

Infolge der freien Konkurrenz können sich diese ungleichen Profitraten nicht behaupten. Das Kapital zieht sich aus Sphären mit niedriger Profitrate so lange in solche mit hoher Profitrate, bis die Abnahme des Angebots dort, die Zunahme desselben hier, einen Ausgleich bewirkt haben. Der Gesamtmehrwert wird dann

[1]) a. a. O. S. 2. [2]) S. 17. [3]) S. 133.

gleichmäßig auf das Gesamtkapital verteilt. Ersterer beträgt 110, letzteres 500, also entsteht eine Durchschnittsprofitrate von 22 Proz. Nimmt man an, in den fünf Produktionssphären sei der Verbrauch an konstantem Kapital 50, 51, 51, 40 und 10, so entstünden folgende Produktionspreise:[1])

$$
\begin{aligned}
50 + 20 + 22 &= 92\\
51 + 30 + 22 &= 103\\
51 + 40 + 22 &= 113\\
40 + 15 + 22 &= 77\\
10 + 5 + 22 &= 37\\
&\overline{\quad 422}
\end{aligned}
$$

Würden die Waren nach ihrem Werte verkauft, so müßten die Preise betragen:

	Unterschied zwischen Produktionspreis und Wert
50 + 20 + 20 = 90	+ 2
51 + 30 + 30 = 111	— 8
51 + 40 + 40 = 131	— 18
40 + 15 + 15 = 70	+ 7
10 + 5 + 5 = 20	+ 17
422	0

Es fallen also nur die Gesamtwerte und Preise zusammen. Die Gesamtheit der Abweichungen der Produktionspreise von den Werten nach oben und unten heben sich gegenseitig auf. Das Wertgesetz reguliert nur das Maß der Abweichung. „Die verschiedenen Kapitalisten verhalten sich hier, soweit der Profit in Betracht kommt, als bloße Aktionäre einer Aktiengesellschaft, worin die Anteile am Profit gleichmäßig pro 100 verteilt werden, und daher für die verschiedenen Kapitalisten sich unterscheiden nach der Größe des von jedem in das Gesamtunternehmen gesteckten Kapitales, nach seiner verhältnismäßigen Beteiligung am Gesamtunternehmen, nach der Zahl seiner Aktien“ [2]). Nur die Summe der Produktionspreise der in der Totalität aller Produktionszweige produzierten Waren kommt der Summe ihrer Werte gleich, und ebenso stimmt der Gesamtprofit mit dem Gesamtmehrwert überein. Aber was läßt sich mit diesen Begriffen „Gesamtprofit“, „Gesamtmehrwert“, „Summe der Preise“, „Gesamtsumme der Werte“ anfangen? Das alles sind ganz unfaßbare, unbestimmbare Größen. Man muß sich vergegenwärtigen, daß wir es

[1]) S. 135. [2]) S. 137.

ja nicht mit kleinen, noch übersehbaren, geschlossenen Territorialwirtschaften, sondern mit der Weltwirtschaft zu tun haben.

Da die Preise der Waren überhaupt somit nicht ihren Werten entsprechen, so ergibt sich, daß auch die Löhne als Preise der Arbeitskraft nicht mit dem Werte der Arbeitskraft übereinstimmen.

Da wegen der fortschreitenden Entwicklung der gesellschaftlichen Produktivkraft der Arbeit der variable Kapitalteil (v) im Verhältnisse zum konstanten Kapitalteile (c) und damit auch zum Gesamtkapital stetig abnimmt, so muß unter sonst gleichbleibenden Umständen (gleicher Rate des Mehrwertes) die allgemeine Profitrate eine Tendenz zum Sinken zeigen. Die gleiche Rate des Mehrwertes z. B. $\frac{m}{v} = 100$ Proz. drückt sich je nach dem verschiedenen Umfange des konstanten Kapitales (c) und damit des Gesamtkapitales C in sehr verschiedenen Profitraten aus:

Wenn $c = 50$, $v = 100$ so ist sie $\frac{100}{150} = 66^1/_3\,\%$

„ $c = 100$, $v = 100$ „ „ „ $\frac{100}{200} = 50\,\%$

„ $c = 200$, $v = 100$ „ „ „ $\frac{100}{300} = 33^1/_3\,\%$

„ $c = 300$, $v = 100$ „ „ „ $\frac{100}{400} = 25\,\%$

„ $c = 400$, $v = 100$ „ „ „ $\frac{100}{500} = 20\,\%$ usw.[1])

Ungeachtet des Sinkens der Profitrate nimmt aber die Profitmasse absolut zu, da das Wachstum des Gesamtkapitales in rascherer Progression erfolgt als das Sinken der Profitrate[2]). Da die Profitrate als die treibende Macht in der kapitalistischen Produktion anzusehen ist und nur produziert wird, was und soweit es mit Profit produziert werden kann, so erzeugt die Entwicklung der Produktivkraft der Arbeit im Falle der Profitrate ein Gesetz, das ihrer eigenen Entwicklung auf einem gewissen Punkt feindlich gegenübertritt, und daher beständig durch Krisen überwunden werden muß[3]). „Der

[1]) S. 191. [2]) S. 204.

[3]) S. 241. Gegen die marxistische Krisentheorie hat besonders Tugan-Baranowski, Studien zur Theorie und Geschichte der Handelskrisen in England, 1901, Stellung genommen.

Widerspruch, ganz allgemein ausgedrückt, besteht darin, daß die kapitalistische Produktionsweise eine Tendenz einschließt nach absoluter Entwicklung der Produktivkräfte . . . während sie anderseits die Erhaltung des existierenden Kapitalwertes und seine Verwertung im höchsten Maß zum Ziel hat" [1]. „Die wahre Schranke der kapitalistischen Produktion ist das Kapital selbst, ist dies: daß das Kapital und seine Selbstverwertung als Ausgangspunkt und Endpunkt, als Motiv und Zweck der Produktion erscheint; daß die Produktion nur Produktion für das Kapital ist und nicht umgekehrt die Produktionsmittel bloße Mittel für eine sich stets erweiternde Gestaltung des Lebensprozesses für die Gesellschaft der Produzenten sind. Die Schranken, in denen sich die Erhaltung und Verwertung des Kapitalwertes, die auf der Enteignung und Verarmung der großen Masse der Produzenten beruht, allein bewegen kann, diese Schranken treten daher beständig in Widerspruch mit den Produktionsmethoden, die das Kapital zu seinem Zwecke anwenden muß, und die auf unbeschränkte Vermehrung der Produktion, auf die Produktion als Selbstzweck, auf unbedingte Entwicklung der gesellschaftlichen Produktivkräfte der Arbeit lossteuern. Das Mittel — unbedingte Entwicklung der gesellschaftlichen Produktivkräfte — gerät in fortwährenden Konflikt mit dem beschränkten Zweck, der Verwertung des vorhandenen Kapitales. Wenn daher die kapitalistische Produktionsweise ein historisches Mittel ist, um die materielle Produktivkraft zu entwickeln und den ihr entsprechenden Weltmarkt zu schaffen, ist sie zugleich der beständige Widerspruch zwischen dieser ihrer historischen Aufgabe und den ihr entsprechenden gesellschaftlichen Produktionsverhältnissen" [2].

Im Falle der Profitrate zeigt sich in rein ökonomischer Weise, selbst innerhalb der Grenzen des kapitalistischen Verstandes, die Schranke, die Relativität der kapitalistischen Produktionsweise, zeigt sich, „daß sie keine absolute, sondern nur eine historische, einer gewissen beschränkten Entwicklungsepoche der materiellen Produktionsbedingungen entsprechende Produktionsweise ist" [3].

Insofern weist auch der dritte Band auf die Unvermeidlichkeit des Zusammenbruches hin, wenn auch nähere Andeutungen über den sozialistischen Charakter der künftigen Ordnung fehlen.

---

[1]) S. 241. [2]) S. 232. [3]) S. 242.

40. Die Versuche von W. Sombart, C. Schmidt und Fr. Engels, die Mehrwerttheorie zu retten.

Die Kapitulation des Wertgesetzes vor den Produktionspreisen im gewöhnlichen Sinne der politischen Ökonomie hat viel Kopfschütteln erregt. Marx ging davon aus, daß die mögliche Gleichsetzung der Waren im Verkehre auf ihrer Wertgleichheit beruhe und endet damit, daß im Verkehre tatsächlich nicht gleiche Werte gegeneinander ausgetauscht werden. Das Wertgesetz bestimmt schließlich nur noch die gesamte Masse des Mehrwertes und insofern die Durchschnittsprofitrate. Der Wert ist also nicht ohne jede Bedeutung für die Gestaltung der wirklichen Preise. Er übt seinen Einfluß aber in sehr mittelbarer, indirekter Weise aus. Und was soll man sich unter den Begriffen Gesamtkapital und Gesamtmehrwert vorstellen? Hätten wir geschlossene nationale Volkswirtschaften von ebenmäßiger kapitalistischer Durchbildung, so käme diesen Begriffen eine gewisse Realität zu. Bei den ausgebreiteten Verkehrsbeziehungen der kapitalistisch entwickelten Länder mit Gebieten prinzipiell verschiedener Wirtschaftsordnungen verlieren diese Begriffe aber jeden konkreten Inhalt.

Es ist somit sehr begreiflich, daß die Frage nach dem Werte des Marxschen Wertbegriffes aufgeworfen worden ist. Er lebt nicht im Bewußtsein der Produktionsagenten, er leitet nicht ihren Kalkul, er ist keine Bewußtseinstatsache der Käufer und Verkäufer, er hat in der Wirklichkeit keine Existenz.

Nichtsdestoweniger glaubt W. Sombart[1]) in dem Marxschen Werte ein Hilfsmittel des ökonomischen Denkens, eine logische Tatsache erblicken zu dürfen. Er gestatte uns qualitativ verschiedene Waren quantitativ aufeinander zu beziehen, sie kommensurabel zu machen. Daß Waren Arbeitsprodukte seien, bilde ihre ökonomisch erheblichste Tatsache. Der Wertbegriff im Marxschen Sinne sei nichts anderes als der ökonomische Ausdruck für die Tatsache der gesellschaftlichen Produktivkraft der Arbeit als Grundlage des wirtschaftlichen Daseins. Es komme mit Hilfe dieser Hypothese am

---

[1]) Zur Kritik des ökonomischen Systemes von K. Marx, A. f. s. G. VII., S. 555 ff., und moderner Kapitalismus. I. S. 260 bis 267. Vgl. ferner die Polemik zwischen Brentano und Sombart in der Nation. XXII. Nr. 18, 21, 25.

klarsten zum Bewußtsein, daß die ganze Kulturentwicklung von der gesellschaftlichen Produktivität der Arbeit abhänge.

Wovon hängt denn aber die gesellschaftliche Produktivität der Arbeit selbst ab? Zum nicht geringen Teile doch von den Leistungen des immateriellen Produzenten, von den Fortschritten der Wissenschaften, von Bildung und Erziehung, von den technischen, kaufmännischen und organisatorischen Talenten des Unternehmers[1]). Aber gerade diese Momente kommen innerhalb der Marxschen Werttheorie durchaus nicht zu ihrem Rechte. Sie erleichtert ihr Verständnis nicht nur nicht, sondern erschwert es in beträchtlichem Maße. Die Leistungen der volkswirtschaftlichen Offiziere, der Dirigenten des wirtschaftlichen Orchesters um Marx' eigene Worte zu gebrauchen, werden über derjenigen der Soldaten vergessen. Und

[1]) Vgl. die feine und geistvolle Analyse des Unternehmergewinnes durch E. Abbe, Sozialpolitische Schriften. S. 133 ff.: „Es gibt einen Organisationsgewinn, der einfach daraus entspringt, daß viele zusammenarbeiten und sich gegenseitig ergänzen und gemeinsames Kapital benutzen und dadurch in 5 Tagen oder einer Woche soviel oder mehr arbeiten können, als ihnen dies einzeln, getrennt und ohne gegenseitige Unterstützung, in 9 oder 10 Tagen zu leisten möglich wäre." Das ist der gewöhnliche Unternehmergewinn. „Nun gibt es aber außerdem noch in einem anderen Sinne eine Organisation, die Quelle eines speziellen Unternehmergewinnes werden kann. Das sind nämlich diejenigen feineren Organisationen, welche aus der gemeinsamen Arbeit noch mehr Vorteile zu ziehen wissen, als es sonst, mit gewöhnlichen Mitteln, möglich ist. Dieser Gewinn rührt her aus den feineren Eigenschaften unserer Organisation, die nicht bloß Kapital in Form von Gebäuden und Maschinen, nicht bloß Arbeitsteilung und kaufmännische Verwaltung eingerichtet hat und zur Verfügung stellt, sondern die durch lange Traditionen ein viel intensiveres Zusammenwirken ganz heterogener Elemente herbeigeführt hat, die zusammen Werte erzeugen, welche die einzelnen nicht gewinnen können." Auf Abbes Theorie hin hat die Firma Carl Zeiß für über 10 Millionen Mark Mikroskope produziert. Von diesen 10 Millionen wären aber nach der Annahme von Zeiß $9^1/_2$ Millionen sicher nicht produziert worden, wenn Abbe nicht dabei gewesen wäre. Da man in England, Frankreich und Amerika für die bloße Erlaubnis dasselbe machen zu dürfen, was die Zeißwerke ausführen, 10 Proz. des Einzelverkaufswertes bezahlt, so darf angenommen werden, daß ungefähr 10 Proz. des Verkaufswertes einen solchen, auf der engen Verbindung mit den wissenschaftlichen Leistungen Abbes beruhenden speziellen Organisationsgewinn darstellen.

wie manche Äußerungen aus den Kreisen der im Dienste sozialistischer Arbeiter selbst stehenden Persönlichkeiten schließen lassen, trägt der Marxsche Kultus der „Durchschnittsarbeit" bereits seine bitteren Früchte [1]). Insofern erscheint mir der Sombartsche Rettungsversuch nicht glücklich zu sein.

Conrad Schmidt [2]) legt noch mehr als Sombart Gewicht darauf, daß die Regulierung der Profitrate durch das Wertgesetz etwas schaffe, was sich über das sinnverwirrende Treiben der Konkurrenz herrschend erhebe. Die Konkurrenz empfange ihren obersten Regulator doch durch das Wertgesetz. So werde allein die Möglichkeit geschaffen, theoretische Einsicht in das Getriebe der kapitalistischen Wirklichkeit zu bekommen. Es sei eine theoretisch notwendige Fiktion.

Friedrich Engels [3]), wohl der berufenste Interpret, hat diese Auffassungen als nicht unrichtig bezeichnet. Sie gingen aber zu weit. Dem Wertgesetze komme nicht nur eine logische Bedeutung zu. Es erläutere auch historische Prozesse und habe früher eine gewisse empirische Gültigkeit besessen. Marx sage ja selbst: „Abgesehen von der Beherrschung der Preisbewegung durch das Wertgesetz, ist es durchaus sachgemäß, die Werte der Waren nicht nur theoretisch, sondern auch historisch als das Prius der Produktionsweise zu betrachten. Es gilt dies für Zustände, wo dem Arbeiter die Produktionsmittel gehören, und dieser Zustand findet sich in der alten, wie in der modernen Welt, beim selbstarbeitenden grundbesitzenden Bauer und Handwerker" [4]). Da der Bauer wegen der hauswirtschaftlichen Organisation eines beträchtlichen Teiles seiner Bedarfsbefriedigung und der Handwerker wegen seiner landwirtschaftlichen Nebenbeschäftigung über die Arbeitsmengen, welche zur Produktion einer Ware erforderlich waren, ziemlich zutreffende Vorstellungen besessen hätten, so hätte sich auch der Tauschverkehr nach der Rücksicht auf die Arbeitsquanta abgespielt. Eine Durchschnittsprofitrate habe sich zuerst im auswärtigen Handel ausgebildet, gestützt auf Monopolstellungen, Privilegien und genossenschaftlichen Zu-

[1]) S. P. X. S. 1141.

[2]) Der dritte Band des „Kapital". S. C. IV. S. 256—258; Grenznutzen und Marxsche Wertlehre. Sozialistische Monatshefte. 1897. 1. Heft.

[3]) Ergänzung und Nachtrag zum dritten Buch des „Kapital". N. Z. XIV. I. S. 4—11, 37—44.

[4]) Kapital III. 1. S. 156.

sammenschluß aller am Verkehr beteiligten Kaufleute einer Nation. Indem das Handelskapital Handwerker und Hausindustrielle verlegte, d. h. allmählich in Lohnarbeiter verwandelte, habe es, um sich die gewohnte Profitrate zu sichern, begonnen auf den Lohn zu drücken, während die Waren selbst noch zu ihren Werten verkauft worden seien. Obwohl mit dem Aufkommen des Fabrikwesens der konstante Kapitalteil den variablen immer mehr überragte, so sei auch da die Erzielung der überlieferten Profitrate leicht möglich gewesen, da die Fabriken zunächst mit Produkten in Konkurrenz traten, welche nach älterer Methode mit sehr viel größerer gesellschaftlich notwendigen Arbeitszeit hergestellt worden waren. Die Durchschnittsprofitrate habe es dann verhindert, daß die Maschinenprodukte auf ihren wirklichen Wert herabgingen.

So interessant und geistreich diese Ausführungen sein mögen, so können sie die Tatsache nicht erschüttern, daß innerhalb der modernen kapitalistischen Produktionsweise das Wertgesetz eben doch keine reale Bedeutung hat[1]).

41. Abschließende Bemerkungen über den Marxismus[2]).

Ebensowenig wie die Wert- und Mehrwertlehre können die Theorien, welche die Zentralisation, die Verelendung und die sozia-

---

[1]) Siehe Bemerkungen zur Kritik der Werttheorie auch bei v. Struve, Rezension von Bernsteins „Voraussetzungen des Sozialismus" und Kautskys „Bernstein und das sozialdemokratische Programm". A. f. s. G. XIV. S. 726—730.

[2]) Bei den großen Schwierigkeiten, welche das Studium des Marxismus dem Anfänger bereitet, sind für diesen Zweck vielleicht einige Ratschläge willkommen. Es empfiehlt sich, mit den an die weitesten Kreise gerichteten Arbeiten zu beginnen, nämlich mit dem „Kommunistischen Manifest" von 1848 und „Lohnarbeit und Kapital" (1849). Daran können angeschlossen werden Engels, „Die Entwicklung des Sozialismus von der Utopie zur Wissenschaft" und Kautskys „K. Marx ökonomische Lehren gemeinverständlich dargestellt". Ehe man zum Studium des Hauptwerkes von Marx schreitet, sollte noch dessen Arbeit „Zur Kritik der politischen Ökonomie" 1859 gelesen werden. Auf die Lektüre des I. Bandes des „Kapital" läßt man am besten diejenige des III. folgen. Der II. Band stellt die größten Anforderungen an den Leser und sollte daher erst zum Schlusse vorgenommen werden. Dabei wird vorausgesetzt, daß sich der Studierende über die Grundlehren der Nationalökonomie bereits durch das Studium eines der bekannten Hand-

listische Mission des Proletariates betreffen, als richtig anerkannt werden. In anderem Zusammenhange ist bereits die Frage erörtert worden, welche Gültigkeit die Zentralisationstendenz in Landwirtschaft und Gewerbe beanspruchen kann[1]). Selbst in letzterem ist sie erst in bezug auf einzelne Wirtschaftszweige (Kohlenbergbau, Eisen- und Stahlindustrie) soweit vorgedrungen, daß der Übergang der bestehenden Privatbetriebe an die Gesellschaft erfolgen könnte[2]). Die Behauptung aber, daß mit der Zentralisation des Kapitales auf der einen Seite die Zunahme des Elendes auf der anderen erfolge,

---

bücher (Cohn, Conrad, Philippovich, Platter) informiert hat. Noch besser ist es, wenn auch Turgot, Ad. Smith und Ricardo durchgenommen worden sind. Erst nach ausreichender Bekanntschaft mit dem Systeme von Marx sollte an die kritische Literatur (v. Böhm-Bawerk!) geschritten werden.

[1]) O. Spann hatte auf der Tagung der Arbeitgeberverbände in Köln (März 1922) neben manchen anderen erstaunlichen Behauptungen auch erklärt, daß die „Konzentrationslehre“ vom Fachgelehrtentum ganz unerörtert geblieben sei, mußte aber schließlich (S. 27 und 28) selbst zugeben, es sei „bekannt“, daß das Gesetz in der Landwirtschaft nicht gelte, und ein „oft hervorgehobener“ Beweisgrund bestehe darin, daß Konzentration der Betriebe nicht auch Konzentration des Eigentums bedeute. Hat das „Fachgelehrtentum“, ja selbst das „norddeutsche“, sich gar keine Verdienste um diese Erkenntnisse erworben? Weiß Spann wirklich nicht, daß es Max Sering und Max Weber gewesen sind, welche bei ihren Untersuchungen über innere Kolonisation und Landarbeiterverhältnisse zuerst die Lebensfähigkeit, ja teilweise größere Konkurrenzfähigkeit des bäuerlichen Betriebes dargetan haben? Und was den Satz betrifft, den Spann für seine Entdeckung zu halten scheint: „für den kleinen Markt Kleinbetrieb, für den großen Markt den Großbetrieb“, so hat K. Bücher dasjenige, was in diesem Ausspruche richtig ist, weit besser formuliert, wenn er erklärt: „Wenn das Handwerk auch die Städte jetzt verliert, so hat es dafür das Land erobert“. (Bücher's Referat auf der Kölner Versammlung des Vereins für Sozialpolitik. S. d. V. f. S. LXXVI. S. 33).

Ich selbst hatte in den Ausführungen über „Gewerbliche Mittelstandspolitik“ in diesem Bande stets betont, das Handwerk besitze eine Reihe von besonderen Vorzügen, welche dessen Lebensfähigkeit auch vom Standpunkte der Arbeiterinteressen zu einer erfreulichen Tatsache machten. Vgl. S. 49 f.

[2]) H. G. Heymann, Die gemischten Werke im deutschen Großeisengewerbe. Stuttgart und Berlin 1904.

widerspricht offenkundigen Tatsachen. Gerade die Industriezweige, in denen der Zentralisationsprozeß relativ weit vorgeschritten ist, gewähren oft die besten Arbeitsbedingungen. Und wenn man, um den Marxschen Gedanken zu retten, betont, es brauche die zunehmende Ausbeutung keine Verschlechterung der Lage einzuschließen, sondern der Arbeiter erscheine nur mit Rücksicht auf die gestiegene Produktivität seiner Arbeit, mit welcher die Lohnsteigerung nicht gleichen Schritt gehalten habe, in höherem Grade exploitiert, so übersieht man, daß auf den Arbeiter, wie amerikanische und englische Verhältnisse deutlich zeigen, eine derartig theoretisch konstruierte „Verelendung" keinen psychologischen Eindruck macht. Geht es ihm absolut besser, so bedeutet das in der Regel eine Verminderung der sozialen Konflikte und der revolutionären Energie.

Und wenn eine wirkliche Verelendung einträte, so könnte sie zwar die revolutionären Neigungen des Proletariats verstärken, aber ein verelendetes Proletariat würde nimmermehr die hohe Mission, die ihm Marx zuschreibt, die Wiedergeburt der gesamten Gesellschaft zustandebringen.

Das sind Gedanken, die heute selbst von einem erheblichen Teile derjenigen Theoretiker anerkannt werden, die sich selbst als Marxisten bezeichnen [1]).

Mögen die Lehren von Marx auch Irrtümer sein, so sind es doch tiefsinnige und für die wissenschaftliche Entwicklung äußerst fruchtbare Irrtümer gewesen. In einem titanischen Drang hat er versucht, über den Schein hinweg in das Wesen der ökonomischen Entwicklung einzudringen. Er ist dabei auf Abwege geraten wie die transzendentale Philosophie. Sein ökonomischer Transzendentalismus wird aber in der Geschichte des menschlichen Denkens einen

---

1) Vgl. Bernstein, Die Voraussetzungen des Sozialismus und die Aufgabe der Sozialdemokratie. Stuttgart 1899; P. v. Struve, Die Marxsche Theorie der sozialen Entwicklung. A. f. s. G. XIV. 658—705; L. Woltmann, Der historische Materialismus. Düsseldorf, 1900; P. Kampffmeyer, Wohin steuert die ökonomische und staatliche Entwicklung? Berlin 1901. Als orthodoxe Marxisten sind dagegen zu nennen: K. Kautsky, Bernstein und das sozialdemokratische Programm. Stuttgart 1899; Dr. Rosa Luxemburg, Sozialreform und Revolution. Leipzig 1899; Dieselbe, Akkumulation des Kapitales. Ein Beitrag zur ökonomischen Erklärung des Imperialismus. Berlin 1913.

ebenso ehrenvollen Platz behaupten wie der philosophische. Aber Marx war nicht nur ökonomischer Denker und Philosoph. Über dem Gelehrten, über dem Intellekt stand der Wille, eine leidenschaftliche, revolutionäre Energie, ein agitatorisches und organisatorisches Genie, der Mann, dem der wütende Haß gegen den Kapitalismus aus allen Poren drang, der mit brennender Ungeduld den Tag des Umschwunges, des allgemeinen Zusammenbruchs herbeisehnte[1]). Dann wollte er als unumschränkter Herrscher des siegreichen Proletariats der ganzen Gesellschaft den Stempel seines Geistes aufdrücken. So unpersönlich und objektiv ursprünglich auch ein Gedanke von ihm erfaßt werden mag, in der Ausführung bricht seine leidenschaftliche, dämonische Natur immer wieder durch und macht sich bald in beißendstem Sarkasmus, bald in gröbsten Injurien Luft. Während nach seiner eigenen Lehre der Sozialismus erst aus einer ökonomischen Entwicklung hervorgehen soll, von der selbst die am weitesten vorgeschrittenen Länder heute noch weit entfernt sind, arbeitet er rastlos an der Vorbereitung der Revolution und erwartet sie für die nächste Zeit. So ist viel Widerspruchvolles, Verwirrendes in sein System gekommen. Diese Mängel waren um so verhängnisvoller, als sie sich unter dem schwer verständlichen philosophischen Jargon der Hegelschen Schule versteckten.

Hält auch die Hypothese, die Marx über den Mehrwert und die Mehrarbeit aufgestellt hat, der Kritik nicht stand, die Tatsache der Mehrarbeit bleibt nichtsdestoweniger bestehen und wird jeden Sozialtheoretiker und -politiker intensiv beschäftigen.

Jedermann weiß, daß es Leute gibt, welche, ohne selbst wirtschaftliche Güter zu produzieren, doch über solche, zuweilen sogar in sehr beträchtlichem Umfange, verfügen. Es müssen also die Produzenten unter irgend einem Titel veranlaßt worden sein, Teile ihres Arbeitsertrages an andere abzutreten. Die Abtretung kann direkt, gewissermaßen als Tribut oder Zoll, von Personen, die eine Art Monopolstellung als Grund- oder Kapitalbesitzer genießen, erreicht worden sein. Sie kann aber auch mittelbar als Folge allgemeiner Zusammenhänge auftreten. So fällt beispielsweise demjenigen, welcher seine Ware zu geringeren als den Grenzkosten[2]) herstellen

[1]) Vgl. Sombart, Sozialismus und soziale Bewegung. 6. Aufl. Jena 1908. S. 72 ff.

[2]) Unter Grenzkosten werden die Kosten verstanden, welche von den am schlechtesten gestellten Unternehmungen aufzuwenden

kann, ein Extragewinn, eine Prioritätsrente zu. Diese arbeitslosen Einkommensbildungen möglichst einzuschränken, das ist von jeher eines der vornehmsten und begründetsten Ziele des Sozialismus gewesen.

Die Abtretung materieller Güter erfolgt ferner in zahlreichen Fällen gegen den Genuß immaterieller Leistungen. Mit der Ausbildung der ganzen gesellschaftlichen Arbeitsteilung und der höheren Kultur überhaupt wächst die Zahl der Personen, welche als Kopfarbeiter selbst keine materiellen Güter unmittelbar produzieren, deren Arbeit aber sogar für die Zunahme der materiellen Kultur von der allergrößten Bedeutung ist. Es ist die große Schwäche der sozialistischen Systeme, und ganz besonders des Marxismus, auch diese immateriellen Produzenten ökonomisch als Ausbeuter der Handarbeiter erscheinen zu lassen. Marx erklärt zwar, daß sich mit der Entwicklung der Kooperation der Begriff des produktiven Arbeiters erweitere. Es sei für ihn nicht mehr notwendig, selbst Hand anzulegen, es genüge, Organ des Gesamtarbeiters zu sein[1]. Marx hat dabei zunächst die leitenden Persönlichkeiten eines größeren Betriebes im Auge. Der Gedanke trifft aber für den gesamten arbeitsteilig organisierten Prozeß unserer Volkswirtschaft zu. Ebenso wenig wie der den Betrieb leitende Unternehmer, sind die Lehrer, die Ärzte, die Schriftsteller, die Beamten, Richter, Anwälte usw. als parasitäre Existenzen anzusehen. Die Verfolgung dieser Gedankenreihe hat der Marxismus leider in höchstem Maße vernachlässigt. Gewiß kann die Zahl solcher Existenzen nur in einem bestimmten Verhältnisse zum Entwicklungsgrade der Produktivität der gesellschaftlichen Arbeit stehen. Aber dieser Entwicklungsgrad ist in erster Linie gerade von den Leistungen der immateriellen Produzenten abhängig. Jede wirtschaftliche oder soziale Organisation, welche diese Leistungen beeinträchtigt, würde zum Totengräber des Fortschrittes werden.

Damit soll nicht in Abrede gestellt sein, daß es heute schwierige und deshalb sehr hohe Vergütungen erlangende Funktionen gibt, die gewissermaßen nur eine historische, keine absolute Geltung haben. Der ungeordnete Zustand unserer wirtschaftlichen Verhältnisse, die

---

sind, deren Produktion aber zur Deckung des Marktbedarfes noch erforderlich ist und deren Kosten deshalb den Preis bestimmen.

[1]) Kapital I. 3. Aufl. S. 520.

Herrschaft der Marktkonjunkturen macht die Tätigkeit des Unternehmers, die Anpassung der Produktion an das gesellschaftliche Bedürfnis zu einer oft überaus riskanten und verantwortlichen Aufgabe. Solange diese Verhältnisse bestehen, wird auch ein relativ hohes Unternehmereinkommen unvermeidlich sein. Ob es gelingen wird, durch genossenschaftliche Organisation des Konsums und durch Kartellierung der Unternehmungen die Unternehmerfunktion wenigstens auf dem heimischen Markte zu erleichtern und zu vereinfachen, steht dahin. Jedenfalls könnte erst dann die Prämie, die heute der Unternehmer bezieht, ohne Schaden für das Ganze wesentlich herabgesetzt werden.

Anders verhält es sich mit der reinen Rente. Nachdem in anderem Zusammenhange bereits auf die Bedeutung der Grundrente, insbesondere der städtischen, Rücksicht genommen worden ist, braucht hier nur von der Kapitalrente gesprochen zu werden. Auch sie hat ebensowenig wie die ländliche Grundrente bloß einen ausbeuterischen Charakter. Die Institution des privaten ländlichen Grundeigentumes wird durch das intensive Interesse, das sie für die Bewirtschaftung des Bodens erzeugt, unter Umständen reichlich vergolten. In ähnlicher Weise bildet der Reiz, rentierendes Kapitaleigentum zu erwerben eine Triebfeder, deren Wirksamkeit auf absehbare Zeit in unserem, volkswirtschaftlichen Getriebe nicht ganz wird entbehrt werden können. Außerdem muß erwogen werden, daß die Kapitalrente auch in erheblichem Umfange als die Nährmutter wertvoller immaterieller Leistungen funktionieren kann. Die Persönlichkeiten in Armee und Beamtentum, in den Vertretungskörpern, in der Selbstverwaltung, in Wissenschaft, Kunst und Literatur werden nicht sehr zahlreich sein, welche, ohne auch Kapitalrenten zu beziehen, dasselbe zu leisten vermöchten, was sie tatsächlich leisten oder wenigstens leisteten, ehe sie durch die Papiergeldwirtschaft expropriiert worden sind. Nun könnte man einwenden, daß an Stelle der einschrumpfenden oder wegfallenden Kapitalrente ja höhere Besoldungen ausgeworfen werden könnten. Das ist theoretisch wohl denkbar, politisch aber nicht sehr wahrscheinlich: wie jede Besoldungsreform lehrt. Nach der Besoldungsregelung vom 1. April 1922 erhalten im Reiche Ministerialräte ein Realeinkommen von 3 225 Mark, Ministerialdirektoren 4 393, während ihr Einkommen 1913 10 966 Mark, bezw. 16 520 betrug. Der gelernte Arbeiter bezog 1922 ein Realeinkommen von 1354 Mk., der ungelernte Arbeiter 1282 Mk. Der Ministerialrat muß sich also mit dem $2^1/_2$ fachen Einkommen der ungelernten Arbeiter begnügen [1]). Immerhin würde auch bei besseren Besoldungsverhältnissen ein wesentlicher Vorteil preisgegeben werden müssen: die relative Freiheit, welche die Kapitalrente gewährt. Heute bietet die Vermögensrente auch in straff organisierten Staatswesen ein nicht zu unterschätzendes Moment der Unabhängigkeit. Mag heute der Staat in der Verwaltung der geistigen Interessen oder auf anderen Gebieten Fehler begehen, so können sie bis zu einem beträchtlichen Grade durch den unabhängigen Besitz korrigiert werden. Davon wäre aber keine Rede mehr, wenn es nur noch staatlich anerkannte und besoldete immaterielle Produzenten geben würde. In Sowjetrußland besteht tatsächlich dieser Zustand. Der geistige Tod der Nation ist die notwendige Folge gewesen.

Die an sich berechtigte und notwendige Einschränkung des Renteneinkommens zugunsten des Arbeitseinkommens wird daher auf die Grenze wohl zu achten haben, bei deren Überschreitung die gesellschaftlichen Vorteile der Veränderungen von den Nachteilen aufgewogen zu werden beginnen.

Der Marxismus bedeutet aber weit mehr als ein nationalökonomisches Lehrgebäude wie etwa das Ricardos, er ist eine Weltanschauung, beinahe eine Religion. Es war sein Glück, daß er in einer Epoche des Kampfes zwischen dem Idealismus Hegels und dem Materialismus Feuerbachs beiden geistigen Strömungen entgegenkam, es ist sein Verhängnis, daß es ihm nicht gelungen, diese Gegensätze in einer höheren Synthese aufzuheben. Im Sturme großer politischer Bewegungen wurden die idealistischen und materialistischen Elemente der Lehre wohl so gewaltig durcheinander geschüttelt, daß es scheinen mochte, als ob sie zu einer neuen organischen Verbindung verschmolzen wären. In ruhigeren Zeiten wurde es aber mehr und mehr offenbar, daß nur eine vorübergehende mechanische, nicht eine dauernde chemische Verbindung erfolgt war, daß die idealistischen und materialistischen sich gegenseitig abstießen und das Gefüge des Ganzen zu sprengen drohten [2]).

Der Hegelschen Philosophie entstammt der felsenfeste Glaube an einen streng gesetzmäßigen, aber auch vernünftigen, die Freiheit

---

[1]) Vgl. auch Wirtschaft u. Statistik 1922 S. 508—510.

[2]) Vgl. Plenge, Marx und Hegel 1911, S. 97 ff.

der Menschheit vollendenden Verlauf der Geschichte. Dieser optimistische, religiöse Grundzug steht in voller Harmonie mit dem Idealismus Hegels, findet aber im Materialismus Marxens keinerlei Stützen. Warum soll aus dem blinden Walten der mechanischen Gesetze, aus dem Durcheinanderwirbeln der Atome gerade ein menschlich so beglückendes Endergebnis, warum nicht auch Tod und Vernichtung hervorgehen?

Weniger optimistisch als das Endziel werden, und zwar von Hegel und Marx, die Mittel beurteilt, deren sich der Weltgeist zur Verwirklichung seiner Absichten bedient. Der universelle Geist Hegels erblickt die gewaltigsten Triebkräfte alles Geschehens in den menschlichen Leidenschaften, ja in der Macht des Bösen. Marx läßt sich durch seinen Materialismus dazu verleiten, die grandiose Lehre Hegels einzuengen und nur die ökonomischen, die Klassen-Interessen anzuerkennen.

Die Annäherung an das Endziel erfolgt bei Hegel und Marx nicht auf direktem Wege, sondern in Gegensätzen und Rückschlägen.

Die Konkurrenz erzeugt ihren Gegensatz, das Monopol, die höchste Entwicklung des Privateigentums schlägt in die Herrschaft des Kollektiveigentumes um, der Kapitalismus in den Sozialismus, die Verelendung der Massen, die Zuspitzung der Klassengegensätze, führt zu einer „Assoziation, worin die freie Entwicklung eines Jeden die Bedingung für die freie Entwicklung Aller ist". Nach Marx heißt es „je schlimmer, desto besser" und der Umschlag erfolgt katastrophen-, explosionsartig in gewaltsamen Revolutionen. Hegel dagegen lehrt die Ausgleichung der Gegensätze, die Evolution, die Reform.

Hegel hatte es trotz seines Glaubens an den gesetzmäßigen Verlauf des welthistorischen Prozesses, der unabhängig von individueller Willkür wie die Gestirne am Firmamente seine Bahn vollendet, dennoch vortrefflich verstanden, der Wirksamkeit großer Männer, der Helden im Carlyleschen Sinne, vollauf gerecht zu werden. Sie erscheinen ihm als Geschäftsführer des Weltgeistes, als Seelenführer, dem sich die Anderen unterordnen, da sie fühlen, wie sehr deren Taten der Not der Zeit entsprechen.

Marx glaubt, obwohl er selbst zweifelsohne einen solchen Seelenführer im Hegelschen Sinne darstellt, auch hier wieder den Gegensatz vertreten zu müssen und verlegt alle Wirksamkeit in die Wucht der unpersönlichen Klasseninteressen und Klassenkämpfe.

Soweit der tatsächliche Verlauf der Geschichte der letzten Jahrzehnte ein Urteil zu fällen gestattet, hat sie weit mehr die Sätze Hegels als diejenigen Marxens bestätigt. So ist nicht nur der ökonomische, sondern auch der geschichtsphilosophische Teil des Marxismus in eine Krise geraten. Und gerade die aus der materialistischen Umstülpung der Hegelschen Lehren entstandenen Theorien des Marxismus werden am eifrigsten „revidiert". Auch die jüngere Generation der Marxisten sehnt sich aus der materialistischen Verödung zu geistigen Lebensgründen zurück und sucht ihren Hunger nach Weltanschauung bei anderen Denkern zu stillen. Zurück auf Kant! rufen die einen, während die anderen noch schwanken, ob sie sich dem Zuge der Zeit[1]) „Zurück auf Hegel" anschließen sollen. Die Überzeugung bricht sich Bahn, daß der Sozialismus ohne Religion nicht auskommen kann[2]). „Große Gedanken werden nur in reinen Herzen geboren und entfalten sich nur in den Köpfen von Menschen, die ihr Leben nicht für sich, sondern für eine ganz außerhalb ihrer persönlichen Interessensphäre liegenden Sache leben. Tagtäglich können wir die Beobachtung machen, daß der kollektive Egoismus, das pure Selbstinteresse einer größeren oder kleineren Zahl von Personen nicht ausreicht, um auch nur den kleinsten Verein, setze er sich nun genossenschaftliche, gewerkschaftliche oder politische Zwecke, am Leben zu erhalten und zu andauernder Entwicklung zu bringen . . . Mit dem Klassen- und Masseninteresse allein lassen sich soziale Institutionen, Werke der Solidarität nicht schaffen" [3]).

---

[1]) Vgl. Windelband, Die Erneuerung des Hegelianismus. 1910.

[2]) Vgl. die interessanten Auseinandersetzungen über die Bedeutung der Religion für den Sozialismus von H. Müller, W. Maurenbrecher und P. Kampffmeyer in den Sozialistischen Monatsheften 1910 S. 1665—1669, 1911 S. 33—45, S. 240 bis 246.

[3]) H. Müller, S. M. 1910. S. 1668.

Neuntes Kapitel.

Die sozialdemokratische Bewegung im Deutschen Reiche.

42. Ferdinand Lassalle[1]).

Die heute bestehende sozialdemokratische Arbeiterpartei stand in ihren Anfängen nicht unter dem unmittelbaren Einfluß von Marx und Engels, sondern wurde durch Ferdinand Lassalle begründet. Mehr als ein Jahrzehnt haben in ihr die Ideen von Lassalle mit denen des Marxismus gerungen. Auf ökonomischem Gebiete sind sie vollkommen geschlagen worden, dagegen hat in der politischen Taktik tatsächlich immer wieder die Lösung: Zurück zu Lassalle! Anhänger gefunden.

Lassalle wurde am 11. April 1825 in Breslau als Sohn eines wohlhabenden Seidenkaufmannes geboren[2]). Seine Eltern steckten noch tief in jenem östlichen Judentum, dessen Verhältnisse in G. Freytags „Soll und Haben" so meisterhaft geschildert worden sind. Die Sprache, die im Familienverkehr üblich war, scheint dem deutschjüdischen Jargon näher als dem Schriftdeutschen gestanden

[1]) Die Werke Lassalles sind von E. Bernstein in drei Bänden (Berlin, Verlag des Vorwärts, 1882) kommentiert und herausgegeben worden. Den Briefwechsel zwischen Lassalle und Rodbertus haben Schumacher-Zarchlin und A. Wagner (Berlin 1897), denjenigen zwischen Lassalle, Marx und Engels hat Frz. Mehring (Stuttgart 1902) veröffentlicht. Unter den Schriften über Lassalle verdienen Brandes, F. Lassalle ein literarisches Charakterbild, 4. Aufl., Leipzig 1900, und H. Oncken, Lassalle, 3. Aufl., Stuttgart 1920 den ersten Platz. Das Buch von B. Harms, F. Lassalle und seine Bedeutung für die deutsche Sozialdemokratie 1909 ist auf den Ton unbedingter Bewunderung gestimmt. Vgl. im übrigen die Literaturangaben von Diehl, Art. Lassalle. Aus dem Nachlasse Lassalle's, dessen Erschließung für die Forschung Gustav Mayer geglückt ist, werden Briefe und Schriften herausgegeben, von denen Bd. I. (1921) und Bd. III (1922) vorliegen. Mayer hat dazu sehr wertvolle Einführungen verfaßt.

[2]) Französischen Ursprungs, wie man aus der Schreibweise des Namens vermuten konnte, war die Familie nicht. Sie soll aus Loslau im Reg.-Bezirke Oppeln stammen und erst Loslauer geheißen haben: Daraus wurde Lassal, das Ferdinand nach einem Aufenthalte in Frankreich in Lassalle verwandelte.

zu haben und auch die vertrauten Briefe Lassalles selbst aus späteren Jahren, sind mit derartigen Ausdrücken stark durchsetzt. Der junge Lassalle war von Idealen erfüllt, die man heute als zionistisch bezeichnen würde. „Es ist immer meine Lieblingsidee", schreibt der Fünfzehnjährige in sein Tagebuch, „an der Spitze der Juden mit den Waffen in der Hand sie selbständig zu machen." Das jüdische Nationalgefühl bringt ihn in schroffen Gegensatz zu einer Staats- und Gesellschaftsordnung, welche den Juden die staatsbürgerliche Gleichheit noch nicht zugestanden hatte. Deshalb sympathisiert er mit demokratischen Bestrebungen, er gesteht sich aber ein: „Wäre ich als Prinz oder Fürst geboren, ich würde mit Leib und Leben Aristokrat sein. So aber, da ich bloß ein schlichter Bürgersohn bin, werde ich zu seiner Zeit Demokrat sein". Aber wie Fiesko würde er sich nicht damit begnügen Genuas erster Bürger zu sein, sondern seine Hand nach dem Diadem ausstrecken. „Daraus ergibt sich", wie er im Tagebuch offen bekennt, „wenn ich die Sache bei Lichte betrachte, daß ich bloß Egoist bin".

Auf dem Gymnasium der Vaterstadt erwies sich Lassalle als ein frühreifer Taugenichts. Bereits mit zwölf Jahren wollte er sich einer Schülerliebe wegen duellieren. Im übrigen unterhielt er mit seinen Mitschülern einen merkwürdigen Handels- und Tauschverkehr, dessen vorteilhafte Resultate er mit großer Befriedigung in seinem Tagebuch gewissenhaft buchte. Mit 15 Jahren ging er auf die Handelsschule nach Leipzig. „War weder von Lehrern noch von Schülern geachtet", schrieb der Direktor der Schule in das Register, als Lassalle nach einem Jahre einfach wegblieb. Er hatte mittlerweile den Entschluß gefaßt, doch zu studieren und bestand 1842 nach privater Vorbereitung die Maturitätsprüfung.

In Breslau und Berlin wurden Philosophie und Philologie getrieben. Auch ihn nahm die Hegelsche Lehre gefangen. Im Gegensatze zu Marx und Engels blieb er aber zeitlebens Althegelianer. Feuerbach hat keinen Einfluß auf ihn ausgeübt. Sein wissenschaftliches Interesse galt Heraklitos, dem Dunkeln, den Hegel selbst als einen seiner Vorläufer bezeichnet hatte.

Im Jahre 1844 hielt sich Lassalle in Paris auf, scheint aber damals noch keine Beziehungen zu Sozialisten unterhalten zu haben. Er verkehrte aber mit Heinrich Heine, der ihn an Varnhagen von Ense in Berlin empfahl als „einen Mann von ausgezeichneten Geistesgaben und gründlicher Gelehrsamkeit", aber auch als „einen Sohn der neuen Zeit, die nichts von Entsagung und Bescheidenheit wissen will. . . Dieses neue Geschlecht will genießen und sich geltend machen im Sichtbaren."

Lassalle verfügte über beträchtliche Einkünfte und konnte so, worauf er den größten Wert legte, Beziehungen in vornehmen Kreisen anknüpfen. Er wurde mit der Gräfin Sophie Hatzfeldt bekannt, einer immer noch schönen, aber doch um zwanzig Jahre älteren Frau, die schon seit längerer Zeit einen Ehescheidungsprozeß führte. Es hieß, daß der weitreichende gesellschaftliche Einfluß ihres Gemahles die Aussichten ihrer Sache stark gefährde. Sie fand in Lassalle einen Anwalt, der ihrem Prozesse fast volle zehn Jahre seines Lebens gewidmet hat. Jetzt erst trieb Lassalle juristische Studien, die ihm später in der sozialistischen Agitation sehr zu statten kommen sollten. Die Mittel, mit denen die Prozeßparteien einander bekämpften (Spionage, Bestechung, Wühlen in ekelhaftem Klatsch und Schmutz), werden auch von milden Richtern nicht entschuldigt. So verleitete Lassalle seine Freunde Oppenheim und Mendelssohn eine Kassette der Maitresse des Grafen Hatzfeldt zu entwenden, weil in ihr ein wichtiges Dokument vermutet wurde. Es wurde gegen Lassalle zwar Anklage wegen Verleitung zum Diebstahl erhoben, doch von Seiten der Düsseldorfer Geschworenen erfolgte im August 1848 ein Freispruch. Immerhin hatte er sich einige Zeit in Untersuchungshaft befunden. Unterdessen hatte der Vater seiner Bitte, der Gräfin Hatzfeldt einige Hundert Taler zu leihen, nicht sofort entsprochen. Der 23 Jahre zählende Sohn schrieb ihm deshalb einen vorwurfsvollen Brief [1]), der folgende charakteristische Stellen enthielt:

„Wenn Du mir nicht noch heute antwortest, daß Du bisher bloß aus N a c h l ä s s i g k e i t meinen Wunsch nicht erfüllt hast, und daß Du jetzt u n m i t t e l b a r (spätestens morgen früh) meinem Verlangen (das mäßig und g e r e c h t ist) nachkommen wirst, so kannst Du gewiß sein — auf meine Ehre!! —, ich könnte noch vier Monate hier im Gefängnisse sein, ohne daß Du je wieder den Genuß hättest, daß Dein einziger Sohn eine Bitte an Dich richtete . . . Erfüllst Du meinen Wunsch nicht alsbald, so werde ich u n-

[1]) Intime Briefe F. Lassalles an Eltern und Geschwister. Herausgegeben von Ed. Bernstein. Berlin 1905. S. 33.

widerruflich annehmen müssen, daß auch Deine Liebe zu mir nachsteht Deiner Liebe zum Gelde! . . . Ich kann nicht umhin Dir meine kälteste und **ernsteste** Unzufriedenheit mit Deinem Benehmen seit Deiner Anwesenheit erkennen zu geben . . . Als Dein Freund und Ratgeber warne ich Dich vor Geiz. Er ist das häßlichste Laster, er vertrocknet das Herz; er ist der Tod der Seele! er stinkt gen Himmel, er ist eine Pest des Geistes".

Schließlich führte der Prozeß zu einem für die Gräfin und Lassalle sehr vorteilhaften Ergebnis. Die Gräfin erhielt ein großes Vermögen zugesprochen, aus dessen Ertrage sie Lassalle eine Jahresrente von 7000—8000 Taler gewährte. Da Lassalle über beträchtliches eigenes Vermögen verfügte und eifrig darauf bedacht war, es durch Börsenspekulationen zu vermehren, so standen ihm Mittel zu einer sehr luxuriösen Lebensweise in Hülle und Fülle zu Gebote.

Die Natur der Beziehungen Lassalles zur Gräfin braucht hier nicht erörtert zu werden. Sicher ist nur, daß die Gräfin bis zum Tode Lassalles an dessen Seite blieb und einen erheblichen Einfluß auf seine ganze Wirksamkeit ausübte.

Während der Revolution hatte sich Lassalle kommunistischen Bestrebungen angeschlossen, ohne sich freilich so schwer wie Marx und Engels zu kompromittieren. Auch war er seines „schlechten Rufes" wegen nicht in den Kommunistenbund aufgenommen worden. Trotzdem hatte ihn das Zuchtpolizeigericht wegen Widersetzlichkeit gegen die Regierung zu 6 Monaten Gefängnis verurteilt, während ihn die Geschworenen von der Anklage wegen Aufreizung zur Bewaffnung frei sprachen. Erst 1857 wurde ihm die Erlaubnis erteilt, seinen Wohnsitz von Düsseldorf nach Berlin zu verlegen.

In diesen Jahren erschienen das Buch über Heraklit, ferner das „System der erworbenen Rechte", „ein Riesenwerk menschlichen Fleißes", wie es Lassalle selbst nannte, das aber „kaum von zehn Juristen gelesen wurde", ein Drama „Franz von Sickingen", dem später noch kleinere Schriften über Fichte und Lessing folgten. In politischer Hinsicht darf die 1859 erschienene Flugschrift: „Der italienische Krieg und die Aufgaben Preußens" das größte Interesse beanspruchen. Er tritt für den Beruf Preußens die deutsche Frage zu lösen ein. In konsequenter Vertretung des Nationalitätenprinzipes solle es Schleswig-Holstein und die deutschen Teile Österreichs erwerben. Österreich müsse verschwinden, um einem freien Polen, Ungarn und Italien Platz zu machen.

Die ganze Zeit hindurch hat Lassalle die Beziehungen zu Marx brieflich aufrecht zu erhalten gestrebt [1]). Er wirbt in einer für seine Verhältnisse geradezu rührenden Art um dessen Freundschaft und Anerkennung. Er beugt sich in der Regel dem überragenden Geiste Marxens, wenn es auch an Versuchen, sich Marx gleichzustellen, nicht ganz fehlt. Marx hat diese freundschaftlichen Gefühle nicht erwidert, freilich aber auch nie mit Lassalle ganz gebrochen. Er hoffte aus dessen Beziehungen und Vermögen mancherlei Vorteile zu ziehen. Lassalle verschaffte für Marxens „Kritik der politischen Ökonomie" den Verleger, vermittelte die Mitarbeit an der Wiener „Presse", auf welche sein Schwager Friedländer entscheidenden Einfluß besaß, bemühte sich die Übersiedelung Marxens nach Berlin zu ermöglichen und half auch mit Geld aus. Marx besuchte Lassalle in Berlin und genoß dessen Gastfreundschaft in vollstem Maße. Der Besuch wurde von Lassalle in London erwidert. Um ihn anständig zu bewirten, war alles nicht Niet- und Nagelfeste von Frau Marx ins Pfandhaus gebracht worden. Marx machte den Versuch von Lassalle eine größere Summe zu leihen. Dieser entzog sich der Zumutung aber durch den Hinweis, daß er an der Börse eben erst 5000 Taler verloren habe.

Das Mißtrauen, das Marx und Engels im Stillen gegen Lassalle hegten, beruhte zum Teil auf Nachrichten, die über ihn von rheinischen Parteigenossen in London verbreitet worden waren. Er galt ihnen als Renegat, man warf ihm seinen Luxus, seine Jagd nach vornehmen Beziehungen und die unehrenhafte Weise vor, in der er den Hatzfeld-Prozeß beendet haben sollte. So schrieb Engels an Marx: „Es wäre Schade um den Kerl, seines großen Talentes wegen, aber diese Sachen sind doch zu arg. Er war immer ein Mensch, dem man höllisch aufpassen mußte; als echter Jud von der slavischen Grenze, war er immer auf dem Sprunge, unter Parteivorwänden jeden für seine Privatzwecke zu exploitieren. Dann diese Sucht, sich in die vornehme Welt einzudrängen . . . waren immer widerwärtig" [2]).

[1]) Aus dem literar. Nachlaß von Marx, Engels und Lassalle. Herausgegeben von Mehring. IV. Bd. Briefe von Lassalle an Marx und Engels 1849 bis 1862, 1902, und Bd. III des von G. Mayer herausgegebenen Nachlasses.

[2]) Briefwechsel II. S. 102.

Auffällig bleibt, daß Marx und Engels niemals durch offene Aussprache Lassalle die Gelegenheit geboten haben, sich von dem Verdachte, den sie gegen ihn hegten, zu reinigen.

Während des Besuches, den Marx 1861 in Berlin gemacht hatte, war ihm von Lassalle vorgeschlagen worden, gemeinsam eine große Tageszeitung herauszugeben, um wieder im Sinne ihrer kommunistischen Ideen auf die Öffentlichkeit einzuwirken. Marx sagte zuerst nicht nein, erteilte aber doch nach Beratung mit Engels, ohne den er nichts unternehmen wollte, eine Absage. „Die Wellen in Deutschland schlagen noch nicht hoch genug, um unser Schiff zu tragen", meinte Marx, aber es war auch zum guten Teil die tiefwurzelnde Abneigung gegen die ganze Persönlichkeit Lassalles, welche die Verhandlungen scheitern ließ. „Lassalle, geblendet durch das Ansehen, das er in gewissen Gelehrtenkreisen durch seinen Heraklit und in einem anderen Kreise von Schmarotzern durch guten Wein und Küche hat", schrieb Marx am 7. Mai 1861 an Engels [1]), „weiß natürlich nicht, daß er im großen Publikum verrufen ist. Außerdem seine Rechthaberei; sein Stecken im „spekulativen Begriff" (der Kerl träumt sogar von einer neuen Hegelschen Philosophie auf der zweiten Potenz, die er schreiben will), seine Infektion mit altem französischem Liberalismus, seine breittspurige Feder, Zudringlichkeit, Taktlosigkeit usw. Lassalle könnte als einer der Redakteure, unter strenger Disziplin Dienste leisten. Sonst nur blamieren."

Auch Lassalle scheint schließlich eingesehen zu haben, daß er, wenn er wieder in das politische Leben eintreten wolle, allein vorgehen müsse und hatte schon im Jahre 1862 den Briefwechsel mit Marx abgebrochen, allerdings weniger aus politischen, als persönlichen Gründen [2]).

43. Die Gründung des allgemeinen deutschen Arbeitervereins durch Lassalle.

Der relativ unentwickelte ökonomische Zustand, den Deutschland noch um die Mitte des XIX. Jahrhunderts aufwies, hatte die Kom-

---

[1]) Briefwechsel III. S. 17.

[2]) Am 21. April 1864 schrieb Lassalle an L. Assing: „Was mich betrifft, so schreibe ich ihm seit 2 Jahren nicht mehr: wir sind nämlich gespannt und zwar gleichfalls aus finanzieller Veranlassung." H. Oncken, 2. Aufl. S. 524.

munistische Partei der Revolutionszeit keine tieferen Wurzeln schlagen lassen.

Die Gegenrevolution vermochte deshalb diese ersten Keime einer selbständigen deutschen Arbeiterbewegung so gründlich auszurotten, daß von einer Kontinuität zwischen jenen Strömungen und der modernen Sozialdemokratie nicht gesprochen werden kann.

Erst der große wirtschaftliche Aufschwung der 50er Jahre schuf die der Arbeiterbewegung notwendigen Entwicklungsbedingungen. In Preußen, Bayern, Sachsen und Baden wuchs von 1846—1861 die Zahl der Spindeln in der Streichgarnspinnerei von 524 517 auf 957 984; in der Baumwollspinnerei von 850 596 auf 1 924 219; die Zahl der mechanischen Webstühle von 7750 auf 30 757, diejenige der Pferdekräfte der Dampfmaschinen von 4605 auf 26 696. Nicht geringer waren die Fortschritte der preußischen Eisenindustrie. Es stieg die Zahl der Hochöfen von 239 auf 326, der Puddle-Öfen von 327 auf 815, der Schweißöfen von 192 auf 596, der Kupolöfen von 168 auf 308[1]).

So blühte die Industrie unter der Einwirkung der maßvollen Schutzzölle, die der Ausgestaltung des Zollvereins zu danken waren, empor, während die Landwirtschaft, der feudalen Fesseln ledig und gefördert durch bedeutsame Entdeckungen auf dem Gebiete der Agrikulturchemie, mit Erfolg zu einem höheren Intensitätsgrade überging. Zahlreiche Bahnen und Banken wurden gegründet. Die Länge der deutschen Eisenbahnen, die 1840 nur 469 km ausmachte, belief sich 1860 bereits auf 11 088 km. Überhaupt strebte mehr als eine reaktionäre Regierung danach, das Bürgertum, dessen politische Forderungen versagt worden waren, durch eifrige Pflege der materiellen Interessen zu entschädigen. Man konnte anfangs der 60er Jahre fast überall zur Gewerbefreiheit übergehen, ohne daß sich eine erhebliche Opposition aus den Handwerkerkreisen erhoben hätte. Das Wachstum der Industrie und der Umschwung in den gesamten Verkehrsverhältnissen erfüllte selbst die Widerstrebenden mit der Überzeugung, daß dieser Schritt unvermeidlich geworden sei. Im übrigen verbesserte der Regierungswechsel in Preußen auch die Aussich-

---

[1]) J. S., Über die Entwicklung des Kapitalismus in Deutschland. N. Z., XI. 2. S. 620. XII. 2. S. 20; Sombart, Die deutsche Volkswirtschaft im 19. Jahrh. Berlin 1903. S. 92 ff., 353 ff.

ten des politischen Liberalismus. Vereine und Presse genossen eine größere Bewegungsfreiheit, ein neues öffentliches Leben erwachte, aus Junglitauen erwuchs die Fortschrittspartei, und ihre Macht erschien bald groß genug, um es sogar auf einen Verfassungskonflikt ankommen zu lassen [1]). Welche Stellung nahm das radikale Bürgertum der Arbeiterfrage gegenüber ein? Als bester Kenner dieser Verhältnisse, als „König im sozialen Reiche" galt Hermann Schulze-Delitzsch, der Handwerkern und Arbeitern, wie bereits im ersten Bande dargelegt worden ist, mit freien Genossenschaften zu helfen suchte. Der großen Mehrheit der liberalen Partei ging Schulze aber viel zu weit. Sie begünstigte der Hauptsache nach nur Bildungsvereine, also Vereinigungen ohne bestimmte wirtschaftliche Wirksamkeit.

Die Leitung dieser Vereine lag meist in den Händen von Angehörigen der bürgerlichen Intelligenz, denen es vor allem darauf ankam, die Vortrefflichkeit der liberalen Wirtschaftsordnung zu verherrlichen und die Mitglieder für die politische Unterstützung des Bürgertums bei Wahlen zu gewinnen.

Es war nicht gerade eine sehr erfreuliche Art von Aufklärung und Bildung, die den Arbeitern dargeboten wurde. Nur zu oft handelte es sich lediglich um eine unsystematische Aufeinanderfolge seichter Vorträge über die verschiedensten, den wirklichen Bedürfnissen der Arbeiter ziemlich fern liegenden Gegenstände. Die „wissenschaftlichen Errungenschaften" der philosophischen Materialisten Vogt, Büchner und Moleschott spielten dabei eine nicht geringe Rolle und so wurde die deutsche Arbeiterschaft auch für den historischen Materialismus von Marx und Engels gut vorbereitet.

Es gab aber auch Liberale, welche eine Arbeiterfrage überhaupt nicht anerkannten. So ist es nicht gerade erstaunlich, daß sich auf Seiten intelligenter Arbeiter eine gewisse Unzufriedenheit gegen den bürgerlichen Liberalismus entwickelte. Die Verstimmung stieg, als die Arbeiter vom Nationalverein tatsächlich durch die Höhe der Beiträge und die Art der Beitragserhebung ausgeschlossen wurden. Den wohlgemeinten Worten Schulzens, daß die Arbeiter „geistige Mitglieder", und „Ehrenmitglieder" des Nationalvereins seien, wurde

---

[1]) Über die allgemeinen innerpolitischen Verhältnisse der 50er und 60er Jahre vgl. Baumgarten, Historische und politische Aufsätze. 1894. S. 76—217.

ein verletzender Sinn beigemessen. Es tauchte die Idee auf, einen allgemeinen deutschen Arbeiterkongreß nach Leipzig zur Klärung der Lage einzuberufen und ein zu diesem Zwecke eingesetztes Zentralkomitee wandte sich auch an Lassalle mit dem Ersuchen, in einer ihm „passend erscheinenden Form seine Ansichten über die Arbeiterbewegung und über die Mittel, deren sie sich zu bedienen habe, um die Verbesserung der Lage des Arbeiterstandes in politischer, materieller und geistiger Beziehung zu erreichen, sowie besonders auch über den Wert der Assoziationen für die ganze unbemittelte Volksklasse auszusprechen."

Wie war man darauf verfallen, sich gerade an den übel beleumundeten Lassalle, der in der Chronique scandaleuse der Berliner Lebewelt eine so große Rolle spielte, zu wenden? Er hatte außer einigen Reden über die Verfassungsfrage auch einen Vortrag „Über den besonderen Zusammenhang der gegenwärtigen Geschichtsperiode mit der Idee des Arbeiterstandes" im Handwerkerverein der Oranienburger Vorstadt, dem Maschinenbauviertel Berlins, gehalten. In einer durch Geist und Form ausgezeichneten Weise legte Lassalle dar, wie entsprechend den Änderungen der Produktionsweise die Gesellschaft allmählich aus einer feudalen in eine kapitalistische sich verwandelt habe, und wie nun nach Grundadel und Bürgertum die Arbeiterklasse berufen sei, eine hervorragende Stellung im Staatsleben zu übernehmen und der weiteren Entwicklung der Dinge ihr Gepräge zu verleihen. In den Ausführungen trat der Einfluß Louis Blancs, Lorenz Steins und der Verfasser des Kommunistischen Manifestes stark hervor.

Ungeachtet der akademischen Fassung glaubte die Berliner Staatsanwalltschaft in der Rede einen revolutionären Geist zu entdecken und erhob gegen Lassalle eine Anklage auf Grund des bekannten Haß- und Verachtungsparagraphen des preußischen Strafgesetzes. Der Angeklagte verteidigte sich mit einer so glänzenden Rede (Die Wissenschaft und die Arbeiter), daß seine Ideen die Aufmerksamkeit weiterer Kreise erregten und namentlich die Blicke der Arbeiter auf ihn lenkten.

Lassalle, der ja schon längst die Wiederaufnahme der kommunistischen Bestrebungen ins Auge gefaßt hatte, kam der aus Leipzig an ihn gerichteten Aufforderung sofort durch ein „Offenes Antwortschreiben" nach. Es ist nicht mit Unrecht als die Stiftungsurkunde der sozialistischen Arbeiterpartei Deutschlands' bezeichnet worden. Grunds genug, um auf seinen Inhalt näher einzugehen.

In Arbeiterkreisen, führte Lassalle aus, ist darüber gestritten worden, ob man sich um die politische Bewegung gar nicht kümmern, oder ob man sich als Anhang zur Fortschrittspartei betrachten solle. Beides ist verkehrt. Die Arbeiter müssen sich mit der Politik befassen und dürfen die Erfüllung ihrer berechtigten Ansprüche nur von der politischen Freiheit erwarten. Zu dieser wird ihnen aber der Anschluß an die Fortschrittspartei nicht verhelfen. Beweis dafür ist deren Energielosigkeit in der Konfliktsfrage und die Abneigung, für das allgemeine und gleiche Wahlrecht einzutreten. Um letzteres zu erringen, muß die Arbeiterklasse in politischer Hinsicht selbständig auftreten. Das allgemeine und gleiche Wahlrecht muß zum Losungswort und Banner der Partei werden.

In sozialer Beziehung kommen die Streitigkeiten über Gewerbefreiheit und Freizügigkeit, die noch immer geführt werden, um mehr als 50 Jahre zu spät. Das sind Dinge, die man jetzt stumm und lautlos dekretiert, über die man aber nicht mehr debattiert. Im übrigen ist zu unterscheiden, ob man nur die Lage einzelner Arbeiter erträglicher machen, oder ob man die normale Lage des gesamten Arbeiterstandes verbessern will. Kranken-, Invaliden-, Spar- und Hilfskassen können nur dem erstgenannten Ziele dienen. Dasselbe gilt von den Organisationen, die Schulze-Delitzsch empfiehlt, von seinen Rohstoff-, Vorschuß- und Konsumvereinen. Als Nationalökonom ist Schulze ganz in den Irrtümern der liberalen Schule befangen. Er verkennt das „eherne Lohngesetz".

„Das eherne ökonomische Gesetz", führt Lassalle aus, „welches unter den heutigen Verhältnissen, unter der Herrschaft von Angebot und Nachfrage nach Arbeit, den Arbeitslohn bestimmt, ist dieses: daß der durchschnittliche Arbeitslohn immer auf den notwendigsten Lebensunterhalt reduziert bleibt, der in einem Volke gewohnheitsmäßig zur Fristung der Existenz und zur Fortpflanzung erforderlich ist. Dies ist der Punkt, um welchen der wirkliche Tagelohn in Pendelschwingungen jederzeit herum graviert, ohne sich jemals lange weder über denselben erheben, noch unter denselben hinunterfallen zu können. Er kann sich nicht dauernd über diesen Durchschnitt erheben — denn sonst entstünde durch die leichtere, bessere Lage der Arbeiter eine Vermehrung der Arbeiterehen und der Arbeiterfortpflanzung, eine Vermehrung der Arbeiterbevölkerung und somit des Angebotes von Händen, welche den Arbeitslohn wieder auf und unter seinen früheren Stand herabdrücken würde. Der Arbeitslohn kann auch nicht dauernd tief unter diesen notwendigen Lebensunterhalt fallen, denn dann entstehen — Auswanderungen, Ehelosigkeit, Enthaltung von Kindererzeugung und endlich eine durch Elend erzeugte Verminderung der Arbeiterzahl, welche somit das Angebot von Arbeitshänden noch verringert und den Arbeitslohn daher wieder auf den früheren Stand zurückbringt.“ Wenn auch das Niveau der als notwendig betrachteten Lebensbedingungen sich im Laufe der Zeiten gehoben hat, und früher nicht gekannte Befriedigungen gewohnheitsmäßige Bedürfnisse geworden sind, so haben sich auf demselben Wege auch früher nicht gekannte Entbehrungen und Leiden eingefunden. Die menschliche Lage der Arbeiter ist immer dieselbe geblieben, immer diese: auf dem untersten Rande der in jeder Zeit gewohnheitsmäßig erforderlichen Lebensnotdurft herumzutanzen, bald ein wenig über ihm, bald ein wenig unter ihm zu stehen. Die menschliche Lage der Arbeiter hängt eben ab von dem Verhältnis ihrer Lage zu der Lage ihrer Mitmenschen, zu der Lage der anderen Klassen in derselben Zeit.

Dieses Lohngesetz vermögen die Konsumvereine nicht zu durchbrechen. Deshalb braucht aber der Grundsatz der freien individuellen Assoziation noch nicht überhaupt zu fallen, er ist im Gegenteile durch Anwendung und Ausdehnung auf die fabrikmäßige Großproduktion in der Tat imstande, seiner Aufgabe zu genügen.

Es gilt die Arbeiter im Wege der Assoziation zu ihren eigenen Unternehmern zu machen, wenn jenes eherne und grausame Gesetz durchbrochen werden soll. Dann fällt die Scheidung in Arbeitslohn und Unternehmergewinn weg, und der Arbeiter erhält seinen vollen Arbeitsertrag. Die Arbeiter sind indes nur dann in der Lage, erfolgreiche Produktivgenossenschaften zu begründen, wenn der Staat ihnen das nötige Kapital leiht. Diese Unterstützung entspricht durchaus der Aufgabe und Bestimmung des Staates, die großen Kulturfortschritte der Menschheit zu erleichtern. Auch die Bourgeoisie hat für ihre Gründungen und Bahnbauten die Hilfe des Staates durchaus nicht verschmäht. Ohnedies ist der Staat eigentlich nichts anderes als die große Assoziation der ärmeren Klassen, da diese ja $96^1/_4$ Proz. der Bevölkerung ausmachen. Warum soll also die große Assoziation der Arbeiter nicht befördernd und befruchtend auf deren kleinere Assoziationskreise einwirken? Der Staat wird sich dieser Intervention nicht entziehen können, sobald das allgemeine und direkte Wahlrecht eingeführt wird, und die Arbeiter daher eine ihrer ziffermäßigen Bedeutung entsprechende Geltung in den Vertretungskörpern erhalten. Um das Wahlrecht aber zu erringen, müssen sich die Arbeiter in einem allgemeinen deutschen Arbeiterverein organisieren und eine große Volksbewegung nach Art der englischen Agitation gegen die Kornzölle in Fluß bringen.

Hiermit sind die Grundgedanken, von welchen die politische Tätigkeit Lassalles im Interesse der Arbeiterklasse beherrscht wurde, gekennzeichnet. Mochte das Anwortschreiben auch nicht sofort denjenigen Erfolg erzielen, den Lassalle sich versprochen, so griff das Leipziger Komitee, nachdem Rodbertus dem ökonomischen Teile des Lassalleschen Programmes zum großen Teil zugestimmt hatte, doch diese Gedanken auf und berief eine große Arbeiterversammlung, in der Lassalle persönlich seine Ideen entwickeln sollte. Es fehlte indes nicht an Arbeiterversammlungen, die gegen Lassalle Stellung nahmen. Die Arbeiter, Schulze-Delitzsch zum Teil blind ergeben, mißtrauten noch dem Staate, dessen Hilfe Lassalle empfahl. Dabei blieben die heftigen, ja gemeinen und entstellenden Angriffe, mit denen die liberale Presse gegen Lassalle zu Felde zog, nicht ohne Eindruck.

Sollte die Gründung des allgemeinen deutschen Arbeitervereins gelingen, so mußte Lassalle dieser Bewegung mit allem Nachdrucke entgegenarbeiten. Sein ausgezeichnetes Agitationstalent wußte ihm die Arbeiter des Maingaues, vor denen er in Versammlungen zu Mainz und Frankfurt a. M. seine Sache führte, zuzuwenden, und am 23. Mai 1863 konnte der allgemeine deutsche Arbeiterverein in der Tat zu Leipzig in Anwesenheit von Delegierten aus 10 Städten (Hamburg, Harburg, Köln, Düsseldorf, Mainz, Elberfeld, Barmen, Solingen, Leipzig und Frankfurt a. M.) gegründet werden[1]. Die starke Vertretung der rheinischen Städte zeigt, wie

[1]) Das Statut besagte im § 1: Unter dem Namen „Allgemeiner deutscher Arbeiterverein" begründen die Unterzeichneten für die deutschen Bundesstaaten einen Verein, welcher von der Überzeugung ausgehend, daß nur durch das allgemeine, gleiche und direkte Wahlrecht eine genügende Vertretung der sozialen

gründlich hier durch die industrielle Entwicklung und die Tätigkeit der „Neuen Rheinischen Zeitung" im Jahre 1848 der Boden für eine selbständige Arbeiterbewegung vorbereitet worden war. Bezeichnend ist das Fehlen Berlins, wo die Fortschrittspartei zunächst noch die Oberhand behielt.

Die Organisation des Vereins war streng zentralistisch. Lassalle wurde sofort auf 5 Jahre zum unabsetzbaren Präsidenten erklärt und erhielt eine nahezu diktatorische Gewalt. Unbegreiflich erscheint es, warum Lassalle es unterließ, für ein entsprechendes publizistisches Organ zu sorgen, da doch die Fortschrittspartei über eine zahlreiche, tief in die Volksreihe eindringende Presse gebot. Das Wachstum des Vereins ging nur ziemlich langsam von statten. Drei Monate nach der Gründung des Vereins zählte er 900 Mitglieder.

Im Herbste 1863 hatte Lassalle neuerdings eine gerichtliche Verhandlung zu bestehen. Er hatte gegen das Urteil appelliert, das von der ersten Instanz gegen ihn wegen der Rede über den Zusammenhang der gegenwärtigen Geschichtsperiode mit der Idee des Arbeiterstandes gefällt worden war. Eine für den Zweck der Verteidigung vorbereitete Rede, „Die indirekten Steuern und die Lage der arbeitenden Klassen", wurde noch vor der Verhandlunng selbst veröffentlicht. Die Arbeit Lassalles bildet ein Arsenal von Waffen, um die indirekten Steuern zu bekämpfen und bezeichnet den Höhepunkt seiner politischen Tätigkeit. Mit dem größten Nachdrucke betonte er den durchaus friedlichen Charakter der Bewegung, die er ins Leben gerufen hatte.

Die vier Monate Gefängnis der ersten Instanz wurden in 100 Tlr. Geldstrafe verwandelt. Lassalle hatte so gut wie gesiegt.

Die Fortschrittspartei begnügte sich nicht, die von Lassalle einberufenen öffentlichen Versammlungen stören und ihn selbst in ihrer Presse beschimpfen zu lassen, Schulze-Delitzsch zog noch mit einer besonderen Schrift, „Kapital zu einem deutschen Arbeiterkatechismus", gegen den gefährlichen Feind zu Felde. Schulze

---

Interessen des deutschen Arbeiterstandes und eine wahrhafte Beseitigung der Klassengegensätze herbeigeführt werden kann, den Zweck verfolgt, auf friedlichem und legalem Wege, insbesondere durch das Gewinnen der öffentlichen Meinung, für die Herstellung des allgemeinen, gleichen und direkten Wahlrechtes zu wirken.

besaß unstreitig einen feinen Sinn für kleinbürgerliche Bedürfnisse und Denkungsweise, aber das Verständnis der modernen Arbeiterbewegung blieb ihm versagt. Seine volkswirtschaftlichen Anschauungen wurden von einem engen, durchaus privatwirtschaftlichen Horizonte begrenzt. Bastiat galt ihm als Alpha und Omega ökonomischer Weisheit. So fiel es Lassalle, der den Fehdehandschuh sofort aufhob, nicht sonderlich schwer, Schulze wissenschaftlich zu vernichten. Immerhin würde sein „Herr Bastiat-Schulze von Delitzsch, der ökonomische Julian, oder Kapital und Arbeit" einen noch tieferen Eindruck erzielt haben, wenn Lassalle die Grenzen literarischen Anstandes sorgsamer innegehalten hätte, und wenn er mit etwas mehr Gerechtigkeit und etwas weniger Selbstgefälligkeit und Selbstbewußtsein aufgetreten wäre. Er war allerdings durch Schulze stark gereizt worden. Hatte dieser doch von dreister Unwahrheit, Unreife und Unwissenschaftlichkeit, von völliger Verkennung der Tatsachen, von Halbwissen, Aufschneidereien eines Marktschreiers, der seine Wunderpillen verkaufen wolle, u. dgl. gesprochen [1]).

Der langsame Fortgang, den die Bewegung trotz unermüdlicher Agitation nahm und der schwere Kampf, der mit der ganzen Fortschrittspartei zu führen war, mögen Lassalle bestimmt haben, Beziehungen zu Bismarck zu suchen. Es liegt ja nahe, daß Gegner eines und desselben Feindes schließlich gemeinsame Sache machen, wenn ihr Kampf auch von verschiedenen Seiten her und aus verschiedenen Gründen geführt wird. Hätte sich Bismark zur Oktroyierung des allgemeinen Wahlrechts [2]) bestimmen lassen, würde Lassalle sein nächstes Ziel rasch erreicht haben. Andererseits würde Bismarck durch eine Arbeitspartei, die der Fortschrittspartei in den Rücken gefallen wäre, einen nicht zu verachtenden Bundesgenossen gewonnen haben. Daß Lassalle mit dieser Entwicklung zu rechnen begann, beweisen seine Reden aus dem Jahre 1864 deutlich genug.

---

[1]) Vgl. H. Schulze-Delitzschs Schriften und Reden. V. Bd. 1913. S. 190.

[2]) Über die Wahlrechtsfrage vgl. H. Oncken, Bismarck, Lassalle und die Oktroyierung des gleichen und direkten Wahlrechtes in Preußen während des Verfassungskonfliktes. Preußische Jahrbücher, Bd. 146, S. 107—140, 1911.

„Und wenn wir Flintenschüsse mit Herrn von Bismarck wechselten, so würde die Gerechtigkeit erfordern, noch während der Salve einzugestehen, er ist ein Mann, jene (die Fortschrittspartei) aber sind alte Weiber“[1]). Und: „Das aber, Freunde, versprecht mir, wenn es je zu einem Kampfe kommen sollte zwischen dem Königtume von Gottes Gnaden auf der einen und dieser elenden Bourgeoisie au der andern Seite, dann schwört mir, daß Ihr auf Seiten des Königtums stehen werdet gegen die Bourgeoisie.“

Das Königtum dürfe der Clique, welche die Fortschrittspartei bedeute, nicht weichen. Es brauche nur das Volk auf die Bühne zu rufen. Es könne sich auf das Volk stützen: ein louis-philippistisches Königtum, ein Königtum von der Schöpfung der Bourgeoisie könnte dies freilich nicht. Aber ein Königtum, das noch aus seinem ursprünglichen Teige geknetet dasteht, auf den Knauf des Schwertes gestützt, könnte das vollkommen wohl, wenn es entschlossen ist, wahrhaft große und volksgemäße Ziele zu verfolgen“[2]).

„Und so verkündige ich Ihnen an diesem feierlichen Orte, es wird vielleicht kein Jahr mehr vergehen, und Herr von Bismarck hat die Rolle R. Peels gespielt und das allgemeine und direkte Wahlrecht oktroyiert“[3]).

44. Lassalles Ende und Stellung in der deutschen Arbeiterbewegung.

So standen die Dinge, als Lassalle Ende August 1864, also nachdem er erst wenig länger als ein Jahr die Arbeiterbewegung geleitet hatte, eines Liebelshandels wegen im Duell fiel. Der Hergang war in aller Kürze der folgende:

In Berlin hatte Lassalle Helene von Dönniges, eine blendende, rothaarige Schönheit und kapriziöse Dirnen-Natur, flüchtig kennen gelernt. Als Lassalle während des Sommers 1864 in Rigi-Kaltbad weilte, kam auch diese Dame, die bereits in sehr jungen Jahren mit dem russischen Baron von Krusenstern ein Liebesverhältnis unterhalten hatte[4]) in Begleitung einer Bekannten dahin und ver-

[1]) Bernsteinsche Ausgabe, 2. Bd., S. 657.

[2]) a. a. O., S. 819.

[3]) a. a. O., S. 815.

[4]) Helene von Dönniges schildert in ihren Memoiren diese erste Liebesepisode, der noch viele folgen sollten, in folgender Weise: „Nie einen Augenblick habe ich diese naive, poesievolle

stand es, obwohl sie mit dem Bojaren Janko von Racowitz verlobt war, Lassalles Interesse zu gewinnen. Er suchte bald nachher die Familie von Dönniges in Wabern bei Bern, wurde von einer immer größeren Leidenschaft für Helenen erfaßt und beschloß sie zu heiraten. Der Vater, bayrischer Gesandter bei der Eidgenossenschaft, wollte von diesem Plane nichts wissen. Die Tochter, an der Möglichkeit, der Eltern Zustimmung je zu erreichen zweifelnd, begab sich in Genf zu Lassalle und erklärte, sie wolle ihm angehören, auf welche Weise es auch sei. Lassalle noch immer fest davon überzeugt, daß seine Willenskraft alle Hindernisse der Ehe überwältigen würde, forderte Helene zur Rückkehr in das Elternhaus auf. Diese fühlte sich gekränkt und wollte nun nichts mehr von Lassalle wissen. In der Meinung, es sei nur der feindliche Einfluß der Familie, der Helenen ihm vorenthalte, setzte Lassalle Himmel und Hölle in Bewegung, um wieder in den Besitz der Geliebten zu gelangen. Die Gräfin Hatzfeld wurde zum Bischof Ketteler von Mainz entsandt, um den Übertritt Lassalles zum Katholizismus zu versprechen, wenn der Kirchenfürst Helenen in den Schutz der Kirche nehmen wolle! Lassalle glaubte nämlich Helene sei Katholikin, während ihr Vater Protestant, ihre Mutter Jüdin war. Schließlich schrieb Lassalle in den beleidigendsten Ausdrücken an Herrn von Dönniges, um ein Duell herbeizuführen. Janko von Racowitz nahm als Bräutigam Helenens die Forderung auf Pistolen an und verletzte, ohne es zu wollen, Lassalle so schwer, daß dieser drei Tage später, am 31. Aug., verschied. Trotzdem kam die Ehe zwischen Janko und Helene bald nachher noch zu Stande.

Gräfin Hatzfeldt wollte mit der einbalsamierten Leiche Lassalles in Deutschland große Totenfeiern veranstalten. Die preußische Regierung und die Familie Lassalles traten dem entgegen. Es kam zu ärgerlichen Konflikten, in denen die Gräfin die Mutter Lassalles eine Gans, die einen Adler ausgebrütet habe, genannt haben soll.

Man glaubt einen schlechten Hintertreppenroman zu lesen. Richard Wagner hatte so unrecht nicht, wenn er in den Vorgängen

Hingabe unter Blütenduft und Nachtigallenschlag beim leisen Rauschen des mondbeschienenen silbernen Meeres in jener blauen süßen Sommernacht bereut! Schöneres, Heißeres hat dieser alte Mond, hat diese alte Welt kaum je gesehen! Drum noch einmal: gesegnet sei sie — jene Blütennacht!“ H. v. Racowitza, Von Anderen und mir. 3. Aufl. Berlin 1909.

eine Liebesgeschichte erblickte, die aus lauter Eitelkeit und falschem Pathos bestände. Auch Marx und Engels konnten es nicht fassen, daß ein Mann, der eine weltgeschichtliche Mission zu haben wähnte, sich soweit vergessen konnte. Es ist eine der vielen „Taktlosigkeiten, die er in seinem Leben begangen hat" schrieb Marx an Engels[1]). Dieses Rätsel zu lösen hat aber immer und immer wieder glänzende Schriftsteller gereizt. Und so ist bis jetzt das Charakterbild keines anderen modernen Sozialisten so oft — und meist mit unverkennbarer Sympathie — gezeichnet worden als das Lassalles. Selbst Bismarck hat von ihm in sehr freundlicher Weise gesprochen: „Er war einer der geistreichsten und liebenswürdigsten Menschen, mit denen ich je verkehrt habe, ein Mann, der ehrgeizig im großen Stil war, durchaus nicht Republikaner; er hatte eine sehr ausgeprägte nationale und monarchische Gesinnung, seine Idee, der er zustrebte, war das deutsche Kaisertum, und darin hatten wir einen Berührungspunkt. Lassalle war ehrgeizig in hohem Stil." Allerdings hat Bismarck auch bezeugt, ob das Kaisertum mit der Dynastie Hohenzollern oder der Dynastie Lassalle abschließen sollte, das sei Lassalle zweifelhaft gewesen. In der Tat, das nüchterne politische Urteil Lassalles brach rasch zusammen, sobald sein maßloser Ehrgeiz, seine ungeheure Eitelkeit ins Spiel kamen[2]).

---

[1]) Briefwechsel III. S. 179 ff.

[2]) Nach den Mitteilungen von H. v. Dönniges (H. v. Racowitza, Von Anderen und mir, 3. Aufl. 1909), die allerdings keine lautere Geschichtsquelle bedeuten, soll Lassalle sie gefragt haben: „Was würde mein Goldkind sagen, wenn ich es einmal im Triumphe in Berlin einführen würde, von sechs Schimmeln gezogen, die erste Frau Deutschlands, hoch erhaben über alle?" (S. 80.) „Hast Du Dir wohl eine Idee von meinen Plänen und Endzwecken gemacht? Sehe ich aus, als wollte ich mich mit einer zweiten Rolle im Staate begnügen? Glaubst Du, ich gäbe den Schlaf meiner Nächte, das Mark meiner Knochen, die Kraft meiner Lunge dazu her, um schließlich für andere die Kastanien aus dem Feuer zu holen? Sieht ein politischer Märtyrer so aus? Nein, handeln und kämpfen will ich, aber den Kampfpreis auch genießen — und Dir das . . . Siegesdiadem auf die Stirne drücken. Glaube mir, es ist ein ebenso stolzes Gefühl „volkserwählter Präsident" einer Republik zu sein, fest und sicher auf der Gunst seines Volkes zu stehen. wie als „König von Gottes Gnaden" auf morschem, wurmstichigem Throne zu sitzen." (S. 84 und 85.)

Treitschke zählt Lassalle mit List und R. Blum zu den drei größten Agitatoren, welche Deutschland im vorigen Jahrhundert hervorgebracht hat. Es galt von ihm selbst, wie Oncken gut bemerkt, das Wort, das er über Heraklit einst ausgesprochen hatte: „es war Sturm in seiner Natur". „Diese eigentümliche Mischung von sieghaftem Glauben an sich und kalter Dialektik, von rasender Leidenschaft und bis zum äußersten gesteigerter Willenskraft, sucht immer das Unmögliche möglich zu machen, superlativisch in Worten und Mitteln, bald in lächerlicher Eitelkeit ausartend, bald in imponierender Konzentration seines Willens und Denkens sich äußernd". Niemand dagegen hat härter und schärfer über Lassalle geurteilt als Marx [1]), dessen Bild, mit dem Lassalles vereinigt, fast auf alle sozialdemokratischen Festversammlungen herabblickt.

Die Reden, welche Lassalle 1863 und 1864 gehalten hatte, sind in seinen Augen „Schüler-Pensa", „Machwerke eines Schülers", der in aller Hast sich als grundgelehrten Mann und selbständigen Forscher hinausschreien will" oder gar Plagiate. Im besten Falle handelt es sich um schlechte Vulgarisationen Marxscher Arbeiten. Marx verhöhnt in erbarmungsloser Weise die Überhebung Lassalles, der sich einbilde, die Geschichte der letzten drei Jahre bestimmt zu haben. „Er ist nun ausgemacht nicht nur der größte Gelehrte, tiefste Denker, genialste Forscher usw., sondern außerdem Don Juan und revolutionärer Kardinal Richelieu."

Etwas milder urteilte Engels [2]). Als die Todesnachricht eingegangen war, schrieb er wohl: „Das konnte nur dem Lassalle passieren bei dem sonderbaren Gemisch von Frivolität und Sentimentalität, Judentum und Chevalierstuerei, das ihm ganz allein eigen war. Wie kann ein politischer Mann wie er sich mit einem walachischen Abenteurer schießen". Aber er sagte sich doch auch: „Lassalle mag sonst gewesen sein, persönlich, literarisch, wissenschaftlich, was er war, aber politisch war er sicher einer der bedeutendsten Kerle in Deutschland."

Gewiß, als Nationalökonom stand Lassalle ebensosehr hinter Marx zurück, wie er als Privatökonom diesen übertraf. Lassalles Erwerbstrieb war stark entwickelt und äußerte sich in erfolgreichen Börsenspekulationen. Liest man seine „intimen Briefe", so scheint

---

[1]) Briefwechsel, III. S. 115, 125, 135, 139, 165.

[2]) a. a. O. S. 179, 180.

es fast, als ob er politische Ereignisse nur im Interesse seiner Geschäfte studiert hätte. Auch seine schriftstellerischen Leistungen wirken vielfach durch Breite, falsches Pathos, unaufhörliche Superlative und widerliches Vordrängen der eigenen Persönlichkeit abstoßend. Es ist ihm aber doch manche, agitatorisch überaus wirksame Prägung geglückt und auf Jahre hinaus wurde der sozialdemokratische Kampf eigentlich ganz mit Hilfe der von Lassalle gelieferten Waffen durchgeführt.

Über die Erfolge des Redners Lassalle gehen die Urteile auseinander[1]. Er soll mit der Zunge etwas angestoßen und mit Vorliebe die Daumen beider Hände in die Armlöcher der Weste gesteckt haben, eine Geste, die nicht alle Zuhörer sympathisch berührte. Auf dem Rednerpulte ließ er schwere Folianten aufbauen, um auch durch äußere Mittel den Respekt vor der Tiefe seiner Gelehrsamkeit zu steigern. Er sprach nur nach sorgfältigster Vorbereitung. Alle Pointen waren vorher sorgfältig ausgeklügelt. Da die Reden meist mehrere Stunden dauerten und mit langen Zitaten überladen waren, kann man sich wohl vorstellen, daß sie auf viele Zuhörer ermüdend wirken mußten.

Unendlich höher steht Lassalle als Politiker. Mochte auch die von ihm ins Leben gerufene Arbeiterpartei bei seinem Tode noch in einem sehr unfertigen Zustande sich befinden, so war doch eine Reihe überaus wichtiger Gedanken bereits tief in das Bewußtsein der Parteigenossen eingedrungen.

Man war fest davon überzeugt, daß innerhalb des wirtschaftlichen Liberalismus eine Besserung in der Lebenslage der Arbeiter nicht erfolgen könne, daß man unbedingt der Staatshilfe bedürfe und, um diese zu erreichen, sich als besondere politische Partei zu betätigen und eine bedeutende Erweiterung der politischen Rechte anzustreben habe. An der von Lassalle ausgegebenen Losung der staatlich geförderten Produktivgenossenschaften hielten seine Anhänger mit größerer Zähigkeit als er selbst fest. Vertrauten Freunden hatte Lassalle erklärt, er sei jederzeit bereit dieses Schlagwort fallen zu lassen, sobald man ihm etwas besseres biete.

Es war, politisch betrachtet, eine außerordentliche Leistung in Zeiten eines Verfassungskonfliktes, in dem das liberale Bürgertum nur für Volksrechte zu kämpfen schien, eine neue demokratische

[1] Vgl. A. Bebel, Aus meinem Leben. I. Teil 1900. S. 72 ff.

Partei zu begründen und diese sogar für eine Taktik zu gewinnen, die in das Lager der als reaktionär und volksfeindlich verschrieenen Regierung führte. Das konnte nur dadurch geschehen, daß Lassalle es verstand, dem Klassengegensatz zwischen Proletariat und bürgerlichem Kapitalismus eine alle anderen Fragen unendlich überragende Bedeutung zu verschaffen. Für ihn persönlich war für die Annäherung an Bismarck vielleicht mehr dessen äußere Politik als die gemeinsame Bekämpfung der Fortschrittspartei maßgebend. Als Lassalle die Überzeugung gewonnen hatte, Bismarck werde die deutsche Frage im Kampfe gegen Österreich und die Mittelstaaten lösen, konnte er sich mit gutem Gewissen sagen, erst müsse mit Hilfe der preußischen Waffen die deutsche Einheit errungen werden, ehe man daran denken könne, vielleicht gegen Bismarck, in dem geeinigten Deutschland die Freiheit zu erkämpfen. Seine realpolitische Erfassung der bestehenden Machtverhältnisse bewahrte ihn vor der Illusion, Einheit und Freiheit zugleich durch eine europäische Krisis und demokratische Revolution zu erhoffen. Marx und Engels dagegen konnten sich nur schwer von dieser Idee trennen. So schrieb Engels noch am 11. Juni 1866 an Marx: „Ich glaube, in vierzehn Tagen geht es in Preußen los. Wenn diese Gelegenheit vorübergeht, ohne benutzt zu werden, und wenn die Leute sich dies gefallen lassen, dann können wir ruhig einpacken mit unseren revolutionären Siebensachen und uns auf die höhere Theorie werfen“ [1]).

Als „Bismarck den kleindeutschen Bourgeoisplan mit der preußischen Armee und so kolossalem Sukzeß durchführte“, kam auch Engels zur Überzeugung, daß man das „fait accompli anerkennen“ müsse, „we may like it or not“ [2]).

In der rechtzeitigen Erfassung dieser Entwicklung hatte Lassalle die Londoner weit überholt und dadurch nicht nur die Überlegenheit seiner taktischen Fähigkeiten erwiesen, sondern auch vor allem eine gedeihliche Entwicklung der von ihm geleiteten Partei angebahnt.

Immerhin muß man bedenken, daß beim Tode Lassalles noch keine Parteipresse und kein eigentliches Parteiprogramm vorhanden waren. Es gab noch keine gewissermaßen zwangsläufige Bewegung der Partei. Es erschien die Einstellung auf eine andere Taktik keineswegs von vornherein ausgeschlossen zu sein. So kam für die

[1]) Briefwechsel III, S. 327.

[2]) a. a. O. S. 336.

Zukunft alles darauf an, in welchem Geiste der Nachfolger Lassalles in der Leitung der jungen Partei vorgehen würde. Tatsächlich war es Lassalle gelungen, noch wenige Wochen vor seinem Tode, in der Person des Frankfurter Advokaten J. B. von Schweitzer seiner Bewegung eine Kraft zu sichern, die, in mehr als einer Hinsicht Lassalle wahlverwandt, wirklich imstande war, die eingeschlagene schwierige Taktik mit Erfolg fortzusetzen. Erst Schweitzer hat aus dem kleinen Vereine Lassalles eine zu politischer Aktion befähigte Partei geschaffen.

45. Johann Baptist von Schweitzer als Nachfolger Lassalles im Kampfe mit Liebknecht und Bebel.

Während die Namen Lassalles und Marxens, Liebknechts und Bebels, jedem geläufig sind, der auch nur einigermaßen in der deutschen Arbeiterbewegung Bescheid weiß, ist die Persönlichkeit von Schweitzers heute beinahe ganz der Vergessenheit anheim gefallen. Und doch kann Schweitzer, wenn man auf die organisatorische Tätigkeit den Hauptton legt, vielleicht mit mehr Recht, als selbst Lassalle für den eigentlichen Schöpfer der deutschen Sozialdemokratie gelten [1]). Auf jeden Fall war er einer der politisch begabtesten, wenn nicht der begabteste Führer, den die Partei bis jetzt besessen hat.

J. B. Allesina von Schweitzer [2]) kam in Frankfurt a. M. am 12. Juli 1833 als Sproß einer katholischen Patrizierfamilie zur Welt, in deren Adern mehr italienisch-französisches, als deutsches Blut pulsierte. Die Ehe der Eltern war unglücklich. Der Vater, Kammerjunker des Herzogs von Braunschweig, verschwendete das bedeutende Vermögen. Die Mutter machte in Frankfurt ein großes Haus, das als Sammelpunkt der katholisch und österreichisch gesinnten Kreise galt. Der Sohn kam in die von Jesuiten geleitete Erziehungsanstalt nach Aschaffenburg. Diese jesuitische Erziehung

---

[1]) Über die Rivalität zwischen Bernhard Becker und Schweitzer, vgl. W. Blos, Schattenbilder aus der Kindheit der Sozialdemokratie. N. Z. 36. Jahrg. II. S. 349 ff.

[2]) Das Hauptwerk über Schweitzer ist Gustav Mayer, J. B. von Schweitzer und die Sozialdemokratie 1909. Außerdem fallen noch in Betracht die von Frz. Mehring herausgegebenen und mit guten Einleitungen ausgestatteten Politischen Aufsätze und Reden v. Schweitzers, Berlin 1913 (Sozialistische Neudrucke V). Vgl. auch Bebel, Aus meinem Leben, II. 1911, S. 1—138.

haben ihm die Gegner immer mit Vorliebe zum Vorwurf gemacht. Der junge Schweitzer gelangte aber auch an die Berliner Universität und in engere Fühlung mit den orthodox-protestantischen und royalistisch-konservativen Gesellschaftskreisen der preußischen Hauptstadt, mit der „kleinen, aber mächtigen Partei" der Kreuzzeitung. Zu seinen Lieblingsbüchern gehörte Macchiavellis Principe. Hier fand er dieselbe Mischung „von Erkenntnisstreben und Willensdrang", die ihn selbst erfüllte. Hier lernte er politische Machtverhältnisse richtig und scharf zu erfassen.

Nach Beendigung der Studien ließ er sich, wie Frankfurter Patriziersöhne zu tun pflegten, als Anwalt in seiner Vaterstadt nieder, behielt aber Muße genug, um eine erhebliche literarische Wirksamkeit zu entfalten. Er verfaßte dramatische Arbeiten, schrieb über den Zeitgeist und das Christentum, über die deutsche Frage, immer im Sinne der österreichischen Richtung, nach der ihn die Traditionen der Familie wiesen. Erst Österreichs Niederlage 1859 führte zu einer Revision dieser Anschauungen und machte ihn Lösungen auf radikal-demokratischer Grundlage geneigt. So trat er in Beziehungen zu den Schützen-, Turner- und Arbeiterbildungsvereinen, die damals als vornehmste Träger des demokratischen Gedankens galten.

Dieser Wirksamkeit bereitete eine Gefängnisstrafe 1862 ein jähes Ende. Er war verurteilt worden, weil er im Schloßgarten zu Mannheim unzüchtige Handlungen an einem Knaben versucht habe. Der Verurteilte hat stets seine Unschuld beteuert. Jedenfall bot sein späteres Leben keinen Anlaß zu der Annahme, daß er von perversen Neigungen beherrscht würde. Aus dem Kreise der Freunde, die ihn nun wie die Pest mieden, blieb ihm nur der bayrische Offizier von Hofstetten treu.

Die offenbare Schwäche der demokratisch-republikanischen Partei und der österreichische Mißerfolg auf dem Frankfurter Fürstentag überzeugten ihn, daß nur Preußen berufen sei, die deutsche Frage zu lösen. So mußte die von Lassalle entfachte Bewegung sein politisches Interesse in höchstem Grade erregen. Nachdem er schon früher sozialistischen Plänen näher getreten war, warf er sich nun mit so großem Eifer auf das Studium der sozialistischen Schriftsteller, daß er, wie auch die Gegner zugeben mußten, bald auf Jahre hinaus der am klarsten und schärfsten blickende Sozialist auf deutschem Boden blieb. So trat Schweitzer in Beziehungen zu Lassalle. Der Ruf, in dem Lassalle selbst stand, war viel zu schlecht, als daß er an der Verurteilung Schweitzers erheblichen Anstoß hätte nehmen können. Überdies dachte Lassalle, wie er selbst betont hat, in geschlechtlichen Dingen ganz antik. Aber man mußte doch auf die Stimmung in den Vereinen Rücksicht nehmen. Die Frankfurter Mitgliedschaft des Allgemeinen deutschen Arbeitervereines hatte die Aufnahme Schweitzers rundweg abgelehnt. Dagegen glückte es Lassalle diese in Leipzig durchzusetzen. Schweitzer wurde nun von Lassalle auch in den Vorstand des Vereins berufen. Am leichtesten schien die Kraft Schweitzers in der Presse verwendbar zu sein. Und hier gab es in der Tat dringende und wichtige Aufgaben zu lösen. Noch besaß die junge Partei kein eigenes Organ. Der Freund Schweitzers, von Hofstetten, erbot sich die erforderlichen Geldmittel zu beschaffen.

So standen die Dinge, als Lassalle starb. Sein Testament ernannte Bernhard Becker zum Nachfolger im Vorstande des Vereins, da an Schweitzer noch nicht gedacht werden konnte. Becker besaß aber so geringe Fähigkeiten, daß Schweitzer sehr bald als Herausgeber des „Sozialdemokrat", der in Berlin erst dreimal in der Woche, später täglich erschien, tatsächlich die Führung an sich reißen konnte.

Auf Schweitzers Ersuchen war auch Wilhelm Liebknecht[1]) in die Redaktion des Blattes eingetreten.

L i e k n e c h t war am 29. März 1826 in Gießen geboren worden. Seine Familie, aus der mehrere Gelehrte hervorgegangen waren, rühmte sich verwandtschaftlicher Beziehungen zu Luther. Pfarrer Weidig in Butzbach, der, revolutionärer Bestrebungen wegen ins Darmstädter Untersuchungsgefängnis gebracht, dort infolge raffinierter Quälereien Selbstmord begangen hatte[2]), entstammte mütter-

---

[1]) Eine wissenschaftliche Darstellung der Wirksamkeit Liebknechts gibt es noch nicht. K. E i s n e r s W. Liebknecht. Sein Leben und Wirken, 2. Aufl., 1906, ist eine panegyrisch gestimmte Parteischrift.

[2]) Es wurde angenommen, daß der Selbstmordversuch an sich noch nicht tödlich gewesen wäre, sondern daß der Tod nur eintrat, weil man den Verletzten absichtlich ohne Hilfe gelassen oder gar erst tödlich verwundet hätte. Vgl. L i e b k n e c h t, R. Blum und seine Zeit. 2. Aufl. 1890. S. 117.

licherseits der Familie Liebknecht. Das tragische Schicksal dieses Mannes mußte auf das Gemüt des jungen Liebknecht begreiflicherweise einen tiefen Eindruck machen.

Er bezog die Universitäten Gießen und Berlin, um Theologie, Philosophie und Philologie zu studieren. Seit 1846 bezeichnete er sich als Kommunisten und gedachte nach Amerika auszuwandern, um sich in den Wäldern von Wisconsin einer Kommunisten-Kolonie anzuschließen. Der Ausbruch der Revolution, an deren Kämpfen er als Freischärler lebhaften Anteil nahm, gab seinem Leben eine andere Wendung. Da weder die Schweiz, noch Frankreich dem deutschen Flüchtlinge nach dem Zusammenbruche der Bewegung ein Asyl bieten wollten, kam auch Liebknecht, wie so viele andere Schicksalsgenossen, schließlich nach London und dadurch in näheren Verkehr mit Karl Marx. Er schlug sich durch Sprachunterricht und Korrespondenzen für Zeitungen, darunter die Augsburger Allgemeine Zeitung, mühsam durch, anglisierte sich aber auch so stark, daß er bis zu seinem Tode vertraute Familienbriefe in englischer Sprache abfaßte. Infolge der Krönungs-Amnestie begab er sich 1862 nach Berlin, um an der Norddeutschen Allgemeinen Zeitung, einer Gründung des Achtundvierzigers August Braß[1]), die auswärtige Politik im Sinne der großdeutsch-republikanischen Richtung zu redigieren. Als Braß sich Bismarck zu nähern begann, gab Liebknecht seine Stellung auf und geriet dadurch in äußerste Bedrängnis. Marx und Engels, die im allgemeinen zwar ziemlich geringschätzig über ihn urteilten, aber auf seine Famulus-Dienste in Berlin gerade wegen der Lassalleschen Bewegung Wert legten, suchten ihn durch Geldsendungen über Wasser zu halten.

Schon bei Lebzeiten Lassalles hatte Schweitzer Verhandlungen mit Liebknecht angeknüpft, um mit dessen Hilfe Marx und Engels zu einer gewissen Unterstützung der Bewegung zu bestimmen. Da Liebknecht nach London berichtet hatte, Schweitzer sei erstaunt, daß alles, was ihm an Lassalle gefalle, Plagiat an Marx sei, entschlossen sich Marx und Engels in der Tat dem „Sozialdemokrat" die Mitarbeit zu versprechen und freuten sich durch Liebknecht die Redaktion des Blattes überwachen zu können. Die Grundgedanken des Programmes bestanden in der Solidarität der Völkerinteressen, der

[1]) Er hatte einst das Lied gedichtet: Wir färben rot, wir färben gut, wir färben mit Tyrannenblut!

Einigung des deutschen Volkes in einem freien Volksstaate und der Abschaffung der Kapitalherrschaft. Man erwartete in London, daß die Verherrlichung Lassalles und dessen mit Bismarck kokettierende Taktik aufgegeben werden würden.

In beiden Beziehungen gab es bald bittere Enttäuschungen. Die erste Nummer vom 15. Dezember 1864 brachte einen Hymnus auf Lassalle, wobei noch dazu ein Satz aus dem Beileidschreiben, das Marx an die Gräfin Hatzfeld gerichtet hatte, als Motto benutzt wurde: „Er starb jung — im Triumphe — als Achilleus“[1]). Marx war wütend darüber, daß „ein paar Trostworte herausgerissen und schamlos dazu mißbraucht worden seien, eine servile Lobhudelei Lassalles ein- und auszuläuten“. Es sollte indessen bald noch ärger werden. Am 27. Januar 1865 erschien bereits der erste der fünf dem Ministerium Bismarck gewidmeten Artikel Schweitzers[2]). Diese übertrafen an wohlwollendem Verständnis für die Bismarcksche Politik und die Eigenart des preußischen Staates bei weitem alles, was Lassalle vertreten hatte. Es wurde offen anerkannt, Preußen sei alles, was es sei, durch die an seiner Spitze stehende Dynastie geworden, und deshalb erscheine der preußische Royalismus als eine wohlbegründete politische Anschauungsweise und Richtung. „Denn die Dynastie und in ihr der jedesmalige Regent können mit innerer Berechtigung als der Kulminationspunkt der aufsteigenden Skala der herkömmlichen Elemente, als der Schwerpunkt der in hergebrachten Bahnen rotierenden Kräfte, als Herz und Gehirn des Organismus innerhalb eines Staatsganzen betrachtet werden, welches nur so und unter solcher Voraussetzung seine eigentümliche Wesenheit und seine dermalige Stellung erlangte und erlangen konnte“. Ein wahrhaft preußisches Ministerium könne nicht „die dem Staate von seiner Geschichte indizierte äußere Politik unter Aufgebung des inneren Charakters des Staates anstreben, wie dies die liberale Partei unter Verlegung des Machtschwerpunktes von der Krone hinweg in das Abgeordnetenhaus beabsichtigte“.

„Parlamentarismus oder Cäsarismus?“ schreit man liberalerseits in die Welt hinein, ohne zu bedenken, wie wenig schmeichelhaft für die Schreienden die Stichworte gewählt sind. Denn „Parlamentarismus“ heißt Regiment der Mittelmäßigkeit, heißt machtloses

---

[1]) Aufsätze und Reden, S. 33—36.

[2]) a. a. O. S. 41—66.

Gerede, während „Cäsarismus“ doch wenigstens kühne Initiative, doch wenigstens bewältigende Tat heißt.“

„Aktionsfähig in Deutschland sind nur noch zwei Faktoren: Preußen und die Nation. Preußische Bajonette oder Proletarierfäuste — wir sehen kein Drittes . . . Die Nation steht fest auf ewigem Fundament — die Fürstenstühle Deutschlands aber müssen wanken, wenn Preußen sich erinnert, daß Friedrich der Große sein König war.“

Wenn Schweitzer auch versicherte, er habe nur objektiv feststellen wollen, was wirklich sei, nicht was sein sollte oder was man wünschen möchte, so konnte doch niemand darüber im Zweifel sein, daß er mindestens in demselben Grade wie Lassalle die Fühlung mit Bismarck zu behalten suchte. Diese Haltung fand auch auf Seiten des Ministerpräsidenten selbst volles Verständnis. Es kam die Sitzung des Abgeordnetenhauses vom 15. Februar 1865, in der Bismarck die vom Könige schlesischen Hauswebern gewährte Audienz und materielle Unterstützung zur Begründung einer Produktivgenossenschaft gegen die Angriffe des fortschrittlichen Fabrikanten Reichenheim zu verteidigen hatte. Er erklärte: „Die Könige von Preußen sind niemals Könige der Reichen vorzugsweise gewesen; schon Friedrich der Große als Kronprinz sagte: „Quand je serai roi, je serai un vrai roi des gueux,“ ein König der „Geusen“. Er nahm sich den Schutz der Armen vor . . . . Unsere Könige haben die Emanzipation der Leibeigenen herbeigeführt, sie haben einen blühenden Bauernstand geschaffen; es ist möglich, daß es ihnen auch gelingen werde — das ernste Bestreben dazu ist vorhanden — zur Verbesserung der Lage der Arbeiter etwas beizutragen. Der Weg, den Klagen der Arbeiter dem Zugang zum Throne zu verschließen, wäre meines Erachtens nicht der rechte, und ich habe nicht den Beruf dazu. Man würde die Frage aufwerfen: „Wie reich muß denn eine Deputation sein, damit ihr Empfang durch den König dem Herrn Reichenheim nicht den Eindruck eines „Puffs“ macht? Im übrigen hatte der Handelsminister Graf Itzenplitz die Aufhebung der Koalitionsverbote in Aussicht gestellt und die Arbeiterfrage als eines der bedeutendsten Probleme der Zeit gezeichnet, von dessen Gewichtigkeit für das gesamte Staatsleben die Regierung durchdrungen sei.

So konnte der „Sozialdemokrat“ mit unverkennbarer Genugtuung erklären: „Die preußische Regierung ist die erste Regierung Deutschlands, welche es gewagt hat, offen und bestimmt eine wahrhaft volkstümliche Sache, die Lösung der Arbeiterfrage, offiziell auf ihr Programm zu setzen.“

Erinnert man sich der Stellung, die Marx gegenüber der preußischen Geschichte einnahm, so ist es klar, daß zwischen ihm und Schweitzer der offene Bruch bald eintreten mußte. Schweitzer lehnte Vorschriften, die ihm Marx in taktischer Hinsicht machen wollte, auf das bestimmteste ab. „Wenn Sie mir, wie im letzten Schreiben, über theoretische Fragen Aufklärung geben wollen“, schrieb Schweitzer am 15. Februar 1865 an Marx, „so werde ich solche Belehrung von Ihrer Seite immer dankbar entgegen nehmen. Was aber die praktischen Fragen momentaner Taktik betrifft, so bitte ich Sie zu bedenken, daß, um diese Dinge zu beurteilen, man im Mittelpunkte der Bewegung stehen muß. Sie tun uns daher Unrecht, wenn Sie irgendwo und irgendwie Ihre Unzufriedenheit mit unserer Taktik aussprechen. Dies dürften Sie nur dann tun, wenn Sie die Verhältnisse genau kennten.“ Marx ließ sich nicht beschwichtigen und es erfolgte die öffentlich von ihm und Engels erteilte Absage an die Redaktion des „Sozialdemokrat“. „Die Unterzeichneten versprachen ihre Mitarbeit am Sozialdemokrat und erlaubten die Veröffentlichung ihrer Namen als Mitarbeiter unter dem ausdrücklichen Vorbehalt, daß das Blatt im Geiste des ihnen mitgeteilten kurzen Programms redigiert werde. Sie verkannten keinen Augenblick die schwierige Stellung des Sozialdemokrat und machten daher keine für den Meridian von Berlin unpassenden Ansprüche. Sie forderten aber wiederholt, daß dem Ministerium und der feudalabsolutistischen Partei gegenüber eine wenigstens ebenso kühne Sprache geführt werde als gegenüber den Fortschrittlern. Die vom Sozialdemokrat befolgte Taktik schließt ihre weitere Beteiligung an demselben aus. Die Ansicht der Unterzeichneten vom Kgl. preußischen Regierungssozialismus und der richtigen Stellung der Arbeiterpartei zu solchem Blendwerk findet sich bereits ausführlich entwickelt in Nr. 73 der Deutschen Brüsseler Zeitung vom 12. September 1847.“

Unter diesen Umständen schied auch der Vertrauensmann der Londoner, Wilhelm Liebknecht, aus der Redaktion des Sozialdemokrat aus. Nachdem er wegen heftiger Angriffe gegen Preußen und dessen Regierung aus Preußen ausgewiesen worden war, begab er sich nach Leipzig und trat dort in nähere Beziehungen zu August Bebel, der in Leipzigs Arbeiterkreisen sich des größten Einflusses erfreute.

August Bebel[1]) war am 22. Februar 1840 in Köln als Sohn eines aus Ostrowo (Posen) stammenden Unteroffiziers geboren worden. Der Vater starb schon 1843, die Mutter heiratete bald darauf den Zwillingsbruder ihres ersten Gatten. Der Stiefvater wurde 1844 Aufseher in einer großen Gefangenenanstalt, so daß der kleine Bebel bei der damals oft noch recht grausamen Gefangenenbehandlung unter sehr traurigen Eindrücken aufwuchs. Nachdem auch der zweite Gatte 1846 gestorben, zog die Mutter mit ihren zwei Kindern zu Verwandten nach Wetzlar und schlug sich kümmerlich durchs Leben. Auch sie starb schon 1853 und Bebel kam nun in die Lehre zu einem tüchtigen Drechslermeister. Auf die Lehrzeit folgten die üblichen Wanderjahre. Obgleich Protestant schloß sich Bebel in Freiburg i. B. und in Salzburg dem katholischen Gesellenverein an. Im Jahre 1860 bekam er bei einem Meister seines Handwerks in Leipzig Arbeit und beteiligte sich bald eifrig an dem bedeutenden politischen Leben dieser Stadt. Er hatte Gelegenheit alle Vorgänge, die zur Einberufung des Allgemeinen deutschen Arbeiterkongresses 1863 und zur Gründung des Allgemeinen deutschen Arbeitervereins durch Lassalle führten, aus nächster Nähe zu beobachten, verblieb aber in den bald nachher ausbrechenden heftigen Kämpfen in dem Verein der fortschrittlichen Richtung. Als Schulze-Delitzsch 1864 nach Leipzig kam, hatte ihn Bebel zu begrüßen.

Immerhin erzielten die Schriften Lassalles, die zunächst nur gelesen wurden, um gegen sie zu polemisieren, einen tiefen Eindruck und erzeugten eine sehr kritische Beurteilung der Haltung, welche die liberalen Führer in Arbeiterfragen einzunehmen pflegten. Der intime Verkehr mit Liebknecht hat, wie Bebel selbst bekennt, die „Mauserung zum Sozialisten“ beschleunigt[2]).

So keimte in Liebknecht die Hoffnung auf, im Verein mit Bebel eine antipreußische und antibismarckisch gesinnte sozialistische Partei begründen zu können, welche Marx und Engels als ihre

---

[1]) Vgl. August Bebel, Aus meinem Leben, I. Teil 1910.
[2]) a. a. O. S. 130.

geistigen Oberhäupter verehren und sich im Sinne der von Marx gegründeten Internationalen Arbeiter-Assoziation betätigen würde.

Die Ereignisse des Jahres 1866 kamen diesen Absichten sehr entgegen. Die preußenfeindliche Stimmung wuchs in den Mittel- und Kleinstaaten derart an, daß die preußenfreundlichen Lassalleaner hier beinahe allen Anhang verloren. Schon im August 1866 konnte in Sachsen eine neue demokratisch-republikanische Partei ins Leben gerufen werden, deren Programm auch soziale Forderungen enthielt: „Forderung des allgemeinen Wohlstandes und Befreiung der Arbeiter von jeglichem Druck und jeglicher Fessel. Verbesserung der Lage der arbeitenden Klasse, Freizügigkeit, Gewerbefreiheit, allgemeines deutsches Heimatsrecht, Förderung und Unterstützung des Genossenschaftswesens, namentlich der Produktivgenossenschaften, damit der Gegensatz zwischen Kapital und Arbeit ausgeglichen werde."

Die Verfasssung des Norddeutschen Bundes brachte das allgemeine, gleiche, direkte und geheime Wahlrecht, also alles, was Lassalle für Preußen gefordert hatte.

Auf Grund dieser Errungenschaft gelangten Bebel und Liebknecht, aber auch fünf Vertreter der Lassalleaner, unter ihnen von Schweitzer, in den norddeutschen Reichstag.

Während sich Schweitzer mit seinen Parteigenossen durchaus auf den Boden der neuen Rechtsordnung stellte und von dieser ausgehend die Überbrückung der Mainlinie, den volkstümlichen Ausbau des jungen Bundesstaates und die Entwicklung einer sozialen Gesetzgebung erstrebte, verharrte Liebknecht in grundsätzlicher Opposition [1]. Er wollte den Reichstag, der ihm als ein bloßes Feigenblatt des Absolutismus erschien, boykottieren. In dem Norddeutschen Bunde erblickte er nur ein durchaus ephemeres Gebilde, das bald durch eine große europäische Revolution beseitigt werden würde.

---

[1]) Noch im Jahre 1869 erklärte Liebknecht in einer Rede „Über die politische Stellung der Sozialdemokratie": „Die Sozialdemokratie darf unter keinen Umständen und auf keinem Gebiete mit den Gegnern verhandeln. Verhandeln kann man nur, wo eine gemeinsame Grundlage besteht. Mit prinzipiellen Gegnern verhandeln, heißt ein Prinzip opfern. Prinzipien sind unteilbar, sie werden entweder ganz bewahrt, oder ganz geopfert. Die geringste prinzipielle Konzession ist die Aufgebung des Prinzips. Wer mit Feinden parlamentelt, parlamentiert; wer parlamentiert, paktiert." Den im Reichstage fast ausschließlich vertretenen herrschenden

Erst sollte die preußische Reaktion niedergerungen werden, ehe man sozialpolitische Forderungen stellen könnte. Dieser fanatische Preußenhaß des „Sanguinikers und Phantasten“ Liebknecht artete schließlich sogar in eine gewisse Verherrlichung Österreichs, als des im Süden neu erstehenden Staates der Freiheit, der depossedierten Fürsten, der Ultramontanen und süddeutschen Föderalisten aus, die namentlich bei Engels ein immer größeres Mißbehagen entstehen ließ. Während Liebknecht behauptete, Schweitzer sei ein aus dem Bismarckischen Reptilienfonds bezahlter Agent, um die Arbeiterbewegung im Interesse der preußischen Reaktion zu korrumpieren und zu verraten, wurden Liebknecht und Bebel im „Sozialdemokrat“ als Söldlinge des Welfenkönigs und des ehemaligen sächsischen Reaktionsministers und nunmehrigen österreichischen Reichskanzlers von Beust verdächtigt.

Mit größerem Geschick und Glück ging Liebknecht in der Frage der Gewerkschaftsgründungen vor. Er war in England mit der Bedeutung der Trade Unions vertraut geworden und hielt schon seit seiner Rückkehr nach Deutschland in Arbeiterkreisen lehrreiche Vorträge über diese Dinge. Schweitzer begriff die Gefahren, die seiner Organisation durch eine von Bebel-Liebknecht geleitete Gewerkschaftsbewegung erwachsen könnten, sofort und beschloß ihnen zuvorzukommen. Es war aber gerade für die Lassalleaner nicht leicht, hier einzugreifen, da Lassalle auf Grund seines „ehernen Lohngesetzes“ den Bemühungen der Ware Arbeit, sich mittelst der Koalitionen als Mensch zu betätigen, jeden Erfolg abgesprochen hatte. Schweitzer selbst fühlte sich in keiner Weise an die Lassalleschen Dogmen gebunden. Aber die Gräfin Hatzfeldt, deren Geldmittel schwer entbehrt werden konnten, wachte mit Argusaugen darüber, daß niemals auch nur um eines Fingers Breite von den Lassalleschen Lehren abgewichen würde. Ein nicht geringer Teil der Partei-

---

Klassen gegenüber ist der Sozialismus „keine Frage der Theorie“ mehr, sondern einfach „eine Machtfrage, die in keinem Parlament, die nur auf der Straße, auf dem Schlachtfelde zu lösen ist, gleich jeder anderen Machtfrage“.

Diese Äußerungen richteten sich übrigens nicht nur gegen die Lassalleaner, sondern auch gegen den eigenen Parteifreund Bebel, dessen gesunder Menschenverstand dieser doktrinären Verbohrtheit öfters mit Erfolg zu widersprechen wagte. Vgl. Bebel: Aus meinem Leben II. Teil. S. 164 ff.

genossen war ebenfalls außer Stande hier umzulernen. Es gelang Schweitzer deshalb nicht, auf der Hamburger Generalversammlung des Vereins 1868 eine Resolution durchzusetzen, welche ihn als Vereinspräsidenten beauftragt hätte, einen allgemeinen Arbeiterkongreß zur Begründung von Gewerkschaften einzuberufen. Er berief sich aber auf seine Abgeordneten-Stellung, die ihm gestattete, einen solchen Schritt zu unternehmen und veranstaltete tatsächlich mit seinem Parteigenossen Fritzsche einen Kongreß, der unter lebhafter Beteiligung aus allen Arbeiterkreisen Ende September 1868 stattfand.

Unterdessen war es Schweitzer auch gelungen, wieder Beziehungen mit Marx anzuknüpfen. Er hatte dessen „Kapital" in außerordentlich verständnisvoller Weise in einer Artikel-Serie besprochen, und da Liebknechts Taktik in London mehr und mehr verurteilt wurde, glaubte wohl auch Marx als deutscher Sekretär der Internationalen Arbeiter-Assoziation mit Schweitzer verkehren zu sollen. Einer Einladung auf der Generalversammlung des Allgemeinen deutschen Arbeitervereins in Hamburg als Ehrengast zu erscheinen, wurde allerdings nicht Folge gegeben, doch fand über die Gewerkschaftsfrage ein erheblicher schriftlicher Gedankenaustausch zwischen beiden Männern statt. Im übrigen bat Schweitzer Marx, auch durch persönliche Intervention die Streitigkeiten zwischen ihm und der Liebknechtschen Richtung aus der Welt zu schaffen. Marx schien es aber richtiger, sich auf die Rolle des Unparteiischen beim Duell zu beschränken.

Immerhin erklärte Marx in einem Schreiben vom 13. Oktober 1868: „Ich erkenne unbedingt die Intelligenz und Energie an, womit Sie in der Arbeiterbewegung wirken. Ich habe diese meine Ansicht keinem meiner Freunde verhehlt. Wo ich mich öffentlich auszusprechen habe — im Generalrat der Internationalen Arbeiterassoziation und im hiesigen deutschen Kommunistenverein — habe ich Sie beständig als einen Mann unserer Partei behandelt und nie ein Wort über Differenzpunkte fallen lassen" [1]).

Das waren Äußerungen, durch die Marx jedenfalls weit von Liebknecht abrückte. Dieser war mittlerweile, ebenso wie Bebel, aber auch in einen wachsenden Gegensatz zu den demokratisch-

[1]) Vgl. Mehrings Ausgabe der Schweitzer'schen Aufsätze S. 280.

republikanischen Freunden im Süden Deutschlands geraten. War es Bebel doch gelungen, den von ihm geführten Verband deutscher Arbeitervereine auf dem Vereinstage in Nürnberg 1868 zu einer Erklärung zu bestimmen, die in wesentlichen Beziehungen dem Programme der Internationalen Arbeiter-Assoziation entsprach. Von den sozialistischen Tendenzen dieser Organisation wollten aber die, mit Ausnahme der Sonnemannschen Richtung, noch recht manchesterlich gesinnten kleinbürgerlichen Republikaner des Schwabenlandes nichts wissen. So konnte der Bruch zwischen der bürgerlichen und der von Bebel-Liebknecht geführten proletarischen Demokratie nicht länger hinausgeschoben werden[1])!

Zunächst versuchten Liebknecht und Bebel die Trennung in der Weise auszuführen, daß sie gleichzeitig durch den Sturz Schweitzers, der seit 1867 auch als Präsident des Allgemeinen deutschen Arbeitervereins wirkte, die Leitung der Lassalleaner an sich reißen und dann unbedenklich die Verschmelzung beider sozialistischer Richtungen veranlassen könnten. Dieser Plan schlug aber in der Hauptsache fehl. Schweitzer behauptete sich trotz aller Angriffe auf der Generalversammlung in Barmen (1869) und hatte nur den Verlust einiger, freilich nicht unerheblicher Mitglieder zu beklagen. Mit diesen vereint luden Bebel und Liebknecht am 17. Juni 1869 zu einem allgemeinen deutschen sozialdemokratischen Arbeiterkongreß auf den 7. August 1869 nach Eisenach ein. Das „Demokratische Wochenblatt“, das Organ der Bebel-Liebknechtschen Partei, schrieb am 26. Juni im Hinblick auf diesen Kongreß:

„Es wird sich zeigen, ob die Korruption, die Gemeinheit, die Bestechlichkeit auf jener Seite, oder die Ehrlichkeit und die Reinheit der Absichten auf unserer Seite den Sieg davon trägt. Unsere Losung sei: Nieder mit der Sektiererei, nieder mit dem Personenkultus, nieder mit den Jesuiten, die unser Prinzip mit den Worten anerkennen, in den Handlungen es verraten.“

Die Partei der Einberufer des Eisenacher Kongresses pflegten nun kurzweg als die „Ehrlichen“ bezeichnet zu werden.

---

[1]) Vgl. die eingehende Schilderung durch Gustav Mayer, Die Trennung der proletarischen von der bürgerlichen Demokratie in Deutschland (1867—1870). Grünbergs Archiv, III. S. 1—68.

46. Die Begründung der sozialdemokratischen Arbeiterpartei und deren Entwicklung bis zur Vereinigung mit dem allgemeinen deutschen Arbeiterverein.

Schon bei der Bureauwahl kam es in Eisenach zu heftigen Streitigkeiten zwischen beiden Gruppen. Der Einberufer schloß daher die Versammlung. Die Gegner der Schweitzerschen Richtung konstituierten sich sofort als neuen Kongreß und begründeten die Sozialdemokratische Arbeiterpartei. Das Programm forderte die Errichtung des freien Volksstaates, d. h. der demokratischen Republik, etwa nach schweizerischem Muster. Die „nächsten Forderungen" politischer Art betrafen durchweg Dinge, die in den schweizerischen Kantonen bereits mehr oder weniger verwirklicht waren, wie „Initiative" und „Referendum".

In ökonomischer und sozialer Hinsicht wurde die Abschaffung der Klassenherrschaft durch Beseitigung der jetzigen Produktionsweise und Zuerkennung des vollen Arbeitsertrages für jeden Arbeiter als Endziel aufgestellt. Zunächst sollte volle Preß-, Vereins- und Koalitionsfreiheit, ein Normalarbeitstag, Einschränkung der Frauen- und Verbot der Kinderarbeit erstrebt werden, aber auch staatliche Förderung des Genossenschaftswesens und Staatskredit für freie Produktivgenossenschaften unter demokratischen Garantien.

Das Programm enthielt, abgesehen von dem republikanischen Endziel, in politischer Hinsicht nichts, was nicht auch von den Lassalleanern vertreten worden war, es bot sogar die für die Lassalleaner besonderen charakteristischen Schlagworte des „vollen Arbeitsertrages" und des „Staatskredits für Produktivgenossenschaften."

Der von Bebel geleitete Verband deutscher Arbeitervereine löste sich sofort zu Gunsten der neuen Partei auf. Das „Demokratische Wochenblatt" wurde zum Parteiorgan erklärt und nahm den Titel „Volksstaat" an.

Marx und Engels scheinen der neuen Gründung zunächst kein Interesse entgegengebracht zu haben. Der Briefwechsel aus jenen Zeiten nimmt fast gar keinen Bezug auf das Ereignis. Liebknecht stand bei den Londonern noch immer tief im Kurse. Ein Teil der politischen Forderungen des Eisenacher Programms ist in das Gothaer

Programm 1875 übergegangen und dann von Marx sehr abfällig kritisiert worden [1]).

Selbstverständlich konnte durch die sozialdemokratische Konkurrenzgründung der „Ehrlichen“ der unerquickliche Zwist der sozialistischen Lager nur verschärft werden.

So standen die Dinge, als der Krieg gegen Frankreich ausbrach. Schweitzer hatte gelegentlich seiner Wahl in den Reichstag schon erklärt: „Sollten ernstliche Gefahren vom Ausland her das deutsche Vaterland bedrohen, so werde ich den König von Preußen, in dem jetzt die nationale Machtstellung Deutschlands gipfelt, und seine Regierung mit aller Kraft, die einem einzelnen zu Gebote stehen kann, in dem Parlamente wie außerhalb desselben zu unterstützen bestrebt sein.“

Schweitzer, Mende und Hasenclever, welche die Lassalleaner im Reichstage vertraten, stimmten in der Tat für die Kriegskredite und hatten die Genugtuung, daß auch der mittlerweile zur Eisenacher Partei übergetretene Fritzsche ihrem Beispiele folgte. Anders Liebknecht und Bebel. Ersterer war überzeugt, nun endlich sei der heiß ersehnte und so oft vergeblich vorher gesagte Zusammenbruch der Bismarckschen Staatskunst gekommen. Er wollte gegen die Kredite stimmen und entschloß sich nur auf Bebels Vorstellungen hin, durch Stimmenthaltung wenigstens seine „Neutralität“ in diesem „dynastischen“ Kriege zwischen den Häusern Hohenzollern und Bonaparte zu bekunden. Der Ausschuß der Eisenacher Partei dagegen vertrat in einem besonderen Manifeste vom 24. Juli eine Auffassung der Lage, welche dem Standpunkte Schweitzers weit näher als dem Liebknechts stand. „So gewiß wir nicht die leiseste Schuld tragen an diesem unseligen Kriege“ hieß es in der Kundgebung, „so gewiß haben wir als Deutsche für Deutschland einzustehen.“ Sogar Marx selbst ließ in einem Manifeste vom 23. Juli des Generalrates der Internationalen den Krieg als Verteidigungskrieg Deutschlands gelten und verleugnete damit die Liebknechtsche Haltung. Schon gedachte Liebknecht „aus Ekel vor dem patriotischen Dusel“ nach Amerika zu gehen.

Ein Umschwung trat erst ein, als wegen der erstrebten Angliederung von Elsaß-Lothringen der Krieg auch gegen die junge Republik fortgesetzt wurde. Lassalleaner und Eisenacher wollten von

[1]) Vgl. N. Z. IX. I. Bd. S. 572 ff.

der Einverleibung dieser Gebiete gegen den Willen ihrer Bevölkerung nichts wisssen. Marx und Engels wiesen auf die Gefahr einer dann eintretenden dauernden Verfeindung Deutschlands und Frankreichs hin, die zu einem französisch-russischen Bündnisse führen müßte.

Schweitzer schrieb zwar, wenn auch maßvoller als die Eisenacher, gegen die Annexionspolitik, ließ aber durchblicken, daß er sich mit Annexionen, die aus rein militärischen Gründen erfolgten, schließlich abfinden würde.

Die Eisenacher erließen ein Manifest und forderten zur Veranstaltung großer Kundgebungen gegen die Annexion und für einen billigen Frieden auf.

Gegen diese Bestrebungen wurde von den Militärbehörden eingeschritten. Der Partei-Ausschuß, von dem der Aufruf unterzeichnet worden war, wurde mit einigen anderen Parteigenossen, die sich der Verbreitung des Manifestes schuldig gemacht hatten, gefangen genommen. Die rechtliche Begründung des Schrittes wurde darin gefunden, daß derartige Kundgebungen die Franzosen in ihrem Widerstande bestärken müßten, die militärische Gewalt dürfe aber alles beseitigen, was der Erreichung des Kriegszweckes nachteilig sei. Der Schritt scheint ohne Zustimmung Bismarcks erfolgt zu sein [1]).

Die Ende November 1870 zur Fortsetzung des Krieges geforderten Mittel wurden von allen Abgeordneten der sozialdemokratischen Gruppen verweigert. Daß die Massen des deutschen Volkes diese Stellungnahme nicht billigten, bewies der Ausfall der nächsten Wahlen. Mit Ausnahme Bebels, der den Wahlkreis Glauchau-Meerane behauptete, gingen alle anderen sozialdemokratischen Mandate verloren. Die Lassalleaner erhielten im ganzen rund 67 000, die Eisenacher 39 000 Stimmen.

In diesem für die Zukunft der Bewegung so überaus kritischen Zeitpunkte erklärte Schweitzer von der Leitung des Allgemeinen deutschen Arbeitervereins zurücktreten zu wollen. Er sei am Ende seiner Kraft und bedürfe dringend der Ablösung. Am 1. Juli 1871 ging die Führung der Partei in der Tat an Hasenclever über, ohne daß aber für Schweitzer sofort die ersehnte Ruhe eingetreten

[1]) Vgl. M. Busch, Tagebuchblätter. 1. Bd. 1899. S. 306, 308 ff., 429.

wäre. Die Angriffe, welche die Eisenacher seit Jahren gegen ihn gerichtet hatten, wurden jetzt auch von einem Teile der eigenen Parteigenossen aufgenommen, die Schweitzers Wiedereintritt in die politische Arena fürchteten. Schweitzer begnügte sich mit der Versicherung, er würde nach den gemachten Erfahrungen „lieber Holz hacken und Steine klopfen als noch einmal sozialdemokratische Partei-Angelegenheiten betreiben."

„Solche Erscheinungen des Undanks und Blödsinns könnten nicht verwundern bei Leuten", hieß es in einer in der bürgerlichen Presse erfolgten Mitteilung „von denen nur ein sehr kleiner Teil durch die Begeisterung für eine neue Idee bewegt wird, während die weitaus meisten nur durch den Neid gegen höhere Gesellschaftsklassen oder durch andere unschöne Motive angetrieben würden, wozu dann noch ihr beschränkter Horizont komme".

Es waren immer wieder die schon so oft gegen Schweitzer vorgebrachten Anklagen, um die es sich handelte: er stünde im Solde Bismarcks, fördere die gewerkschaftliche Bewegung, um die politische zu schädigen, und habe allerlei Unregelmäßigkeiten in der Kassenführung begangen.

Über die Berechtigung dieser Beschuldigungen hat der Streit bis auf die Gegenwart nicht aufgehört. Bebel hat erst in seinen Lebenserinnerungen wieder alle Verdachtsgründe ausführlich auseinandergesetzt, während Mehring, der sonst ja der schärfsten Tonart huldigte und dem deshalb die national-reformistische Taktik Schweitzers eigentlich sehr unsympathisch sein mußte, stets die Schuldlosigkeit Schweitzers vertreten hat. Seinen Auffassungen stimmt der Schweitzer-Biograph G. Mayer im wesentlichen bei.

Und in der Tat, entscheidende, überzeugende Beweisgründe für die Schuld Schweitzers sind niemals vorgebracht worden. Es handelt sich größtenteils um unbewiesenen Klatsch, um sehr übelwollende Deutungen von Tatsachen, die sich viel leichter auf andere Art erklären lassen.

Hätte Schweitzer wirklich im Auftrage Bismarcks gehandelt, so würde er doch nicht beständig durch Staatsanwälte und Polizeibehörden verfolgt und durch längere Haftstrafen der angeblich von dem leitenden Staatsmanne veranlaßten Wirksamkeit entzogen worden sein. Aber er habe doch mit einem Rate des Berliner Polizeipräsidiums verkehrt und sei im Gefängnisse sehr freundlich behandelt worden! Daß Schweitzer in den oberen Gesellschaftsklassen mancherlei persönliche Beziehungen besaß, erklärt sich aus seiner Herkunft. Daß er als politischer Gefangener im Gefängnisse sich mancherlei Vergünstigungen zu erfreuen hatte, kann um so weniger gegen ihn ins Feld geführt werden, als man dann auch Bebel und Liebknecht, die während ihrer Haft in Hubertusburg ebenfalls sehr gut behandelt wurden, als Agenten der sächsischen Regierung verdächtigen müßte. Man verweist ferner auf die luxuriöse Lebenshaltung Schweitzers und fragt, woher er dafür die Mittel bezogen habe. Er hat sich in der Tat zeitweise eine Mietequipage gehalten, aber er hatte damals gerade einige Mittel von seinem 1868 verstorbenen Vater geerbt. Im übrigen steckte Schweitzer aber stets wie Marx in Schulden und befand sich in den Händen von Wucherern. Das wäre doch nicht der Fall gewesen, wenn er aus dem Bismarckschen Reptilienfonds üppige Zuwendungen empfangen hätte.

Nach dem Ausscheiden aus der Politik widmete sich Schweitzer ganz dem Theater. Er produzierte mit größter Leichtigkeit innerhalb weniger Jahre eine große Zahl meist erfolgreicher Schwänke, versuchte sich aber auch in Jambendramen. Trotzdem kam er aus den Geldschwierigkeiten niemals heraus. Er starb übrigens schon am 28. Juli 1875, also im Alter von 42 Jahren.

Seine Gegner mußten immer anerkennen, daß er eine überragende staatsmännische Einsicht und theoretische Bildung besaß. Er verstand es in populärer und doch gedrungener Sprache bedeutsame Gedanken zu entwickeln. So stellte er trotz seines Darstellungstalentes an die Auffassungsgabe der Massen weit höhere Ansprüche als Bebel und Liebknecht, die mit ihrer rein privatmoralischen Beurteilung der geschichtlichen Vorgänge den geistigen Horizont des radikalen Kleinbürgers niemals überschritten und nebenbei noch in den Mittel- und Kleinstaaten skrupellos die herrschenden preußenfeindlichen, partikularistischen Stimmungen schürten. Als skeptisch veranlagter Weltmann konnte sich Schweitzer auch nur schwer in die fanatische, dürftige Einseitigkeit hineinarbeiten, welche von den Massen am leichtesten verstanden und gewürdigt wird. Er konnte sich zu gut auch in die Lage der Gegner versetzen und das wurde dann so angesehen, als ob er es heimlich eigentlich mit den Gegnern hielte. So hat Schweitzer niemals die Popularität späterer sozialdemokratischer Führer erworben und ist bald nach seinem Rücktritte in den deutschen Arbeiterkreisen ganz vergessen worden.

Fragt man, warum er gerade in der kritischen Zeit nach dem Kriege die Leitung der Partei aufgab, so sind die von ihm selbst angegebenen Gründe vielleicht doch nicht allein maßgebend gewesen. Ein so klarer und kritischer Kopf, wie er war, mußte sich auch sagen, daß er selbst nicht nur schwere Fehler begangen hatte, sondern daß die veränderte Lage der Dinge es sehr schwer machen würde, diese Fehler wieder gut zu machen.

Das von Lassalle erstrebte allgemeine, gleiche und direkte Wahlrecht war schon im Norddeutschen Bunde verwirklicht worden, ohne irgendwie die Erwartungen, welche die Lassalleaner an es geknüpft hatten, erfüllt zu haben.

Die ganze Taktik war aus der Konfliktszeit, von Lassalle her, auf dem Gegensatz zwischen bürgerlichem Liberalismus und preußischer Regierung aufgebaut gewesen. Schon nach 1866 und noch mehr infolge der Reichsgründung war aber zwischen beiden die Aussöhnung vollzogen worden. Bismarck war zunächst ganz durch die Aufgaben der äußeren Politik in Anspruch genommen worden. Einer sozialistischen Hilfstruppe gegen die Fortschrittspartei bedurfte er nicht mehr und seinen Mitarbeitern auf dem Gebiete der inneren Politik lagen sozialpolitische Bestrebungen ziemlich fern. Es hätte sich also die alte Taktik nur mit einer gewissen Annäherung an die antikapitalistische, feudal-agrarisch gestimmte äußerste Rechte durchführen lassen.

Das Interesse der ohnehin politisch stark geschwächten konservativen Kreise an moderner Sozialpolitik war aber viel zu gering, um einen solchen Tory-Sozialismus lebensfähig erscheinen zu lassen.

Sollte Schweitzer aus seiner Partei einen linken, sozialreformerische Ziele mit Entschiedenheit vertretenden Flügel der nationalliberalen Partei machen? Auch dieser Ausweg hätte die größten Schwierigkeiten geboten. Er hatte ja immer den Eisenachern einen besonderen Vorwurf daraus gemacht, daß sie noch längere Zeit die Beziehungen zum radikalen Bürgertum gepflegt hatten. Wollte er nicht selbst ganz in den von ihm gerügten Fehler verfallen, so mußte er mindestens den monarchisch-nationalen Charakter seiner Richtung, im Gegensatze zur bürgerlichen Demokratie, scharf herausarbeiten, also etwa die Wege betreten, für welche später Pfarrer

Naumann in seiner national-sozialen Zeit, als er für Demokratie und Kaisertum schwärmte, die deutsche Arbeiterschaft gewinnen wollte. Diese Möglichkeit hatte sich aber Schweitzer selbst versperrt. Die Bemühungen, die Fühlung mit Marx nicht ganz zu verlieren, vor allem aber wohl die Konkurrenz, die ihm die Eisenacher bereiteten, hatten ihn zweifelsohne radikalere Töne anschlagen, den national-reformistischen Charakter seiner Richtung weniger betonen lassen, als seinen Überzeugungen entsprochen haben mag [1]). So hatte er namentlich auch in der verhängnisvollen Annexionsfrage sich ebenso wie Bebel und Liebknecht von allen national empfindenden Volkskreisen weit entfernt. Damit war eigentlich die besondere Existenzberechtigung seiner Richtung neben der Bebel-Liebknechtschen verloren gegangen. Es waren keine großen ideellen, sondern nur noch kleinliche persönliche Gehässigkeiten, welche die sozialistische Demokratie spalteten. Insofern war es, wenn Schweitzer nicht mehr an die Möglichkeit glaubte, mit Erfolg neue Bahnen zu betreten, das allein Richtige, daß er durch den Rücktritt den Weg zur Vereinigung der Lassalleaner und Eisenacher freigab. „Einheit um jeden Preis!" darin bestand das Vermächtnis, das Schweitzer „seinen persönlichen Freunden im Allgemeinen deutschen Arbeiterverein" hinterließ. Wenn trotzdem die Einigkeit, deren Notwendigkeit er mit so schlagenden Gründen [2]) erwiesen hatte, nicht sofort eintrat, so lag die Schuld zum Teil an äußeren Begebenheiten. Liebknecht und Bebel waren wegen ihrer parteipolitischen Betätigung der Vorbereitung zum Hochverrat und anderer Straftaten angeklagt und zu zweijähriger Festungshaft verurteilt worden [3]).

---

[1]) So erklärt er in seinem äußerst bemerkenswerten Abschiedsworte: „Gewissermaßen durch die Konkurrenz getrieben, glaubt jede Fraktion die andere an äußerlich radikalem Auftreten überbieten zu müssen. Die innere Schwäche soll durch äußere Reklame ersetzt werden. Daher unnötige Konflikte mit der Staatsgewalt. Wäre die Partei einiger, also stärker, so könnte sie bei äußerstem Radikalismus der Staatsgewalt gegenüber vorsichtiger und doch erfolgreicher auftreten." Mehringsche Ausgabe S. 318.

[2]) Vgl. a. a. O. S. 317, 318.

[3]) Eine ausführliche Darstellung der Vorgänge gibt W. Liebknecht, Der Leipziger Hochverratsprozeß. Nach der 2. Aufl. unveränderter Neudruck. Berlin 1911. Das Werk enthält eine große Zahl von Dokumenten, welche für die ältere Parteigeschichte äußerst wichtig sind.

Die Verurteilung hat wohl die Vereinigung beider Fraktionen verzögert, im übrigen aber der sozialdemokratischen Sache außerordentlich genützt. Schon die öffentlichen Prozeßverhandlungen boten eine vortreffliche und aufs Äußerste ausgenutzte Gelegenheit, um für sozialdemokratische Bestrebungen Propaganda zu treiben. Die Verurteilung verschaffte Bebel und Liebknecht den Nimbus des Märtyrertums, erhöhte ihre Popularität in den weitesten Kreisen und bot namentlich für Bebel eine unschätzbare Muße für körperliche Erholung und wissenschaftliche Fortbildung. Der Biograph Liebknechts, K. Eisner, erklärt, die beiden Jahre erst in Hubertusburg, dann auf der Bergveste Königstein in der sächsischen Schweiz, seien vielleicht dessen glücklichste Jahre gewesen, die Strafe sei „wirklich wohlwollend und milde" vollzogen worden [1]). Und nicht anders schildert Bebel diese Zeit. Als er verurteilt wurde, galt er als Todeskandidat. Ruhe, gute Luft und eine gewisse gärtnerische Betätigung machten Bebel wieder zu einem gesunden Manne. Im übrigen erwarb sich Bebel während dieser Zeit, zum Teil durch den Unterricht des akademisch gebildeten Liebknecht gefördert, Sprachkenntnisse und eine gewisse Übersicht über Nationalökonomie und Geschichte [2]).

Die Vereinigung beider Fraktionen wurde, sehr gegen die Wünsche der Londoner, mit aller Energie von Liebknecht betrieben und 1875 in Gotha auf Grund des sogenannten Gothaer Programmes vollzogen. Es kam den Ideen, die den Lassalleanern teuer waren, noch mehr als das Eisenacher Programm entgegen. Marx, immer äußerst erregt, wenn ihm Lassallesche Einflüsse entgegentraten, hatte das Einigungsprogramm mit der vollen Lauge seiner ätzenden Kritik übergossen und bei der Annahme dieser Grundsätze die allerschlimmsten Folgen vorhergesagt [3]).

Die Adressaten des Programm-Briefes steckten ihn in die Tasche und gingen ruhig ihres Weges, indem sie sich ebensowenig wie einst Schweitzer an Belehrungen taktischer Art, die von London kamen, gebunden erachteten.

---

1) K. Eisner, W. Liebknecht, 2. Aufl., 1906, S. 76.
2) Bebel, Aus meinem Leben, II. Teil, 1911, S. 259—283.
3) N. Z. IX., 1. Bd., 1891, S. 562—575.

47. Die Sozialdemokratie unter dem Sozialistengesetz.

Die Vereinigung beider Gruppen kam besonders der gewerkschaftlichen Bewegung, die unter dem Kampfe schwer zu leiden gehabt hatte, zu statten. Erst jetzt konnte man an den Ausbau eines leistungsfähigen Unterstützungswesens denken. Kranken- und Sterbegelder sowie Reise-Unterstützungen begannen sich einzubürgern. Herbergen und Fachzeitungen wurden begründet und hoben Solidaritätsgefühl wie Geselligkeit. Im Jahre 1877 hatte es die Parteipresse bereits auf 41 politische Organe und etwa ein Dutzend gewerkschaftliche Fachblätter gebracht. Der Rausch der Gründerjahre war ebenso verflogen wie der nationale Aufschwung der Kriegszeit. Liebknecht, der in virtuoser Weise durch die von ihm geleitete Redaktion des Zentralorganes der Partei deren ganze Presse bis zu seinem Tode zu beherrschen und mit seiner eigenen antinationalen Gesinnung zu durchtränken verstanden hat, vollzog rasch die vollständige „Reinigung des von Lassalle gebauten Augiasstalles“, wie er sich in einem intimen Briefe ausdrückte. Überall wurde die Unzufriedenheit der Massen mit Erfolg geschürt. Bei den Wahlen von 1877 errang die Partei beinahe eine halbe Million Stimmen und 12 Mandate. So steigerte sich das Selbstbewußtsein der Führer von Tag zu Tag. Die Sprache der Presse wurde immer aufreizender und frecher, die Verwilderung unter den proletarischen Massen der Fabrik- und Großstädte immer gefahrdrohender. „Hörte man“ schrieb Franz Mehring [1]), „den hundertstimmigen Chorus der sozialdemokratischen Agitatoren, Blätter, Flugschriften, so war die Religion ein leerer Humbug, erfunden von Betrügern, um Narren zu betören, der Patriotismus ein verhüllender Schleier für Raub und Mord, die Ehe eine staatlich konzessionierte Prostitution, die Wissenschaft eine feile Dirne des Volksverrates, die Schule eine Verdummungsanstalt „im Dienste gegen die Freiheit“, der Reichstag ein Haufe von Junkern, Apostaten und Nullen, der als Marionette am Drahte eines Recht und Menschen verachtenden Staatsmannes tanzte, die Presse ein einziger Reptiliensumpf der Korruption“.

---

[1]) Die deutsche Sozialdemokratie. Ihre Geschichte und ihre Lehre. 3. Aufl. Bremen 1879. S. 179. Dieses Buch ist im Gegensatze zu den späteren Werken Mehrings noch vom sozialliberalen Standpunkte aus geschrieben.

Die Wiederaufrichtung des deutschen Kaisertums galt als „Kaiserposse“, das Vaterland als „reaktionärer Begriff“, die ganze deutsche Geschichte als ein Fastnachtspiel von Schurken, Betrügern und Narren, Goethe als serviler Hofpoet und Schiller als reaktionärer Phrasendrescher.

In Regierungskreisen war schon nach dem Pariser Kommune-Aufstand, dessen Verherrlichung durch Bebel auf Bismarck den tiefsten Eindruck gemacht hatte, eine schärfere Bekämpfung der sozialrevolutionären Bestrebungen im Wege der Gesetzgebung erwogen worden [1]. Bis jetzt hatten Versuche in dieser Richtung — 1874 beim Preßgesetz, 1876 beim Strafgesetze [2] — aber keinen Erfolg erzielt.

Diese Bestrebungen wurden wieder aufgenommen, nachdem im Jahre 1878 kurz nacheinander zwei verruchte Attentate auf die erhabene Person des Kaisers stattgefunden hatten.

Das erste Attentat ging am 11. Mai von dem Klempnergesellen Hödel aus. Es handelte sich um ein geistig und körperlich gleich verkommenes Individuum, das eben wegen Unterschlagung von Geldern aus der sozialdemokratischen Partei ausgeschlossen wurde und weniger als Sozialdemokrat denn als Anarchist gelten konnte. Das zweite Attentat wurde durch Dr. Nobiling am 2. Juni aus seiner Unter den Linden gelegenen Wohnung mit einer Jagdflinte verübt, und hatte eine nicht unerhebliche Verwundung zur Folge. Der Attentäter versuchte sich bei der Gefangennahme zu erschießen. Er starb etwa drei Monate später, ohne je in einen vollkommen vernehmungsfähigen Zustand zurückzukehren. Über die Motive der Tat ist Zuverlässiges nicht bekannt geworden. Gerüchtweise verlautete, er habe den Kronprinzen an die Regierung bringen wollen, da dieser besser regieren werde. Jedenfalls hatte Nobiling keinerlei

---

[1]) Vgl. die Mitteilungen über die „Internationale der Regierungen“, welche der internationalen Arbeiterbewegung entgegentreten, aber auch positive Reformen durchführen sollte, bei Schäffle, Aus meinem Leben. 2. Bd. 1905. S. 229 ff.

[2]) § 130 hatte auf Wunsch der Regierung lauten sollen: „Wer in einer den öffentlichen Frieden gefährdenden Weise verschiedene Klassen der Bevölkerung öffentlich aufhetzt oder wer in gleicher Weise die Institute der Ehe oder des Eigentumes öffentlich durch Rede oder Schrift angreift, wird mit Gefängnis bestraft.“

Beziehungen zur Sozialdemokratie. Sein Vater war geisteskrank und seine Schwester befand sich im Irrenhause. Es handelte sich anscheinend auch hier um die Tat einer stark degenerierten Person.

Man hat auf seiten der Regierung auch nicht behauptet, daß diese Attentäter unmittelbar durch die Sozialdemokratie zu ihren Verbrechen angestiftet worden wären. Man glaubte aber, daß durch die alles Maß überschreitende Agitation, besonders auch durch die in der Parteipresse übliche Verherrlichung der Attentate russischer Terroristen, in minderwertigen Individuen ein Zustand geistiger Verwirrung erzeugt würde, aus dem leicht Verbrechen wie die Attentate hervorgehen könnten.

Die erste Vorlage der Reichsregierung war juristisch so unvollkommen abgefaßt, daß auch Parteien, die ihrem Zwecke durchaus beipflichteten, vor der Annahme zurückschreckten. Sie fiel daher mit 251 gegen 57 Stimmen. Nach dem Nobilingschen Attentate schritt die Regierung zur Auflösung des Reichstages in der Erwartung, ein neugewähltes Parlament werde sich dem Erlasse eines Ausnahmegesetzes günstiger gestimmt erweisen. In der Tat nahm der neugewählte Reichstag einen Gesetzentwurf gegen die gemeingefährlichen Bestrebungen der Sozialdemokratie an, nachdem einige Änderungen und namentlich eine zeitliche Geltungsdauer zugestanden worden war.

Das Gesetz und insbesondere seine Handhabung [1]) schossen über das berechtigte Ziel der Unterdrückung gemeingefährlicher Ausschreitungen weit hinaus. Es wurden einfach alle selbständigen Arbeiterorganisationen, politische sowohl wie wirtschaftliche, zerstört, die Presse unterdrückt, das Versammlungsrecht aufs äußerste beschränkt. Wo der kleine Belagerungszustand eingeführt wurde, wies man die leitenden Persönlichkeiten der Partei aus; zuweilen mit ausgesuchter Härte. In Frankfurt mußte eine Reihe von Familienvätern gerade vor Weihnachten die Stadt verlassen [2]). Die

---

[1]) Reiches Material enthält J. Auer, Nach zehn Jahren. Material und Glossen zur Geschichte des Sozialistengesetzes, Nürnberg 1913. Vgl. außerdem noch Eduard Bernstein, Geschichte der Berliner Arbeiterbewegung. 2. Bd. Geschichte des Sozialistengesetzes in Berlin. Berlin 1907, und die eingehende Darstellung, die Bebel, Aus meinem Leben, III. Teil 1914, bietet.

[2]) Es kann nicht bezweifelt werden, daß gerade diese Verfolgungen in der Brust vieler Führer einen auf lange Zeit hinaus

periodische und nichtperiodische Literatur der Partei, 42 politische und 14 gewerkschaftliche Blätter, alle Agitationsbroschüren, eine ungeheure Zahl von Vereinen wurde verboten. Im ganzen sind während des Ausnahmezustandes 155 periodische und 1200 nichtperiodische Druckschriften von der Polizei unterdrückt worden. Auf Grund des kleinen Belagerungszustandes, wie er über Berlin, Hamburg, Leipzig, Frankfurt a. M., Stettin usw. verhängt worden war, erfolgten etwa 900 Ausweisungen, während 1500 Personen ebenfalls infolge des Ausnahmegesetzes ins Gefängnis wanderten. Unter diesen Umständen durfte es als ein großer Erfolg der Partei angesehen werden, daß sie bei den Wahlen von 1881 noch immer 312 000 Stimmen errang. Konnten doch in einem großen Teile der Wahlkreise unter dem herrschenden Drucke keine Wahlflugblätter, ja nicht einmal Stimmzettel ausgegeben werden, da die Partei selbst über eigene Druckereien nicht verfügte, gegnerische aber keinerlei Aufträge annahmen. Die Parteitage fanden unter großen Schwierigkeiten im Auslande statt (1880 Wyden [Schweiz], 1883 Kopenhagen, 1887 St. Gallen). Das Zentralorgan der Partei: „Der Sozialdemokrat" wurde in Zürich, später in London herausgegeben und konnte nur unter Kuvert nach Deutschland gelangen.

---

wirkenden Stachel zurückgelassen und deren intransigente Haltung begründet haben. „Das Sozialistengesetz kam", führte Bebel 1903 in Dresden aus, „mit all seinen furchtbaren Wirkungen, die Schläge fielen hageldicht, alles wurde zertrümmert, eine Großstadt nach der anderen mit ihrem umliegenden Gebiete wurde unter Belagerungszustand erklärt, Hunderte und wieder Hunderte von Genossen wurden brotlos, den Führern, allen, mit wenigen Ausnahmen, wurde die Existenz zerstört, wir wurden wie räudige Hunde aus der Heimat hinausgetrieben. Auch heute noch, nachdem alle die Verfolgungen vorüber sind, ohne daß sie mir geschadet haben, wenn dann meine Gedanken auf den kleinen Belagerungszustand zurückkommen und ich mir vergegenwärtige, wie wir aufs Polizeibureau kommandiert, dort wie Verbrecher unters Metermaß gestellt und abgemessen wurden, wie wir photographiert wurden und unser Signalement genommen wurde, und wie es hieß, binnen drei Tagen macht ihr, daß ihr zum Tempel hinauskommt, das vergesse ich in meinem Leben nicht. Und wenn ich es je erleben sollte, daß der Tag käme, daß ich denen, die dann noch leben, sagen könnte: Jetzt will ich euch einmal zeigen, was ihr damals getan — ich t ä t s!" S. 217 des Dresdener Protokolles.

Es fehlte in der Partei nicht an einsichtsvollen Männern, welche die in Agitation und Presse begangenen zahlreichen Ausschreitungen durchaus mißbilligten und eine Revision der Taktik empfahlen, um der Sozialdemokratie auch die Sympathie gebildeter Männer zu verschaffen[1]). Eine derartige Kritik wurde durch Schramm, von Höchberg und seinen Sekretär Eduard Bernstein, zum Teil auch durch Ignaz Auer[2]) vertreten, von Bebel aber mit großer Entrüstung abgelehnt. Es gewann sogar den Anschein, als ob das Sozialistengesetz anarchistischen[3]) Bestrebungen Vorschub leisten würde. Sobald es eben keine gesetzliche Möglichkeit für die politischen und wirtschaftlichen Bestrebungen der deutschen Arbeiterklassse mehr gab, mußten Leute leichtes Spiel haben, die erklärten, man sei jetzt zur Anwendung der Gewalt gezwungen. Man befände sich gegenüber den herrschenden Mächten im offenen Kriegszustande, im Stande der Notwehr, der jedes Mittel erlaubt mache. Durch energische geheime Agitation von kleinen, höchstens, fünf Mitgliedern zählenden Gruppen, durch Attentate und revolutionäre Akte seien die Massen für die bewaffnete Revolution zu gewinnen. Most lehrte seine sogenannte „revolutionäre Kriegswissenschaft". Er gab in seinen Blättern Anweisungen zur Herstellung der gefährlichsten Sprengmittel, zur Vergiftung von Dolchen usw. Reinsdorf traf seine Vorbereitungen, um bei der Enthüllung des Niederwalddenkmals die Fürsten in die Luft zu sprengen, und der Polizeirat Rumpf in Frankfurt a. M. wurde in der Tat das Opfer eines anarchistischen Verbrechens.

Wenn die anarchistische Bewegung in Deutschland nicht noch größere Verbreitung erlangte, so dürfte das weniger der Polizei als der sozialdemokratischen Partei zuzuschreiben sein. Die sozialdemokratische Partei hat in ihren hervorragendsten Vertretern keinen Augenblick gezögert, den Anarchismus aufs entschiedenste zu be-

---

1) Vgl. Richters, Jahrbuch für Sozialwissenschaft I. 1. Zürich 1879, S. 54—75 (Rückblicke auf die sozialistische Bewegung in Deutschland, Kritische Aphorismen von * * *) und Bebel, a. a. O. S. 58 ff.

2) Ed. Bernstein, J. Auer, 1907, S. 37.

3) Vgl. G. Adler, Art. Anarchismus. S. 311 ff.; Zenker, Der Anarchismus. Jena 1895. S. 187 ff.; Langhard, Die anarchistische Bewegung der Schweiz und die internationalen Führer. Berlin 1903. S. 188—328.

kämpfen. Auf dem ersten Kongreß der sozialdemokratischen Partei nach dem Erlaß des Sozialistengesetzes — ein Kongreß, der unter den damals herrschenden Verhältnissen nur geheim und in sehr romantischer Weise auf Schloß Wyden in der Schweiz stattfinden konnte, — wurden die anarchistischen Führer Most und Hasselmann aus der Partei ausgeschlossen. Man begnügte sich damit, gegen das Sozialistengesetz, das jede gesetzliche Betätigung der Sozialdemokratie unterdrückte, insofern zu demonstrieren, als man in dem Gothaer Programme aus der Erklärung: „Die sozialistische Arbeiterpartei erstrebt mit allen gesetzlichen Mitteln den freien Staat usw." das Wort „gesetzlich" strich[1]). Auch der Parteitag in St. Gallen 1887, der ebenfalls noch unter die Herrschaft des Sozialistengesetzes fiel, hat den Anarchismus und seine terroristische Taktik, auf ein vortreffliches Referat W. Liebknechts hin, mit allen Stimmen gegen zwei Stimmenenthaltungen verworfen. Die Resolution besagte:

„Der Parteitag erklärt die anarchistische Gesellschaftstheorie, soweit dieselbe die absolute Autonomie des Individuums erstrebt, für antisozialistisch, für nichts anderes als eine einseitige Ausgestaltung der Grundgedanken des bürgerlichen Liberalismus, wenn sie auch in ihrer Kritik der heutigen Gesellschaftsordnung von sozialistischen Gesichtspunkten ausgeht. Sie ist vor allem mit der sozialistischen Forderung der Vergesellschaftung der Produktionsmittel und der gesellschaftlichen Regelung der Produktion unvereinbar und läuft, wenn nicht die Produktion auf den Zwergmaßstab der kleinen Handwerker zurückgeführt werden soll, auf einen unlöslichen Widerspruch hinaus. Der anarchistische Kultus und die ausschließliche Zulassung der Gewaltpolitik beruht auf einem groben Mißverständnisse der Rolle der Gewalt in der Geschichte der Völker."

„Die Gewalt ist ebensogut ein reaktionärer als ein revolutionärer Faktor; ersteres sogar häufiger gewesen als das letztere. Die Taktik der individuellen Verwendung der Gewalt führt nicht zum Ziele und ist, sofern sie das Rechtsgefühl der Massen verletzt, positiv schädlich und verwerflich."

„Für die individuellen Gewaltakte bis aufs äußerste Verfolgter und Geächteter machen wir die Verfolger und Ächter verantwort-

---

[1]) Protokoll des Kongresses der Deutschen Sozialdemokratie, abgehalten auf Schloß Wyden. Zürich 1880. S. 14—44.

lich und begreifen die Neigung zu solchen als eine Erscheinung, die sich zu allen Zeiten unter ähnlichen Verhältnissen gezeigt hat, und welche gegenwärtig durch bezahlte Agents-provocateurs für die Zwecke der Reaktion gegen die arbeitende Klasse ausgenutzt wird“ [1]).

Der Schlußabsatz dieser Resolution deutet die eigentümliche Stellung an, die von der Polizei dem Anarchismus gegenüber eingenommen worden ist.

Selbstverständlich mußte die Polizei der öffentlichen Sicherheit wegen alle Mittel anwenden, um über das gefährliche Treiben der Anarchisten vollkommen unterrichtet zu werden. Niemand wird ihr verargen dürfen, daß sie diese Überwachung zum Teil auch durch außerordentliche Geheimagenten vornehmen ließ. Dieses Geschäft besitzt, so notwendig es sein mag, für anständige Menschen geringe Anziehungskraft. Man wird also der Polizei keinen besonderen Vorwurf daraus machen können, daß sie auch die Dienste von Leuten in Anspruch nahm, welche der preußische Polizeiminister der Epoche des Sozialistengesetzes, Herr von Puttkamer, gelegentlich als „Nicht-Gentlemen“ bezeichnete. Die Polizei hätte es aber unter keinen Umständen dahin kommen lassen dürfen, daß ihre Spione zu Lockspitzeln wurden, daß sie, um der vorgesetzten Behörde Material sowie Beweise ihrer Notwendigkeit und ihres Diensteifers verschaffen zu können, zu anarchistischen Verbrechen sogar anstifteten [2]). Ja, es ist vorgekommen, daß Polizeibeamte selbst eine äußerst zweideutige Haltung eingenommen haben. Es sei hier nur an einen aktenmäßig festgelegten Fall erinnert, der eine gewisse internationale Bedeutung gewonnen hat, an den sogenannten Wohlgemuth-Handel Deutschlands mit der Schweiz. Der Polizeiinspektor A. Wohlgemuth in Mülhausen i. E. glaubte in dem Schneider Lutz in Basel einen Spion gewonnen zu haben und schrieb ihm unter anderem am 5. April 1889: „Halten Sie mich beständig auf dem Laufenden

[1]) Verhandlungen des Kongresses der Deutschen Sozialdemokratie in St. Gallen. Zürich 1888. S. 39—45.

[2]) Vgl. über diese Machenschaften insbesondere die von Singer und Bebel in der Reichstagsdebatte über die Verlängerung des Sozialistengesetzes im Januar 1888 gemachten Enthüllungen nach schweizerischen Aktenstücken. Danach wurde der Drucker der Mostschen Freiheit, W. Bührer in Schaffhausen, für seine Leistungen regelmäßig von Schroeder bezahlt, der im Dienste der Berliner Polizei stand.

und wühlen Sie nur lustig darauf los"[1]). Es verdient ferner bemerkt zu werden, daß das erste Organ des französischen Anarchismus mit Hilfe des Geldes begründet worden ist, das ein Polizeiagent im Auftrage der Polizeipräfekten Andrieux geliefert hatte. Und dieses Blatt reizte fast in jeder Nummer zu Attentaten auf und gab ausführliche Rezepte zur Bereitung und Verwendung von Sprengmitteln[2]).

Es scheint überhaupt die Vermutung nicht ohne Grund zu sein, daß Gegner der Arbeiterbewegung versucht haben, sie auf die Abwege des Terrorismus zu locken. Dadurch sollte nicht nur die Bewegung selbst bei den großen Volksmassen kompromittiert, sondern auch für den Staat ein Kampfplatz eröffnet werden, auf dem er über unbedingt wirksame Waffen — Säbel, Flinten und Kanonen — verfügt.

Daß all die scharfen Gewaltmaßregeln nicht imstande waren, das, worauf es doch angekommen wäre, nämlich die sozialdemokratische Gesinnung zu vernichten, bewiesen die sich unausgesetzt steigernden Wahlerfolge der Partei deutlich genug. Schon im Jahre 1884 wurde der höchste Stand, den die für sozialdemokratische Kandidaten abgegebenen Stimmen noch vor dem Sozialistengesetze erreicht hatten, erheblich überschritten; und die Wahlen von 1887 ergaben sogar 763 000 Stimmen für die Partei. Trotzdem machte 1889 die Reichsregierung den Versuch, das Sozialistengesetz aus einem zeitlich begrenzten Ausnahmegesetz in ein dauerndes Gesetz zu verwandeln. In den Kommissionsberatungen wurde auf Veranlassung nationalliberaler und freikonservativer Abgeordneter die Ausweisungsbefugnis gestrichen. Da die Regierung erklärte, das Gesetz mit dieser Veränderung nicht annehmen zu können, stimmten in der Schlußabstimmung auch die Konservativen, wie es heißt, infolge Mißverständnisses ihres Führers von Helldorf, der mit Bismarck verhandelt hatte, dagegen. Dadurch kam die Vorlage zum Falle.

Die Wahlen von 1890 bedeuteten für die Regierung und die mit ihr verbündeten sogenannten Kartellparteien (Konservative, Freikonservative und Nationalliberale) eine unverkennbare Niederlage. Die Konservativen verloren 7, die Freikonservativen 21 und die

---

[1]) Vgl. Hilty's Politisches Jahrbuch der Eidgenossenschaft. IV. S. 481.

[2]) Adler, Art. Anarchismus.

Nationalliberalen 57 Mandate. Die sozialdemokratischen Kandidaten dagegen ernteten 1 427 300 Stimmen. Diesen Ereignissen gegenüber machte die Reichsregierung, nachdem Fürst Bismarck, der sogar im Gegensatze zu Kaiser Wilhelm II. eine Verschärfung des Gesetzes angestrebt hatte [1]), aus dem Amte geschieden war, keinen weiteren Versuch mehr, die Verlängerung des ablaufenden Sozialistengesetzes oder die Genehmigung eines Gesetzes mit verwandten Tendenzen durchzusetzen. Es gelangten mit dem 1. Oktober 1890 wieder die Normen des gemeinen Rechts für die sozialdemokratische Partei zur Geltung.

Von dem, was in den ersten Jahren des Sozialistengesetzes zerstört worden war, hatte man von seiten der Sozialdemokratie in der zweiten Hälfte der 80er Jahre allerdings manches wieder aufgebaut. Namentlich seitdem Kaiser Friedrich III. Herrfurth mit der Leitung des preußischen Ministeriums des Innern an Stelle v. Puttkamers betraut hatte, war für die rein gewerkschaftlichen Bestrebungen der Arbeiter eine größere Bewegungsfreiheit zugestanden worden. Schon vor Ablauf des Sozialistengesetzes besaß die Partei 60 politische Blätter (darunter 19 täglich erscheinende) mit 255 000 und 41 Gewerkschaftsblätter mit 201 000 Abonnenten.

48. Die Revision des Programmes.

Unter dem Sozialistengesetze konnte von einer eigentlichen Parteiorganisation natürlich nicht die Rede sein. Man behalf sich mit einem System von Vertrauensmännern. Die Leitung ging von der Reichstagsfraktion aus. Letztere arbeitete nun für den ersten Parteitag nach Ablauf des Ausnahmegesetzes, der in Halle zusammentrat, einen Entwurf zur Neuorganisation der Partei aus. Er räumte, wie es im Hinblicke auf seinen Ursprung nicht verwunderlich erscheinen konnte, der Fraktion auch in Zukunft die maßgebende Stellung ein. Über diesen Punkt, aber auch über die vorgesehene Kontrolle der Parteipresse durch den Vorstand und die zentralisierenden Tendenzen der Vorlage überhaupt, brachen im Schoße der Partei Zwistigkeiten aus. An der Spitze der Opposition stand der Führer der Münchener Parteigenossen v. Vollmar und eine Reihe

[1]) Vgl. Delbrück, Regierung u. Volkswille, 1914. S. 62 ff.; Bismarck, Erinnerung und Gedanke. 1919. S. 42 ff., S. 56 ff., 76 ff.

von Berlinern, die später als die „Jungen“ bezeichnet wurden. Der Parteitag in Halle ließ dann in der Tat die am meisten angefeindeten Bestimmungen des Organisationsentwurfes fallen [1]).

Die Partei bedurfte außerdem eines neuen Programms. Das alte Gothaer Vereinigungsprogramm von 1875, das noch viele dem Lassalleschen Ideenkreise entsprechende Wendungen enthielt, hatte sich, wie Liebknecht in längerer Rede in Halle auseinandersetzte, überlebt. Es war die Zeit gekommen, um den in der Partei vollständig zur Herrschaft gelangten Marxismus auch im Programme ausschließlich zur Geltung zu bringen [2]). Nach eingehenden Erörterungen in Presse und Versammlungen wurde der Entwurf, welchen der Redakteur des wissenschaftlichen Organs der Partei, der „Neuen Zeit“, K. Kautsky, aufgestellt hatte, von dem Parteitage in Erfurt angenommen [3]).

---

[1]) Die Hauptquelle der folgenden Darstellung bilden die Protokolle der Parteitage, welche seit 1890 in Berlin (Buchhandlung Vorwärts) wenige Wochen nach den Parteitagen selbst zu erscheinen pflegen und reiches Material enthalten.

[2]) Über die Entwicklung der sozialdemokratischen Programme vgl. G. Adler, Die Entwicklung des sozialistischen Programmes in Deutschland. J. f. N. St. 3. F. 1. Bd. 1891. S. 210, 225; W. Simkhowitsch, Die Krisis der Sozialdemokratie. J. f. N. St. 3. F. 17. Bd. 1899. S. 721—781.

[3]) Dieses sog. Erfurter Programm lautete: Die ökonomische Entwicklung der bürgerlichen Gesellschaft führt mit Naturnotwendigkeit zum Untergang des Kleinbetriebes, dessen Grundlage das Privateigentum des Arbeiters an seinen Produktionsmitteln bildet. Sie trennt den Arbeiter von seinen Produktionsmitteln und verwandelt ihn in einen besitzlosen Proletarier, indes die Produktionsmittel das Monopol einer verhältnismäßig kleinen Zahl von Kapitalisten und Großgrundbesitzern werden.

Hand in Hand mit dieser Monopolisierung der Produktionsmittel geht die Verdrängung der zersplitterten Kleinbetriebe durch kolossale Großbetriebe, geht die Entwicklung des Werkzeuges zur Maschine, geht ein riesenhaftes Wachstum der Produktivität der menschlichen Arbeit. Aber alle Vorteile dieser Umwandlung werden von den Kapitalisten und Großgrundbesitzern monopolisiert. Für das Proletariat und die versinkenden Mittelschichten — Kleinbürger, Bauern — bedeutet sie wachsende Zunahme der Unsicherheit ihrer Existenz, des Elends, des Drucks, der Knechtung, der Erniedrigung, der Ausbeutung.

Immer größer wird die Zahl der Proletarier, immer massenhafter die Armee der überschüssigen Arbeiter immer schroffer

Ohne der Formulierung des Parteiprogramms auf das praktische Verhalten und die tatsächliche Entwicklung eine Einwirkung

---

der Gegensatz zwischen Ausbeutern und Ausgebeuteten, immer erbitterter der Klassenkampf zwischen Bourgeoisie und Proletariat, der die moderne Gesellschaft in zwei feindliche Heereslager trennt und das gemeinsame Merkmal aller Industrieländer ist.

Der Abgrund zwischen Besitzenden und Besitzlosen wird noch erweitert durch die im Wesen der kapitalistischen Produktionsweise begründeten Krisen, die immer umfangreicher und verheerender werden, die allgemeine Unsicherheit zum Normalzustand der Gesellschaft erheben und den Beweis liefern, daß die Produktivkräfte der heutigen Gesellschaft über den Kopf gewachsen sind, daß das Privateigentum an Produktionsmitteln unvereinbar geworden ist mit deren zweckentsprechender Anwendung und voller Entwicklung.

Das Privateigentum an Produktionsmitteln, welches ehedem das Mittel war, dem Produzenten das Eigentum an seinem Produkt zu sichern, ist heute zum Mittel geworden, Bauern, Handwerker und Kleinhändler zu expropriieren und die Nichtarbeiter — Kapitalisten, Großgrundbesitzer — in den Besitz des Produkts der Arbeiter zu setzen. Nur die Verwandlung des kapitalistischen Privateigentums an Produktionsmitteln — Grund und Boden, Gruben und Bergwerke, Rohstoffe, Werkzeuge, Maschinen, Verkehrsmittel — in gesellschaftliches Eigentum, und die Umwandlung der Warenproduktion in sozialistische, für und durch die Gesellschaft betriebene Produktion kann es bewirken, daß der Großbetrieb und die stets wachsende Ertragsfähigkeit der gesellschaftlichen Arbeit für die bisher ausgebeuteten Klassen aus einer Quelle des Elends und der Unterdrückung zu einer Quelle der höchsten Wohlfahrt und allseitiger harmonischer Vervollkommnung werde.

Diese gesellschaftliche Umwandlung bedeutet die Befreiung nicht bloß des Proletariats, sondern des gesamten Menschengeschlechts, das unter den heutigen Zuständen leidet. Aber sie kann nur das Werk der Arbeiterklasse sein, weil alle anderen Klassen, trotz der Interessestreitigkeiten unter sich, auf dem Boden des Privateigentums an Produktionsmitteln stehen und die Erhaltung der Grundlagen der Gesellschaft zum gemeinsamen Ziel haben.

Der Kampf der Arbeiterklasse gegen die kapitalistische Ausbeutung ist notwendigerweise ein politischer Kampf. Die Arbeiterklasse kann ihre ökonomischen Kämpfe nicht führen und ihre ökonomische Organisation nicht entwickeln ohne politische Rechte. Sie kann den Übergang der Produktionsmittel in den Besitz der Gesamtheit nicht bewirken, ohne in den Besitz der politischen Macht gekommen zu sein.

absprechen zu wollen, muß doch betont werden, daß der lebendigen Taktik der Führer eine ungleich höhere Bedeutung zukommt, als

---

Diesen Kampf der Arbeiterklasse zu einem bewußten und einheitlichen zu gestalten und ihm sein naturnotwendiges Ziel zu weisen — das ist die Aufgabe der sozialdemokratischen Partei.

Die Interessen der Arbeiterklassen sind in allen Ländern mit kapitalistischer Produktionsweise die gleichen. Mit der Ausdehnung des Weltverkehrs und der Produktion für den Weltmarkt wird die Lage der Arbeiter eines jeden Landes immer abhängiger von der Lage der Arbeiter in den anderen Ländern. Die Befreiung der Arbeiterklasse ist also ein Werk, an dem die Arbeiter aller Kulturländer gleichmäßig beteiligt sind. In dieser Erkenntnis fühlt und erklärt die sozialdemokratische Partei Deutschlands sich eins mit den klassenbewußten Arbeitern aller übrigen Länder.

Die sozialdemokratische Partei Deutschlands kämpft also nicht für neue Klassenprivilegien und Vorrechte, sondern für die Abschaffung der Klassenherrschaft und der Klassen selbst und für gleiche Rechte und gleiche Pflichten aller ohne Unterschied des Geschlechts und der Abstammung. Von diesen Anschauungen ausgehend, bekämpft sie in der heutigen Gesellschaft nicht bloß die Ausbeutung und Unterdrückung der Lohnarbeiter, sondern jede Art der Ausbeutung und Unterdrückung, richte sie sich gegen eine Klasse, eine Partei, ein Geschlecht oder eine Rasse.

Ausgehend von diesen Grundsätzen fordert die sozialdemokratische Partei Deutschlands zunächst:

1. Allgemeines gleiches direktes Wahl- und Stimmrecht mit geheimer Stimmabgabe aller über 20 Jahre alten Reichsangehörigen ohne Unterschied des Geschlechts für alle Wahlen und Abstimmungen. Proportional-Wahlsystem; und bis zu dessen Einführung gesetzliche Neueinteilung der Wahlkreise nach jeder Volkszählung. Zweijährige Gesetzgebungsperioden. Vornahme der Wahlen und Abstimmungen an einem gesetzlichen Ruhetage. Entschädigung für die gewählten Vertreter. Aufhebung jeder Beschränkung politischer Rechte außer im Falle der Entmündigung.
2. Direkte Gesetzgebung durch das Volk vermittels des Vorschlags- und Verwerfungsrechts. Selbstbestimmung und Selbstverwaltung des Volks in Reich, Staat, Provinz und Gemeinde. Wahl der Behörden durch das Volk, Verantwortlichkeit und Haftbarkeit derselben. Jährliche Steuerbewilligung.
3. Erziehung zur allgemeinen Wehrhaftigkeit. Volkswehr an Stelle der stehenden Heere. Entscheidung über Krieg und Frieden durch die Volksvertretung. Schlichtung aller internationalen Streitigkeiten auf schiedsgerichtlichem Wege.

akademisch gehaltenen Prinzipienerklärungen. Dafür legt schon der Umstand einen vollgültigen Beweis ab, daß die äußerst unvollkommene Fassung des Gothaer Programms der Partei nicht den mindesten

---

4. Abschaffung aller Gesetze, welche die freie Meinungsäußerung und das Recht der Vereinigung und Versammlung einschränken oder unterdrücken.
5. Abschaffung aller Gesetze, welche die Frau in öffentlich- und privatrechtlicher Beziehung gegenüber dem Manne benachteiligen.
6. Erklärung der Religion zur Privatsache. Abschaffung aller Aufwendungen aus öffentlichen Mitteln zu kirchlichen und religiösen Zwecken. Die kirchlichen und religiösen Gemeinmeinschaften sind als private Vereinigungen zu betrachten, welche ihre Angelegenheiten vollkommen selbständig ordnen.
7. Weltlichkeit der Schule. Obligatorischer Besuch der öffentlichen Volksschulen. Unentgeltlichkeit des Unterrichts, der Lehrmittel und der Verpflegung in den öffentlichen Volksschulen, sowie in den höheren Bildungsanstalten für diejenigen Schüler und Schülerinnen, die kraft ihrer Fähigkeiten zur weiteren Ausbildung geeignet erachtet werden.
8. Unentgeltlichkeit der Rechtspflege und des Rechtsbeistandes. Rechtsprechung durch vom Volke gewählte Richter. Berufung in Strafsachen. Entschädigung unschuldig Angeklagter, Verhafteter und Verurteilter. Abschaffung der Todesstrafe.
9. Unentgeltlichkeit der ärztlichen Hilfeleistung einschließlich der Geburtshilfe und der Heilmittel. Unentgeltlichkeit der Totenbestattung.
10. Stufenweis steigende Einkommen- und Vermögenssteuer zur Bestreitung aller öffentlichen Ausgaben, soweit diese durch Steuern zu decken sind. Selbsteinschätzungspflicht. Erbschaftssteuer, stufenweise steigend nach Umfang des Erbguts und nach dem Grade der Verwandtschaft. Abschaffung aller indirekten Steuern, Zölle und sonstigen wirtschaftspolitischen Maßnahmen, welche die Interessen der Allgemeinheit den Interessen einer bevorzugten Minderheit opfern.

Zum Schutze der Arbeiterklasse fordert die sozialdemokratische Partei Deutschlands zunächst:

1. Eine wirksame nationale und internationale Arbeiterschutzgesetzgebung auf folgender Grundlage:
   a) Festsetzung eines höchstens acht Stunden betragenden Normal-Arbeitstages.
   b) Verbot der Erwerbsarbeit für Kinder unter vierzehn Jahren.

Abbruch getan hatte. Es haben sich die ernstesten Meinungsverschiedenheiten, die innerhalb der Partei zum Austrage gelangten, auch nicht auf das Programm, sonndern auf die Taktik bezogen.

49. Streitigkeiten über die Taktik und das Auftreten Georg von Vollmars.

Der hergebrachten, zwischen Revolution und Reform vorsichtig lavierenden Taktik wurde von links und rechts widersprochen. Die Freunde einer schärferen Tonart knüpften an die zurückhaltende Erklärung an, welche die Fraktion im April 1890 in betreff der Maifeier abgegeben hatte. Diese Angriffe, in denen rein persönliche Angelegenheiten eine große Rolle spielten, spitzten sich allmählich zu einer Verurteilung der ganzen parlamentarischen Tätigkeit der Fraktion zu. Es wurden ihr Mangel an revolutionärer Energie, kleinbürgerlicher Possibilismus, Personenkultus, Korruption, Verrat an der Sache des Proletariats und diktatorische Gelüste vorgeworfen [1]. Die Heerrufer in diesem Streite gegen die Fraktion waren die Berliner Werner, Wildberger, Baginsky und Wille; aber auch in Magdeburg und in Dresden hatten die Redakteure der in diesen Städten erscheinenden Parteiblätter eine oppositionelle Haltung eingenommen.

In Erfurt kam es allerdings zu erbitterten Auseinandersetzungen. Ein Teil der Opposition wurde durch Beschluß des Parteitages aus

c) Verbot der Nachtarbeit, außer für solche Industriezweige, die ihrer Natur nach, aus technischen Gründen oder aus Gründen der öffentlichen Wohlfahrt Nachtarbeit erheischen.
d) Eine ununterbrochene Ruhepause von mindestens 36 Std. in jeder Woche für jeden Arbeiter.
e) Verbot des Trucksystems.

2. Überwachung aller gewerblichen Betriebe, Erforschung und Regelung der Arbeitsverhältnisse in Stadt und Land durch ein Reichs-Arbeitsamt. Bezirks-Arbeitsämter und Arbeitskammern. Durchgreifende gewerbliche Hygiene.
3. Rechtliche Gleichstellung der landwirtschaftlichen Arbeiter und Dienstboten mit den gewerblichen Arbeitern; Beseitigung der Gesindeordnungen.
4. Sicherstellung des Koalitionsrechts.
5. Übernahme der gesamten Arbeiterversicherung durch das Reich mit maßgebender Mitwirkung der Arbeiter an der Verwaltung.

[1]) Vgl. insbesondere H. Müller, Der Klassenkampf in der deutschen Sozialdemokratie. Zürich 1892.

der Partei gewiesen, ein anderer schied freiwillig aus. Die „Jungen“ gründeten am 28. Oktober 1891 in Berlin eine neue Partei, den Verein unabhängiger Sozialisten, mit dem „Sozialist“ als Parteiorgan. Diese Richtung „verlangt nicht mehr und nicht weniger als eine völlige Regeneration der deutschen Sozialdemokratie, ihre Neu- und Umbildung zu einer rein proletarischen Arbeiterpartei, die Ausscheidung aller opportunistischen, possibilistischen Elemente, die Emanzipation des Proletariats von dem die Partei beherrschenden Kleinbürgertum!“ Die sozialdemokratischen Abgeordneten sollen durch eine Tat aussprechen, was ist, d. h. „daß sie durch eine Tat sagen: Wir erreichen im Parlamente für unsere Wähler nichts, die herrschenden Klassen wollen das Los der Armen und Elenden nicht verbessern, das kann nur durch eine völlige Beseitigung der bestehenden Machtverhältnisse, der heutigen Gesellschaftsordnung geschehen. Und die Tat, die diese revolutionäre Wahrheit mit Donnerstimme dem ganzen Lande, der ganzen Welt verkünden würde, wäre: Niederlegung der sozialdemokratischen Mandate. Diese Tat würde zünden, die ganze Welt in Bewegung und Erregung versetzen. Eine revolutionäre Begeisterung würde das ganze Proletariat ergreifen und die herrschenden Klassen samt der Regierung würden ins Wanken geraten.“ Die Sozialdemokratie müsse aussprechen, daß das deutsche Proletariat nicht auf dem Wege der abgewirtschafteten, bankrotten, parlamentarischen Mitarbeit an sein Ziel komme, sondern daß es auf ungesetzlichem Wege sich selbst seine Freiheit und sein Brot holen müsse. Insofern bedeutete das Programm der „Jungen“ lediglich die Rückkehr zu der Stellung, die Liebknecht 1869 eingenommen hatte.

Von ungleich größerer Tragweite als dieses Treiben war das Auftreten Georg von Vollmars. In einer von wahrhaft staatsmännischem Geiste erfüllten an die besten Leistungen Lassalles und Schweitzers erinnernden Programmrede (gehalten im „Eldorado“ zu München am 1. Juni 1891) „Über die nächsten Aufgaben der deutschen Sozialdemokratie“ [1]) stellte er sich klar und offen auf den Standpunkt einer durchaus gesetzlichen, friedlichen, reformatorischen Partei. Wohl habe die Regierung den Kampf gegen die Sozialdemokratie noch nicht aufgegeben. Aber es sei nicht mehr der barbarische Vernichtungskrieg, sondern man habe die Partei als

[1]) Erschienen in München 1891.

kriegführende Macht anerkannt und führe einen geregelten Streit mit ihr, in welchem sie durch ihre Tüchtigkeit „wesentliche Erfolge" zu erringen vermöchte. Es sei angesichts der gemachten Versprechungen (der kaiserlichen Februarerlasse) eine ehrliche Probe zu machen, ob tatsächlich der Wille zu gewissen Verbesserungen vorhanden. Der kritisierende Geist verfalle leicht in den Fehler der grundsätzlichen Verneinung, des leichtbereiten Absprechens über alle Dinge und meine, daß alles, was bestehe, schon darum schlecht und zu bekämpfen sei, weil es bestehe. Dieser Zustand sei ein unvermeidlicher Durchgangspunkt, eine Kinderkrankheit, die bei einer kleinen, beginnenden Bewegung wenig bedeute. Eine große Partei aber, auf welche von jeder Seite das Licht falle, müsse alles vermeiden, was ihr vor der öffentlichen Meinung, welche sie gewinnen solle, mit Recht schaden könne. So werde der Dreibund in einem Teile der Parteipresse abfällig besprochen, wohl hauptsächlich in der Annahme, daß alles von der Regierung kommende notwendig schlecht und zu bekämpfen sein müsse. Man müsse indes für den Dreibund eintreten, weil seine Tendenz unzweifelhaft auf Erhaltung des Friedens gerichtet sei. Die Partei sei international; dessen ungeachtet gebe es für sie auch nationale Aufgaben und Pflichten. Die Verneinung der Nation sei ebensosehr zu vermeiden wie die nationale Überhebung. Wenn die Partei auch in Frankreich sozialistische Freunde besitze, die das chauvinistische Treiben verurteilen, so dürfe doch nicht übersehen werden, daß diese mutigen Männer als „Prussiens" und Landesverräter beschimpft würden und des ausschlaggebenden Einflusses auf die öffentliche Meinung entbehrten.

Die maßgebenden Kreise jenes Landes lägen in verblendetem Chauvinismus vor der despotischesten Macht des Weltteiles schweifwedelnd auf dem Bauche und trügen dadurch viel Schuld an den unaufhörlichen Rüstungen. Sobald Deutschland von außen her angegriffen würde, würde es nur noch eine Partei geben, und die Sozialdemokraten würden nicht am letzten ihre Pflicht tun. In dem Maße, in welchem die Partei einen unmittelbaren Einfluß auf den Gang der öffentlichen Angelegenheiten gewinne, habe sie — unter voller Aufrechterhaltung ihrer grundsätzlichen Bestrebungen — ihre Kraft auf die jeweils nächsten und dringendsten Dinge zu konzentrieren und zeitweise positive Aktionsprogramme aufzustellen.

Als die nächsten und mit allem Nachdrucke anzustrebenden Forderungen seien anzusehen: 1. die Weiterführung des Arbeiterschutzes; 2. die Erringung eines wirklichen Vereinigungsrechtes; 3. auf dem Gebiete des Lohnkampfes sei jede staatliche Einmengung zugunsten des einen Teiles auszuschließen; 4. eine Gesetzgebung über die industriellen Kartelle; 5. die Beseitigung der Lebensmittelzölle. Es sei der Einfluß der Agrarier zurückzudrängen und der Regierung begreiflich zu machen, daß nicht der Vorteil der bevorrechteten Klassen und Kreise, sondern das Wohl der Allgemeinheit das wahre Staatsinteresse sei: „Es wird sehr viel vom Vorgehen der Sozialdemokratie, von ihrer Kraft und Entschiedenheit, wie von ihrer geschickten folgerichtigen Benutzung der tatsächlichen Verhältnisse abhängen, daß dieser Gedanke in erster Reihe in der Arbeiterwelt, aber auch darüber hinaus bei den Einsichtigen in allen Schichten immer mehr Wurzel faßt und sich Geltung verschafft. Je friedlicher, geordneter, organischer diese Entwicklung vor sich geht, desto besser für uns und das Gemeinwesen!"

Auf die oppositionelle Linke in Berlin wirkte diese Rede, wie einer ihrer begabtesten Vertreter, Hans Müller, erklärte, „wie die Posaune des jüngsten Gerichtes". Der „Vorwärts" und der Parteivorstand, die anfangs der Vollmarschen Rede keine Beachtung zollen wollten, waren schwächlich genug, sich durch das Treiben der „Jungen" einschüchtern und zu einer Verurteilung Vollmars bestimmen zu lassen. Vollmar entgegnete in einer zweiten Eldorado-Rede (6. Juli 1891) und einer Artikelserie „Vom Optimismus" (Münchener Post Nr. 173, 174, 175. 1891). Mit feiner Ironie zeigte er, wer mit Recht den Vorwurf des Optimismus verdiene, er oder Bebel, welch letzterer eben wieder einmal die sozialistische Gesellschaft für die nächsten Zeiten in Aussicht gestellt habe.

Der Erfurter Parteitag mußte sich mit der Angelegenheit befassen. Bebel[1]) trat gegen Vollmar auf und erklärte, dessen Standpunkt führe zur Versumpfung und mache aus der Partei eine Opportunitätspartei im allerschlimmsten Sinne. Er verschmähte es selbst nicht, in Ermangelung besserer Gründe, die Überzeugungen Vollmars lediglich als Ausfluß seiner „satten" Position hinzustellen. Vollmar unterstelle der hungrigen Masse die eigenen Gefühle und denke: „es pressiert, es eilt nicht mit der Umgestaltung, seien wir

[1]) Erfurter Protokoll (1891) S. 158 ff.

vorsichtig und sorgen wir, daß wir wenigstens allmählich peu à peu zum Ziele kommen."

In kaum begreiflicher Verblendung erklärte Bebel nochmals: „Die bürgerliche Gesellschaft arbeitet so kräftig auf ihren eigenen Untergang los, daß wir nur den Moment abzuwarten brauchen, in dem wir die ihren Händen entfallende Gewalt aufzunehmen haben. Ja, ich bin überzeugt, die Verwirklichung unserer lezten Ziele ist so nahe, daß wenige in diesem Saale sind, die diesen Tag nicht erleben werden" [1]). Es zeigte sich aber, daß die Zahl der Parteigenossen, die mehr oder weniger zu Vollmar neigten, viel zu bedeutend war, als daß man mit ihm in der Weise hätte umspringen können, welche den „Jungen" gegenüber zur Anwendung gebracht wurde. Eine Kompromiß-Resolution, daß „fest und entschieden im Sinne des Parteiprogrammes gewirkt werden solle, ohne auf Konzessionen seitens der herrschenden Klassen zu verzichten", wurde angenommen [2]).

Mit Argusaugen bewachten die Zensoren der Partei fürderhin jede Regung, die als Fortschritt der Vollmarschen Strömung gedeutet werden konnte. Und richtig, es währte nicht lange, so ließ sich Vollmar neuerdings auf verbotenen Wegen ertappen. In der Pariser „Revue bleue" hatte er einen Aufsatz veröffentlicht und darin erklärt, er sei der Meinung, daß die Sozialdemokratie keinen Grund habe, den Gedanken des Staatssozialismus an sich mit besonderem Eifer zu bekämpfen. „Werden doch im Gegenteil eine Reihe von Maßregeln zur stufenweise fortschreitenden Anbahnung einer besseren Gesellschaftsorganisation von uns angestrebt und schließlich mit beschlossen werden, die man als staatssozialistische bezeichnen kann." Aber wieder wurde man nicht mit Vollmar fertig. Es stellte sich heraus, daß er das, was ihm in den Mund gelegt worden war, gar nicht gesagt hatte. Der Berliner Parteitag nahm einfach eine auch von Vollmar unterzeichnete Resolution an, welche die Unterschiede zwischen Staatssozialismus und Sozialdemokratie kennzeichnete. Vollmar ließ es sich aber nicht nehmen, die illoyale Art zu schildern, deren sich die Staatsanwälte der Partei gegen ihn schuldig gemacht hatten [3]).

---

1) a. a. O. S. 172.
2) S. 287.
3) Berliner Protokoll (1892) S. 173—215.

50. Gewerkschaften, Budgetbewilligung und Agrarfrage.

Kein Parteitag ohne Anklage. In Köln (1893) waren es die Leiter der Gewerkschaftsbewegung, gegen welche Bebel die Wachsamkeit der Konsuln aufrief und denen er mit dem Gericht der Parteigenossen drohte[1]). Hamburger, Frankfurter und Stuttgarter Gewerkschaftsmänner hatten sich erlaubt, mit Angehörigen der bürgerlichen Parteien einen Kongreß zur Diskussion über die Fragen der Arbeitslosigkeit und der Organisation des Arbeitsnachweises einzuberufen. Trotzdem die bürgerlichen Mitglieder des Organisationskommitees einer sozialpolitisch sehr fortschrittlichen Richtung huldigten und die Gewerkschaftsbewegung doch als unpolitisch angesehen werden will — wenigstens wird es von der Sozialdemokratie stark gerügt, wenn Polizeibehörden Gewerkschaften als politische Verbindungen bezeichnen —, erklärte Bebel: „Der Kanossagang eines Teils der Gewerkschaftsführer nach Frankfurt muß im Gegenteil notwendig dazu beitragen, auch noch die politische Bewegung zugrunde zu richten. Wenn man es für ein Bedürfnis hält, mit Herren aus den Reihen unserer wütendsten politischen Gegner sich dort ein paar Tage lang in voller Freundschaft über gleichgültige[2]) Dinge zu unterhalten, so ist das sozialdemokratische Wadelstrümpfelei." Außerdem glaubten Bebel und Liebknecht vor der Überschätzung der Gewerkschaftsbewegung überhaupt eindringlich warnen zu müssen. „In Deutschland ist durch die sozialpolitische, zumal die Versicherungsgesetzgebung, dieser Zweig der gewerkschaftlichen Tätigkeit entzogen und ihr damit ein Lebensnerv durchschnitten worden, der gerade in England und bei den deutschen Buchdruckern zur Blüte beigetragen hat. Weitere wichtige Gebiete, deren Bearbeitung mit zu den Hauptaufgaben der Gewerkschaften gehörte, sind ihnen durch die Gesetzgebung auf dem Gebiete der Gewerbeordnung entzogen worden, und das wird noch in größerem Umfange eintreten, wenn der Berlepschsche Entwurf oder auch unserer eigener Arbeiterschutz-Gesetzentwurf Gesetz werden sollte. Von diesem Gesichtspunkte aus beleuchte man einmal die Frage! Mit jeder Erweiterung der staatlichen Befugnisse wird das Feld der gewerkschaftlichen Tätigkeit noch mehr eingeengt. . . . Wir mögen gewerkschaftlich organisiert sein wie wir wollen, wenn das Kapital

[1]) Kölner Protokoll (1893) S. 181—223.

[2]) Auch im Protokolle gesperrt gedruckt! S. 202.

einmal allgemein eine solche Macht erobert hat, wie bei Krupp und Stumm, in der Dortmunder Union, in den Kohlen- und Eisenbezirken Rheinlands und Westfalens, dann ist es mit der gewerkschaftlichen Bewegung aus, dann hilft nur noch der politische Kampf. Aus ganz natürlichen und selbstverständlichen Ursachen wird den Gewerkschaften ein Lebensfaden nach dem anderen abgeschnitten.“ In verwandtem Sinne sprach sich W. Liebknecht aus: „Wir alle sind für Gewerkschaften, aber dagegen, daß man in ihnen das Hauptziel erblickt, daß man glaubt, durch sie allein könne die Macht des Kapitals gebrochen werden. Das Kapital kann nicht auf seinem eigenen Boden vernichtet werden. Man muß ihm den Boden unter den Füßen wegziehen und ihm die politische Macht aus den Händen reißen. Und das ist nur möglich durch politischen Kampf.“

Solche Worte mußten die Führer der Gewerkschaftsbewegung aufs äußerste erbittern. Bedenkt man, welch hohe Ansprüche die Gewerkschaft an ihre Mitglieder in bezug auf Beiträge, persönliches Hervortreten und Disziplin stellt, welch’ empfindliche Schädigung dem einzelnen Arbeiter aus der Beteiligung an Gewerkschaften durch Entlassung und Proskription im Wege „schwarzer Listen“ droht, so waren solche Warnungen in der Tat höchst deplaziert. Der deutsche Durchschnittsarbeiter war und ist schon von vornherein sehr geneigt, den „politischen Kampf“ zu bevorzugen, d. h. insgeheim einen sozialdemokratischen Stimmzettel in die Urne zu werfen und vielleicht in der Verschwiegenheit seines Kämmerleins eine sozialdemokratische Zeitung oder Broschüre zu lesen. Selbst der ganze Geist, der in den maßgebenden Organen der sozialdemokratischen Partei herrschte, mußte eine lebhaftere Beteiligung an den gewerkschaftlichen Bestrebungen verhindern. Wenn tagtäglich wiederholt wurde, wie alles an der vorhandenen Wirtschaftsordnung bis ins Mark hinein verfault sei, wie die bürgerliche Gesellschaft ihrem Bankerotte entgegeneile, wenn man in der Regel dasjenige, was vom Boden der gegebenen Verhältnisse aus unternommen wurde, mit Spott und Hohn überschüttete, wenn man, wie Bebel es eben getan, die Organisation des Arbeitsnachweises und die Bekämpfung der Arbeitslosigkeit zu „gleichgültigen Dingen“ zählte, wenn man es liebte, sich an Stimmzettel- und Rede-Erfolgen zu berauschen, dann war es den Leitern der Gewerkschaften kaum möglich, aus deutschen Arbeitern tüchtige Gewerkvereinler zu machen. Warum sollte man sich ephemärer Vorteile wegen besondere Opfer auferlegen, wenn man bereits an der Schwelle des tausendjährigen Reiches stand? Insofern war es durchaus natürlich, daß die Gewerkschaftsführer zu denjenigen Parteihäuptern in einen schroffen Gegensatz gerieten, welche einseitig die politisch-revolutionäre Taktik verfolgten.

Ungeachtet seiner tiefen Entrüstung über den „Kanossagang" der Gewerkschaftler nach Frankfurt, wagte es Bebel doch nicht, einen direkten Tadel des Parteitages gegen die Frevler zu beantragen.

Anlaß zu weiteren Angriffen bot die Tätigkeit, welche die Sozialdemokratie in einzelnen Staaten mit liberalem Wahlrechte (Bayern, Baden, Hessen, Thüringen) in den Landtagen ausübte. Die Natur der Gegenstände, die der Kompetenz der einzelstaatlichen Parlamente vorbehalten sind, brachte es mit sich, daß die sozialdemokratischen Vertreter nur durch positive Mitarbeit eine einflußreiche Stellung erzielen konnten. Unter diesen Umständen hatte die sozialdemokratische Fraktion des bayerischen Landtages im Jahre 1891 sogar das Budget bewilligt. Sie hatte übrigens noch ein Vergehen begangen, über das aus mir unbekannten Gründen auf dem Frankfurter Parteitage allerdings nicht gesprochen worden ist: Vollmar und sein Fähnlein waren nebst den übrigen Landboten einer Einladung des Ministers ins Hofbräuhaus gefolgt.

Ehe die Bayern zum hochnotpeinlichen Halsgericht nach Frankfurt zogen, waren sie so klug, mit ihren Parteigenossen im Lande Fühlung zu nehmen. Auf dem Parteitage der bayerischen Sozialdemokratie in München [1]) setzte Vollmar in vortrefflicher Weise die Gründe auseinander, aus denen man für das Budget gestimmt hatte. In ihm spielten die Kulturaufgaben aller Art eine große Rolle: Schulen, Wissenschaft, Kunst, Verkehr, Eisenbahnen, Post, Bauten, Straßen, Kanäle, Staatsbetriebe aller Art, Landwirtschaft, Forstwesen, Gewerbeinspektion usw., — kurz, lauter Dinge, mit deren jetziger Organisation die Sozialdemokratie wenig einverstanden sei, die aber in ihrem Kerne doch für die Gesellschaft als förderlich und notwendig angesehen werden müßten. „Wir haben schließlich von den 328 Millionen des Budgets höchstens 15 Millionen verwerfen können, das übrige aber bewilligen müssen. Da hätte es

---

[1]) Protokoll über die Verhandlungen des II. Parteitages der Bayerischen Sozialdemokratie zu München 30. November und 1. Dezember 1894. Nürnberg 1894.

offenbar kein Mensch begreifen können, wenn wir schließlich alles dies einzeln Bewilligte wieder verworfen hätten... Wir wollen das Gemeinwesen nicht verfallen lassen, sondern es unseren Grundsätzen gemäß organisch umgestalten und fortentwickeln; wir wollen das Gemeinwesen nicht zerstören, sondern es uns und dem Volke erobern." Der Münchener Parteitag gab dieser Haltung seine volle Zustimmung.

In Frankfurt[1]) stellte Bebel den Antrag, die Vertreter der Partei in den Landtagen hätten in der Gesamtabstimmung ihre Stimmen gegen das Budget abzugeben. Natürlich erklärten sich die Bayern gegen diesen sie direkt angreifenden Antrag. Vollmar führte ihre Sache in der überzeugenden, eindrucksvollen, geschickten und taktvollen Art, die man an ihm gewohnt war. Der Gegenantrag, die Gesamtabstimmung lediglich als Zweckmäßigkeitsfrage anzusehen, erlangte 93 Stimmen, also ungefähr die Billigung von drei Achteln der Versammlung. Dieses Ergebnis war für Bebel, wie er später erklärte, „von niederschmetterndem Eindrucke". Aber auch der Antrag Bebel blieb in der Minorität. Somit hatte der Parteitag über die angeregte Frage keine positive Entscheidung gefällt. Es blieb der status quo erhalten, jede Landtagsfraktion konnte tun, was sie wollte. In praktischer Hinsicht hatten also die Bayern und die mit ihnen übereinstimmenden Genossen gesiegt. Tatsächlich wurde auch später wiederholt von einzelnen Landtagsfraktionen das Budget bewilligt. Und Bebel war es schließlich selbst, der auf dem Parteitage in Lübeck[2]) 1905 folgende Resolution einbrachte: „In Erwägung, daß die Einzelstaaten ebenso wie das Reich den Charakter des Klassenstaates tragen und der Arbeiterklasse die volle Gleichberechtigung nicht einräumen, sondern in ihrem Wesen als Organisation der herrschenden Klassen zur Aufrechterhaltung ihrer Herrschaft anzusehen sind, spricht der Parteitag die Erwartung aus, daß die sozialdemokratischen Vertreter in den gesetzgebenden Körpern der Einzelstaaten sich bei ihren Abstimmungen nicht in Widerspruch setzen mit dem Parteiprogramm und den Grundsätzen des proletarischen Klassenkampfes und insbesondere das Gesamtbudget normalerweise ablehnen.

---

[1]) Frankfurter Protokoll (1894). S. 108—134.

[2]) Lübecker Protokoll. S. 268.

Eine Zustimmung zu dem Budget kann nur ausnahmsweise aus zwingenden, in besonderen Verhältnissen liegenden Gründen gegeben werden."

Singer hatte allerdings beantragt, den letzten, aber wichtigsten Satz der Resolution zu streichen. Der Parteitag nahm die Resolution aber unter voller Zustimmung der führenden Landtagsabgeordneten in der von Bebel vorgeschlagenen Fassung an.

Nicht genug daran: in der Debatte über die Agitation unter der ländlichen Bevölkerung [1]) entwickelte Vollmar in Frankfurt Ansichten, welche die Hohenpriester des dogmatischen Sozialismus allerdings aus der Fassung bringen mußten. „Was die Art der Agitation anlangt, so muß der Städter, der aufs Land gehen will, zunächst all seine alten Agitationshefte verbrennen und vor allem lernen, sich in die ländlichen Produktionsverhältnisse, in das ganze bäuerliche Denken und Fühlen hinein zu denken. Der städtische Arbeiter betritt eine neue Welt, die er nicht geringschätzen, sondern verstehen soll; sonst ist jedes Wort zu den Bauern so wertlos, wie wenn ein Bauer eine Vorlesung über Industrie hielte. Er lege den städtischen Hochmut ab, daß der Bauer dumm sei, während er nur ungeschult ist. Gewiß sollen wir den Bauern aufklären; aber auch wir können von ihm vieles lernen. Alle hergebrachte Schablone und bloße Analogie, das mechanische Übertragen der industriellen Tatsachen auf die Landwirtschaft ist unzulässig. Nur ein liebevolles Eingehen gibt die notwendige Einsicht in die landwirtschaftliche Betriebs- und Lebensweise."

Noch schlimmer als solche Zumutungen erschien aber vielen maßgebenden Führern das Eingeständnis Vollmars, daß in der Landwirtschaft die unbedingte Überlegenheit des Großbetriebes überhaupt nicht bestehe. „Der Großbetrieb in der heutigen Landwirtschaft erweist sich — wo nicht Ausnahmeverhältnisse vorhanden sind — im Wettbewerb keineswegs als so überlegen, und das trotz aller ihm so reichlich zugeschanzten Vorteile auf Kosten der Allgemeinheit . . . . . Und wie es eine zweifellose Tatsache ist, daß Klein- und Mittelbetrieb, das selbständige Bauerntum, in vielen Gegenden in einer wachsenden Bedrückung und Bedrängung begriffen

[1]) S. 135—159. Über die Stellung der Sozialdemokratie zur Agrarfrage vgl. W. Cohnstädt, Die Agrarfrage in der deutschen Sozialdemokratie. München 1904.

ist und auch dem künftigen Untergange verfallen erscheint, wenn ihm der Staat keine Hilfe leistet, — so ist es nicht minder eine Tatsache, daß dieses Bauerntum heute noch vorhanden ist und auf absehbare Zeit wirtschaftlich lebensfähig, d. h. dem Betriebe gewachsen ist." Das Erfurter Programm läßt dagegen die Bauern insgesamt und bedingungslos in die Knechtung, in das Elend und die Ausbeutung versinken. Und auch diese Rede Vollmars fand großen Beifall. Ja gerade die „bedenklichsten Stellen" wurden, wie Bebel beklagte, „von einem erheblichen Teile der Delegierten am lebhaftesten beklatscht".

So wird es begreiflich, daß Bebel, wie er nachher in der Versammlung des zweiten Berliner Wahlkreises gestand, noch von keinem Parteitage so enttäuscht heimgekehrt war wie von Frankfurt.

Obgleich Vollmar auf dem nächsten Parteitage zu Breslau nicht zugegen war, so bildeten doch auch hier seine Ideen das eigentliche Verhandlungsthema der Versammlung. Vollmar war es gewesen, der 1894 mit kühnem, geschicktem Griffe die Agrarfrage auf die Tagesordnung der sozialdemokratischen Diskussion gesetzt hatte. Es war ihm die Annahme der Agrarresolution gelungen, welche die Einsetzung eines Agrarauschusses und die Ergänzung des Parteiprogramms forderte.

Der größte Triumph, der Vollmar zufiel, bestand aber darin, daß die Männer, die auf früheren Parteitagen seine Richtung auf das lebhafteste und feindseligste bekämpft hatten, daß die alten Kämpen Bebel und Liebknecht in Breslau auf seiner Seite standen, und das Werk der Agrarkommission, ein ausführliches positives Programm zur Förderung der Interessen der kleinen Bauern und Landarbeiter, verteidigten. Wenn trotzdem die Gegner des Agrarprogramms, welche K. Kautsky führte [1]), die Mehrheit errangen, so

[1]) Kautsky hatte folgende Resolution eingebracht: „Der von der Agrarkommission vorgelegte Entwurf eines Agrarprogramms ist zu verwerfen. Denn dieses Programm stellt der Bauernschaft die Hebung ihrer Lage, also die Stärkung ihres Privateigentums in Aussicht und trägt dadurch bei zur Neubelebung ihres Eigentums-Fanatismus; es erklärt das Interesse der Landeskultur in der heutigen Gesellschaftsordnung für ein Interesse des Proletariats, und doch ist das Interesse der Landeskultur ebenso wie das Interesse der Industrie unter der Herrschaft des Privateigentums an den Produktionsmitteln ein Interesse der Besitzer der Produktions-

lag das auch in der Lage der Stadt des Parteitages begründet. Sie brachte mit sich, daß viele östliche Kreise, in denen die Partei nur geringfügigen Anhang besaß, Delegierte entsendet hatten. Dagegen waren die Süd- und Westdeutschen, welche für die Ideen Vollmars größeres Verständnis besaßen, schwächer vertreten[1]).

In der weiteren Folge ist der Kampf um die Frage der agrarischen Entwicklung entsprechend der vom Parteitage angenommenen Resolution Kautsky vorwiegend in der Form wissenschaftlicher Untersuchungen geführt worden. K. Kautsky hat 1899 „Die Agrarfrage. Eine Übersicht über die Tendenzen der modernen Landwirtschaft und die Agrarpolitik der Sozialdemokratie" (Stuttgart, Dietz) erscheinen lassen, ein Werk, in dem er von den durch Marx aufge-

---

mittel, der Ausbeuter des Proletariats. Ferner weist der Entwurf des Agrarprogramms dem Ausbeuterstaat neue Machtmittel zu und erschwert dadurch den Klassenkampf des Proletariats, und endlich stellt dieser Entwurf dem kapitalistischen Staat Aufgaben, die nur ein Staatswesen ersprießlich zur Durchführung bringen kann, in dem das Proletariat die politische Macht erobert hat.

Der Parteitag erkennt an, daß die Landwirtschaft ihre eigentümlichen von denen der Industrie verschiedenen Gesetze hat, die zu studieren und zu beachten sind, wenn die Sozialdemokratie auf dem flachen Lande eine gedeihliche Wirksamkeit entfalten soll. Er beauftragt daher den Parteivorstand, er möge unter Berücksichtigung der bereits von der Agrarkommission gegebenen Anregungen eine Anzahl geeigneter Personen mit der Aufgabe betrauen, das über die deutschen Agrarverhältnisse vorhandene Material einem gründlichen Studium zu unterziehen und die Ergebnisse dieses Studiums in einer Reihe von Abhandlungen zu veröffentlichen, als „Sammlung agrarpolitischer Schriften der sozialdemokratischen Partei Deutschlands."

Der Parteivorstand erhält Vollmacht, die nötigen Geldaufwendungen zu machen, um den mit den erwähnten Arbeiten betrauten Genossen die Erfüllung ihrer Arbeit zu ermöglichen."

[1]) Diese Auffassung ist von Cohnstädt (a. a. O. S. 231) bekämpft worden. Da aber nach dem gewiß klassischen Zeugnisse von Bebel (Dresdener Parteitag, Protokoll S. 316) der Revisionismus besonders unter den Süddeutschen herrscht, diese aber in Breslau schwach vertreten waren, während die für die Bauernfrage weniger Verständnis besitzenden nordöstlichen Landesteile viele Delegierten entsendet hatten, sehe ich keinen ausreichenden Grund, meine Ansicht, daß auch die Lage der Parteitagsstadt einen Einfluß ausgeübt hat, aufzugeben.

stellten Theorien so viel wie möglich zu retten sucht. Im Gegensatze dazu haben Ed. David[1]), der Österreicher Fr. Hertz[2]) und der ostpreußische Bauernsohn Artur Schulz[3]) in weitgehender Übereinstimmung mit der unabhängigen Wissenschaft, die Lebensfähigkeit der ländlichen Kleinbetriebe dargetan.

Die Parteitage in Gotha (1896) und in Hamburg (1897) boten geringeres Interesse. Erst in Stuttgart (1898) und Hannover (1899) kam es wieder zu grundsätzlich wichtigen Debatten. Es wurde der „Fall Bernstein“ erörtert.

51. Der Fall „Bernstein“.

Ed. Bernstein[4]) (geb. 1850 in Berlin) hatte während des Sozialistengesetzes den „Sozialdemokrat“ in Zürich, von 1888 an, nachdem er auf Ersuchen der deutschen Regierung aus der Schweiz ausgewiesen worden war, in London redigiert. Die aggressive, heftige Sprache, welche dieses Blatt führte, nötigte die deutschen Behörden zur strafrechtlichen Verfolgung Bernsteins. Er kehrte deshalb auch nach der Aufhebung des Sozialistengesetzes in die Heimat nicht zurück, sondern verblieb als Korrespondent der „Neuen Zeit“ in England. Die Beobachtung der sozial-politischen Zustände dieses Landes, die tieferen wissenschaftlichen Studien, zu denen er nun Gelegenheit fand, die Bekanntschaft mit dem Sozialismus der Fabian Society, das alles rief bei ihm allmählich eine Rückkehr zu den gemäßigten Anschauungen hervor, die er schon früher einmal als Sekretär von Höchbergs (vgl. oben S. 367) vertreten hatte. In besonders auffälliger Weise kam der Wandel in einer Reihe von Artikeln zum Ausdrucke, die Bernstein 1896 bis 1898 unter dem Titel „Probleme des Sozialismus“ in der Neuen Zeit veröffentlicht hatte[5]). Vor allem anerkannte er die erhebliche Verbesserung,

[1]) Sozialismus und Landwirtschaft. Berlin 1903. I.

[2]) „Die agrarischen Fragen im Verhältnis zum Sozialismus“, Wien 1899 und „Agrarfrage und Sozialismus“. Berlin 1901.

[3]) Ökonomische und politische Entwicklungstendenzen in Deutschland. München o. J. Vgl. ferner Arno Franke, Unser neues Aktienprogramm und die Agrarfrage. N. Z. 36. Jahrg. II. S. 265 ff.

[4]) Ed. Bernstein, Aus den Jahren meines Exils. Berlin 1915.

[5]) Wieder abgedruckt in Bernsteins Buch „Zur Geschichte und Theorie des Sozialismus“. Berlin 1901, S. 167—186

welche die englische Arbeiterklasse durch Arbeiterschutz, Gewerkvereine und Genossenschaften erzielt hatte. Von einer zunehmenden Verelendung könne nicht gesprochen werden. Auch die Industriekrisen würden keineswegs umfangreicher und verheerender. Die kapitalistische Gesellschaftsordnung zeige tatsächlich eine weit größere Anpassungsfähigkeit an die Bedürfnisse der Arbeiterklasse, als ihr der Marxismus im allgemeinen zugestehen wolle. Da auch die Zentralisationstendenzen nicht entfernt die vom Marxismus behauptete Intensität besäßen, so sei es widersinnig, alle Hoffnungen auf eine bald eintretende, alle Wünsche der Arbeiter erfüllende Katastrophe zu setzen. Im übrigen wirkten auch schon alle die Lage der Arbeiter in der Gegenwart verbessernden Reformen dahin, die Grundlagen der bestehenden Ordnungen zu befestigen. Es sei aber auch gar nicht wünschenswert, bald in den Alleinbesitz der Macht zu gelangen. Man würde die Funktion der alten kapitalistischen Verfassung nicht gewährleisten können und vermöchte doch eine sozialistische noch nicht einzuführen[1]). Die Arbeiterklasse besäße in ihrer Gesamtheit noch nicht die erforderliche Reife, um allein die Regierung übernehmen zu können. So könne es nur darauf ankommen, in schlichter, systematischer Gegenwartsarbeit und strenger Gesetzlichkeit vom Boden der gegebenen Ordnung aus Schritt für Schritt alles, was zur wirtschaftlichen, politischen und moralischen Hebung der Arbeiter diene, eifrig zu betreiben. Das Ziel sei ihm nichts, die Bewegung alles[2]). Hierbei falle der Weiterbildung der Moral und Rechtsanschauungen ein wichtiger Platz zu, während die Partei diese Faktoren mit Unrecht in ihrer großen Bedeutung verkenne.

(4. Aufl. 1904. Teil II); vgl. im übrigen auch Maurenbrecher, Warum mußte die Bernstein-Debatte versanden? Patria 1903, S. 160 bis 174, ein Aufsatz, der m. E. aber der revisionistischen Bewegung nicht gerecht wird. Zutreffender erscheint mir die Beurteilung Kampffmeyers, Historisches und Theoretisches zur sozialdemokratischen Revisionsbewegung. S. M. 1902. S. 345—354; E. Günther, Die revisionistische Bewegung in der deutschen Sozialdemokratie. J. f. G. V. XXIX. S. 1235—1282, XXX. S. 191—255; R. Brunhuber, Die heutige Sozialdemokratie. Jena 1906; E. Katz, Die neuere Entwicklung der Sozialdemokratie. Patria 1906. S. 201—225.

[1]) a. a. O. S. 231.

[2]) a. a. O. S. 234.

Über diese Ansichten wurde bereits auf dem Parteitage in Stuttgart von den „Unentwegten“ bitter geklagt. Vollmar[1]) dagegen verteidigte Bernstein mit großer Wärme. Auch er sprach es offen aus: „Es könnte der deutschen Sozialdemokratie gar nichts Unglückseligeres passieren, als daß wir vorzeitig in die Lage kämen, die politische Macht zu übernehmen, denn wir würden nicht befähigt sein, sie ersprießlich zu gebrauchen und sie festzuhalten.“ Nach seiner Meinung „haben sich alle die angegriffenen Männer, Heine und Schmidt und Bernstein durch ihre Anregungen jedenfalls vielmehr verdient gemacht um die Partei, als solche, die uns nur die alten Klischees fort und fort aufs neue präsentieren.... Die deutsche Sozialdemokratie ist fertig geworden mit den vielen äußeren Gegnern, sie wird sich auch von der Phrase zu emanzipieren wissen.“ Im übrigen wurde von vielen Seiten der Wunsch geäußert, Bernstein möge seine Anschauungen noch in ausführlicherer, systematischer Weise darlegen.

Das geschah durch sein Buch über „die Voraussetzungen des Sozialismus und die Aufgaben der Sozialdemokratie“, das in Stuttgart 1899 erschien. Mit ihm wollte er „durch Bekämpfung der Reste utopistischer Denkweise in der sozialistischen Theorie das realistische wie das idealistische Element in der sozialdemokratischen Bewegung gleichmäßig stärken“ [2]). Gegenüber der materialistischen Geschichtsauffassung betonte er, daß mit der wachsenden Einsicht in die Gesetze der Entwicklung, teils als Ursache, teils als ihre Folge Hand in Hand gehe eine steigende Fähigkeit, die ökonomische Entwicklung selbst zu leiten. Man dürfe sich also keineswegs in dem Maße, als es häufig in der Partei geschehe, darauf verlassen, daß die ökonomische Entwicklung schon alles besorgen werde. Die Einschränkung, welche der „Geschichte ehernes Muß“ erhalte, bedeute für die Praxis der Sozialdemokratie keine Minderung sondern eine Steigerung und Qualifizierung der sozialpolitischen Aufgaben. Er warnte vor der üblichen Unterschätzung der bürgerlichen Leistungen und Kräfte. „Ich stehe nicht an, zu erklären, daß ich das Bürgertum — das deutsche nicht ausgenommen — im großen und ganzen nicht nur ökonomisch, sondern auch moralisch für noch ziemlich gesund

---

[1]) Stuttgarter Protokoll (1898) S. 105 f.

[2]) S. X.

halte"[1]). Noch für lange Zeit hinaus werde auch die Arbeiterbewegung auf die Grundgedanken des Liberalismus nicht verzichten können. Nur dem Grade nach werde die wirtschaftliche Selbstverantwortlichkeit der Arbeitsfähigen geändert werden können. Ohne Verantwortlichkeit gebe es keine Freiheit. „Wir mögen theoretisch über die Handlungsfreiheit des Menschen denken wie wir wollen, praktisch müssen wir von ihr als Grundlage des Sittengesetzes ausgehen, denn nur unter dieser Bedingung ist eine soziale Moral möglich"[2]). Die Partei solle endlich aufhören, etwas anderes scheinen zu wollen, als sie tatsächlich geworden sei. Schon längst sei sie durch die Macht der Umstände gezwungen worden, eifrig Gegenwartspolitik zu treiben. Sie schäme sich derselben noch und suche sie unter allen möglichen Vorwänden zu beschönigen und zu entschuldigen. Man solle sich offen und ehrlich zu dieser Politik bekennen. Der Einfluß der Partei werde dadurch nur wachsen, wenn sie selbst zugebe zu sein, was sie bereits tatsächlich sei: eine demokratisch-sozialistische Reformpartei[3]). Mit großer Schärfe geißelt schließlich Bernstein die maßlose Verherrlichung und Umschmeichelung der Arbeiterklasse, welche sich bei manchen sozialdemokratischen Schriftstellern ausgebildet habe. „Wir haben die Arbeiter so zu nehmen wie sie sind. Und sie sind weder so allgemein verpaupert, wie es im kommunistischen Manifeste vorausgesehen ward, noch so frei von Vorurteilen und Schwächen, wie es ihre Höflinge uns glauben machen wollen. Sie haben die Tugenden und die Laster der wirtschaftlichen und sozialen Bedingungen, unter denen sie leben. Und weder diese Bedingungen noch ihre Wirkungen lassen sich von einem Tage auf den anderen beseitigen"[4]). Die gesellschaftliche Kontrolle über die ganze Produktion könne nur allmählich mit der zunehmenden Hebung und Reife der Arbeiterklasse ausgedehnt werden. Der Partei tue eine Revision ihrer Lehren not. Diese werde namentlich auch zu einer unbefangeneren Wertschätzung anderer Sozialpolitiker führen, deren Arbeiten für die Sozialdemokratie in ihrer gegenwärtigen Entwicklungsphase vielleicht wichtiger seien als diejenigen von Marx. Bernstein denkt hier mit Recht vor allem an Fr. Albert Lange[5]), also an einen im Wesen sozialliberalen Denker. Bernstein hat

[1]) S. 129. [2]) S. 130. [3]) S. 165.
[4]) S. 184. [5]) S. 188; vgl. oben S. 163.

übrigens stets offen bekannt, daß er in seiner Kritik vielfach den Spuren sozialliberaler Schriftsteller gefolgt sei [1]).

Bernsteins Werk bedeutet deshalb mehr eine moralisch tapfere als intellektuell bedeutsame Tat. Ein Schriftsteller, der eben noch zu den orthodoxesten der orthodoxen Marxisten gehörte, der durch eine Fülle von Beziehungen an die sozialdemokratische Partei geknüpft war, erklärt im vollen Bewußtsein, daß diese Erklärung seine ganze Stellung in der Partei vernichten kann: Wir haben uns geirrt, wir müssen andere Bahnen einschlagen [2]).

Unter den zahlreichen Entgegnungen, welche die Bernsteinsche Schrift hervorrief, bietet allein diejenige von K. Kautsky [3]) wissenschaftliches Interesse. Sie korrigiert in manchen Punkten die Auffassung, welche Bernstein über die Zentralisations- und Konzentrationstendenzen ausgesprochen hatte. Bernstein war in einer leichtverständlichen Reaktion gegen die von ihm früher vertretenen Auffassungen in der Tat etwas zu weit gegangen. Die Ergebnisse der betriebsstatistischen Aufnahmen von 1895 lassen die Lebensfähig-

---

[1]) S. 19, 173.

[2]) Ob dieses Pronunciamento taktisch klug war, ist freilich zu bezweifeln. Nicht mit Unrecht schrieb einer der klügsten Köpfe der Partei, Jgnaz Auer, der schon in den ersten Jahren des Sozialistengesetzes tatsächlich für eine Revision der revolutionären Taktik eingetreten war, damals an Bernstein: „Hast Du denn gar keine Ahnung, welchen Mißgriff Du begingst, als Du auf S. 165 schriebst: Die Sozialdemokratie solle den Mut finden, sich von einer Phraseologie zu emanzipieren, die tatsächlich überlebt ist, und das scheinen wollen, was sie heute in Wirklichkeit ist, eine demokratisch-sozialistische Reformpartei? Hältst Du es wirklich für möglich, daß eine Partei, die eine fünfzig Jahre alte Literatur, eine fast vierzig Jahre alte Organisation und eine noch ältere Tradition hat, im Handumdrehen eine solche Wendung machen kann? Speziell seitens der maßgebenden Parteikreise so zu handeln, wie Du es verlangst, hieße einfach die Partei sprengen, jahrzehntelange Arbeit in den Wind streuen. Mein lieber Ede, das, was Du verlangst, so etwas beschließt man nicht, so etwas sagt man nicht, so etwas tut man. Unsere ganze Tätigkeit — sogar auch die unter dem Schandgesetz — war die Tätigkeit einer sozialdemokratischen Reformpartei. Eine Partei, die mit den Massen rechnet, kann auch gar nichts anderes sein.“ Ed. Bernstein, J. Auer, 1907. S. 63.

[3]) Bernstein und das sozialdemokratische Programm. Stuttgart 1899

keit der kleineren und mittleren Betriebe günstiger erscheinen, als sie in Wirklichkeit ist. Das hatte Bernstein nicht genügend beachtet. Im übrigen aber bestand die Verteidigung Kautskys zum Teil darin, daß er allerlei Sätze von Marx zusammensuchte, welche sich zur Not im Sinne der Bernsteinschen Lehre interpretieren ließen, d. h. er behauptete also nicht, daß Bernsteins Sätze an sich unrichtig seien. Bernstein irre nur darin, daß er Marx andere Ansichten unterschiebe.

Die Schrift Kautskys bildete die Ouvertüre zu der großen Bernsteindebatte, welche auf dem Parteitage in Hannover in Fluß kam. Die Rolle des Anklägers hatte Bebel übernommen [1]). Die Länge seiner Rede stand in bemerkenswertem Mißverhältnisse zu ihrer geistigen Bedeutung. Zum größten Teile reproduzierte sie den Inhalt der Kautskyschen Antikritik. Die Verteidigung der hergebrachten Taktik, die vor allem die Aufgabe des Politikers Bebel gewesen wäre, fiel recht schwächlich aus. Bernstein habe die Arbeiter beleidigt, als er bezweifelte, ob sie schon das Zeug hätten, zu vollenden, was sie vollenden sollten. Die organisierte und klassenbewußte Arbeiterschaft habe schon bisher überall bewiesen und beweise täglich aufs neue, daß sie an politischer Bildung und Einsicht und Leistungsfähigkeit turmhoch über dem Bürgertum und seinen Leistungen stehe, die dieses in den Revolutionsjahren und seither gezeigt habe.

Die Ratschläge von Bernstein gipfelten darin, „hübsch artig zu sein, kein hartes Wort zu gebrauchen, das Bürgertum nicht zu erschrecken“ [2]). Kirche und Patriotismus, das seien alles nur Kappzäume für die Arbeiterklasse, die diese deshalb nicht respektieren dürfe. „Der Bourgeois ist in seinem Herzen genau so atheistisch, wie es einer unter uns sein kann. Wenn er jetzt in die Kirche läuft, so aus Angst vor uns und um die Arbeiter mit dazu zu verleiten, daher die steigende Verdummung in der Schule. Die Vaterlandsliebe? Ach, wir haben eine viel idealere Vaterlandsliebe. Alle diese ideologischen Interessen sollen wir nicht anrühren. Das heißt, wir sollen alles aufgeben, was unser Wesen ausmacht.“ „Eine Partei, die kämpft, will siegen und dazu braucht sie Begeisterung, braucht sie Opfermut und Kampfesfreudigkeit und dieses nimmt

[1]) Protokoll von Hannover (1899). S. 94—127.
[2]) S. 122 f.

man ihr, wenn man nach allen Richtungen hin künstlich die Schwierigkeiten auftürmt." Auch Kautsky ergriff das Wort und ließ sich in der Hitze des Gefechts dazu fortreißen, die Hoffnung auf eine bald eintretende, alle Wünsche erfüllende Katastrophe geradezu als Idiotismus zu brandmarken, also viel schärfer anzugreifen, als es Bernstein selbst getan hatte [1]). Hätte Engels wirklich für 1898 den großen Kladderadatsch prophezeit, so wäre er nicht der große Denker gewesen, der er war, er wäre ein solcher Idiot gewesen, daß kein einziger Wahlkreis ihn zu seinem Delegierten auf dem Parteitag gewählt hätte. Engels habe nur gemeint, daß 1898 vielleicht das heutige politische System in Preußen zusammenbrechen könnte.

Es mag dahin gestellt bleiben, was Engels angenommen hat. Dagegen gestatten die Worte Bebels auf dem Erfurter Parteitage 1891, daß nur wenige Mitglieder dieses Kongresses die Verwirklichung auch der letzten Ziele nicht erleben würden, keinerlei rettende Interpretation. Sie waren, um mit den Worten Kautskys von 1899 zu sprechen, idiotisch. In diesem Intermezzo kam die Wandlung, welche selbst in den Köpfen der Verehrer der alten Taktik eingetreten war, mit einer Klarheit zum Ausdrucke, die nichts zu wünschen übrig ließ [2]).

Die Verteidigung Bernsteins führten namentlich David [3]), v. Vollmar [4]), v. Elm [5]), Auer [6]) und Frohme [7]). „Es ist gesagt", führt der letztere aus, „daß die Bernsteinsche Schrift unter Umständen geeignet ist, die Arbeiter zaghaft und kopfscheu zu machen. Ich glaube das nicht, aber ich würde das noch lange nicht für so bedenklich halten, als die von gewissen Leuten geübte Praxis, in der Arbeiterklasse trügerische Hoffnungen auf die nächste Zeit zu erwecken. Stellen wir uns doch auf den Boden der Wirklichkeit, seien wir wenigstens ehrlich gegen uns selbst. Die Massen, die uns bei den Wahlen folgen, wollten doch damit nicht für die Marxsche Theorie demonstrieren. Nein, sie folgen uns aus dem innersten Empfinden heraus, daß sie es hier mit einer Partei zu tun haben, die es mit den Volksinteressen ehrlich meint."

---

[1]) S. 168.
[2]) Vgl. die treffenden Bemerkungen Auers S. 210.
[3]) S. 127 f. [4]) S. 212 f. [5]) S. 188.
[6]) S. 206. [7]) S. 192.

Das Resultat der langen und erregten Diskussion war keineswegs der Ausschluß Bernsteins aus der Partei, der von manchen Seiten verlangt worden war [1]), sondern die Annahme einer Kompromißresolution. Bernstein hatte in bezug auf diese erklärt, er könne mit dem in solchen Dingen üblichen Körnchen Salz selbst für sie stimmen [2]).

Zum dritten Male beschäftigte die Tätigkeit Bernsteins den Parteitag in Lübeck 1901. Zum ersten Male konnte Bernstein hier seinen Gegnern persönlich gegenübertreten. Nachdem erst der schweizerische Bundesrat die Ausweisung gegen ihn zurückgenommen und Bernstein demzufolge eine Übersiedelung nach Zürich ins Auge gefaßt hatte, erneuerte auch die deutsche Behörde den Steckbrief gegen ihn nicht mehr. Bernstein konnte in die Heimat zurückkehren und nahm in Berlin seinen Wohnsitz.

Am 17. Mai 1901 hatte er im Berliner sozialwissenschaftlichen Studentenverein einen Vortrag über das Thema gehalten: „Wie ist wissenschaftlicher Sozialismus möglich?" [3]) Indem er von der Annahme ausging, daß exakte Wissenschaft nur das, was sei, zu erforschen habe, der Sozialismus aber eine allgemeine theoretische Auffassung von der Zukunft der Gesellschaft darstelle und zum großen Teil ein Element des Wollens enthalte, kam er zu dem Ergebnisse, der Sozialismus, auch der von Marx, sei nicht ausschließlich Wissenschaft und könne es auch gar nicht sein. Diese harmlosen Bemerkungen boten das Material zu einer neuen Anklage [4]). Mit 203 gegen 31 Stimmen wurde schließlich ein allerdings mild gehaltener Tadel votiert: „Der Parteitag erkennt rückhaltlos die Notwendigkeit der Selbstkritik für die geistige Fortentwicklung unserer Partei an. Aber die durchaus einseitige Art, wie Genosse Bernstein diese Kritik in den letzten Jahren betrieb, unter Außerachtlassung der Kritik an der bürgerlichen Gesellschaft und ihren Trägern, hat ihn in eine zweideutige Position gebracht und die Mißstimmung eines großen Teiles der Parteigenossen erregt. In der

[1]) Frau Dr. Rosa Luxemburg hatte sogar die Freiheit der Diskussion in der Partei nur insoweit zulassen wollen, „als sich diese Diskussion auf dem allgemeinen grundsätzlichen Boden der Partei bewegt". Vgl. Protokoll S. 222.

[2]) S. 211.

[3]) Berlin 1901. Verlag der Soz. Monatshefte.

[4]) Lübecker Protokoll (1901). S. 137—187.

Erwartung, daß der Genosse Bernstein sich dieser Erkenntnis nicht verschließt und danach handelt, geht der Parteitag über die Anträge 52, 91, 92 und 93 zur Tagesordnung über“ [1]).

Der Antrag Heine, der lediglich die Freiheit wissenschaftlicher Selbstkritik betonte und keinerlei Tadel gegen Bernstein enthielt, war mit 166 Nein gegen 71 Ja verworfen worden [2]).

Bernstein hatte mit Recht darauf hingewiesen, daß er auch die Kritik bürgerlicher Sozialpolitiker keineswegs vernachlässigt habe. Obwohl er die Mißbilligung des Parteitages als ungerechtfertigt ansehen mußte, versprach er doch, dem Votum diejenige Achtung und Beachtung entgegenzubringen, die einem solchen Kongreßbeschlusse gebühre.

Die Resolution stellt in der Geschichte der deutschen Sozialdemokratie kein rühmliches Blatt dar. Nicht darauf kommt es an, ob die Kritik nach innen oder außen geübt wird, sondern ob die Kritik sachlich berechtigt ist oder nicht. Jede zutreffende Kritik der Partei muß diese doch, indem sie schwache, unhaltbare Positionen beseitigt, kräftigen und stärken.

52. Die Dresdener Abrechnung mit dem Revisionismus.

Während der Parteitag in München (1902), auf dem über die Stellungnahme zur reichsgesetzlichen Arbeiterversicherung, zur Kommunalpolitik, zum internationalen Arbeiterkongreß von 1903, zur Maifeier und anderen weniger wichtigen Angelegenheiten verhandelt wurde, einen ruhigen Verlauf aufwies, kam es im folgenden Jahre, in Dresden, zu ungewöhnlich heftigen Auseinandersetzungen. Auch hier bildete wieder die Frage, ob man sich in Zukunft offen zu einer opportunistischen Tàktik bekennen solle, den Kern des Streites. Auch hier war es wieder Bernstein, der durch einen Artikel über den Eintritt der Sozialdemokratie in das Präsidium des Reichstags den äußeren Anlaß dargeboten hatte.

Bei den Wahlen von 1903 war der Partei ein ungeahnt großer Erfolg beschieden gewesen. Von 2 107 200, die sie 1898 erzielt hatte, stieg sie auf 3 010 800 Stimmen. Die Zahl der Abgeordneten wuchs von 56 auf 80. Unter diesen Umständen stand die Sozial-

[1]) Es waren das insgesamt Anträge, welche eine noch schärfere Mißbilligung aussprachen.

[2]) Protokoll S. 186.

demokratie unmittelbar hinter der stärksten Partei des Reichstags, hinter dem Zentrum, das 100 Abgeordnete zählte. Nach allgemeinem parlamentarischen Brauch durfte sie nun den Anspruch auf das Vizepräsidium des Reichstages erheben. Da kurz vorher bei der Beratung des Zolltarifes nach Ansicht der Minorität eine Verletzung ihrer Rechte unter Mitwirkung des Präsidiums stattgefunden hatte, glaubte Ed. Bernstein, man solle nun, um in Zukunft derartige Vergewaltigungen durch die Majorität besser abschlagen zu können, auch wirklich die Vizepräsidentenstelle beanspruchen und die höfischen Repräsentationspflichten, die mit dieser Stellung herkömmlicherweise verknüpft seien, ruhig erfüllen. „Es ist nicht einzusehen, warum der für das Reichstagspräsidium Regel gewordene Gebrauch, dem Reichsoberhaupte bei gewissen Anlässen einen Besuch abzustatten, für die Sozialdemokratie ein Grund sein soll, den Gegnern einen Vorwand für die Übergehung der Partei bei der Zusammensetzung des Präsidiums zu liefern. Durch solche Formalitäten werden die politischen Grundsätze der Sozialdemokratie in keiner Weise berührt . . . Sicherlich gibt es für das Verhalten des Bekenners demokratischer und republikanischer Grundsätze Grenzen, die er nicht überschreiten darf, will er diese Grundsätze nicht als hohle Deklamation erscheinen lassen. Er wird z. B. an keiner Demonstration teilnehmen, welche auf eine Verherrlichung des monarchischen Prinzips hinausläuft. Eine solche Verherrlichung kann aber im Besuche des Reichstagspräsidiums beim Deutschen Kaiser nicht gefunden werden. Dies um so weniger, als die deutsche Reichsverfassung mit all ihren Mängeln von allen Verfassungen in Deutschland gerade diejenige ist, die in bezug auf Entstehung und Satzungen den republikanischen Grundsätzen am nächsten kommt. . . . Wie es auch mit dem Rechte der Dynastie in Preußen beschaffen sein mag, als Deutscher Kaiser ist ihr Vertreter verfassungsgemäß in nicht viel anderer Lage, als der Präsident einer Republik, und auf Grund dieser Eigenschaft werden ihm die Besuche der Reichstagspräsidenten zu teil“ [1]).

Wenn auch die Versuche, den Deutschen Kaiser zum Präsidenten einer Republik zu machen, keine Zustimmung finden konnten, so wurde doch von anderen einflußreichen Seiten, insbesondere

[1]) Bernstein, Was folgt aus dem Ergebnis der Reichstagswahlen? S. M. 1903. S. 479.

von Vollmar, der Eintritt ins Präsidium unter Erfüllung der höfischen Verpflichtungen als mindestens diskutable Angelegenheit bezeichnet.

Nun beschloß aber Bebel, der sich seit dem 1900 erfolgten Tode Liebknechts durchaus als Diktator der Partei fühlte, mit den Revisionisten um so mehr fürchterliche Abrechnung zu halten, als die Wahlen den Einfluß dieser Richtung gekräftigt, also die von ihr drohenden Gefahren auch wesentlich gesteigert hatten. Diese Fragen der Taktik kamen teils in der Debatte über die Mitarbeit von Sozialdemokraten an der bürgerlichen Presse, teils in den Verhandlungen, welche direkt der Taktik (Reichstagswahlen, Vizepräsidialfrage und revisionistische Bestrebungen) gewidmet waren, zum Austrage. Die Erörterung über die Mitarbeit an der bürgerlichen Presse artete in würdelose, von persönlicher Gehässigkeit strotzende gegenseitige Beschimpfungen aus, die übrigens auch nach dem Parteitage noch wochenlang in der Tagespresse fortgesetzt wurden. Höher steht dagegen das Rededuell zwischen Bebel und Vollmar, das der Vizepräsidialfrage galt, obwohl auch hier Bebel seiner Neigung zu persönlichen Angriffen die Zügel schießen ließ. Der tiefe Zwiespalt, der die Partei durchzieht, wurde nun von ihm offen zugegeben, vielleicht sogar übertrieben. „Man rede doch nicht von der Einheit und der Einigkeit in der Partei! . . Das ist nicht wahr, das bestreite ich auf das allerentschiedenste; nie und zu keiner Zeit waren wir uneiniger als gerade jetzt, nie und zu keiner Zeit waren die Differenzen größer als jetzt! Das zu vertuschen und darüber abermals mit Zuckerwasser hinwegzukommen, das habe ich für meine Person herzlich satt! Ich habe seit 12 Jahren, seit der großen Debatte mit Vollmar in Erfurt, so viel hinunterzuschlucken gehabt und oftmals mich geärgert und bin immer wieder darauf hineingefallen, die Hand zu bieten zur Überbrückung der Gegensätze, bis ich mir endlich sagte: so gehts nicht mehr weiter! Jetzt müssen wir uns endlich einmal klar werden, reinen Tisch machen und uns mal gegenseitig so gründlich aussprechen, wie nur irgend möglich“ [1]). Bebels Verständnis und Erklärung der revisionistischen Bestrebungen blieben auf derselben Höhe wie einst in Erfurt. Die gehobene Lebenslage einzelner Führer [2]), die rückständigen ökonomischen Verhältnisse Süddeutschlands, der Einfluß

[1]) S. 309. [2]) S. 320.

von Bier und Wein, Rivalität und persönliche Eitelkeit, das alles sollte das Verlangen nach einer anderen Taktik hervorgerufen haben. „Der Revisionismus ist besonders bei den Süddeutschen zu Hause, das ist wohl nicht allein als Einfluß von München-Capua[1]) oder von Bier und Wein, der die Leute gemütlicher macht, sondern es sind die weniger entwickelten Verhältnisse in Süddeutschland schuld daran. Deshalb sollte man aber gerade von Süddeutschland aus nicht verversuchen, dem weiter entwickelten Norddeutschland eine neue Taktik aufzuzwingen[2]).

Schließlich versicherte Bebel: „Ich will der Todfeind dieser bürgerlichen Gesellschaft und dieser Staatsordnung bleiben, um sie in ihren Existenzbedingungen zu untergraben und sie, wenn ich kann, beseitigen“[3]).

Vollmar griff in seiner Erwiderung vor allem den absprechenden, hochmütigen und herrschsüchtigen Ton an, den Bebel anzuschlagen liebt. „Ich frage Sie: in welchem Ton ist von Bebel zur ganzen Partei gesprochen worden?“ „Ich werde nicht dulden“, „Ich werde den Kopf waschen“, „Ich hoffe meinen Freunden und meinen Feinden noch manche schwere Stunde zu bereiten“, „Ich habe die Massen hinter mir“, „Ich werde Abrechnung halten“. Ich, ich, ich — ist das die Sprache eines Gleichen zu Gleichen, oder nicht vielmehr die Sprache eines Diktators?“[4]) Er wies es als eine verwerfliche Schmeichelei zurück, wenn man, wie Bebel es getan, den sozialistischen Akademikern die Instinkte und Gefühle der proletarischen Massen als untrüglich und maßgebend hinstelle, um so mehr, als Bebel diesen Kultus der Proletarier-Instinkte nur dort zulasse, wo sie sich in seinem Sinne äußerten. „Wenn sich aber ein Arbeiter untersteht, anderer Meinung zu sein — wie man jetzt sagt: revisionistischer Meinung —, dann hat er auf einmal den untrüglichen Klasseninstinkt verloren. Die gehobene Lebenslage ge-

---

[1]) An anderer Stelle S. 311 heißt es: „München ist das Capua der deutschen Sozialdemokratie. In München wandert keiner auf die Dauer ungestraft unter den Bierkrügen. In München gehen die stolzesten Parteisäulen nach einer Zeit zu Grunde.“ So mancher, der als braver, prinzipientreuer, fester Genosse nach München gezogen, sei nach einigen Jahren an Geist und Seele gebrochen gewesen.

[2]) S. 316. [3]) S. 313. [4]) S. 335.

wisser Arbeiter hat sie verdorben!“ [1]) Seinen besten Trumpf spielte Vollmar aber aus, als er darlegte, wie alle Änderungen und Neuerungen in der Sozialdemokratie ursprünglich als Parteiverrat denunziert worden seien, der Partei aber vortrefflich bekommen wären und ihr ungeheures Wachstum in den letzten Jahren herbeigeführt hätten. „Es ist eigentlich schade, daß wir noch keine Geschichte der Taktik haben. Man könnte es vielmehr noch besser die Geschichte der Versumpfung der deutschen Sozialdemokratie nennen. Es würde außerordentlich interessant sein, daran zu sehen, was bei uns im Laufe der Zeit alles als Verwässerung, Verbürgerlichung, Prinzipienverleugnung, Traditionsverletzung, Aufgabe des Klassenkampfstandpunktes usw. verdammt worden ist, und wie dann regelmäßig, bald nachdem ein solches Verdammungsurteil ergangen war, die Sozialdemokratie den vermeintlichen Giftbecher getrunken und sich hinterher sehr gut dabei befunden hat, worauf man dann die alte Giftetikette schleunigst einem neuen Glase umgehängt hat“ [2]). So habe auch Liebknecht die positive Mitarbeit im Reichstage als Verrat bezeichnet, so habe man den Eintritt in den Seniorenkonvent des Reichstages 1884 als eine tiefe Verletzung des revolutionären Prinzips hingestellt, so habe Marx in dem Gothaer Einigungsprogramm einen verwerflichen und demoralisierenden Prinzipienschacher erblickt, so wäre die Beteiligung von Sozialdemokraten an der Arbeitsnachweis-Konferenz noch 1893 Wadenstrümpfelei gewesen, während Bebel einige Jahre später selbst an einem auch von bürgerlicher Seite beschickten sozialpolitischen Kongreß teilgenommen, so wären erst die Tarifvereinbarungen der Gewerkschaften mit den Unternehmerverbänden aufs heftigste angefeindet worden, desgleichen die Teilnahme an den Landtags- und Gemeindewahlen und die dabei notwendigen Kompromisse mit anderen Parteien. „Sie sehen daraus, daß unsere Bewegung keineswegs etwas Unveränderliches, sondern in fortwährendem Flusse begriffen ist, daß unsere Meinungen sich sowohl über prinzipielle Fragen, als auch über die Taktik in einer fortwährenden Umbildung begriffen haben. Und dieser Prozeß ist noch heute nicht zu Ende, und er wird auch nie zu Ende gehen. Denn zwischen heute und dem Endziel liegt noch so manches, wovon unsere Schulweisheit sich nichts träumen läßt.“ Wenn auch Bebel den rednerischen Kampf für die orthodoxe Richtung in erster Linie führte, so sei doch

[1]) S. 334. [2]) S. 326.

nicht er, sondern Kautsky die Hauptperson. „Kautsky ist der Fanatiker der Theorie, der Partei gewordene deutsche Professor, der lieber die Welt und womöglich die Partei zugrunde gehen läßt, als daß er aus seinem schönen Lehrgebäude auch nur einen Span herausziehen läßt." Er sei es, der aus einer großen Kulturbewegung eine Sekte machen wolle. „Gewiß würde eine Bewegung von der Größe der sozialdemokratischen auch dann noch eine Zeitlang äußerlich sehr imposant dastehen, ja vielleicht in den Augen der Gegner noch imposanter sein, weil sie von einer völligen, uniformen Einheitlichkeit der Meinung wäre. Aber die notwendige Folge wäre die Verknöcherung der Partei, die Absperrung jeden frischen Luftzuges und dadurch der weiteren Entwicklungsmöglichkeit. Dann müßte man aber auch vor allem aus unserem Namen das Wort „demokratisch" streichen und darauf verzichten, selbständige, freie, mit warmem Blut begabte Menschen zu gewinnen und zu behalten. Denn das sage ich Ihnen: wenn man mir einen Maulkorb zumutet, dann ist es mir ziemlich gleichgültig, ob es ein polizeilicher, ein kirchlicher oder ein sogenannter demokratischer Maulkorb ist. Das wäre mir wahrlich der Mühe wert, mein Leben einzusetzen." Im übrigen ließ Vollmar den Gedanken, eine Vizepräsidentenstelle unter Erfüllung der Repräsentationspflichten anzustreben, fallen, da die große Mehrheit der Partei davon noch nichts wissen wolle. Obwohl in der Folge der Standpunkt der Revisionisten noch von Kolb, Timm, Auer, Bernstein und anderen, derjenige der Orthodoxen besonders von Kautsky in geschickter Weise verteidigt wurde, konnten nach der großen Auseinandersetzung zwischen Bebel und Vollmar wesentlich neue Gesichtspunkte nicht mehr ins Treffen geführt werden. Die Debatte fand mit der Annahme einer Resolution ihren Abschluß.

Die Resolution enthielt die schärfste Verurteilung des Revisionismus. Es hieß darin: „Der Parteitag verurteilt aufs entschiedenste die revisionistischen Bestrebungen, unsere bisherige bewährte und sieggekrönte, auf dem Klassenkampf beruhende Taktik in dem Sinne zu ändern, daß an Stelle der Eroberung der politischen Macht durch Überwindung unserer Gegner eine Politik des Entgegenkommens an die bestehende Ordnung der Dinge tritt." Die Partei müsse daher alle Mittel verweigern, welche geeignet wären, die herrschende Klasse an der Regierung zu erhalten, dürfe keinen Anteil an der Regierungsgewalt innerhalb der bürgerlichen Gesellschaft erstreben, solle den Kampf gegen Militarismus und Marinismus, wider Kolonial- und Weltmachtspolitik usw. noch energischer führen.

Die Revisionisten stimmten trotzdem fast ohne Ausnahme für die Resolution, weil sie erklärten, einen Revisionismus im Sinne dieser Resolution gar nicht zu vertreten!

So wurde die Resolution mit 258 gegen 11 Stimmen (darunter Bernstein, G. David, v. Elm, Hué) angenommen, ein drastischer Beweis dafür, welch geringe tatsächliche Bedeutung solchen papiernen Resolutionen beigemessen wird. Jedenfalls war auf diesem Wege der Plan der orthodoxen Richtung, eine reinliche Scheidung oder gar den Ausschluß der maßgebenden Führer der revisionistischen Opposition aus der Partei durchzusetzen, ebenso wie auf früheren Parteitagen vollkommen gescheitert.

Der Parteitag in Bremen (1904) befaßte sich mit Fragen der Kommunalpolitik. Zu wichtigen prinzipiellen Auseinandersetzungen gab nur der Fall Schippel Anlaß. Schippel hatte schon früher revisionistischer Ketzereien in bezug auf das Milizsystem sich schuldig gemacht und neuerdings in Zeitungsartikeln, vor allem aber in einer größeren wissenschaftlichen Arbeit über Fragen der Handelspolitik (Grundzüge der Handelspolitik, Berlin und Bern 1902) Ansichten geäußert, aus denen eine gewisse Billigung der agrarischen Schutzzölle herausgelesen werden konnte. Er hatte also nicht einmal dasjenige getan, was in der Schweiz der hervorragendste Führer der Sozialdemokratie, G. Greulich [1]), oder was in Frankreich sozialistische Abgeordnete ganz offen praktizierten [2]). Diese Stellungnahme sollte nun den Ausschluß aus der Partei begründen. Eine Mißbilligungsresolution Bebels gelangte mit 234 gegen 44 Stimmen zur Annahme, wurde aber noch durch einen Zusatz folgenden Inhalts wesentlich verschärft: „Der Parteitag erklärt weiter, daß das Vertrauen, dessen ein Genosse zur Bekleidung von Vertrauensstellungen in der Partei unbedingt bedarf, gegenüber dem Genossen Schippel aufs tiefste erschüttert ist und daß, wenn Schippel fortfährt, in der bisherigen Weise zum Schaden der Partei zu wirken, er gezwungen sein wird, die Konsequenzen seines Verhaltens zu ziehen.“ Für

---

[1]) Herkner, Studien zur schweizerischen Agrarbewegung. J. f. G. V. XXVII. S. 823.

[2]) Bajkic, Die französische Handelspolitik 1892—1902. Stuttgart und Berlin 1904. S. 448, 449, 466.

diesen Zusatz ließ sich aber nur eine wesentlich geringere Mehrheit (156 gegen 126 Stimmen) gewinnen[1]), obwohl er auch nicht den Ausschluß, sondern nur den Rücktritt von Parteiämtern in Aussicht nahm.

53. Die Partei im Verhältnis zur Gewerkschafts- und Genossenschaftsbewegung.

Während die Verehrer der alten, vieldeutigen Taktik noch die billigen Siege bejubelten, die in Dresden über den literarischen Revisionismus davongetragen worden waren, hatte sich in den Gewerkschaften bereits die reale Macht ausgebildet, welche die verhängnisvolle schroffe Diktatur der Parteileitung brechen konnte und wollte.

Wie schon (1. Bd. S. 234 und 235) gezeigt worden ist, gähnt zwischen orthodoxem Sozialismus und Gewerkschaftsbewegung eine tiefe Kluft, welche eine interessierte Sophistik wohl zeitweise zu verhüllen, niemals aber auszufüllen vermag. Der Sozialismus behauptet, daß die kapitalistische Produktionsweise für das Proletariat mit naturgesetzlicher Notwendigkeit in eine wachsende Zunahme der Unsicherheit der Existenz, des Elends, des Drucks, der Knechtung, der Erniedrigung und Ausbeutung ausschlage. Die Gewerkschaften bemühen sich, eine Verbesserung in der Lage der Arbeiterklasse auf kapitalistischem Boden zu erkämpfen. Über diesen Widerspruch haben sich zielbewußte Sozialdemokraten auch in der Regel keiner Täuschung hingegeben. Wenn trotzdem die „Lassalleaner" sowohl wie die „Eisenacher" um gewerkschaftliche Gründungen bemüht waren, so geschah es mehr der Not gehorchend als dem eigenen Triebe. In der Arbeiterschaft bestand einmal eine unausrottbare Neigung zu gewerkschaftlicher Betätigung. Jede Partei, welche bei den Massen Anklang finden wollte, mußte diesen Neigungen Rechnung tragen. So kam es zu einem nicht immer lauteren Wettbewerb zwischen Fortschrittlern, Eisenachern und Lassalleanern auf diesem Gebiete. Die Gewerkschaften waren im Auge starrer Doktrinäre zwar ein Übel, aber ein notwendiges Übel. Immerhin ließ sich den Gefahren, welche die Gewerkschaften in ihrem Schoße bargen, noch am ehesten dadurch vorbeugen, daß man sie wenigstens nach besten Kräften mit echt marxistischem Geiste zu erfüllen suchte. Jedenfalls konnte man

[1]) S. 264 und 265 des Bremer Protokolls.

mit Hilfe der Gewerkschaften auch auf Arbeiterkreise in diesem Sinne einwirken, die der direkten Einwirkung von seiten der Sozialdemokratie noch nicht zugänglich gewesen wären. So gewöhnte man sich daran, in der Gewerkschaftsbewegung eine Art Rekrutenschule für die Partei zu erblicken, wachte aber mit scharfem Argwohn darüber, daß sie diese Dienste auch wirklich leistete.

Bezeichnend für die Auffassung des orthodoxen Marxismus sind die Erläuterungen, welche Kautsky dem Erfurter Programm beifügte[1]). Der Leser wird den Eindruck gewinnen, daß die gewerkschaftliche Organisation zwar den Handwerksgesellen der Zunftzeit einen gewissen Nutzen gebracht habe, daß schließlich auch heute noch eine an Zahl abnehmende Minderheit gelernter Arbeiter auf diesem Wege einige Erfolge erreichen könnte, daß diese Erfolge aber oft nur auf Kosten der großen Massen erzielt worden seien.

„Wo die Gewerkschaftsbewegung zu einer Pflege einseitigen Kastengeistes und zu aristokratischer Abschließung der besser gestellten Arbeiter führt, da trägt sie nicht nur nichts zur Hebung des gesamten Proletariates als Klasse bei, sie ist sogar imstande, dieselbe zu hemmen und zu verzögern. Sie ist ein viel wirksameres Mittel dazu, als die brutalen und geistlosen Unterdrückungsmaßregeln, welche die herkömmliche Staatsweisheit anzuwenden liebt. . . . Die gefährlichsten Feinde des Proletariates sind dagegen diejenigen, welche nicht als seine Gegner, sondern als seine Freunde auftretend, durch eine Gewerkschaftsbewegung in dem Geiste, wie er oben beschrieben worden, das Proletariat zu spalten und seine widerstandsfähigsten Bestandteile aus Vorkämpfern in Unterdrücker seiner wehrlosen Bestandteile zu verwandeln suchen. Diese falschen Freunde der Arbeiterklasse treiben auch in Deutschland ihr Unwesen; allerdings bisher zumeist nur auf den Universitäten. Aber sie machen Versuche, auch auf die Arbeiter selbst Einfluß zu gewinnen. Zum Glück sind die herrschenden Parteien zu beschränkt, die deutschen Arbeiter zu ein-

---

[1]) Kautsky, Das Erfurter Programm in seinem grundsätzlichen Teile erläutert. Stuttgart 1892. S. 206 ff. Vgl. auch G. Eckstein, Die Gewerkschaften und die Partei. N. Z. 34. Jahrg. I. S. 193 ff.; Aug. Ellinger, Die Neutralität der Gewerkschaften, N. Z. 36. Jahrg. II. S. 145 ff.

sichtig und die ökonomischen Verhältnisse zu weit entwickelt, als daß diese Herren dauernden Schaden anrichten könnten"[1]).

Deutlicher gesprochen: Eine Entwicklung der Gewerkschaften nach dem Vorbilde der englischen Trade-Unions schadet dem Proletariate als Klasse, indem sie die sozialdemokratische Bewegung untergräbt. Wenn Brentano und andere deutsche Gelehrte als Anwälte der Koalitionsfreiheit auftreten, so geschieht es nicht, weil sie die wissenschaftliche Überzeugung haben, daß nur auf diesem Wege die Sache der Arbeiterschaft wirklich gefördert werden kann, sondern um einen Teil der Arbeiterklasse gegen den anderen auszuspielen und so die Arbeiterbewegung zu lähmen. Zum Glücke mache aber der Fortschritt der ökonomischen Entwicklung diese schwarzen Pläne unausführbar. „Immer mehr müssen auch die am strammsten organisierten Arbeiter mit den bestgefüllten Kassen erkennen, daß der Widerstand gegen die niederdrückenden Wirkungen des Kapitalismus, geschweige denn deren Überwindung eine Aufgabe ist, der die vereinzelten Berufsorganisationen nicht gewachsen sind. Sie müssen erkennen, daß sie immer schwächer sind, je schwächer das gesamte Proletariat, immer stärker, je stärker dieses"[2]). Diese Stärkung des gesamten Proletariats vollzieht sich aber nicht im Wege der gewerkschaftlichen Organisation. „Die direkten wirtschaftlichen Erfolge der Kämpfe der unqualifizierten Proletarier sind in der Regel gering. Ihre Geschichte ist „eine lange Reihe von Niederlagen, unterbrochen von wenigen einzelnen Siegen" (Engels). Aber wie immer der Ausgang des Kampfes sein mag, er selbst ist es, der die Arbeiter moralisch hebt, der all jene Eigenschaften in ihnen hervortreten und zur Geltung kommen läßt, die wir oben als die charakteristischen des Proletariates bezeichnet haben, der dessen moralische und gesellschaftliche Wiedergeburt fördert, auch wenn er zu seiner ökonomischen Hebung nichts beiträgt, vielleicht gar eine wirtschaftliche Schlechterstellung zur Folge hat"[3]).

Also, um die Gedanken von Kautsky zusammenzufassen: Die gelernten Arbeiter können unter Umständen ökonomische Erfolge erreichen, aber nur auf Kosten der proletarischen Gesamtheit, die ungelernten können überhaupt nicht auf wirtschaftliche Siege rechnen, erleiden eher eine wirtschaftliche Schlechterstellung. Insofern ist die

---

[1]) a. a. O. S. 213. [2]) a. a. O. S. 214.

[3]) a. a. O. S. 215, 216.

gewerkschaftliche Bewegung als Mittel zum Zwecke der wirtschaftlichen Hebung aussichtslos, aber ihre Kämpfe besitzen einen großen Wert als Selbstzweck, sie heben den Arbeiter moralisch, d. h. im Sinne von Kautsky hauptsächlich, sie erfüllen ihn mit revolutionärem, sozialistischem Geiste.

Entsprechend dieser Lehre müssen auch alte und erprobte Gewerkschaftsführer immer wieder bekennen, daß sie die Arbeiter nur „widerstandsfähiger und damit geeigneter zur endgültigen Lösung der sozialen Frage machen" wollen. Wurde eine andere Auffassung zu begründen und überhaupt eine Emanzipation von der drückenden Bevormundung durch die Partei zu erreichen versucht, so ließ man sofort das gröbste Geschütz gegen die „Gewerkschafts- und Kassensimpelei", den „Branchendünkel", die „Nur-Gewerkschaftler", „Renegaten" usw. auffahren. Und solange tatsächlich die Partei der stärkere Teil war, haben die Gewerkschaftsführer ebensogut wie die Revisionisten schließlich kapituliert.

Infolge des außerordentlichen Aufschwunges, den die gewerkschaftlichen Organisationen unterstützt durch die glänzende Entwicklung der deutschen Industrie seit 1893 erlebt haben, war aber eine sehr fühlbare Machtverschiebung eingetreten. Im Jahre 1907 besaßen die Gewerkschaften bereits 1 873 148 Mitglieder und ein Vermögen von 33 Millionen Mark. Das waren Machtquellen, mit denen sich die der Partei nicht mehr vergleichen ließen. Letztere zählte 1907 in 2704 Ortsvereinen nur 530 466 Mitglieder bei einem Vermögen von 1 360 418 Mk. Dabei darf nicht unberücksichtigt bleiben, daß die straff zentralisierten Gewerkschaftsverbände mit ihren gut ausgebildeten Unterstützungseinrichtungen und zahlreichen Beamten den Mitgliedern gegenüber eine ganz andere Disziplinargewalt innehaben als die meisten politischen Organisationen.

Zwei Fragen waren es, in deren Behandlung die veränderte Machtstellung der Gewerkschaft zu sieghaftem Ausdrucke gelangte: Generalstreik[1]) und Maifeier.

Die raschen Erfolge, welche die russische Revolution 1905 erzielt hatte, blieben nicht ohne tiefen Eindruck auf den revolutionär gestimmten Teil der deutschen Sozialdemokratie. Man begann ins-

[1]) Über die ganze Generalstreikdebatte vgl. die vortrefflichen Darlegungen Elsbeth Georgis, Theorie und Praxis des Generalstreiks. Jena 1908, insbesondere S. 58—72.

besondere die Frage zu erörtern, ob nicht das Dreiklassenwahlrecht in Preußen mit Hilfe der Methoden des politischen Massenstreiks, die sich anscheinend in Belgien, Italien, Österreich, ganz besonders aber jüngst in Rußland bewährt hatten, beseitigt werden könnte. Manche erklärten nur, daß man jedenfalls irgend welchen Verschlechterungen des Wahlrechtes im Reiche oder den Einzelstaaten durch Massenstreiks entgegentreten müsse. Deshalb wurde schon auf dem Parteitage in Bremen 1904 der Antrag gestellt, die Frage des Massenstreiks sei auf die Tagesordnung des nächsten Parteitages zu setzen. Der Antrag wurde abgelehnt in dem Sinne, daß es dem Vorstande überlassen bleiben solle, die Entscheidung über diesen Gegenstand zu treffen. Die Ereignisse in Rußland in Verbindung mit der in Parteikreisen immer lebhafter werdenden Diskussion über den Massenstreik legten aber die Vermutung nahe, daß in der Tat der Parteitag des Jahres 1905 in Jena zu dieser Frage Stellung nehmen werde. Es war unter diesen Umständen ein außerordentlich bemerkenswertes Ereignis, daß der im Mai 1905 zu Köln tagende Gewerkschaftskongreß den Generalstreik behandelte und zwar mit der ausdrücklichen Motivierung, „man wolle nicht Gefahr laufen, sich später Beschlüssen fügen zu müssen, die einseitig an anderer Stelle (eben vom Parteitage) gefaßt würden“[1]. Der Kongreß beschloß, daß die Taktik bei etwa notwendig werdenden Kämpfen sich nach den jeweiligen Verhältnissen zu richten habe. „Der Kongreß hält daher auch alle Versuche, durch die Propagierung des politischen Massenstreiks eine bestimmte Taktik festlegen zu wollen, für verwerflich; er empfiehlt der organisierten Arbeiterschaft, solchen Versuchen energisch entgegenzutreten. Den Generalstreik, wie er von Anarchisten und Leuten ohne jegliche Erfahrung auf dem Gebiete des wirtschaftlichen Kampfes vertreten wird, hält der Kongreß für undiskutabel; er warnt die Arbeiterschaft, sich durch Aufnahme und Verbreitung solcher Ideen von der täglichen Kleinarbeit zur Stärkung der Arbeiterorganisation abhalten zu lassen.“

Diese von der Generalkommission entworfene und von Bömelburg eingebrachte Resolution ist ihrem Wortlaute nach nicht eindeutig. Man operiert mit den zwei keineswegs gegen einander

[1] Protokoll der Verhandlungen des fünften Kongresses der Gewerkschaften Deutschlands zu Köln, 22.—27. Mai 1905. Berlin 1905. S. 215.

scharf abgegrenzten Begriffen des „politischen Massenstreiks" und des „Generalstreiks"[1]).

Der Kongreß erklärt zwar den Generalstreik, nicht aber den politischen Massenstreik für undiskutabel. Er will jedoch durch Propagierung des politischen Massenstreiks keinesfalls auf diese Taktik von vornherein festgelegt werden.

Tatsächlich ist der Beschluß, und gewiß mit vollem Rechte, als ein scharfes Pronunziamento gegen die in der Parteipresse immer eifriger betriebene Verherrlichung ökonomischer Massendemonstrationen aufgefaßt worden.

Der Kölner Kongreß ging aber noch weiter. Auch die von der Partei angeordnete Art der Maifeier begegnete einer erbitterten Kritik. Die Partei forderte, wo es irgend möglich sei, Arbeitsruhe, überließ es aber den Gewerkschaften, die Opfer dieser Demonstrationen schadlos zu halten.

So hatten es die Gewerkschaften zum ersten Male offen gewagt, der Partei den Fehdehandschuh hinzuwerfen. Die in Köln zutage getretenen Tendenzen, klagte Kautsky in der Neuen Zeit[2]), seien höchst bedenklich, falls sie konsequent weiter entwickelt würden. „Sie führten direkt dorthin, wo heute die englischen Gewerkschaften stünden, mit ihren großen Kassen und ihrer ebenso großen Impotenz und Apathie, ihrem krankhaften Ruhebedürfnis, das sie die schlimmsten Demütigungen und Entrechtungen ruhig hinnehmen läßt, und ihrem hochgradigen Krämersinn, der jede Aktion verabscheut, die sich nicht sofort in klingender Münze bezahlt macht."

Solche Auflehnung durfte man sich in der Partei nicht bieten lassen. Es kam also darauf an, durch eine großartige Kundgebung des Parteitags zu gunsten des Massenstreiks die Gewerkschaften zur Unterwerfung zu zwingen. Da jahrelang in der Partei das von Auer geprägte Schlagwort: „Generalstreik ist General-Unsinn" gegolten hatte, war die Aufgabe nicht ganz leicht. Wie immer, wenn die heiligsten Güter der Partei in Gefahr stehen, wurde Bebel, der glorreiche Töter des revisionistischen Drachens, ins Feuer geschickt. Er kehrte sich mit dem ganzen Aufgebote seiner rednerischen Begabung gegen die in den Gewerkschaftskreisen Verbreitung findende Annahme, daß auf dem Gebiete der Gesetzgebung, also durch die

[1]) Vgl. Zur Terminologie, Elsbeth Georgi, a. a. O. S. 17.
[2]) XXIII. 2. Bd. S. 313.

politische Partei, wenig mehr zu erreichen sei und in der Zukunft alles auf die Gewerkschaften ankomme [1]).

Begreiflicherweise mußte diese Abwendung von der politischen Betätigung auf seiten der tonangebenden Revolutions-Romantiker um so schärferen Widerspruch hervorrufen, als diese ja glaubten, der so lange und so heiß ersehnte Zeitpunkt zu einem entscheidenden Schlage sei endlich gekommen, als sie „mit der Möglichkeit des baldigen Eintretens einer revolutionären Situation in Deutschland rechneten, für die man gewappnet sein müsse" [2]). In gar nicht mißzuverstehender und auch nicht mißverstandener Weise trat Rosa Luxemburg in Jena für die Nachahmung der russischen Revolutionäre ein. Die Zeit sei gekommen, die Marx und Engels vorausgesehen hätten, wo die Evolution in die Revolution umschlüge. „Es ist eine ganz mechanische undialektische Auffassung, daß starke Organisationen dem Kampfe immer vorangehen müssen. Die Organisation wird auch umgekehrt selbst im Kampf geboren, zusammen mit der Klassenaufklärung. Gegenüber der ganzen Kleingeisterei müssen wir uns sagen, daß für uns die letzten Worte des kommunistischen Manifestes nicht nur eine schöne Phrase für Volksversammlungen sind, sondern daß es unser blutiger Ernst ist, wenn wir den Massen zurufen: Die Arbeiter haben nichts zu verlieren als ihre Ketten, aber eine Welt zu gewinnen" [3]). Und als David erklärte, die Grundidee, von der die Ausführungen Rosa Luxemburgs getragen wären, bestünde darin, daß man die Parteizwecke in Übereinstimmung mit dem kommunistischen Manifest nur „durch den gewaltsamen Umsturz aller bisherigen Gesellschaftsordnung erreichen

---

[1]) Bebel erwähnte, alte Parteigenossen und Gewerkschaftsführer hätten den Vertretern des Parteivorstandes gesagt: „Ihr wißt gar nicht, wie böse es bei einem Teil unserer jüngeren Gewerkschaftsführer aussieht, die höhnen ja über die Partei, über den Sozialismus, über den Zukunftsstaat. Die bestreiten sogar, daß wir einen Klassenkampf führen. Werte Genossen, ich referiere nur, daß das gesagt wird und es waren alte brave Genossen von der Gewerkschaftskommission, die das gesagt haben. Ich bin einfach starr gewesen, als ich das hörte. Und es wurde von Redakteuren des „Echo" und anderen Parteigenossen bestätigt." Jenaer Protokoll S. 308.

[2]) Kautsky, Neue Zeit. XXV. Bd. 1. S. 8.

[3]) Jenaer Protokoll. S. 321.

könne“, erfolgte von seiten Rosa Luxemburgs Zustimmung. Darauf konstatierte David: „Das ist allerdings ein Rückschlag in den Revolutionarismus, wie er offener und markanter seither noch nicht zutage getreten ist“ [1]). Ungeachtet der „jubelnden Kampfesstimmung“ des Parteitages beharrte Bömelburg auf der Ansicht, daß der von dem Gewerkschaftskongreß über den Generalstreik gefaßte Beschluß für jeden Gewerkschaftler bindend bleibe [2]).

Der Wortlaut der Resolution stach übrigens doch von dem revolutionären Tatendrang, der von manchem Parteigenossen so unumwunden geäußert worden war, in auffälliger Weise ab. Es hieß an der maßgebenden Stelle nur: „Demgemäß erklärt der Parteitag, daß es namentlich im Falle eines Anschlages auf das allgemeine, gleiche, direkte und geheime Wahlrecht oder das Koalitionsrecht die Pflicht der gesamten Arbeiterklasse ist, jedes geeignet erscheinende Mittel zur Abwehr nachdrücklich anzuwenden. Als eines der wirksamsten Kampfmittel, um ein solches politisches Verbrechen an der Arbeiterklasse abzuwehren oder um sich ein wichtiges Grundrecht für ihre Befreiung zu erobern, betrachtet gegebenenfalls der Parteitag die umfassendste Anwendung der Massenarbeitseinstellung.“

Wenn also auch der Gedanke mit Hilfe des Massenstreiks neue Rechte zu erobern, nicht zurückgewiesen wird, so wird in erster Linie dieses Mittel doch zur Defensive bestimmt. Trotzdem standen die Entscheidungen des Gewerkschaftskongresses und des Parteitages miteinander in unauflösbarem Widerspruche.

Es scheint die Absicht der Parteileitung gewesen zu sein, zur Ausführung der Resolution im Jahre 1906 große Unternehmungen zu gunsten einer Wahlrechtsreform in Preußen zu veranstalten. Dabei wußte man aber ganz genau, daß ohne die Mitwirkung der Gewerkschaften kein Erfolg zu erzielen sei. Man trat deshalb im Februar 1906 in Fühlung mit den Gewerkschaftsführern. Die Protokolle dieser ursprünglich geheim gehaltenen Konferenz sind schließlich infolge von Indiskretionen der anarchosozialistischen „Einigkeit“ gegen den Willen der Gewerkschaftsvertreter vom Parteivorstande im „Vorwärts“ veröffentlicht worden [3]). Sie können als das wichtigste Dokument der neueren Gewerkschaftsgeschichte betrachtet werden.

---

[1]) a. a. O. S. 328.

[2]) a. a. O. S. 332.

[3]) Beilage zum Vorwärts Nr. 185. 11. August 1906.

Noch niemals war der tiefe Zwiespalt, der sich zwischen Partei und Gewerkschaft ausgebildet hatte, so offen anerkannt worden. Paeplow vom Maurerverbande warf dem Parteivorstande vor, daß dieser auch schon vor Jena hätte wissen müssen, „daß der preußische Staat nicht vergleichbar ist mit Rußland, daß Preußen-Deutschland mit so ungeheuren Waffen ausgerüstet ist, daß jeder Massenstreik, jede Vorbereitung zur Revolution niedergeschlagen würde. Die Erkenntnis kam dem Parteivorstande reichlich spät, kurz vor dem 21. Jan.[1]). Das zeugt nicht dafür, daß die Parteileitung in guten Händen ist." Der Vertreter des Zimmererverbandes, Bringmann, betonte die Notwendigkeit, die Gewerkschaftsbewegung aus den Fesseln der marxistischen Doktrin zu befreien. „Nach dieser Theorie wird der Kampf an sich als das wesentlichste Moment der Gewerkschaftsbewegung aufgefaßt. Bei uns ist der Kampf aber nur ein Mittel zu dem Zwecke, die Lage der Arbeiter zu verbessern. Diese grundsätzlich verschiedenen Auffassungen müssen schließlich zu Auseinandersetzungen führen." Den Äußerungen Bringmanns pflichtete Paeplow durchaus bei:

„Bringmann hat das richtige Wort ausgesprochen, was noch öfter gesagt werden muß, daß wir noch keine gewerkschaftliche Theorie haben, daß die erst geschaffen werden muß. Wir werden sie schaffen und wir werden mit unserer Theorie selbstverständlich die der Partei zu beeinflussen suchen. Es ist hier so viel gesprochen worden von den theoretischen Vorkämpfern der Partei. Ich habe immer das Gefühl, daß wir das nicht als Theorie anerkennen können, was hier und da mal ein „krankes Huhn" zum Vorschein bringt. (Heiterkeit.) Wenn es den Leipzigern gefällt, diesen oder jenen Genossen zur Redaktion hinzuzuziehen, oder wenn es dem Parteivorstande gefällt, die Redaktion des „Vorwärts" neu zu besetzen, und es gefällt einem oder dem anderen dieser Genossen, eine „Theorie" loszulassen, so ist das für mich noch lange keine Theorie. (Sehr richtig!) Und daran kranken wir, daß die Mehrzahl der Genossen das immer als Theorie auffaßt. Dann heißt es, das ist ja die theoretische Erkenntnis der Genossen, und weil ihr euch dagegen wehrt, seid ihr

[1]) An diesem Tage wurde der erste Jahrestag der russischen Revolution auf Veranlassung des internationalen sozialistischen Bureaus gefeiert. In Berlin waren von den Behörden die umfassendsten Vorkehrungen zur Wahrung der Ordnung getroffen worden.

keine Sozialdemokraten, ihr wollt eben die Verständigung nicht haben usw.“

Und am Schlusse der Debatte konnte der Vorsitzende Legien ausdrücklich feststellen, daß die Gewerkschaftsvertreter sich verpflichteten, nicht mehr, wie es bisher aus Zweckmäßigkeitsgründen geschehen war, auf Angriffe, die von der Parteipresse gegen die Gewerkschaften gerichtet würden, zu schweigen, sondern ihre Ansichten rückhaltlos zum Ausdrucke zu bringen.

Nachdem so die Gewerkschaftsführer fest auf dem ablehnenden, durch den Kölner Gewerkschaftskongreß anerkannten Standpunkte beharrten, konnte auch die Partei nicht mehr an irgend welche Experimente mit Massenstreiks denken.

Der nächste Parteitag in Mannheim suchte diese eklatante Niederlage durch eine Resolution[1]) zu beschönigen, in der frischweg behauptet wurde, daß zwischen den Kölner und Jenaer Beschlüssen eigentlich kein Widerspruch vorhanden sei. Sollte aber der Parteivorstand die Notwendigkeit eines politischen Massenstreiks für gegeben erachten, so habe er sich mit den Gewerkschaften in Verbindung zu setzen. „Um bei Aktionen, die die Interessen der Gewerkschaften und der Partei gleichmäßig berühren, ein einheitliches Vorgehen herbeizuführen, sollen die Zentralleitungen der beiden Organisationen sich zu verständigen suchen.“ Partei und Gewerkschaften werden als zwei voneinander unabhängige Mächte ausdrücklich anerkannt. Die Partei hat nicht mehr wie früher einfach zu befehlen, die Gewerkschaften haben nicht mehr einfach zu gehorchen.

Um aber die Verwandlung der Jenaer Fanfare in die Mannheimer Schamade den Revolutionsschwärmern schmackhafter zu machen, erklärte ein Schlußabsatz noch: „Um aber jene Einheitlichkeit des Denkens und Handelns von Partei und Gewerkschaft zu sichern, die ein unentbehrliches Erfordernis für den siegreichen Fortgang des proletarischen Klassenkampfes bildet, ist es unbedingt notwendig, daß die gewerkschaftliche Bewegung von dem Geiste der Sozialdemokratie erfüllt werde. Es ist daher Pflicht eines jeden Parteigenossen, in diesem Sinne zu wirken.“ Nach dem ersten Entwurfe von Kautsky sollte die gewerkschaftliche Bewegung von dem Geiste der Sozialdemokratie sogar „beherrscht“[2]) werden. Weiter

[1]) Mannheimer Protokoll S. 305.

[2]) a. a. O. S. 138.

war noch eingefügt worden (nach „in diesem Sinne zu wirken") „und sich bei der gewerkschaftlichen Tätigkeit wie bei jeder anderen öffentlichen Betätigung an die Beschlüsse der Parteitage gebunden zu fühlen. Dies ist geboten im Interesse der gewerkschaftlichen Bewegung selbst, denn die Sozialdemokratie ist die höchste und umfassendste Form des proletarischen Klassenkampfs, und keine proletarische Organisation, keine proletarische Bewegung kann ihrer Aufgabe vollständig gerecht werden, die nicht vom Geiste der Sozialdemokratie erfüllt ist". Damit wäre die Superiorität der Partei wieder anerkannt worden. Es hatte sich dagegen aber eine anscheinend so starke Opposition erhoben, daß Kautsky es vorzog, diesen Teil seines Amendements selbst zurückzuziehen[1]).

Es war notwendig, den Verlauf dieser Ereignisse eingehender zu schildern. Zum ersten Male haben in der Geschichte der deutschen Arbeiterbewegung die Gewerkschaften der Partei ihren Willen aufgezwungen und gerade durch die feste Haltung der Gewerkschaftsführer ist die deutsche Arbeiterbewegung an einem äußerst kritischen Wendepunkte vor unendlichem Schaden bewahrt worden. Dieses unschätzbare politische Verdienst der Gewerkschaften zeigt auch deutlich, auf welcher Seite bereits die größere Reife des politischen Urteils anzutreffen war.

Außer der Frage des politischen Massenstreiks hat auch die Maifeier einen Streitapfel zwischen Partei und Gewerkschaften gebildet. Länger währte es, ehe die Gewerkschaften ihrem Standpunkte hier zur Anerkennung verhelfen konnten. Erst 1907 in Essen kam ein Parteitagsbeschluß zu stande, der den Parteivorstand ermächtigte, mit der Generalkommission der Gewerkschaften über die Aufbringung der Mittel zu verhandeln, welche zur Unterstützung der infolge der Maifeier gemaßregelten Arbeiter jeweils erforderlich seien. Es hat nun eine Verständigung in der Weise stattgefunden, daß die Durchführung der Arbeitsruhe am 1. Mai den örtlichen Gewerkschaftskartellen in Gemeinschaft mit den örtlichen Parteiorganisationen überwiesen und die Unterstützung der Ausgesperrten den örtlichen Gewerkschaften und Parteiorganisationen nach Maßgabe ihrer Mitgliederstärke übertragen wird. Durch diese Vereinbarung werden die Hauptkassen der Zentralverbände von der Unterstützungslast befreit. Sie fällt außer den Parteiorganisationen nur

---

[1]) a. a. O. S. 303.

den örtlichen Gewerkschaften, die über ziemlich bescheidene Mittel verfügen, zu. Dieses Arrangement kam, wie die Verhandlungen des Hamburger Gewerkschaftskongresses 1908 zeigten, nach Ansicht vieler Gewerkschaftsführer der Partei zu weit entgegen. Es wurde deshalb die Generalkommission beauftragt, erneut mit dem Parteivorstande in Unterhandlungen zu treten[1]), und die Parteitage der Jahre 1909, 1911, 1912 und 1913 haben sich immer wieder mit dem dornenreichen Problem der Maifeier abgeben müssen.

Diese Hinweise auf den erfolggekrönten praktischen Revisionismus der Gewerkschaftsbewegung können nicht abgeschlossen werden, ohne noch eines anderen, von Tag zu Tag an Bedeutung wachsenden Faktors zu gedenken, der sich in seinen Zielen mit der Gewerkschaftsbewegung vielfach berührt und deshalb bei Konflikten zwischen Partei und Gewerkschaften seinen starken Arm den letzteren zu leihen pflegt. Es handelt sich um den Zentralverband deutscher Konsumvereine. Die verständnislose Stellung, welche die Partei der Genossenschaftsbewegung gegenüber eingenommen hat, ist bereits dargelegt worden (vgl. I. Bd. §§ 83 u. 84). Die törichte Resolution des Berliner Parteitags vom Jahre 1892 ist in Hannover 1899 dahin korrigiert worden, daß man erklärte:

„Die Partei steht der Gründung von Wirtschaftsgenossenschaften neutral gegenüber; sie erachtet die Gründung solcher Genossenschaften vorausgesetzt, daß die dazu nötigen Vorbedingungen vorhanden sind, als geeignet, in der wirtschaftlichen Lage ihrer Mitglieder Verbesserungen herbeizuführen, sie sieht auch in der Gründung solcher Genossenschaften, wie in jeder Organisation der Arbeiter zur Wahrung und Förderung ihrer Interessen, ein geeignetes Mittel zur Erziehung der Arbeiterklasse zur selbständigen Leitung ihrer Angelegenheiten, aber sie mißt diesen Wirtschaftsgenossenschaften keine entscheidende Bedeutung bei für die Befreiung der Arbeiterklasse aus den Fesseln der Lohnsklaverei."

Also ungefähr die gleiche Haltung wie gegenüber den Gewerkschaften. Man konnte sich den genossenschaftlichen Bestrebungen in der Arbeiterschaft nicht mehr mit Erfolg widersetzen, man gewährte ihnen also eine gewisse Anerkennung, warnte aber dringend davor, diese Organisationen zu überschätzen.

---

[1]) Korrespondenzblatt der Generalkommission der Gewerkschaften Deutschlands. Berlin, 4. Juli 1908. S. 422.

Die Genossenschaften hatten alle Ursache, nähere Verbindungen mit der Sozialdemokratie zu vermeiden. Sie konnten sonst nach § 81 des Genossenschaftsgesetzes der Auflösung verfallen. Deshalb erfreute sich diese Bewegung schon von vornherein jener größeren Unabhängigkeit, welche sich die Gewerkschaftsbewegung erst mühsam erkämpfen mußte. Da die Konsumgenossenschaften aber ebenso wie die Gewerkschaften ihren Mitgliedern innerhalb der bestehenden Wirtschaftsordnung eine materielle Hebung verschafften, so mußte ihre psychologische Einwirkung auf die Massen den Umbildungsprozeß, der durch die Gewerkschaften in Fluß gebracht wurde, noch erheblich verstärken. Es trat also neben den praktischen Revisionismus der Gewerkschaften noch derjenige der Genossenschaften, die mit ihren 1 621 000 (1913) Mitgliedern und einer halben Milliarde Mark Umsatz eine Macht bedeuteten, die gerade die Anhänger der materialistischen Geschichtsauffassung nicht verkennen durften.

Und so hat auch der Parteitag von 1910 in Übereinstimmung mit dem internationalen Sozialistenkongreß des gleichen Jahres die freundliche Stellungnahme zu den Konsumvereinen deutlicher als bisher zum Ausdruck gebracht. Es konnte ohne jeden Widerspruch eine Resolution Annahme finden, in der es hieß [1]):

„Je mehr die Mitglieder der Konsumvereine mit den Mitgliedern der sozialdemokratischen Partei und der freien Genossenschaften identisch werden und von deren Geist erfüllt sind, desto besser können sie wertvolle soziale Arbeit leisten durch Schaffung vorbildlicher, mit den Gewerkschaften vereinbarter Lohn- und Arbeitsverhältnisse für ihre Angestellten. Durch Einrichtung von Not- und Hilfsfonds für ihre Mitglieder, durch Einwirkung auf die Arbeitsverhältnisse der Arbeiter jener Betriebe, deren Abnehmer die Genossenschaften sind, durch Übergang zur Eigenproduktion und durch Erziehung der Arbeiter zur selbständigen Leitung ihrer Angelegenheiten können die Konsumgenossenschaften ein wirksames Mittel zur Unterstützung im Klassenkampfe sein . . . Die sozialdemokratische Partei vertritt die Interessen der Konsumgenossenschaften in der Presse und in den parlamentarischen Körperschaften wider die Angriffe ihrer Gegner. Dieses Eintreten für die Konsumvereine entspricht den Klasseninteressen des Proletariats, denn die genossenschaftliche Tätigkeit ist eine wirksame Ergänzung des politischen und gewerkschaftlichen Kampfes

[1]) Parteitags-Protokoll S. 450—465, 489.

für die Hebung der Lage der Arbeiterklasse. Der Parteitag fordert die Genossinnen und Genossen dringend auf, in diesem Sinne zu wirken und die im Geiste der modernen Arbeiterbewegung geleiteten Konsumvereine zu unterstützen."

54. Die Entwicklung der Parteiorganisation.

Je mehr die Gewerkschaften und Konsumvereine an Mitgliedern, Einnahmen und Festigkeit des inneren Zusammenhanges gewonnen hatten, desto ernsthafter mußte die Partei mit der Gefahr rechnen, ganz in das Kielwasser dieser großen wirtschaftlichen Verbände zu geraten. Schon wollte man bemerkt haben, daß die zahlreichen Gewerkschaftsbeamten als Delegierte zu den Parteitagen durch die Geschlossenheit ihres Vorgehens einen bemerkenswerten Einfluß zu gewinnen begannen [1]). Lange Zeit stellten die Vereinsgesetzgebungen Preußens, Bayerns und Sachsens (vgl. I. Bd. 258 ff.) mit ihren Verbindungs-Verboten gegen politische Vereine und vielen anderen erschwerenden Umständen dem festeren Ausbau der politischen Organisation unüberwindliche Widerstände entgegen. Die sozialdemokratischen Vereine mußten jegliche Verbindung untereinander vermeiden und diese auf die in öffentlichen Versammlungen gewählten Vertrauensmänner beschränken. Auch die Wahl der Delegierten zu den Parteitagen konnte nur in öffentlichen Partei-Versammlungen vorgenommen werden. Eine scharfe Abgrenzung der Rechte und Pflichten der Parteigenossen mußte unterbleiben. Es hieß ganz unbestimmt: „Zur Partei gehörig wird jede Person [2]) betrachtet, die sich zu den Grundsätzen des Parteiprogrammes bekennt und die Partei nach Kräften unterstützt" (§ 1 des 1890 beschlossenen Partei-Statuts).

Die örtlichen Vereine (sog. „Wahlvereine", aber auch anscheinend harmlose Vergnügungs- oder Bildungsvereine) bildeten natürlich den Kern der Parteimitgliedschaft und bereiteten alle Angelegenheiten für die öffentlichen Partei-Versammlungen in maßgebender Weise vor,

---

[1]) Vgl. Jäckel, Gewerkschaftsbeamte und Partei. N. Z. 27. Jahrg., 1. Bd., S. 327/330.

[2]) Man beachte, daß deutsche Staatszugehörigkeit nicht für die Parteizugehörigkeit erforderlich ist, während z. B. die schweizerische Sozialdemokratie nur Schweizer Bürger aufnimmt. So konnten nichtdeutsche Ausländer, besonders solche aus Rußland, in der deutschen Partei einen Einfluß ausüben wie nirgendwo sonst. Die äußerste Linke wurde vorzugsweise von diesen Elementen geführt.

aber sie konnten doch nur einen kleinen Teil der sozialdemokratischen Wähler einbeziehen und zu regelmäßigen Geldbeiträgen zwingen. Hier und da fehlte es auch nicht an Reibungen zwischen der offiziellen, aber mehr fiktiven Vertrauensmännerorganisation, und der inoffiziellen, aber faktischen Parteigliederung, die auf den örtlichen Vereinen beruhte. Es konnten eben nicht die an sich zweckmäßigen Einrichtungen getroffen werden, sondern die Unangreifbarkeit vom Standpunkte des geltenden Vereinsrechtes blieb das maßgebende Prinzip. Man verglich diese Organisation zutreffend mit einer Molluske, die jedem Griffe ausweicht und bei allen Versuchen, sie zu fassen, unbeschädigt bleibt [1]).

Erst durch das Notvereinsgesetz von 1899 und das Reichs-Vereinsgesetz von 1908 erhielt die Partei eine größere Bewegungsfreiheit und machte von ihr auch sofort durch Änderungen des Partei-Statuts in den Jahren 1900, 1905, 1909 und 1912 einen ausgiebigen Gebrauch.

Die Grundlage der Organisation bildet jetzt für jeden Reichstags-Wahlkreis der sozialdemokratische Verein, dem jeder im Wahlkreise wohnende Parteigenosse als Mitglied anzugehören hat. Erstreckt sich ein Wahlkreis über mehrere Orte, so kann an jedem Orte ein Ortsverein gebildet werden. Die Vereine schließen sich zu Bezirksverbänden und Landesorganisationen zusammen, deren Organisations-Statuten aber dem Statut der Gesamtpartei nicht widersprechen dürfen. Die monatlichen Mindest-Beiträge waren für männliche Mitglieder auf 30 Pfg., für weibliche auf 15 Pfg. festgesetzt worden. Mindestens 20 % dieser Beiträge fließen in die Zentralkasse der Partei. Diese Bestimmungen haben die Einnahmen sehr günstig beeinflußt und die Anstellung zahlreicher festbesoldeter Parteibeamten möglich gemacht. Auch in der Partei macht die „Bureaukratisierung“ und die mit ihr verknüpfte Vervollkommnung der Verwaltungstechnik große Fortschritte. Bis zum 15. Mai jeden Jahres hat jeder Verein nach Maßgabe eines hierfür aufgestellten Fragebogens an den Partei-Vorstand Bericht zu erstatten. So sind die dem Parteitage vorgelegten Übersichten immer inhaltsreicher und zuverlässiger geworden. Es gibt weder in Deutschland noch sonst wo eine Partei, über deren

[1]) Vgl. W. Dittmann, Zur Neugestaltung unserer Parteiorganisation. N. Z. 27. Jahrg., 1. Bd., S. 382.

Entwicklung und Wirksamkeit so ausgezeichnete Geschäftsberichte der Öffentlichkeit zu Gebote stehen würden.

Die oberste Vertretung findet die Partei in dem jährlich, in der Regel im September zusammentretenden Parteitage. Er besteht aus den Delegierten der einzelnen Wahlkreise, die bis zu 1500 organisierten Parteigenossen einen, bis 3000 zwei, bis 6000 drei, bis 12000 vier und für jede weiteren 6000 Mitglieder einen Delegierten entsenden können. Ursprünglich durfte jeder Wahlkreis, ob mit kleiner oder großer Mitgliedschaft, bis zu drei Delegierte wählen. Darin lag eine Benachteiligung der großen Städte, die man wesentlich gemildert, wenn auch noch nicht ganz beseitigt hat. Noch immer fand ja eine strenge Proportionalität zwischen Größe der Mitgliedschaft und Stärke der Delegation zum Parteitage nicht statt. Ein Wahlkreis mit einigen Hundert Mitgliedern konnte auf alle Fälle einen Delegierten wählen, während z. B. der Wahlkreis Teltow-Beeskow-Charlottenburg, mit 33283 organisierten Parteigenossen, höchstens 7 Delegierte abordnen durfte. Das Wahlrecht zu den sozialdemokratischen Parteitagen war somit ebenso ungleich wie es das zum alten Reichstage war. Zu beachten bleibt, daß die Wahlkreise nur das Recht, aber nicht die Pflicht hatten, Delegierte überhaupt oder in der ihnen zustehenden Zahl zu entsenden. Da ferner für eine Vertretung der Minderheiten bei diesen Wahlen keine Vorkehrungen bestanden, war es in hohem Grade fraglich, ob die Parteitage die innerhalb der Partei um Geltung ringenden Ideenrichtungen getreu zum Ausdruck brachten. Die Zweifel wurden noch durch die Überlegung verstärkt, daß an den Parteitagen nicht nur die Delegierten der einzelnen Wahlkreise, sondern auch die Reichstagsabgeordneten, die Mitglieder des Parteivorstandes und der Kontrollkommission, ferner Vertreter der Partei-Institute (besonders der Presse) und die vom Vorstande berufenen Referenten teilnahmen. Da die Delegierten jetzt ausnahmslos in den Vereins-Versammlungen, also nur von den organisierten Genossen, gewählt werden, diese aber nicht einmal den fünften Teil der sozialdemokratischen Wählerschaft ausmachen, so kann natürlich erst recht nicht davon gesprochen werden, daß die Parteitage auch die Stimmung der Wählerschaften, auf denen schließlich doch die parlamentarische Macht der Partei beruht, widerspiegeln. Immerhin kann die Teilnahme der Reichstagsabgeordneten in dieser Beziehung wohl eine gewisse Korrektur schaffen, wenn auch für die

Wahl der Reichstagskandidaten der kleinere Teil der organisierten Parteimitglieder in erster Linie entscheiden mag. Eine gewisse Rücksicht wird aber doch auch auf die Stimmung außerhalb der Kreise der fest organisierten Parteimitglieder genommen werden müssen. Insofern ist es recht gut möglich, daß die Fraktionsmehrheit und die Parteitagsmehrheit nicht vollständig miteinander übereinstimmen, zumal die Reichstagsmitglieder in parlamentarischen Fragen nur beratende Stimmen besitzen [1]).

Der Parteitag nimmt die Berichte über die Geschäftstätigkeit des Parteivorstandes und der Kontrollkommission, sowie über die parlamentarische Tätigkeit der Reichstagsabgeordneten entgegen. Er wählt Vorstand und Kontrollkommission, setzt deren Gehalt und Mitgliederzahl fest, beschließt über die Parteiorganisation und alle das Parteileben berührenden Fragen. Während früher die Parteitage etwa von 300 stimmberechtigten Parteigenossen besucht wurden, war deren Zahl in den letzten Jahren vor dem Kriege beträchtlich (1913: 487) gestiegen. Unter diesen Umständen wird mit der Zeit wohl

---

[1]) Von revisionistischer Seite ist deshalb auch die Beschränkung allen Einflusses auf die organisierten Parteigenossen scharf bekämpft worden. So schrieb W. Heine (S. M. 1900, S. 534): „Die Sozialdemokratie ist eine Massenpartei, deshalb muß sie die Massen, auf die sie einwirken will, auf die sie sich stützt, auch zur Entscheidung in den Parteiangelegenheiten berufen und kann nicht die Oligarchie enger Konventikel begründen, in denen die Massen, wie die Dinge einmal liegen, fehlen müssen. Vollends hieße es, die Grundlagen einer demokratischen Bewegung verkennen, wenn man alle nicht als Genossen gelten lassen wollte, die zwar sozialdemokratisch denken und fühlen, auch die Partei bei Wahlen und anderen Gelegenheiten tätig unterstützen, aber nicht in der Lage sind, einem Verein beizutreten. . . . Es steckt ein gutes Stück norddeutschen Polizeigeistes in der Tendenz, die Zugehörigkeit zur Partei von einer verbrieften und versiegelten Urkunde abhängig zu machen, und kleinlich polizeilich ist auch die Angst, es könnte irgendwo ein „Unbefugter" an Beschlüssen in Parteiangelegenheiten teilnehmen." Tatsächlich handelt es sich wohl weniger um Ausflüsse des Polizeigeistes, als darum, die Einnahmen zu verbessern und in der Partei die herkömmliche Taktik im Gegensatze zu den Revisionisten, deren Anhänger unter den unorganisierten Parteigenossen vermutlich zahlreicher als unter den organisierten sind, auch weiterhin sicher zu behaupten.

auch hier der Schwerpunkt der Entscheidungen mehr und mehr aus den Plenarberatungen in Kommissionen verlegt werden müssen.

Zurzeit besteht der Vorstand aus zwei Vorsitzenden, einem Kassierer, sieben Sekretären und zwei Beisitzern. Die Wahlen erfolgen auch hier nach dem Mehrheitsprinzip, so daß ausgesprochene Vertreter der revisionistischen Minderheit früher nicht leicht in dieses überaus einflußreiche Kollegium gelangen konnten. Bei der Besetzung der durch den Tod P. Singers freigewordenen Vorsitzenden-Stellung wurde auf Betreiben Bebels Haase gegen Ebert, den Kandidaten der Revisionisten, gewählt. Erst nach dem Tode Bebels gelangte Ebert in das Präsidium, so daß endlich auch die Revisionisten eine ihnen genehme Persönlichkeit unter den beiden Partei-Vorsitzenden erhalten hatten. Der Vorstand besorgt die Geschäfte der Partei, verfügt nach eigenem Ermessen über die vorhandenen Gelder, kontrolliert die prinzipielle Haltung der Parteiorgane und entscheidet über Meinungsverschiedenheiten, die bei der Aufstellung der Reichstagskandidaten auftreten.

Zur Beaufsichtigung des Vorstandes und zur Entgegennahme von Beschwerden über ihn dient die ebenfalls vom Parteitag gewählte, aus 9 Mitgliedern bestehende „Kontrollkommission".

Neuerdings ist dem Vorstande zur Entscheidung wichtigerer Fragen als beratendes Organ noch ein „Partei-Ausschuß" beigegeben worden, da namentlich der radikalere Teil der Partei fand, daß der Vorstand mit den Massen nicht immer die wünschenswerte Fühlung behielte. Der Ausschuß besteht aus je einem Vertreter der Agitationsbezirke und Landesvorstände. Er ist mindestens alle Vierteljahre einmal zu einer Sitzung einzuberufen.

Als Zentralorgan der Partei gilt der Berliner „Vorwärts". Merkwürdig ist auch die Bestimmung, daß die Kontrolle über den „Vorwärts" trotz seines Charakters als Zentralorgan keineswegs vom Parteivorstande allein, sondern im Verein mit einer aus den Parteigenossen Berlins und seiner Vororte bestehenden Preßkommission ausgeübt wird. Ergeben sich Meinungsverschiedenheiten zwischen diesen beiden sehr verschieden gearteten Aufsichtsorganen, so hat noch die Kontrollkommission in der Weise einzugreifen, daß jedem dieser drei Organe eine Stimme zusteht, also die Zentralbehörden der Partei die Mehrheit besitzen.

Die Verbesserungen der Partei-Organisation hatten glänzende Erfolge aufzuweisen. Die Zahl der Parteigenossen, die regelmäßige Beiträge entrichten, war von 384 327 im Jahre 1906 auf 982 850 im Jahre 1913 gestiegen. Die Einnahmen der Parteikassen aus Mitgliederbeiträgen betrugen 1904/05 295 026 Mk., 1912/13 aber 674 242 Mk. Dazu traten noch beträchtliche Einkünfte aus den Parteigeschäften („Vorwärts", Buchhandlung Vorwärts, Wahrer Jakob, Neue Zeit, Gleichheit, Nordische Wasserkante), zusammen 579 000 Mk. (1912/13). Die Einnahmen, welche die sozialdemokratischen Vereine durch ordentliche Beiträge überhaupt aufbrachten, erreichten in 9 Monaten des Berichtsjahres 1912/13 die Summe von 2 754 072 Mk. [1]). Dazu traten namentlich bei Wahlen noch erhebliche außerordentliche Zuschüsse, z. B. von den Gewerkschaften.

Die Ausgaben der Hauptkasse dienten (1912/13) zu einem sehr großen Teile der allgemeinen (284 403 Mk.) und der Wahlagitation (70 044 Mk.), dem Pressebureau (17 000 Mk.), der Partei-Korrespondenz (31 000 Mk.), dem Bildungsausschuß (25 990 Mk.), der Parteischule (42 824 Mk.), Preßzuschüssen (72 804 Mk., darunter 15 000 Mk. für ausländische Parteiblätter), während die Gehälter und Verwaltungskosten 83 363 Mk. ausmachten. Bei allgemeinen Reichstagswahlen steigen die Kosten der Wahlagitation weit über die angegebenen Beträge. Im Jahre 1911/12 wurden sie mit 910 977 Mk. angegeben.

Nicht ganz so günstig wie die organisatorischen und finanziellen Fortschritte der Partei waren die politischen Erfolge, wenigstens auf dem Gebiete der Reichstagswahlen, ausgefallen. Während die Periode 1887—1903 von Wahl zu Wahl großen Stimmenzuwachs und Mandategewinn brachte [2]), hatte die Partei 1907 den Verlust von 38 Mandaten zu beklagen. Diejenigen Parteigenossen, welche die Wahlen nur unter dem Gesichtspunkte einer Heerschau über die sozialdemokratisch gesinnten oder mit der Sozialdemokratie sympathisierenden Massen auffassen, trösteten sich allerdings mit der Tatsache, daß die

[1]) Vgl. Protokoll des Parteitags 1913, S. 236.

[2])

	Stimmenzahl	Mandate
1887	763 000	11
1890	1 427 000	35
1893	1 786 000	44
1898	2 170 000	56
1903	3 010 000	81

Stimmenzahl auch 1907 eine Steigerung, nämlich auf 3 259 000 erzielt hatte. Da die Beteiligung bei der Hauptwahl auf 84,7 % der Wahlberechtigten gegenüber 76,1 % im Jahre 1903 zugenommen und die Partei zum ersten Male in allen, auch den ganz aussichtslosen Wahlkreisen Zählkandidaten aufgestellt hatte, konnte dieser Stimmenzuwachs die Tatsache der Niederlage nicht wesentlich erschüttern.

Bei der Schärfe der Gegensätze, die sich in bezug auf die taktischen Fragen herausgebildet hatten, lag es nahe, daß die einen den Mißerfolg auf die schroffe Bekämpfung des Revisionismus durch die Parteimehrheit, die anderen auf die lahme Haltung gegenüber der revolutionierenden Massenstreik-Propaganda zurückführten.

Die Erfahrungen der nächsten Wahl (1912) lassen wohl keinen Zweifel darüber aufkommen, daß der Dresdener Sieg über den Revisionismus viel zur Niederlage bei den Reichstagswahlen beigetragen hat. Die anti-revisionistische Stellungnahme der Mehrheit machte ein Zusammengehen mit der bürgerlichen Linken und jede Nachgiebigkeit gegen die von der Regierung ausgegebene Wahlparole, d. h. die Wahrnehmung der kolonialen Interessen, von vornherein unmöglich.

Durch diese Erfahrungen gewitzigt, entschloß man sich im Sinne des Revisionismus 1912 zu einem Stichwahlübereinkommen mit der bürgerlichen Linken, erntete 4 250 400 Stimmen mit 110 Mandaten und überragte damit die bis dahin stärkste Partei, das Zentrum, um 19 Mandate. Unter diesen Umständen waren die übrigen Parteien bereit, einem Sozialdemokraten die erste Vizepräsidentenstelle zu übertragen. Zum ersten Male trat ein Sozialdemokrat, Scheidemann, ins Präsidium ein. Da er sich aber weigerte, die übliche Audienz beim Kaiser nachzusuchen, ging er bei der Neuwahl des Präsidiums dieser Stellung wieder verlustig.

Während der Reichstagsfraktion die Befreiung von der revolutionären Phrase und der ihr entsprechenden Taktik nur sehr langsam und in bescheidenem Umfange vor dem Kriege gelang, hatten die Landtags-Abgeordneten und Landesorganisationen in einzelnen Mittel- und Kleinstaaten, vor allem in Baden, schon seit längerer Zeit mit immer größerer Entschiedenheit und erheblichem Erfolge neue Bahnen eingeschlagen.

Im Jahre 1907 zählte man in 18 Bundesstaaten 135, im Jahre 1913 in 22 Staaten bereits 231 Landtagsabgeordnete. Und nicht geringer waren die Fortschritte, die in den Gemeinde-Vertretungen erzielt wurden. In den Stadtgemeinden stieg innerhalb derselben Zeit die Zahl der Vertreter von 1360 auf 2753, in den Landgemeinden von 4571 auf 8928. Trotzdem wurde in Tages-Presse und Literatur noch immer mit Vorliebe lediglich die Tätigkeit der Gesamtpartei in der Reichspolitik der Beurteilung zugrunde gelegt. Aber auch die ganze Organisation der Gesamtpartei stellte trotz aller Verbesserungen noch immer in ganz einseitiger Weise die Wahlen zum Reichstage in den Vordergrund aller Wirksamkeit. Noch waren es die Reichstagswahlkreise, welche die Grundlage des ganzen Aufbaues bilden, obwohl sie für die politische Betätigung in Landes- und Gemeindeangelegenheiten oft eine sehr wenig geeignete Abgrenzung besitzen [1]).

Auch in anderer Hinsicht kamen die landesparteilichen Interessen zu kurz. Da die Abkehr von der überlieferten Taktik vor dem Kriege am folgerichtigsten in den Fraktionen der Landtags-Abgeordneten durchgeführt worden ist, haben die Tagungen der Gesamtpartei, die das Recht beansprucht, auch die Taktik der Landesparteien zu beherrschen, sich mit Landes-Angelegenheiten oft in sehr ausgiebiger Weise befaßt [2]), ohne daß das Statut eine Vertretung der angegriffenen Fraktionen auf den Parteitagen der Gesamtpartei zulassen würde. Aber wenn dieser Mangel auch nicht bestände, könnte man doch in die Fähigkeit der Parteitage, schwierige Fragen der Landtagstaktik zutreffend zu beurteilen, kein großes Vertrauen setzen. Tatsächlich hatte auch keine andere politische Partei Deutschlands bis jetzt in dem Grade, wie die Sozialdemokratie, versucht, sich in die einzelstaatlichen Verhältnisse einzumischen. Hier wurde eher in der entgegengesetzten Richtung gesündigt, d. h. die Konservativen und Nationalliberalen des preußischen Landtages suchten die Haltung der entsprechenden Parteigruppen des Reichstages maßgebend zu beeinflussen.

[1]) Vgl. A. Braun, Organisationsprobleme. N. Z. 31. Jahrg., 2. Bd., S. 914—926.

[2]) So haben die landesparteilichen Budgetbewilligungen in Bayern, Württemberg und Baden auf den Parteitagen zu Nürnberg (1908) und Magdeburg (1910) zu äußerst hitzigen Auseinandersetzungen geführt.

55. „Neue Taktik" und Massenstreik.

Der verschämte Rückzug, welchen der Mannheimer Parteitag in der Frage des Massenstreiks angetreten hatte, veranlaßte die Heißsporne dieses Kampfmittels, nun erst recht mit dem Aufgebote ihrer ganzen sehr beträchtlichen agitatorischen Kräfte die praktische Anerkennung ihrer „neuen Taktik" zu erstreiten. So wurde schließlich der Massenstreik[1]) zu dem Feldzeichen, um das sich die unentwegt revolutionären Mitglieder der Partei scharten. Diese Gruppe, geführt von Frau Dr. Rosa Luxemburg[2]), Anton Pannekoek[3]), Klara Zetkin, Karl Liebknecht, Ledebour, Sobelsohn-Radek[4]) und anderen, begann die traditionelle Taktik der Parteimehrheit oder, wie man mehr und mehr zu sagen pflegte, des Zentrums, noch weit schärfer anzugreifen, als es die Revisionisten getan hatten. Auch sie verlangten stürmisch, unter starker Anlehnung an die Gedankengänge des Anarchismus und revolutionären Syndikalismus, volle Übereinstimmung zwischen Theorie und Praxis in der Partei[5]), das hieß in

---

[1]) Vgl. H. Laufenberg, Der politische Streik, 1914.

[2]) Über die Anstandsbegriffe der aus Russisch-Polen eingewanderten Frau Luxemburg hat sich Bebel auf dem Parteitage 1911 (S. 215—217) mit hinreichender Deutlichkeit ausgesprochen.

[3]) Vgl. die Broschüre des Holländers Pannekoek, „Die taktischen Differenzen in der Arbeiterbewegung", 1909.

[4]) Sobelsohn, aus Russisch-Polen stammend, von der polnischen Sozialdemokratie ehrloser Handlungen wegen ausgeschlossen, trat unter dem Namen „Kropatsch" in die reichsdeutsche Partei und verfaßte unter dem Namen „Radek" zahlreiche Artikel für die Neue Zeit. Auf Betreiben der polnischen Partei schloß ihn die deutsche Sozialdemokratie auf dem Parteitage 1913 aus, da Personen, die aus einer dem Internationalen sozialistischen Bureau angeschlossenen Sonderpartei wegen ehrloser Handlungen ausgeschlossen worden sind, in der sozialdemokratischen Partei Deutschlands ohne Zustimmung der Partei, die den Ausschluß vollzogen hat, die Mitgliedschaft nicht erwerben können. Vgl. Parteitags-Protokoll 1913, S. 545. Sobelsohn hat während des Kriegs unter dem Namen „Parabellum" von der Schweiz aus den Kampf gegen die Mehrheit der sozialdemokratischen Reichstagsfraktion geleitet. Einzelne deutsche Sozialdemokraten hegten den Verdacht, daß Sobelsohn im Dienste einer auswärtigen Regierung stehe. Mit dem Siege der Bolschewiki ist er einer der maßgebenden russischen Staatsmänner geworden, dem anscheinend vor allem die Propaganda für bolschewistische Ideen in Deutschland obliegt.

[5]) Vgl. die Debatten über Massenstreik auf dem Parteitag 1913, S. 281—338.

ihrem Sinne: den großen revolutionären Phrasen sollten endlich auch einmal entscheidende revolutionäre Taten folgen. Die „greisenhafte Ermattungsstrategie“, die „Dämpfungstaktik“, den „Organisationshochmut“, den „passiven Radikalismus“, die „Theorie des aktionslosen Abwartens“, den „parlamentarischen Kretinismus“, das alles hätten die Massen gründlich satt bekommen, sie lechzten geradezu nach einem frischen Zuge im Parteileben und würden sich von der Partei schwer enttäuscht abwenden, wenn nicht bald ein gründlicher Wandel erfolge. Der Massenstreik erschien als eine Art Universalheilmittel, er sollte immer und überall zur Anwendung kommen, wo der Kampf gegen Staat und herrschende Klassen aufgenommen werden müßte. Mit ihm hätte man gegen die Festlichkeiten des kaiserlichen Regierungsjubiläums, gegen den Besuch des „Blutzaren“ in Berlin demonstrieren sollen. Nur mit seiner Hilfe könnte man die Abschaffung des preußischen Dreiklassenwahlrechts erzwingen; die Heeres- und Flottenvermehrungen, die Verschlechterungen des Koalitionsrechts, die Lebensmittelverteuerung bekämpfen, ja selbst Mobilisierung und Kriegserklärung unmöglich machen. Mit Straßenunruhen großen Stiles, mit bald hier, bald dort aufflammenden Massenstreiks, werde man Stürme von unwiderstehlicher Wucht erzeugen. Habe erst einmal Proletarierblut das Straßenpflaster gerötet, so würden sich die Klassenkämpfe von Aktion zu Aktion zu äußerster Intensität und Energie zuspitzen, die Staatsgewalt lähmen oder ganz zerstören, die Kräfte des Proletariats aber zu einer Macht zusammenzuschweißen, welche den endgültigen Sieg verbürge. Nur diese neue, echt revolutionäre Taktik verknüpft mit einer rücksichtslosen Betonung des republikanischen Standpunktes, sei imstande, die ganzen noch außerhalb der Bewegung befindlichen, unorganisierten Massen endlich mit fortzureißen und dadurch eine Lawine zu entfesseln, welche die bestehende Ordnung der Dinge einfach hinwegfegen würde. Die Massen ließen sich eben, wie schon Lassalle mit Recht betont habe, nicht allein praktisch, sondern auch geistig nur durch die Siedehitze tatsächlicher Ereignisse in Fluß und Bewegung bringen. Überhaupt stellten die untrüglichen Instinkte der Massen jederzeit den besten Kompaß einer revolutionären Bewegung dar.

So kam es, daß Karl Kautsky, der literarische Anwalt der herkömmlichen Parteitaktik, die Bekämpfung des Revisionismus zeitweise nur noch nebenamtlich besorgen konnte und seine Waffen vor allem mit den Rebellen des linken Flügels der Partei zu kreuzen hatte. Diese Waffengänge [1]) fielen nicht immer glücklich aus, da den Gegnern eben auch alle Gesetze der Logik zur Seite standen. Sie durften aus revolutionären Prämissen offen und rücksichtslos revolutionäre Folgerungen ziehen, während es naturgemäß einer ganz besonderen geistigen Equilibristik bedurfte, um aus revolutionären Theorien in eine tatsächlich reformistische Praxis zu voltigieren. Dagegen verfügten die Revisionisten gegenüber der Massenstreikpropaganda über Argumente von durchschlagender Überzeugungskraft. Da die Partei außerstande sei, führte David aus, den streikenden Massen für Wochen hinaus Lebensmittel zu verschaffen, so müßte der Massenstreik entweder bald zu einer panikartigen Flucht in die Werkstätten oder zu Hungerrevolten führen. Noch stehe aber die große Mehrheit des Volkes im Lager der Gegner. Sie besitze nicht nur das Übergewicht der Zahl, sondern auch die bessere Organisation. Der ungeheuere polizeilich-militärische Machtapparat gehorche ihr und würde bei Putschen und Revolutionen zweifelsohne in ihrem Sinne wirksam werden. Die deutsche Arbeiterbewegung habe aber schon so große Erfolge erreicht, daß niemand ein derartiges va banque-Spiel mit gutem Gewissen verantworten könnte. Deshalb wiesen auch die Führer der gewerkschaftlichen und konsumgenossenschaftlichen Organisationen mit vollem Rechte jedes Entgegenkommen an die Massenstreikschwärmerei mit aller Entschiedenheit ab. Dem Gewichte dieser Gründe konnten sich auch die Anhänger des Zentrums nicht verschließen. Die Resolution, welche der Parteivorstand 1913 dem Parteitage vorlegte, erklärte daher, den Parteitagsbeschluß von 1905 bestätigend, die umfassendste Anwendung des Massenstreiks als eines der wirksamsten Mittel nicht nur um Angriffe auf bestehende Volksrechte abzuwehren, sondern auch, um Volksrechte neu zu erobern. Sie hatte aber auch die folgende, sehr bedeutungsvolle Einschränkung aufgenommen: „Der politische Massenstreik kann nur

[1]) Vgl. N. Z.: R. Luxemburg, Ermattung oder Kampf, 28. Jahrg., 2. Bd., S. 257, 291; Der Massenstreik, a. a. O. S. 564, 626; A. Pannekoek, Massenaktion und Revolution, 30. Jahrg., 2. Bd., S. 541, 585, 609; K. Kautsky, Was nun? 28. Jahrg. 2. Bd., S. 33, 68; Die neue Strategie, a. a. O. S. 332, 364, 414; Zwischen Baden und Luxemburg, a. a. O. S. 652; Die Aktion der Masse, 30. Jahrg., 1. Bd., S. 43, 77, 106; Die neue Taktik, 30. Jahrg., 2. Bd., S. 654, 688, 723.

bei vollkommener Einigkeit aller Organe der Arbeiterbewegung von klassenbewußten, für die letzten Ziele des Sozialismus begeisterten und zu jedem Opfer bereiten Massen geführt werden." Indem so der Massenstreik von der Unterstützung der gewerkschaftlichen und genossenschaftlichen Verbände abhängig gemacht wurde, verlor er bei deren notorischer tiefer Abneigung gegen allen Putschismus eigentlich jede praktische Bedeutung. Trotzdem siegte diese von der Linken hart angegriffene Resolution mit 333 gegen 142 Stimmen. Es läßt sich nicht verkennen, daß diese durch die radikale Opposition notwendig gewordene enge Waffenbrüderschaft zwischen Zentrum und Revisionismus tatsächlich eine beträchtliche Annäherung des ersteren an den letzteren zu bedeuten hatte.

56. Der Einfluß Paul Singers und August Bebels auf die taktische Haltung der Sozialdemokratie.

Die eben geschilderte Abschwächung der taktischen Gegensätze, welche Revisionismus und Zentrum trennten, konnte sich um so leichter vollziehen, als die markantesten politischen Vertreter der alten Taktik, Singer und Bebel, aus dem Parteileben geschieden waren. Singer starb am 31. Januar 1911; Bebel zwar erst am 13. August 1913, hatte aber infolge häufiger Erkrankungen schon in den letzten Jahren vor seinem Tode die Beteiligung an den Parteigeschäften sehr einschränken müssen.

Singer [1]), ursprünglich dem von Johann Jakoby und Guido Weiß geführten radikalsten Flügel der bürgerlichen Demokratie angehörend, hatte sich erst in der Zeit des Sozialistengesetzes der Partei angeschlossen, war aber rasch wegen seiner großen geschäftlichen und parlamentarischen Gewandtheit sowie wegen seines bedeutenden Vermögens, das er mit großer Freigebigkeit der Partei dienstbar machte, zu einer ungemein einflußreichen Stellung gelangt. Er gehörte dem Parteivorstande an, vertrat die Partei in dem Seniorenkonvent des Reichtags und führte auf den meisten Parteitagen den Vorsitz. Man rühmt seine Verdienste um die Gründung des Berliner Obdachlosenasyls und feiert ihn als Bahnbrecher der sozialdemokratischen Gemeindepolitik. Er ist aber auch durch einige Angriffspunkte,

[1]) Über Singer vgl. N. Z. 28. Jahrg., 1. Bd., S. 129—132; 29. Jahrg., 1. Bd., S. 649—652; S. M. 1911, S. 159—162.

welche sein Privatleben bot, der Partei vorübergehend unbequem gewesen. Er galt als einer der mächtigsten Gegner der revisionistischen Bestrebungen, obwohl er durch Herkunft und Lebensführung den Massen der Arbeiterklasse ziemlich fern stand.

Bebel war stets der ausgesprochene Liebling der weitesten Kreise gewesen. Man nannte diesen größten Volksmann der jüngsten deutschen Geschichte mit Vorliebe die Seele oder das Herz der Partei. Von keiner ernst zu nehmenden Seite ist die Lauterkeit seines Charakters, sein rastloser Fleiß und die Ehrlichkeit seiner Überzeugung je in Abrede gestellt worden. Im übrigen ist aber die Zeit wohl noch nicht gekommen, um sein Charakterbild zuverlässig und in aller Unbefangenheit zu zeichnen. Bebel hat zwar drei Bände Lebenserinnerungen [1]) hinterlassen, allein sie gewähren über sein Innenleben nur spärliche Aufschlüsse und reichen überhaupt nur bis in die ersten Jahre des Sozialistengesetzes. Es ist deshalb damit zu rechnen, daß spätere Veröffentlichungen die folgenden Konturen noch in mancher Hinsicht berichtigen, namentlich aber ergänzen werden. Da Bebel, wie Freund und Feind zugestehen, alle seine Vorzüge und alle seine Fehler auf die Partei selbst zu übertragen vermocht hat, so stellt schließlich jede Kritik, die an der Partei bisher geübt worden ist, auch eine Kritik seiner Wirksamkeit dar. Selbst eine merkwürdige Mischung von temperamentvollem, jugendlichem Ungestüm und kühler, nüchterner Überlegung, durchaus kein ausgeklügelt' Buch, sondern ein Mensch mit sehr vielen Widersprüchen, hatte er zweifelsohne einen entscheidenden Anteil an jener zwischen Reformismus und Revolutionarismus hin und her pendelnden Taktik, aus der eigentlich alle das Parteileben stärker erregenden Streitigkeiten geflossen sind. So konnte er während des Sozialistengesetzes mit dem Einsatz aller seiner Kräfte die Befürworter einer anarchistischen Propaganda der Tat bekämpfen und doch in ausschweifenden Hoffnungen auf den unmittelbaren Eintritt einer revolutionären Katastrophe, welche auch die letzten Endziele verwirklichen würde, schwelgen. Er verwarf alle Rüstungsausgaben und versicherte, daß er bei einem Verteidigungskriege Deutschlands selbst noch die Flinte auf die Schulter nehmen wolle. Er sprach erst den Gewerkschaften alle höhere Bedeutung

[1]) Aus meinem Leben, 1910/1914. Über Bebel vgl. besonders H. v. Gerlach, A. Bebel, ein biographisches Essai, 1909, und Robert Michels, A. Bebel, A. f. S. 97. Bd., S. 671—701.

ab und suchte sie dann wieder dadurch zu fördern, daß er für deren Neutralisierung mit großer Wärme eintrat. Die taktischen Ideen der Revisionisten stellte er gern als Ausfluß einer satten Position, einer gehobenen Lebenslage hin, besaß aber selbst ein schönes Landhaus an dem Ufer des Züricher Sees und hinterließ seinen Erben ein Vermögen von mindestens 375 000 Franken [1]). Sein Buch über die Frau erschien manchem als eine Verteidigung der freien Liebe, während er in seinem Familienleben auch den strengsten Ansprüchen an bürgerliche Ehrbarkeit jederzeit genügte. Er pries das Mißtrauen gegen die Führer als demokratische Tugend, besaß aber selbst soviel Sinn für Disziplin und Ordnung, daß manche glaubten, einen preußischen Kanzleirat vor sich zu haben. Heute stieg er, mit den gröbsten demagogischen Mitteln arbeitend, tief zu den Massen herab, morgen erwies er sich als ein „gewaltiger Aufwecker schlafender Seelen“ und verstand es vortrefflich, den Hunger der Massen nach höheren geistigen und sittlichen Werten zu erregen. Von Bebel darf, erklärt Michels, wie von seiner Namensbase, der Bibel, gesagt werden, daß aus seinen Worten die Argumente zur Unterstützung der extrem-verschiedensten Anschauungen geschöpft und sich auf ihn jeder berufen, aus ihm alles bewiesen werden kann. So gab auch weder der rechte noch der linke Flügel der Partei die Hoffnung je ganz auf, Bebel noch durchaus auf seine Seite zu ziehen, und gerade dadurch wurde es Bebel erst möglich gemacht, dasjenige, worauf er den allergrößten Wert legte, die Einheit der Partei, zu erhalten. Kein anderer vermochte so gut wie er die auseinanderstrebenden Rosse an dem Streitwagen der Partei schließlich immer wieder zu gemeinsamer Arbeit zu zwingen. Unermüdlich versicherte Bebel, daß realpolitische, auf unmittelbar wirksame Reformen gerichtete Arbeit und grundsätzliche Agitation für die revolutionären Endziele einander keineswegs ausschlössen; man müsse das eine tun und dürfe das andere nicht lassen. Sein ehrlicher Haß gegen alle Unterdrückung und Ungerechtigkeit, sein warmes Herz für alle Notleidenden trieb ihn auch dann, wenn er schon an der Schwelle des Zukunftsstaates zu stehen vermeinte, noch dazu an, selbst für vergleichsweise bescheidene Verbesserungen mit aller Kraft einzutreten [2]). So hat er stets

[1]) N. Z. 32. Jahrg., 1. Bd., S. 761.

[2]) Vgl. H. Braun, A. Bebel als Sozialpolitiker, Ann. f. s. P. III. (1913), S. 163—183.

eine rastlose Tätigkeit zur Verbesserung des gesetzlichen Arbeiterschutzes entfaltet. Es ging ihm aber schwer ein, daß die meisten Menschen entweder nur das eine oder nur das andere aus voller Überzeugung zu leisten vermögen, und daß deshalb schon aus diesem Grunde in der Regel das eine Ziel nur auf Kosten des anderen gefördert werden kann. Seine Beredsamkeit, mehr erworben als angeboren, bezwang die Zuhörer weder durch Geist, noch durch zwingende Logik der Gedanken, noch durch den Reiz künstlerischer Vollendung, sie wirkte aber in hohem Grade suggestiv durch den Zauber seiner Persönlichkeit, durch die sittliche Entrüstung, welche er bei allen Schädigungen der Arbeiterklasse selbst empfand und auf andere übertrug. Nicht mit Unrecht hat man gesagt, sein ganzes Leben sei ein einziges J' accuse gewesen. So oft er sich auch als Atheisten oder Anhänger der materialistischen Geschichtsauffassung und anderer marxistischer Lehren bezeichnen mochte, im Mittelpunkt seiner Persönlichkeit stand ganz einfach die christliche Sittenlehre. Auch alle Fragen der hohen Politik wurden nach den Maximen der christlichen Individualethik entschieden, und gerade dadurch erwarb er das Herz der kleinen Leute, vor allem aber der Frauen. Für Probleme und Zweifel bot seine Seele wenig Raum. Seiner Meinung nach mußte das voraussetzungslose Denken auf allen Gebieten zu unbedingt gültigen, sicheren Ergebnissen führen. Er konnte schwer begreifen, daß etwas, was ihm einleuchtete, nicht eben so sehr auch allen anderen als das allein Richtige erschien. Er führte deshalb Meinungsverschiedenheiten gern auf Charaktermängel zurück und hat insofern sehr vielen auch innerhalb der eigenen Partei bitter Unrecht zugefügt. Im Privatverkehr soll er sich meist bescheidener und liebenswürdiger Manieren befleißigt haben. In der politischen Wirksamkeit zeigte er dagegen zuweilen eine so große Reizbarkeit, ein so absprechendes, hochmütiges und herrschsüchtiges Wesen, daß Vollmar [1]) ihm einst zurufen durfte: „Ein ungezügeltes, impulsives Temperament schadet nicht nur auf Fürstenthronen, sondern auch auf Parteithronen. Wer Dinge und Menschen lenken will, der muß vor allem verstehen, sich selbst zu beherrschen.“ Bebel führe die Sprache eines Diktators, spreche zum Parteitage wie einst der Lordprotektor Cromwell zu dem langen Parlament [2]). Es ist wahrschein-

[1]) Protokoll des Parteitags 1903, S. 333.

[2]) a. a. O. S. 335.

lich durchaus zutreffend, daß die Parteitage von 1903 bis 1911 nur beschlossen haben, was Bebel befohlen hatte. So lastete seine Macht schwer auf den „Ketzern" der jüngeren Generation, und manch einer von ihnen warf scherzend in vertrauter Zwiesprache wohl die Frage auf, ob Abdul Hamid in der Türkei nicht ein milderes, freiheitlicheres Regiment führe.

Bebels unvergleichliche Autorität blieb keineswegs auf die deutsche Partei beschränkt. Die französischen Genossen fühlten sich ihm lange Zeit wegen seines Protestes gegen die Annexion von Elsaß-Lothringen und seiner Verteidigung des Kommune-Aufstandes verpflichtet. In den letzten Jahren seines Lebens gingen ihm diese Sympathien allerdings teilweise verloren. Die Syndikalisten behaupteten, „Kaiser Bebel" sei trotz seines internationalen Bekenntnisses im Grunde seines Herzens ein alldeutscher Chauvinist. Er wolle das ganze internationale Proletariat der teutonischen Hegemonie unterwerfen. Und Jaurès sah sich als Haupt der französischen Reformisten gezwungen, dem Versuch Bebels, durch Beschlüsse der internationalen Sozialistenkongresse die Dresdener Resolution gegen den Revisionismus zu internationaler Anerkennung zu bringen, aufs schärfste entgegen zu treten. Um so größer war aber die Wertschätzung, deren sich Bebel in der Schweiz, in Österreich, in Belgien, Holland, Polen und Rußland bei der großen Mehrheit der Parteigenossen erfreute, und so ist auch die Leiche Bebels in Zürich unter Veranstaltungen bestattet worden, wie sie wohl noch keinem Führer der Arbeiterschaft zuteil geworden sind[1]). Nicht nur Parteigenossen

[1]) Es wäre natürlich geschmacklos, Nekrologe zum Gegenstand wissenschaftlicher Kritik zu machen. Aber es ist doch soziologisch nicht uninteressant, zu sehen, in welchem Grade auch in sozialdemokratischen Kreisen die Heldenverehrung gepflegt wird. Karl Kautsky schrieb in der „Neuen Zeit", 31. Jahrg., 2. Bd., S. 737: „Das deutsche Proletariat, die deutsche Nation, die Internationale, sie haben ihren besten Mann unter den Zeitgenossen verloren. Der kämpfende und denkende Teil des Proletariats bildet heute in allen kapitalistischen Ländern den besten, selbstlosesten, höherstrebenden und vorwärts treibenden Teil der Nation. Das deutsche Proletariat ist wieder vorbildlich geworden für die Proletarier aller Länder. Die Elite dieses Proletariats endlich wurde gebildet durch die Generation, zu der August Bebel gehörte, und in ihr stellte er die machtvollste Persönlichkeit dar. Alle ihre Vor-

aus Deutschland und der Schweiz, sondern auch solche aus Frankreich, England, Österreich und vielen anderen Ländern befanden sich im Trauerzuge, nachdem die Leiche mehrere Tage hindurch im großen Saale des Volkshauses öffentlich aufgebahrt worden war.

57. Die Stellung der Sozialdemokratie zur Heeres-, Flotten-, Kolonial- und Auslandspolitik bis zum Mainzer Parteitage (1900)[1].

In den sozialdemokratischen Kreisen war es üblich, bei allen wichtigeren Fragen, zu denen Stellung genommen werden mußte, zuerst die kanonischen Schriften von Marx und Engels, unter Umständen auch die Lassalles, aufzuschlagen und nachzuforschen, ob aus ihnen nicht irgendwelche Anhaltspunkte für die Entscheidung zu gewinnen wären. In bezug auf Fragen der auswärtigen Politik und der Machtmittel zu deren Durchführung hat aber diese Anlehnung an die Ideen der großen Meister des deutschen Sozialismus in auffällig geringem Umfange stattgefunden. Man kann sogar sagen, daß die von Liebknecht, Singer und Bebel geleitete Partei hier vielfach ganz andere Wege eingeschlagen hat, als Marx und Engels vorgezeichnet haben[2]). Wie in anderem Zusammenhange bereits dargetan worden ist, standen Marx und Engels vor allem unter dem Einflusse

---

züge finden wir in ihm in höchster Potenz vereinigt." Karl Wendel, August Bebel, 1913, S. 102.

„Nur was sterblich war an August Bebel, dem all sein Leben als helle Flamme loderte auf dem Altar der Menschheit, ward am 17. August in Zürich der Flamme übergeben. Die ganze Welt richtete an diesem Sonntag ihren trauernden Blick auf die Schweizer Stadt an dem schönen See, eine Lieblingsstätte Bebels, die jetzt in einen Blumenhain verwandelt war zu seiner letzten Ehre. Während ungezählte Millionen in allen Erdteilen seiner gedachten, gaben ihm Zehntausende das Geleit, und während die Glocken klangen und die schwarz umflorten roten Fahnen sich neigten, riefen die Führer der sozialistischen Internationale ihm ihren Abschiedsgruß nach, der ihr Allergrößter und Bester war."

[1]) E. Dörzbacher, Die deutsche Sozialdemokratie und die nationale Machtpolitik bis 1914. 1920; Gerh. Lütkens, Das Kriegsproblem und die Marxistische Theorie. A. f. S. 49. Bd. (1922). S. 467—518.

[2]) Vgl. Herkner, Sozialdemokratie und Auslandspolitik. Preußische Jahrbücher Bd. 166, S. 387—393.

Hegels. Dieser Macchiavelli bewundernde, tiefsinnige Geschichts- und Rechtsphilosoph war aber weit davon entfernt, die in der bürgerlichen Demokratie Westeuropas vertretenen, aus der liberalen Aufklärungs- und Humanitätsphilosophie stammenden, antimilitaristischen, kosmopolitisch-pazifistischen Bestrebungen irgendwie anzuerkennen. Er will nichts davon wissen, daß man die Grundsätze der privaten Moral, den kategorischen Imperativ Kants, auf das Verhältnis der Staaten zueinander anwende und dadurch zum ewigen Frieden gelange. Er gesteht keineswegs allen Völkern ohne Unterschied das gleiche Recht auf ein selbständiges politisches Leben zu. Die Nationen, welche Träger der jeweiligen Entwicklungsstufe des Weltgeistes sind, besitzen vielmehr das Recht zur Weltbeherrschung. Vom Boden dieser geschichtsphilosophischen Anschauung aus pflegten Marx, Engels und Lassalle die Probleme der Auslandspolitik aufzufassen. Engels wurde überdies durch seine eifrigst betriebenen militärwissenschaftlichen Studien davon abgehalten, die stehende Armee im Sinne der demokratischen Milizschwärmerei zu bekämpfen. Ganz besonders könne Deutschland nicht auf stehende Armeen verzichten. Solange man die französische Armee auf der einen, die russische auf der anderen Seite habe und die Möglichkeit eines kombinierten Angriffs beider zu gleicher Zeit, brauche man Truppen, die die ersten Elemente der Kriegsschule nicht erst vor dem Feinde zu lernen hätten. Ein Staat wie Preußen würde den größten Bock schießen, wenn er, sei an der Regierung welche Partei da wolle, die normale Dienstzeit noch mehr verkürze. Engels hielt in den 1860 er Jahren für Artillerie und Kavallerie die vierjährige Dienstzeit erforderlich, für Infanterie die zweijährige, äußerstenfalls wollte er sich mit 18 Monaten begnügen, aber nur, wenn das Prinzip der allgemeinen Wehrpflicht streng durchgeführt würde, das heißt, wenn alle überhaupt militärtauglichen Leute auch wirklich zum Dienst mit der Waffe eingezogen würden. Weitere Abkürzungen der Dienstzeit scheinen ihm, nach späteren Äußerungen, nur durchführbar zu sein, wenn sie durch internationale Übereinkünfte mit allen beteiligten Staaten zustande kämen. Er gab sich aber nicht der Hoffnung hin, daß solche Vereinbarungen zu erwarten seien.

Trotz des hervorragenden Einflusses, welchen Marx auf die Internationale Arbeiterassoziation im allgemeinen besaß, hat er doch gerade in den Fragen der Auslandspolitik sehr bedeutende Zugeständnisse an die ihm wenig sympathischen Ideen der englischen, romanischen und slavischen Mitglieder machen müssen[1]). Manche von ihnen erklärten unter dem Einfluß der englischen Friedensbewegung und der Lehren Proudhons Kriege für veraltet und Nationalitäten für Unsinn. Wieder andere, namentlich die dem Anarchismus zuneigenden Slaven, Belgier und Italiener, wollten jeder, auch der kleinsten Nationalität, das Recht unbedingter Selbstbestimmung zugestehen. Alle kamen aber darin überein, daß die einfachen Gesetze der Moral und des Rechts ebensowohl die Beziehungen einzelner regeln als auch die obersten Gesetze des Verkehrs der Nationen untereinander sein sollten.

Liebknecht und Bebel haben sich diesen Auffassungen ganz hingegeben, mit denen sie bei den antipreußisch und militärfeindlich gesinnten radikalen Kleinbürgern der deutschen Mittel- und Zwergstaaten am leichtesten agitatorische Erfolge erzielen konnten, die aber zweifelsohne auch ihren eigenen vulgärdemokratischen Idealen am besten entsprachen. Auch der auslandspolitische Horizont Paul Singers, der von 1880—1911 gerade in machtpolitischen Fragen die Parteileitung sehr stark beeinflußt hat, blieb stets ganz und gar durch diese Dogmen begrenzt. So konnte das Schlagwort Liebknechts: „Die beste auswärtige Politik ist gar keine" geprägt werden. So kam der Standpunkt der unbedingten Negation, demzufolge „diesem System kein Mann und kein Groschen" zu bewilligen sei, hier noch mehr als auf anderen Gebieten des Staatslebens zu einer lange Zeit unbestrittenen Herrschaft[2]). Man wurde nicht müde, über Soldatenmißhandlungen, Zeitvergeudung durch „Parade- und Gamaschendrill", über Exklusivität und Duellunwesen der Offiziers-

---

[1]) Vgl. auch N. Rjasanoff, Die auswärtige Politik der alten Internationale und ihre Stellungnahme zum Kriege. N. Z. 33. Jahrg., 2. Bd., S. 329—334, 360—369, 438—443, 463—469, 509 bis 519.

[2]) Liebknecht bemühte sich ganz besonders, den Krieg gegen Frankreich von 1870 als die Folge der „Fälschungen" hinzustellen, die Bismarck bei der Emser Depesche begangen habe, obwohl sogar der französische Sozialist Jaurès auf Grund eindringender Studien zu dem Ergebnisse gelangt ist, daß für diesen Krieg die Politik der französischen Regierung den Ausschlag gegeben hat. Vgl. Jaurès, La guerre franco-allemande, Paris 1907, und van Ravesteijn, Angriffskrieg oder Verteidigungskrieg. N. Z. 26. Jahrg., 1. Bd., S. 388—399.

kreise, „Schreckensurteile" der Militärgerichte, „Reserveleutnantsgeist", Kriegshetze der Rüstungsindustriellen und unerschwingliche Rüstungsausgaben zu klagen. Diese Klagen gewissermaßen zusammenfassend, erklärte der parlamentarische Bericht für den Parteitag 1900 (S. 46): „Der Militarismus ist eine vorzugsweise im Dienste der besitzenden Klassen stehende Institution der bürgerlichen Gesellschaft, während die Lasten, welche er dem Volk auferlegt, hauptsächlich von der Arbeiterklasse getragen werden müssen. Die Sozialdemokratie bekämpft das gegenwärtige Militärsystem, weil es kulturwidrig ist und neben dem Privilegium, welches es den Reichen und Wohlhabenden in dem Einjährig-Freiwilligen-Institut gibt, durch die vielfachen Mißhandlungen und Schindereien unserer Brüder im Waffenrock ein trauriges Zeugnis von seiner verrohenden und gewalttätigen Wirkung ablegt. Wir stehen einem System feindlich gegenüber, unter dessen Herrschaft die Söhne des Volkes in Uniform auf die Söhne des Volkes im Arbeiterkittel schießen müssen, wenn die kapitalistischen Interessen der bürgerlichen Gesellschaft es verlangen." Wähman die Ansicht vertrat, daß die bestehende Militärorganisation nicht so sehr zur Verteidigung gegen äußere Feinde als zur Aufrechterhaltung der Klassenherrschaft im Innern diene, wies man entrüstet den Vorwurf zurück, das Vaterland wehrlos zu machen. „Wir erklären es für ganz selbstverständlich, daß, solange Zustände wie die gegenwärtigen bestehen, solange ein böser Nachbar den Frieden zu stören vermag, jeder Staat verpflichtet ist, Einrichtungen zu treffen, die nach Möglichkeit ihn vor Überrumpelungen, vor Schädigungen, vor Niederlagen schützen"[1]. Dieser Zweck könne aber durch die im Parteiprogramm geförderte Erziehung zur allgemeinen Wehrhaftigkeit, durch Einführung der Volkswehr an Stelle der stehenden Heere weit wirksamer erreicht werden. „Wir verlangen die Einrichtung des Milizsystemes, bei welchem die Bürger mit Wehr und Waffen ausgerüstet jeden Moment in der Lage sind, nicht nur auswärtigen Feinden die Stirn zu bieten, sondern mit dem auch den in reaktionären und großkapitalistischen industriellen Unternehmerkreisen herrschenden Gelüsten, die sich gegen politische Unterdrückung und ökonomische Ausbeutung wehrenden Arbeiter in einem Blutbade zu ersticken, erfolgreich entgegengetreten werden kann"[2].

[1]) Parteitags-Protokoll 1899, S. 37.

[2]) Parteitags-Protokoll 1900, S. 46.

Man sieht, die Würdigung der Militärfragen vom Standpunkt der inneren Politik schlägt immer wieder durch, auch in finanzieller Beziehung. „Das Volk darf für die Zwecke der Landesverteidigung nicht mehr angespannt werden als durchaus notwendig ist, und muß in viel höherem Maße als jetzt seine Kräfte zur Förderung seines eigenen Wohles und seiner eigenen Interessen nutzbar machen können“ [1]).

Obwohl nun Flotten weder im Kampfe gegen innere Feinde verwendbar sind noch die Grundsätze des Milizsystemes anzuwenden gestatten, ist die Haltung der Partei auch der deutschen Marine gegenüber nicht entgegenkommender gewesen, wenn es an gelegentlichen leisen Widersprüchen gegen diese Stellungnahme auch nicht gefehlt hat. „Unsere Stellung zu der Flottenvorlage ergibt sich aus unserer prinzipiellen Haltung gegenüber dem Militarismus. Wir lehnen Militär- und Marineforderungen ab, weil solche Vorlagen zur Stärkung des Wirtschaftssystemes dienen, das wir bekämpfen, weil sie von einer Regierung gefordert werden, zu der wir kein Vertrauen haben, weil der Militarismus zu Wasser und zu Lande kulturwidrigen, volksfeindlichen Zwecken dient, und weil die Kosten solcher Vorlagen hauptsächlich in einer Weise aufgebracht werden, gegen die wir als verwerflich und ungerecht, die besitzende Klasse nicht genügend treffend, die besitzlose Klasse aber unerträglich belastend, entschieden protestieren müssen. Wir sind Gegner der mit der Flottenvorlage betriebenen Weltpolitik, die zu kriegerischen Zusammenstößen führen muß. . . . Die Vorlage wurde auch mit dem notwendigen Schutz des Handels begründet. Gibt es eine verkehrtere Politik zum Schutz des Handels als Zölle auf Lebensmittel, Sperrung der Grenzen, Beschränkung der Einfuhr? Auf der einen Seite schwere Schädigung des Handels und der Industrie durch einseitigste Agrarpolitik, und auf der anderen Seite Aufwendung von Milliarden aus den indirekten Steuern, um den Handel zu fördern. In diesen inneren Widersprüchen bewegt sich die deutsche Politik. Überdies braucht der Handel keine Weltflotte, um zu gedeihen. Bei der kleinen Flotte ist Deutschlands Handel von 1872—1899 von jährlich 6 Milliarden auf nahezu 10 Milliarden Mark, also um etwa 65 % gestiegen, während der englische Handel bei stärkstem Flottenschutz nur um etwa 4 % in derselben Zeit zugenommen hat. . . Durch die Flottenvorlage werde

[1]) Parteitags-Protokoll 1899, S. 37.

Arbeit in Hülle und Fülle geschaffen. . . . Will die herrschende Gesellschaft für Arbeit sorgen, dann mag man Bildungsanstalten, Schulen, Hospitäler in Stadt und Land bauen, Heilstätten, Ackerbauschulen, Erholungshäuser, Verkehrs-, Kraft- und Lichtanlagen, Bibliotheken anlegen, kurzum an Arbeit fehlt es nicht, wenn es sich um Hebung und Förderung der Kultur handeln soll. Da findet man für die Milliarden, die dem Militärmoloch in den Rachen geworfen sind, bessere kulturelle und das Massenelend lindernde Verwendung. Das wäre wirkliche Kulturarbeit. Aber dafür sind die Machthaber unserer Tage nicht zu haben, das würde ja die geistige und körperliche Volkskraft stärken und das könnte der herrschenden Gesellschaft gefährlich werden“ [1]). In Tagespresse und mündlicher Agitation wurde das starke Interesse, das Kaiser Wilhelm II. für den Ausbau der Flotte bekundete, gern dazu benutzt, um die Begründung der deutschen Flotte als eine rein persönliche Liebhaberei der Krone erscheinen zu lassen, welche von alldeutschen Panzerplattenpatrioten, Schiffbauern, Reedern, Kolonialgesellschaften und „sonstigen Abenteurern“ schlau im Interesse des eigenen Geldbeutels ausgebeutet würde.

Aber nicht nur Armee- und Marinefragen, auch alle anderen Probleme der Auslandspolitik wurden mit Vorliebe unter dem Gesichtswinkel innerpolitischer Interessen beurteilt. Diplomatische Aktionen unterlagen stets dem Verdachte, daß mit ihrer Hilfe nur die Aufmerksamkeit der arbeitenden Klassen von unbequemen Forderungen der inneren Politik abgelenkt oder wirksame Wahlparolen zugunsten der Reaktion erzielt werden sollten. Die herrschenden Klassen wüßten ja ganz genau, daß ein großer internationaler Konflikt den Zusammenbruch der ganzen kapitalistischen Wirtschaftsordnung herbeiführen müsse. Sie würden sich also schon im eigensten Interesse sorgsam davor hüten, einen großen Krieg ausbrechen zu lassen. Man dürfe sich also durch düstere Schilderungen der gegenwärtigen Lage nicht blüffen lassen. Könnten feindliche Absichten des Auslandes nicht ganz in Abrede gestellt werden, so wurden sie doch als Folge einer fehlerhaften, von der Sozialdemokratie stets bekämpften deutschen Politik hingestellt, für deren Folgen jede Verantwortlichkeit abgelehnt werden müsse. Eine einzige Großmacht gab es, deren Bekriegung auch der Sozialdemokratie geboten erschien, nämlich Rußland oder besser gesagt die russische Selbstherr-

[1]) Parteitags-Protokoll 1900, S. 69, 70.

schaft, welche als Erbfeind der europäischen Demokratie gelten müsse. In dieser Hinsicht berief man sich gern auf die Beweisgründe, mit denen schon Marx und Engels [1]) immer wieder den Kampf gegen den Zarismus gefordert hatten. Alle Bemühungen der deutschen Diplomatie, zu dem großen östlichen Nachbarn erträgliche Beziehungen aufrecht zu erhalten, wurden als würdeloses Wettkriechen oder Bauchrutschen vor dem russischen Despotismus gebrandmarkt.

Die eben geschilderten, vorzugsweise an Tagesereignisse angeknüpften Auffassungen und die entsprechenden Programmforderungen (Entscheidung über Krieg und Frieden durch die Volksvertretung, Schlichtung aller internationalen Streitigkeiten auf schiedsgerichtlichem Wege) können gewissermaßen als die exoterische, auf den Beifall der großen Massen berechnete Auslandspolitik der Sozialdemokratie angesehen werden. Etwas anders stellte sich der Stand der Dinge vom prinzipiellen Standpunkt der marxistischen Katastrophentheoretiker dar. Ihnen war das Wettrüsten nur eine notwendige Folgeerscheinung der kapitalistischen Produktionsweise und der mit ihr verknüpften internationalen Konkurrenzkämpfe. „Solange die heutige Wirtschaftsweise als Grundlage der bürgerlichen Gesellschaft nicht einer vernünftigen und gerechten kommunistischen Produktionsweise Platz gemacht hat, solange wird es auch bei dem System der Kriegsrüstungen und Kriegsverwüstungen bleiben" [2]). Gewaltsame Erschließungen auswärtiger Märkte im Wege kolonialer Expansion bedeuteten wohl eine Verlängerung der Galgenfrist für die herrschenden Klassen, müßten aber, da sie mit innerer Notwendigkeit von allen kapitalistischen Großmächten unternommen würden, schließlich zum allgemeinen Zusammenstoß und damit zur kapitalistischen Götterdämmerung treiben. Das einzige Mittel, den Weltbrand zu vermeiden, bestehe im rechtzeitigen Übergang zur sozialistischen Produktionsweise, denn alle Gegensätze, welche in der heutigen Gesellschaft zum Weltkriege treiben, hören in der sozialistischen Gesellschaft auf [3]).

---

[1]) Vgl. die vorzügliche Abhandlung von Fr. Engels, Die auswärtige Politik des russischen Zarentums, N. Z. VIII, S. 145, 193, mit der glänzenden, noch heute in allen wesentlichen Punkten zutreffenden Kennzeichnung der russischen Diplomatie.

[2]) Parteitags-Protokoll 1900, S. 44.

[3]) K. Kautsky, Handelspolitik und Sozialdemokratie, 1901, S. 91.

Aus diesen Gedankengängen wurde auch die grundsätzliche Stellung zur Kolonialpolitik[1]) abgeleitet, soweit man es nicht vorzog, einzelne Mißgriffe der Kolonialverwaltungen und persönliche Verfehlungen der Männer, welche in den Kolonien tätig waren, in den Vordergrund zu stellen. Die Millionen, welche man in den afrikanischen Sand stecke, würden dringenden Kulturaufgaben in der Heimat entzogen. Die arbeitenden Klassen besäßen an deutschen Kolonien nicht das geringste Interesse. Der deutsche Export habe sich trotz unerheblichen Kolonialbesitzes weit günstiger entwickelt als derjenige Englands. Die ganze Kolonialpolitik komme nur bestimmten engen Kapitalistenkreisen zustatten. Man war tief davon durchdrungen, daß die unbedingte Verwerfung kolonialer Ausdehnungsbestrebungen ein Gemeingut aller Sozialdemokraten sei und hielt es deshalb nicht einmal für notwendig, diesen Fragen die Ehre einer gründlichen Prüfung zu erweisen. Erst um die Jahrhundertwende trat ein Wandel ein. Den äußeren Anstoß bot wohl der China-Feldzug. Wichtiger war aber vielleicht der Umstand, daß der Pfarrer Friedrich Naumann in einer für weite Kreise des deutschen Volkes sehr eindrucksvollen Weise die Notwendigkeit einer deutschen Weltpolitik in zahlreichen Massenversammlungen darzulegen begonnen hatte, und daß auch hervorragende Parteigenossen, vor allem Eduard Bernstein, die kolonialpolitischen Theorien der Partei gründlich zu revidieren versuchten.

Zuerst zeigte Bernstein[2]), daß der englische Imperialismus einen stark demokratischen, freiheitsfreundlichen Zug besitze. Er habe bis in die äußerste Linke hinein unter radikalen Sozialreformern und Sozialisten entschiedene Anhänger. Die engere Verbindung mit den Kolonien, die er erstrebe, bedeute vielfach eine Verbindung mit Staaten, in denen, wie in Australien, Neuseeland und Kanada, eine entwickeltere Demokratie, eine vorgeschrittenere Sozialpolitik als im Mutterlande herrsche. Die imperialistische Ausdehnung der Großstaaten sei ein ebenso unvermeidliches Produkt moderner Entwicklung und moderner Verkehrsverhältnisse wie das Wachstum der gewerblichen Unternehmungen zu Groß- und Riesenbetrieben und deren Zusammenschluß in Kartellen oder Trusts. Man könne sich dieser Be-

[1]) Noske, Kolonialpolitik und Sozialdemokratie 1914.
[2]) S. M. 1900, S. 238—251.

wegung vom sozialistischen Standpunkte aus zwar kritisch, aber nicht unbedingt ablehnend gegenüber verhalten.

In tiefgehender grundsätzlicher Art wurden die kolonialpolitischen Lehren der deutschen Sozialdemokratie von Bernstein unmittelbar vor dem Parteitage des Jahres 1900 kritisiert[1]), auf dem zum ersten Male die Weltpolitik einen Gegenstand der Tagesordnung bildete. Bernstein ging von dem Rechte der höheren Kultur aus, das ja auch von Marx, Engels und Lassalle im Anschluß an Hegel unumwunden anerkannt worden war. Alles Eigentum findet seine Rechtfertigung zuletzt durch den von ihm gemachten Gebrauch. Schon jetzt entzieht die Gesetzgebung Personen, die von ihrem Eigentume einen sinnlosen Gebrauch machen, die freie Verfügung über dasselbe und stellt sie unter Vormundschaft. Was von Individuen gilt, trifft auch für ganze Völker zu. „Wenn es sich herausstellt, daß ein von wilden oder halbwilden Stämmen besetztes Gebiet Mineralien birgt, die nirgendwo sonst gefunden werden, aber für die Technik in der Kulturwelt von außerordentlichem Nutzen sind, so würde man den betreffenden Stämmen nicht erlauben, die Förderung dieses Minerals, von dem sie selbst keinen Gebrauch zu machen verstehen, anderen in Ewigkeit zu verwehren.“ Bernstein ging aber noch weiter. Er begnügte sich nicht mit dem Nachweise, daß die koloniale Politik mit den Grundgedanken des Sozialismus sehr wohl vereinbar sei, er zerpflücke auch die Beweisgründe, welche von deutschen Sozialdemokraten gegen die vom Reich betriebene Kolonialpolitik geltend gemacht worden waren. Kolonien sind keine Geschäftsunternehmungen gewöhnlicher Art. Nichts ist lächerlicher, als den Wert von Kolonien für ein bestimmtes Land lediglich nach ihrer direkten Rentabilität für den Fiskus bemessen zu wollen. Aber auch die Frage nach der handelspolitischen Rentabilität wird oft sehr irrationell gestellt, indem man schon für eine unverhältnismäßig frühe Zeit große Erfolge verlangt. Ob man ohne jeden Kampf gegen wilde oder halbwilde Eingeborene kolonisieren könne, ist zweifelhaft. In diesen Ländern herrschte aber auch der Kampf, ehe Europäer ihren Fuß hinsetzten, und zwar oft ein sehr blutiger, grausamer, bis zur Vernichtung getriebener Kampf. Während dieser Kampf der Eingeborenen untereinander aber keinerlei Förderung der Kultur bedeutete, ist durch den Kampf der Europäer gegen die

[1]) S. M. 1900, S. 549—562.

Eingeborenen in Amerika und Australien eine Zivilisation geschaffen worden, welche die Lebenshaltung von Millionen und Abermillionen europäischer Arbeiter gehoben hat. „Ohne koloniales Vordringen unserer Wirtschaft würde das Elend, das wir heute in Europa noch vor uns sehen und auszurotten bestrebt sind, unendlich viel größer, die Aussicht auf seine Ausrottung bedeutend geringer sein als dies jetzt der Fall ist. Selbst gegen das Schuldkonto der kolonialen Greuel gehalten, fällt der Vorteil, den die Kolonien gebracht haben, immer noch sehr tief in die Wagschale." Man darf die Kolonialpolitik trotz der mancherlei Greuel, die mit ihr verknüpft sein können, ebenso wenig grundsätzlich verwerfen, als man die Fabrikindustrie verworfen hat, trotz der mit ihr verknüpften Mißbräuche in der Verwendung kindlicher und weiblicher Arbeitskräfte. Nicht um Verwerfung, sondern um Humanisierung der Kolonialpolitik kann es sich also nur handeln. Es ist überaus kindisch, von kolonialen Gründungen eine Verzögerung des sonst in Kürze bevorstehenden Zusammenbruchs des Kapitalismus zu erwarten. Der Sozialismus wird nicht die Frucht des Stillstandes oder Rückganges, sondern der weiteren Fortschritte im Wirtschaftsleben der Völker sein.

Wie Bernstein, so hat auch sein theoretischer Antipode Karl Kautsky versucht, auf die Beschlüsse des Parteitages einzuwirken. Die Eroberung eines großen Kolonialreiches, führte er aus[1]), ist der bürgerliche Zukunftsstaat, der noch Enthusiasmus und Hoffnungsfreudigkeit unter den bürgerlichen Elementen erzeugt. Um so entschiedener muß die Sozialdemokratie ihre Gegnerschaft betätigen. Das erfordern ihre Grundsätze sowohl wie die Klasseninteressen, die sie vertritt. „Als demokratische Partei muß sie das Selbstbestimmungsrecht auch der außereuropäischen Völker achten; als Feindin jeder Ausbeutung und Unterdrückung muß sie die kapitalistische Ausbeutung und Unterdrückung auch außerhalb Europas bekämpfen." Die kolonialen Greuel sind nicht die zufällige Eigentümlichkeit der einen oder anderen Nationalität, sondern das notwendige Ergebnis jeder kapitalistischen Kolonialpolitik. „Der Europäer bringt den Kolonien nicht seine Kultur, sondern übernimmt von ihnen ihre Barbarei. Er übertrifft noch die Bestialität der Barbarei, indem er sie mit raffinierten Methoden und den unwiderstehlichen Machtmitteln der Zivilisation übt." Aber auch das Klassen-

[1]) N. Z. 1. Jahrg., 2. Bd., S. 715.

interesse des Proletariats widerstreitet der Weltpolitik. Ihre Vorteile für die industrielle Entwicklung sind problematisch und können durch Hebung der Kaufkraft, der Lebenshaltung, der Kultur der Massen im Inlande sicherer und segensreicher erzielt werden. „Die letzte Konsequenz der Weltpolitik ist der Weltkrieg, ist ein Kampf um die Beute, um das Gleichgewicht der Welt, ein Kampf, der Europa mit grauenvoller Verheerung bedroht.“ Diese Politik muß man entweder skrupellos mitmachen mit all den Rüstungen und Verwüstungen, die sie erfordert, oder man muß ihr entschieden von Anfang an entgegentreten. Das kann nur das Proletariat, das dem bürgerlichen Zukunftsstaat den sozialistischen entgegenstellt, der festen Boden unter den Füßen hat, weil er im eigenen Lande liegt, das dem Kampf um die Beute die internationale Solidarität der Ausgebeuteten gegenüberstellt. „Heute ist es die auswärtige Politik, in der die praktischen letzten Ziele der Bourgeoisie und des Proletariats am meisten auseinander gehen.“ Die deutsche Sozialdemokratie kann um so entschiedener gegen die deutsche Weltpolitik protestieren, als sich bereits die gesamte internationale Sozialdemokratie gegen Imperialismus und koloniale Expansion erhoben hat, wie sich auf dem internationalen Pariser Sozialistenkongreß 1900 in besonders sinnfälliger Weise zeigen wird.

Diesen Auffassungen entsprach das Referat, welches Singer auf dem Parteitage 1900 über Weltpolitik erstattete[1]), da Wilhelm Liebknecht, der es angeregt und selbst hatte halten wollen, mittlerweile gestorben war. Eine Gegnerschaft gegen die dem Referate entsprechende Resolution trat nur insofern hervor, als einige Genossen, wie Ledebour, verlangten, daß gegen die „imperialistische Seuche“, die bereits in die Sozialdemokratie anfange einzudringen, noch viel schärfer protestiert werden müsse. Singer, der betont hatte, daß gar keine Meinungsverschiedenheiten bestünden, wurde von dieser Feststellung sichtlich unangenehm berührt und erklärte[2]), es handele sich doch nicht um die Kolonialpolitik an sich, sondern lediglich um die konkrete Kolonialpolitik der kapitalistischen Gesellschaft in Deutschland. Diese würde auch von Bernstein verworfen und damit könne man sich begnügen. Über Fragen der sozialistischen

[1]) Parteitags-Protokoll 1900, S. 154—160.

[2]) a. a. O. S. 168.

Welt- und Kolonialpolitik brauche man sich, solange man noch nicht die Macht habe, auch nicht den Kopf zu zerbrechen.

In demselben Geiste wie die Resolution des Mainzer Parteitages waren auch die Beschlüsse des Pariser internationalen Sozialistenkongresses gehalten, nur daß sie in noch phrasenhafterer und unlogischerer Weise die Kolonialpolitik einfach verdammten [1]). Einsichtigere Sozialisten fühlten aber selbst zur Genüge, daß man mit diesen Lösungen nicht auskommen könne.

58. Die Stellung zur deutschen Weltpolitik von der Jahrhundertwende bis zum Weltkriege.

Einsichtsvolle Sozialisten konnten sich mit den weltpolitischen Beschlüssen des Mainzer Parteitages unmöglich zufriedengeben. Allzu schroff waren die Widersprüche, in denen die Tatsachen mit den Behauptungen der maßgebenden Parteikreise standen. So hatte Kautsky dargelegt, die Kraft der Friedensbürgschaften, welche das internationale Proletariat biete, beruhe auf dem Vermögen, sich über alle konkreten internationalen Streitfragen zu einigen. „Für die deutsche und französische Sozialdemokratie ist die elsaß-lothringische Frage kein Streitobjekt, für die deutsche, russische und polnische nicht die polnische Frage, in der englischen Sozialdemokratie wird der Transvaal-Zug so energisch verurteilt, wie nur irgendwo außerhalb Englands, die amerikanischen Sozialdemokraten wollen von der Annektierung der Philippinen nichts wissen, das Nationalitäten-Problem, an dem der österreichische Staat zugrunde geht, hat die österreichische Sozialdemokratie in ihren Reihen bewunderungswürdig gelöst usw.“ [2]).

In Wirklichkeit bestand aber in bezug auf das Reichsland gar keine Übereinstimmung zwischen deutschen und französischen Sozialisten. Die französische Sozialdemokratie hatte sich niemals unumwunden auf den Boden des Frankfurter Friedens gestellt und die deutsche Sozialdemokratie hatte zu wiederholten Malen ausdrücklich hervorgehoben, daß sie jeden Angriff auf den bestehenden deutschen

---

[1]) Vgl. Bernstein, S. M. 1900, S. 709—718. Den Wortlaut der Mainzer Resolution enthält das Parteitags-Protokoll 1900, S. 245, den der Pariser Noske, Kolonialpolitik und Sozialdemokratie, 1914, S. 217.

[2]) N. Z. 18. Jahrg., 2. Bd., S. 717.

Besitzstand mit aller Kraft abzuwehren bereit sei[1]). Unter den französischen Sozialisten haben diejenigen, welche auf die Internationalität ihrer Gesinnung besonders stolz waren, nur betont, daß sie die Lösung der elsaß-lothringischen Frage nicht aus nationalen Gründen forderten, sondern weil ihre demokratischen Überzeugungen ihnen nicht gestatteten, die Vergewaltigung des Selbstbestimmungsrechtes der Völker anzuerkennen. Jaurès, der in Frankreich als besonders deutschfreundlich galt, wagte schon sehr viel, wenn er wegen Elsaß-Lothringens keinen Krieg entfesselt wissen wollte, da der Sieg des sozialistischen Proletariats die Frage ohnehin bald im Sinne des Friedens und der Freiheit lösen würde. Ebensowenig hat der polnische Sozialismus den deutschen Besitz polnischer Gebietsteile anerkannt. Daß die englische Sozialdemokratie den Transvaal-Krieg verurteilt hat, ist freilich zutreffend, aber ebenso richtig ist auch die Feststellung, daß die „Sozialdemokratische Föderation" Englands keinen Einfluß auf die englische Arbeiterklasse und den Gang der englischen Politik besitzt. Und wie wenig die österreichische Sozialdemokratie imstande gewesen ist, das Nationalitätenproblem auch nur in den eigenen Reihen zu lösen, hat die neuere Geschichte der österreichischen Arbeiterbewegung so drastisch gezeigt, daß darüber kein Wort weiter verloren zu werden braucht.

Ernste Männer, die sich aufrichtig bemühten, den Nebel der Parteiphrasen zu überwinden und die Dinge zu sehen, wie sie wirklich waren, mußten deshalb in offenen Gegensatz zur offiziellen Parteipolitik geraten.

Außer Bernstein[2]) gebührt vor allem Calwer[3]) und

---

[1]) Vgl. z. B. die Versicherungen Bebels auf dem Parteitage 1904 (Protokoll S. 211), denen Robert Michels mit der Behauptung entgegentrat, der Bebelsche Satz, man würde jeden Fetzen des Reiches verteidigen, widerspräche dem Parteiprogramm, welches das Selbstbestimmungsrecht der Völker anerkenne.

[2]) Vgl. dessen Artikel: Patriotismus, Militarismus und Sozialdemokratie (S. M. 1907, S. 414—440) und Kolonialpolitik und Klassenkampf (S. M. 1907, S. 988—996).

[3]) Vgl. „Weltpolitik und Sozialdemokratie", S. M. 1905, S. 741—749; „Englands Absichten und die deutsche Sozialdemokratie", S. M. 1905, S. 919—923. Calwer war von der Unvereinbarkeit der englischen und kontinentalen Interessen so tief durchdrungen, daß er den Eintritt Deutschlands in die französisch-englische Entente, welchen Jaurès wünschte, für unmöglich erachtete.

Schippel[1]) das Verdienst, als erste mit ebenso großer Zähigkeit als Unerschrockenheit einer anderen Behandlungsweise auswärtiger und

---

Er gab sich auch nicht dazu her, die ungemein feindselige Haltung, welche England in der Marokkofrage gegen Deutschland zeigte, irgendwie zu beschönigen: „Es ist grundverkehrt, jetzt so zu tun, als ob die deutsche Politik, namentlich die Schaffung einer deutschen Kriegsmarine, England gewissermaßen zu seiner Haltung provoziert habe. Man kann als Parteimann sehr wohl auf einem die deutsche Flottenpolitik ablehnenden Standpunkte stehen, aber dann beschränke man seine ablehnende Haltung nicht auf sein eigenes Land, sondern auch auf seinen guten Nachbar, der uns Deutschen erst gezeigt hat, daß der Besitz einer starken Kriegsflotte für die heutigen Entscheidungen in den Fragen der Weltpolitik etwa ebensoviel wert ist, wie der Besitz einer mit starker Goldbasis ausgerüsteten Zentralbank für die Geltung auf dem internationalen Geldmarkt. . . . So wie die realen Verhältnisse heute liegen, hängt das Ansehen eines Staates im Auslande von seiner Schlagfertigkeit zu Wasser und zu Lande ab." Die deutsche Politik, welche die englisch-französische Übereinkunft vor das internationale Forum des Kongresses von Algeciras zog, fand durchaus Calwers Billigung. Vgl. „Die Marokkokonferenz", S. M. 1906, S. 124—128. Schließlich unterwarf er („Das Fazit der Marokkoaffäre", S. M. 1906, S. 355 bis 360) die ganze Auslandspolitik seiner Partei einer einschneidenden Kritik: „Eine Partei, die in grundsätzlicher Opposition zur Regierung eines Landes steht, wird auch die auswärtige Politik der Regierung möglichst auf Schritt und Tritt zu bekämpfen haben. **Aber es gibt eine Grenze**, wo diese Bekämpfung aufhört, und zwar keine Unterstützung, wohl aber eine Duldung eintritt. **Wenn zwischen England und Frankreich einerseits und Deutschland andererseits ein Konflikt eintritt, so treten drei Regierungen einander gegenüber, die alle mehr oder weniger die politische Vertretung des kapitalistischen Regimes repräsentieren. Alle drei sind nicht vom Vertrauen der Arbeiterbevölkerung getragen. Indem ich nun die eigene Regierung bekämpfe, wenn sie ihre Rechte und Interessen den Regierungen des Auslandes gegenüber verficht, unterstütze ich zweifellos die Interessen der ausländischen Regierungen** . . . . erreiche mit dieser Politik, daß die wirtschaftliche Entfaltung in den Konkurrenzländern größere und raschere Fortschritte macht als bei uns, daß dort die Vorbereitungen der Sozialisierung rascher heranreifen, als im eigenen Lande. Als deutscher Sozialist will ich aber, daß möglichst Deutschland an der Spitze des wirtschaftlichen Fortschrittes marschieren soll. Das bedingt auch, daß Deutschland seine politische Macht entfaltet."

[1]) Schippel hat sich stets bemüht, den Optimismus, mit dem die Partei die ungeheure englisch-französische Expansion be-

kolonialer Angelegenheiten in der Partei Bahn gebrochen zu haben. Calwer führte auch in überzeugender Weise die Niederlage der Partei bei den Reichstagswahlen von 1907 auf die großen Fehler zurück, die in der Behandlung auswärtiger Angelegenheiten begangen worden seien. In weiten Kreisen des Volkes sei eben der Eindruck entstanden, als ob die Sozialdemokratie den Kapitalismus des Auslandes und die Regierungen des Auslandes auf Kosten ihrer Gegner im Inlande bevorzuge [1]).

Selbst Bebel hat in den Marokkodebatten neue Töne angeschlagen. „Wenn die Reichsregierung bestrebt ist zu verhüten", führte er am 29. März 1905 im Reichstage aus, „daß durch das Abkommen, das zwischen England und Frankreich vor länger als einem Jahre geschlossen wurde, und das dahin ging, daß Frankreich, kurz gesagt, die Oberherrschaft in Marokko zuerkannt bekam, und es nach Verlauf von 30 Jahren in der Lage sein sollte, jede handelspolitische Konkurrenz fremder Staaten für Marokko auszuschalten, auch sogar wenn die Reichsregierung versucht, diesem Abkommen, das auch nach unserer Meinung die Interessen Deutschlands auf das schwerste schädigt, entgegenzuwirken, so werden wir ihr nicht nur keinen Widerstand entgegensetzen, sondern sie in diesem Bestreben unterstützen."

Es ließ sich nicht länger verkennen: selbst in der „klassenbewußten" Arbeiterschaft Deutschlands kam ein besseres Verständnis für nationale Machtinteressen zum Durchbruch. Das Wort „national" erfreute sich eines neuen Klanges und hörte auf, gleichbedeutend mit reaktionär zu sein. Während früher gerade diejenigen Kreise, die sich herausfordernd „als „reichstreu", „vaterländisch" oder „national" bezeichneten, die sozialen und politischen Forde-

---

trachtete, zu erschüttern, und zu zeigen, daß man auch die tiefgehenden Interessengegensätze zwischen den Arbeitern verschiedener Völker nicht mit dem üblichen Phrasenschwall erledigen könne. Vgl. z. B. „Die französische Handelspolitik in den Kolonien" (S. M. 1905, S. 749—754) und „Die Konkurrenz der fremden Arbeitskräfte" (S. M. 1906, S. 736—744), sowie „Was ist eigentlich eine Kolonie und was ist Kolonialpolitik?" (S. M. 1907, S. 817—822).

[1]) Vgl. die Artikel „Der 25. Januar" (S. M. 1907, S. 101—108) und „Kolonialpolitik und Sozialdemokratie" (S. M. 1907, S. 192 bis 201).

rungen der Arbeiterbewegung mit besonderem Eifer bekämpft hatten, waren allmählich im öffentlichen Leben Deutschlands auch Richtungen emporgekommen, die, wie die national-soziale Bewegung des Pfarrers Fr. Naumann, eine Politik der Macht nach Außen mit derselben glühenden Begeisterung vertraten wie die Sozialreform im Innern. Auch innerhalb der christlichen Gewerkschaftsbewegung und der bodenreformerischen Organisationen wurden warmherzige Vaterlandsliebe und wirksame Sozialpolitik in gleicher Weise gepflegt. Und nachdem die bürgerliche Linke, welche sich unter dem Einflusse Eugen Richters lange Zeit der nationalen Machtpolitik in derselben Weise versagt hatte wie die Sozialdemokratie, in der Bülowschen Ära ebenfalls ein wachsendes Interesse an den weltpolitischen Aufgaben der deutschen Politik bekundete und einer diesen Kreisen so nahestehenden Persönlichkeit, wie Bernhard Dernburg, sogar die Leitung der Kolonialpolitik übertragen werden konnte. empfanden viele der besten Köpfe der Sozialdemokratie die herkömmlichen Schlagworte in auswärtigen Angelegenheiten nur als einen peinlichen Beweis für die Verknöcherung und Ideenarmut, die in ihrer Partei eingetreten waren [1]).

Die unbefangene Beobachtung der Politik, welche die Bruderparteien des Auslandes betrieben, mußte zu denselben Ergebnissen führen. Überall wurzelte die nationale Gesinnung viel tiefer, als die deutsche Partei geglaubt hatte. In Österreich drangen die nationalen Kämpfe auch in die Reihen der Sozialdemokraten ein. Es zeigt sich immer wieder, daß auch sozialdemokratisch gesinnte Arbeiter den übrigen Gesellschaftsklassen des eigenen Volkstumes doch näher standen als den eigenen Klassengenossen der fremden Nationalitäten. Das galt zuerst für die Slaven, besonders die Tschechen, schließlich gaben aber auch deutsche Sozialdemokraten wie Engelbert Pernerstorfer und Karl Leuthner ihrem deutschen Nationalgefühl einen so schönen und innigen Ausdruck, daß sie sich, wären sie Mitglieder der reichsdeutschen Sozialdemokratie gewesen, auf den Ausschluß aus der Partei hätten gefaßt machen müssen. Aber nicht nur in dem Nationalitätenstaate Österreich, auch in den Nationalstaaten gewann

[1]) Vgl. Noske, Kolonialpolitik und Sozialdemokratie, Glocke, 1916. S. 526 ff.; Gradnauer, Auswärtige Politik und Parteitaktik, Glocke 1916, S. 685 ff.; Adolf Köster, Weltwirtschaft und Heimatpolitik. Glocke, 3. Jahrg., S. 903 ff.; Derselbe, Kolonialpolitische Wandlungen. Glocke, 4. Jahrg. S. 781 ff.

der nationale Gedanke zusehends an Boden. Die Engländer hatten zwar immer schon für internationale Bestrebungen blutwenig übrig gehabt. Solange dort aber auch der Sozialismus nur eine spärlich gedeihende Pflanze bedeutete, regte man sich in deutschen Parteikreisen über den Nationalismus der Briten nicht sonderlich auf. Er galt eben nur als ein Beweis mehr für die „Rückständigkeit" der dortigen Zustände überhaupt, obwohl es einigermaßen peinlich empfunden werden mußte, daß gerade der Marxist Hyndman als Heerrufer der antideutschen Jingos auftrat. Schwieriger wurde die Lage schon, als die Fabier-Gesellschaft, deren große wissenschaftliche Verdienste um die Förderung des Sozialismus doch nicht geleugnet werden konnten, sich zu imperialistischen Bestrebungen bekannte. Und besonders schmerzlich mußte man es empfinden, daß die französischen Sozialisten zu wiederholten Malen als „Sozialisten auf Urlaub" in bürgerliche Regierungen eintraten oder diese wenigstens parlamentarisch unterstützten und nicht nur das russische Bündnis, sondern auch die ganze Heeres-, Flotten- und Kolonialpolitik des offiziellen Frankreich guthießen. Auch in Holland und Belgien begannen maßgebende Parteiführer, wie van Kol und Vandervelde, ein werktätiges Interesse für die Förderung der Kolonialpolitik zu bekunden. In Italien [1]) zeigten sich bereits die ersten Symptome jenes Umschwunges, der den rechten Flügel der Sozialdemokratie unter Führung Bissolatis beim Ausbruch des Tripolis-Krieges gewissermaßen mit fliegenden Fahnen und klingendem Spiel in das Lager des Imperialismus übergehen ließ. Selbst in Rußland wandten sich nach der Revolution einige der angesehensten Sozialisten, wie Peter Struve und v. Tugan-Baranowski dem Nationalliberalismus der Kadettenpartei zu. Aber auch die rechtgläubig verbliebene Sozialdemokratie spaltete sich hier ebenso wie es in Österreich geschehen war, nach ihren Nationalitäten in besondere Parteien.

Dieser Aufschwung der nationalistischen, im Auslande oft sehr stark antideutsch gerichteten Gefühle kam der deutschen Sozialdemokratie auch auf den internationalen Sozialistenkongressen immer mehr zum Bewußtsein [2]).

---

[1]) Rob. Michels, Elemente zur Entstehungsgeschichte des Imperialismus in Italien, A. f. S. XXXIV, S. 55—121, 470—498.

[2]) Vgl. Rob. Michels, Die deutsche Sozialdemokratie im internationalen Verbande. A. f. S. XXV, S. 148—232.

In den neunziger Jahren besaß die deutsche Sozialdemokratie auf diesen Zusammenkünften noch unbestritten die Führung, sie galt für das Proletariat des ganzen Kontinents als unübertreffliches Muster. Engels schrieb 1892 in einem für Franzosen bestimmten Aufsatze: „Das sozialistische Deutschland nimmt in der internationalen Arbeiterbewegung den vordersten, den ehrenvollsten und verantwortlichen Posten ein"[1]). Die Deutschen betrachteten sich gewissermaßen im Sinne Hegels als das auserwählte Volk, das im Dienste des Weltgeistes die Ideen des Sozialismus am vollkommensten verwirkliche. Der erfolglose Kampf, welchen der größte Staatsmann gegen die Sozialdemokratie geführt hatte, umgab sie mit dem Nimbus der Unfehlbarkeit. Gewaltig mußte auch der stets wohlgefüllte Beutel imponieren, aus dem den Bruderparteien in Frankreich, Rußland, Österreich und anderwärts reichliche Spenden zuteil wurden. Im Laufe dieses Jahrhunderts trat aber ein sehr entschiedener Umschwung ein. Unter der Führung der Franzosen wurde die deutsche Partei sowohl von rechts wie von links her heftig angegriffen. Die ausländischen Genossen hatten im allgemeinen wenig Sinn für die verbalrevolutionären Eiertänze der deutschen Sozialdemokratie. Man erklärte sich entweder offen für eine opportunistische oder eine revolutionäre Politik. Die deutsche Partei war an dem Mißgeschick, das sie traf, nicht ganz unschuldig. Bebel, der auf dem Dresdener Parteitage den Drachen des Revisionismus in der eigenen Partei, wie er glaubte, auf immer vernichtet hatte, wollte diesen Liebesdienst nun auch den ausländischen Bruderparteien erweisen. Die ihm persönlich nahestehende Gruppe der französischen Marxisten versuchte mit seiner Hilfe auf dem internationalen Sozialistenkongreß in Amsterdam 1904 einen Beschluß durchzusetzen, welcher jedes Paktieren der sozialdemokratischen Parteien mit bürgerlichen Regierungen beseitigen sollte. Diesem Ansinnen widersetzte sich aber Jean Jaurès unter nicht endenwollendem Beifall des Kongresses mit aller Entschiedenheit. Die zwischen Reformismus und Revolutionarismus unschlüssig hin und her pendelnde Taktik der deutschen Sozialdemokratie sei nichts weniger als mustergültig. Sie führe zu einer politischen Ohnmacht, welche die größte Gefahr für den Frieden und die Freiheit Europas bedeutete. Die Wahlerfolge, mit denen man sich brüste, seien nur Scheinerfolge. Die Sozialdemokratie

[1]) N. Z. X, I, S. 585.

besitze in Deutschland nicht einmal soviel Macht, um einen internationalen Sozialistenkongreß zu ermöglichen. Ebensowenig wie auf parlamentarischem Boden leiste man in revolutionärer Hinsicht. In der Partei fehlten die revolutionären Traditionen. Das allgemeine Wahlrecht, auf dem alle ihre Erfolge beruhten, habe sie nicht im Kampfe erzwungen, sondern es sei ihr mühelos als Geschenk in den Schoß gefallen, und wenn die Regierung es ihr heute nehmen wollte, so würde sie keinen wirksamen Widerstand leisten können. So angegriffen, unterließ es Bebel nicht, den Franzosen in Erinnerung zu rufen, daß sie ihre Republik, auf die sie so stolz seien, preußischen Bajonetten verdankten, daß diese Republik trotz aller Beteiligung der Sozialisten an den Regierungen für die Arbeiter bis jetzt viel weniger geleistet habe als die deutsche Monarchie.

Die zunehmende Entfremdung zwischen deutschen und französichen Sozialisten zeigte sich auch auf dem internationalen Sozialistenkongresse in Stuttgart 1907. Wiederum wurde unter französischer Führung die deutsche Partei heftig angegriffen.

Der antimilitaristische, antipatriotische, revolutionäre Syndikalist Gustave Hervé war es, der den schon früher öfter von anarchistischer Seite befürworteten Militärstreik gegen den Ausbruch eines Krieges vorschlug. Immerhin hatte es sich früher meist nur darum gehandelt, auf diese Weise einen ungerechten Angriffskrieg unmöglich zu machen. Hervé ging weiter. Die Diplomatie würde das eigene Land immer als angegriffen hinzustellen wissen. Darauf käme es gar nicht an. Die Arbeiter hätten kein Vaterland; es sei für sie gleichgültig, unter welcher National- und Regierungsmarke sie von den Kapitalisten ausgebeutet würden. Ob Angriffs- oder Verteidigungskrieg, die Genossen hätten einfach mit Militärstreik und Aufstand zu antworten. Als die Deutschen erklärten, durch Annahme dieser Resolution würden sie ihre ganze Organisation aufs Spiel setzen und der Militärstreik würde gerade die in der Arbeiterbewegung fortgeschrittensten Länder gegenüber den rückständigsten, z. B. Rußland, entwaffnen, erblickte Hervé darin nur Ausflüchte, welche bewiesen, daß es der deutschen Sozialdemokratie gar nicht um die Wahrung des Friedens ernsthaft zu tun sei. Sie sei eine Partei guter, zufriedener, satter Spießbürger. Mit demselben Kadavergehorsam, welche die Deutschen ihrem „Kaiser Bebel“ leisten, würden sie im Kriegsfalle auch ihrem Kaiser Wilhelm widerstandslos folgen und ihre Bajonette auf die Brust der französischen Proletarier setzen, die die Barrikaden mit der roten Fahne der Revolution verteidigen.

Der Stuttgarter Kongreß befaßte sich auch wieder mit dem Probleme der Kolonialpolitik. Dabei zeigte sich, daß Bernstein, Calwer und Schippel nicht vergeblich gewirkt hatten. Im Mittelpunkte der Debatten stand eine auch von deutschen Delegierten befürwortete Resolution des Inhalts, daß nach der Meinung des Kongresses der Nutzen oder die Notwendigkeit der Kolonien im allgemeinen, besonders aber für die Arbeiterklasse stark übertrieben werde, daß er aber nicht prinzipiell und für alle Zeiten jede Kolonialpolitik verwerfe, die unter sozialistischem Regime zivilisatorisch wirken könne. David berief sich bei der Befürwortung dieser Sätze auf einen Ausspruch von Bebel. „Es ist ein großer Unterschied, wie Kolonialpolitik getrieben wird. Kommen Vertreter kultivierter Länder zu fremden Völkern als Befreier, um ihnen die Errungenschaften der Kultur und Zivilisation zu bringen, dann sind wir, die Sozialdemokraten, die ersten, die eine solche Kulturmission zu unterstützen bereit sind." Nach hitziger Debatte, an welcher von deutscher Seite sich David und Bernstein für, Kautsky [1]) und Ledebour gegen die Resolution erklärten, wurde sie zwar vom Kongreß mit 127 gegen 108 Stimmen und 10 Stimmenthaltungen verworfen, aber es ließ sich doch nicht verkennen, daß die Freunde einer positiven Kolonialpolitik auch unter den Sozialisten stark zugenommen hatten.

Dem Stuttgarter Kongreß folgte der deutsche Parteitag in Essen 1907. Der radikale Flügel erging sich in lebhaften Klagen darüber, daß die Bekämpfung des Militarismus durch die Partei nicht mehr mit derselben Entschiedenheit wie früher erfolge. Man griff Noske an, der im Reichstage gesagt hatte: „Wir fordern die Unabhängigkeit jeder Nation. Aber das bedingt, daß wir auch Wert darauf legen, daß die Unabhängigkeit des deutschen Volkes gewahrt wird. . . . Wir sind selbstverständlich der Meinung, daß es unsere verdammte Pflicht und Schuldigkeit ist, dafür zu sorgen, daß das deutsche Volk nicht etwa von irgend einem anderen Volke an die Wand gedrückt wird" [2]). Kein geringerer als Bebel war es, der

---

[1]) Über Kautskys kolonialpolitische Theorien vgl. dessen Broschüre Sozialismus und Kolonialpolitik, 1907.

[2]) Protokoll S. 152.

Noskes Haltung warm verteidigte und selbst erklärte: „Wenn wir wirklich einmal das Vaterland verteidigen müssen, so verteidigen wir es, weil es unser Vaterland ist, als den Boden, auf dem wir leben, dessen Sprache wir sprechen, dessen Sitten wir besitzen, weil wir dieses unser Vaterland zu einem Lande machen wollen, wie es nirgends in der Welt in ähnlicher Vollkommenheit und Schönheit besteht."[1])

Die Annäherungen zwischen England und Rußland, zwischen Rußland und Italien, die bosnische Krise, die deutsch-französischen Verträge über Marokko von 1909 und 1911, der Tripoliskrieg und schließlich der von Rußland angestiftete Balkankrieg, all' diese großen weltpolitischen Begebenheiten sorgten dafür, daß der Umschwung innerhalb der Sozialdemokratie von Jahr zu Jahr unaufhaltsam fortschritt. Zwar schied einer der sachkundigsten Vertreter sozialistischer Weltpolitik, Richard Calwer, aus der Partei aus, aber Karl Leuthner, Gerhard Hildebrand und später Ludwig Quessel verstanden es im Bunde mit Schippel vortrefflich, das Interesse an den Problemen des Imperialismus rege zu erhalten.

Ohne rasch wachsende Zufuhrmengen von Baumwolle, führte Schippel aus,[2]) Wolle, Jute, Hanf, Kautschuk, Guttapercha, exotischen Hölzern, Rinden und Wurzeln, Ölen und Harzen, Erzen, Metallen und Edelmetallen, Kaffee, Kakao, Tee, Tabak, Gewürzen und Spezereien müßte man hilflos verkümmern. Der ungestörte Fortbestand primitiver Produktionsweisen in den Tropen bedrohe uns mit ständiger Rohstoff- und Lebensmittelverteuerung, mit Verwüstung und Verschüttung aller Lebensquellen unserer wirtschaftlichen Zukunft. Allenfalls der Manchestermann, aber nicht der Marxist könne glauben, daß sich die Eingeborenen zu den notwendigen Veränderungen der Produktionstechnik in durchaus harmonisch-friedlicher Weise bestimmen lassen würden. Ebenso wenig dürfe man erwarten, daß das britisch-französisch-russische Länderverteilungs-Syndikat von wohlwollenden Absichten für die deutschen Interessen erfüllt sei.

Karl Leuthner, der Auslandsredakteur der Wiener Arbeiterzeitung, ein literarisches Talent ersten Ranges, der den Vergleich mit Franz Mehring, der besten Feder des radikalen Flügels, nicht

[1]) a. a. O. S. 255.

[2]) S. M. 1908, S. 81—91, 273—285

zu scheuen braucht, stellte sich die Aufgabe, nachzuweisen, wie tief auch die radikalen und sozialistischen Parteien des Auslandes von deutschfeindlichen Gesinnungen erfüllt seien. Er konnte um so unbefangener schreiben, als er, der toleranteren österreichischen Partei angehörig, die Inquisitoren der reichsdeutschen Sozialdemokratie nicht zu fürchten brauchte. Seine Arbeiten, „die reifste Frucht vom Giftbaum des Revisionismus", wie die Gegner meinten, sind das beste, was vor dem Kriege über machtpolitische Fragen in der sozialistischen Presse überhaupt gesagt worden ist [1]. Schlagend konnte er dartun, daß die Sozialisten des Auslandes dem deutschen Volke stets versagten, was allen anderen Völkern als selbstverständliches Recht zugestanden wurde. Aber sogar sozialdemokratische Blätter Deutschlands brächten Artikel [2], in denen es als des deutschen Volkes höchstes denkbares Glück bezeichnet wurde, von englischen Gouverneuren regiert, vom englischen Parlament mit einer Verfassung beschenkt zu werden. Und während man jede Rüstung auf deutscher Seite hartnäckig bekämpfe, leite man den Bau der Dreadnoughts in England „aus geistiger, politischer und sittlicher Notwendigkeit ab". So fänden unsere Feinde in den Gesinnungen Deutscher sozusagen ein Territorium in unserem eigenen Lande und Deutsche selbst neigten sich vor der Theorie des englischen Herren- und des deutschen Pöbelvolkes. „Wage aber einer zu bezweifeln, daß Britannien der Hort der Freiheit sei! Er läuft Gefahr in deutschen Landen als Chauvinist gebrandmarkt zu werden. Mit dem Engländer zieht stets das Gefühl herum, daß ihm alles erlaubt, daß in der Befriedigung seiner Interessen das Glück und das Recht der Welt erfüllt sei. Dadurch sind die Engländer ein Herrenvolk und ihre aristokratische Selbstbewertung hat suggestive Kraft auf alle Schwachen im Geiste. Der Bediente hat immer unrecht, er glaubt es zuletzt selber" [3]. Es sei dringend nötig, im eigenen Kreise dahin zu wirken, „daß die englische Weltmacht und der Panslawismus als die treibenden Kräfte künftiger gewaltsamer Veränderungen der europäischen Landkarte erkannt werden. Wenn nicht mehr, wird man damit erreichen, daß den schlimmsten Feinden des Friedens

[1]) Das wird auch von Schippel, S. M. 1911, S. 486—492, ausdrücklich hervorgehoben.

[2]) S. M. 1909, S. 753.

[3]) S. M. 1909, S. 477—478.

die Zeugenschaft deutscher Naivität fehlt"[1]). „Die Italiener", schrieb Leuthner im Hinblicke auf die begeisterte Teilnahme eines großen Teils der italienischen Sozialdemokratie an diesem Eroberungskriege, „werden, wie früher die Engländer, kaum daß die blutigen Hände abgewischt sind, morgen schon untadelig in die Reihe der übrigen untadeligen Friedensbürgen Europas einrücken: Einziger Friedensstörer ist das deutsche Volk, als das einzige, das nichts erobert und keine Kriege führt. Niemand wird sich die Mühe nehmen, die zu unseren Ungunsten — zuungunsten des Volksganzen, also auch der Arbeiter — auf den Kopf gestellte Wahrheit wieder auf die Beine zu bringen, wenn wir es selbst nicht tun"[2]). Aus Jahrzehnten des Gleichgewichts und der Windstille sei das deutsche Volk in Jahre der Umwälzungen und des Sturmes getreten. „Die auswärtige Politik ist nicht mehr der Tummelplatz der Phrase und der Ort leerer Schaustellungen, sondern faßt Pläne, Versuche, Tendenzen, Unternehmungen in sich, die, wofern sie zur Verwirklichung Kraft und Gelegenheit finden, auf Jahrzehnte hinaus das Wohlbefinden, ja vielleicht auf immer Sein und Nichtsein ganzer Völker und Staaten entscheiden können. . . . Die auswärtige Politik muß für uns aufhören im alten Sinne ein Mittel der Agitation zu sein, sie muß für uns ein Gegenstand höchster Wichtigkeit werden, den wir nach seinen eigenen Zwecken und Zielen behandeln. . . . . Wenn nun aber der Krieg Jahr um Jahr in Sicht kommt, wenn der Gedanke an die Hunderttausende von Proletarierleichen den Gedanken an kleinen Agitations- und Stimmengewinn allen Einsichtigen und Gewissenhaften vollständig zurückdrängt: wird man dann noch für jeden internationalen Konflikt ohne vorgängige, sorgfältige Untersuchung den Anstifter in Berlin suchen, da man doch weiß, daß die Erweckung des Argwohnes gegen die vorgeblichen Eroberer- und Hegemoniepläne Deutschlands das Vehikel bildet, womit Panslawisten und Jingos den Weltkrieg vorbereiten?"[3])

Die alte Taktik, für den Weltfrieden nur durch Bekämpfen der Kriegshetzer im eigenen Volke zu arbeiten, sei durchaus ungenügend, weil die Sozialdemokratie zwar in Deutschland und Österreich eine

---

[1]) S. M. 1909, S. 481.
[2]) S. M. 1911, S. 1387.
[3]) S. M. 1909, S. 564.

starke Vertretung habe, dagegen in England und Rußland, die heute die agressive Politik verkörperten, nicht in Betracht komme.

Die Entrüstung, die „der in Preußen verliebte Nationalist Leuthner“, dieser „rasende Ajax des Revisionismus“, mit derartigen Mahnungen in der orthodoxen Presse entfachte [1]), bewog Bernstein dazu, in Einzelheiten gegen Leuthner Stellung zu nehmen. In der Hauptsache mußte er ihm aber nicht nur zustimmen, sondern konnte sich dabei sogar auf die Autorität von Fr. Engels berufen, der ebenfalls dringend vor der Gefahr gewarnt habe, daß sich radikale Parteien durch das Bedürfnis der möglichst schroffen Bekämpfung der Regierung oder der herrschenden Parteien des eigenen Landes verleiten ließen, die Geschäfte irgendwelcher ausländischen Macht oder Mächte zu besorgen und aus bloßem Oppositionsdrang vitale Interessen des eigenen Landes oder der allgemeinen Kulturentwicklung preis zu geben. Gegen diese Tendenz habe Fr. Engels ihn „scharf zu machen“ gesucht [2]).

In gleichem Sinne wirkte auch Gerhard Hildebrand, der aus den nationalsozialen Kreisen zur Sozialdemokratie übergetreten war. Er hatte an Stelle Calwers die ständige Berichterstattung über koloniale Fragen in den Sozialistischen Monatsheften übernommen, sah sich dabei aber natürlich auch oft veranlaßt, zur Auslandspolitik überhaupt Stellung zu nehmen. Er zeigte, wie bei dem Mangel eines festen Rechtes die von der Sozialdemokratie verlangte Entscheidung aller internationalen Streitigkeiten durch Schiedsgerichte nicht ungefährlich sei. Es könnten die Teufel des rücksichtslosen Machtanspruches dann sehr wohl durch den Beelzebub einer internationalen Erdrosselungsjustiz ausgetrieben werden [3]). Schon sei man in England, Frankreich und Rußland fest davon überzeugt, daß es Deutschland bei der Heftigkeit der sozialdemokratischen Opposition gegen jeden Imperialismus auf eine Machtprobe gar nicht mehr ankommen lassen dürfe, und ginge deshalb über deutsche Ansprüche ruhig hinweg.

[1]) Hilferding verlangte (N. Z. 27. Jahrg., 2. Bd., S. 161 bis 174), daß der internationale Kongreß von Kopenhagen auch für die auswärtige Politik aller sozialdemokratischen Parteien bestimmte Direktiven erteilen sollte, um solche Ketzereien in Zukunft auszuschließen.

[2]) S. M. 1909, S. 614.

[3]) S. M. 1911, S. 1218—1225.

Daß all' diese Mahnungen doch wenigstens an den verantwortlichen Stellen tieferen Eindruck erzielt hatten, als man nach der Parteipresse erwarten konnte, bewies die vorsichtige Politik, welche der Parteivorstand — aber zum Verdrusse des radikalen Flügels[1]) — während der schweren Marokkokrise 1911 befolgte[2]).

Auf dem Parteitage 1911 suchten Zentrum (bezw. Parteivorstand), Revisionisten und Radikale ihren Standpunkt durch Resolutionen über die Marokkofrage zur Geltung zu bringen.

Das Referat Bebels[3]) trug ganz das Gepräge seiner widerspruchsvollen Taktik. Er gab zu, daß Marokko zu denjenigen Ländern gehöre, die einer großen Entwicklung fähig seien und bei entsprechender Erschließung dem Handel Deutschlands beträchtliche Vorteile böten. Selbstverständlich müßten die handelspolitischen Interessen Deutschlands nach jeder Hinsicht gewahrt werden, Deutschlands Handel und industrielle Entwicklung müßte sich unter den gleichen Bedingungen in Marokko vollziehen können wie die jedes anderen Staates, aber — „wir können nicht zugestehen, daß es wegen dieser Dinge zu einem großen europäischen Konflikte kommt." „Mag der Wunsch da sein, mag er tausendmal berechtigt sein, sich in Marokko festzusetzen, aber man muß sich auch im gewöhnlichen Leben oft liebe Wünsche versagen, weil sie nicht durchführbar sind. So geht es auch den Nationen." Im übrigen glaubte er, seinen Zuhörern den Trost geben zu können, daß Frankreich, wenn es sich in Marokko festlege, auf Jahrzehnte hinaus gar nicht mehr in der Lage sein würde, irgend ein entscheidendes Wort in Europa und gegenüber Deutschland erst recht nicht mitzusprechen!

Noch mehr als die Bebelsche Rede bewegte sich die von ihm im Namen des Parteivorstandes vorgeschlagene Resolution in den her-

---

1) Rosa Luxemburg und ihr Anhang überschütteten auf dem Parteitage von 1911 den Parteivorstand mit Vorwürfen und setzten es auch durch, daß dem Vorstande ein Partei-Ausschuß zur Seite gestellt wurde, um die Übereinstimmung zwischen Massenstimmung und Parteibureaukratie besser zu wahren. Vgl. die hitzigen Verhandlungen im Protokolle des Parteitages 1911, S. 204—270.

2) Über die Stellung Ed. Bernsteins gegenüber der deutsch-englischen Spannung vgl. Bernstein, Die englische Gefahr und das deutsche Volk. 1911.

3) Protokoll des Parteitages 1911, S. 333—348.

gebrachten Redensarten[1]). Trotzdem befriedigte sie den radikalen Flügel nicht. Er verlangte noch wesentliche Verschärfungen. Man solle gegen jeden Krieg protestieren, der zur Unterjochung der barbarischen und halbbarbarischen Völker durch die kapitalistischen Staaten führe, aber auch mit Empörung jede auf dem Wege des diplomatischen Länderschachers erzielte Vergrößerung des Kolonialbesitzes Deutschlands zurückweisen[2]).

Andererseits hatten auch Gerhard Hildebrand und M. Maurenbrecher, ebenfalls ein Parteigenosse mit nationalsozialer Vergangenheit, eine Resolution vorgelegt, in der die Auffassung der kolonialfreundlichen Gruppe der Revisionisten zum Ausdruck kam[3]). Der

---

[1]) a. a. O. S. 472.

[2]) a. a. O. S. 162, 163.

[3]) Sie hatte folgenden Wortlaut:

Die Unterzeichneten beantragen, der Parteitag wolle beschließen:

1. Angesichts des schnell zunehmenden Bedarfs der Kulturvölker an tropischen und subtropischen Nutzstoffen;

2. angesichts der tatsächlichen Unfähigkeit vieler tropischer und subtropischer Völker, die von ihnen bewohnten Gebiete schon jetzt in Einklang mit den Bedürfnissen der internationalen Verkehrswirtschaft zu verwalten und zu entwickeln;

3. angesichts der großen und dauernden Gefährdung des Weltfriedens durch eine ungeregelte, wesentlich von Sonderinteressen einzelner Kapitalistengruppen bestimmte Expansionspolitik der Kulturstaaten;

4. angesichts aber auch der handgreiflichen Gefährdung der Lebensinteressen des deutschen Volkes und namentlich der deutschen Arbeiterklasse durch die rücksichtslosen kolonialpolitischen Monopolbestrebungen der herrschenden Klassen in Frankreich und England

erklärt der Parteitag der deutschen Sozialdemokratie:

1. Die deutsche Sozialdemokratie betrachtet es nach wie vor als ihre wichtigste Aufgabe auf dem Gebiete der internationalen Politik, im Verein mit den ausländischen Bruderparteien für einen friedlichen und dauernden Ausgleich internationaler Interessengegensätze einzutreten.

2. Ein solcher Ausgleich ist aber nur möglich, wenn keine einzelne Nation in der kolonialen Versorgung einen monopolistischen Vorsprung für sich beansprucht und keine sich vom friedlichen Wettbewerb mit gleichen Chancen gewaltsam ausgeschlossen sieht.

Parteitag schien weitere Erörterungen der Angelegenheit aber für wenig opportun zu erachten und nahm schließlich die Anträge des Parteivorstandes einstimmig an.

Wie eben betont wurde, lehnte es Bebel in Übereinstimmung mit der großen Mehrheit seiner Partei entschieden ab, für die kolonialen Interessen Deutschlands nötigenfalls militärische Machtmittel einzusetzen[1]). Die Resolution Hildebrands dagegen läßt sehr

---

3. Der Ausgleich der einander widerstreitenden kolonialpolitischen Interessen der Kulturvölker könnte entweder in der völligen Aufhebung aller einzelstaatlichen Monopole und Vorzugsstellungen zugunsten gemeinschaftlicher Verwaltung und Erschließung kolonialer Gebiete bestehen oder durch eine proportionale Verteilung der ausländischen Einflußgebiete nach Maßgabe ihres wirtschaftlichen Wertes und der Versorgungsbedürfnisse der Besitzerstaaten herbeigeführt werden.

4. Solange eine Verständigung auf einer dieser Grundlagen nicht erreichbar ist, wird sich die deutsche Sozialdemokratie im Verein mit den übrigen Teilen des deutschen Volkes allen Versuchen anderer Kolonialmächte widersetzen, ihre bereits unverhältnismäßig wertvollen Einflußgebiete unter systematischer Nichtbeachtung der deutschen Wirtschaftsbedürfnisse durch weitere Besitz- und Vormachtausdehnung immer noch mehr einseitig zu vergrößern; denn dadurch würde der Spielraum der deutschen Volkswirtschaft unerträglich eingeengt und der kulturelle Aufstieg der deutschen Arbeiter gehemmt oder von den unkontrollierbaren Zufälligkeiten ausländischer Wirtschaftspolitik abhängig gemacht werden.

5. Soweit die deutsche Diplomatie kein anderes Ziel verfolgt, als die Nichtbeachtung deutscher Wirtschaftsinteressen durch die englische und französische Diplomatie zu verhindern, soweit ihr Vorgehen also nur der Verteidigung berechtigter Gesamtinteressen des deutschen Wirtschaftslebens dient, soweit hat die deutsche Sozialdemokratie keinen Grund, ihre Oppositionsstellung aus der inneren auch auf die äußere Politik der Regierung zu übertragen.

Max Maurenbrecher. Hulda Maurenbrecher.
Gerhard Hildebrand, Solingen.

[1]) Diese Halbheit wurde übrigens von radikaler Seite heftig angegriffen. Nicht mit Unrecht legte „Radek" dar, gebe man einmal zu, daß die koloniale Ausdehnung auch im Interesse der Arbeiterklasse liege, so habe man sich mit Haut und Haaren dem Imperialismus verschrieben. Dann heiße es, wer den Zweck wolle, müsse auch die Mittel wollen. Es falle leicht nachzuweisen, daß

wohl eine entgegengesetzte Deutung zu. Jedenfalls glaubte man aus seiner gesamten Wirksamkeit[1]) diesen Schluß ziehen zu müssen. So schrieb das Zentralorgan der Partei am 9. Mai 1912: „Hildebrand hat . . . aus seinen theoretischen Untersuchungen sofort die praktisch-politischen Konsequenzen gezogen. Er ist ein Gegner des Freihandels und befürwortet den Schutzzoll, namentlich auch für die agrarische Produktion. Er lehnt die Milizforderung ab, fordert zwar gewisse demokratische Reformen im Heerwesen, ist aber auch ohne deren Bewilligung bereit in außergewöhnlichen Fällen für notwendige Augenblicksforderungen einzutreten. Er verurteilt die ablehnende Haltung der Sozialdemokratie zur Kolonialpolitik und zum Imperialismus, erklärt die Erweiterung unseres Kolonialbesitzes für notwendig und geht so weit, die Forderung der bedingungslosen Erhaltung des Weltfriedens, die wir im Marokkostreit vertreten haben, als zu weitgehend zu bezeichnen. Hildebrand nimmt also in den wichtigsten Gegenwartsfragen eine der Haltung der Partei genau entgegengesetzte Stellung ein, und wenn etwas unbegreiflich ist, so nur das eine, daß ein solcher Mann bei der Partei bleibt, die er doch eigentlich bekämpfen müßte."

Da Hildebrand ein junges, seiner national-sozialen Vergangenheit wegen ohnehin verdächtiges Mitglied der Partei war und noch auf den untersten Stufen der sozialdemokratischen Hierarchie stand, erschien er als besonders geeignetes Objekt, um einmal ein Exempel zu statuieren. Die zuständige Lokalorganisation leitete das Ausschlußverfahren gegen ihn ein und schloß ihn wegen Verstoßes gegen die Grundsätze der Partei aus. Dieses Erkenntnis unterlag, da Hildebrand appellierte, noch der Bestätigung durch den Parteitag von 1912.

Da die angesehensten Revisionisten aus formellen und materiellen Gründen die Ausschluß-Anträge eindrucksvoll bekämpften, wurden recht umfassende Vorbereitungen getroffen, um eine impo-

---

die Ausdehnung nicht allein auf friedlichem Wege zu erreichen sei. Also sei Flottenvermehrung unvermeidlich. Vgl. Zu unserem Kampfe gegen den Imperialismus N. Z. 30. Jahrg., 2. Bd., S. 194, 233.

[1]) Es handelte sich auch um das Buch Hildebrands: Die Erschütterung der Industrieherrschaft und des Industriesozialismus, 1910.

sante Kundgebung des Parteitages gegen die Weltpolitik zustande zu bringen und damit auch den Ausschluß Hildebrands zu ertrotzen. Der dem radikalen Flügel nahestehende Nachfolger Singers im Vorsitze der Partei, Haase, erstattete ein Referat[1]) über Imperialismus und legte eine Resolution[2]) vor, die schroff jedes Entgegenkommen an die kolonialfreundliche Gruppe abwies. „Die Sozialdemokratie", hieß es, „bekämpft auf das nachdrücklichste imperialistische und chauvinistische Bestrebungen, wo immer sie sich zeigen mögen, pflegt dagegen mit aller Entschiedenheit die internationale Solidarität des Proletariats, das nirgends feindselige Gefühle gegen ein anderes Volk hegt. . . . Der Parteitag verlangt, daß im Wege internationaler Vereinbarungen dem Wettrüsten ein Ende gemacht werde, das den Frieden bedroht und die Menschheit einer furchtbaren Katastrophe entgegentreibt. Der Parteitag fordert an Stelle beutegieriger Eroberungspolitik die Freiheit des Weltverkehrs und die Beseitigung des nur der Bereicherung von Kapitalmagnaten und Grundbesitzern dienenden Schutzzollsystems." Man stellte sich also ganz auf den Boden eines pazifistischen Freihändlertums[3]). An der Debatte nahmen die imperialistischer Neigungen verdächtigen Genossen nur in geringem Umfange teil. Die heikle Frage, was zu geschehen habe, wenn man die Berücksichtigung der weltwirtschaftlichen Interessen des deutschen Volkes auf friedliche Weise nicht erreichen könne, wurde auch von Eduard Bernstein, mehr im Sinne Tolstois als in dem von Engels und Lassalle, ausdrücklich dahin beantwortet: Der Friede stellt unter allen Umständen das höchste Interesse dar.

Am 20. September wurde die Resolution fast einstimmig gutgeheißen und damit der richtige Auftakt für die Verhandlungen des 21. September gewonnen, die sich auf den Ausschluß Hildebrands bezogen. Und nach sehr ausgedehnten und zum Teil höchst erregten Auseinandersetzungen[4]) wurde auch das gewünschte Ergebnis erzielt. Haase verkündigte als Vorsitzender, daß nach der übereinstimmenden

[1]) Protokoll d. Parteitages 1912, S. 403—415.

[2]) a. a. O. S. 529.

[3]) Nicht mit Unrecht schrieb Schippel später, daß die eigentlich entscheidenden Punkte gar nicht berührt wurden. S. M. 1912, S. 1271—1276.

[4]) a. a. O. S. 450—507.

Auffassung des Bureaus „die überwiegende Mehrheit“ den Ausschluß bestätigt habe. Die verlangte „Gegenprobe“ ergab sogar, daß nur eine „geringe Minderheit“ sich gegen den Ausschluß-Antrag erklärte.

Greifbare Erfolge hat diese ganze Aktion aber darüber hinaus nicht erzielt. Wie nach dem Austritt Calwers aus der Partei sein Werk durch Hildebrand fortgesetzt worden war, so trat jetzt in den Sozialistischen Monatsheften an die Stelle Hildebrands der Reichstagsabgeordnete Dr. Ludwig Quessel, der in der Form vielleicht etwas vorsichtiger, in der Sache aber nicht weniger entschieden die Bedeutung, welche die Fragen der Kolonial- und Weltpolitik auch für die Arbeiterklasse besitzen, darzulegen verstand [1]).

---

[1]) Dieses größere Interesse einzelner führender Geister der deutschen Sozialdemokratie an weltpolitischen Fragen wurde übrigens in Frankreich sofort mit großem Argwohn verfolgt. Ein Mitglied der geeinigten Sozialistenpartei, Professor Charles Andler von der Sorbonne, schrieb darüber in der Action Nationale vom 10. Nov. und 10. Dez. 1912 viel beachtete Artikel, in denen er unter anderem sagte: „Es gibt von nun an in Deutschland einen teutonischen, kolonialfreundlichen Plündersozialismus. . . . Es ist eine Art von Betrug, wenn die Franzosen in den Saal Wagram gehen, um einige alte Sergeanten des Idealismus zu hören und zu applaudieren, ohne eine Ahnung davon zu haben, daß nur die Rahmen des alten Bataillons übrig blieben, während die Mannschaftsbestände sich mit jungen Geschäftssozialisten füllen, . . . der neue deutsche Sozialismus wird imperialistisch sein, . . . man versteht deshalb die Haltung der deutschen sozialistischen Partei in den letzten Jahren. Sie war in der marokkanischen Affäre vollkommen eine Erobererpartei. Seit 1905 klagte Bebel die Regierung der Lässigkeit an. . . . Die Zeit ist nicht fern, in der die deutsche sozialistische Partei . . aufgehört haben wird, die Kredite für die neuen Rüstungen zu verweigern . . . für den neo-lassallianischen deutschen Sozialismus sind die Arbeiterklassen mit dem Kapitalismus solidarisch; sie sind solidarisch mit der Kolonialpolitik, sie sind solidarisch mit der Rüstungspolitik, defensiv im Prinzip, offensiv, wenn es nötig ist; und wenn das Deutsche Reich in einen defensiven oder offensiven Krieg gerissen würde, so könnten die deutschen Arbeiter seine Niederlage nicht wünschen. Sie sind demnach solidarisch mit der in ihrem Lande errichteten politischen Konstitution und buchstäblich an der Erhaltung der regierenden Dynastie interessiert. Dieser Sozialismus ist neuartig durch die Abwesenheit von Skrupeln. Er behält eine wachsende Sorge für unmittelbare Arbeiter-

Als wegen der Lehren, die der Balkankrieg erteilt hatte, die Wehrvorlage von 1913 eingebracht wurde, hielten die offiziellen Vertreter der Partei im Plenum wie in der Kommission noch durchaus an der herkömmlichen Beurteilung internationaler Verhältnisse fest. Die panslavistische Gefahr sei ein Hirngespinst des Reichskanzlers; der deutsch-englische Gegensatz sei nach dem Zeugnis der Regierung selbst im Verschwinden begriffen. Soweit in Frankreich etwa chauvinistische Strömungen vorhanden seien, trüge die deutsche Militärpolitik an ihnen die Schuld. Die Völker selbst seien diesseits wie jenseits der Vogesen unbedingt für den Frieden. Man wies auf die deutsch-französische Verständigungskonferenz hin, welche in Bern am 11. Mai 1913 stattgefunden hatte und die von 180 Mitgliedern des französischen Senats und der Deputiertenkammer besucht worden war. Man sagte sich aber in der Partei, daß die Wehrvorlage doch sicher angenommen würde, man könne also nur danach trachten, wenigstens die Kosten auf die Schultern der Besitzenden zu legen. So wurde für die Besitzsteuern votiert, trotz ihres militärischen Verwendungszweckes. Diese Haltung erregte in den radikalen Kreisen der Partei freilich heftigen Widerspruch. Durch solche Bewilligungen der Mittel für Militärvorlagen würde der ganze Kampf der Partei gegen den Militarismus zur Farce herabgewürdigt. Die bürgerlichen Parteien würden regelmäßig die Heeres- und Flottenvermehrungen gut heißen, und die Sozialdemokratie liefere dann die dazu erforderlichen Mittel. Die Regierung könne sich gar nichts Besseres wünschen. Immerhin hat der Parteitag in Jena 1913 die Haltung der Fraktion mit 336 gegen 140 Stimmen gutgeheißen [1]).

---

interessen. Aber er schämt sich nicht, die Prinzipien zu biegen, . . . die neue Doktrin wahrt die Interessen eines einzigen Proletariates, des Proletariates Deutschlands." Vgl. Grumbach, Der imperialistische Sozialismus. N. Z. 31. Jahrg., 1. Bd., S. 737. Das französische Zentralorgan Humanitê hatte es nicht für nötig erachtet, die deutsche Partei, die eben erst Hildebrand seines Imperialismus wegen ausgeschlossen hatte, zu verteidigen. Man sieht, wie anspruchsvoll die Franzosen auch schon vor dem Kriege in bezug auf die internationale Gesinnung der deutschen Partei waren, während reichlich ein Drittel der Kammermitglieder des französischen Sozialismus an der Spitze des Imperialismus marschierten!

[1]) Parteitags-Protokoll 1913, S. 420—515

Zweifelsohne ist für die Bewilligung der Mittel auch der Umstand in Betracht gekommen, daß wegen der immer bedrohlicher werdenden auswärtigen Lage selbst innerhalb der Partei eine Verstärkung der Rüstungen für notwendig angesehen wurde [1]). So lagen die Dinge vor Ausbruch des Weltkrieges.

Zehntes Kapitel.

Die sozialistische Bewegung des Auslandes bis zum Weltkriege [2]).

59. Österreich [3]).

Obwohl die industrielle Entwicklung Österreichs in den letzten Jahrzehnten bemerkenswerte Fortschritte aufzuweisen hatte, so bilde-

---

[1]) So sagte Noske (a. a. O. S. 319): „Wenn die Genossin Luxemburg so scharf auf die Regungen der Volksseele geachtet hätte, würde sie z. B. u. a. einen sehr wichtigen Grund für die Erfolglosigkeit unseres Kampfes gegen die Militärvorlage in den außerordentlich rückständigen russischen Verhältnissen erblicken, die dazu geführt haben, daß während der Balkankriege monatelang große Heere von russischen Soldaten nicht weit von der Grenze kriegsbereit gestanden haben, und daß die Folge davon förmliche Kriegspaniken in einem großen Teil der Grenzprovinzen gewesen sind und ein rasches Zusammenraffen von Geldern auch in Arbeiterkreisen, weil man fürchtete, jeden Tag mit Krieg überzogen zu werden."

[2]) Über die sozialistische Bewegung der Länder die hier nicht berücksichtigt werden konnten, findet sich eine gute Orientierung in dem Werke Kulemanns, Die Berufsvereine, 1903, das im 4.—6. Bande auch die Entwicklung der sozialistischen Arbeiterparteien in Holland, Luxemburg, Dänemark, Schweden, Norwegen, Ungarn, Spanien, Finnland, Serbien, Bulgarien, Rumänien, Kanada, Argentinien, Neuseeland und Japan mit entsprechenden Literaturnachweisen vorführt. Über Norwegen vgl. außerdem Bull, Die sozialistische Bewegung in Norwegen, Grünbergs Archiv, III., S. 438 bis 481; über Schweden Henriksson-Holmberg, Die Entwicklungsgeschichte der Arbeiterbewegung in Schweden, Grünbergs Archiv, VI., S. 32—84.

[3]) Vgl. Art. Sozialdemokratie von Grünberg im Wörterbuch der Volkswirtschaft, herausgegeben von L. Elster, II. Bd.,

ten doch nach der Berufsstatistik des Jahres 1910 die in der Landwirtschaft Erwerbstätigen noch 56,9 %, während auf Industrie und Bergbau nur 24,3, auf Handel und Verkehr 8,2 % entfielen [1]). Tritt die gewerbliche Tätigkeit an und für sich schon gegenüber der landwirtschaftlichen Produktion in den Hintergrund, so ist noch zu beachten, daß innerhalb des Gewerbes handwerksmäßige und hausindustrielle Betriebsformen stark vertreten sind. Immerhin hatte sich die Zahl der fabrikmäßigen Betriebe von 12 735 im Jahre 1904 auf 17 034 im Jahre 1913 vermehrt. Der fabrikmäßige Betrieb war, abgesehen von den größeren Städten, der Hauptsache nach auf

S. 810—812; O. Pohl, Der Sozialismus in Österreich, S. M. 1898, S. 60—68; Ellenbogen, Der Parteitag der österreichischen Sozialdemokratie, a. a. O. 1901, S. 945—948; Winter, Reichsratswahlen in Österreich, N. Z. XIX, 1, S. 535; Soukup, Die tschechische Arbeiterbewegung, N. Z. XIX, 2, S. 816—822; Fr. Hertz, Betrachtungen über die österreichische Sozialdemokratie, S. M. 1903, S. 99—108; Ellenbogen, Der Wiener Gesamtparteitag, S. M. 1903, S. 889—893; Die Arbeitervereine Österreichs nach dem Stande vom 31. Dez. 1900. Herausgegeben vom k. k. arbeitsstatistischen Amte. Wien 1905; K. Leuthner, Auf neuen Wegen zu alten Zielen, S. M. 1907, S. 114—127; Derselbe, Die siegreiche Sozialdemokratie in Österreich, a. a. O. S. 499—505; J. Deutsch, Geschichte der österreichischen Gewerkschaftsbewegung, Wien 1908; K. Schwechler, Die österreichische Sozialdemokratie, 3. Aufl., Graz und Wien 1908; R. Danneberg, Die deutsche Sozialdemokratie in Österreich. N. Z. 35. Jahrg. S. 454 ff.; L. Brügel, Geschichte der österreichischen Sozialdemokratie. Bd. I. (Vom Vormärz bis 1870.) Wien 1922. Die wichtigsten prinzipiellen Beschlüsse des Gesamtparteitages der sozialdemokratischen Arbeiterpartei in Österreich, D. S. IV, S. 89 bis 92. Im übrigen ist das Studium der Verhandlungen der Parteitage zu empfehlen. Von seiten der Gesamtpartei fanden solche statt in Hainfeld 1888/89, in Wien 1891, 1892, 1894, 1897, 1901, 1903, 1905, in Prag 1896, in Brünn 1899; Kongresse der deutschen Sozialdemokratie Österreichs wurden 1898 in Linz, 1900 in Graz, 1902 in Aussig, 1904 in Salzburg, 1907 in Wien, 1909 in Reichenberg, 1911 in Innsbruck, 1912 in Wien abgehalten. Die Berichte sind sämtlich in Wien erschienen und durch die Wiener Volksbuchhandlung Ignaz Brand, VI, Gumpendorferstr. 18 zu beziehen.

[1]) Es betrug der Wert der Bergbauproduktion 1905 233 Mill. Kronen, 1913 371 Mill. Kronen; der Hüttenproduktion 103 bezw. 181 Mill. Kronen; die Menge der zur Kokserzeugung verwendeten Steinkohle 1,8 bezw. 4,2 Mill. Tonnen.

Nordböhmen, Vorarlberg, einzelne Gebiete Mährens, Niederösterreichs, Schlesiens und der Steiermark beschränkt. Mochten nun auch im Kleingewerbe durchaus nicht so gute Zustände herrschen, daß die Arbeiter auf eine besondere Vertretung ihrer Klasseninteressen verzichten konnten, so verhinderte doch gerade hier die oft allerdings recht trügerische Hoffnung, noch einmal Meister zu werden, so manchen Arbeiter daran, sich an der Arbeiterbewegung zu beteiligen. In der Hausindustrie ließ wieder das Übermaß des wirtschaftlichen und geistigen Elendes eine zielbewußte und kraftvolle Interessenvertretung nur selten emporkommen.

In rechtlicher Beziehung war erst durch die Staatsgrundgesetze von 1867 ein gewisser Spielraum für die Arbeiterpartei entstanden. In Nordböhmen und in Wien begannen die Ideen Lassalles Anklang zu finden. Sie wurden teils durch Arbeiter, die aus dem Reiche eingewandert waren, teils durch Einheimische, die vorübergehend in Sachsen tätig gewesen, verbreitet. Die soziale Frage hörte nicht mehr, wie behauptet worden war, bei Bodenbach auf. Am 13. Dezember 1869 fand vor dem Reichsrate in Wien eine große Arbeiterdemonstration statt, um gegen die von dem deutsch-liberalen Minister Giskra verfügte Unterdrückung der sozialdemokratischen Organisationen Protest einzulegen. Außerdem wurde das Wahlrecht und die Koalitionsfreiheit begehrt. Letztere gestand die Regierung tatsächlich zu. Im Laufe der siebziger Jahre entwickelte sich innerhalb der Bewegung ein Gegensatz zwischen „Gemäßigten“ und „Radikalen“. Die ersteren waren deutschzentralistisch gesinnt und standen zu den Deutsch-Liberalen in Beziehungen; die letzteren sympathisierten mit den autonomistisch-slavischen Tendenzen und erfreuten sich einer gewissen Protektion in den slawisch-feudalen Kreisen. Die Zwistigkeiten wurden durch das Auftreten des Anarchismus noch weiter vertieft, der unter den Radikalen viele Anhänger gewann. Es erfolgten die Attentate von Merstallinger, Kammerer und Stellmacher. Am 30. Januar 1884 wurde über Wien und Umgebung der Ausnahmezustand verhängt. Überhaupt trat die Regierung mit drakonischer Strenge gegen die ganze Bewegung auf. Ob es sich um „Gemäßigte“, „Radikale“, „Anarchisten“ oder „Terroristen“ handelte, die Beteiligung an der Bewegung überhaupt, der Besitz eines verbotenen Zeitungsblattes u. dgl. konnte genügen, um schwere

Verurteilungen wegen Geheimbündelei und Hochverrat, zum mindesten eine monatelange Untersuchungshaft herbeizuführen.

Erst im Jahre 1887 gelang es Dr. Viktor Adler als Herausgeber der sozialistischen „Gleichheit", eine Reorganisation der Arbeiterpartei zustande zu bringen. Ende 1888 konnte in Hainfeld die Gründung der sozialdemokratischen Partei Österreichs erfolgen. Ihr von K. Kautsky entworfenes Programm enthielt die Grundgedanken des Marxismus. Zunächst waren es hauptsächlich Arbeiter deutscher Nationalität aus Wien, Niederösterreich, Mähren und Nordböhmen, die als Träger der Bewegung gelten konnten. Da in Österreich die Ausübung des Wahlrechts an eine direkte Steuerleistung von 5 fl. geknüpft war, so bildete der Kampf um das Wahlrecht den politisch wichtigsten Teil der Agitation. Daneben wurden die gewerkschaftlichen Aufgaben nicht ganz vernachlässigt.

Im Oktober 1893 brachte das Ministerium Taaffe-Steinbach einen Gesetzentwurf ein, der für die Städte und Landgemeinden das allgemeine Wahlrecht zugestand. Im Reichsrate fand die Novelle auf allen Seiten lebhaften Widerstand. Da die Arbeiter nichts zur Unterstützung der Regierung ins Werk setzten, so trat diese schließlich zurück. Durch diese Haltung bewies die Partei, daß ihr und ihren Führern der staatsmännische Sinn noch fehlte. In doktrinärer Verbohrtheit wurde eine unvergleichlich günstige Gelegenheit verpaßt. Erst 1896 wurde durch den Grafen Badeni den bestehenden vier Wahlkörpern noch ein fünfter Wahlkörper des allgemeinen Wahlrechtes angegliedert, der 72 Mandate zu vergeben hatte. Bei den Wahlen von 1897 wurden 14 Sozialdemokraten zum Teil mit bürgerlicher Unterstützung gewählt.

Der Parteitag in Wien 1901 strich die grobe und handgreiflich falsche Fassung der Verelendungstheorie, welche das Hainfelder Programm enthielt. An ihre Stelle trat folgender Passus: „Es wächst die Masse der Proletarier, es steigt aber auch der Grad ihrer Ausbeutung, und deshalb tritt die Lebenshaltung immer breiterer Schichten des arbeitenden Volkes immer mehr in Gegensatz zu der rasch steigenden Produktionskraft seiner eigenen Arbeit und zu dem Anschwellen des von ihm selbst geschaffenen Reichtumes." Man hatte also die relative Zunahme der Ausbeutung im Sinne der Marxschen Werttheorie eingesetzt.

Große Schwierigkeiten erwuchsen der Sezlaldemokratie aus der

Verschärfung der nationalen Gegensätze in Österreich. Gerade hier, wo der „internationale" Charakter der Sozialdemokratie nützliche Wirkungen hätte erzielen können, versagte er mehr und mehr vor allem auf seiten der nichtdeutschen Arbeiter[1]). Schon 1893 hatte sich die tschechische Sozialdemokratie als selbständige Partei konstituiert und auf dem Wiener Parteitage von 1897 erfolgte die Föderalisierung der „österreichischen" Sozialdemokratie in sechs nationale ziemlich selbständige Organisationen (deutsch, tschechisch, polnisch, südslawisch, italienisch, ruthenisch). Es fanden zwar zuerst noch einige Parteitage der Gesamtpartei statt, auf welchen sich die tschechischen Delegierten der tschechischen Sprache bedienten, seit 1905 hat aber auch diese Verbindung aufgehört[2]).

Der Gesamtparteitag in Brünn (1899) nahm ein Nationalitätenprogramm[3]) an, derjenige in Wien (1903) verwarf die staats-

---

[1]) K. Reinold, Die österreichische Sozialdemokratie und der Nationalismus. Wien 1910. Die nationalen Schwierigkeiten gewannen auch innerhalb der Gewerkschaftsbewegung eine wachsende Bedeutung. Vgl. Fr. Winter, Nationalität und Gewerkschaft, S. M. 1906, S. 542—548; Leo Winter, Nationalität und Gewerkschaft, a. a. O. S. 673—680 (Erwiderung vom tschechischen Standpunkte aus); J. Deutsch, Geschichte der österreichischen Gewerkschaftsbewegung, Wien 1908, S. 280—304; Dokumente des Separatismus, herausgegeben vom österreichischen Metallarbeiterverband, Wien 1911; Kulemann, Die Berufsvereine V. Bd., 1913, S. 49—67. Vgl. außerdem zahlreiche Artikel über die österreichische Nationalitätenfrage in der N. Z. (Drittes Generalregister S. 119).

[2]) Über die Bemühungen, eine „Gesamtpartei" aufrecht zu erhalten, vgl. den Bericht Dr. Adlers auf dem Parteitage 1912, S. 189—196.

[3]) Es hat folgenden Wortlaut:

„Da die nationalen Wirren in Österreich jeden politischen Fortschritt und jede kulturelle Entwicklung der Völker lähmen, da diese Wirren in erster Linie auf die politische Rückständigkeit unserer öffentlichen Einrichtungen zurückzuführen sind und da insbesondere die Fortführung des nationalen Streites eines jener Mittel ist, durch die die herrschenden Klassen sich ihre Herrschaft sichern und die wirklichen Volksinteressen an jeder kräftigen Äußerung hindern,

erklärt der Parteitag:

Die endliche Regelung der Nationalitäten- und Sprachenfrage in Österreich im Sinne des gleichen Rechtes und der Gleich-

rechtliche Verbindung mit Ungarn, befürwortete aber die Aufrechterhaltung der Zollunion. Bemerkenswert war eine scharfe Resolution desselben Parteitags zugunsten der Anti-Alkoholbewegung, die unter den österreichischen Sozialisten in ausgezeichneter Weise durch Dr. Fröhlich vertreten wurde. Auch dem Ausbau der Konsumgenossenschaften sollte von Partei wegen in Zukunft größeres Interesse geschenkt werden. Man erwartete von ihnen Steigerung

---

berechtigung und Vernunft ist vor allem eine kulturelle Forderung, daher im Lebensinteresse des Proletariats gelegen;

sie ist nur möglich in einem wahrhaft demokratischen Gemeinwesen, das auf das allgemeine, gleiche und direkte Wahlrecht gegründet ist, in dem alle feudalen Privilegien im Staate und in den Ländern beseitigt sind, denn erst in einem solchen Gemeinwesen können die arbeitenden Klassen, die in Wahrheit die den Staat und die Gesellschaft erhaltenden Elemente sind, zu Worte kommen;

die Pflege und Entwicklung der nationalen Eigenart aller Völker in Österreich ist nur möglich auf Grundlage des gleichen Rechtes und unter Vermeidung jeder Unterdrückung, daher muß vor allem anderen jeder bureaukratisch-staatliche Zentralismus ebenso wie die feudalen Privilegien der Länder bekämpft werden.

Unter diesen Voraussetzungen, aber auch nur unter diesen, wird es möglich sein, in Österreich an Stelle des nationalen Haders nationale Ordnung zu setzen, und zwar unter Anerkennung folgender leitender Grundsätze:

1. Österreich ist umzubilden in einen demokratischen Nationalitätenbundesstaat.

2. An Stelle der historischen Kronländer werden national abgegrenzte Selbstverwaltungskörper gebildet, deren Gesetzgebung und Verwaltung durch Nationalkammern, gewählt auf Grund des allgemeinen, gleichen und direkten Wahlrechts, besorgt wird.

3. Sämtliche Selbstverwaltungsgebiete einer und derselben Nation bilden zusammen einen national einheitlichen Verband, der seine nationalen Angelegenheiten völlig autonom besorgt.

4. Das Recht der nationalen Minderheiten wird durch ein eigenes, vom Reichsparlament zu beschließendes Gesetz gewahrt.

5. Wir erkennen kein nationales Vorrecht an, verwerfen daher die Forderung einer Staatssprache; wie weit eine Vermittlungssprache nötig ist, wird das Reichsparlament bestimmen.

Der Parteitag, als das Organ der internationalen Sozialdemokratie in Österreich, spricht die Überzeugung aus, daß auf Grundlage dieser leitenden Sätze eine Verständigung der Völker möglich ist;

der Lebenshaltung der Arbeiter durch Beseitigung des Zwischenhandels, Regulierung der lokalen, später der nationalen Preisbildung der Lebensmittel, Eigenproduktion, Bekämpfung der Kartelle und Trusts, materielle Unterstützung der politischen und gewerkschaftlichen Organisation, Sicherung der Existenz der Opfer des Klassenkampfes.

Die Tätigkeit der sozialdemokratischen Vertreter im Reichsrate beschränkte sich im allgemeinen darauf, eine Debatte über irgend einen Korruptionsskandal in Galizien oder im Lager der christlichsozialen Partei herbeizuführen. Früher bildeten Angriffe auf die Regierung wegen politischer Übergriffe auf dem Gebiete der Koalitions-, der Preß-, Vereins- oder Versammlungsfreiheit den Höhepunkt der parlamentarischen Beredsamkeit. Unter dem Ministerium Körber war der Arbeiterpartei aber eine so große Bewegungsfreiheit zugestanden worden, daß in dieser Beziehung das Agitationsmaterial immer mehr abhanden kam. Auch für die sonst mit Neigung und Geschick in Wien inszenierten Straßendemonstrationen fehlte es unter diesen Umständen an passenden Vorwänden.

Tiefergehende Auseinandersetzungen über die politischen Lebensfragen des österreichischen Staatswesens traten in Presse und Parlament in den Hintergrund. Zwischen der Wiener Parteileitung und dem Wiener Zentralorgan, die in erster Linie nach Wiener Gesichtspunkten und Verhältnissen sich richteten, und den hochentwickelten Industriegebieten im Norden des Reiches, im „österreichischen Sachsen“, schien die rechte Fühlung immer mehr verloren zu gehen. Nach den für den Salzburger Parteitag (1904) erstatteten Berichten befand sich die Bewegung in offenbarem Rückgange.

---

er erklärt feierlich, daß er das Recht jeder Nationalität auf nationale Existenz und nationale Entwicklung anerkennt;

daß aber die Völker jeden Fortschritt ihrer Kultur nur in enger Solidarität miteinander, nicht im kleinlichen Streit gegeneinander erringen können, daß insbesondere die Arbeiterklasse aller Zungen im Interesse jeder einzelnen Nation wie im Interesse der Gesamtheit an der internationalen Kampfgenossenschaft und Verbrüderung festhält und ihren politischen und gewerkschaftlichen Kampf in einheitlicher Geschlossenheit führen muß.“

Irgendwelche Schritte zur allmählichen Verwirklichung dieser Grundsätze hatte die Partei aber nicht durchsetzen können.

Äußere Ereignisse brachten der österreichischen Sozialdemokratie einen glücklichen Ausweg aus der drohenden Stagnation. Infolge des Verfassungskonfliktes in Ungarn war von Christoffy, dem Minister des Innern im Kabinett Fejervary, die Verleihung des allgemeinen und gleichen Wahlrechtes als letztes und äußerstes Mittel gegen die magyarischen Unabhängigkeitsbestrebungen vorgeschlagen worden. So hatte der Kaiser von Österreich als König von Ungarn den Grundsatz des allgemeinen und gleichen Wahlrechtes angenommen. Da die Oktroyierung dieser Reform durch die Krone aber anscheinend durch die Haltung der Wiener Regierung verhindert worden war, so hatte die österreichische Sozialdemokratie alle Veranlassung, aufs neue einen Wahlrechtssturm zu organisieren. Während auf dem Wiener Parteitag im Oktober 1905 Dr. Ellenbogen „über die österreichische Krise und das Wahlrecht" referierte, lief die Kunde von dem Zaren-Manifest ein, welches dem russischen Volke eine Volksvertretung auf breitem Wahlrecht und mit entscheidender Mitwirkung an der Gesetzgebung versprach. Eine ungeheure Begeisterung bemächtigte sich unter diesen Umständen der Kongreßteilnehmer. Revolutionsgesänge in deutscher, tschechischer und polnischer Sprache durchbrausten den Saal und in einer Resolution wurde erklärt, daß nach dem glorreichen Siege der russischen Revolution das österreichische Proletariat aller Zungen das allgemeine, gleiche und direkte Wahlrecht mit aller Energie fordere und entschlossen sei, allen Verschleppungsversuchen, wenn es sein müsse, auch mit den äußersten Mitteln entgegenzutreten. Straßendemonstrationen folgten, wie sie in dieser Ausdehnung selbst in Österreich noch nicht erlebt worden waren. Ohne den Einfluß derartiger Kundgebungen auf den impressionablen Charakter der österreichischen Völker zu unterschätzen, wird man ihnen doch kaum den Hauptanteil an den folgenden Ereignissen zuschreiben dürfen. Das Gefüge des österreichischen Staatswesens mochte mancherlei zu wünschen übrig lassen, ein Jericho, dessen Mauern durch sozialdemokratische Umzüge mit Pauken und Trompeten einstürzen müßten, stellte es denn doch nicht dar. Und so hat selbst der „Vorwärts" erklärt, daß die österreichische Wahlreform, die am 24. Februar 1906 vom Ministerium Gautsch eingebracht und nach sehr kritischen Situationen schließlich vom Ministerium Beck am 30. Januar 1907 in der „Wiener Zeitung" als Gesetz publiziert werden kennte, „weniger die

Frucht des proletarischen Kampfes, als der nationalistischen Verlegenheit der Krone" gewesen sei[1]). Viktor Adler drückte diesen Gedanken auf dem Stuttgarter Internationalen Sozialistenkongreß (1907) geschmackvoll dahin aus, daß er sagte: „Man hat uns das Wahlrecht nicht bloß deshalb gegeben, weil wir so stark waren, sondern weil der Staat am Verrecken war"[2]). Sicher ist, daß der Wille der Krone den Ausschlag gegeben hat. Welche Motive aber den Monarchen dieser Reform geneigt gemacht haben, entzieht sich der sicheren Beurteilung.

Sollte eine Verstärkung des klerikalen Einflusses beabsichtigt gewesen sein, so dürfte der gewollte Erfolg in der Tat teilweise erreicht worden sein. Sollte man auf eine Abschwächung der nationalen Streitigkeiten gerechnet haben, so hat der Gang der Entwicklung diese Hoffnungen als Illusionen erwiesen. Jeder Fortschritt in der Ausgestaltung des Wahlrechtes stellte die nationalen Streitigkeiten nur auf breitere Grundlagen. Je tiefer man in der sozialen Stufenleiter herabstieg, desto weniger erschienen die sprachlichen Forderungen als chauvinistischer Sport einer bürgerlichen Intelligenz, sondern als Lebensfrage der Massen selbst.

Suchte Österreich auf demokratischen Bahnen sich zu entwickeln — und die Regierungspraxis der letzten Jahre vor dem Kriege legte diese Vermutung nahe[3]) —, so mußten die durch das neue Wahlrecht angebahnten politischen Verhältnisse zur Autonomie der Nationalitäten in einem Föderativ-Staat nach schweizer oder nordamerikanischer Art führen.

Auch die deutsch-österreichische Sozialdemokratie baute nach dem Vorbilde der reichsdeutschen Partei ihre innere Organisation mehr und mehr aus. Ihre gesamten Einnahmen beliefen sich 1911/12 auf 198 071 Kr. Die Zahl der Genossen, die den politischen Organisationen angehörten, betrug 145 524. Dagegen war für die Vertretung auf dem Parteitage die Mitgliederzahl der delegierenden Organisationen noch belanglos. Jede war berechtigt, zwei Delegierte zu entsenden.

---

[1]) Elsbeth Georgi, Theorie und Praxis des Generalstreiks. Jena 1908. S. 57.

[2]) Protokoll S. 9.

[3]) Selbst von sozialistischer Seite wird versichert, daß Österreich in Justizpflege, Presse und Versammlungswesen zu den freiesten Staaten gehöre. S. M. 1907, S. 117.

Zwei Beziehungen sind es, in denen die Haltung der österreichischen Sozialdemokratie von der ihrer deutschen Schwesterpartei abstach:

Erstens hatte die österreichische Partei die Konsequenzen, die sich aus der Verstärkung ihres parlamentarischen Einflusses ergeben haben, ohne Umschweife gezogen. Sie war zu positiver Arbeit auf dem Boden der bestehenden Ordnung bereit und hatte diese Bereitwilligkeit durch Zustimmung zu wichtigen Regierungsvorlagen (Dringlichkeit des Budgets, der Ausgleichsvorlagen u. dgl.) betätigt. Sie verzichtet deshalb auch nicht auf Stellungen, die höfische Verpflichtungen einschlossen. Der sozialdemokratische Verband hatte es jedem Abgeordneten freigestellt, die Thronrede anzuhören. Die Sozialdemokraten verließen bei einem Hoch auf den Kaiser auch nicht den Saal, sondern erhoben sich von ihren Plätzen und stimmten zum Teil sogar in dieses Hoch ein. Der Abgeordnete Pernerstorfer hatte erklärt, daß er ebenso entschlossen sei, im Interesse der Partei auf die Straße wie zu Hofe zu gehen, und war als Vizepräsident des Abgeordnetenhauses der Einladung, sich der Krone vorzustellen, gefolgt.

Zweitens hatte die österreichische Sozialdemokratie je länger je mehr begriffen, daß das Parteidogma, nationale Fragen gingen nur die Bourgeoisie an, hätten aber für das Proletariat kein Interesse, eine verhängnisvolle Irrlehre darstellte.

Nicht nur Pernerstorfer [1]), der als Mitbegründer des Deutschen Schulvereins sich von jeher ein gut nationales Empfinden bewahrt hat, sondern auch andere österreichische Sozialdemokraten bekundeten ein feines Verständnis für nationale Werte. So schrieb z. B. K. Leuthner [2]): „Noch weniger will sich gewissen überkommenen Schablonen aber das wurzelfeste und unzerstörbare Nationalgefühl des Proletariates der slawischen Völker fügen. Seine Intensität leugnen vermöchte nur dreiste Verlogenheit, und wollte man es prinzipiell unvereinbar erklären mit sozialdemokratischer Internationalität, so wäre damit bloß der Beweis geliefert, daß manche Deutsche noch immer ihre aus schmachvoll staatsloser partikularistischer Ver-

---

[1]) Vgl. dessen prächtigen Aufsatz „Der nationale und der internationale Gedanke". S. M. 1905, S. 645—653.

[2]) S. M. 1907, S. 119.

gangenheit herstammenden Velleitäten gerne mit prahlenden Titeln und Namen verbrämen. Richtig gefaßt steht die Internationalität ebenso im Gegensatz zu gewalttätigem Chauvinismus, wie zu jenem Kosmopolitismus, der als die Gedankenrichtung der Geistesaristokratie bestimmter Epochen einen höheren Schein empfangen hat, ansonsten aber die geschichtlich und sozial berechtigte Lebensstimmung des Hochadels und der Hochfinanz bezeichnet und auch zu einer verständigeren Auffassung internationaler Fragen schwerlich in gleicher Weise für die Coburger und Rothschilde wie für das Proletariat bekömmlich und fördernd sein kann."

Wer nun glauben sollte, daß der furchtbare Ernst der nationalen Kämpfe, in denen die deutsche Sozialdemokratie Österreichs lebte, auch zu einer verständigen Auffassung internationaler Fragen überhaupt geführt haben müßte, würde sich arg enttäuscht finden. Diese wurde zwar, wie in anderem Zusammenhange schon dargetan wurde, von K. Leuthner, dem Auslandsredakteur des Zentralorgans, der Wiener Arbeiterzeitung, vertreten, aber andere ungleich einflußreichere Führer hatten erst sehr viel später begonnen, den Problemen der Auslandspolitik größere Aufmerksamkeit zu schenken. So zeigte noch das Referat[1]), das der anerkannte Führer der Partei, Dr. Adler, auf dem Parteitage 1909 erstattete, eine für einen sonst so geistvollen Mann auffallende Oberflächlichkeit. Von dem Bündnisse mit dem Deutschen Reiche wurde gesagt, es wäre sehr zu wünschen, daß es nicht nur dazu benützt würde, um auf Österreich einen Teil der Kosten zu überwälzen[2]), die der deutsche Imperialismus für notwendig halte in seinem Wettkampfe mit dem englischen Imperialismus. Der italienischen Irredenta könnte durch Bewilligung der Rechtsfakultät in Triest der Boden entzogen werden. Sie sei schon heute lächerlich genug. „Ich muß . . . sagen, daß ich von jeher, wenn ich die Feindseligkeiten in Italien gegen Österreich und die Aufgeregtheiten, die man hier gegenüber Italien zur Schau trägt,

---

[1]) Parteitags-Protokoll S. 265—272.

[2]) Österreich-Ungarn hat bis zum Wehrgesetze von 1912 jährlich 135 570 Mann (für das stehende Heer, die beiden Landwehren und die Marine) ausgehoben, das Deutsche Reich dagegen 292 155 Mann. Während die Bevölkerung des Deutschen Reiches zu der Österreich-Ungarns sich wie 100:77 verhielt, ergab sich bei den Rekrutenkontingenten dagegen nur das Verhältnis von 100:46!

betrachte, immer den Verdacht gehabt habe, daß sie nur abgekartete Komödie der beiden Kriegsminister sind, die sie ausführen, um ihre Rüstungskredite zu bekommen." Auf dem Balkan würde Österreichs Lage ganz befriedigend sein, wenn in Bosnien die Bauernbefreiung energischer durchgeführt und Serbien gegenüber eine wohlwollende, nicht nur von den engherzigen Interessen österreichischer und ungarischer Agrarier beherrschte Wirtschaftspolitik getrieben worden wäre[1]).

Adler schloß seine Ausführungen damit, daß er sagte: „Es muß endlich klar werden, daß die Völker Österreichs nicht so blöde sind, sich die Augen verschmieren zu lassen und das Hirn verkleben zu lassen mit diesen albernen Phrasen von einem Großösterreich, das nicht leben kann, das lahm ist an allen seinen Extremitäten, das sich nicht rühren kann, das in der europäischen Welt sich aufspielt, aber innerlich krank ist in jedem Gliede; es muß klar werden, daß die Völker Österreichs nicht gesonnen sind, ihre ganze Lebenshaltung, ihre physische Entwicklung, ihren geistigen und kulturellen Fortschritt preiszugeben, damit unsere Diplomatie und unsere Generäle mit einer schönen Armee prunken können und mit Kriegsschiffen, die sie in gleichen Rang setzen mit anderen Staaten."

Ohne nennenswerte Debatte wurde eine dem Referate entsprechende Resolution angenommen.

Wenn hier, im Gegensatze zur reichsdeutschen Sozialdemokratie, nicht einmal die Bereitwilligkeit ausgesprochen wurde, das Vaterland gegen Angriffe von außen zu verteidigen, so könnte man glauben, daß die österreichische Sozialdemokratie überhaupt eine Zertrümmerung ihres Staates und eine Angliederung der Deutschen, Polen, Südslawen, Ruthenen, Rumänen und Italiener an die ihnen entsprechenden Nationalstaaten erstrebt hätte. Das ist aber keineswegs allgemein der Fall gewesen. Gerade die österreichischen Marxisten hegten von ihrem internationalen Standpunkte aus eine ge-

---

[1]) Wie wenig diese, auch sonst öfters auftretende Ansicht in den Tatsachen begründet erscheint, zeigt v. Zwiedineck in seiner lehrreichen Abhandlung: Die handelspolitischen Beziehungen Serbiens zu Österreich-Ungarn. Weltwirtschaftliches Archiv 6. Bd., S. 89—124, 383—410, 1915. Unfreundliche wirtschaftspolitische Akte der Donaumonarchie gegen Serbien sind weit mehr die Folge als die Ursache der politischen Gegensätze gewesen.

wisse Liebe für den österreichisch-ungarischen Nationalitätenstaat und haben sich redlich bemüht, Mittel und Wege für die Beilegung der Nationalitätenkämpfe ausfindig zu machen[1]).

Die Zunahme der internationalen Spannungen brachte es mit sich, daß schon der Parteitag von 1912 wieder „Krieg und Internationale" zu erörtern hatte[2]). Es läßt sich nicht verkennen, daß mittlerweile selbst Dr. Adler, der auch dieses Mal als Referent auftrat, sich zu einer wesentlich ernsteren Auffassung durchgearbeitet hatte. Die verhängnisvolle Politik, die Rußland auf dem Balkan gegen den Bestand der Donaumonarchie trieb, konnte nicht mehr verkannt werden. Trotzdem wurde die Losung „Erhaltung des Friedens unter allen Umständen und um jeden Preis" ausgegeben und die doch selbstverständliche Äußerung des österreichischen Ministerpräsidenten „kein großer Staat kann sagen, unter allen Umständen und um jeden Preis wolle er Frieden halten" sehr abfällig kritisiert.

Es fand eine längere Debatte statt, an der sich die besten Köpfe der Partei beteiligten. Der Historiker Privatdozent Dr. L. M. Hartmann kehrte sich gegen die noch immer in veralteten Metternichschen Traditionen lebende und wirkende Diplomatie. Dr. Schacherl verriet einige antimilitaristische Neigungen und forderte die Partei auf, mehr für die Aufklärung der Arbeiterklasse zu tun, damit sie in Zukunft gegenüber der Kriegshetze der bürgerlichen Presse größere Widerstandskraft bewähre. Dr. Renner freute sich über die türkischen Niederlagen. Sie bewiesen, daß die Berufung der Junker zur Heeresführung abgekracht und zusammengebrochen sei, hoffentlich für ganz Europa. Immerhin erinnerte er beifällig an den Ausspruch, in dem Bebel versichert hat, er würde bei einem Kampfe gegen den russischen Zarismus noch selbst ins Feld ziehen. K. Leuthner, von

---

[1]) Vgl. Rudolf Springer (Pseudonym für den österreichischen Sozialdemokraten Dr. Renner), Der Kampf der österreichischen Nationen um den Staat I, Wien 1902; Derselbe, Grundlagen und Entwicklungsziele der österreichisch-ungarischen Monarchie, Wien 1906; Otto Bauer, Die Nationalitätenfrage und die Sozialdemokratie, Wien 1907. Beide Werke wurden von K. Kautsky kritisiert in dessen Schrift: Nationalität und Internationalität. Ergänzungshefte zur N. Z. Nr. 1, 1908.

[2]) Protokoll des Parteitags 1912, S. 105—128.

der Macht und der Berechtigung der nationalen Bewegungen tief durchdrungen, erklärte, daß Österreich die Rolle, welche es gegenüber den nationalen Einigungsbestrebungen in Deutschland und Italien gespielt habe, nicht auf dem Balkan erneuern dürfe. Er sah aber mit Recht voraus, daß die kriegerischen Erfolge Serbiens dessen Beziehungen zu Österreich noch bedrohlicher gestalten würden.

Während Leuthner Österreich nur als einen „zufällig zusammenhängenden Verband der Nationen" bezeichnete, deren Sympathien in der auswärtigen Politik sich feindlich kreuzenden Richtungen folgen, und der Erhaltung Österreichs ebenso geringe Sympathien entgegenbrachte wie einst Lassalle [1]), betonte der Chefredakteur der Wiener Arbeiterzeitung, Austerlitz, mit aller Entschiedenheit die Notwendigkeit und Existenzberechtigung Österreichs. „Aber es scheint mir, daß es doch eine einigermaßen kindliche Vorstellung ist, sich das Österreich, in dem wir leben, nur als Fideikommiß einer Familie vorzustellen, und die Welt so anzusehen, als ob Österreich nur in der Erscheinung der Regierenden bestehen würde. Dieses Österreich sind *auch wir*, wir deutschen Arbeiter und die Arbeiter aller Nationen, ist das Bürgertum, ist die geistige, die wirtschaftliche Entwicklung all' der Nationen, die Österreich bilden, ist doch alles in allem ein gutes Stück Westeuropa. Warum soll es also ausgeschlossen sein, daß es die Serben hier aushalten, in diesem Österreich aushalten, in dem doch auch wir leben müssen, wirken müssen?... Darum rufen wir „Der Balkan den Balkanvölkern, Österreich aber den österreichischen Völkern".

Trotz dieser Meinungsverschiedenheiten — der als Gast anwesende Vertreter der polnischen Sozialdemokratie, Daszynski [2]), hatte auf die Perspektiven hingewiesen, die ein Krieg mit Rußland den nationalen Wünschen des polnischen Volkes biete — wurde die Resolution, welche Frieden um jeden Preis und große Demonstrationen gegen die Einmengung Österreichs in den Balkankrieg forderte, ohne Widerspruch angenommen.

---

[1]) Vgl. die ausführlichere Kritik der österreichischen Balkanpolitik durch *Leuthner* in S. M. 1912, S. 1415—1426 und 1551 bis 1560.

[2]) Vgl. a. a. O. S. 102.

60. Schweiz[1]).

Trotz starken Wachstumes der Fabrikindustrie[2]) kommt dem Verlagssysteme hier, namentlich in der Seiden-, Uhren- und Stickereiindustrie, noch immer eine bemerkenswerte Ausdehnung zu[3]). Sehr oft befassen sich die Hausindustriellen mit einem landwirtschaftlichen Nebenerwerb. Dieser Umstand in Verbindung mit der lokalen Dezentralisation der Bevölkerung ist der Wirksamkeit der Sozialdemokratie nicht förderlich. Bei dem Kohlenmangel des Landes haben auch die Fabriken in erster Linie Wasserkräfte zu verwenden gestrebt und sich deshalb auf dem Lande angesiedelt. Da durch die kleinbürgerliche Demokratie fast alle Forderungen des politischen Programmes schon verwirklicht waren, ehe die sozialdemokratische Partei der Schweiz gegründet wurde, so stand ihr auf politischem Wege wenig Agitationsstoff zur Verfügung. Auch der Umstand, daß in der sozialistischen Bewegung ursprünglich das ausländische Element in den Vordergrund trat, schadete ihr in den Augen der Schweizer. Für die theoretischen Spekulationen des Marxismus besaßen und besitzen die einheimischen Arbeiter überdies gar kein Interesse. Unter diesen Verhältnissen bot sich für die Sozialisten nur ein dankbares Feld der Betätigung, nämlich die eifrige Teilnahme an der politischen Tagesarbeit. Die besten Aussichten, hier vorwärts zu kommen, eröffneten die Kantone und Gemeinden[4]) mit zahlreichen Industriearbeitern (Zürich, Winterthur, St. Gallen, Basel). Freilich ist gerade unter der Arbeiterbevölkerung der Städte die Zahl der politisch rechtlosen Ausländer sehr groß[5]). Die der Partei

[1]) Berghoff-Ising, Die sozialistische Arbeiterbewegung in der Schweiz, Leipzig 1895; O. Lang, Endziel und Bewegung in der schweizerischen Sozialdemokratie, S. M. 1899, S. 425, 434; O. Lang, Der Sozialismus in der Schweiz, S. M. 1901, S. 786 bis 795; 867—878; Greulich, Partei und Gewerkschaft in der Schweiz, S. M. S. 907, 621—624.

[2]) Die Zahl der dem eidg. Fabrikgesetze unterstellten Anlagen betrug 1882 2642, 1911 7785, während die Zahl der in ihnen beschäftigten Arbeiter mit 134 862 bezw. 328 841 angegeben wurde.

[3]) Vgl. J. Lorenz, Die wirtschaftlichen und sozialen Verhältnisse in der schweizerischen Heimarbeit. Zürich 1910/11.

[4]) P. Pflüger und Dr. Hüppy, Handbuch des schweizerischen Gemeindesozialismus. Zürich 1910.

[5]) Der Stadtbezirk Zürich zählte 1910 72 652 Ausländer oder 32,2 % der Gesamtbevölkerung.

zu Gebote stehenden Stimmen sind deshalb nicht so zahlreich, wie man nach der ökonomischen Bedeutung der Arbeiterklasse in diesen Gebieten erwarten sollte. Der Erfolg besteht auch weniger in besonders einschneidenden sozialpolitischen Maßregeln, sondern weit mehr darin, daß den hervorragenderen Sozialisten durch ihre Stellung in den Kantonal- und Gemeindebehörden Gelegenheit gegeben wird, die Interessen der Arbeiter in den Einzelheiten der Verwaltungspraxis wahrzunehmen. In der Regel ist der Eintritt in die Behörden aber nur mit Hilfe anderer Parteien, nicht aus eigener Kraft erzielt worden.

Es ist überhaupt erst 1889 den Sozialisten gelungen, eine bestimmter abgegrenzte „Sozialdemokratische Partei der Schweiz" zustande zu bringen. Die Masse der schweizerischen Arbeiter erblickte in dem Grütli-Vereine eine ausreichende Organisation, trotzdem hier auch kleinbürgerliche Elemente stark vertreten waren. Im Jahre 1878 stimmten die Grütlianer einem sozialdemokratischen Programme zu; 1893 bekannten sie sich in ihrem Statut zur Sozialdemokratie und 1901 fand eine Verschmelzung mit der Sozialdemokratie statt. Diese Entwicklung konnte sich nicht ohne den Verlust mancher nicht sozialistisch gesinnter Mitglieder vollziehen. Bei diesem Verschmelzungsprozesse, der nur langsam und unter großen Reibungen durchgeführt werden konnte, hatte sich der Grütli-Verein übrigens nicht nur den sozialdemokratischen Tendenzen anbequemt, sondern die schweizerische Sozialdemokratie hatte auch einen Teil der schweizerisch-nationalen Traditionen des Grütli-Vereines übernommen. In der Hauptsache läßt sich wohl sagen, daß dasjenige, was die Revisionisten der deutschen Sozialdemokratie zu werden empfahlen, in der Schweiz längst erreicht war. Die schweizerische Sozialdemokratie wurde eine demokratisch-sozialistische Reformpartei. Sie verschmähte es ebensowenig, mit Arbeiterorganisationen anderer Richtungen an dem Schweizerischen Arbeiterbunde teilzunehmen, welcher das von der Eidgenossenschaft subventionierte Arbeitersekretariat wählt, als mit bürgerlichen Parteien (Demokraten, Ultramontanen und Konservativen) zusammen zu gehen.

Der reformatorische Charakter wurde durch das neue Programm [1]), welches der Züricher Parteitag von 1904 beschloß, auch in dem prinzipiell-theoretischen Teile deutlich zum Ausdrucke gebracht. Da heißt es ausdrücklich: „Die schweizerische sozialdemo-

[1]) Abgedruckt D. S. IV, S. 568—572; V, S. 187—189.

kratische Partei strebt die Sozialisierung der Produktionsmittel zunächst an auf dem Wege der Verstaatlichung und Kommunalisierung derjenigen Gebiete des Verkehres, des Handels und der Industrie, die nach ihrem Monopolcharakter und nach dem Stande der technischen Entwicklung sich zur Verstaatlichung eigenen oder deren Verstaatlichung das gesellschaftliche Interesse sonstwie erfordert." Ferner will die Partei nicht bloß das Arbeiter-, sondern auch das Kleinbauerninteresse vertreten. „Für den Kleinbauer ist das Grundeigentum nicht ein Mittel, um sich fremde Arbeit anzueignen, sondern um sich einen oft dürftigen Unterhalt zu verdienen. Er gehört wie der Lohnarbeiter zu den ausgebeuteten Volksklassen. . . . Die sozialdemokratische Partei tritt ein für die staatliche Förderung aller Mittel, durch welche der kleinbäuerlichen Wirtschaft alle Vorteile des Großbetriebes zugewendet werden." Der praktische politische Teil enthält eine Fülle ganz spezialisierter und durchaus diskutabler Forderungen, welche an Bund, Kanton und Gemeinde gerichtet werden.

Charakteristisch für die unbedingte Herrschaft der in anderen Ländern von den „Revisionisten" verteidigten Taktik sind die nachstehenden Äußerungen des Züricher Parteiorganes[1]) um so mehr, als es sich selbst dem radikalen Flügel der Partei zurechnet: „Unangefochten ist ferner der Grundsatz, daß das sozialistische Endziel in der Schweiz auf dem Wege der demokratischen Entwicklung erreicht werden, und daß die Politik der sozialdemokratischen Partei eine Politik der demokratischen Reform sein muß. Niemand in unserer schweizerischen sozialdemokratischen Partei denkt daran, die Mitarbeit an den praktischen Aufgaben der Politik grundsätzlich abzulehnen und durch bloße Kritik, durch Agitation und Organisation den großen Kladderadatsch vorzubereiten, der dann mit einem Schlage die bürgerlich-kapitalistische Gesellschaft in eine sozialistische Gesellschaft umzaubern wird. Niemand bei uns denkt auch daran, zu behaupten, daß die praktische Mitarbeit der Sozialdemokratie notwendig den Charakter einer Flickarbeit haben müsse, daß aber an die Umgestaltung der Gesellschaft von Grund aus erst dann herangetreten werden könne, wenn die Sozialdemokratie die „politische Macht" erobert habe. Im Gegenteil: man ist einig darin, daß die sozialdemokratische Partei in der Lage ist, ihren politischen Ein-

[1]) „Volksrecht" vom 24. Nov. 1904.

fluß im Sinne einer organischen Umgestaltung der Gesellschaft geltend zu machen, noch bevor sie im Besitz der politischen Macht ist, und daß es Pflicht der Partei ist, dies zu tun. Wenn sich trotzdem auch bei uns Gegensätze zeigen, so sind es also keine Gegensätze prinzipieller Natur, ja nicht einmal solche, welche die Grundfragen der sozialdemokratischen Taktik betreffen. Diese Taktik ist durch das neue Programm als eine demokratisch-reformistische festgelegt und auch diejenigen, die als „Radikale" in unserer Partei gelten, haben ihr ihre Zustimmung gegeben."

Unter diesen Umständen konnten die Beschlüsse der internationalen Sozialistenkongresse von Paris (1900) und Amsterdam (1904), nach welchen die Sozialdemokratie einen Anteil an der Regierungsgewalt innerhalb der bürgerlichen Gesellschaft nicht erstreben kann, nur als eine Kompromittierung der sozialistischen Partei empfunden werden, um so mehr, als der schweizerische Parteitag von 1903 einstimmig folgende Resolution beschlossen hatte: „Der Parteitag möge beschließen, daß er nicht prinzipiell gegen eine Vertretung der sozialdemokratischen Partei in den vollziehenden Behörden sei, daß er aber den kantonalen und kommunalen Organisationen empfehle, das Hauptgewicht auf eine möglichst starke Vertretung in den gesetzgebenden Behörden zu legen und nicht zu große Opfer für eine Vertretung in der Exekutive zu bringen."

Ob überhaupt die ganze Trennung von der demokratischen Partei [1]), welche sozialistischen Forderungen stets großes Entgegenkommen bewiesen und alle Einrichtungen geschaffen hatte, die heute der Sozialdemokratie die Wahrnehmung der Arbeiterinteressen so sehr erleichtern, der Arbeiterklasse wirklich zum Segen gereichte, darf im Hinblicke auf die großen Schwierigkeiten, welche bei der dringend gewordenen zeitgemäßen Reform der Sozialversicherung und des Arbeiterschutzes zu überwinden gewesen sind, in guten Treuen bezweifelt werden. Vielleicht hätte die Kraft, welche in jahrelangem Ringen auf die Losreißung von der Demokratie verwendet worden ist, für den Ausbau der Gewerkschaften [2]) und Genossen-

[1]) Über die politischen Parteiverhältnisse der Schweiz vgl. Art. Politische Parteien im Handwörterbuch der Schweizerischen Volkswirtschaft von Reichesburg, III. Bd., S. 254—294.

[2]) Über die Gewerkschaftsbewegung vgl. Hüppy, Geschichte des schweizerischen Gewerkschaftsbundes, Zürich 1910, und Kulemann, Die Berufsvereine V. Bd., 1913, S. 183—283.

schaften[1]) nützlicher verwendet werden können. Jedenfalls gewann in der Demokratie dadurch, daß sie einen Teil der Industriearbeiter an die Sozialdemokratie verloren hatte, das Kleinbürgertum an Einfluß. Damit wurde der Eifer für soziale Reformen vermindert und die Neigung zu engerem Anschlusse an die liberalen Gruppen verstärkt.

Zu dieser Entwicklung haben übrigens andere Ereignisse noch wesentlich beigetragen. Mit dem Aufblühen der geschäftlichen Tätigkeit seit 1904 fanden zahlreiche Streiks statt, und zwar auch von seiten solcher Arbeiter, welche, wie z. B. die italienischen Maurer, leistungsfähige und solid aufgebaute Gewerkschaftsverbände noch nicht besaßen. Man hoffte eben mit Hilfe der Unterstützungen aus anderen Berufen und besonders durch einen starken Druck gegen Arbeitswillige schließlich trotz schlecht gefüllter oder leerer Kassen Erfolge auch gegen stramm organisierte Unternehmer erzwingen zu können. Diese Hoffnung trog zu wiederholten Malen insofern, als die Behörden den Ausschreitungen durch Militäraufgebot mit Entschlossenheit entgegentraten. Es setzte sich deshalb in manchen Gewerkschaftskreisen der Gedanke fest, daß die Militäraufgebote allein an den Niederlagen der Streikenden die Schuld trügen und somit alles darauf ankomme, die Heranziehung von Truppen bei Arbeitseinstellungen unmöglich zu machen. Anarchistische, syndikalistische und antimilitaristische Ideen[2]), die über Genf und Chaux-de-Fonds aus Frankreich eingedrungen waren, fanden schließlich auch in der deutschen Schweiz, vornehmlich in Zürich, starken Beifall und wurden von der Redaktion des größten sozialdemokratischen Blattes, des Züricher „Volksrechts", offen in Schutz genommen. Anarchisten durften sich mit schwarzen Fahnen und der Aufforderung: Proletarier aller Länder bewaffnet euch! an der sozialistischen Maifeier beteiligen. Sozialdemokratische Mitgliedschaften luden den „Anarcho-Sozialisten" Dr. Friedeberg aus Berlin zu Vorträgen über den Generalstreik ein. Die Nachrichten über die Erfolge der russischen Revolution wirkten in der gleichen Richtung. Am 1. Oktober 1905 wurde in Luzern eine antimilitaristische Liga gegründet. Ihre

[1]) A. Pragier, Die Produktivgenossenschaften der schweizerischen Arbeiter. Zürich und Leipzig 1912.

[2]) Vgl. Herkner, Sozialrevolutionäre Bewegungen in der Demokratie. J. f. G. V., 32. Jahrg., S. 671—684.

Prinzipienerklärung besagte: „Um die bürgerliche Gesellschaftsordnung zu stürzen, ist es notwendig, daß der bürgerlichen Klasse ihr Gewaltmittel, das Militär, entrissen werde. Die antimilitaristische Liga arbeitet daher mit allen Mitteln — nicht ausgeschlossen die politischen — auf die Vernichtung der Militärgewalt hin“ [1]). Die Bewegung nahm so bedrohliche Dimensionen an, daß ein außerordentlicher Parteitag einberufen wurde. Nach den Vorschlägen des Parteikomitees sollte, so lange noch nicht alle Kriegsmöglichkeiten unter den Völkern Mitteleuropas abgeschafft wären, die Notwendigkeit eines Volksheeres mit der ausschließlichen Bestimmung der Verteidigung des Landes gegen Angriffe von außen anerkannt werden [2]). Aber schon dieser Gedanke wurde angefochten. Naine (Chaux-de-Fonds) rief aus: „In alle Armeen, auch in unsere Miliz hinein, müssen wir die Keime der Desorganisation und der Revolution tragen, wenn wir eine Verständigung herbeiführen wollen auf internationalem Boden. Unser Heil ist mit der russischen Revolution, mit Frankreich, gegen die einzig und allein auf dem Heere beruhende Tyrannei!“ [3]) Immerhin konnte hier das Parteikomitee seiner Auffassung noch mit 204 gegen 35 Stimmen Geltung verschaffen. Aber gerade in dem wichtigsten Punkte, in der Frage des Militäraufgebotes bei Streiks, siegte die antimilitaristische Strömung selbst gegen die eindringlichen Mahnungen Hermann Greulichs, des verdientesten und populärsten Führers der schweizerischen Sozialdemokraten. Allerdings hatte das Parteikomitee selbst schon viel zu weitgehende Konzessionen gemacht, um noch dem antimilitaristischen Ansturme wirkungsvoll begegnen zu können. Es wollte in sehr verfänglicher Art die Parteimitglieder auffordern, in Streikfällen sich ihrer Solidarität mit den streikenden Arbeitern bewußt zu sein und deren verfassungsmäßiges Streik- und Versammlungsrecht nicht verletzen zu lassen. An Stelle dieser unklaren Wendung wurde vom Parteitage mit großer Mehrheit beschlossen: „Die Partei protestiert gegen die Verwendung von Wehrmännern bei Streiks. Da dieser Mißbrauch in den letzten Jahren tatsächlich vorgekommen ist,

[1]) Protokoll über die Verhandlungen des außerordentlichen Parteitages der Schweizerischen sozialdemokratischen Partei, abgehalten am 10. und 11. Februar 1906 in Olten-Hammer. Zürich 1906. S. 26.

[2]) a. a. O. S. 7. [3]) a. a. O. S. 46.

verlangt sie Garantien gegen dessen Wiederholung. . . . So lange sie ihr nicht gegeben sind, rät sie den Soldaten, wenn diesen befohlen wird, streikende Arbeiter anzugreifen oder gegen sie die Waffen zu gebrauchen, den Gehorsam zu verweigern"[1]).

Es stand unter diesen Umständen durchaus mit den Parteitagsbeschlüssen im Einklange, wenn gelegentlich eines Militäraufgebotes im Sommer 1906 einer der hervorragendsten, in Amt und Würden befindlichen Züricher Sozialdemokraten unter den Wehrmännern antimilitaristische Flugschriften verbreitete und auf diesem Wege eine Gehorsamsverweigerung herbeiführen wollte. Da sich gegen dieses die besten Traditionen des Schweizer Volkes verhöhnende Gebaren der Sozialdemokratie schließlich innerhalb der Partei selbst, besonders unter den älteren Grütlianern, ein heftiger Unwille erhob, machte zwar der außerordentliche Parteitag der Züricherischen Sozialdemokratie „Front gegen den Anarchismus und den anarchistelnden Anti-Militarismus und Anti-Parlamentarismus" und wies die Versuche, die Veranstaltungen der Partei zur Propaganda dafür zu benützen, ab[2]).

Unter der Herrschaft der intransigenten Richtung hatte die Partei auch begonnen, dort, wo sie die Mehrheit besaß, wie z. B. in Zürich-Außersihl, alle Mandate für sich zu beanspruchen, ohne aber auf eine angemessene Vertretung in den Wahlkreisen mit bürgerlichen Mehrheiten zu verzichten. So mußten denn die bürgerlichen Parteien immer weiter von der Sozialdemokratie abrücken, wenn sie unter den selbständigen Gewerbetreibenden und Bauern nicht allen Anhang einbüßen wollten. Infolge von Maurer-Exzessen, denen die Behörden nach Auffassung der Arbeitgeber nicht mit gebührender Energie entgegengetreten waren, hatte sich 1905 in Zürich ein Bürgerverband konstituiert, der nicht nur mit Selbsthilfe durch Gründung einer Bürgerwehr drohte, sondern auch von den bestehenden bürgerlichen Parteien einen scharfen Kampf gegen die Sozialdemokratie gebieterisch verlangte. Andernfalls wollte er selbst als politische Partei in die Arena steigen.

Die Nationalratswahlen des Oktober 1905 standen deshalb in den industriellen Gebieten ganz im Zeichen der antisozialistischen Strömung und kosteten der Partei den Verlust von 5 Mandaten.

---

[1]) a. a. O. S. 87.
[2]) Volksrecht, Zürich, 24. Juni 1907.

Auf dem Boden der kantonalen Politik erntete die Partei als Frucht ihrer revolutionären Haltung eine empfindliche Verschärfung der Streikgesetzgebung [1]).

61. Frankreich [2]).

Frankreich ist die eigentliche Heimat der Sozialdemokratie. Hier ging im Laufe der 40 er Jahre namentlich unter der Führung von Louis Blanc der Gedanke des Sozialismus die innigste Verbindung mit der republikanischen Demokratie ein, hier erhielt die Bewegung der Industriearbeiter den ausgeprägten Klassencharakter, den Zug zum Revolutionären; französische Sozialisten und Politiker waren es, unter deren Einflusse Marx und Engels das kommunistische

---

[1]) Vgl. S. 177—180.

[2]) Vgl. Jaurès, Jean, Histoire socialiste, Paris 1902/11, 12 Bde.; für den Sozialismus vor und während der Februar-Revolution insbesondere das Werk L. Steins, Das Königtum, die Republik und die Souveränität der französischen Gesellschaft während der Februarrevolution 1848, Leipzig 1850; über die neuere Entwicklung unterrichten: Mermeix, La France socialiste, 1886; L. de Seilhac, Le monde socialiste, 1904; G. Weill, Histoire du mouvement social en France 1852—1902, Paris 1904; Derselbe, Die sozialistische Bewegung in Frankreich (1893—1910) in Grünbergs Archiv für die Geschichte des Sozialismus I. Bd., S. 134—175; P. Louis, Geschichte des Sozialismus in Frankreich, deutsch von Wendel, 1908; H. Lagardelle, Le socialisme ouvrier, 1911; Histoire des partis socialistes en France publiée sous la direction de Alexandre Zévaes, Paris 1911/12, 10 Bde.; über die neuere Entwicklung der Arbeiterverhältnisse vgl. E. Levasseur, Questions ouvrières et industrielles en France sous la troisième République, 1907. Die Kämpfe der sozialistischen Richtungen untereinander sind auch vielfach in der sozialistischen Zeitschriftenliteratur Deutschlands behandelt worden: R. Luxemburg, Die sozialistische Krise in Frankreich, N. Z. XIX, 1. Bd.; Kautsky, Die sozialistischen Kongresse und der sozialistische Minister, N. Z. XIX, 1. Bd., S. 36; sodann Artikel von Jaurès, Vaillant und der Redaktion N. Z. XIX, 2. Bd.; Vollmar, S. M. 1900, S. 767 ff., 1901, 159—163. Die neueste Entwicklung behandeln: Bernstein, Zur jüngsten Entwicklung der französ. Sozialdemokratie, S. M. 1902, S. 250—263; Challaye, Die gegenwärtige Lage des französ. Sozialismus S. M. 1904, S. 299—310; Deville, Revolutionärer und reformistischer Sozialismus in Frankreich, S. M. 1905, S. 17—29; Kritschewsky, Zur Lage des Sozialismus in Frankreich, N. Z. XXI, 1, S. 103—113; H. Lagardelle, Die

Manifest verfaßten. Die Arbeiterbewegung der Februarrevolution kann als Debut der Sozialdemokratie gelten. Die blutige Niederlage, welche die Pariser Arbeiter in der Junischlacht (23. bis 26. Juni 1848) gegenüber den Regierungstruppen des Generals Cavaignac erlitten, hat aber ebenso wie die darauf folgende bonapartistische Periode, die Kontinuität der Entwicklung zwischen jenem ersten Auftreten der Sozialdemokratie und der modernen Bewegung vollkommen unterbrochen. Letztere steht vielmehr, ähnlich wie die deutsche Bewegung, zu der Gründung der Londoner Internationalen Arbeiter-Assoziation 1864 in engster [1]) Beziehung. Trotzdem kann der Kommune-Aufstand (1871) nicht als ein Werk der „Internationalen" angesehen werden.

Die Anhänger der Kommune setzten sich aus den Parteigängern verschiedener Richtungen zusammen [2]). Die einen strebten nach einer größeren Selbständigkeit des Gemeindelebens im Gegensatze zu der maßlosen Zentralisation, welche die Verwaltung Frankreichs beherrschte. Mit Rücksicht auf diese Tendenzen erklärte selbst Fürst Bismarck, daß in der Kommunebewegung „ein Kern der Vernunft" enthalten gewesen sei. Die anderen hofften, daß die Herrschaft der Stadt Paris das Vaterland wie 1791/92 von der feindlichen Invasion befreien werde. Wieder andere traten für die größere Selbständigkeit der Städte deswegen ein, weil sie nur so auf eine Erfüllung ihrer radikalen Ideale in absehbarer Zeit rechnen konnten. Die Entwicklung

---

gegenwärtige Lage des französischen Sozialismus, N. Z. XXII, 1, S. 298—304, 340—346; Derselbe, Das Erwachen des ländlichen Proletariats, N. Z. XXII, 2, S. 324—334, 357—368; K. Kautsky, Republik und Sozialdemokratie in Frankreich, N. Z. XXIII, 1, S. 260, 297, 332, 363, 397, 436; Longuet, Der Kongreß von Rouen und die Entwicklung des französischen Sozialismus zur Einigkeit, N. Z. XXIII, 1, S. 836—846. Eine wertvolle wissenschaftliche Studie lieferte Elsbeth Cohn, Die politische Arbeiterbewegung Frankreichs in den letzten Jahren, A. f. s. G. XXIII, S. 575—596; Dieselbe, Die neuere Literatur über den französischen Sozialismus, a. a. O. S. 596—622. Im übrigen ist zum Verständnisse der letzten zehn Jahre auch die früher Bd. I, S. 199 und 200 angegebene Literatur über den revolutionären Syndikalismus heranzuziehen.

[1]) G. Adler, Art. Kommune.

[2]) Vgl. auch K. Kautsky, Terrorismus und Kommunismus. Berlin 1919, S. 42—85.

der Ereignisse der Februarrevolution hatte ja aufs deutlichste bewiesen, wie wenig Sympathien das Land mit seinen zahlreichen kleinen Grundbesitzern für das kommunistische Programm der Pariser Arbeiter besaß. Schon Proudhon hatte übrigens für eine Auflösung des Staates in kommunale Republiken geschwärmt. Welche Tatsachen schließlich zur Konstituierung der Pariser Kommune führten, wie sich der Gegensatz zwischen Paris und der Versailler Regierung allmählich zum blutigen Kampfe zuspitzte, wie die Kommunetruppen besiegt und an den unterworfenen Rebellen eine unerhört grausame Rache genommen wurde, diese Vorgänge brauchen nicht erörtert zu werden. Dagegen ist bemerkenswert, daß die auf drei Millionen Franken sich belaufenden Schätze der Bank von Frankreich von der Kommuneregierung nicht angegriffen wurden. Nicht ohne Interesse sind auch die sozialpolitischen Maßregeln: das Verbot der Lohnabzüge, der Nachtarbeit der Bäckergehilfen, die grundsätzliche Bevorzugung der Arbeitergenossenschaften vor privaten Unternehmern bei allen gewerblichen Lieferungen für die Stadt, die Bestimmung eines Minimallohnes bei Submissionen, der Plan, die von ihren Besitzern verlassenen Etablissements gegen Entschädigung Arbeitergenossenschaften zu überweisen u. a. m. Eine dauernde Bedeutung war indes all diesen Verfügungen nicht beschieden.

Hatten die internationalen Sozialdemokraten den Kommune-Aufstand auch nicht hervorgerufen, so nahmen sie im weiteren Verlaufe doch regen Anteil an der Bewegung und suchten sie in ihrem Sinne zu leiten. Mit Rücksicht darauf hat der Generalrat der Internationalen in seiner Adresse über den Bürgerkrieg in Frankreich auch erklärt: „Das Paris der Arbeiter mit seiner Kommune wird ewig gefeiert werden als der ruhmvolle Vorbote einer neuen Gesellschaft. Seine Märtyrer sind eingeschreint in dem großen Herzen der Arbeiterklasse“ [1]).

Jedenfalls hat die Besiegung der Kommune und die darauf folgende Verbannung ihrer führenden Persönlichkeiten die Folge gehabt, daß die Arbeiterbewegung zunächst wieder ins Stocken geriet. Erst im Jahre 1876 fand unter der dritten Republik der erste Ar-

[1]) In Privatbriefen bezeichnete Marx den Aufstand als die „glorreichste Tat unserer Partei seit der Juni-Revolution“ und als „Ausgangspunkt von welthistorischer Wichtigkeit“, N. Z. XX, 1, S. 709, 710.

beiterkongreß statt, der sich noch durch eine sehr gemäßigte Haltung auszeichnete. Sozialrevolutionäre Strömungen traten erst an das Tageslicht, nachdem infolge der Amnestie viele verbannte Kommunards wieder heimgekehrt waren.

Es gelang aber nicht, alle sozialistisch gesinnten Elemente in einer großen einheitlichen Partei zusammenfassen. Die Gründe, welche zu einer beispiellosen Zersplitterung führten — zeitweise gab es 6—7 Fraktionen — brauchen nicht allein in rein persönlichen Rivalitäten oder in dem lebhaften, leidenschaftlichen, undisziplinierten Temperament der Franzosen gesucht zu werden. Gewiß machte es jede gemeinsame Aktion bei persönlichen Meinungsunterschieden sehr schwer, weil sich die Minorität der Majorität nicht fügen mag. Es kommen aber auch tiefgehende Unterschiede in der ganzen sozialökonomischen Struktur des Landes selbst in Betracht. Die Großindustrie besitzt nur in den nördlichen, neuerdings auch den östlichen Departements ein entschiedenes Übergewicht. Ihre Arbeiter haben sich deshalb auch immer für orthodox marxistische Anschauungen noch am empfänglichsten erwiesen, da diese eben im Hinblick auf großindustrielle Zustände entwickelt worden sind. In anderen Teilen des Landes bilden kleinbürgerliche und kleinbäuerliche Bevölkerungen die große Mehrheit [1]). Hier kann sich eine einseitige Fabrikarbeiterpartei im Wahlkampfe nicht behaupten. Es kommt weit mehr darauf an, dasjenige, was allen kleinen Leuten trotz des Unterschiedes des Berufes und der Berufsstellung gemeinsam ist, geschickt in den Vordergrund zu rücken. Für diese Zwecke eignet sich aber der national-französische Ideenkreis von Proudhon viel besser, als die deutsche Doktrin des Marxismus. Außerdem kommt die differenzierte Psychologie der Nord- und Südfranzosen in Frage. Dazu treten noch Gegensätze der religiösen und rein politischen Weltanschauung. Klerikale, cäsaristische und nationalistische Programme haben den sozialistischen Bestrebungen oft sehr

---

[1]) Es kamen auf die gewerblichen Betriebe

	Prozentsätze d. Angestellten u. Arbeiter		
	1896	1901	1906
mit 1— 10 Angestellten u. Arbeitern . .	36	32	32
11—100 ,, ,, ,, . .	28	28	27
über 100 ,, ,, ,, . .	36	40	41

Vgl. Compère-Morel, Die kapitalistische Konzentration in Frankreich. N. Z. 31. Jahrg., 2. Bd., S. 203.

erfolgreichen Wettbewerb bereitet. Und innerhalb der revolutionär gerichteten Bevölkerungsgruppen lösen die revolutionären Mittel, die Straßendemonstrationen und Straßenkämpfe, die pathetischen großen Gesten und glänzenden Phrasen, oft mehr Begeisterung aus, als reformistische Ziele, die nur in langwieriger zäher Organisationsarbeit und mit regelmäßiger Beitragsleistung errungen werden können.

Im Laufe der 80er Jahre hatten sich allmählich fünf größere Gruppen sozialistischer Richtung herausgebildet:

1. Im Sinne von Karl Marx und der deutschen Sozialdemokratie wirkte der Parti Ouvrier Français. Die leitenden Köpfe waren der Schriftsteller Jules Guesde [1]) (geb. in Paris 1845) und der Arzt Paul Lafargue [2]) (geb. in Cuba 1840, gest. 1912), ein Schwiegersohn von K. Marx. Ursprünglich auf die großen Industriestädte des Nordens beschränkt — Roubaix wurde von Guesde geradezu als die heilige Stadt des Sozialismus gefeiert — hat diese Partei, ungeachtet ihres marxistischen Doktrinarismus, doch schon 1894 ein Agrarprogramm aufgestellt, welches, um die kleinbäuerlichen Kreise zu gewinnen, das bäuerliche Grundeigentum von der Vergesellschaftung der Produktionsmittel ausnahm. Als Kammerfraktion blieb sie aber intransigent bis zum Ausbruche des Krieges. Guesde wollte die Verstaatlichungsaktionen immer nur einer rein sozialistischen Regierung zugestehen. Die bürgerliche Republik schüfe nur einen Staatskapitalismus, an dem die Arbeiterklasse kein Interesse besäße. Sozialreformatorische Gesetze wie die Altersversicherung wurden von dieser Richtung in der Regel verworfen oder an unerfüllbare Bedingungen geknüpft.

Selbst einer Maßregel zur Bekämpfung des Alkoholismus, der eine furchtbare Ausdehnung erlangt hat, glaubte Guesde widersprechen zu müssen. Die vorgeschlagene Beschränkung der Schankstätten würde nur eine neue Waffe der Regierung für ihre Korruptionszwecke bilden.

2. Innerlich am nächsten stand den Marxisten die Gruppe der Blanquisten, der Parti Socialiste Révolutionaire. Ihr Führer war

---

[1]) Vgl. Rappoport, J. Guesde und die französische Arbeiterbewegung. N. Z. 26. Jahrg., 1. Bd., S. 469, 512.

[2]) Franz Mehring, P. und L. Lafargue. N. Z. 30. Jahrg., 1. Bd., S. 337.

Edouard Vaillant[1]) (geb. 1840 zu Vierzon), ein Mann von naturwissenschaftlich-medizinischer Bildung, der während des Kommune-Aufstandes eine einflußreiche Stellung innehatte. Auch diese Gruppe war unversöhnlich, nur daß sie ihre Hoffnungen nicht im Sinne des Verbalrevolutionarismus der Marxisten auf die ökonomische Entwicklung, sondern auf Straßenkämpfe nach dem Muster der Erhebungen von 1789, 1830, 1840, 1848 und 1871 setzte. Indem sie auf diese Weise die Praxis des alten Verschwörers und Straßenkämpfers L. A. Blanqui (1805—1881) fortsetzen wollte, konnte sie als Partei der Blanquisten gelten.

3. Der Parti ouvrier Socialiste erwartete den ersehnten Umschwung weder von der ökonomischen Entwicklung, noch von Straßenrevolten, sondern von der „Revolution der gekreuzten Arme", d. h. vom Generalstreik. An die Spitze dieser Richtung trat der Typograph Jean Allemane (geb. 1843), der wegen Beteiligung an dem Kommune-Aufstand zuerst auf die Galeeren von Toulon geschickt und später wegen eines Fluchtversuches zu doppelten Ketten verurteilt worden war.

4. Gemäßigtere Tendenzen wurden von der Fédération des Travailleurs Socialistes de France verfolgt. Sie stand unter der Führung von Paul Brousse[2]) (gest. 1912), der ursprünglich in der Internationalen Arbeiter-Association ein Parteigänger des russischen Anarchisten Bakunin gewesen war, sich aber allmählich zu einem reformistischen Sozialmunizipalismus bekehrt hatte. Er vertrat die politique des possibilités. „Ich ziehe es vor", erklärte er, „das ideale Endziel in mehrere durchzunehmende Teilstrecken zu zerlegen, einige unserer Forderungen gewissermaßen zu unmittelbaren zu machen, um sie dadurch endlich möglich zu machen." Von marxistischer Seite wurde die Partei deshalb als die der „Possibilisten" verspottet.

5. Trotzdem also schon vier sozialistische Gruppen bestanden, gab es doch eine Reihe von sozialistisch empfindenden Männern, denen keine der bestehenden Organisationen genügte und die deshalb eine Fédération des Sozialistes Indépendants gründeten.

---

[1]) Franz Mehring, Ed. Vailland. N. Z. 29. Jahrg., 1. Bd., S. 537.

[2]) Rappoport, P. Brousse und der Possibilismus. N. Z. 30. Jahrg., Bd. 2, S. 75—78.

Außerhalb der sozialistischen Parteien gab es noch Anarchisten, von denen die Einen die „Propaganda der Tat“ durch Attentate, die Andern eine friedliche Agitation betrieben.

Als die anarchistischen Verbrechen der 90 er Jahre das Publikum mit Entrüstung und Abscheu erfüllt hatten, mußte der Sozialismus großen Wert auf eine schärfere Abgrenzung gegenüber dem Anarchismus legen. Andererseits strebten die staatsmännischer veranlagten Persönlichkeiten nicht nur nach einer besseren Zusammenfassung der verschiedenen sozialistischen Kräfte, sondern auch nach einer Verständigung bei den Wahlen mit den zunächst stehenden bürgerlichen Richtungen, d. h. den Radikalsozialisten und Radikalen [1]). Nur so konnte die politische Ohnmacht, unter der man schwer litt, allmählich beseitigt werden. Hatte die Gesamtziffer der sozialistischen Stimmen bei den Wahlen von 1881 doch nur 60 000, im Jahre 1885 sogar nur 30 000 betragen.

Es waren zwei den „Unabhängigen“ angehörende Sozialisten, die sich mit besonderem Erfolg um die Annäherung der verschiedenen sozialistischen Gruppen bemühten, der Advokat Etienne Alexandre Millerand [2]) (geb. in Paris 1859), vom September 1914 bis Oktober 1915 Kriegsminister, und der ehemalige Philosophieprofessor Jean Jaurès [3]) (geb. in Castres 1859, ermordet im August 1914). Beide Männer hatten ihre politische Laufbahn in den Reihen der Radikalen begonnen und zeichneten sich durch ein hohes Maß rednerischer und schriftstellerischer Begabung aus. Die von Millerand gegründete Tageszeitung „La petite République française“ wurde den Vertretern aller sozialistischen Richtungen offen gehalten. Die Panama-Affäre hatte viele leitende Persönlichkeiten in den herrschenden Parteien diskreditiert, und dadurch dem Aufkommen einer neuen Partei die Wege geebnet. So konnten nach den Wahlen von 1893 ungefähr 50 Deputierte in die Kammer einziehen, die sich als Sozialisten bezeichneten und eine überaus rührige, viel beachtete Wirksamkeit auf Seiten der Opposition entfalteten. Am 30. Mai

---

[1]) Vgl. Buisson, La politique radicale.

[2]) Über seine Anschauungen unterrichtet die unter dem Titel „Le socialisme réformiste“ 1903 erschienene Sammlung seiner Reden. Seit 1920 ist Millerand Präsident der französischen Republik.

[3]) J. Jaurès, Etudes socialistes. 2. éd. 1902.

1896 entwickelte Millerand in St. Mandé bei Paris das berühmt gewordene „Programm von St. Mandé“.

Der Gedanke der Verstaatlichung sei auf diejenigen Wirtschaftszweige zu beschränken, welche durch ihre Betriebskonzentration einen monopolähnlichen Charakter erlangt hätten: Eisenbahnen, Banken, Bergwerke und Zuckerindustrie. Im ländlichen Kleingrundbesitze dagegen bestehe bereits die vom Sozialismus erstrebte Vereinigung von Produktionsmitteln und Arbeit. Der Sieg der sozialistischen Ideen sei nicht vom Umsturz, sondern von friedlichen Reformen zu erwarten. Diese würden möglich durch den Ausbau der Demokratie. Neben der Pflege internationaler Beziehungen dürften die Arbeiter nie vergessen, daß die Idee des Vaterlandes in voller Geltung bleibe.

Millerand predigte nicht den Klassenkampf, wollte keine Klassenpartei, sondern eine große reformfreundliche Volkspartei zum Träger seines nationalen Staatssozialismus machen. Insofern konnte bei den Wahlen ein Zusammengehen mit den Radikal-Sozialisten, d. h. den sozialen Reformen geneigten Flügel der großen radikalen Partei, und selbst den Radikalen unschwer erreicht werden. Die Zahl der sozialistischen Stimmen stieg 1898 auf 751 554. Da Guesde und Jaurès nicht wiedergewählt worden waren, übernahm Millerand die Führung in der Kammer. Unter dem Eindrucke der Gefahren, die für den Bestand der Republik aus der Dreyfuß-Affäre entstanden, begründete man, trotz verschiedener Beurteilung dieser Angelegenheit unter den Sozialisten selbst, doch ein gemeinsames Komitee, um nationalistischen Staatsstreichgelüsten gegenüber gewappnet zu sein. Die Verschmelzung zu einer einheitlichen sozialistischen Partei schien bevorzustehen. Da trat am 22. Juni 1899 Millerand als Handelsminister in das Kabinett Waldeck-Rousseau. Das Kabinett galt als Kabinett der republikanischen Verteidigung. Sein Chef hatte durch das Gewerkschaftsgesetz von 1884 Verständnis für die Arbeiterbewegung bekundet. Insofern wäre die Beteiligung Millerands auch vom Standpunkte des sozialistischen Radikalismus aus noch erträglich gewesen. Aber diesem Kabinette gehörte auch der „Henker der Kommune“, General Gallifet, an. Wenn man bedenkt, daß die führenden Persönlichkeiten des Sozialismus mit wenigen Ausnahmen Kommunards waren, Männer, die ihre Beteiligung an der Kommune mit langjährigem Kerker,

Deportation oder Exilierung zu büßen gehabt hatten, begreift man daß ein „Fall Millerand“ entstehen mußte. Nicht allein in Frankreich, auch in den sozialistischen Parteien des Auslandes wurde jahrelang über die Frage aufs Heftigste gestritten, ob ein Sozialdemokrat ein Ministerportefeuille von einer bürgerlichen Regierung annehmen dürfe. Noch vor Ende des Jahres 1899 fand ein von allen sozialistischen Gruppen beschickter Parteitag statt, auf dem die Unabhängigen durch Jaurès, Briand und Viviani für, die Marxisten und Blanquisten durch Guesde, Lafargue und Vaillant gegen die Teilnahme an der Regierung plädierten. Schließlich einigte man sich auf die Formel, daß die Nichtbeteiligung als Regel gelten solle, von der nur unter ganz besonderen Umständen, deren Vorhandensein beim Falle Millerand zugegeben wurde, abgewichen werden dürfte.

Nachdem es gelungen, in dieser schwierigen Frage zu einem Ausgleich der Gegensätze zu gelangen, hielt man auch eine bessere Zusammenfassung der sozialistischen Gruppen in dem Rahmen einer Föderation für ausführbar. Die Einigkeit ging aber bald wieder verloren. Die Anti-Ministeriellen schieden aus (der Austritt der Marxisten erfolgte schon 1900, der der Blanquisten 1901 und der Allemanisten 1902) und konstituierten sich als Parti Socialiste de France, während die Reformisten die Bezeichnung Parti Socialiste français wählten.

Gegenüber den früher vorhandenen 5 oder 6 Gruppen, deren Gegensätze Fernerstehenden nicht immer leicht verständlich waren, durfte die Reduktion auf zwei Parteien, von denen jede ein großes Prinzip verkörperte, doch als ein Fortschritt angesehen werden. Der Gedanke des Reformismus stieß indessen selbst innerhalb der eignen Partei auf mächtige Widerstände. Es zeigte sich, daß mehr die Abgeordneten in der Kammer, als die Häupter der Bezirksorganisationen im Lande auf dem Boden dieser opportunistischen Politik standen. Als Millerand, übrigens nicht mehr Minister, lediglich als Abgeordneter seine volle Zustimmung zu den Maßregeln erklärt hatte, welche der Kriegsminister gegen die antimilitaristische Agitation in der Armee in Aussicht genommen, wurde von Gustav Hervé, der bald das Haupt des insurrektionellen Revolutionarismus, Anti-Militarismus und Anti-Patriotismus werden sollte, aufs Eifrigste gegen ihn agitiert.

Obwohl der Parteikongreß nach heftigen Debatten den verlangten Ausschluß des Exministers im Hinblicke auf seine großen Verdienste um die Ausbildung des Arbeiterschutzes nicht billigte, wußten die Parteikomitees des Seine-Departements den Ausschluß endlich doch durchzusetzen.

Nachdem der Internationale Sozialistenkongreß in Amsterdam 1904 die Bildung von sozialistischen Einheitsparteien nachdrücklich gefordert hatte, wurden auch in Frankreich die Verhandlungen über den Zusammenschluß erneuert. Innerhalb der ministeriellen Partei war allmählich der Einfluß der revolutionär und antimilitaristisch gesinnten Elemente so stark geworden, daß die Ende 1904 beschlossene Gründung einer Einheitspartei der Hauptsache nach im Sinne der revolutionären Richtung erfolgte. Ablehnung der Heereskredite, des Dispositionsfonds, des Budgets wurde zur Pflicht und damit natürlich auch die Beteiligung an der Regierung unmöglich gemacht. Unter diesen Umständen konnten sich die aufrichtig reformistisch gesinnten Sozialisten unmöglich den „Geeinigten" anschließen und blieben als Unabhängige außerhalb dieser Parteiorganisation. Im strengen Sinne des Wortes konnte also nicht von einer vollkommenen Einigung gesprochen werden. Die sogenannte Einigung bedeutete eigentlich nur den Übertritt der revolutionären Bestandteile der Parti Sozialiste Français ins Lager der Unentwegten. Sie bedeutete ferner mehr eine äußerliche organisatorische Zusammenfassung, als eine innere Verschmelzung. Ein gemeinsames Programm kam nicht zustande, sondern man begnügte sich mit allerhand unklaren und widerspruchsvollen Kompromiß-Resolutionen. Das Äußerste in dieser Hinsicht leistete der Kongreß von Toulouse im Jahre 1908, der so ziemlich alle in der Arbeiterbewegung vorhandenen Schlagworte in einem weitschweifigen Beschluß anerkannte: das revolutionär sozialistische Endziel wie die Notwendigkeit und Nützlichkeit der Reformen, das Recht auf Insurrektion, die direkte Aktion und den Generalstreik, wie die Eroberung der politischen Macht durch eifrige Beteiligung an den Wahlen.

Auffallend war, daß Jean Jaurès, bis dahin einer der hervorragendsten Vertreter der reformistischen Politik, sich den Geeinigten anschloß. Sollte für ihn dabei die Erwartung maßgebend gewesen sein, durch seine Führerbegabung allmählich die ganze Partei der Geeinigten für eine verständigere Politik zu gewinnen, so haben die Ereignisse dieser Erwartung wohl nicht ganz entsprochen.

Die „Geeinigten“ haben vielmehr den Umtrieben der revolutionären Syndikalisten, Anti-Parlamentaristen, und Anti-Militaristen gegenüber stets die größte Nachsicht bekundet, während jede Annäherung an den Reformismus mit Nachdruck bekämpft wurde. Als die Guesdisten Ghesquière und Campère-Morel die Sabotage-Verbrechen im besonderen und das ganze Treiben der Confédération Générale du Travail überhaupt, in der Kammer mißbilligt hatten, wurden sie auf dem Kongreß von Lyon (Februar 1912) aufs Heftigste angegriffen und selbst von Jaurès, allerdings unter Zubilligung mildernder Umstände, schuldig gesprochen.

Äußerlich machten die Geeinigten Fortschritte. Bei den Wahlen von 1906 erzielten sie 879 000 Stimmen und 53 Mandate, 1910 1 110 000 Stimmen und 76 Mandate.

Die Intransigenz der Geeinigten veranlaßte die Unabhängigen, die 1906 22, 1910 25 Mandate erhielten, sich der bürgerlichen Demokratie enger anzuschließen. In dieser Verbindung haben sie einen im Vergleich zur Stärke ihrer Fraktion staunenswerten politischen Einfluß errungen. Vor allem ist es der Advokat Aristide Briand [1]) — in den 90er Jahren noch Vertreter des Generalstreiks im Sinne der revolutionären Syndikalisten, aber schon um die Jahr-

---

[1]) Er wurde 1862 in dem bretonischen Städtchen St. Nazaire als Sohn eines armen Gastwirts geboren. Die Eltern erwirkten für ihn, da er für Handarbeit zu schwächlich war, eine Freistelle im Lyzeum in Nantes. Seiner niederen Herkunft wegen erfuhr er manche Kränkung. Um so eifriger war er auf den Abschluß seiner Studien bedacht, so daß er bereits mit 20 Jahren Advokat wurde. Wegen ehebrecherischer Beziehungen wurde er aus der Advokatur ausgeschlossen und wandte sich nun der sozialistischen Presse zu, in der er für den Generalstreik eintrat. Er wurde bald Generalsekretär der sozialistischen Partei, setzte aber auch seine Wiedereintragung in die Advokatenrolle durch und glänzte als Anwalt der Arbeiterschaft vor den Gerichten. In der Kammer trat er bei den Beratungen über das Trennungsgesetz so stark hervor, daß ihm im Kabinett Sarrien 1906 die Durchführung dieser schwierigen Angelegenheit übertragen wurde. Im Oktober 1909 bildete er sein erstes, im Januar 1913 sein zweites, im Oktober 1915 sein drittes, im Januar 1921 sein viertes Ministerium.

hundertwende Vorkämpfer des Ministerialismus — der erst als Unterrichts-, dann als Justizminister und schließlich als Präsident zweier Kabinette staatsmännische Qualitäten von ungewöhnlicher Bedeutung an den Tag legte.

Ihm war in erster Linie die erfolgreich durchgeführte Trennung zwischen Staat und Kirche zu danken. Er hatte aber auch durch sein zielbewußtes und tatkräftiges Eingreifen den großen und mit verbrecherischen Ausschreitungen verknüpften Eisenbahner-Ausstand im Oktober 1910 rasch beendigt. Es handelte sich dabei nicht um einen Kampf wegen besserer Arbeitsbedingungen, in dem dem Personal nur noch das äußerste Mittel des Streiks übrig blieb, sondern der Streik wurde, wie Briand und Millerand in der Kammer bewiesen, im revolutionären Interesse gerade deshalb inszeniert, um die von der Regierung erfolgreich betriebenen Verhandlungen mit den Eisenbahngesellschaften zum Scheitern zu bringen. Die Häupter des revolutionären Gewerkschaftsverbandes fürchteten durch die bevorstehenden Zugeständnisse der Eisenbahngesellschaften ihren Einfluß auf die ohnehin mehr dem Reformismus zuneigenden Eisenbahner-Vereine zu verlieren [1]).

Briand verstand es aber nicht nur gegen revolutionäre Gewalttaten mit Festigkeit und Aufgebot aller einer wirklich wollenden Regierung zur Verfügung stehenden Mittel einzuschreiten, sondern entwickelte auch ein gedankenreiches Programm [2]) zur Abstellung der politischen und sozialen Mißstände, unter denen Frankreich so schwer leidet. Er stellte offen als oberstes Ziel die Rückkehr zur scharfen Trennung der legislativen und administrativen Gewalten auf, d. h. die Bekämpfung der parlamentarischen Patronage. Damit kam er den berechtigten Bestrebungen der immer weitere Kreise umfassenden Bewegung der unteren und mittleren Beamten entgegen. Beklagten sich diese doch vor allem darüber, daß Anstellung und Beförderung nicht von persönlicher Befähigung und Tüchtigkeit, sondern von parteipolitischen Dienstleistungen und Konnexionen mit Abgeordneten abhingen.

Die revolutionären (antimilitaristischen und antipatriotischen) Einflüsse des Gewerkschaftsverbandes gedachte er durch eine Ver-

---

[1]) Vgl. auch L. Breton, S. M. 1911, S. 13.

[2]) v. Mackay, Regierung und Syndikate in Frankreich. S. P. XX. S. 289—293.

schärfung des Strafrechts gegen Sabotage-Verbrechen und ein Gesetz über die Abstimmungen und Vertretungen im Gewerkschaftsverband zu bekämpfen. Das Übergewicht der Revolutionäre beruhte nämlich nur darauf, daß nach Vereinen, ohne Rücksicht auf deren Mitgliederzahl, im Verbande abgestimmt wurde. Ein Verein von einigen Dutzend Schreiern hatte deshalb ebensoviel zu bedeuten als eine Vereinigung, deren Mitgliedschaft viele Tausende umfaßte. Die Ausstände im Eisenbahnbetriebe sollten durch Einführung eines Angestellten-Statuts mit Vertretungskörpern für das Personal, Vermittlungsausschüssen und Schiedsgerichten unmöglich gemacht werden.

Noch gelang es nicht, diese Ideen zu verwirklichen, da ein Teil der Radikalen, dem Briand zu einer gefährlichen Diktatorstellung emporgestiegen schien, von ihm abfiel. Es konnte aber nicht bezweifelt werden, daß die Lösung der Probleme, wenn überhaupt, nur in der Richtung, die die sozialistischen „Renegaten“ Briand, Millerand und Viviani vorgeschlagen hatten, möglich sein würde.

Ungleich leichter als im Staate kann natürlich auch in Frankreich eine sozialistische Partei in einer Industriestadt zu ausschlaggebender Bedeutung emporsteigen. So haben Städte wie Roubaix, Lille, Dijon, Marseille schon in den 90 er Jahren sozialistische Gemeinderäte erhalten.

Die nächste Folge war eine lebhafte Steigerung der kommunalen Tätigkeit auf den Gebieten der sozialen Fürsorge und des Unterrichts. In Lille stiegen die Ausgaben für den erstgenannten Zweck von 585 000 Fr. im Jahre 1896 auf 1 019 000 Fr. im Jahre 1899. Es wurde Unentgeltlichkeit der Lehrmittel, die Speisung armer Schulkinder, die Errichtung von Gebärhäusern, Kinderasylen, Nachtasylen, Greisenasylen, kommunalen Apotheken, Volksbädern, gesunden Wohnungen, Rechtsberatungsstellen, Arbeitsnachweisen und dgl. in Angriff genommen. Dieser Tatendrang fand aber bald sehr bestimmte Schranken, einmal an der Oberaufsicht des Staates, dann aber auch an der Abneigung der Steuerzahler, größere Lasten zu tragen. Die Sozialisten hatten die Abschaffung des Oktroi versprochen, wollten also auf eine wichtige Einnahme verzichten, während sie eine Fülle neuer Aufgaben und Ausgaben für das Gemeindebudget beschlossen. So entwickelten sich Schwierigkeiten, welche in Dijon 1900, in Roubaix 1902 zum Sturze des sozialistischen Regiments führten. Auch das Pariser Rathaus ging ihnen 1900—1904 verloren. Den Verlusten auf der einen entsprachen aber Siege auf der anderen Seite.

Für die Munizipalwahlen von 1902 wurde folgendes Programm aufgestellt: 1. Gestellung billiger und gesunder Arbeiterwohnungen, 2. Aufhebung des Oktroi zur Verbilligung der Lebensmittel, 3. Verstaatlichung der Gas-, Wasser- und Elektrizitätswerke sowie des Verkehrswesens, 4. Erweiterung der kommunalen Autonomie, 5. Reform des Erziehungssystemes.

Die Begebenheiten der internationalen Politik haben auch in Frankreich, besonders nach Agadir, dazu geführt, daß die Stellung zum Imperialismus in den Mittelpunkt der sozialistischen Kontroversen trat. Schon längst hatten übrigens die „unabhängigen Sozialisten“, in Übereinstimmung mit ihrer Beteiligung an bürgerlichen Regierungen, den Revanche- und Expansionsdrang Frankreichs nicht nur unterstützt, sondern durch Millerand die nationalistisch-militaristischen Tendenzen sogar noch verschärft. Nur die „geeinigten Sozialisten“ traten unter der Führung von Jaurès für die Erhaltung des Friedens und die Verständigung mit Deutschland ein. Aber auch sie haben gegen die Einkreisungspolitik nichts unternommen, für sie vielmehr mit leidenschaftlichem Eifer gearbeitet, da ihnen die Entente zwischen Frankreich, Rußland und England und deren Ausdehnung auf Italien sogar als eine Bürgschaft des Friedens erschien. Jaurès hat zwar die bestehende Armee angegriffen, aber nur weil sie, seiner Ansicht nach, die Unabhängigkeit des Vaterlandes noch nicht hinreichend sicherte. Er entwarf den Plan einer „neuen Armee“, erstrebte ein nach Zahl, Ausbildung und Führung unüberwindliches Volksheer, an dem sich jeder den Frieden störende Angreifer den Kopf einrennen würde[1]).

Und für nationale Gemeinschaft und Vaterland fand er Worte, deren glühender Patriotismus nicht überboten werden kann[2]). „Die

---

[1]) Jaurès, Die neue Armee, deutsche Übersetzung. Jena 1913.

[2]) Die Phrase des kommunistischen Manifestes „Die Arbeiter haben kein Vaterland“ ist seines Erachtens nur „ein Beispiel mehr von jener sarkastischen Übertreibung, jenem polemischen Hohngelächter, die das Laster eines kühnen Geistes waren, der sich trotz seiner scharfen Unterscheidungen an unlösbaren Widersprüchen abmühte“. Die neue Armee, S. 388.

Nation ist das Schatzhaus des menschlichen Genies und Fortschrittes und es stünde dem Proletariate schlecht an, dieses kostbare Gefäß der menschlichen Kultur zu zertrümmern"[1]). Zweifelsohne hat aber Jaurès bona fide für den Frieden gearbeitet. Am 12. November 1912 wurde vor den Toren von Paris eine große internationale Kundgebung zugunsten des Friedens veranstaltet. Der Kongreß von Brest 1912 verwarf den Revanche-Krieg, allerdings mit der bezeichnenden Begründung, daß die sozialistischen Vertreter der elsaß-lothringischen Bevölkerung einen Zusammenstoß zwischen Deutschland und Frankreich nicht wünschten. Ebenfalls unter Berufung auf die „hochherzigen Erklärungen" der Elsaß-Lothringer nahmen viele Mitglieder der geeinigten Sozialisten an der deutsch-französischen Verständigungs-Konferenz in Bern am 11. Mai 1913 teil und traten „für die Annäherung beider Länder zu einer werktätigen Gemeinschaft der Zivilisation" ein[2]). Auf dem Kongreß von Amiens 1913 wurde als Wahlparole der Kampf gegen die dreijährige Dienstzeit ausgegeben, welche auf Betreiben Rußlands als Gegenzug gegen die deutsche Wehrvorlage eingeführt worden war. Dort, wo eigene Kandidaturen aussichtslos seien, sollten diejenigen Demokraten unterstützt werden, von denen die entschlossenste Bekämpfung der militaristischen und imperialistischen Reaktion erwartet werden könnte.

Diese Politik verschaffte der Partei große Erfolge. Sie errang bei den Wahlen vom April-Mai 1914 2 401 000 Stimmen, mit 102 Kammersitzen, was einen Gewinn von 35 bedeutete, während die „unabhängigen", imperialistisch gesinnten Sozialisten von 42 Mandaten nur 37 behaupten konnten. Ein vom 15. bis 17. Juli 1914 in Paris veranstalteter außerordentlicher Kongreß beriet über die besten Mittel, den Kriegsausbruch zu verhüten, und beschloß mit 1690 gegen 1174 Stimmen: „Unter den Mitteln, den Krieg zu verhüten und zu verhindern und den Regierungen das Schiedsgerichtsverfahren aufzuzwingen, hält der Kongreß für besonders wirksam den gleichzeitig und international in den beteiligten Ländern organisierten Arbeitergeneralstreik, ebenso wie die Agitation und Aktion des Volkes in den schärfsten Formen."

---

[1]) a. a. O. S. 394 und Protokolle des internationalen Sozialisten-Kongresses von Stuttgart, 1907, S. 89.

[2]) Protokolle der deutsch-französischen Verständigungskonferenz. Bern 1913, S. 30.

Obwohl diese Resolution gegenüber den Vorschlägen, welche die Franzosen auf dem Stuttgarter Kongreß gemacht hatten, insofern eine Abschwächung bedeutete, als nunmehr die Internationalität des Streikes — eine schwere und jedenfalls nicht innerhalb weniger kritischer Tage zu erfüllende Bedingung — gefordert wurde, konnte doch nicht verkannt werden, daß der Widerstand gegen die Politik der anti-deutschen Einkreisungspolitiker erstarkte. Insofern hatten die Kriegstreiber in Petersburg, London und Paris allen Grund, den Ausbruch des Konfliktes zu beschleunigen, da sie andernfalls mit der Wahrscheinlichkeit rechnen mußten, daß Frankreich nicht ohne weiteres bereit sein würde, sich mit fortreißen zu lassen.

62. Belgien[1]).

Schon als Industriestaat ersten Ranges[2]) bot Belgien für die sozialistische Arbeiterbewegung einen vortrefflichen Boden. Dazu kam noch der Umstand, daß kaum in einem anderen Lande die herrschenden Klassen der Not des Arbeiterstandes so verständnis- und tatenlos gegenüberstanden wie gerade hier. Da das Wahlrecht an eine direkte Steuerleistung von 42 Frs. geknüpft war, besaßen die Arbeiter keinerlei politischen Einfluß. Im seltsamen Gegensatze zu dieser Entrechtung stand eine weitgehende Preß-, Vereins- und Versammlungsfreiheit. Insofern hatte die sozialistische Agitation keine for-

[1]) Herkner, Die belgische Arbeiterenquete und ihre sozialpolitischen Resultate. A. f. s. G. I, S. 260—292, S. 388—416; Destrée et Vandervelde, Le socialisme en Belgique, Paris 1898; Boujanski, Gewerbliche Genossenschaften Belgiens, 1900; über den verunglückten Generalstreik vgl. N. Z. XX, 2, S. 65, 81, 97, 105, 166, 203, 274; Vandervelde, Die belgischen Wahlrechtskämpfe 1902, S. M. 1903, S. 42—47; Derselbe, Der Sozialismus in Belgien, S. M. 1906, S. 1005—1014; Hendrik de Man und Louis de Brouckère, Die Arbeiterbewegung in Belgien, Ergänzungshefte zur N. Z. Nr. 9, 1911; Kulemann, Die Berufsvereine IV. Bd., 1913, S. 301—359.

[2]) Nach der gewerblichen Aufnahme von 1910 kamen in der Industrie auf je 100 Berufstätige 16 Unternehmer, 5,6 mithelfende Familienglieder, 3,7 Angestellte und 74,7 Arbeiter. Vgl. P. Kollmann im J. f. G. V. 39. Jahrg., S. 846.

Über die industrielle Entwicklung des Landes bietet wertvolle Aufschlüsse das Werk: Die Hauptindustrien Belgiens. Im Auftrage der Abteilung für Handel und Gewerbe bei dem Generalgouverneur in Belgien herausgegeben. München 1918/19, 3 Teile.

mellen Hindernisse zu überwinden. Die Abwesenheit jeder sozialpolitischen Gesetzgebung aber sorgte dafür, daß ihr aufreizender Agitationsstoff in Hülle und Fülle zu Gebote stand. Die ersten Versuche, eine sozialistische Organisation in der belgischen Arbeiterschaft zu entwickeln, fanden im Anschlusse an die Gründung der „Internationalen Arbeiter-Assoziation" statt. Als diese infolge der Streitigkeiten zwischen Marx und Bakunin zerfiel, standen die Belgier größtenteils auf der anti-marxistischen Seite. Die 70 er und 80 er Jahre waren zum guten Teil von Streitigkeiten zwischen einigen mehr oder minder anarchistischen und einer sozialdemokratischen Gruppe erfüllt. Letztere schloß sich in bezug auf Programm und Taktik mehr an die deutsche Sozialdemokratie an und hat seit Ende der 80 er Jahre das Übergewicht erlangt. Wie in Österreich wurden in politischer Beziehung alle Kräfte für die Erkämpfung des Wahlrechtes eingesetzt. Es wurde aber nur ein Pluralstimmrecht in Verbindung mit Proportionalvertretung erreicht, d. h. ein System, bei welchem Besitz und Bildung einer größeren Stimmenzahl sich erfreuen.

Im April 1902 wurde der Versuch gemacht, durch Straßendemonstrationen und schließlich durch die Proklamierung des Generalstreiks das allgemeine gleiche Wahlrecht zu erkämpfen. Bei dieser Gelegenheit erlitt die Partei eine empfindliche Niederlage, da Regierung und bewaffnete Macht eine unerwartete Festigkeit zeigten. Wie die Ergebnisse der Gemeindewahlen von 1903 und diejenige der Kammerwahlen (1904 und 1906) deutlich erkennen ließen, hatte der offenbare Mißerfolg der revolutionären Methode das Ansehen der liberal-fortschrittlichen Kreise um so mehr gehoben, als diese sich nun dazu verstanden, ein demokratisch-sozialreformatorisches Programm anzunehmen. Seit 1900 hatte die Zahl der sozialistischen Stimmen keine Zunahme erfahren. In einzelnen Wahlkreisen zeigte sich sogar eine Neigung zum Sinken, und es gelang der an der Regierung befindlichen katholischen Partei 1912 ihre Kammermehrheit noch wesentlich zu verstärken. Erst die Wahlen von 1914 ließen einen Rückgang des klerikalen Einflusses erkennen, nachdem am 14. April 1913 ein politischer Massenstreik zugunsten des allgemeinen, gleichen und direkten Wahlrechts von etwa 400 000 Arbeitern durchgeführt worden war [1]).

---

[1]) Vgl. H. de Man, Der belgische Wahlrechtsstreik, N. Z. 31. Jahrg., 1. Bd., S. 244—252; de Brouckère, Die Wahlen

Eine gesonderte sozialistische Partei-Organisation, wie sie die deutsche Sozialdemokratie besitzt, gibt es in Belgien nicht. Die sozialistische Arbeiterpartei stellt nur eine lose Föderation von Vereinigungen der verschiedensten Art dar: Gewerkschaften, Unterstützungsvereinen, politischen Vereinen, ganz besonders aber von Genossenschaften.

Im Gegensatze zu anderen Ländern, in denen die Konsumentenorganisationen parteipolitisch neutral zu bleiben suchen, um allen Konsumenten ohne Unterschied des politischen und religiösen Bekenntnisses zugänglich zu bleiben, bilden die belgischen Konsumgenossenschaften geradezu das finanzielle Rückgrat der sozialdemokratischen Partei. Deshalb sind die Genossenschaften auch sehr geneigt unter Zurückstellung höherer Bildungsinteressen alles zu betreiben, was Gewinne in Aussicht stellt, z. B. Kinematographen-Vorstellungen, in denen der gemeinste Schund vorgeführt wird.

An die größeren Genossenschaften (in Gent Vooruit, in Brüssel Maison du Peuple, in Jolimont Progrèß, in Lüttich La Populaire) lehnen sich produktive Betriebe, besonders Bäckereien, aber auch Apotheken, Druckereien und Webereien an, und die Genossenschaftshäuser enthalten Versammlungssäle, Vereinsbureaus und Lesezimmer.

Den sozialistischen Genossenschaften stehen unter diesen Umständen dann naturgemäß christliche Genossenschaften in jeder größeren Stadt gegenüber, welche für die katholische Partei dasselbe zu leisten haben, was die sozialistischen der Arbeiterpartei einbringen.

Auf dem Gebiete der sozialpolitischen Gesetzgebung wurden erst im Jahre 1887, nachdem schwere soziale Unruhen vorangegangen waren, einige bescheidene Erfolge errungen. In dem Jahre 1889, in dem Deutschland bereits die ganze Kranken-, Unfall-, Alters- und Invalidenversicherung unter Dach gebracht hatte, beschloß Belgien, Kinder unter 12 Jahren nicht mehr zum Industriebetriebe verwenden zu lassen. Personen über 12 Jahre durften auch jetzt noch 12stündige effektive Arbeit am Tage leisten. Der Bergbau widersetzte sich aber selbst dieser geringfügigen Beschränkung und behielt die Befugnis, Kinder von 12—14 Jahren schon von morgens 4 Uhr ab, und 14—16jährige männlichen Geschlechts die ganze Nacht zu beschäftigen. Für männliche Personen über 16 Jahre hörte

und die Aussichten des Wahlrechtskampfes in Belgien, N. Z. 32. Jahrg., 2. Bd., S. 796—808.

jeder besondere Schutz auf. Weibliche Personen genossen ihn bis zum 21. Jahre in dem Sinne, daß sie nicht länger als 12 Stunden, nicht zur Nachtzeit und nicht in Kohlengruben „unter Tage" arbeiten durften.

An diesen Bestimmungen war bis zum Kriegsausbruch sehr wenig geändert worden. Erst infolge internationaler Übereinkunft hatte Belgien 1911 die Nachtarbeit erwachsener weiblicher Personen beseitigt, aber ihre Beschäftigung in der unterirdischen Arbeit der Kohlengruben bis 1914 gestattet. Wenn gleichwohl schließlich nur noch eine ganz geringe Zahl von Frauen im unterirdischen Betriebe der Bergwerke tätig war, so war dieser Wandel kein Verdienst des belgischen Staates.

Ebenso untätig wie auf dem Gebiete des gesetzlichen Arbeiterschutzes blieb Belgien auch lange Zeit auf dem der Arbeiterversicherung. Noch immer wurde dem für die besitzenden Klassen so bequemen Grundsatze des Gehenlassens gehuldigt. Von den mehr als zwei Millionen Lohnarbeitern waren höchstens eine halbe Million in freien Hilfskassen für den Fall der Krankheit versichert. Die Beiträge fielen allein den Arbeitern zur Last, so daß nur bessergestellte Arbeiter in diesen Organisationen zu finden waren. Bei Betriebsunfällen kam ein nach langwierigen Kämpfen 1905 in Kraft getretenes Gesetz in Frage, das Unternehmer, die nicht bei privaten Versicherungsgesellschaften eine Erfüllung ihrer Haftpflicht sicherstellen, zu Beiträgen an einen staatlichen Garantiefonds zwang. Die Leistungen blieben aber hinter den in Deutschland gewährten erheblich zurück. Die Alters- und Invalidenversicherung ist 1911 nur für die ca. 150 000 Bergarbeiter staatlich geordnet worden. Der übrigen Arbeiterbevölkerung steht eine staatliche Altersrentenklasse zu Gebote, deren Wirksamkeit durch Zuschüsse des Staates, etwa 15 Mill. Franken pro Jahr, zu fördern gesucht wurde. Für die Arbeitslosenversicherung haben einzelne belgische Städte, vor allem Gent, ebenfalls ein System von Zuschüssen, und zwar zu den Kassen der Gewerkschaften, ausgebildet, das bei den relativ geringen Fortschritten der belgischen Gewerkschaftsbewegung freilich lange nicht so wirksam ist, als man im Auslande oft annimmt.

Auch die Steuergesetzgebung, der die Einkommensbesteuerung fehlte, bewies, wie wenig tatsächlich auf die besonderen Interessen der minder bemittelten Klassen Rücksicht genommen wurde.

Der hohe Respekt, welchen die regierenden Kreise Belgiens vor der menschlichen Freiheit empfanden, hatte sie auch an der Einführung der Schulpflicht verhindert. Die Folge war, daß von 10 000 Rekruten in Belgien 1010 vollständige Analphabeten waren (in Frankreich 470, im Deutschen Reiche nur 5). Da die in Belgien seit Jahrzehnten am Ruder befindliche klerikale Partei das Schulwesen der Kirche überließ, fiel der Unterricht, auch wenn die Kinder der Arbeiterbevölkerung eine Schule besuchten, doch auf alle Fälle sehr ungleichmäßig aus.

Unter diesen Umständen vermochte auch die Selbsthilfe der Arbeiterschaft die sozialpolitischen Versäumnisse des belgischen Staates nicht auszugleichen.

Man erinnert sich dabei auch an die Stammes- und Sprachunterschiede zwischen den französischen Wallonen und den germanischen Flamen. Sie treffen die Arbeiter weit mehr als die besitzenden und gebildeten Kreise, welche sich im ganzen Lande vorzugsweise der französischen Sprache bedienen. Innerhalb der gleichen Nationalität machen sich natürlich noch die Gegensätze der politischen Stellungnahme, ganz besonders aber die der klerikalen und antiklerikalen Gesinnung geltend. Zum Überfluß herrscht ein ausgeprägter Lokalismus, der die engere Verbindung selbst unter den sprachlich und politisch homogenen Gruppen der Bevölkerung erschwert. Überall empfindet man durchaus individualistisch, verabscheut jede schroffere Disziplin und alle materiellen Opfer, die sich nicht sofort bezahlt machen. Namentlich bei den Wallonen fehlt es an zäher, selbstverleugnender Organisationsarbeit. Sie lassen sich rasch in einen großen Kampf hineinreißen, besitzen aber keine Ausdauer und vermögen etwa erkämpfte Vorteile nicht festzuhalten.

Es gibt sozialistische, liberale, unabhängige und christliche Arbeiterberufsvereine. Der Zusammenschluß der örtlichen Verbände zu Landes-Zentralverbänden schreitet nur langsam vorwärts. Von hohen, regelmäßig zu entrichtenden Beiträgen will man wenig wissen, und so bleibt auch das Unterstützungswesen unentwickelt. Das belgische Gewerkschaftsgesetz von 1898 räumt den Berufsvereinen auch nur dann juristische Persönlichkeit ein, wenn sie auf den Ausbau der Unterstützungseinrichtungen verzichten. Manche sogenannte Gewerkschaften sind mehr Freidenkergruppen als Berufsvereine, andere eigentlich Krankenkassenversicherungsvereine, wieder andere

Sparvereine, bei denen die eingezahlten Beiträge Eigentum der Mitglieder bleiben und jederzeit wieder zurückgezogen werden können. Zuverlässige statistische Ermittelungen über die Wirksamkeit der Gewerkschaften sind noch nicht zustande gekommen. Im Jahre 1912 sollen die sozialistischen Vereine 116 082, die christlichen 82 761 Mitgllieder besessen haben.

Die Einverleibung des Kongostaates hatte auch unter den Sozialisten Belgiens zu lebhaften Erörterungen über die Stellung zur Kolonialpolitik geführt. Ganz besonders ist es Vandervelde gewesen, der starke Neigungen für koloniale Unternehmungen an den Tag legte [1]).

63. Italien [2]).

Wenn auch schon während der 70 er und 80 er Jahre hie und da sozialistische Gedankenkreise auf italienischem Boden verbreitet worden waren, so konnte eine besondere Arbeiterpartei mit sozialdemokratischem Programme doch erst nach mancherlei Irrungen und Wirrungen auf den Kongressen in Genua 1882 und Reggio

[1]) Vandervelde, Die Sozialdemokratie und das Kolonialproblem. N. Z. 27. Jahrg., 1. Bd., S. 732, 828.

[2]) Vgl. besonders die Arbeiten von Sombart: Der gegenwärtige Stand der italienischen Arbeiterbewegung, S. C. I, S. 479 bis 483; Der zweite Kongreß der sozialistischen Arbeiterpartei Italiens, S. C. II, S. 621—623; Italienische Briefe, S. C. III, S. 325—327, 353—355, 365—368; Studien zur Entwicklungsgeschichte des italienischen Proletariats, A. f. s. G. VI, S. 177 bis 258; VIII, S. 521—574; über die neueste Entwicklung: Treves, Der Parteitag in Bologna, S. M. 1904, S. 360—368; Oda Olberg-Lerda, Der Parteitag in Bologna, N. Z. XXII, 2, S. 118—125; Bissolati, Nach Bologna, S. M. 1904, S. 599 bis 605; Turati, Lehren und Folgen des Generalstreiks in Italien, a. a. O. S. 865—872; Bissolati, Das Ergebnis der italienischen Wahlen, a. a. O. S. 954—961; Rob. Michels, Proletariat und Bourgeoisie in der sozialistischen Bewegung Italiens, A. f. s. G. XXI, S. 347—417; XXII, S. 80—126, 424—467, 664 bis 721; Derselbe, Historisch-kritische Einführung in die Geschichte des Marxismus in Italien, A. f. s. G. XXIV, S. 189—259; Derselbe, Die italienische Literatur über den Marxismus, A. f. s. G. XXV, S. 525—572; Derselbe, Die exklusive Arbeiterpartei in Norditalien (1882—1892), Grünbergs Archiv I, S. 285 bis 315; Kulemann, Die Berufsvereine V. Bd., 1913, S. 283 bis 391.

(Emilia) 1893 begründet werden. Die Gründung war die notwendige Folge davon, daß der moderne Industrialismus, gehegt und gepflegt durch die protektionistische Handelspolitik, namentlich in Oberitalien, allmählich zu bemerkenswerter Entwicklung gediehen war. Immerhin hatte die marxistische Richtung noch lange mit den revolutionär-anarchistischen Strömungen zu kämpfen, die selbst in dem fortgeschrittenen Mailand stark genug blieben, um eine erhebliche Revolte (Mai 1898) zu inszenieren. Namentlich die in den meisten größeren Städten Italiens eingerichteten Arbeiterkammern (camere del lavoro) [1]) bildeten sich zu Sammelpunkten für die revolutionär-sozialistische Propaganda und die mehrmals unternommenen Generalstreikversuche aus. Hierbei waren es nicht bestimmte konkrete Ziele, die auf diesem Wege erreicht werden sollten, die Demonstrationen galten vielmehr als Selbstzweck. Unter den Regierungen Zanardelli und Giolitti machte die Arbeiterbewegung dank der großen Bewegungsfreiheit, die ihr nun gewährt wurde, nicht nur stattliche Fortschritte, sondern gewann allmählich auch eine größere Reife. Die Vertreter einer sozialistischen Reformpolitik im Sinne des deutschen Revisionismus gewannen rasch an Terrain.

Auf dem Parteitage zu Bologna (April 1904) kam es bereits zu einer großen Auseinandersetzung zwischen der von Arturo Labriola geführten revolutionär-anarchistischen Gruppe und den sozialistischen Reformpolitikern. Die in Bologna geführten Debatten zeichneten sich dadurch aus, daß sie den ja auch für andere Länder immer wichtiger gewordenen Prozeß „Evolution versus Revolution" weit offener und gründlicher betrieben haben, als es etwa auf dem

---

[1]) Diese Arbeiterkammern sind nach Sombart (A. f. s. G. VIII, S. 58) „Arbeitsnachweise und statistische Bureaus, Auskunftsstellen für Interessenten und Behörden, Schiedsgerichte und Aufsichtsbehörden — alles in einem. Sie sind aber vor allem Sammelpunkte der Arbeiterschaft und ihrer Vereine: räumlich in ihren Versammlungshäusern und geistig." Die erste Kammer wurde 1891 in Mailand eröffnet; in den nächsten Jahren erfolgte die Gründung analoger Institute in Bologna, Brescia, Cremona, Florenz, Monza, Parma, Pavia, Piacenza, Rom, Rurin, Venedig, Neapel, San Pier d'Arena und Padua. Oberitalien behauptet also weitaus die erste Stelle in der Bewegung. Dazu: Loserth, Die italienischen Arbeitskammern und das Arbeitsamt, Z. f. St. W. 61. Jahrg., S. 167—173.

Dresdener Parteitage geschehen ist. In der deutschen Sozialdemokratie traten eben die Revolutionäre weniger revolutionär auf, als es eigentlich ihren Gesinnungen entsprach, und auch die Reformisten hielten es noch nicht für opportun, ihre Fahne ganz zu enthüllen. In Bologna dagegen wurde nicht nur von den Reformisten, in deren Reihen so ausgezeichnete Kräfte wie Treves, Bissolati und Turati kämpften, das Reformprogramm in voller Schärfe entwickelt, sondern es wurden auch die Abstimmungen so eingerichtet, daß die Stärke der einzelnen Gruppen klar zutage trat. Es entfielen auf die Reformisten 308 Delegierte mit 12010 Stimmen, auf die Revolutionäre 186 Delegierte mit 7254 Stimmen. Die von Ferri und Rigola geführte Mittelpartei verfügte über 310 Delegierte mit 12084 Stimmen. Da bei der Schlußabstimmung die Revolutionäre die Mittelpartei unterstützten, kam eine gegen die Reformisten zugespitzte Resolution zustande. Ermutigt durch diesen Erfolg wurde nach dem Parteitage von der Parteileitung der übrigens mißlungene Versuch unternommen, die reformistischen Zirkel enger an die offizielle Parteiorganisation anzugliedern und so durch die revolutionären Elemente majorisieren zu lassen. Auch der im September 1904 aus unzulänglichen Motiven und mit unbestimmten Zielen inszenierte, ohne Erfolg verlaufene Generalstreik dürfte durch den Sieg der revolutionären Gruppen in Bologna angeregt worden sein. Die Neuwahlen für das Parlament im November 1904 bewiesen aber, daß selbst in Mailand, der Hochburg der revolutionären Gruppen, die Begeisterung der Arbeiterklasse für die „revolutionäre Methode" stark zurückgegangen war. Erfolge wurden bei diesen Wahlen nicht erzielt.

In der weiteren Folge[1]) hat sich seit dem Parteitage in Rom 1906 eine Vereinigung der von Ferri geleiteten Mittelpartei, der sogenannten Integralisten, mit den Reformisten unter Turatis Führung angebahnt, während sich die Anhänger Arturo Labriolas jetzt zutreffend als revolutionäre Syndikalisten bezeichnet und von der Gesamtpartei getrennt haben. Sie stellten, soweit das überhaupt noch möglich war, eine Karikatur des französischen Syndi-

[1]) Vgl. Bissolati, Die Krise in der italienischen Sozialdemokratie, S. M. 1906, S. 368—374; Derselbe, Die Entscheidung in Rom, S. M. 1906, S. 914—924; Treves, Die beiden Tendenzen, S. M. 1907, S. 607—612.

kalismus dar. Sie wirkten nur noch für Generalstreik und Antimilitarismus, wobei sie aber auch den Generalstreik nicht als Mittel einer unmittelbar ökonomischen Hebung der Arbeiter betrachteten, sondern mit seiner Hilfe nur die „revolutionäre Temperatur in den Massen erhöhen und ihren heroischen Opfermut wecken wollten". Da die italienischen Syndikalisten aber nicht wie die französischen einen erheblichen Bruchteil der gewerkschaftlich organisierten Arbeiter beherrschten, sondern nur Cliquen von bürgerlichen Intellektuellen, so fiel ihr Einfluß immer mehr in sich zusammen.

Die Reformisten dagegen hatten die Confederazione del Lavoro, den nationalen Kongreß der Arbeiter-Organisationen, auf ihrer Seite. Er erklärte in Mailand 1906 ausdrücklich: „Die Arbeiter-Organisationen werden ihr ganzes Programm der Neugeburt auf dem Wege einer vielgestalteten und täglichen Arbeit durchführen, welche sich aller den Arbeitern zur Verfügung stehenden Mittel bedient, schrittweise die moralische Lage des Proletariates hebt und es so dazu vorbereitet, die Geschicke der künftigen Gesellschaft in seine Hände zu nehmen."

Nachdem Ferri im Gegensatze zu dem durch ihn selbst herbeigeführten Beschluß von Bologna das Ministerium Sonnino unterstützt hatte, schmolz der tatsächliche Unterschied zwischen Integralisten und Reformisten immer mehr dahin. Die Grundlage der Integralisten bildete eigentlich nur der durch die revolutionäre Phraseologie hypnotisierte Unverstand der Massen, der in jeder Unterstützung einer Regierung einen Volksverrat erblickte. In dem Maße, als es gelang, ihnen wachsendes Verständnis für eine positive Reformpolitik einzuflößen, brauchte auf die „phosphoreszierende Rhetorik der Revolutionäre, welche wie Efeu die Ruinen des Marxismus bedeckt", keine Rücksicht mehr genommen zu werden.

Angesichts des Übergewichtes, welches die reformistische Taktik erlangt hatte, konnte Giolitti 1911 bereits Bissolati zum Eintritt in seine Regierung auffordern. Dieser war grundsätzlich bereit und begab sich zum Könige. Die schließlich doch erfolgende Ablehnung wurde indessen mit rein persönlichen Verhältnissen begründet und in der Kammer durfte Giolitti auf die volle Unterstützung durch die Sozialisten rechnen. So kam eine wesentliche Erweiterung des Wahlrechts (Gesetz vom 30. Juni 1912) zustande. Es schloß nur noch Analphabeten aus.

Der Krieg gegen die Türkei und die Stellung zur Monarchie führten zu erbitterten Kämpfen, in deren Folge der rechte Flügel der Reformisten unter der Führung Bissolatis ausschied (Parteitag von Reggio Emilia 1912) und sich als „Italienische sozialistisch-reformistische Partei“ konstituierte.

Im Gegensatze zu den übrigen Sozialisten hatten sich die Rechtsreformisten zwar als Gegner des lybischen Abenteuers, nicht aber als grundsätzliche Gegner jeder Kolonialpolitik bekannt. Und nachdem einmal der Zug nach Tripolis unternommen worden war, kam es ihnen darauf an, dort eine Lösung des Kolonialproblems zu erreichen, die den Interessen der italienischen Arbeiterklasse am besten entspräche. In diesem Sinne wurde auch auf dem ersten Parteitage dieser Richtung im Dezember 1912 in Rom beschlossen [1]), daß die Aufgabe der Arbeiterklasse „mit der allgemeinen Erklärung internationaler Verbrüderung und mit Friedensdemonstrationen noch keineswegs gelöst sei“. Sie dürfe „sich niemals ablehnend oder uninteressiert gegenüber den berechtigten Forderungen nach staatlicher Expansion des eigenen Volkes verhalten“.

Man stellte sich ausdrücklich auf den Standpunkt, daß in der gegenwärtigen Geschichtsperiode die internationale Politik des Proletariates nicht stets und um jeden Preis dem Friedensgedanken untergeordnet werden dürfe. Es kamen in dieser Haltung teils der nationalistisch-irredentistische Gedanke, teils das Interesse, das ein Land mit so starker Auswanderung an dem Erwerb von Siedlungskolonien besitzt, deutlich zum Ausdrucke [2]).

Die Erweiterung des Wahlrechtes bewirkte, daß die Zahl der sozialistischen Mandate von 40 auf 80 stieg, wobei 52 auf die alte Partei [3]) entfielen.

---

[1]) Leonida Bissolati, Die sozialistisch-reformistische Partei Italiens auf ihrem ersten Parteitag. S. M. 1913, S. 141—147.

[2]) Über die Entwicklung imperialistischer Ideen in der italienischen Arbeiterschaft vgl. R. Michels, Elemente zur Entstehungsgeschichte des Imperialismus in Italien, A. f. s. G. XXXIV, S. 55—121, 470—498; ferner desselben Verfassers Italienischer Imperialismus, Jahrbuch der Gesellschaft österreichischer Volkswirte 1914, S. 83—96 und L'Imperialismo Italiano, Milano 1914.

[3]) In dieser sind neuerdings wieder ultraradikale Elemente zur Herrschaft gekommen, auf deren Betreiben der Parteitag von Ancona 1914 die dem Freimaurerorden angehörenden arteigenossen

64. Rußland[1]).

Die sozialistische Bewegung, die sich auf dem Boden des russischen Reiches abspielt, enthält eine Reihe von Besonderheiten, welche sie von der Entwicklung Mittel- und Westeuropas scharf unterscheiden. Da die Großindustrie erst in den letzten Jahrzehnten erhebliche Fortschritte erzielt hat, war es lange Zeit mehr die Lage der Bauern als die der Industriearbeiter, welche die Aufmerksamkeit der Sozialisten in Anspruch nahm[2]), und zwar um so mehr, als die in weiten Gebieten Rußlands herrschende Agrarverfassung, das Bodeneigentum der Dorfgemeinde (Obschtschina), die Grundlage für eine sozialistische Produktionsweise bereits darzubieten schien. Es huldigte deshalb eine große Zahl geistvoller

---

ausschloß, da sie, meist aus den bürgerlichen Kreisen stammend, vom proletarischen Standpunkte aus verdächtig erschienen. „Wir brauchen keine humanitären Ideale“ oder „die Massen brauchen keine Bildung und noch viel weniger Philosophie“, hieß es. Vgl. Odo Olberg, Der Parteitag in Ancona, N. Z. 32. Jahrg., 2. Bd., S. 293.

[1]) Zur allgemeinen Orientierung über die Entwicklung des Sozialismus in Rußland dienen: v. Schulze-Gävernitz, Volkswirtschaftliche Studien aus Rußland, 1899; Russen über Rußland, herausgegeben von J. Melnik, 1906; Rußlands Kultur und Volkswirtschaft, herausgegeben von M. Sering, 1913; Masaryk, Zur russischen Geschichts- und Religionsphilosophie, 2 Bde., 1913, der erste Band enthält auf S. 186—191 wertvolle Quellenangaben zum Studium Rußlands; O. Hoetzsch, Rußland 1913; Kulemann, Die Berufsvereine V. Bd., 1913, S. 413—472; W. Mautner, Der Bolschewismus. 1920. S. 1—107.

[2]) Nach der Zählung von 1897 waren 81,5 % der Bevölkerung Bauern, die Stadtbevölkerung wurde auf 13,25 % der Gesamtbevölkerung angegeben. Die Kohlen- und Gußeisenproduktion entwickelte sich in nachstehender Weise:

Im Jahr	Kohle		Gußeisen	
1890	367 Mill. Pud		55 Mill. Pud à 16 kg	
1903	1093 „ „		150 „ „	
1913	2213 „ „	35,5 Mill. T	283 „ „	4½ Mill. T

Der Ausfuhrhandel betrug im Jahresdurchschnitte 1899—1903 759 Mill. Rubel, 1909—1913 1422,8, der Einfuhrhandel 566,2 bzw. 1003,7 Mill. Rubel. Nach Parvus, Das neue Rußland, Die Glocke 1915, S. 179. Vgl. auch S. Prokopowitsch, Über die Bedingungen der industriellen Entwicklung Rußlands, 1913.

Männer der Lehre, daß der Sozialismus in ganz besonderem Maße dem Genius des russischen Volkes entspräche, und daß es diesem gelingen werde, unmittelbar, ohne kapitalistisches Zwischenspiel, die Ideale des Sozialismus zu verwirklichen[1]). Eine landlose, gewerbliche Arbeiterklasse, ein Proletariat im Sinne der marxistischen Terminologie, gab es eigentlich nur im Königreich Polen, während anderwärts der Industriearbeiter mehr einen zu vorübergehender Fabrikarbeit von der Dorfgemeinde entlassenen Bauern bedeutete[2]).

Die Autokratie, welche selbständigen politischen und sozialen Bewegungen keinen Raum bot, aber auch die materiell elende Lage[3]) und die niedrige Bildungsstufe der Volksmassen in Stadt und Land brachten es mit sich, daß die Träger sozialistischer Bestrebungen dem Adel oder der bürgerlichen „Intelligenz", ganz besonders auch den studentischen Kreisen angehörten und ihre Tätigkeit nur in illegaler „unterirdischer" Weise und vom Auslande (Zürich, Genf, Brüssel, Paris, London) her betreiben konnten. Es entstand gewissermaßen ein Stand berufsmäßiger Revolutionäre, der die theoretischen Formeln und praktischen Lösungen in seinen ausländischen Laboratorien ausarbeitete und deshalb mit den Volksmassen der Heimat die engere Fühlung leicht verlor.

Es haben so ziemlich alle in West- und Mitteleuropa aufgestellten Theorien auch unter russischen Revolutionären Anhänger gefunden: Bald wurden sie buchstabengläubig wie eine Art Offenbarung übernommen, bald geistreich kritisiert und den besonderen russischen Verhältnissen angepaßt.

Da der Sozialismus aber nicht nur unter den Großrussen, sondern auch unter den Juden, Polen und Letten zu Parteibildungen führte, und jede dieser sozialistischen Richtungen sich wieder nach verschiedenen theoretischen und taktischen Grundsätzen spaltete, so hatte sich eine kaum übersehbare Fülle von sozialistischen Gruppen und Grüppchen ausgebildet, denen die gegenseitige Bekämpfung

---

[1]) Vgl. II. Bd., § 8.

[2]) O. Goebel, Entwicklung der russischen Industriearbeiter bis zur ersten Revolution. 1920; S. Köhler, Die russische Industriearbeiterschaft von 1905—1917. 1921.

[3]) Pashitnow, Die Lage der arbeitenden Klasse in Rußland, 1907; Leites, Die Streiks in Rußland, 1908.

oft noch wichtiger erschien, als der Sturz des Zarismus oder Kapitalismus.

In der Folge soll zunächst nur von den zwei wichtigsten sozialistischen Parteien Großrußlands, von den „Sozialrevolutionären" und den Marxisten oder Sozialdemokraten gesprochen werden [1]).

Die Sozialrevolutionäre standen ursprünglich unter dem Einflusse französischer Sozialisten (Fourier, Comte, L. Blanc, Proudhon) und sympathisierten mit slavophilen, ja selbst panslawistischen Ideenkreisen. Männer wie Alexander Herzen, Tschernischewsky, Michajlowsky, Bakunin und Lawrow waren die geistigen Ahnherrn der Bewegung. Sie stellten den politisch revolutionär gesinnten Teil der Narodniki dar. Sie waren „muschikophil" und setzten alle Hoffnungen auf die von ihnen stark idealisierten Bauern. Ihre Anhänger „gingen ins Volk", ließen sich auf dem Lande nieder und trachteten danach, mit den Massen die engsten, vertrauensvollsten Beziehungen anzuknüpfen. Der Umschwung sollte in friedlicher Weise, durch unermüdliche Aufklärung vorbereitet werden.

Erst im Laufe der siebziger Jahre gewannen die Terroristen die Oberhand. Nun kam es vor allem darauf an, Persönlichkeiten, die sich in besonderem Maße verhaßt gemacht hatten oder von denen eine den sozialistischen Bestrebungen besonders nachteilige Wirksamkeit befürchtet wurde, durch Attentate aus dem Wege zu räumen. So erschoß Vera Sassulitsch am 24. Jan. 1878 den Polizeipräsidenten Trepow, der politische Gefangene hatte prügeln lassen, und wurde von den Geschworenen freigesprochen. Auf kaiserlichen Befehl wurde dieses Urteil freilich wieder aufgehoben. Diese Gruppe nahm 1879 die Bezeichnung Narodowolzi an. Ihr Organ war Narodnaje Wolja (Der Volkswille). Am 13. März 1881 wurde Alexander II. selbst das Opfer eines Attentates, nachdem

[1]) Außer der großrussischen Bewegung kommt vor allem noch die polnische und jüdische in Betracht. In ersterer bekämpfen sich eine nationale und internationale Richtung, während der „Allgemeine jüdische Arbeiterbund für Rußland und Polen" zu der russischen Sozialdemokratie engere Beziehungen unterhält. Vgl. Sara Rabinowitsch, Die Organisation des jüdischen Proletariates in Rußland, 1904.

schon 1879 ein Anschlag gegen den Kaiser mißglückt war. Damit war zunächst der Höhe- und Wendepunkt dieser Bewegung erreicht. Es ließ sich nicht verkennen, daß diese Taktik durchaus nicht die gewünschten Folgen erzielte. An Stelle der Verfassung, die Alexander II. bereits unterschrieben hatte, herrschte nun überall der „weiße Schrecken". So begann einer der sozialrevolutionären Führer, Plechanow, sich für den Marxismus und das Vorbild der deutschen Sozialdemokratie zu erwärmen.

Im Widerspruche zu den Narodniki wurde dargetan, daß man auch in Rußland die Frucht des Sozialismus erst vom Baume eines reifen Kapitalismus werde brechen können. Und diese Lehre fand angesichts der großen Fortschritte, welche die russische Industrie durch das System Witte machte, mehr und mehr Anhänger. Immerhin traten auch unter den Marxisten bald wieder Spaltungen auf. Der orthodoxen Gruppe Plechanow-Axelrod-Sassulitsch traten die „Jungen" oder „Ökonomisten" gegenüber, welchen die Förderung der Gewerkschaftsbewegung vor allem am Herzen lag. Allmählich fanden aber auch die Gedankengänge der deutschen Kathedersozialisten und Revisionisten bei Männern wie P. Struve und von Tugan-Baranowski Anklang. Dazu traten Meinungsverschiedenheiten in bezug auf innere Organisation und Taktik. Man begann von einer „Mehrheit" (Bolschewiki) und einer „Minderheit" (Menschewiki) zu sprechen. An der Spitze der ersteren stand Lenin. Ihm schwebte eigentlich die blanquistische Verschwörertaktik vor. Es sollte eine straff zentralisierte Organisation zur Vorbereitung eines bewaffneten Aufstandes geschaffen werden, für den er hauptsächlich die Bauern gewinnen zu können hoffte. Insofern näherte man sich wieder stark den Anschauungen der Sozialrevolutionäre. Die Menschewiki, geführt von Martow, mißtrauten der revolutionären Gesinnung der Bauern. Der Klassenkampf könnte nur von der Fabrikarbeiterklasse bewerkstelligt und seinem sozialistischen Endziel zugeführt werden. Sie verwarfen den Terrorismus, der die Massenrevolution schädige, und hielten eine größere Selbständigkeit der provinziellen und lokalen Gruppen für richtiger, da dann die Gesamtorganisation weniger leicht durch die Regierung gelähmt werden könnte [1]).

---

[1]) Programm und Taktik der sozialdemokratischen Arbeiterpartei Rußlands. Abgedruckt in dem Werke „Königsberg, Der

Es zeigte sich aber bald, daß diese der verbalrevolutionären Taktik der deutschen Sozialdemokratie entsprechenden Grundsätze dem Tatendrange russischer Revolutionäre nicht genügten. Die „Sozialrevolutionäre“ [1]) sammelten sich im Laufe der neunziger Jahre von neuem und führten eine Reihe bedeutungsvoller Attentate aus (gegen die Minister Bogoljepow, Sypjagin und Plehwe, gegen den Großfürsten Sergius).

Die Regierung begann nun unter den Industriearbeitern, deren häufige Streiks auf wachsende Unzufriedenheit deuteten, mit Hilfe Subatows, des obersten Beamten der politischen Polizei in Moskau, und des Popen Gapon eine auf rein wirtschaftliche Ziele gerichtete Gewerkschaftsbewegung mit christlich-sozialem Einschlage zu begünstigen, in der Hoffnung, damit den revolutionären Parteien allen Boden in der Arbeiterschaft zu entziehen. Infolge eines großen Streiks, der unter den Arbeitern der Putilow-Werke in Petersburg im Januar 1905 ausgebrochen war, wollten die Streikenden unter Führung Gapons die Unterstützung des Zaren erflehen. Sie begaben sich am 22. Januar, der seitdem als der „rote Sonntag“ bezeichnet worden ist, unbewaffnet, patriotische Lieder singend und Heiligenbilder vor sich hertragend zu dem Winterpalais und baten um Zulassung einer Deputation. Dieser Wunsch wurde abgelehnt, und als die Menge der Aufforderung, zurückzugehen, nicht entsprach, schoß das Militär. Es sollen etwa 600 Personen getötet und 300 verwundet worden sein. Nun veröffentlichte Gapon ein Schreiben, in dem er den Zaren für abgesetzt erklärte und die Untertanen ihres Treueides entband. Die Sozialrevolutionäre, die durch ihre geheimen Gesellschaften ebenfalls für das Zustandekommen dieser Massendemonstration — es sollen 150 000 Menschen an ihr teilgenommen haben — tätig gewesen waren, sprachen ein Todesurteil über den Zaren aus. Man pflegt diese Ereignisse als den Beginn der russischen Revolution zu bezeichnen [2]).

Da während der Revolution Arbeiterstreiks (es fanden 1905 im ganzen 13 995 Streiks mit 2 863 173 Teilnehmern statt) einen erheblichen, im Oktober 1905 sogar einen für die Gewährung der

---

Geheimbund des Zaren“. Herausgegeben von K. Eisner. 1904, S. 514—515.

[1]) Ihr Programm-Entwurf, a. a. O. S. 519—523.

[2]) Trotzky, Rußland in der Revolution, 1909.

Verfassung entscheidenden Einfluß besessen haben, herrscht oft die Meinung vor, als ob es sich der Hauptsache nach um eine proletarisch-sozialistische Bewegung gehandelt habe. Tatsächlich galt der Kampf vor allem der Autokratie[1]) und wurde von den oberen Gesellschaftsschichten, welche wegen der militärischen Mißerfolge gegenüber Japan erbittert waren, organisiert. Auch die Vertreter der freien Berufe, die Lehrer, Ärzte, Anwälte, Ingenieure, ja selbst die Beamten streikten ebensogut wie die Arbeiter, denen die Arbeitgeber oft den vollen Lohn zahlten, damit sie imstande wären, zu streiken. Erst nachdem der Sieg der Revolution die Heimkehr der im Auslande lebenden sozialistischen Führer ermöglicht hatte, erhielt die Bewegung zum Teil einen sozialistischen Charakter. Der Arbeiter-Delegierten-Rat in Petersburg beschloß im Wege der „direkten Aktion" die allgemeine Einführung des Achtstundentages, d. h. er gab die Weisung aus, daß Arbeiter nunmehr nirgends länger als acht Stunden am Tage arbeiten dürften. Die Arbeitgeber setzten sich durch Aussperrungen zur Wehr und fanden ausgiebige Unterstützung bei der Regierung. So scheiterten die Bestrebungen zur Einführung des Achtstundentages ebenso wie die Versuche, Heer und Flotte für die Revolution zu gewinnen. In Moskau kam es im Dezember 1905 zu schweren Straßenkämpfen, in denen die Regierungstruppen einen vollen Erfolg erzielten. Vergebens suchten sich die Revolutionäre einzureden, sie hätten nur eine formelle Niederlage erlitten, welche die Kräfte der Revolution verdoppeln würde. Die oberen Gesellschaftsklassen, durch die gewährten liberalen Einrichtungen zufriedengestellt und durch die wachsenden Ausschreitungen der Massen erschreckt, näherten sich wieder der Regierung. Auf die Revolution folgte die Kontre-Revolution. Vom Oktober 1905 bis zum Oktober 1906 sind 7331 Personen aus politischen Gründen getötet worden. In der Zeit von 1905—1910 ergingen 7101 Todesurteile und fanden 4449 Hinrichtungen statt[2]).

Der Schwerpunkt der weiteren Entwicklung lag in der Duma. Trotz des relativ freisinnigen Wahlrechts hatten die Sozialrevo-

[1]) Vgl. Giwago und M. Weber, Zur Beurteilung der gegenwärtigen politischen Entwicklung Rußlands (XXII. Bd. d. A. f. s. G. 1906) und M. Weber, Rußlands Übergang zum Scheinkonstitutionalismus (Beilage zum XXIII. Bde. d. A. f. s. G. 1906).

[2]) Masaryk, I, S. 161.

lutionäre und selbst ein Teil der Menschewiki es abgelehnt, sich an den Wahlen zu dieser „Kompromiß-Einrichtung" der konstitutionell-demokratischen Partei (der sogenannten Kadetten) zu beteiligen. Sie waren deshalb nur in den Besitz von 17 Mandaten gelangt, während die Kadetten allein 187 Vertreter besaßen und noch durch die starke Gruppe der Trudowiki (Arbeiterpartei) unterstützt wurden. Im übrigen zeigte es sich bald, daß nicht die Arbeiter-, sondern die Agrarfrage die Achse bildete, um die sich alles drehte. Zahlreiche und schwere Agrar-Unruhen bekundeten, daß die Sozialrevolutionäre unter den Bauern nicht vergebens gearbeitet hatten. So wurde von der Duma nicht nur die Verteilung des im öffentlichen Besitz befindlichen Landes an die Bauern verlangt, sondern auch die Enteignung des privaten Großgrundbesitzes.

Es kam zur Auflösung der Duma, und der tatkräftige, staatsmännisch hochbegabte Stolypin ergriff die Zügel der Regierung.

Da sich an den Wahlen zur zweiten Duma auch die revolutionären Parteien in größerem Umfange beteiligt hatten, zeigte sie einen weit oppositionelleren Charakter als die erste.

Die Sozialdemokraten zählten 47 Mitglieder und 18 Hospitanten, die Sozialrevolutionäre 58 Mitglieder. Der Regierung erschien es unmöglich, mit diesem Parlamente zu arbeiten. Es erfolgte deshalb bald die Auflösung der zweiten Duma und ein Staatsstreich, durch den eine empfindliche Beschränkung des Wahlrechts zugunsten des großen Grundbesitzes eintrat. In der dritten Duma verfügten deshalb die Sozialdemokraten nur noch über 19, die Sozialrevolutionäre sogar nur über eine Stimme. Stolypins großzügige Agrarreform[1]) stellte nicht allein 9 Millionen Desjatinen öffentliches Land für die Bauernsiedlungen zur Verfügung, sondern suchte auch die Aufteilung des Bodens der Dorfgemeinde zu Privateigentum sowie die Beseitigung der Gemengelage und des Flurzwanges durchzuführen. Nur von einer liberal-individualistischen Agrarverfassung ließ sich der dringend gebotene Aufschwung der Landwirtschaft erwarten. Damit trat eine Beruhigung der bäuerlichen Bevölkerung ein. Im übrigen gelang es der großen Energie Stolypins aber auch, die Sozialrevolutionäre zu sprengen. Ein Teil der Führer war hingerichtet oder gefangen genommen worden, ein anderer geflüchtet. Nicht wenige liquidierten ihre revolutionäre Vergangenheit und

[1]) Preyer, Die russische Agrarreform, 1914.

schlossen sich den liberal-demokratischen Parteien an. Die Entlarvung Azews, des Organisators der großen Attentate gegen Plehwe und den Großfürsten Sergius, als eines im Dienste der Polizei stehenden Lockspitzels mußte die Anhänger des Terrorismus aus aller Fassung bringen. Dazu kam der heftigste Streit über die Ursachen der Niederlage, welche man eben erlitten [1]). Das Ansehen des Marxismus erlitt starke Einbußen. Plechanow zog sich von der Leitung der Menschewiki zurück und in dem Otsowismus entstand eine Richtung, welche die Beteiligung der Sozialisten an den Dumaverhandlungen überhaupt bekämpfte [2]).

Stolypin fiel am 18. September 1911 als Opfer eines Attentates. Seine Nachfolger hielten aber an der von ihm vorgezeichneten Politik fest. Die Agrarreform wurde mit größtem Eifer und Erfolg betrieben und mit der Einführung der Kranken- und Unfallversicherung nach deutschem Muster im Jahre 1912 suchte man auch den berechtigten Beschwerden der gewerblichen Arbeiter Abhilfe zu schaffen. Die Einführung des $10^1/_2$ stündigen Arbeitstages wurde vorbereitet [2]).

Die Niederlage Rußlands im fernen Osten führte zu einer lebhaften Betätigung auf dem Balkan. Die relativ günstige Lage der Finanzen wurde zu einer ungeheuren Verstärkung [3]) der bewaffneten Macht zu Wasser und zu Lande ausgenützt. Österreich-Ungarn und die Türkei sollten zertrümmert, die panslawistischen Ideale der russischen Gesellschaft [4]) verwirklicht und durch die Er-

---

[1]) Vgl. die scharfe Kritik bei Tscherewanin, Das Proletariat und die russische Revolution, 1908.

[2]) Trotzky, Entwicklungstendenzen der russischen Sozialdemokratie, N. Z. 28. Jahrg., 2. Bd., S. 860; Stickloff, Die sozialdemokratische Fraktion in der dritten Duma, N. Z. 30. Jahrg., 2. Bd., S. 576, 616.

[3]) Im Jahre 1914 erreichten die Ausgaben für Heer und Flotte eine Milliarde Rubel, während sie 1908 erst 600 Millionen Rubel betragen hatten. Die Friedenspräsenz wurde bei einem jährlichen Rekrutenkontingent von 455 000 auf 1 700 000 Mann gesteigert. Vgl. Trojanowski, Die Vergrößerung der russischen Armee, N. Z. 32. Jahrg., 2. Bd., S. 10.

[4]) Wie tief die imperialistischen Tendenzen in das russische Volk eingedrungen waren, sucht K. Leuthner, Russischer Volksimperialismus, 1915, zu zeigen. Jedenfalls reichte die deutschfeindliche Gesinnung weit in die demokratischen Parteienehinein, da das

oberung Konstantinopels endlich die freie Ausfahrt aus dem schwarzen Meere gesichert werden.

65. Großbritannien und seine Kolonien[1]).

Ungeachtet der Agitation von Robert Owen und der Verbreitung sozialistischer Ideen durch die sogenannten christlichen Sozialisten hat der Sozialismus in England bis in die 80er Jahre des 19. Jahrhunderts keine festen Wurzeln zu fassen vermocht. Auch die Chartistenbewegung entsprang ja, wie früher dargetan wurde, mehr anti-industriellen als modern sozialistischen Triebfedern. Am leichtesten konnte noch die weit verbreitete Opposition gegenüber dem Großgrundeigentum zu dem Gedanken der Verstaatlichung wenigstens eines Produktionsmittels, des Grund und Bodens, führen. So ist die neuere sozialistische Bewegung Englands denn auch mit dem Erscheinen des Buches von Henry George über „Fortschritt und Armut" in Zusammenhang zu bringen.

Die im Jahre 1881 gegründete Demokratische Föderation, deren Programm als sozialistische Forderung nur die Verstaatlichung des Grundeigentums enthielt, wurde im Jahre 1883 in eine „Sozialdemokratische Föderation" umgewandelt. Diese stellte sich in wirtschaftlicher Hinsicht auf den Boden der von K. Marx ver-

---

baltische Deutschtum sowohl wie das Deutsche Reich als Stützen des Zarismus angesehen wurden. Über die starke Vertretung des baltischen Adels in den höheren Regierungsstellen zu Ende der Regierung des deutschfreundlichen Alexander II. vgl. Masaryk, I, S. 135. Danach hatte der Prozentsatz der Deutschen im Ministerium des Äußern 57 %, im Kriegsministerium 46 %, in den höheren Truppenkommandos 41 % betragen.

[1]) Sidney Webb, Socialism. in England, London 1890; Der Sozialismus in England geschildert von englischen Sozialisten, herausgegeben von Sidney Webb, deutsche Ausgabe von Kurella, Göttingen 1898; J. Ellis Barker, British Socialism. London 1908; Brougham Villiers, Socialism. in England, 1908; Gustav F. Steffen, Die Demokratie in England, Jena 1911; Edouard Guyot, Le socialisme et l'evolution de l'Angleterre contemporaine, Paris 1913; M. Beer, Geschichte des Sozialismus in England, Stuttgart 1913 (dazu die Anzeige des Buches durch Schmoller im J. f. G. V. 38. Jahrg., S. 1—43; Die soziale Bewegung Englands von 1770—1912 im Lichte der marxistischen Klassenkampfideen); Güttler, Die englische Arbeiterpartei, Jena 1914.

tretenen Anschauungen. Hyndmann, der Übersetzer des „Kapital" von Marx, Annie Besant und Herbert Burrows nahmen in ihr leitende Stellungen ein. Später wurde auch der Maschinenbauer John Burns ein eifriges Mitglied der Partei. Er war es, der die großen Ausstände der Gas- und Dockarbeiter Londons erfolgreich organisierte und sich um die Entwicklung der „neuen" Gewerkvereine überhaupt die größten Verdienste erwarb. Außer dieser der festländischen Sozialdemokratie am nächsten kommenden Vereinigung wurde unter dem Einflusse von William Morris[1]), des gefeierten Dichters und Leiters berühmter kunstgewerblicher Anstalten, eine „Sozialistische Liga" errichtet. Als Anhänger von Ruskin konnte sich Morris auf die Dauer mit dem Marxismus der „Sozialdemokratischen Föderation" nicht befreunden. Er haßte die Großindustrie und suchte die Befreiung der Arbeiter nicht in einem auf Rechnung der Gesellschaft als solchen betriebenen Großindustrialismus, sondern, wie einst die Chartisten, in der Rettung vor dem Fabriksysteme selbst. Auch die politisch-parlamentarische Taktik war ihm unsympathisch. Die praktische Tagespolitik, die kleine Verbesserungen in bezug auf Arbeiterschutzgesetze, Steuern, Organisation der öffentlichen Arbeiten u. dgl. zu erreichen suchte, erschien ihm als reine Zeitverschwendung. Vor allem käme es darauf an, die Köpfe zu revolutionieren, das Volk für die Ideale eines ästhetischen Sozialismus zu erziehen. Tatsächlich haben aber anarchistische Elemente in dieser Liga schließlich die Oberhand gewonnen und Morris selbst zog sich von ihr zurück.

Bürgerliche Gelehrte und Schriftsteller haben die Fabian Society[2]) gebildet, deren Ursprung ebenfalls auf das Jahr 1883 zurückgeht. Das Motto lautete eben: „Auf den richtigen Augenblick muß man warten, geduldig, wie Fabius tat, als er gegen Hannibal kämpfte, allem Tadel über seine Saumseligkeit zum Trotz; aber wenn die Zeit kommt, muß man ordentlich losschlagen, wie auch Fabius tat, oder man wird vergebens und fruchtlos gewartet haben."

---

[1]) Aymer Vallance, W. Morris, his art, his writings and his public life, London 1898, S. 365—366.

[2]) Vgl. Fabian Essays in Socialism., London; Deutsche Ausgabe unter dem Titel: Englische Sozialreformer, von Grunwald, Leipzig 1897; Edw. R. Pease, Die Fabian Societh, Grünbergs Archiv I, S. 333—353; Fabian Tracts.

In wirtschaftlicher Hinsicht überzeugte Sozialisten, in politischer eifrige Demokraten, unterscheiden sie sich doch dadurch von der orthodoxen Sozialdemokratie, daß sie eine Besserung der vorhandenen Zustände nur von einer allmählichen, friedlichen, durch unausgesetzte Reformarbeit bewirkten Umgestaltung erwarten. Sie verwerfen die Anwendung der Gewalt und das Prinzip des Klassenkampfes. Ihrer Überzeugung nach wird weder in absehbaren Zeiten, noch überhaupt je, eine vollkommen ideale Gesellschafts- und Wirtschaftsordnung zu erreichen sein. Von den Gedanken der Entwicklungstheorie beherrscht, treten sie lediglich für eine unausgesetzte organische Vervollkommnung des sozialen Körpers ein.

Sie entfalteten eine überaus rührige Tätigkeit auf dem Gebiete der praktischen Politik, sie gingen unter das Volk nicht allein, um dessen Lage kennen zu lernen, sondern auch um hier mit voller Hingebung für ihre Ideale zu wirken. Mit Rücksicht auf die höhere Entwicklungsstufe, deren sich die Städte in jeder Beziehung erfreuen, hielten sie die Verwirklichung sozialpolitischer Forderungen hier eher für möglich. Deshalb verlegten sie auch anfänglich den Schwerpunkt ihrer praktisch-politischen Tätigkeit in die Stadtverwaltungen, insbesondere in den Grafschaftsrat von London [1]).

Die Fragen der auswärtigen Politik und das Verhältnis des Mutterlandes zu seinen Kolonien haben die Fabier im Sinne eines liberalen Imperialismus, wie ihn Lord Roseberry vertritt, erörtert. Sie standen insofern auch den Zielen des Chamberlainismus durchaus freundlich gegenüber, nur schlugen sie andere Mittel vor. Der koloniale Absatz in England solle nicht durch Zolldifferenzierung, sondern durch Frachtdifferenzierung gefördert werden, nämlich in der Weise, daß man die Handelsflotte verstaatliche und so die Frachtkosten auf allgemeine Rechnung übernehme. Zur Förderung der wirtschaftlichen Interessen des Mutterlandes sollten Produktionsprämien und durch Eisenbahnverstaatlichung ermöglichte sehr billige oder gar kostenlose Landtransporte dienen [2]).

An der Spitze der Fabier stehen Sidney und Beatrice Webb, welche die umfassendste und beste Darstellung der englischen Gewerk-

[1]) S. Webb, The London Programme, 1891.

[2]) Fabianism. and the empire. A manifeste by the Fabian Society edited by Bernard Shaw. London 1900; Fabianism. and the fiscal question (Fabian Tract Nr. 116). London 1904.

vereinsbewegung geliefert haben[1]). Außerdem sind zu nennen: G. Bernard Shaw, William Clarke, Sidney Olivier[2]), zeitweise Gouverneur von Jamaica, Hubert Blant, Graham Wallas, Rev. Stewart D. Headlam, H. W. Macrosty u. a. m.

Der Einfluß der Fabier, als deren Organ jetzt die Wochenschrift „The New Statesman" betrachtet werden kann, beschränkt sich nicht auf England, sondern hat auch zweifellos viel zur Förderung der revisionistischen Bewegungen innerhalb der kontinentalen Sozialdemokratie beigetragen.

Im Gegensatze zu den Fabiern, welche nicht eine besondere politische Partei darstellen, sondern alle bestehenden Parteien durch die Beweiskraft ihrer wissenschaftlichen Arbeiten sozialistischen Anschauungen zugänglich machen wollen, steht die „Unabhängige Arbeiterpartei". Sie wurde 1893 unter dem Einflusse von J. Keir Hardie, Tom Mann und Blatchford ins Leben gerufen und kommt in ihren programmatischen Forderungen der kontinentalen Sozialdemokratie nahe[3]). Sie brachte es anfangs aber nur auf 15 000 Mitglieder und vermochte deshalb bei den Parlamentswahlen von 1900 trotz eifriger Bemühungen nur einen Kandidaten, Keir

---

[1]) History of Trade Unionism. London 1884; neue Auflage, fortgeführt bis 1920, 1920. Industrial Democracy. London 1897.

[2]) Sidney Olivier, White capital and coloured labour. London 1910.

[3]) In taktischer Beziehung nimmt sie freilich eine ganz andere Stellung ein und geht selbst über die Gedankenkreise des Revisionismus weit hinaus. Keir Hardie bekämpfte ausdrücklich die marxistische Theorie des Klassenkampfes. Es handele sich zwischen Arbeitern und Arbeitgebern um Interessenkonflikte, wie sie auch zwischen den Angehörigen derselben Klasse oft genug sich ausbildeten. Im übrigen sei die Arbeiterklasse keine Klasse, sondern die Nation selbst. „Im Angesichte dieser Tatsache ist es eine Degradierung der sozialistischen Bewegung, sie auf das Niveau eines bloßen Kampfes zweier Parteien um die Herrschaft herabzuziehen. Wir brauchen keine klassenbewußten Sozialisten. . . . Der Sozialismus erklärt einem System, nicht einer Klasse den Krieg." Er leugnet, daß heute in England noch eine herrschende und eine unterdrückte Klasse im Sinne von Marx vorhanden sei. „Wenn heute die besitzenden Klassen herrschen, so deshalb, weil die stimmberechtigten Arbeiter dies so wollen. . . . Politisch haben die Arbeiter die Macht. . . . Was verhindert die Ausbreitung des Sozialismus? Die Unwissenheit

Hardie, durchzubringen. Der zweite Sozialist des Parlamentes, John Burns, wurde als Kandidat der Liberalen gewählt.

Um die Vertretung der Arbeiterinteressen im Parlamente zu verstärken, wurde 1900 in London ein Arbeiter-Vertretungs-Komitee (Labour Representation Committee, in Abkürzung L.R.C.)[1] gegründet. Zahlreiche Gewerkvereinsverbände haben sich in Gemeinschaft mit der Unabhängigen Arbeiterpartei, der Fabier-Gesellschaft und der Sozialdemokratischen Föderation an diesem Unternehmen beteiligt. Die Notwendigkeit einer intensiveren politischen Betätigung wurde auch in der Gewerkvereinswelt um so lebhafter empfunden, als die Gefährdung des Gewerkvereinsvermögens durch die gerichtlichen Entscheidungen in der Taff-Vale-Angelegenheit (vgl. 1. Bd., S. 296) nur auf politischem Wege, eben durch eine Änderung der Gesetzgebung bekämpft werden konnte. Da aber die Vereine der Textilarbeiter der konservativen Partei ebenso nahe standen, wie die Bergarbeitervereinigungen den Liberalen, hatte die Wahlpolitik des L.R.C. mit beträchtlichen Schwierigkeiten zu kämpfen. Man einigte sich 1903 dahin, in Zukunft keine liberalen oder

---

der Arbeiter. Diese Unwissenheit haben wir mit allen uns zur Verfügung stehenden Mitteln zu bekämpfen, und weil das Klassenkampfdogma den Arbeiter dazu verleitet, die Ursachen der Verewigung seines Elends außerhalb seiner selbst und seinesgleichen zu suchen, wende ich mich dagegen, daß es zu einem leitenden Gesichtspunkte in der sozialistischen Propaganda gemacht wird." Keir Hardie glaubt nicht, daß die von den Regierungen vorgeschlagenen Reformen nur darauf berechnet seien, die wahre Natur des Klassenkampfes zu bemänteln und den Fortbestand der Bourgeois-Gesellschaft zu sichern. „Es gibt ein wachsendes soziales Gewissen, das bei diesen Reformen eine große Rolle spielt. . . . Ich kann mir vorstellen, wie eine Reform nach der andern erkämpft wird, bis schließlich der Sozialismus keine größere Erregung verursacht als voriges Jahr die Beseitigung der Landlords in Irland." Daß Keir Hardie von den Kannegießereien der internationalen Sozialistenkongresse über taktische Fragen nichts wissen will, versteht sich bei einem Engländer von selbst. „Stramm und radikal in jeder Hinsicht, verlangen wir doch, daß jeder Nation freigestellt bleibe, ihre Taktik der gegebenen Lage und den Verhältnissen anzupassen." Vgl. Bernstein, Nationale Besonderheiten und internationale Sprache. S. M. 1904, S. 888—895.

[1]) Pease, Die neue Arbeiterpartei in England, A. f. s. G. XIX, S. 650—660.

konservativen Kandidaten mehr zu unterstützen, sondern ganz selbständig vorzugehen und allein Arbeiterkandidaturen aufzustellen. Deshalb wurde auch an die Stelle des L.R.C. die Bezeichnung Labour Party (L.P.) gesetzt[1]).

Bei den Wahlen von 1906 wurden 50 Kandidaturen der L.P. aufgestellt und ca. 335 000 Stimmen mit 30 Mandaten errungen. Von den Abgeordneten gehörten vierzehn der Unabhängigen Arbeiterpartei (Independent Labour Party, I.L.P.), einer der Sozialdemokratischen Föderation (S.D.F.) und einer der Fabier-Gesellschaft (F.S.) an. Es konnten also unter den 670 Mitgliedern des Parlaments sechzehn als erklärte Sozialisten angesehen werden. Im ganzen wurden 54 Arbeiter gewählt. Die Vertreter der L.P. bildeten eine von der liberalen Regierungspartei unabhängige Gruppe, die jeweils vor Beginn der Parlamentssession ein besonderes Arbeitsprogramm aufstellte und die Regierung, der übrigens John Burns als Präsident des Lokalverwaltungsamtes angehörte, unterstützte oder bekämpfte, je nachdem deren Aktionen in der Richtung dieses Programmes sich bewegten oder nicht. Vor allem kam es darauf an, den Schutz des Gewerkvereinsvermögens gegen die Haftpflichtklagen der Unternehmer zu sichern. Dieses Ziel wurde durch den Trade Disputes Act (1906) vollkommen erreicht. Sodann wurden Speisungen der Schulkinder aus öffentlichen Mitteln, größere Fürsorge für Arbeitslose, Hebung der Arbeiter und Angestellten im Staatsdienste, Pensionen für arme, alte Personen, der Achtstundentag für Bergarbeiter, Beförderung der aus der Arbeiterklasse hervorgegangenen Assistenten der Fabrikinspektion zu Inspektoren und die stärkere Heranziehung des Konjunkturaleinkommens für die Besteuerung auf die Tagesordnung gesetzt. Auch in bezug auf diese Wünsche sind der Partei mehr oder minder weitgehende Erfolge beschieden gewesen[2]).

Wie wenig diese englische Arbeiterpartei übrigens mit der festländischen Sozialdemokratie, insbesondere derjenigen orthodoxen Gepräges übereinstimmt, trat auf dem Internationalen Sozialistenkongreß in Stuttgart 1907 deutlich an den Tag. Der Vertreter der Sozialdemokratischen Föderation, Quelch, bestritt gegenüber dem Vertreter der Unabhängigen Arbeiterpartei Macdonald ausdrücklich,

---

[1]) Pease, Geschichte der englischen Labour Party, Grünbergs Archiv III, S. 106—129.

[2]) Siehe 1. Bd., S. 125, 250—254, 346, 380, 427—434.

daß die Arbeiterpartei als sozialistische Partei angesehen werden könne. „Wir haben in England die Labour Party gefragt, ob sie sozialistisch sei, sie hat überhaupt nicht geantwortet. (Hört! Hört!) Warum legt sie dann überhaupt Wert darauf, auf dem Sozialistenkongreß vertreten zu sein? Man kann nicht in Stuttgart einem Sozialistenkongreß beiwohnen und in England in Wahlmanifesten sagen, daß es keinen Klassenkampf gibt. (Sehr gut!) Die Labour Party hat sich direkt geweigert, die sozialistischen Prinzipien anzuerkennen. Sie lehnt sogar die Reformen ab, die zu dem Ziele des Sozialismus, der vollkommenen Befreiung der Arbeiterklassen von jeder Ausbeutung, hinführen. (Hört! Hört!) Die Labour Party hat überhaupt kein Programm, wir kennen es jedenfalls nicht. Die Labour Party hat nur eine Basis, den Kampf für Palliativmittelchen. Sie ist eine ausgezeichnete Arbeiterpartei, aber keine sozialistische Partei"[1]).

Die Verfassungskämpfe um die Stellung des Oberhauses und die mit ihnen zusammenhängenden Wahlen im Januar und Dezember 1910 haben die Zahl der dem Unterhaus angehörenden Arbeiter-Abgeordneten auf 42 herabgedrückt, den parlamentarischen Einfluß dieser Gruppe aber nicht wesentlich vermindert, da die Liberalen nach wie vor doch nur mit Hilfe der Arbeiter und Irländer eine regierungsfähige Mehrheit zustande bringen konnten. Abgesehen von den schon erwähnten bemerkenswerten Fortschritten auf dem

[1]) Vgl. Protokoll des Internationalen Sozialistenkongresses zu Stuttgart. Berlin 1907, S. 21. Zur besseren Übersicht über die englischen Parteiverhältnisse und die Stärke der einzelnen Gruppen konnte das nachstehende Schema dienen (vgl. Macdonald, Sozialismus, Gewerkschaften, Arbeiterpartei, S. M. 1907, S. 830):

Arbeiterpartei				
Gewerkschaften	Unabhängige Arbeiterpartei	Fabier-Gesellsch.	Sozialdemokr. Föderation	Sozialistische Arbeiterpartei
1 700 000	40 000	1 200	7 000	200
	Sozialistische Gruppen			

Im übrigen vgl. über die neuere Entwicklung: Keir Hardie, Unterschiede zwischen der englischen und kontinentalen Arbeiterbewegung, S. M. 1905, S. 527—532; Macdonald, Die Wahlen und die Arbeiterklasse in England, S. M. 1906, S. 195—198; Derselbe, Die neue Arbeiterpartei im englischen Parlamente, S. M. 1906, S. 389—393.

Gebiete der Sozialversicherung und des Arbeiterschutzes kam die Machtstellung der Arbeiterpartei besonders dadurch zum Ausdrucke, daß die ungeheure Ausgabensteigerung, die Flottenvergrößerung und Sozialversicherung notwendig machten, durch Lloyd George[1]) mit Hilfe von Steuern ermöglicht wurde, die ganz überwiegend auf den besitzenden Klassen lasteten.

In Rüstungsfragen und auswärtiger Politik war die Stellungnahme der englischen Sozialisten und Arbeiter keine einheitliche. Während Blatchford, der Herausgeber des meistgelesenen Arbeiterblattes, des Clairion, und der Marxist Hyndman[2]) 1910 gegen „die deutsche Gefahr" in der Morning Post und Daily Mail, also in Blättern, die an der Spitze der Kriegshetzer marschierten, zahlreiche Artikel zugunsten der Flottenvergrößerung schrieben, vertraten die leitenden Männer der Unabhängigen Arbeiterpartei Keir Hardie und James Ramsay Macdonald[3]) als strenge Freihändler, die schon gegen den Burenkrieg protestiert hatten, weiterhin ihren pazifistischen, der Einkreisungspolitik abgeneigten, deutschfreundlichen Standpunkt im Labour Leader. Von den Mitgliedern der Fabier-Gesellschaft dürften viele die Auffassung der liberalen Imperialisten teilen.

Rascher als im Mutterlande haben in Australien[4]) sozialistische Bestrebungen eine große Bedeutung gewonnen. Schwere gewerkschaftliche Kämpfe, die sich dort im Anschluß an einen Streik der Seeleute und Hafenarbeiter abgespielt und für die Arbeiter-

---

1) Vgl. Lloyd George, Bessere Zeiten. Deutsche Übersetzung von Helene Simon. Jena, o. J.

2) Vgl. Bernstein, Hyndmans Erinnerungen. Grünbergs Archiv IV, S. 105—115.

3) R. Macdonald, Sozialismus und Regierung. Deutsche Übersetzung von O. Petersson. Jena, o. J.

4) P. Leroy-Beaulieu, Les nouvelles sociétés anglo-saxonnes, Paris 1897; H. de R. Walker, Australasian Democracy, London 1897; Métin, Le socialisme sans doctrines, Paris 1901; Reeves, State experiments in Australia and New Zealand, 2 vols., London 1902; Hooper, Dreizehn Jahre sozialen Fortschrittes in Neuseeland, A. f. s. G. XIX, S. 575—616; E. Pistor, Durch Sibirien nach der Südsee, Wien und Leipzig 1905, S. 335—379; Junghann, Sozialismus in Australien, Z. f. g. St. Jahrg. 70, S. 88—125 und die I. Bd., § 73 genannte Literatur.

schaft einen unglücklichen Verlauf gehabt hatten, boten die Veranlassung, mehr und mehr die Staatshilfe zu bevorzugen. Es kam eine sozialistische Arbeiterbewegung in Fluß, die, allen marxistischen Gedankengängen abhold, ihre ganze Kraft für unmittelbare, erreichbare Forderungen einsetzte. Nachdem eine weitgehende Radikalisierung des Wahlrechts (Verleihung des Stimmrechts an alle Personen über 21 Jahre ohne Unterschied des Geschlechts) erreicht worden war, standen im Vordergrunde des Programmes: 1. Erhaltung von Weiß-Australien. 2. „Neuer" Schutzzoll. 3. Verstaatlichung oder Kommunalisierung der Monopole. 4. Progressive Landsteuer. 5. Bürgerwehr. 6. Bundesbank. 7. Beschränkung der öffentlichen Schuldaufnahme. 8. Schiffahrtsgesetze. 9. Ergänzung der obligatorischen Schiedsgerichtsgesetze bei sozialen Interessenstreitigkeiten.

Unter „neuem Schutzzoll" verstand man die Erhebung einer Abgabe von allen durch Zölle geschützten australischen Erzeugnissen in der Höhe des halben Zolles, sofern sie nicht unter befriedigenden Arbeitsbedingungen hergestellt wurden. Ferner sollten die Schutzzölle herabgesetzt werden, wenn für geschützte Industrieprodukte eine unangemessene Preiserhöhung eintrat.

Das entsprechende Bundesgesetz wurde aber vom Bundesgerichtshofe als verfassungswidrig erklärt und es gelang der Arbeiterpartei trotz mehrfacher Versuche noch nicht, die notwendige Verfassungsänderung durchzusetzen.

Am erfolgreichsten erwies sich die progressive Landbesteuerung. Sie begünstigte die Aufteilung der Latifundien und die Zunahme kleinerer, intensiver wirtschaftender Farmen.

Waren auch die gewerkschaftlich organisierten Arbeiter die eigentlichen Träger der sozialistischen Bewegungen, so fanden sie doch auch bei den unorganisierten Arbeitern und in den antikapitalistisch fühlenden Kreisen der bürgerlichen Intelligenz zahlreiche Anhänger, um so eher, als jede antikirchliche oder antireligiöse, antinationale und antimonarchische Propaganda vermieden wurde. Die Pflege „australischer Gesinnung" und die Einführung der allgemeinen Wehrpflicht bildeten sogar wichtige Punkte des Programmes.

Im Jahre 1910 kamen sowohl im Bundesstaate wie in drei industriell besonders entwickelten Einzelstaaten die Arbeiterparteien an die Regierung. Es wird nicht bestritten, daß es diesem Sozialismus gelungen ist, den australischen Arbeitern bei sehr kurzer Arbeitszeit und gemächlichem Arbeitstempo ein behagliches Dasein zu verschaffen. Die Gunst der Lage wurde aber weniger für die Pflege geistiger Interessen, als für den Alkoholgenuß, Sport, Spiel und Wetten ausgenutzt. Der Fortschritt der australischen Volkswirtschaft geht langsam voran, und erhebliche Preissteigerungen gefährden die Behauptung der erzielten Verbesserungen.

66. Vereinigte Staaten von Amerika[1]).

Obwohl der Kapitalismus der Union in den gigantischen Trust-Organisationen einen Grad der Entwicklung aufzuweisen hat, welcher in vielen Punkten die Theorien des Marxismus bestätigt, kommt

[1]) Außer der bereits im 1. Bande, § 45 genannten Literatur vgl. Sartorius v. Waltershausen, Der moderne Sozialismus in den Vereinigten Staaten von Amerika, Berlin 1890; M. Hillquit, History of Socialism in the United Staates, New-York 1903, deutsche Übersetzung von K. Müller-Wernburg, Stuttgart 1906; Sombart, Quellen und Literatur zum Studium der Arbeiterfrage und des Sozialismus in den Vereinigten Staaten von Amerika (1902—1904), A. f. s. G. XX, S. 633—704; Derselbe, Studien zur Entwicklungsgeschichte des nordamerikanischen Proletariats, A. f. s. G. XXI, S. 210—237, 308—347, 519—556; Kulemann, Die Berufsvereine VI, 1913, S. 27—43. Über den Stand der sozialen Fragen unterrichten: Shadwell, Industrial efficiency, 2 vols, 1906; Ely, Studies in the evolution of industrial society, 1913, S. 123—489. Im übrigen kommen die zahlreichen vom Standpunkte des marxistischen Sozialismus geschriebenen Artikel der Neuen Zeit in Betracht, von denen besonders genannt seien: J. Vahlteich, Die Sozialisten in den Vereinigten Staaten von Nordamerika, N. Z. XIX, 2, S. 292—299; Derselbe, Der Einigungskongreß der amerikanischen Sozialisten in Indianapolis, N. Z. XIX, 2, S. 663—666; E. Untermann, Der Parteitag der amerikanischen Sozialdemokratie, N. Z. XXII, 2, S. 275—281; H. Schlüter, Die amerikanischen Wahlen und die Sozialisten, N. Z. XXIII, 1, S. 310—317; Algernon Lee, Die Arbeiterbewegung in den Vereinigten Staaten, N. Z. XXVIII, 2, S. 266, 348, 438, 642, 673, 713; Boudin, Die politische Situation in den Vereinigten Staaten und die Sozialistische Partei, N. Z. XXVIII, 2, S. 239, 260; Derselbe, Die politische Lage in den Vereinigten Staaten und die bevorstehende Präsidentenwahl, N. Z. XXX, 2, S. 266, 323; Hillquit, Die Hauptströmungen in der sozialistischen Bewegung der Vereinigten Staaten XXX, 2, S. 200.

dem Sozialismus doch noch immer eine recht untergeordnete Stellung zu. Dabei ist freilich zu unterscheiden zwischen der Ausbreitung sozialistischer Ideen und der Ausbildung politischer Parteien mit sozialistischen Zielen. Sozialistische Ideen sind nicht nur durch H. George (Progress and Poverty) und E. Bellamy (Looking backward), sondern auch durch radikal-demokratisch gesinnte Geistliche der verschiedenen christlichen Bekenntnisse in weite Kreise getragen worden. Und obwohl die Welt der Gewerkvereine sich gegenüber dem politischen Sozialismus im allgemeinen ablehnend verhält, haben doch auch hier wenigstens einzelne ökonomische Gesichtspunkte des Sozialismus Anklang gefunden. So steht z. B. einer der hervorragendsten jüngeren Gewerkschaftsführer, John Mitchell[1]), der Vorsitzende der Vereinigten Bergarbeiter, stark unter dem Einflusse der Schriften des Ehepaares Webb, also der wissenschaftlich bedeutendsten Sozialisten Englands.

Geringere Erfolge haben dagegen die Versuche aufzuweisen, welche diese sozialistischen Stimmungen für den Aufbau einer besonderen politischen Partei verwerten wollen. Die Träger dieser Bestrebungen waren vorzugsweise aus Deutschland eingewanderte Sozialdemokraten. Der Sozialismus galt daher lange Zeit als „Made in Germany", als eine für Amerika durchaus nicht passende und notwendige Importpflanze. Und als diese deutsch-amerikanischen Sozialdemokraten die englische Sprache zur offiziellen Parteisprache erhoben, begegnete die Propaganda eher noch größeren Schwierigkeiten als zuvor. Man stieß so viele Deutsche ab, und die Anglo-Amerikaner ließen sich doch nicht gewinnen. Durch die anarchistischen Unruhen der 80er Jahre, an denen ebenfalls in erster Linie Deutsche beteiligt waren (Most, Spieß, Schwab, Engel, Lingg, Fischer) wurden die Sympathien der amerikanischen Arbeiterwelt für die politischen Bestrebungen der Eingewanderten natürlich auch nicht verstärkt. Und als gar die „Sozialistische Arbeiterpartei" Anstalten machte, spezifisch sozialistische Gewerkschaften in Konkurrenz zu den bestehenden politisch neutralen Gewerkvereinen zu begründen, zog sich der Sozialismus, wie Vahlteich ausführt, „den grimmigen Haß der großen Masse der organisierten Arbeiter zu." Überdies

[1]) Vgl. dessen Werk „Organisierte Arbeit", deutsch von H. Hasse, Dresden 1904.

litt die Bewegung unter zahlreichen Spaltungen und persönlichen Rivalitäten der Führer.

Erst im Jahre 1901 kam es in Indianapolis zur Einigung der verschiedenen sozialistischen Parteigruppen unter der Bezeichnung „Sozialistische Partei“ (Socialistic Party). Als bedeutsames Faktum ist der Umstand zu erwähnen, daß auf diesem Kongresse nur etwa 20 % der Delegierten Eingewanderte waren, daß also allmählich doch eine gewisse Amerikanisierung des Sozialismus erzielt worden war [1]). Natürlich waren mit dieser Einigung noch nicht alle Schwierigkeiten aus dem Wege geräumt. Auch in der amerikanischen Sozialdemokratie standen die Gegensätze zwischen revolutionärer und reformistischer Taktik auf der Tagesordnung. „Die großen Meinungsverschiedenheiten darüber, ob wir in absehbarer Zeit eine entscheidende Umgestaltung unserer Gesellschaftsverhältnisse zu erwarten haben, und ob sich diese Umgestaltung in revolutionärer Weise, das heißt schnell und gewaltsam, vollziehen werde, oder ob ein organisches Hinauswachsen der neuen Gesellschaft aus der alten stattfinden werde“, diese große Streitfrage bildete, nach Vahlteich, den eigentlichen Gegenstand der Debatte in Indianapolis. Das Bekenntnis zum revolutionären Sozialismus wurde indessen mit 65 gegen 23 Stimmen abgelehnt. Weitere Schwierigkeiten erwuchsen aus der Notwendigkeit, schließlich auch einmal zu den agrarischen Fragen Stellung zu nehmen. Stellt die Farmerbevölkerung doch eine überaus zahlreiche und politisch einflußreiche Schicht der amerikanischen Gesellschaft dar. Noch größere Gefahren schließt aber die Negerfrage für die Sozialdemokratie ein. Tritt sie, der Parteischablone entsprechend, unumwunden für die Gleichberechtigung der Neger ein, dann hat sie in den Südstaaten 99 % der Weißen gegen sich, also auch solche Weiße, die ihrer ökonomischen Stellung nach für die sozialistische Propaganda Empfänglichkeit besitzen könnten. So zählte die Partei 1910 in 14 Südstaaten zusammen kaum 3000 Anhänger.

Die Verschmelzung der verschiedenen sozialistischen Richtungen hat sich übrigens nach dem Einigungskongresse rascher, als erwartet wurde, vollzogen.

---

[1]) Immerhin erschien 1910 die sozialistische Presse noch in 15 Sprachen und von den Tageszeitungen bedienten sich nur 3 der englischen Sprache, 2 der deutschen, 2 der tschechischen und je eine der polnischen Sprache und des jüdischen Jargon.

Ein 1904 in Chicago abgehaltener Parteitag beschloß, Eugen V. Debs für die Präsidentschaftswahl als Kandidaten aufzustellen[1]).

Während bei der Präsidentschaftswahl von 1900 auf die beiden sozialistischen Kandidaten zusammen nur 132 000 Stimmen entfielen, hat Debs 1904 ca. 450 000 Stimmen erreicht, ein Ergebnis, das wohl auch mit der in diesen Jahren vielfach eingetretenen Zuspitzung der Gegensätze zwischen Kapital und Arbeit zusammenhing (Stahlarbeiterstreik 1901, Kohlenarbeiterstreik 1902). Die Wahlen von 1908 ergaben 420 464 Stimmen, also einen kaum nennenswerten Zuwachs. Erst 1912 wurde, wohl infolge der empfindlichen Verteuerung des Lebensunterhalts, eine wesentliche Steigerung auf 900 868 erzielt, und es wird sogar angenommen, daß ohne die durch Roosevelt bewirkte Gründung der progressistischen Partei, den Sozialisten noch eine halbe Million Stimmen mehr zugefallen sein würde. Immerhin würden sie auch in diesem Falle bei 15 Millionen abgegebenen Stimmen überhaupt noch eine sehr kleine Minderheit bilden. Die große Mehrheit der gewerkschaftlich organisierten Arbeiter

[1]) Es wurde damit diejenige Persönlichkeit nominiert, die sich um die Amerikanisierung des Sozialismus anscheinend die größten Verdienste erworben hat. Debs Eltern stammen aus dem Elsaß; er wurde 1855 in Indiana geboren. Im Frühjahr 1875 kam er als Lokomotivheizer in die Gewerkschaftsbewegung. Im Jahre 1880 wurde er bereits Sekretär und Schatzmeister seiner Organisation, der „Brotherhood of Locomotive Firemen", stellte seine organisatorischen Elemente aber auch anderen Arbeitergruppen zur Verfügung. Im Jahre 1894 gründete Debs die „American Railway Union", eine Eisenbahnarbeiterverbindung, die an dem großen „Pullman-Streik" beteiligt war (vgl. N. Z. XIII, 1, S. 111—118, 147—153). Da durch die Boykottierung der Pullman-Waggons auch die Beförderung der Post gestört wurde, schritten die Bundesbehörden ein. Debs als Leiter des Streiks wurde verhaftet und zu 6 Monaten Gefängnis verurteilt. — Im Gefängnis machte er sich mit sozialistischer Literatur bekannt und wollte nach seiner Freilassung sogar im Westen der Union ein sozialistisches Staatswesen begründen. Diese utopistischen Neigungen wurden aber bald überwunden. Von einem Ende der Vereinigten Staaten bis zum andern hat er seither zahllose Versammlungen abgehalten, unablässig für die sozialistische Propaganda tätig. Sein großer Ruf als Redner hat ihm stets ein zahlreiches Publikum zugeführt. Vgl. Schlüter, Die amerikanischen Wahlen, N. Z. XXIII, 1, S. 313.

stimmte nach dem Rate von Gompers für Wilson, den Kandidaten der demokratischen Partei.

Ein Teil der Sozialisten hat versucht, auch in der Farmerbevölkerung Anhänger zu werben. Um den Anschauungen dieser Bevölkerungsklasse besser entgegenzukommen, wurde vom Parteitage 1912 in Indianapolis ein Agrarprogramm angenommen, das erhebliche Einschränkungen des Kollektiveigentums an Grund und Boden bedeutete [1]).

Am wenigsten konnten die Dogmen des internationalen Marxismus in der Einwandererfrage aufrecht erhalten werden. Die große Mehrheit der Arbeiter wünscht starke Beschränkungen, die Sozialisten aber, besonders diejenigen jüdischer Herkunft, bekämpfen die Bestimmungen, die die Einwanderung der osteuropäischen Juden erschweren könnten. Die Zulassung der Asiaten wird aber auch von den Sozialisten allgemein abgelehnt [2]).

Im Kongreß ist die sozialistische Partei nur vorübergehend, 1910—1912, mit einem Sitze, welchen V. Berger innehatte, vertreten gewesen. Günstiger lagen die Verhältnisse in einigen Einzelstaaten und größeren Gemeinden. So erlangten z. B. 1910 die Sozialisten die Mehrheit in der Stadt Milwaukee, in der die Bevölkerung deutscher Herkunft sehr zahlreich ist.

Es liegt also das bemerkenswerte Ergebnis vor, daß in den mit dem Deutschen Reiche rivalisierenden großen Industriestaaten England und Nord-Amerika jedenfalls für einen von marxistischen Ideen beherrschten Sozialismus kein geeigneter Boden gefunden werden kann.

67. Die internationalen Organisationen der Sozialdemokratie [3]).

Obwohl K. Marx schon im Kommunistischen Manifeste des Jahres 1848 die Losung ausgegeben hatte „Proletarier aller Länder

[1]) Vgl. Walling, Das neue Agrarprogramm der Sozialdemokratie Amerikas, N. Z. XXXI, 1, S. 521—530. Der Verfasser glaubte sogar behaupten zu dürfen, daß dieses Agrarprogramm den kleinkapitalistischen Ackerbauern größere Konzessionen macht, als irgend ein bisher von einer sozialistischen Partei aufgestelltes Programm. Dem widersprach A. M. Simons, a. a. O. S. 597.

[2]) Vgl. die interessante Artikelserie von H. Schlüter, Die Einwanderungsfrage, N. Z. XXXII, 2, S. 817, 855, 891.

[3]) Meyer, Emanzipationskampf des vierten Standes I, 2. Aufl., Berlin 1882, S. 111—194; Hugo und Stegmann, Hand-

vereinigt euch!", waren die Verhältnisse erst 1864 so weit gediehen, daß er zur Verwirklichung seines Jugendtraumes schreiten konnte. Nachdem gelegentlich der Londoner Weltausstellung von 1864 Annäherungen zwischen Vertretern der englischen und französischen Arbeiter stattgefunden hatten, wurde am 24. September 1864 in St. Martins Hall in London eine Zusammenkunft veranstaltet, an welcher nebst Engländern und Franzosen auch Deutsche, Schweizer und Belgier teilnahmen[1]). Die Gründung eines internationalen Arbeiterbundes kam zustande und K. Marx verstand es, auf dessen Leitung einen starken Einfluß geltend zu machen. Die lokalen Arbeiterorganisationen der einzelnen Länder bildeten Sektionen, die Abgeordneten der Sektionen den Kongreß, und dieser wieder wählte den Generalrat, das oberste Exekutivorgan der ganzen Vereinigung. Da es zunächst darauf ankam, Angehörige der verschiedensten sozialen Richtungen (Sozialisten, Gewerkvereinler und proudhonistische Gegner der Gewerkvereine, Sozialreformer, Friedensfreunde und Philanthropen) zu gemeinsamer Tätigkeit zusammen zu bringen, wurde die Aufstellung eines klaren Programmes unterlassen[2]). Der erste Kongreß (Genf 1866) sprach sich lediglich für den Achtstundentag, für den gesetzlichen Schutz der kindlichen und jugendlichen Arbeitskräfte, für Gewerkschaften und gegen indirekte Steuern und stehendes Heer aus. In Lausanne (1867) hatten die Anhänger Proud-

---

buch des Sozialismus, Zürich 1894; Art. Internationale Arbeiter-Assoziation, Internationale Kongresse; Grünberg, Art. Internationale in Elsters Wörterbuch der Volkswirtschaft; G. Jaeckh, Die Internationale, Leipzig 1904; G. Hervé, L'internationalisme, 1910; W. Liebknecht, Der Hochverratsprozeß, 2. Aufl. 1911 (enthält viele auf die Internationale sich beziehende Dokumente); Kulemann, Die Berufsvereine VI. Bd., 1913, S. 201—234; F. Mehring, K. Marx, 1916, S. 321—363, 393—505. Über die internationalen Sozialistenkongresse vgl. die deutschen Ausgaben der Protokolle. Das Pariser (1889) erschien 1890 in Nürnberg, das Brüsseler (1891) in Berlin 1893, das Züricher (1893) in Zürich 1894, das Londoner (1896), Pariser (1900), Amsterdamer 1904), Stuttgarter (1907), Kopenhagener (1910) und Baseler (1912) in Berlin.

[1]) Rothstein, Aus der Vorgeschichte der Internationale, 17. Ergänzungsheft zur N. Z. 1913.

[2]) Viele wichtige Mitteilungen zur Aufklärung der Vorgänge, die sich hinter den Kulissen abspielten, in dem 3. und 4. Bande des Briefwechsels zwischen Marx und Engels.

hons die Mehrheit und setzten eine gegen die gewerkschaftliche Organisation zugespitzte Resolution durch. In ihrer jetzigen Form habe diese nur die Bildung eines sogenannten vierten Standes mit Zurücklassung eines ganz elenden fünften zur Folge. In Brüssel (1868) wurde die Verstaatlichung der Bergwerke, des landwirtschaftlich benutzten Grund und Bodens, der Forsten und Eisenbahnen, in Basel (1869) die Abschaffung des privaten Grundeigentumes überhaupt gefordert.

Weiteren Fortschritten der „Internationale", wie man die internationale Arbeiter-Assoziation kurzweg zu nennen pflegte, setzte der deutsch-französische Krieg ein Ziel. Die deutsche Sozialdemokratie hatte, entsprechend den Beschlüssen der Internationale, nach dem Sturze des Kaiserreichs gegen die Fortsetzung des Krieges und die Annexion von Elsaß-Lothringen protestiert, während der Generalrat der Internationale seine Solidarität mit dem Pariser Kommuneaufstande erklärte. Die Folge war, daß die Internationalen nicht nur in beiden Ländern durch die Regierungen, welche die Bedeutung dieser Vereinigung stark überschätzten, auf das heftigste verfolgt wurden, sondern daß auch viele gemäßigtere Elemente, wie z. B. die englischen Gewerkvereine, austraten. Dazu kamen erbitterte Kämpfe im Schoße der Partei selbst[1]). Der russische Anarchist Bakunin, der das Hauptziel in der Zerstörung, nicht in der Eroberung der politischen Macht erblickte, suchte den ausschlaggebenden Einfluß von K. Marx mit Hilfe anarchistisch gestimmter Elemente aus der romanischen Schweiz, aus Belgien und Spanien zu brechen. Auf dem Haager Kongreß[2]) (1872) führte der Schweizer Guillaume aus, daß gegenwärtig zwei Ideen durch die Internationale liefen: die eine, daß die Internationale die Erfindung eines gescheiten Mannes mit einer unfehlbaren sozialen und politischen Theorie sei, gegen die niemand das Recht der Opposition habe; die andere, daß die internationale Verbindung der Arbeiter das Erzeugnis der sie umgebenden ökonomischen Bedingungen sei. Da diese reale Existenzbedingung vorhanden sei, so brauche man kein Haupt, das, wie es der Generalrat wollte, über die Beobachtung des orthodoxen Glaubens wache.

[1]) Brupbacher, Marx und Bakunin, München, o. J.; Mehring a. a. O. S. 468 ff.

[2]) Stieklow, Die Bakunistische Internationale nach dem Haager Kongreß, 28. Ergänzungsheft zur N. Z. 1914.

Obwohl Bakunin und sein Anhang ausgeschlossen wurden, führte Marx doch dadurch, daß er die Verlegung des Generalrates nach New York durchsetzte, den Untergang der Internationale herbei. Im Jahre 1876 erfolgte die Auflösung in aller Form, nachdem sie immerhin in vielen Ländern auf die Ausbildung einer an Marx orientierten Arbeiterbewegung einen großen Einfluß ausgeübt hatte.

Nach dem Zusammenbruch der Internationale wurde die Pflege der internationalen Solidarität den internationalen Sozialistenkongressen übertragen. Solche fanden in Gent 1877, in Chur 1881, in Paris 1883 und 1886 statt. Größeres Interesse erregte aber erst der Pariser Kongreß 1889 durch seinen Beschluß, eine internationale Demonstration zugunsten des Achtstundentages ins Werk zu setzen. Nachdem auch die Kongresse von Brüssel (1891) und Zürich (1893) diesen Gedanken bestätigt haben, ist regelmäßig der 1. Mai als Weltfeiertag der Arbeit, oft unter erheblichen Kämpfen und nicht immer mit vollem Erfolge, proklamiert worden. Auf dem Pariser Kongresse von 1900 wurde ein internationales sozialistisches Bureau in Brüssel eingesetzt und ferner der „Fall Millerand“, also eine Frage der nationalen Taktik, erörtert. Da indes nur eine Millerand schonende, von Kautsky entworfene Kompromiß-Resolution durchgesetzt wurde, suchten die französischen Marxisten orthodoxer Richtung (Guesdisten), ermutigt durch den Erfolg Bebels in Dresden ihre revisionistischen Gegner (Jaurèsisten) dadurch zu überwinden, daß sie von dem Amsterdamer Kongreß von 1904 die Bestätigung der Dresdener Resolution verlangten. Nach langen Debatten nahm der Kongreß dieselbe an und empfahl ferner den feindlichen Bruderparteien Frankreichs, eine Wiedervereinigung vorzubereiten. Sodann wurde die Errichtung einer interparlamentarischen Kommission beschlossen, um die Tätigkeit der sozialistischen Fraktionen der verschiedenen Volksvertretungen einheitlicher zu gestalten.

Auf dem Kongresse wurde noch nach Nationen abgestimmt. Auf jede Nation, gleichgültig wie viele Delegierte sie entsendet hatte und wie stark die Sozialdemokratie bei ihr entwickelt sein mochte, entfielen zwei Stimmen. So besaßen England mit 102 und Deutschland mit 68 Delegierten ebenso gut nur zwei Stimmen, wie Böhmen, Ungarn, Serbien, Bulgarien, Spanien, Japan, Argentinien usw., die 1, 2 oder 3 Delegierte auf den Kongreß geschickt hatten. Es ist gewiß überflüssig, über solche Abstimmungs-Farcen auch nur ein Wort der Kritik zu verlieren.

Auf dem Sozialistenkongresse in Stuttgart (1907) kam ein etwas verständigeres Abstimmungsverfahren zur Geltung, indem die einzelnen Nationen eine abgestufte Stimmenzahl erhielten, die ihrer Bedeutung und der Stärke der sozialistischen Bewegung bei ihnen einigermaßen gerecht wurde. Immerhin scheint es noch sehr anfechtbar, wenn Rußland und England, also Länder mit einer sehr schwachen sozialistischen Bewegung, ebenso gut je 20 Stimmen führen wie Deutschland und Frankreich. Die Abstimmung nach Nationen findet übrigens nur dann statt, wenn sie verlangt wird. Andernfalls wird nach Köpfen gestimmt[1]).

In Stuttgart wurde von seiten der Franzosen ein Vorstoß unternommen, um die Deutschen auf den Anti-Militarismus à la Hervé zu verpflichten[2]). Mit besonderer Entschlossenheit trat diesen Bestrebungen Vollmar entgegen. Während von der Mehrheit der französischen Delegation eine Resolution vorgelegt worden war, in der die Verhütung und Verhinderung des Krieges durch nationale und internationale sozialistische Aktionen der Arbeiterklasse „mit

---

[1]) H. van Kol, Die Abstimmungen auf den internationalen sozialistischen Kongressen, S. M. 1907, S. 594—597.

[2]) Über die Zunahme der gegen die Haltung der deutschen Sozialdemokratie gerichteten Strömungen unterrichtet R. Michels, Die deutsche Sozialdemokratie im internationalen Verbande (A. f. s. G. XXV, S. 148—232), aber schwerlich in einer dem Standpunkte der deutschen Partei gerecht werdenden Weise. So muß z. B. der Umstand, daß der französische Syndikalist Griffuelhes 1906 in Berlin weder bei der Generalkommission noch bei der politischen Partei mit seinen Vorschlägen zu Friedensdemonstrationen Unterstützung fand, dazu herhalten, die Friedensliebe der deutschen Sozialdemokratie zu verdächtigen. Dabei wird aber nicht erwähnt, daß sich die deutschen Gewerkschaften auf politische Tätigkeit nach Maßgabe der Vereinsgesetzgebung überhaupt gar nicht einlassen konnten, selbst wenn sie es für angezeigt gehalten hätten, mit einer Organisation des revolutionären Syndikalismus in Beziehung zu treten, während die politische Partei grundsätzlich nur mit der französischen Partei der geeinigten Sozialisten verkehrt. Diese wurde von Leuten wie Griffuelhes stets auf das Heftigste bekämpft. Um so größer ist aber die Fähigkeit von Michels, sich in alle deutschfeindlichen Stimmungen des sozialistischen Auslandes einzufühlen.

allen Mitteln, von der parlamentarischen Intervention, der öffentlichen Agitation bis zum Massenstreik und zum Aufstand" gefordert wurde[1]), wahrt die vom Kongreß angenommene Fassung eine größere Selbständigkeit. „Die Internationale ist außerstande", heißt es in dem schließlich einstimmig angenommenen Beschlusse, „die in den verschiedenen Ländern naturgemäß verschiedenen, der Zeit und dem Ort entsprechenden Aktionen der Arbeiterklasse gegen den Militarismus in strenge Formen zu bannen. . . . Droht der Ausbruch eines Krieges, so sind die arbeitenden Klassen und deren parlamentarische Vertretungen in den beteiligten Ländern verpflichtet, unterstützt durch die zusammenfassende Tätigkeit des Internationalen Bureaus, alles aufzubieten, um durch Anwendung der ihnen am wirksamsten scheinenden Mittel den Ausbruch des Krieges zu verhindern, die sich je nach der Verschärfung des Klassenkampfes und der Verschärfung der allgemeinen politischen Situation naturgemäß ändern. Falls der Krieg dennoch ausbrechen sollte, so ist es die Pflicht, für dessen rasche Beendigung einzutreten und mit allen Kräften dahin zu streben, die durch den Krieg herbeigeführte wirtschaftliche und politische Krise zur Aufrüttelung des Volkes auszunutzen und dadurch die Beendigung der kapitalistischen Klassenherrschaft zu beschleunigen"[2]). So kam man glücklich zu einer Redaktion, in welche die Anhänger Hervés selbst ihre wildesten Phantasien hinein interpretieren konnten, ohne daß die Verpflichtung zu irgend einer deutlich umschriebenen Aktion bestanden hätte.

Auch in bezug auf das Verhältnis der sozialistischen Parteien zur Gewerkschaftsbewegung wurde von französischer Seite dem Standpunkte des revolutionären Syndikalismus Geltung zu verschaffen gesucht. „Der Kongreß ist der Überzeugung", hieß es in dem französischen Vorschlage, „daß die völlige Befreiung der Arbeiterklasse sich nur vollständig vollziehen kann durch die vereinigte Macht der politischen und gewerkschaftlichen Aktion, der Gewerkschaftsbewegung, die als letztes Mittel den Generalstreik anwendet, und der politischen Bewegung, die die Eroberung der politischen Macht zum Ziele hat, um die allgemeine Expropriation der Bougeoisie durchzuführen"[3]).

---

[1]) Stuttgarter Protokoll S. 86.

[2]) a. a. O. S. 66.

[3]) a. a. O. S. 105.

Die vom Kongresse angenommene Resolution[1]) spricht viel von „einmütigem Zusammenwirken“ und „Verständigung“ zwischen Partei und Gewerkschaften, die „gleichwertige Aufgaben“ zu erfüllen haben. „Die Gewerkschaften werden ihre Pflicht im Emanzipationskampfe der Arbeiter nur dann zu erfüllen vermögen, wenn sie sich von sozialistischem Geiste leiten lassen.“

Der Kongreß von Kopenhagen (1910) befaßte sich mit der Nationalitätenfrage in der Gewerkschaftsbewegung und brachte eine vergebliche Erneuerung des Versuchs der Franzosen und Engländer, alle Parteien zum Generalstreik beim Ausbruche eines Krieges zu verpflichten. Der 1912 wegen des Balkankrieges nach Basel einberufene Kongreß nahm ein die Stuttgarter und Kopenhagener Beschlüsse bestätigendes Manifest gegen den Krieg an[2]).

Bei den großen Gegensätzen, die der Sozialismus von Nation zu Nation und sogar innerhalb der einzelnen Nationen selbst aufweist, müssen die Resolutionen, wenn sie die für die Wirkung nach außenhin erforderliche große Mehrheit oder Einstimmigkeit erlangen sollen, natürlich noch verschwommener, vieldeutiger, unaufrichtiger abgefaßt werden, als die Beschlüsse der nationalen Parteikongresse. Es sind daher auf den internationalen Kongressen lediglich die Debatten, insbesondere die Kommissionsverhandlungen von einigem Interesse. Im übrigen läßt auch hier die stets auftretende Notwendigkeit der Übersetzungen nicht leicht klare Auseinandersetzungen zustande kommen[3]).

Es ist deshalb nicht erstaunlich, daß selbst innerhalb der Sozialdemokratie die Ansichten über den Wert derartiger Veranstaltungen weit auseinandergehen[4]).

---

[1]) a. a. O. S. 50.

[2]) Abgedruckt in Grünbergs Archiv V, S. 306—311.

[3]) Ein Beispiel dafür, wie durch Übersetzungsfehler der Tatbestand verwirrt werden kann: Auf dem Stuttgarter Kongreß behauptete ein Vertreter der Sozialdemokratischen Föderation, einige Mitglieder der englischen Arbeiterpartei seien dagegen aufgetreten, daß das Alter, bei welchem Kinder in Fabriken eintreten dürfen, erhöht würde. Clara Zetkin übersetzte, die ganze Partei stünde auf diesem Standpunkte. Tatsächlich hat sich im Parlamente nur ein Mitglied der Arbeiterpartei in dieser Frage der Abstimmung enthalten. Vgl. Macdonald, S. M. 1907, S. 829.

[4]) Vgl. Bernstein, Die Grenzen des Nutzens und Einflusses internationaler Kongresse, N. Z. XI, 2, S. 644; Derselbe,

Elftes Kapitel.

Die sozialistische Arbeiterbewegung im Kriege.

68. Deutsches Reich.

Wie an anderer Stelle (S. 433) bereits dargetan worden ist, waren Marx und Engels, aber auch Lassalle und von Schweitzer von der Kampfesstimmung der Hegel'schen Geschichtsphilosophie viel zu tief durchdrungen, um für bürgerliche Friedensbewegungen irgend welches Interesse zu erübrigen. Wenn schließlich die auf marxistischen Grundlagen fußende deutsche Arbeiterpartei in ihrem Programm und noch mehr in ihrer Agitation die Forderung vertrat, alle internationalen Streitfälle seien durch Schiedsgerichte zu schlichten, und wenn ihre gefeierten Führer der späteren Zeit die Probleme der internationalen Staatskunst nicht wesentlich anders

---

Kritisches zum Internationalen Sozialisten- und Gewerkschaftskongreß, N. Z. XIV, 2, S. 246; Derselbe, Paris und Mainz, S. M. 1900, S. 709—718. Bernstein schrieb damals: „Die nationalen und internationalen Sozialistenkongresse sind die Kongresse von Parteien, die den Kampf stärker betonen und lebhafter führen als die meisten andern Parteien, von Parteien, die nicht erhalten, sondern erobern wollen. Demgemäß stehen sie in hohem Grade unter dem Einfluß des Agitations- und Demonstrationsbedürfnisses. Und zwar überwiegt das Demonstrationsbedürfnis bei den internationalen Kongressen noch mehr wie bei den nationalen. Bei den letzteren erfährt es, sobald die betreffenden Parteien so weit erstarkt sind, daß sie in der Gesetzgebung ein entscheidendes Wort mitzusprechen haben, die Korrektur der realen Bedürfnisse und muß sich daher, soweit die neuen Gesichtspunkte auf dem Boden dieser erwachsen sind, mit ihnen abfinden. Auf den internationalen Kongressen ist dies in weit geringerem Maße der Fall. Da treffen sich die Vertreter der verschiedenen Länder, losgelöst von dem Boden, den sie kennen und auf dem sie wirken, in einer Atmosphäre, die geschwängert ist vom Bazillus des überlieferten Gemeinplatzes. Obendrein spielen auf diesen Kongressen Länder, deren Bewegung noch in den Kinderschuhen steckt oder gar noch in den Windeln liegt, eine unverhältnismäßig große Rolle. . . . Die Folge ist, daß die internationalen Kongresse im allgemeinen in bezug auf Erweiterung der Erkenntnis und Erhöhung des geistigen Niveaus der sozialistischen Bewegung hinter den Kongressen in vorgeschritteneren Ländern hinterher hinken."

als Pazifisten zu beurteilen pflegten, so waren es doch nicht die der bürgerlichen Humanitäts- und Aufklärungsphilosophie entstammenden Lehren Kants vom „ewigen Frieden“ und auch nicht die aus der Freihandelslehre Cobdens abgeleiteten Ideen der internationalen Solidarität überhaupt, die ihnen als Wegweiser dienten, sondern einzig und allein die im kommunistischen Manifest entwickelten Gedanken über die internationale Solidarität des Proletariates und die damit verknüpfte Notwendigkeit, für die proletarischen Befreiungskämpfe internationale Organisationen aufzubauen. Dazu kam freilich noch, daß die deutsche Sozialdemokratie mit den Mächten, die mehr oder weniger als Gönner einer militaristischen Weltanschauung galten (Monarchie, Adel, Schwerindustrie, Alldeutsche) aus innerpolitischen Gründen stets im schärfsten Kampfe lag. Besonnene Sozialdemokraten mußten sich deshalb die Frage vorlegen, ob sich ihre Partei in der Weltpolitik nicht gar zu sehr durch Gesichtspunkte des im Innern geführten Klassenkampfes bestimmen lasse.

Jedenfalls hat die Arbeiterklasse keines anderen großen Volkes alle imperialistischen und nationalistischen Bestrebungen in ehrlicher, fester Überzeugung schroffer verurteilt und eine überstaatliche Ordnung im Interesse des friedlichen Zusammenlebens aller Völker aufrichtiger ersehnt als gerade die deutsche Sozialdemokratie. Deshalb war ihr auch von den außerdeutschen Bruderparteien bereitwillig die Führung in der internationalen Arbeiterbewegung anvertraut worden. Der Vorsitzende der Generalkommission der Gewerkschaften Deutschlands, Karl Legien, stand auch an der Spitze des internationalen Gewerkschaftsbundes. Keine andere Arbeiterpartei hat die gewerkschaftlichen und politischen Kämpfe der ausländischen Genossen stets so willig, reichlich und wirksam unterstützt als gerade die deutsche. Selbst die französischen Sozialisten waren erst durch die deutsche Hilfe instand gesetzt worden, eine eigene Tageszeitung herauszugeben.

Gewiß, es gab im Auslande auch einzelne Gruppen, zumal solche revolutionär-syndikalistischer und anarchistischer, aber hie und da auch reformistischer Richtung, denen die „deutsche Hegemonie“ äußerst widerwärtig war. Die deutschen Genossen, hieß es, blickten von den Höhen der marxistischen Orthodoxie, als deren beste Interpreten sie sich fühlten, auf die Erfolge anderer Arbeiterparteien mit allzu starker Herablassung und seien keineswegs entschlossen den Krieg gegen den Krieg mit aller Rücksichtslosigkeit zu führen. Aber das war doch nur eine Fronde, die nicht einmal in ihren Heimatsbezirken die Mehrheit der Arbeiterschaft hinter sich hatte.

Ihren internationalen Überlieferungen getreu trat die deutsche Partei, sobald das fürchterliche Ultimatum Österreichs an Serbien bekannt wurde, sofort mit dem Aufgebote aller Kräfte in den heftigsten Kampf gegen die Wiener Staatsmänner und ihre deutschen Protektoren. In einem Manifest vom 25. Juli wurde der Vorwurf erhoben, sie hätten die Kriegsfurie entfesselt und Serbien mit der brutalsten Provokation, welche je gegen einen unabhängigen Staat in der Weltgeschichte vorgekommen sei, in den Krieg getrieben. Kein Blutstropfen eines deutschen Soldaten dürfe der Machtgier und den Profitinteressen der österreichischen Imperialisten geopfert werden. In diesem Sinne wurden überall Massenkundgebungen mit den schärfsten Entschließungenn zu Gunsten der Erhaltung des Friedens veranstaltet. Dabei fand die Sozialdemokratie sogar im Lager ihrer ärgsten Feinde starke Sympathien. „Wenn die Sozialdemokraten in den nächsten Tagen Kundgebungen gegen den Krieg veranstalten“, schrieb z. B. die Kölnische Zeitung, „so werden sie darin bis zu einem gewissen Grade die Zustimmung des deutschen Bürgertumes finden. Denn bei uns will niemand den Krieg und Fluch demjenigen, der das schreckliche Unheil heraufbeschwört.“ Auch in der „Rheinisch-Westfälischen Zeitung“ und in der „Post“, also in Blättern, welche von der Sozialdemokratie in der Regel als Organe der Panzerplattenpatrioten und Kriegshetzer gescholten wurden, fand eine sehr abfällige Beurteilung der an Serbien ergangenen Note statt.

Die Reichsregierung erblickte in dieser Stellungnahme ein durchaus willkommenes Gegengewicht gegen die Versuche eine Kriegsstimmung zu entfachen und bereitete der Sozialdemokratie keine Schwierigkeiten. Anderer Meinung war Wilhelm II., der in Randbemerkungen zu den Telegrammen des Zaren vom 29. Juli erklärte: „Die Sozen machen antimilitaristische Umtriebe in den Straßen, das darf nicht geduldet werden, jetzt auf keinen Fall; im Wiederholungsfalle werde ich Belagerungszustand proklamieren und die Führer samt und sonders, tutti quanti, einsperren lassen. Loebell und Jagow dahin instruieren! Wir können jetzt keine sozialistische Propaganda mehr dulden. Wilhelm.“

Im Hinblicke auf die immer bedrohlicher sich gestaltende Lage trat das internationale sozialistische Bureau am 29. Juli in Brüssel unter deutscher Beteiligung (Haase) zu einer Beratung zusammen und erließ eine Erklärung, in der eine schiedsgerichtliche Erledigung des österreichisch-serbischen Konfliktes verlangt und versprochen wurde, die deutsche Arbeiterpartei werde bei ihrer Regierung ebenso auf einen mäßigenden Einfluß gegenüber Österreich drängen, wie die französische sich um die friedliche Haltung Rußlands bemühen werde. Um in diesem Sinne zu wirken, war von seiten des deutschen Parteivorstandes der spätere Reichskanzler Hermann Müller nach Paris entsandt worden. Man beglückwünschte aber auch aufs wärmste das Proletariat Rußlands zu seiner revolutionären Haltung und forderte es auf, in seinem heldenhaften Kampfe gegen den Zarismus fortzufahren, da dieser Kampf eine der wirksamsten Bürgschaften des Weltfriedens bilde. In Petersburg, aber auch in andern Städten hatten vom 26. bis 27. Juli, also während des Besuches des Präsidenten Poincaré, große Streiks und selbst schwere Zusammenstöße mit Polizei und Truppen stattgefunden.

Ein vollkommener Szenenwechsel trat am 31. Juli ein. Der Zustand der drohenden Kriegsgefahr war befohlen worden, nachdem die allgemeine Mobilmachung der Armee und Flotte in Rußland stattgefunden hatte. Die ganze Exekutivgewalt ging an die Militärbefehlshaber über. Versammlungen gegen den Krieg, die noch in Aussicht genommen waren, wurden untersagt. Für die Presse trat Zensur und Nachrichtensperre ein. Immerhin hat sich der „Vorwärts“ trotz der russischen Mobilmachung noch am 1. August für die Fortsetzung der Verhandlungen zur Beilegung des Konfliktes eingesetzt. Am 2. August war aber der Krieg an Rußland und Frankreich bereits erklärt worden.

Von nun an kam es den Leitern der Partei anscheinend vor allem darauf an, die Zertrümmerung ihrer wirtschaftlichen und politischen Organisationen, die für den Fall weiteren Widerstandes gegen den Krieg beabsichtigt und vorbereitet worden war, abzuwenden. Man konnte sich um so leichter zu einer Änderung des Kurses entschließen, als sowohl sittliche wie politische Überlegungen angesichts der russischen Kriegspolitik und der aus ihr automatisch hervorgehenden Beteiligung Frankreichs das vaterländische Interesse der Landesverteidigung als vornehmste Pflicht erscheinen ließen.

Nachdem bereits am 31. Juli der größtenteils aus Sozialdemokraten bestehende Zentralverband deutscher Konsumvereine ein Rundschreiben erlassen hatte, das ein offenes und uneingeschränktes Bekenntnis zur vaterländischen Pflichterfüllung darstellte, brachte am 1. August ein großer Teil der sozialdemokratischen Presse einen Korrespondenzartikel, in dem es hieß:

„Eine Niederlage wäre gleichbedeutend mit Zusammenbruch, Vernichtung und namenlosem Elend für uns alle. Unsrer aller Gedanken bäumen sich gegen diese Möglichkeit auf. Unsere Vertreter im Reichstag haben unzähligemal übereinstimmend erklärt, daß die Sozialdemokraten ihr Land im Augenblick der Gefahr nicht im Stiche lassen könnten. Wenn die verhängnisvolle Stunde schlägt, werden die Arbeiter das Wort einlösen, das von ihren Vertretern hierfür abgegeben worden ist. Die „vaterlandslosen Gesellen" werden ihre Pflicht erfüllen und sich darin von den Patrioten in keiner Weise übertreffen lassen." An dem gleichen Tage verkündigte der Kaiser vom Balkon des Berliner Schlosses aus:

„In dem jetzt bevorstehenden Kampfe kenne ich in meinem Volke keine Parteien mehr. Es gibt unter uns nur noch Deutsche, und welche von den Parteien auch im Laufe des Meinungskampfes sich gegen mich gewendet haben sollte, ich verzeihe ihnen allen. Es handelt sich jetzt nur noch darum, daß wir alle wie Brüder zusammenstehen und dann wird dem deutschen Schwerte Gott zum Siege verhelfen."

Am 2. August wandte sich das Reichsamt des Innern an die Generalkommission der Gewerkschaften, damit diese die Vermittlung von Arbeitern zur Einbringung der Ernte in die Hand nähme.

Am 4. August hatte der Reichstag über die Kriegskredite zu entscheiden. Welche Stellung sollten die sozialdemokratischen Abgeordneten einnehmen[1])? Ablehnung, Stimmenenthaltung oder Bewilligung? Die Frage hatte keine materielle, sondern eine moralische Bedeutung. Auch ohne die Stimmen der Sozialdemokratie war die

[1]) Vgl. K. Kautsky, N. Z. XXXIII, 2. Bd., S. 323, 324; K. Liebknecht, Klassenkampf gegen den Krieg. Berlin, A. Hoffmanns Verlag. o. J. S. 14—26; P. Lensch, Die Sozialdemokratie, ihr Ende und ihr Glück. 1916, S. 46—76.

Regierung der verlangten Summen sicher. Aber die Haltung der Fraktion mußte auf die Stimmung der in den Krieg ziehenden Massen einwirken. Einige Mitglieder traten für die Ablehnung ein. Sie sei die logische Folge davon, daß die Partei die Verantwortung für den Krieg ablehne. Mit der Bewilligung nehme man vor dem Volke die Verantwortung für den Krieg und auch für die Kriegführung und die Kriegsziele einer Regierung auf sich, die der Partei bisher jedes Vertrauen verweigert habe. Andere empfahlen unter Berufung auf Liebknechts und Bebels Stellungnahme im Jahre 1870 Stimmenenthaltung, da diese die Partei am wenigsten festlege. Die große Mehrheit betonte aber, daß eine Partei von 110 Mann die Pflicht zu einer unzweideutigen Politik anerkennen müsse. Die Entscheidung fiel schließlich zugunsten der Bewilligung. Nur 14 Stimmen erkärten sich in der Fraktion dagegen, unter ihnen allerdings der Vorsitzende Haase. Angesichts der ungeheuren Gefahr, in der Deutschland sich befand, scheint eben doch der Gedanke, man müsse alle Kräfte, die man darbieten könne, für den Sieg auch willig einsetzen, alle anderen Erwägungen überwältigt zu haben. Zugunsten dieser Meinung fiel namentlich der Einfluß der Gewerkschaftsführer stark ins Gewicht.

Die Erklärung, welche vom Parteivorsitzenden im Reichstage abgegeben wurde, obwohl er sie selbst bekämpft hatte, lautete:

„Wir stehen vor einer Schicksalsstunde. Die Folgen der imperialistischen Politik, durch die eine Ära des Wettrüstens herbeigeführt wurde und die Gegensätze unter den Völkern sich verschärften, sind wie eine Sturmflut über Europa hereingebrochen. Die Verantwortung hierfür fällt den Trägern dieser Politik zu; wir lehnen sie ab.

Die Sozialdemokratie hat diese verhängnisvolle Entwicklung mit allen Kräften bekämpft, und noch bis in die letzten Stunden hinein hat sie durch machtvolle Kundgebungen in allen Ländern, namentlich in innigem Einvernehmen mit den französischen Brüdern, für die Aufrechterhaltung des Friedens gewirkt. Ihre Anstrengungen sind vergeblich gewesen.

Jetzt stehen wir vor der ehernen Tatsache des Krieges. Uns drohen die Schrecknisse feindlicher Invasionen. Nicht für oder gegen den Krieg haben wir heute zu entscheiden, sondern über die Frage der für die Verteidigung des Landes erforderlichen Mittel.

Nun haben wir zu denken an die Millionen Volksgenossen, die ohne ihre Schuld in dieses Verhängnis hineingerissen sind. Sie werden von den Verheerungen des Krieges am schwersten getroffen. Unsere heißen Wünsche begleiten unsere zu den Fahnen gerufenen Brüder ohne Unterschied der Partei.

Wir denken auch an die Mütter, die ihre Söhne hergeben müssen, an die Frauen und die Kinder, die ihres Ernährers beraubt sind, und denen zu der Angst um ihre Lieben die Schrecken des Hungers drohen. Zu diesen werden sich bald zehntausende verwundeter und verstümmelter Kämpfer gesellen. Ihnen allen beizustehen, ihr Schicksal zu erleichtern, diese unermeßliche Not zu lindern, erachten wir als eine zwingende Pflicht.

Für unser Volk und seine freiheitliche Zukunft steht bei einem Sieg des russischen Despotismus, der sich mit dem Blute der Besten des eigenen Volkes befleckt hat, viel, wenn nicht alles auf dem Spiel. Es gilt, diese Gefahr abzuwehren, die Kultur und die Unabhängigkeit unseres eigenen Landes sicherzustellen. Da machen wir wahr, was wir immer betont haben: Wir lassen in der Stunde der Gefahr das eigene Vaterland nicht im Stich.

Wir fühlen uns dabei im Einklang mit der Internationalen, die das Recht jedes Volkes auf nationale Selbständigkeit und Selbstverteidigung jederzeit anerkannt hat, wie wir auch in Übereinstimmung mit ihr jeden Eroberungskrieg verurteilen. Wir fordern, daß dem Kriege, sobald das Ziel der Sicherung erreicht ist und die Gegner zum Frieden geneigt sind, ein Ende gemacht wird durch einen Frieden, der die Freundschaft mit den Nachbarvölkern ermöglicht.

Wir fordern dies nicht nur im Interesse der von uns stets verfochtenen internationalen Solidarität, sondern auch im Interesse des deutschen Volkes.

Wir hoffen, daß die grausame Schule der Kriegsleiden in neuen Millionen den Abscheu vor dem Kriege wecken und sie für das Ideal des Sozialismus und des Völkerfriedens gewinnen wird.

Von diesen Grundsätzen geleitet, bewilligen wir die geforderten Kriegskredite."

Diese Erklärung war so abgefaßt, als ob es sich nur um einen Krieg gegen Rußland handelte. Rußland erschien nach Maßgabe der damals vorliegenden Nachrichten als der Angreifer, und der Krieg gegen den Zarismus hatte ja seit dem ersten Auftreten von Marx und Engels als heilige Pflicht aller fortschrittlichen Elemente gegolten, geradezu als die welthistorische Aufgabe der deutschen Sozialdemokratie. Es darf bei der Kritik dieser Politik selbstverständlich nicht von Vorgängen ausgegangen werden, die erst sehr viel später bekannt geworden sind. Immerhin, auch wenn man die damalige

Lage berücksichtigt, bleiben einige Unterlassungen auffällig und zwar um so mehr, als im Reichstage abgegebene Erklärungen ja nicht unter der Zensur des Kriegspresseamts standen. Man nahm keine Notiz davon, daß Serbien das Ultimatum in einer alle Erwartungen übertreffenden, entgegenkommenden Weise[1]) beantwortet und nur zwei Vorbehalte zur Wahrung seiner Souveränität gemacht hatte. Aber auch über diese Fragen war es bereit sich einer schiedsgerichtlichen Entscheidung zu unterwerfen. Es wurde ferner gegen die deutsche Politik, welche die Vermittlungsaktionen der englischen Politik zur Seite geschoben hatte, kein Tadel ausgesprochen. Vor allem aber fehlte ein Protest gegen die Verletzung der luxemburgischen und belgischen Neutralität, obwohl der Reichskanzler in seiner Rede, die der Abgabe der Erklärung vorausgegangen war, sogar selbst zugestanden hatte, man habe damit ein Unrecht getan.

Wichtig war die entschiedene Ablehnung der ganzen Politik, aus der schließlich der Krieg hervorgegangen war. Nicht für oder gegen den Krieg wurde Stellung genommen. Der Krieg ist da, hieß es einfach, und angesichts dieses Notstandes haben wir die für unsere Selbsterhaltung notwendigen Folgerungen zu ziehen. Dem Kriege müßte aber der Charakter des Verteidigungskrieges gewahrt bleiben. Jede Eroberung wurde abgelehnt und der Wunsch nach einem Frieden betont, der bald ein dauerndes freundliches Zusammenarbeiten mit den Nachbarvölkern ermöglichen würde.

Wärmere patriotische Empfindungen brachte die sehr beträchtliche sozialdemokratische Broschüren- und Zeitschriften-Literatur [2]) zum Ausdruck, die während des Krieges erschienen ist.

---

[1]) Hatte doch selbst Wilhelm II. am 28. Juli an den Reichskanzler geschrieben, daß nach seiner Meinung „durch die serbische Antwort im großen ganzen die Wünsche der Donaumonarchie erfüllt seien. Die serbischen Reserven zu einzelnen Punkten könnten wohl durch Verhandlungen geklärt werden. Aber die Kapitulation demütigster Art liegt darin urbi et orbi verkündet, und durch sie entfällt jeder Grund zum Kriege".

[2]) Diese Situation ist so umfangreich, daß hier nur einige besonders charakteristische Erscheinungen angeführt werden können wie Ed. David, Die Sozialdemokratie im Weltkrieg. 1915; Thimme und Legien, Die Arbeiterschaft im neuen Deutschland. 1915; Ludwig Heyde, Die deutschen sozialistischen Arbeiter im Weltkriege und W. Zimmermann, Die sozialistische Arbeiterschaft im zweiten Kriegshalbjahr im Heft 54/55 der Schriften der

Den Worten folgten auf beiden Seiten die entsprechenden Taten auf dem Fuße nach. Der ausgezeichnete Führer der badischen Sozialdemokratie, der Reichstagsabgeordnete Frank, trat als Kriegsfreiwilliger in das Heer und fiel leider schon am 3. September auf dem Boden Frankreichs, für dessen Aussöhnung mit Deutschland er sich so eifrig bemüht hatte. Der Reichsverband gegen die Sozialdemokratie löste sich auf. Die Arbeiterverbände stellten alle Kämpfe ein und machten ihre Mittel in so großem Umfange für Arbeitslose und Angehörige der Kriegsteilnehmer flüssig, daß innerhalb der ersten sechs Kriegsmonate 24 Millionen Mark verausgabt wurden. Die Regierung ließ alle Ausnahmebehandlung fallen. Die Verfügungen, durch die Gewerkschaften zu politischen Vereinen erklärt worden waren, wurden aufgehoben. Sozialdemokratische Stadträte wurden in großer Zahl bestätigt, die Mitglieder sozialdemokratischer Organisationen nicht mehr von der Beschäftigung in den Betrieben der Heeres- und Marineverwaltung ausgeschlossen, die Verbreitung der sozialdemokratischen Presse unter den Heeresangehörigen freigegeben. Ganz besonders vertrauensvolle Beziehungen haben sich zwischen den Gewerkschaften und den Genossenschaften einerseits, der Regierung andererseits herausgebildet. Zum äußeren Zeichen, daß eine neue Ära begonnen, daß der deutsche Staat und die gewaltigste Organisation der deutschen Arbeiterklasse, die freien Gewerkschaften, sich nunmehr gefunden hatten, statteten am 14. November 1914 deutsche und preußische Minister, Generale und Admirale, Präsidenten der gesetzgebenden Körperschaften, selbst des preußischen Herrenhauses, und Oberbürgermeister dem Hauptquartier der deutschen Gewerkschaftswelt, dem Berliner Gewerkschaftshause, einen langen Besuch ab.

Ein Teil der Sozialdemokraten brachte jetzt nur Empfindungen und Überzeugungen zum offenen Ausdrucke, die schon längst latent vorhanden gewesen, aber unter dem Drucke der Parteiinquisitoren zurückgehalten worden waren. Immerhin kann nicht bezweifelt wer-

---

Gesellschaft für Soziale Reform. Herausgegeben von Prof. Dr. W. Zimmermann. Jena 1915; P. Lensch, Die Sozialdemokratie, ihr Ende und ihr Glück. 1916; K. Haenisch, Die deutsche Sozialdemokratie in und nach dem Weltkriege. 1916. Die letztgenannte Schrift enthält auch eine wertvolle Bibliographie der sozialistischen Kriegsliteratur.

den, daß auch viele hervorragende Mitglieder der radikaleren Richtung gerade erst unter dem Eindrucke der ungeheuren Erlebnisse des Weltkrieges den Weg ins nationale Vaterhaus gefunden haben.

Unendlich viele Feldpostbriefe sozialdemokratischer Vaterlandsverteidiger aus den Schützengräben bekundeten dieselbe Gesinnung. Selbst die patriotische Kriegslyrik hatte Sozialdemokraten wahre Perlen zu danken[1]).

Und diese Haltung erfolgte nicht in der berechnenden Absicht, Belohnungen zu ernten. Man hätte dieses Wort als eine Entweihung empfunden und in keiner den Weltkrieg betreffenden Erklärung der Sozialdemokratie ist dieses Wort gefallen[2]). Was sie getan, empfand sie als ihre Pflicht. Hier und da brach auch die Empfindung durch, daß jetzt die Stunde gekommen sei, um wieder gut zu machen, was man in der Hitze der Agitation in früherer Zeit zuweilen dem Vaterlande vorenthalten hatte[3]).

---

[1]) Es sei hier wenigstens ein in seiner Schlichtheit besonders ergreifendes Gedicht (K. Bröger, Aus meiner Kriegszeit, Nürnberg) angeführt:

Immer schon haben wir eine Liebe zu dir gekannt,
Bloß wir haben sie nie mit einem Namen genannt.
Als man uns rief, da zogen wir freudig fort,
Auf den Lippen nicht, aber im Herzen das Wort:
Deutschland!

Unsere Liebe war schweigsam, sie brütete tief versteckt;
Nun ihre Zeit gekommen, hat sie sich hochgereckt.
Schon seit Monden schirmt sie in Ost und West dein Haus,
Und sie schreitet gelassen durch Sturm und Wettergraus,
Deutschland!

Immer schon haben wir eine Liebe zu dir gekannt,
Bloß wir haben sie nie bei ihrem Namen genannt.
Herrlich zeigte es aber deine größte Gefahr,
Daß dein ärmster Sohn auch dein getreuester war,
Denk es, o Deutschland!

[2]) Vgl. den von sozialdemokratischer Seite herrührenden Artikel der Preußischen Jahrbücher (Bd. 160): Die Sozialdemokratie und der Weltkrieg, S. 49.

[3]) So schrieb der Metallarbeiter Fritz Kummer, der sich durch eine Weltreise einen weiten Blick erworben, wie sein prächtiges Buch „Eines Arbeiters Weltreise“, 1913, beweist, nach Ausbruch des Krieges in der Deutschen Metallarbeiterzeitung:

69. Die deutschen Gewerkschaften im Kriege[1]).

Es ist erzählt worden, daß die Leiter der wirtschaftlichen Organisation sozialistischer Richtung, der Gewerkschaften und Konsumvereine, schon vor der Stellungnahme der Reichstagsfraktion beschlossen hatten, Hand in Hand mit Regierung und Bürgertum die vaterländischen Interessen zu wahren. Nicht allein, daß ihnen im

---

„Wenn wir jetzt auf dem ganzen Erdenrunde herzlich wenige treue Freunde finden, wenn ehrliche Zuneigung zu unserem Lande in verteufelt dünnen Halmen gewachsen ist, wenn Genossen von Ländern mit sechs Zehntel Analphabeten glauben, berechtigt zu sein, uns die kulturelle oder sozialistische Würde absprechen zu dürfen, so ist das nicht einzig und allein der Unmöglichkeit unsrer herrschenden Klasse, moralische Eroberungen zu machen, zuzuschreiben, auch wir, die *organisierte Arbeiterschaft, tragen Schuld daran*. In der Tat! *Unsere Kritik* an den Zuständen unsres Landes war und ist notwendig, und sie wird selbstverständlich auch ferner unbedingt notwendig sein; allein sie war *zuviel auf Verneinung gestimmt*. Dabei kamen aber das tatsächlich Gute, das Besserwerdende, unsre Errungenschaften viel zu kurz. Unsre *ätzende Kritik* aber lieferte dem Auslande, besonders den uns jetzt Kultur, sozialistische Würde und was sonst noch absprechenden ausländischen Genossen *den Stoff zu dem Bilde*, das sie uns nun als das Deutschlands, nein, als unser eigenes vorhalten. Von dem, was diesem Bilde anziehende Formen, lichtere Töne hätte geben können, erhielten sie wenig, nein, gar nichts von uns. Schade! Denn *kaum in einem andern Lande der Welt ist in den letzten paar Jahrzehnten der wirtschaftliche, soziale und geistige Fortschritt des arbeitenden Volkes so groß gewesen*. Dies und noch viel Ähnliches zu sagen, hätten wir über unsre Kritik nicht unterlassen dürfen; und wir hätten es der Welt mit aller Deutlichkeit verkünden müssen. Das ist *nicht geschehen*. So wurde der bezahlten Hetzpresse die *Verleumdungsarbeit erleichtert*. So mußte die schlechte Meinung der Welt von den Zuständen unsres Landes erhalten, verschlimmert werden. So konnte sich in den Köpfen ausländischer Genossen der scheußliche Wahn festsetzen, der Sieg des Zarismus und seiner Verbündeten über Deutschland sei nicht nur ein Segen für sie, sondern vor allem auch für uns."

[1]) Über die umfassende Wirksamkeit der Gewerkschaften im Kriege unterrichtet außer dem Korrespondenzblatt und den Fachblättern besonders der Bericht, den die Generalkommission für die Zeit vom 1. Juni 1914 bis zum 31. Mai 1919 dem Nürnberger Ge-

Falle einer Bekämpfung der Kriegspolitik ganz besonders empfindliche Verluste drohten (der Kassenbestand der Gewerkschaften hatte sich 1913 bei einer Mitgliederzahl von über $2^1/_2$ Millionen auf 88 Millionen Mk., die Mitgliederzahl der Konsumvereine auf 1,6 Mill., ihr Umsatz auf 674 Mill. Mk. belaufen), diese in reicher geschäftlicher Erfahrung geschulten, abgeklärten, nüchternen Praktiker, gewohnt stets unmittelbare Gegenwartsarbeit zu leisten, standen als Kerntruppe des Revisionismus den Lehren der marxistischen Orthodoxie ohnehin schon seit Jahren als scharfe Kritiker gegenüber. Sie waren sich dessen bewußt geworden, daß zwischen Arbeitgebern und Arbeitnehmern doch nicht nur Gegensätze, sondern auch recht schwer ins Gewicht fallende gemeinsame Interessen in bezug auf die Förderung ihres Gewerbes und der ganzen nationalen Volkswirtschaft, der diese Gewerbe angehörten, vorhanden waren [1]). Bei dieser Einstellung legte der Ausbruch des Krieges vor allem die Pflicht auf, mit Hilfe der in jahrzehntelanger, mühsamer Arbeit geschaffenen Organisationen die kommenden Störungen des Wirtschaftslebens, die Arbeitslosigkeit, die Verschlechterung der Arbeitsbedingungen möglichst abzuschwächen und alles aufzubieten, um die deutschen Arbeitgebern und deutschen Arbeitern gemeinsame Grundlage der deutschen Volkswirtschaft aufs Wirksamste zu schützen. Auch auf wirtschaftlichem Gebiete wurde ein Burgfriede proklamiert und gerade von der Arbeiterschaft streng gewahrt. Die Suspendierung des Arbeiterschutzes, soweit sie zur größtmöglichen Leistung der Kriegsgewerbe notwendig erschien, wurde bereitwillig zugestanden. Streiks wurden nicht geduldet. Im Jahre 1915 fanden nur 66, 1916 142, 1917 193 Kämpfe statt, an denen 2000, bezw. 14 000 und 66 000 Personen beteiligt waren.

Und das geschah in einer Zeit, in der einzelne Unternehmergruppen bereits in skrupelloser Weise die Kriegskonjunktur durch

werkschaftskongreß erstattet hat. Vgl. Protokoll der Verhandlungen des X. Kongresses der Gewerkschaften Deutschlands. Berlin 1919. S. 90—283. Eine scharfe Kritik an dieser Tätigkeit übt Hermann Liebmann, Die Politik der Generalkommission. Ein Sündenregister der Zentralvorstände der freien Gewerkschaften Deutschlands. Leipzig 1919.

[1]) W. Jansson, Arbeiterinteressen und Kriegsergebnis. Ein gewerkschaftliches Kriegsbuch. Berlin 1915; A. Winnig, Zur Neuorientierung der deutschen Sozialdemokratie Berlin 1916.

maßlose Preissteigerungen für sich ausnutzten. Die Verteuerung des Lebensunterhaltes zwang dann auch die Arbeiterschaft höhere Löhne zu fordern. Aber man begnügte sich mit dem, was im Wege friedlicher Verständigung erreicht werden konnte. Im Jahre 1915 waren an derartigen Bewegungen 81 800, 1916 1 464 000, 1917 2 198 000 Personen beteiligt. Zunächst blieben die Lohnsteigerungen aber hinter der Verteuerung weit zurück. Erst in der zweiten Hälfte traten besonders unter dem Einflusse des sogenannten Hindenburgprogrammes für einzelne Gebiete und Gewerbe bemerkenswerte Lohnerhöhungen auf, die wenigstens zeitweise über die Steigerung der Lebenskosten hinausgingen [1]).

Im Jahre 1916 wurde von der Obersten Heeresleitung die Militarisierung der Betriebe und damit die Einführung eines Arbeitszwanges erwogen. Auf diesem Wege sollte einmal eine noch größere Zahl von Arbeitskräften den Kriegsgewerben zugeführt, dann aber auch der Steigerung der Löhne begegnet werden [2]). Es gehörte, wie General von Ludendorff sich ausdrückt, „zu den schreiendsten Ungerechtigkeiten dieses Krieges," daß der Soldat, der täglich sein Leben in die Schanze schlagen müßte, so sehr viel weniger Löhnung erhielt als die im Wirtschaftsleben tätige Arbeiterschaft. Aber diese „schreiende Ungerechtigkeit" betraf nicht nur die Arbeiterklasse. Auch der Unternehmer und höhere Angestellte, der im Wirtschaftsleben verblieb, konnte enorme Gewinne erzielen, während ihre als Soldaten tätigen Standesgenossen sich mit sehr bescheidenen Einkünften begnügen mußten. Wenn die an sich löbliche Absicht bestand, hier ausgleichend einzugreifen, dann hätte auch an eine wirksame Beschränkung der Unternehmergewinne gedacht werden müssen. Da dies in keiner Weise geschah, wurde das dem Reichstage vorgelegte Hilfsdienstgesetz mit starkem Argwohn aufgenommen.

---

[1]) Vgl. P. Quante, Lohnpolitik und Lohnentwicklung im Kriege. Zeitschrift des Preußischen Statistischen Landesamtes. 1919; ferner Schriften der Gesellschaft für soziale Reform, Hefte 65—69, „Die gesunkene Kaufkraft des Lohnes und ihre Wiederherstellung" mit Beiträgen von W. Zimmermann, A. Günther, P. Umbreit u. a.

[2]) Ludendorff, Meine Kriegserinnerungen. 1919. S. 258 ff. Von dem Standpunkte der Zivilbehörden behandelt die Frage Helfferich, Der Weltkrieg. II. Bd. 1919. S. 249—278.

Es gelang dem Einflusse der Gewerkschaftsführer nicht nur, dem Streben, Arbeiterwechsel und Lohnsteigerungen zu beschränken, wirksam zu begegnen, sondern auch noch Bestimmungen zu Gunsten von Arbeiter- und Angestellten- sowie Schlichtungsausschüssen einzufügen, welche die Stellung der gewerkschaftlich organisierten Arbeiter erheblich verbesserten. Weiteres Entgegenkommen gegenüber den Wünschen der Arbeiterschaft wurde dadurch betätigt, daß eine Novelle zum Vereinsgesetz die Arbeiter- und Arbeitgeberverbände vor den Beschränkungen des politischen Vereinsrechtes sicherte, auch wenn sie auf sozial- und wirtschaftspolitische Gegenstände einzuwirken suchten. Auch Arbeiter unter 18 Jahren konnten nunmehr in den Gewerkschaften Aufnahme finden. Endlich wurde auch der § 153 der Gewerbeordnung aufgehoben. Er war von der Arbeiterschaft aller Richtungen stets als ein aufreizendes Ausnahmegesetz empfunden worden, weil er sich einseitig nur gegen die Pressionen, die zu gunsten einer Koalition unternommen wurden, kehrte und für diese härtere Strafbestimmungen, als das allgemeine Strafrecht enthielt, vorsah. Auch in der Ernährungswirtschaft, der Fürsorge für Arbeiter, Kriegerfamilien, Kriegsbeschädigte und auf anderen verwandten Gebieten haben die Leiter der Gewerkschaften die Interessen ihrer Mitglieder mit großem Nachdruck gewahrt. Wenn die Erfolge nicht immer und überall befriedigten, so lag die Ursache weniger in der Stellungnahme der gewerkschaftlichen Instanzen als in den ungeheuren objektiven Schwierigkeiten, mit denen vor allem die Ernährungswirtschaft kämpfen mußte. Der Verzicht auf den Klassenkampf hatte die Folge, daß die sozialistischen Arbeiter noch in sehr viel freundlichere Beziehungen zu den Arbeiterorganisationen anderer Richtungen treten konnten. Dieser Umschwung trat besonders bei der Gründung des Volksbundes für Freiheit und Vaterland[1]) hervor.

Am Sedanstage 1917 war nämlich in Königsberg von ostpreußischen Männern die „Deutsche Vaterlandspartei" begründet worden. Weite Kreise des Volkes, hieß es, seien mit der Reichstagsmehrheit, die für Reformen im Innern und Verständigung nach

[1]) Vgl. Um Freiheit und Vaterland, F. A. Perthes, Gotha 1918; Von deutscher Volkskraft, ebenda 1918; Völkerbund und Frieden, ebenda 1919; Meinecke, Vaterlandspartei und deutsche Politik. Die Hilfe 1917, Nr. 47.

außen eingetreten war, nicht mehr einverstanden. Um die Regierung vor schwächlichem Nachgeben nach innen und außen zu beschirmen, müsse ihr in einer die weitesten vaterländischen Kreise erfassenden Volkspartei ein kraftvolles Werkzeug geschmiedet werden. Die leitenden Männer der neuen Partei machten kein Hehl daraus, daß ihnen innere Reformen überflüssig, wenn nicht geradezu verderblich erschienen. „Wir leben . . . unter den Segnungen eines konstitutionellen Staates, dessen soziales Wirken alle Demokratien der Welt beschämt und dem Deutschen Volk die Kraft gegeben hat, der ungeheuren Übermacht seiner Feinde zu trotzen. Deutsche Freiheit steht himmelhoch über der unechten Demokratie mit allen ihren angeblichen Segnungen, welche englische Heuchelei und ein Wilson dem deutschen Volke aufschwatzen wollen, um so das in seinen Waffen unüberwindliche Deutschland zu vernichten.“ Man war aber bereit, auch Deutsche aufzunehmen, die mit geringerer Befriedigung auf ihre politischen Zustände blickten, wenn sie nur mit aller Kraft dahin wirken wollten, daß bis zum Frieden „der innere Zwist ruhe“, das hieß also, daß bis dahin das ganze deutsche Volk willig und ohne Widerspruch der von der Rechten ausgehenden Führung zu folgen habe. Mit dem Friedensschlusse wollte sich die neue Partei auflösen. Jeder könne dann wieder für seine parteipolitischen Sonderinteressen den Kampf aufnehmen.

Als Lohn für diesen vorübergehenden Verzicht wurde ein bald zu erwartender Hindenburg-Frieden versprochen, der den ungeheuren Opfern und Anstrengungen gerecht werden würde. England befände sich bereits in verzweifelter Lage, hoffe aber in letzter Stunde auf deutsche Unzufriedenheit und Uneinigkeit.

Was die neue Partei an Gedanken vorführte, war nichts weniger als neu, sondern war Jahr und Tag in der Presse der Alldeutschen, der Agrarier und Konservativen und anderer annexionistischen Richtungen verkündigt worden. Es kam jetzt nur darauf an, für diese Politik (Annexionen als Kriegsziele und Vertagung aller Reformen) noch andere Schichten des Volkes dadurch zu gewinnen, daß die alte Kanzlerfronde als eine parteipolitisch neutrale, nur große nationale Ziele verfolgende Organisationen dargestellt wurde. Da reiche Geldmittel gestatteten, einen sehr großen Teil der Tagespresse und zahlreiche Agitatoren in den Dienst dieser Zwecke in den zahlreichen, braven, aber politisch arglosen Schichten der deutschen Mittelklassen zu stellen, und kein geringerer als der Großadmiral v. Tirpitz die Leitung der neuen Partei übernahm, durfte ein großer Erfolg mit Bestimmtheit erwartet werden. War doch auch die Haltung der führenden Männer des feindlichen Auslandes durchaus nicht darauf eingestellt, die deutschen Anhänger eines Verständigungsfriedens irgendwie zu unterstützen.

Die Organisationen der Arbeiter, Angestellten und Beamten hielten es daher für geboten, eine Gegenvereinigung dadurch zu organisieren, daß sie sich in dem Volksbund für Freiheit und Vaterland zusammenschlossen. Es ist geboten, auf sein Programm einzugehen, da es die in den arbeitenden Massen des deutschen Volkes vorhandenen Überzeugungen getreu widerspiegelte. Innere und äußere Politik, innere und äußere Lebensfragen der Nation seien eng und unzertrennbar miteinander verschmolzen. Das deutsche Volk müsse freier im Innern werden, wenn es unüberwindlich im Kriege und mächtig im Frieden bleiben wolle. Deshalb dürfe die Neuordnung auch nicht hinausgeschoben werden, sondern müsse unmittelbar aus dem Kriege selbst hervorgehen, wie einst die Stein-Hardenbergschen Reformen sowohl wie das Reich selbst im Kriege geboren wurden und wie England auch mitten im Kriege die größte Wahlreform durchführte. Gewaltpolitik nach außen zwinge zur Gewaltpolitik im Innern. Verständigungsfriede und freiheitliche Neuordnung zusammen ergäben erst die richtige Spannung des Bogens, der die scharfen Pfeile auf die Feinde entsenden solle, solange sie in dem Vernichtungswillen gegen Deutschland beharrten. Ein Volk, das im Innern frei sei, achte auch die Freiheit anderer Völker, ein Volk, das seine eigenen Daseinsnotwendigkeiten begriffen habe, ehre auch die Daseinsnotwendigkeiten der anderen und verwerfe Bürgschaften, die von vornherein den Keim neuer Kriege in sich trügen.

Der Volksbund bestand aus Verbänden und Einzelpersonen. Als körperschaftliche Mitglieder waren ihm beigetreten alle größeren Verbände der Arbeiter sowohl wie der privaten und öffentlichen Angestellten, zusammen etwa vier Millionen Mitglieder umfassend. Mit ihnen und ihren anerkannten und bewährten Führern (C. Legien, Gustav Bauer, A. Stegerwald, J. Giesberts, G. Hartmann, E. Remmers) fanden sich zahlreiche Vertreter der akademisch gebildeten Stände zu gemeinsamer Arbeit zusammen. Der Raum gestattet nicht, all die glänzenden Namen anzuführen, die mit dem Volksbunde sympathisierten. Es mag genügen, die Männer zu nennen, welche in den leitenden Organen des Bundes tätig waren: der allen Freunden des internationalen Arbeiterschutzes in der ganzen Welt wohlbekannte Herausgeber der „Sozialen Praxis“, Prof. Dr. E. Francke, der Vorsitzende der Gesellschaft für soziale Reform Staatsminister a. D. Freiherr von Berlepsch, der Staatssekretär a. D. Dr. B. Dernburg, aus der Gelehrtenwelt Männer wie Lujo Brentano, H. Delbrück, H. Oncken, F. Meinicke, H. Preuß, E. Troeltsch, Max Weber u. a. m.

70. Imperialismus[1]) und Marxismus.

Schon vor dem Kriege hatten die Theoretiker des Revisionismus wesentliche Gedankenzusammenhänge des Marxismus gerade auch unter dem Gesichtswinkel der weltpolitischen Interessen des deutschen Volkes einer eindringlichen Kritik unterworfen. Männern wie M. Schippel, E. David, G. Noske, W. Heine, L. Quessel und in Österreich K. Leuthner konnte die Kriegspolitik der Partei daher ebensowenig ernste innere Schwierigkeiten bereiten wie den Leitern der Gewerkschaftsbewegung. Dagegen gerieten die überzeugten Marxisten, die nur in der Luft des Marxismus geistig zu atmen vermochten, in erschütternde Gewissenskonflikte. Für sie bildete es geradezu eine geistige und sittliche Lebensfrage, ob sie die Beschlüsse der Parteiinstanzen mit ihrem wissenschaftlichen Gewissen in Einklang bringen könnten. In der marxistischen Welt gehen Theorie und Praxis ja nicht unbekümmert ihre eigenen Wege, sondern stehen in lebensvoller Wechselwirkung zueinander. Die Theorie soll die Massen ergreifen und sich dadurch in einen weltpolitischen Machtfaktor ersten Ranges umwandeln. Theoretiker des Zentrum und der Linken waren es somit, die in die Erscheinungen des Weltkrieges vom Standpunkte des Marxismus aus am tiefsten einzudringen suchten[2]). Übereinstimmung bestand nur insofern, als

---

[1]) Vgl. H. Friedjung, Das Zeitalter des Imperialismus. 1884—1914. 2 Bde. 1919/1922; J. Schumpeter, Zur Soziologie des Imperialismus. A. f. s. G. 46. Jahrg. (1919), S. 282—310; Gerh. Lütkens, Das Kriegsproblem und die marxistische Theorie. A. f. s. G. 1922, 49. Jahrg., S. 467—518.

[2]) Eine vortreffliche Darstellung dieser Geisteskämpfe während der ersten Hälfte des Krieges hat Gustav Mayer mit seiner Ab-

im Kriege ein notwendiges Ergebnis der imperialistischen Politik der Großmächte erblickt wurde. Aber wie war dieser Imperialismus im Lichte des Marxismus zu begreifen?

Natürlich erforschte man zunächst die Stellung, die Marx und Engels den Kriegen ihrer Zeit gegenüber eingenommen hatten. Aber diese Versuche, mit Hilfe von Analogieschlüssen die Lösung der Frage zu erzielen, führten zu keinen zufriedenstellenden Resultaten. Gerade in kriegspolitischen Fragen bestanden zwischen Marx und Engels mancherlei Meinungsverschiedenheiten. Außerdem handelte es sich meist um Kämpfe, die mit dem Weltkriege kaum verglichen werden konnten. Sicher war nur, daß sich Marx und Engels nicht auf den Standpunkt einer Nation gestellt, sondern sich vor allem die Frage vorgelegt hatten, welcher Kriegsausgang der Beschleunigung und möglichst raschen Überwindung des Kapitalismus am besten dienen könnte. Entsprach es nun dem Geiste des echten Marxismus sich dem Imperialismus mit aller Macht entgegenzuwerfen oder in ihm eine notwendige Etappe auf dem Wege zur Befreiuung des Proletariates zu erblicken?

Heinrich Cunow faßte den wirtschaftlichen Imperialismus als eine geschichtlich notwendige Entwicklung auf. Er erschien ihm als „ein vorgeschrittener, potenzierter Kapitalismus, in dem jetzt nicht mehr wie bisher das eigentliche Industriekapital, sondern das zur Macht gelangte Finanzkapital[1]) die erste Geige spielt. Ist aber der Imperialismus nichts Zufälliges, sondern eine notwendige Etappe auf dem zum Sozialismus führenden kapitalistischen Entwicklungswege, dann ist die Forderung: „Wir dürfen den Imperialismus nicht aufkommen lassen; wir müssen ihn entwurzeln!“ genau solche Albernheit, wie wenn man in der Anfangszeit der maschinellen Großindustrie gesagt hätte: „Keine Maschine darf ge-

handlung „Der deutsche Marxismus und der Krieg“, A. f. s. G. 43. Bd. (1916), S. 108—171, geliefert; ferner E. Lederer, Von der Wissenschaft zur Utopie. Grünberg's Archiv. VII. S. 364 bis 412. 1916.

[1]) Der Ausdruck ist im Sinne des Buches von R. Hilferding, Das Finanzkapital, Wien 1910, zu verstehen. Finanzkapital ist das von den Banken in industriellen Anlagen fixierte Kapital. S. 283.

duldet werden, zerstören wir sie und schreiben wir vor, daß fortan nur handwerksmäßig produziert werden darf"[1]).

Sehr viel weiter als Cunow ging der aus dem Lager der äußersten Linken kommende P. Lensch[2]). Für ihn würde ähnlich wie für Plenge[3]) der ganze Sozialismus nur eine geistige und volkswirtschaftlich-technische Durchorganisierung des Kapitalismus. Die Essenz des Sozialismus (heißt es) ist eine riesenhafte Organisationsmaschine. Das höhere Recht im Kriege steht bei demjenigen Staate, der eine höhere Organisationsstufe vertritt. Das ist Deutschland, das aus der militärisch-preußischen Entwicklung die Fähigkeit zu den größten organisatorischen Leistungen erworben hat. Es ist insofern revolutionär und progressiv gegenüber dem vom Bürgertum beherrschten individualistischen und deshalb reaktionären England. Im Kriege hat sich der deutsche Staat mehr und mehr sozialisiert und damit ist auch eine Nationalisierung der Sozialdemokratie begründet worden. Deutschland steht dem Despoten des Weltmarktes, England, gegenüber wie der Proletarier dem Kapitalisten, der die volle Entfaltung der produktiven Kräfte durch Profitgier vereitelt. Es ist nicht nur ein Recht, sondern sogar eine Pflicht der Sozialisten für den Sieg Deutschlands zu wirken[4]). Oder, wie Plenge sich ausdrückte: „Wer den Sozialismus will, muß den Weltkrieg und den Sieg Deutschlands im Weltkriege wollen."

Gegen diese Konstruktionen wandten sich mit allem Nachdruck Kautsky, Hilferding und M. Adler. Sie nahmen ihren Ausgangspunkt zum Teil von Gedanken, die Otto Bauer schon 1907

---

1) H. Cunow, Parteizusammenbruch? Berlin 1915. S. 14.

2) P. Lensch, Die deutsche Sozialdemokratie und der Weltkrieg, 1915; Derselbe, Die Sozialdemokratie, ihr Ende und ihr Glück, 1916; Derselbe, Drei Jahre Weltrevolution, 1917.

3) J. Plenge, Der Krieg und die Volkswirtschaft, 1915; Derselbe, Die Revolutionierung der Revolutionäre, 1918.

4) Ihre publizistische Vertretung haben die sozialistischen Imperialisten (man hat auch von einer „alldeutschen Spielart" der Sozialdemokratie gesprochen) in der seit August 1915 von Parvus (Dr. Helphand) zuerst in München, später in Berlin herausgegebenen Zeitschrift „Die Glocke" gefunden. Auch Parvus hatte vor dem Kriege der Linken der Partei angehört. Vgl. K. Pribram, Deutscher Nationalismus und deutscher Sozialismus. A. f. s. G. 1922. 49. Jahrg. S. 298—377.

entwickelt hatte[1]). Die imperialistische Politik müsse, war von ihm ausgeführt worden, wenngleich sie zunächst im Interesse der Arbeiterschaft zu liegen scheine, schon wegen ihrer politischen und allgemein kulturellen Wirkungen (insbesondere der Unterjochung fremder Nationen) unerbittlich bekämpft werden. Kautsky[2]) und Hilferding[3]) suchten den Nachweis zu führen, daß der Imperialismus wohl eine besondere Art der kapitalistischen Politik, nicht aber eine Wirtschaftsphase darstelle. Diese Politik fließe aus den Schwierigkeiten, die der Neuanlage akkumulierten Kapitales im Inlande erwüchsen. Mit Hilfe der Schutzzölle, der Kartelle, der Trusts, des „Dumping" und des Abströmens der Kapitalien in weniger entwickelte ausländische Gebiete entstehe zwar eine bedeutsame Selbstorganisation des Kapitales, aber auch eine überaus gefährliche Steigerung seiner Macht. Es komme schließlich zu einer Verminderung des inländischen Lohnfonds und einer Verschlechterung in der Klassenlage der Arbeiterschaft. Die Kapitalisten forderten immer die Ausdehnung der ausländischen, die Arbeiter die der inneren Märkte. Der Kapitalismus hebe sich aber bei dieser Entwicklung keineswegs im Sinne des ursprünglichen Marxismus selbst auf, weil er für die volle Entfaltung der Produktivkräfte zu eng werde, sondern eröffne die Möglichkeit einer regulierten staatskapitalistischen Gesellschaft. Der Kapitalismus stabilisiere sich und gewinne erhöhte Widerstandskräfte. Der Gang der Dinge dürfe deshalb nicht sich selbst überlassen werden. Das Proletariat habe sofort dagegen einzuschreiten, da jeder Zeitverlust zur Befestigung des imperialistischen Kapitalismus ausschlage. Der Imperialismus schließe eine fortgesetzte Kriegsgefahr ein und gefährde damit auch die internationale Solidarität der Arbeiterschaft. Es sei sogar möglich, daß durch eine gewisse Anteilnahme der heimischen Arbeiterklasse an den Früchten der Ausbeutung, welche die Be-

---

1) Otto Bauer, Die Nationalitätenfrage und die Sozialdemokratie (Bd. 2 der Marx-Studien), Wien 1907, § 27, Die Wurzeln der kapitalistischen Expansionspolitik.

2) Kautsky, Zwei Schriften zum Umlernen, N. Z. 33. Jahrg., 2. Bd., Nr. 2—5; Derselbe, Kriegsmarxismus, Marx-Studien IV., 1. Halbband. Wien 1918.

3) Hilferding, Das Finanzkapital, Marx-Studien III., Wien 1910; Derselbe, Historische Notwendigkeit und notwendige Politik, Kampf, Wien, Mai-Heft 1915.

herrschung primitiver und wehrloser Völker gestatte, die Gefahren des Imperialismus verhüllt und Verwirrung in die Durchführung des internationalen Klassenkampfes getragen würden. Verwandte Gedankengänge wurden auch von Max Adler vertreten[1]).

Die Bejahung des Imperialismus konnte aber auch einen Eingriff in das Selbstbestimmungsrecht zivilisierter Völker zur Folge haben. Ließ sich diese Politik mit marxistischen Lehren in Einklang bringen? Marx und Engels waren im Gegensatz zu Mazzini und Bakunin selbst nicht für eine absolute Anerkennung des Nationalitätenprinzipes eingetreten. Sie stellten die Interessen einer alle produktiven Kräfte entfesselnden Entwicklung, für welche die Großstaaten bessere Bedingungen boten, dem Selbstbestimmungsrechte kleinerer, besonders der geschichtslosen Völker voran. Aber in der Praxis der internationalen Arbeiterbewegung war das Nationalitätenprinzip vielfach zur Geltung gekommen. Auch K. Kautsky[2]) gab zu, daß es eigentlich aus den internationalen und demokratischen Grundsätzen der Sozialdemokratie fließe. Jedenfalls dürfe keine Veränderung der Grenzen ohne die freie Zustimmung der beteiligten Bevölkerungen eintreten. Diese Fragen besaßen große Bedeutung im Hinblick darauf, daß Deutschlands Bundesgenossen Österreich-Ungarn und die Türkei Nationalitätenstaaten waren, und die deutsche Politik nicht nur an den französischen und polnischen Bevölkerungen des Reiches festhielt, sondern auch darauf ausging, die russischen Randstaaten mit ihren dünnen deutschen Herrenschichten irgendwie dem Reiche anzuschließen. Ferner sollten von Belgien reale Sicherheiten dafür geleistet werden, daß es in Zukunft nicht mehr einen Stützpunkt zu Gunsten Englands oder Frankreichs bieten werde.

Endlich stand auch das Problem „Mitteleuropa", die wirtschaftliche und politische Annäherung Deutschlands an seine Bundesgenossen, auf der Tagesordnung[3]). Nach einigem Schwanken

---

1) Max Adler, Prinzip oder Romantik, Nürnberg 1910.

2) K. Kautsky, Die Befreiung der Nationen. Artikel-Serie in der N. Z. 35. Jahrg., 2. Bd., 1917.

3) F. Naumann, Mitteleuropa 1915; Die wirtschaftliche Annäherung zwischen dem Deutschen Reiche und seinen Verbündeten, 3 Teile 1916 (Schriften des Vereins f. Sozialpolitik, Bd. 155); v. Battaglia, Ein Zoll- und Wirtschaftsbündnis zwischen Österreich-Ungarn und Deutschland. Wien und Leipzig 1907 (ein

bekannte sich Renner zu diesem Programm und regte bei der reichsdeutschen Bruderpartei eine gemeinsame Konferenz an. Die Anregung wurde freudig begrüßt und am 9. Januar 1916 fand die Zusammenkunft in Berlin statt[1]). Ausgehend von der unumstößlichen Tatsache, daß die Arbeiter nun einmal auf Gedeih und Verderb von dem Kapital ihres Landes abhängen, schilderte Renner als erster Berichterstatter in großen Zügen, wie die Entwicklung über das handwerksmäßige Mosaik vieler Kleinstaaten hinaus zu einer geringeren Zahl gewaltiger, in vielen Beziehungen sich selbst genügender Wirtschaftsimperien voranschreite. Auch hier kämen Konzentrationstendenzen zur Herrschaft, wesensverwandt den Triebkräften, die einst vom Handwerk und der Heimarbeit zur Fabrik, von der einzelnen Fabrik zu den großen Kartellen und Trusts gedrängt haben. „Wenn ein größeres gemeinsames Wirtschaftsgebiet aufgerichtet wird, so haben wir im Augenblick möglicherweise einige Nachteile zu befürchten; wir auf österreichischer Seite aber erwarten, daß diese Nachteile gering sein werden gegenüber dem einen großen gemeinsamen, nicht einseitigen Vorteil, daß in einem größeren Wirtschaftsgebiet die Gesamtheit sich unendlich rascher entwickelt, so daß an Stelle zweier mäßig starker Konkurrenten, die sich gegenseitig beeinträchtigen, in der Gesamtheit zwei doppelt so starke Freunde vorhanden sein werden. Denn in der Entwicklung zum Großen und auf dem Boden des verdoppelten Wirtschaftsgebietes schreiten Industrie und Landwirtschaft rascher fort, die Fabrikation spezialisiert sich, sucht neue Standorte, erschließt neue Wege und Märkte . . . Wir haben als Vertreter der Arbeiterklasse dabei nur das eine vor Augen, daß dieser Umwandlungsprozeß sich vollziehe mit der gebührenden oder notwendigen Schonung der Existenz, d. h. mit den entsprechenden Übergangsvorschriften.“

Cunow pflichtete vom Standpunkte der deutschen Mehrheitspartei und entsprechend seiner bereits dargelegten Auffassung vom Imperialismus in allen wesentlichen Beziehungen Renner bei.

Plaidoyer zu Gunsten Mitteleuropas vom polnischen Standpunkte aus); G. Stolper, Das mitteleuropäische Wirtschaftsproblem. Wien und Leipzig 1917.

[1]) Die Bestrebungen für eine wirtschaftliche Annäherung Deutschlands und Österreich-Ungarns. Protokolle der Verhandlungen, herausgegeben vom Vorstande der Sozialdemokratischen Partei Deutschlands. Berlin 1916.

Kautsky[1]) und Hilferding[2]) haben dagegen als grundsätzliche Gegner jeder irgendwie an imperialistischen Ideen anklingenden Politik auch gegen „Mitteleuropa“ Stellung genommen. Zwar sei vom sozialdemokratischen Standpunkte aus die Niederlegung von Schranken zwischen Völkern und Staaten freudig zu begrüßen, aber doch nur, wenn sie ohne Verletzung der Demokratie und nicht zu dem Zwecke vor sich gehe, den Aufbau anderer Schranken zwischen Völkern und Staaten herbeizuführen. Mitteleuropa bedeute einen deutschen Imperialismus. Mitteleuropa werde, wie Naumann selbst sage, im Kerne deutsch sein, werde von selbst die deutsche Welt- und Vermittlungssprache gebrauchen, müsse aber freilich auch Nachgiebigkeit gegenüber allen mitbeteiligten Nachbarstaaten zeigen. Kautsky bezweifelte, daß ein solches übernationales Staatengebilde gegenüber Nationalstaaten den Vorrang behaupten könnte. Von freihändlerischen Überzeugungen durchdrungen, erschien ihm die wirtschaftliche Notwendigkeit und Überlegenheit der großen Weltreiche keineswegs erwiesen. Überdies bestünde die Gefahr, daß sich Mitteleuropa in eine militärische und wirtschaftspolitische Kampforganisation verwandle, dadurch aber die bestehende Koalition gegen die Zentralmächte noch befestige und zu neuen Kriegen zwinge[3]). Da durch die Entente gerade das nationale Selbstbestimmungsrecht auch der kleinen Völker in den Vordergrund ihrer Kriegsziele gestellt worden war, mußte die Sozialdemokratie der Zentralmächte, wenn sie ihre internationalen und demokratischen Überzeugungen nicht verleugnen wollte, den Nachweis führen, daß sich die berechtigten nationalen Forderungen der nicht deutschen Völker Mitteleuropas auch innerhalb eines internationalen Staatenbaues erfüllen ließen. Das waren Fragestellungen, welche die österreichischen Sozialisten ohnehin schon seit langer Zeit beschäftigt hatten[4]).

---

[1]) K. Kautsky, Mitteleuropa. Artikelserie in der N. Z. 34. Jahrg., 1. Bd., Nr. 14—18.

[2]) R. Hilferding, Europäer, nicht Mitteleuropäer! „Kampf“, XI. und XII, 1915.

[3]) Eine ablehnende Stellungnahme erfolgte auch von E. Lederer, Von der Wissenschaft zur Utopie, Grünberg's Archiv. VII., S. 364—412. 1916.

[4]) Vgl. besonders das Buch Otto Bauer's, Die Nationalitätenfrage und die Sozialdemokratie. Wien 1908 (Bd. 2 der Marx-

Renners[1]) Absichten gingen dahin, die Nationalitäten eines Staates mit nationaler Gemengelage als Personenkörperschaften auf demokratischer moderner Basis, als nationale Rechtsorganisationen, nicht als feudalpatrimoniale Gebietsherrschaften zu konstituieren. Auf diesem Wege sollte jeder Nationalität die volle Wahrung ihrer sprachlich-kulturellen Interessen ermöglicht werden. Die Angehörigen des Nationalitätenstaates würden dann in nationaler Hinsicht gegenüber den Bewohnern eines Nationalstaates nicht zurückstehen, aber auch noch die Vorteile genießen, die aus der Zugehörigkeit zu einem größeren Staatsverbande und Wirtschaftsgebiete in der Regel erwachsen. Gelänge es Österreich-Ungarn dieser Aufgabe gerecht zu werden, so könnte es eine vorbildliche Bedeutung für die zukünftige staatliche und wirtschaftliche Ordnung der europäischen Völker überhaupt gewinnen. Es bestände deshalb vom Standpunkte des internationalen Sozialismus durchaus kein Grund, die Existenzberechtigung dieses Reiches in Abrede zu stellen. So konnte sich Renner für die Pläne einsetzen, zwischen Deutschland und seinen Bundesgenossen eine weitgehende politische und wirtschaftliche Annäherung herbeizuführen. Auch die Ideen, die Lensch und Plenge in bezug auf die „Durchstaatlichung der Wirtschaft", sowie den besonderen Beruf Deutschlands, diese Aufgabe zu lösen, vertreten hatten, fanden schließlich in erheblichem Ausmaße seinen vollen Beifall.

Während die dem marxistischen Zentrum zuzuzählenden theoretischen Gegner der „imperialistischen" Kriegspolitik der deutschen Partei ihre Kritik immerhin noch, wenn auch in gedämpften Tönen, unter der Herrschaft des Kriegspresseamtes zum Ausdruck bringen konnten, mußte sich die radikale Linke (Rosa Luxemburg, K. Radek, K. Liebknecht, Grumbach u. a.) illegaler Wege oder der Presse des neutralen Auslandes bedienen, um ihren Standpunkt unumwunden zu vertreten.

Gerade Rosa Luxemburg, das geistige Oberhaupt dieser ganzen Gruppe, hatte noch unmittelbar vor Ausbruch des Krieges eine tief-

---

Studien) und die zahlreichen, teilweise unter dem Pseudonym Springer erschienenen Arbeiten von Karl Renner.

[1]) Vgl. K. Renner, Österreichs Erneuerung. Wien 1916; Derselbe, Marxismus, Krieg und Internationale. Stuttgart 1917; Derselbe, Das Selbstbestimmungsrecht der Nationen. I. Nation und Staat. Leipzig und Wien 1918.

gründige Untersuchung über die Beziehungen zwischen Kapitalismus und Imperialismus veröffentlicht[1]). Das wichtigste Ergebnis dieses Werkes hat sie selbst in die Worte zusammengefaßt: „Der Imperialismus ist der politische Ausdruck des Prozesses der Kapitalakkumulation in ihrem Konkurrenzkampf um die Reste des noch nicht mit Beschlag belegten nicht kapitalistischen Weltmilieus. Geographisch umfaßt dieses Milieu heute noch die weitesten Gebiete der Erde. Gemessen jedoch an der gewaltigen Masse des bereits akkumulierten Kapitals der alten kapitalistischen Länder, das nur die Absatzmöglichkeiten für sein Mehrprodukt, wie um Kapitalisierungsmöglichkeiten für seinen Mehrwert ringt, gemessen an der Rapidität, mit der heute Gebiete vorkapitalistischer Kulturen in kapitalistische verwandelt werden, mit anderen Worten: gemessen an dem bereits erreichten hohen Grad der Entfaltung der Produktivkräfte des Kapitals, erscheint das seiner Expansion noch verbleibende Feld als ein geringer Rest. Demgemäß . . . . nimmt der Imperialismus an Energie und an Gewalttätigkeit zu, sowohl in seinem aggressiven Vorgehen gegen die nicht kapitalistische Welt, wie in der Verschärfung der Gegensätze zwischen den konkurrierenden kapitalistischen Ländern. Je gewalttätiger, energischer und gründlicher der Imperialismus aber den Untergang nichtkapitalistischer Kulturen besorgt, um so rascher entzieht er der Kapitalakkumulation den Boden unter den Füßen. Der Imperialismus ist ebensosehr eine geschichtliche Methode der Existenzverlängerung des Kapitals, wie das sicherste Mittel, dessen Existenz auf kürzestem Wege objektiv ein Ziel zu setzen . . . . Schon die Tendenz zu diesem Endziel der kapitalistischen Entwicklung äußert sich in Formen, die die Schlußphase des Kapitalismus zu einer Periode der Katastrophen gestalten“[2]).

Während des Krieges wurde Rosa Luxemburg wegen ihrer Stellungnahme gegen den Krieg zu einer Gefängnisstrafe verurteilt. Im Gefängnis verfaßte sie im April 1915 unter dem Pseudonym Junius eine Schrift mit dem Titel „Die Krise der Sozialdemokratie“, die als die weitaus bedeutendste Darlegung, die der Standpunkt der äußersten Linken gefunden hat, bezeichnet werden darf.

---

[1]) R. Luxemburg, Die Akkumulation des Kapitals. Ein Beitrag zur ökonomischen Erklärung des Imperialismus. Berlin 1913.

[2]) a. a. O. S. 423, 424.

Auf die Versuche, durch Verwertung der Weiß-, Blau-, Gelb- usw. Bücher die Schuld oder Unschuld der einzelnen am Kriege beteiligten Mächte zu erweisen, läßt sich Frau Luxemburg nicht ein. „Die Geschichte, aus der der heutige Krieg geboren wurde, begann nicht erst im Juli 1914, sondern sie reicht Jahrzehnte zurück, wo sich Faden an Faden mit der Notwendigkeit eines Naturgesetzes knüpfte, bis das dichtmaschige Netz der imperialistischen Weltpolitik fünf Weltteile umstrickt hatte, — ein gewaltiger historischer Komplex von Erscheinungen, deren Wurzeln in die plutonischen Tiefen des ökonomischen Werdens hinabreichen, deren äußerste Zweige in die undeutlich heraufdämmernde neue Welt hinüberwinken, — Erscheinungen, bei deren umfassender Größe die Begriffe von Schuld und Sühne, von Verteidigung und Angriff wesenlos verblassen" (S. 71). Um so schärfer sind aber die Vorwürfe, die R. Luxemburg gegen die Stellung der deutschen Partei erhebt: „Sie hat das Vaterland in der Stunde der größten Gefahr im Stiche gelassen. Denn die erste Pflicht gegenüber dem Vaterland in jener Stunde war: ihm den wahren Hintergrund dieses imperialistischen Krieges zu zeigen, das Gewebe von patriotischen und diplomatischen Lügen zu zerreißen, womit dieser Anschlag auf das Vaterland umwoben war; laut und vernehmlich auszusprechen, daß für das deutsche Volk in diesem Krieg Sieg und Niederlage gleich verhängnisvoll sind, sich der Knebelung des Vaterlandes durch den Belagerungszustand bis zum äußersten zu widersetzen; die Notwendigkeit der sofortigen Volksbewaffnung und der Entscheidung über Krieg und Frieden zu proklamieren; die permanente Tagung der Volksvertretung für die Dauer des Krieges mit allem Nachdruck zu fordern, um die wachsame Kontrolle der Regierung durch die Volksvertretung und durch das Volk zu sichern; die sofortige Abschaffung aller politischen Entrechtung zu verlangen, da nur ein freies Volk sein Land wirksam verteidigen kann; endlich dem imperialistischen, auf die Erhaltung Österreichs und der Türkei . . . gerichteten Programm . . . die Losung der einigen großen deutschen Republik entgegenzustellen" (S. 79). Durch die Bewilligung der Kriegskredite und die Zustimmung zum Burgfrieden haben die offiziellen Parteiinstanzen in Deutschland, Frankreich und England dem Imperialismus den Rücken gestärkt, die Volksmassen zum geduldigen Ertragen des Elends und der Schrecken des Krieges veranlaßt und zur zügellosen Entfesselung der imperialistischen Raserei und zur Verlängerung des Gemetzels beigetragen. Sie haben damit aber auch alle Waffen ausgeliefert, mit denen sie allein die Verwirklichung selbst der bescheidenen Forderungen, die sie noch stellten, durchzusetzen vermocht hätten.

Da die bestehenden Organisationen durchweg versagt haben, bedarf es einer neuen Internationale, welche die Leitung und Zusammenfassung des revolutionären Klassenkampfes gegen den Imperialismus aller Länder übernimmt. Das Proletariat muß mit männlichem Entschluß sein revolutionäres Kampfschwert in die Wagschale werfen. Zwar ist der Imperialismus eine historische Notwendigkeit, aber eine historische Notwendigkeit ist auch dessen Sturz durch die proletarische Internationale. Dieser Entscheidungskampf muß jetzt gewagt werden. Der „Sprung der Menschheit aus dem Tierreich in das Reich der Freiheit" (Engels) kann „nimmermehr vollbracht werden, wenn aus all dem von der Entwicklung zusammengetragenen Stoffe der materiellen Vorbedingungen nicht der zündende Funke des bewußten Willens der großen Volksmassen aufspringt. Der Sieg des Sozialismus wird nicht wie ein Fatum vom Himmel herabfallen" (S. 11).

71. Die Spaltung der deutschen Sozialdemokratie.

Die Frage, vor welche die sozialdemokratische Reichstagsfraktion am 4. August gestellt worden war, wiederholte sich in gewissem Sinne mit jeder neuen Forderung, Kredite zur Fortsetzung des Krieges zu bewilligen. Jedesmal fanden im Schoße der Partei heftige Auseinandersetzungen über die Stellungnahme statt[1]). In den Sitzungen der Fraktion vom 29. November 1914 bis 2. Dezember 1914 legte Liebknecht bereits eine Resolution vor, die den Gedankengängen R. Luxemburgs entsprach. Victor Adler, der Führer der deutschösterreichischen Partei hatte die Fraktion beschworen, eine energische Kundgebung für den Frieden und gegen den Bruch der belgischen Neutralität zu erlassen. Da diese Anregungen erfolglos blieben, verlangte die Minderheit das Recht, ihren Standpunkt im

[1]) Über diese internen Kämpfe gibt K. Liebknecht, Klassenkampf gegen den Krieg, Berlin, A. Hoffmann's Verlag, mancherlei Auskünfte. Vgl. ferner die Darstellung, die der Bericht der Reichstagsfraktion an den Würzburger Parteitag enthält. Protokoll, S. 121 ff. und E. Prager, Geschichte der U. S. P. D. 1921.

Plenum des Reichstages geltend zu machen. Die Mehrheit bestand auf dem Fraktionszwang und gab die Abstimmung nicht frei. Liebknecht fügte sich indessen der Disziplin nicht und überreichte dem Reichstagspräsidenten eine besondere Erklärung, deren Aufnahme in den stenographischen Bericht aber abgelehnt wurde, weil in ihr Äußerungen enthalten seien, die, wenn sie im Hause gemacht wären, Ordnungsrufe nach sich gezogen haben würden.

Im März 1915 sprachen sich in der Fraktion von 100 Mitgliedern bereits 23 gegen die Bewilligung der Kriegskredite aus. Bei der Abstimmung über das Budget stimmten Liebknecht und Rühle dagegen, während etwa ein Drittel der Fraktion vor der Abstimmung den Saal verließ. Am 22. Juni 1915 erschien ein als „Das Gebot der Stunde“ bezeichneter Aufruf Bernsteins, Haases und Kautskys, in dem gegen die Annexionspläne der sechs großen Wirtschaftsvereinigungen protestiert und ein Frieden auf der Grundlage freier Vereinbarung verlangt wurde. Die Sozialdemokratie könne nicht mehr in der Frage der Fortführung des Krieges an der Seite derjenigen stehen, deren Absichten den schroffsten Widerspruch gegen die Erklärung vom 4. August darstellen. Bei der fünften Bewilligung zerriß das Band der Fraktionsdisziplin und zwanzig Mitglieder lehnten im Plenum mit besonderer Erklärung die Kredite ab. Am 24. März 1916 konstituierte sich die Minderheit als besondere Fraktion unter der Firma „Sozialdemokratische Arbeitsgemeinschaft“. Zunächst wurde noch hie und da die Auffassung vertreten, daß die Fraktionsspaltung sich nicht unbedingt auf die Partei erstrecken müsse. Nachdem aber die Parteiminderheit durch Parteivorstand und -Ausschuß ausgeschlossen worden war, erfolgte im April 1917 die Gründung der „Unabhängigen sozialdemokratischen Partei Deutschlands“ in Gotha, die auch die Spartakus-Gruppe und andere radikale Oppositionssplitter in sich aufnahm. Der Würzburger Parteitag der Mehrheitssozialisten (15.—20. Oktober 1917) faßte zwar eine Resolution zu Gunsten einer baldigen Wiedervereinigung mit der Opposition, aber unter Wahrung des Mehrheitsprinzipes[1]).

Die tieferen Ursachen der Parteispaltung lagen in der Stimmung der sozialdemokratischen Massen selbst[2]). Je glänzender sich die

[1]) Vgl. Würzburger Protokoll S. 487.

[2]) Vgl. Emil Barth, Aus der Werkstatt der deutschen Revolution. A. Hoffmann's Verlag Berlin, 1919

militärischen Erfolge dem Laien darstellten, desto mehr schwand auch der Druck der Invasionsgefahr, der anfänglich alle Schichten des deutschen Volkes zusammengeschlossen hatte. Dagegen machten sich die Ernährungsschwierigkeiten in empfindlicher Weise fühlbar. Die Preise erklommen eine beängstigende Höhe. Trotzdem kamen die Waren nur in ganz unzureichenden Mengen auf den Markt. Nun reichten auch die den Kriegerfamilien und Kriegsbeschädigten gewärten Hilfen in keiner Weise mehr aus. Man fing an des Krieges müde zu werden. Fast jede Familie hatte teure Angehörige im Felde verloren. Die Erhaltung des Vaterlandes schien bereits sichergestellt zu sein. Der Krieg galt den Massen vielfach nur noch als ein Krieg der „reichen Leute" und eine Folge ihrer Eroberungsabsichten. In sozialistischen Kreisen wurde auch die Ächtung peinlich empfunden, die über sie nicht nur von den Genossen feindlicher, sondern selbst neutraler Länder verhängt worden war. Die in Deutschland beim Kriegsausbruche verbreiteten Darstellungen über die Schuld am Kriege begegneten wachsendem Mißtrauen. Der Burgfriede schien durchaus auf Kosten der Arbeiterinteressen aufrecht erhalten zu werden. Hätten Regierung und rechtsstehende Parteien wirklich die ehrliche Absicht die schönen Versicherungen zu erfüllen, die in den ersten Wochen des Krieges gegeben worden waren, so bestünde gar kein Grund die Neuordnung Deutschlands noch länger zu verschieben. Der Burgfriede könnte dann ja nicht gestört werden. Durch die Verzögerung der demokratischen Neuerungen würde aber die Arbeiterklasse verhindert auf den Gang der Kriegspolitik den notwendigen Einfluß zu gewinnen. In erschreckendem Grade begann in einzelnen Klassen der Krieg als eine unvergleichliche Bereicherungsgelegenheit selbst auf Kosten der höchsten vaterländischen Interessen angesehen zu werden. Hohe Leistungen könnten nur erwartet werden, wenn dabei „dick verdient würde". Die Autorität der Regierung erlitt furchtbare Einbußen. Bei den Versuchen, Bewucherung und Schleichhandel zu bekämpfen, stieß sie auf die passive Resistenz führender Gesellschaftsschichten. Auf dem Lande galt es vielfach als selbstverständlich, die Ernährung im vollen Umfange der Friedenszeit für sich in Anspruch zu nehmen und die ganze Last der Entbehrungen den Städtern zuzuschieben[1]).

[1]) Vgl. auch E. Lederer, Deutschlands Wiederaufbau und weltwirtschaftliche Neuangliederung. 1920.

Im Heere selbst trat ein schroffer Gegensatz zwischen Mannschaften und Offizierskorps auf, dessen katastrophale Bedeutung von der Obersten Heeresleitung verkannt wurde[1]). Der große Unterschied in Verpflegung und Löhnung, noch mehr aber vielleicht die Behandlung älterer, doch vielfach aus klassenbewußten Arbeitern bestehenden Mannschaften durch sehr junge Offiziere, welche deren Ehrgefühl aufs gröblichste verletzte, das alles hatte in Verbindung mit den alle Begriffe übersteigenden entsetzlichen Blutopfern einen vollkommenen Umschwung der Stimmung herbeigeführt. Obwohl über die bestehenden Mißstände nennenswerte Meinungsverschiedenheiten innerhalb der Arbeiterschaft kaum bestanden, wies die große Mehrheit der Reichstagsfraktion die Kampfansage an die Regierung dennoch ab. Man war sich in diesen Kreisen darüber vollkommen klar, daß auch ein den internationalen Idealen der Sozialdemokratie entsprechender Verständigungsfrieden nur dann erreichbar sein würde, wenn Deutschland sich als achtunggebietende Macht behaupte. Mit dem Übergange in die Opposition würde die Regierung jede Stütze gegen die annexionistischen Ziele anderer Parteien verlieren. Die Feinde würden ferner aus den Kämpfen zwischen Regierung und Arbeitermassen den Schluß ziehen, daß Deutschland für die bedingungslose Kapitulation reif geworden sei. In diesem Falle träte an Stelle des preußisch-deutschen Imperialismus und Militarismus der keineswegs gefahrlosere der Entente, und die Menschheit bliebe von einer gesitteteren Ordnung des Völkerlebens ebenso weit entfernt als zuvor. Daß diese Erwägungen der Mehrheitspartei durchaus nicht unbegründet waren, haben die Bedingungen des Waffenstillstandes und Versailler Friedens klar genug erwiesen.

Trotzdem wurde es den Führern immer schwerer, die Zustimmung der Massen für ihre Haltung zu erhalten. Nachdem Wilson mit seinen eindrucksvollen Kundgebungen hervorgetreten war, schien die Ehre Amerikas für ein Friedensprogramm verpfändet worden zu sein, das alle Forderungen enthielt, für welche der internationale Sozialismus seit Jahrzehnten unentwegt gekämpft hatte: Völkerbund, Abrüstung, Schlichtung internationaler Konflikte durch obligatorische Schiedsgerichte, demokratisches Selbstbestimmungsrecht der Nationalitäten, internationaler Arbeiterschutz usw. Was in aller Welt hatten

[1]) H. Kantorowicz, Der Offiziershaß im deutschen Heere. Freiburg i. B. 1919.

dann die grauenhaften Metzeleien des Krieges noch für einen Sinn? Mußte die Oberste Heeresleitung nicht mit allen Mitteln gezwungen werden, die Hand zum Abschluß eines Wilson-Friedens darzubieten? In keineswegs unerheblichen Streikbewegungen und Meutereien machte sich der zunehmende Unmut der Massen bereits Luft. Begierig ergriffen die deutsche und die österreichische Sozialdemokratie die Gelegenheit, welche die Bemühungen des holländisch-skandinavischen Komitees, in Stockholm eine internationale sozialistische Friedenskonferenz zu veranstalten, in Aussicht stellen. In den Erklärungen, welche die Vertreter der beiden sozialistischen Parteien Deutschlands abgaben, fanden ihre tiefgehenden Meinungsverschiedenheiten über die auswärtige Politik einen scharf pointierten Ausdruck.

Die Mehrheitspartei hielt in Übereinstimmung mit den österreichischen Genossen an der territorialen Integrität der Zentralmächte fest und gestand den nicht-deutschen Nationalitäten lediglich eine kulturelle Autonomie im Sinne Renners zu. Andererseits wurde aber die politische Wiederherstellung Belgiens und Serbiens verlangt, sowie jede gewaltsame Gebietsaneignung und Kriegsentschädigung abgelehnt.

Die Unabhängige Sozialdemokratie erklärte ausdrücklich in ihrer Friedenspolitik wie in ihrer gesamten Politik nur von dem Gesamtinteresse des internationalen Proletariates und der sozialen Entwicklung ausgehen zu wollen. „Ohne die Staatsgrenzen, die das Ergebnis von Eroberungen sind und vielfach in Widerspruch zu den Bedürfnissen der Völker stehen, als unantastbar zu betrachten, lehnen wir den Krieg überhaupt und also auch seine Verlängerung als Mittel zur Regelung der Staatsgrenzen ab. Grenzveränderungen müssen an die Zustimmung der davon betroffenen Bevölkerung gebunden werden, dürfen nicht aufgezwungene Gewaltakte sein.“ Das Recht der Polen und Serben auf einen Nationalstaat wird anerkannt. Die Elsaß-Lothringer sollen ebenfalls sich in direkter unbeeinflußter Abstimmung über ihre Staatszugehörigkeit äußern. Belgien ist der besondere Schadenersatz zu leisten, der von der deutschen Regierung bei Kriegsbeginn versprochen wurde. „Ein derartiger Ersatz hat nichts zu tun mit jener Art von Kriegsentschädigungen, die eine Plünderung des Besiegten durch den Sieger bedeuten und die wir deshalb verwerfen.“ Dieses Programm soll von einer energischen internationalen Aktion der Volksmassen getragen werden. Die Kredite sind jeder Regierung zu verweigern, die dieses Programm ablehnt oder nur ausweichend beantwortet, oder die sich nicht bereit erklärt, in sofortige Friedensverhandlungen auf Grundlage dieses Programms einzutreten. Sie ist auf das entschiedenste zu bekämpfen. . . . Eine proletarische Organisation, die sich dieser Aktion entzieht, verwirkt damit das Anrecht, hinfort als Organisation des internationalen Sozialismus zu gelten."

Der Sieg der Bolschewisten in Rußland (Nov. 1917), der ihnen aufgezwungene Friede von Brest-Litowsk, später der Bukarester Friede und die Zustimmung der Mehrheitspartei zu diesen Akten, die sich selbst mit den Grundsätzen der Stockholmer Denkschrift kaum noch in Einklang bringen ließen, haben die ohnehin überaus starken Spannungen zwischen beiden Gruppen noch wesentlich gesteigert und im Zusammenhange mit dem Fiasko des U-Bootkrieges und der katastrophalen Verschlechterung der militärischen Lage an den westlichen, südlichen und südöstlichen Fronten der Revolution die Wege geebnet.

An dem Aufbau der illegalen Organisationen (Ausbildung von Stoßtrupps, Beschaffung von Waffen, Aufstellung der revolutionären Obleute in den einzelnen Betrieben) haben von seiten der Unabhängigen nur wenige prominente Persönlichkeiten wie Ledebour einen regeren Anteil genommen. Die Leitung lag anfänglich ganz in den Händen des Russen Jogiches und einiger mit der russischen Botschaft in enger Verbindung stehender Mitglieder des Spartakus-Bundes wie Emil Barth, Ernst Däumig und Richard Müller. Die Mehrheitspartei hatte vielmehr an dem Versuch des Prinzen Max von Baden, eine parlamentarische Regierungsweise einzuführen, durch Eintritt von Scheidemann und Bauer in das Kabinett noch lebhaften Anteil genommen. Erst in letzter Stunde, als der Druck der Feinde, die Weigerung des Kaisers abzudanken und schließlich seine Flucht ins Große Hauptquartier eine völlig unhaltbare Lage geschaffen hatten, traten die Führer der beiden Parteien an die Spitze der Bewegung, um sich deren Leitung zu sichern.

72. Die deutschösterreichische Sozialdemokratie.

Die Haltung der deutschen Sozialdemokratie in Österreich ist bereits mehrfach berührt worden. Da der Reichsrat zunächst nicht einberufen wurde, konnte auch die Frage der Kriegskredite keinen

Keil in die Partei treiben. Das absolutistische System des Grafen Stürgkh unterdrückte mit eiserner Faust jede freie Meinungsäußerung in der Öffentlichkeit. Die Partei mußte sich darauf beschränken, jede Verantwortung für den Krieg abzulehnen. Trotzdem ist auch in Österreich ein Teil der Arbeiterschaft von einer gewissen national- und sozialpatriotischen Stimmung ergriffen worden. Der parteiamtliche Bericht an den Wiener Parteitag (1917) erklärte (S. 19): „In Österreich, dem Lande der hadernden Nationen, war das chauvinistische Fieber wohl weniger stark als anderwärts, aber es hat auch hier nicht gefehlt, ja zeitweise eine viel größere Kraft gewonnen, als man vor dem Kriege vermuten konnte .... Unsere vornehmste Aufgabe war, das Proletariat vor dem Kriegsrausch soviel als in unseren Kräften stand, zu bewahren“[1]).

Obwohl die Gegensätze zwischen Pernerstorfer, Leuthner, Renner auf der einen, Max Adler und Friedrich Adler, der am 21. Oktober 1916 den hervorragendsten Vertreter des herrschenden Systems, den Grafen Stürgkh ermordete, gewiß nicht milder waren als im Schoße der reichsdeutschen Partei, ist es zu einer Parteispaltung nicht gekommen. Imperialisten, Nationalsozialisten, Pazifisten und Kommunisten konnten in der Wiener Arbeiterzeitung ihrem Herzen Luft machen. Im allgemeinen standen die maßgebenden Parteiinstanzen doch den Auffassungen, die im Reiche durch die Unabhängigen vertreten wurden, näher als denen der Mehrheitspartei. Da aber die tschechische und polnische Sozialdemokratie sich von den deutschen während des Krieges vollkommen loslöste, mußte die deutsche Partei in erster Linie bei den reichsdeutschen Genossen Anschluß suchen. Sie nahm an den Verhandlungen zu Gunsten Mitteleuropas starken Anteil und beantwortete auch die Fragen des holländisch-skandinavischen Komitees in Stockholm nach Grundsätzen, die in der Hauptsache mit dem Standpunkte der deutschen Mehrheitspartei übereinstimmten. Es gab freilich auch in Österreich eine Gruppe, welche für schrankenlose Anerkennung des nationalen Selbstbestimmungsrechtes und damit für die Zertrümmerung Österreichs eintrat[2]). Ange-

[1]) Protokoll der Verhandlungen des Parteitages der Deutschen sozialdemokratischen Arbeiterpartei in Österreich (Wien, 19. bis 24. Oktober 1917). Wien 1918.

[2]) Vgl. Protokoll, S. 114 ff.

sichts dieser Differenzen und anderer Umstände hat die Partei während des Krieges vor allem die Wahrung der wirtschaftlichen Interessen der Arbeiterschaft angestrebt. Ihre Bemühungen zur Herbeiführung eines Verständigungsfriedens ohne Annexion und Kontributionen begegneten in Österreich geringeren Widerständen, da ja die österreichische Regierung selbst zu der reichsdeutschen Kriegspolitik in entschiedener Opposition stand[1]. So kam es im Januar 1918 wegen der Haltung der deutschen Unterhändler, besonders des Generals Hoffmann in Brest-Litowsk und der außerordentlichen Verschlechterung der Ernährung (plötzliche Herabsetzung der Mehlquote auf weniger als die Hälfte) zu einer eindrucksvollen, schon an revolutionäre Ziele streifenden Ausstandsbewegung zu Gunsten eines allgemeinen, raschen Friedens[2].

Am 18. Januar wurde in Wien bereits ein Arbeiterrat eingesetzt. Die Regierung gab zur Beschwichtigung der streikenden Arbeiter sehr weitgehende Erklärungen in bezug auf ihre Friedensbereitschaft und demokratische Reformen (Frauenwahlrecht, Reform des Gemeindewahlrechts, Aufhebung der Ausnahmegerichte und der Betriebsmilitarisierung) ab.

73. Die Stellungnahme der französischen Sozialisten[3].

In den sozialistisch gesinnten Kreisen Frankreichs bestand vor dem Kriege zweifellos der lebhafte Wunsch eine Entspannung der internationalen Lage herbeizuführen. An der deutsch-französischen Verständigungskonferenz in Bern (11. Mai 1913) hatten 156 französische Mitglieder der Deputiertenkammer und 11 Senatoren teilgenommen. Die Wahlen im Mai 1914 hatten den Sozialisten große

---

[1] Ottokar Czernin, Im Weltkriege, 1919.

[2] Um Friede, Freiheit und Recht! Der Januaraufstand des innerösterreichischen Proletariats. Wien 1918.

[3] Vgl. Internationales Jahrbuch für Politik und Arbeiterbewegung 1914. Berlin 1915; Dasselbe 1915. Berlin 1915/17; E. Bernstein, Die Internationale der Arbeiterklasse und der europäische Krieg. A. f. s. G. XI, S. 288—293; Grünberg, Die Internationale und der Weltkrieg. Grünberg's Archiv VI., S. 501—532; Daudê-Baucel, Die französische Arbeiterbewegung im Kriege, Internationale Rundschau, Zürich 1915, I, 6. Heft, S. 300 ff.; O. S., Die Haltung der französischen Sozialdemokratie beim Ausbruche des Weltkrieges, N. Z. XXXIII, 2. Bd., S. 574—579.

Erfolge beschieden, da sie die Einführung der dreijährigen Dienstzeit, die von Rußland gefordert worden war, verwarfen und für die Verbreitung pazifistischer Ideen (Bekämpfung des Imperialismus und des Krieges, Organisation eines Generalstreikes bei drohender Kriegsgefahr, um die Regierungen zur Beilegung der Streitigkeiten durch ein Schiedsgericht zu zwingen) mit größtem Nachdruck eintraten. Dieser Haltung entsprach die Tätigkeit, welche die angesehensten Führer, vor allem Jean Jaurès, entwickelten, als durch Österreichs Ultimatum an Serbien die Furie des Weltkrieges vor der Türe stand. Eine Erklärung der Kammerfraktion vom 29. Juli sprach sich gegen die bewaffnete Intervention Rußlands aus. Frankreich, das seit über 40 Jahren seinen Anspruch auf Elsaß-Lothringen dem obersten Interesse des Friedens untergeordnet habe, könne sich nicht in einen Konflikt ziehen lassen, bei dem Serbien der Einsatz wäre. Die sozialistische Fraktion, hieß es, „verkündet laut, daß Frankreich allein über Frankreich verfügen darf, daß es in keinem Fall durch die mehr oder minder willkürliche Ausbeutung geheimer Verträge und unbekannter Verpflichtungen in einen furchtbaren Konflikt verwickelt werden darf, und daß es seine volle Aktionsfreiheit bewahren muß, um auf Europa einen friedlichen Einfluß auszuüben". Das kaiserliche Deutschland werde sich freilich, wie Jaurès glaubte, nicht gegen den gerechten Vorwurf verteidigen können, Österreich auf seinem schlechten Wege ermutigt zu haben. Immerhin sei es Pflicht der französischen Sozialisten, darauf zu bestehen, daß die französische Regierung Rußland von der Kriegserklärung abhalte. „Sollte aber Rußland dem nicht nachkommen, so ist es unsere Pflicht, zu erklären: wir kennen nur einen Vertrag, den Vertrag, der uns an das Menschengeschlecht bindet."

Die Verhandlungen, in die Jaurès mit den Ministern Malvy, Abel Ferry und Viviani trat, bestimmten den Präsidenten der Republik eine Note zur Erhaltung des Friedens an den König von England zu richten. Der Einwirkung Frankreichs und Englands nachgebend richtete der Zar die Depesche an Kaiser Wilhelm, in der er sich für ein Schiedsgerichtsverfahren aussprach.

Jaurès war jedenfalls davon überzeugt, daß die französische Regierung den Frieden zu retten wünsche. „Uns französischen Sozialisten", versicherte er bei der großen Friedenskundgebung in Brüssel am 29. Juli, „ist eine leichte Aufgabe gestellt. Wir brauchen unserer

Regierung nicht erst die Friedenspolitik vorzuschreiben, sie befolgt sie in der Praxis. Ich, der ich nie gezaudert habe, den Haß unserer Chauvinisten auf mein Haupt zu laden durch mein hartnäckiges und nie nachlassendes werbendes Streben nach Erstellung der deutsch-französischen Annäherung, ich habe das Recht zu erklären, daß in der gegenwärtigen Stunde die französische Regierung den Frieden will und für Erhaltung des Friedens arbeitet. . . . Die französische Regierung ist der beste Friedensverbündete dieser bewunderungswürdigen englischen Regierung, welche die Initiative zur Vermittlung ergriffen hat. Und sie wirkt auf Rußland durch ihre Ratschläge im Sinne der Weisheit und Geduld." Auch nachdem Jaurès[1]) durch einen erhitzten Chauvinisten ermordet worden war, wurden die Bemühungen um die Erhaltung des Friedens von den sozialistischen Abgeordneten fortgesetzt. Es gelang ihnen von der Regierung folgende Zugeständnisse zu erlangen: 1. Die Mobilisierung der Truppen soll nicht an der unmittelbaren Landesgrenze, sondern 8—10 km von derselben entfernt stattfinden, um gefährliche Zusammenstöße zu vermeiden. 2. Die Regierung gibt offiziell bekannt, daß die Mobilisierung noch nicht notwendig den Krieg bedeutet. 3. Die Regierung erklärt an Deutschland nicht den Krieg.

Erst der Einmarsch deutscher Truppen in Luxemburg am 2. Aug. ließ jede Hoffnung schwinden. Nun griff die Meinung um sich, Deutschland habe die Erfolg versprechenden Verhandlungen, die schließlich zwischen Österreich und Rußland in Gang gebracht worden waren, absichtlich durch die Kriegserklärung an Rußland gestört, um den Krieg, den es gewollt habe, durchzusetzen[2]). Sembat gab nunmehr folgende Erklärung in einer Versammlung der Fédération Socialiste de la Seine ab: „Ihr seid zum Kriege gezwungen durch

---

[1]) Durch die Veröffentlichung der deutschen und österreichischen Akten ist nunmehr einwandfrei dargetan worden, daß Österreich erst auf einen sehr starken von Berlin ausgegangenen Druck hin die Verhandlungen mit Rußland wieder aufgenommen hat. Erst die russische Mobilisierung hat die Kriegserklärung hervorgerufen. Vgl. Die Deutschen Dokumente zum Kriegsausbruch, herausgegeben von K. Kautsky, Graf M. Montgelas und W. Schücking. 4 Bde., Berlin 1920. R. Goos, Das Wiener Kabinett und die Entstehung des Weltkrieges. Wien 1919.

[2]) Über Jaurès vgl. Oskar Blum, J. Jaurès, Grünberg's Archiv VII., S. 18—60, 1916.

die Mißachtung der Neutralität Luxemburgs und durch den Übergriff des deutschen Kaisertums, aber Ihr bleibt Sozialisten! Ihr kämpft weder im Rausche der Rachgier noch aus toller Lust am Kampfe. Das unterscheidet Euch von den Chauvinisten! Ihr kämpft, um die französische Kultur zu verteidigen und die Freiheit der Völker . . . Wir wollen uns tapfer schlagen, um die französische Kultur zu retten; aber wir wollen nicht die deutsche Kultur vernichten."

Nachdem Deutschland am 3. August an Frankreich den Krieg erklärt hatte, erschien die einstimmige Bewilligung der Kriegskredite durch die französischen Sozialisten am 4. August unter diesen Umständen als eine Selbstverständlichkeit. Der Kampf gegen Deutschland galt als ein demokratisch-republikanischer Kreuzzug für die Freiheit und den Frieden Europas. Am 28. August traten Guesde und Sembat in das Ministerium der nationalen Verteidigung ein. Hervé, der lange Zeit an der Spitze der antimilitaristischen und antipatriotischen Bewegung gestanden hatte, ging in das nationalistische Lager über. Auch die radikalsten Elemente nahmen den Standpunkt ein, daß, solange deutsche Truppen Belgien, Frankreich und Elsaß-Lothringen besetzt hielten, über die Wiederherstellung des Friedens nicht gesprochen werden dürfe.

Die deutsche Sozialdemokratie hat der französischen diese Haltung niemals zum Vorwurf gemacht, sondern sich lediglich dagegen verwahrt, daß den Deutschen nicht gestattet sein sollte, was die Franzosen als ihr selbstverständliches Recht ansähen. Die Franzosen betrachteten aber Deutschland als Angreifer, weil es eine schiedsgerichtliche Beilegung der Konflikte zurückgewiesen hatte.

Wenn auch in Frankreich bei der langen Dauer des Krieges mancherlei Differenzen zwischen Regierung und Arbeiterschaft, sowie innerhalb der Arbeiterschaft auftraten, so ist der einmal beschrittene Weg doch von der erdrückenden Mehrheit mit großer Zähigkeit fortgesetzt worden.

74. Die Stellung der englischen Arbeiterpartei zum Krieg und zu den Fragen des Friedensvertrages[1]).

In England sprachen sich in den kritischen Tagen vor Kriegsausbruch Vertreter aller sozialistischen Richtungen gegen den Ein-

[1]) Die Darlegungen dieses Paragraphen sind von der Privatdozentin Dr. Ch. Leubuscher verfaßt worden.

tritt in den Krieg aus. Am 1. August 1914 veröffentlichte die Britische Sektion des Internationalen sozialistischen Büros unter Keir Hardie und Henderson ein Manifest, in dem die britische Arbeiterschaft aufgerufen wurde, ihrer Pflichten gegen die Menschheit eingedenk, in Massendemonstrationen ihre Stimme gegen den Krieg zu erheben; mit den schärfsten Worten wurde vor allem ein Eintritt Englands in den Krieg zur Unterstützung des russischen Despotismus gegeißelt.

Auch nach Kriegsausbruch bewahrte ein Teil der englischen Sozialisten, die der Unabhängigen Arbeiterpartei angehörten — unter ihnen anerkannte Führer wie Keir Hardie und Ramsay Mac Donald — ihre selbständige Haltung. Der Sozialist John Burns trat mit den Liberalen Morley und Trevelyan aus der Regierung aus, als die Kriegserklärung gegen Deutschland von der Mehrheit des Kabinetts beschlossen worden war. Mac Donald verurteilte zwar die Verletzung der belgischen Neutralität durch Deutschland, stimmte im übrigen aber keineswegs in den Verleumdungsfeldzug ein, der gegen alles Deutsche organisiert wurde. Da die Mehrheit seiner Partei seinen Standpunkt nicht teilte, trat er von der Leitung der Arbeiterpartei im Unterhause zurück und wurde durch Henderson ersetzt. Mac Donald täuschte sich nicht über die wahren Motive für den Eintritt Englands in den Krieg. „Wir kämpfen nicht für die Unabhängigkeit Belgiens", erklärte er am Tage nach seinem Rücktritt vor einer Versammlung in seinem Wahlkreis Leicester, „sondern wir kämpfen, weil wir dem Dreiverband angehören, weil die Politik des auswärtigen Amtes seit einer Reihe von Jahren antideutsch orientiert gewesen ist, und weil diese Politik von einer geheimen Diplomatie unter dem Gesichtspunkt geführt worden ist, Bündnisse zur Aufrechterhaltung des europäischen Gleichgewichts (balance of power) zu schließen. Wir führen Krieg aus Voreingenommenheit gegen starke Handelsrivalen." Er verlangte, daß man auch Deutschland Gerechtigkeit widerfahren lasse und seine nationale Größe anerkenne. „Aber", fuhr er fort, „was auch immer unsere Ansicht über den Ursprung des Krieges sein mag, jetzt müssen wir ihn durchkämpfen"[1]. Von dieser Stellungnahme aus beteiligte er sich zwar an der Werbetätigkeit für den freiwilligen Eintritt in das Heer, aber die von ihm und Snowden geführte Gruppe der Arbeiterpartei be-

[1] Nach Cole, Labour in War Time, London 1915, S. 31.

wahrte auch im weiteren Verlauf des Krieges eine unabhängige Haltung gegenüber der offiziellen englischen Politik und wurde trotz aller Verdächtigungen und Angriffe nicht müde, zielbewußt auf einen Verständigungsfrieden hinzuarbeiten. Ihren Mittelpunkt fand diese Richtung in der Union of Democratie Control, deren Hauptziel die Beseitigung der geheimen Diplomatie und die Herstellung offener, auf gegenseitiges Vertrauen gegründeter Beziehungen zwischen den Völkern ist.

Aber auch die Masse der englischen Gewerkvereine, die hinter der parlamentarischen Arbeiterpartei steht, ja selbst der zum Syndikalismus neigende Teil von ihnen, folgte bedingungslos der Kriegspolitik der Regierung. Zahlreiche Arbeiter leisteten der Aufforderung zum freiwilligen Heeresdienst Folge. Auch der anfangs nachdrücklich geäußerte Widerstand gegen die Einführung der allgemeinen Wehrpflicht wurde später aufgegeben. Die häufigen Streiks entsprangen nicht der Kriegsmüdigkeit und der Opposition gegen die auswärtige Politik der Regierung, sondern innerpolitischen und wirtschaftlichen Gründen (vergl. Bd. 1, S. 305). Als im Jahre 1915 Asquith seine erste Koalitionsregierung bildete, trat der Führer der Labour Party im Unterhaus, Henderson, in sie ein; später, unter der Regierung Lloyd Georges, wurde er Mitglied des engeren Kriegskabinetts, das in den Kriegsjahren die entscheidende Instanz für die englische Politik gewesen ist. Neben ihm erhielten eine Anzahl bekannter Gewerkschaftsführer Regierungsämter, darunter die drei während des Krieges neugeschaffenen Ministerposten für Pensionen, Ernährungswesen, Arbeiterfragen. Eine Spannung trat im Verhältnis der Arbeiterpartei zur Regierung ein, als letztere entgegen früherer Zusagen den englischen Arbeiterführern die Pässe zum internationalen Sozialistenkongreß in Stockholm (Sommer 1917) verweigerte, wo die erste Fühlungnahme mit den Sozialisten der Zentralmächte erfolgen sollte, obgleich sich Henderson, damals eine der Hauptstützen des Kabinetts Lloyd George, für die Beteiligung der englischen Sozialisten einsetzte. Infolge dieses Ereignisses trat Henderson aus der Regierung aus; sein Nachfolger im Kriegskabinett wurde der hisherige Minister für Pensionen Barnes, der aber bei weitem nicht die Autorität in seiner Partei und bei der Arbeiterschaft besaß wie Henderson.

Die englische Arbeiterpartei hat zu wiederholten Malen während des Krieges die Anregung zu Besprechungen zwischen führenden

Sozialisten der Ententestaaten gegeben, um eine Einigung über die Grundlagen des anzustrebenden Friedens herbeizuführen[1]). Im Februar 1918 kam als Ergebnis längerer Konferenzen in Paris und London eine Vereinbarung über die Friedensziele zustande, deren Grundzüge bereits vorher von einer gemeinsamen Konferenz des englischen Gewerkschaftskongresses und der Arbeiterpartei gebilligt worden waren. Sie stimmten im wesentlichen mit den 14 Punkten des Präsidenten Wilson überein, auf deren Grundlage Deutschland im November 1918 die Waffen niederlegte. Im Gegensatz zu den übrigen englischen Parteien und auch im Gegensatz zu einem großen Teil der Sozialisten der anderen Ententestaaten, besonders Frankreichs, hat die englische Arbeiterpartei nachdrücklich Einspruch gegen die Verletzung der im Waffenstillstand feierlich eingegangenen Verpflichtungen durch den Vertrag von Versailles erhoben. Sogleich nach Einstellung der Feindseligkeiten hatte die Partei eine weitere Beteiligung an der Regierung Lloyd Georges und damit die fernere Verantwortung für die von ihm befolgte Politik abgelehnt. Diejenigen ihrer bisherigen Führer, die ihre Ministerposten nicht aufgeben wollten, wurden aus der Partei ausgeschlossen (Barnes, Roberts, Parker und Wardle). In den seit Bekanntwerden der Friedensbedingungen vorgenommenen Nachwahlen haben die Kandidaten der Arbeiterpartei stets die Forderung nach Revision des Gewaltfriedens erhoben. Das bekannte Buch des Cambridger Nationalökonomen J. Maynard Keynes „Die wirtschaftlichen Folgen des Friedensvertrages“, dem es in erster Linie zu danken ist, daß die Erkenntnis von der Notwendigkeit einer Revision des Friedens von Versailles sich allmählich in weiteren Kreisen Englands Bahn bricht, ist von dem der Partei angegliederten Labour Research Department in einer großen, billigen Auflage in Gewerkschaftskreisen verbreitet worden. In einem von der Parteileitung erlassenen und von der Jahreskonferenz der Partei im Juni 1919 gebilligten Manifest heißt es, daß „der Vertrag nicht so sehr zu verwerfen ist, weil in dieser oder jener Einzelheit fehlerhaft vorgegangen wird, sondern weil er ausgeht von und errichtet ist auf eben den politischen Grundsätzen, welche die letzte Ursache des Krieges waren.“ Über den in Versailles entworfenen Plan des Völkerbundes wird geurteilt: „Um

[1]) Vgl. für das Folgende S. u. B. Webb, History of Trade Unionism, 1920, S. 693 ff.

leistungsfähig zu sein, sollte ein Völkerbund ein Organ der internationalen Gerechtigkeit sein, der alle freien Völker einschließt, und nicht, wie durch den Friedensvertrag vorgesehen ist, ein beschränktes Werkzeug der siegreichen Koalition. Dieses wesentliche Ziel kann am besten durch die möglichst schnelle Zulassung Deutschlands zur Mitgliedschaft des Bundes nach Unterzeichnung des Friedensvertrages erreicht werden. Der Bund sollte auch dadurch gestärkt werden, daß er mehr zu einer unmittelbaren Vertretung der Völker und Parlamente gemacht wird"[1]). Ein in gleichem Sinne gehaltener Beschluß wurde auch auf dem Gewerkschaftskongreß in Glasgow im September 1919 angenommen.

Allgemeine Richtlinien für die auswärtige Politik hat die Arbeiterpartei in ihrem im Sommer 1918 beschlossenen Programm aufgestellt; die Hauptpunkte sind[2]): „1. Allgemeine Beseitigung der unterschiedlichen Zollbehandlung im auswärtigen Handel. 2. Verwaltung der Kolonien ausschließlich im Interesse der Einwohner und auf der Grundlage gleicher Handelsmöglichkeiten für alle Nationen. 3. Gemeinsame internationale Kontrolle des für die Ausfuhr freien Überschusses an Rohstoffen und Nahrungsmitteln der verschiedenen Länder, um soweit als möglich die allgemeine Weltknappheit und die unvermeidlichen weit verbreiteten Hungersnöte in den am meisten notleidenden Gebieten zu mildern, gleichviel ob es sich um feindliche, alliierte oder neutrale Länder handelt". In bezug auf das Verhältnis zu anderen Völkern heißt es in den Richtlinien[3]): „Wir verwerfen und verurteilen jedes Bestreben und jede Absicht, irgendeinen anderen Staat oder irgendein anderes Volk seines Besitzes zu berauben und in Armut zu stürzen. Wir erstreben keine Gebietserweiterung. Wir weisen jeden Gedanken an „Wirtschaftskrieg" zurück. Wir protestieren selbst gegen jeden Schutzzolltarif, aber wir sind der Ansicht, daß jedes Volk die Freiheit haben muß, nach eigenem Gutdünken die Maßnahmen zur Förderung seiner wirtschaftlichen Entwicklung zu treffen, solange dabei keine Schädigung anderer beabsichtigt ist. Wir glauben,

---

[1]) Vgl. Report of the 19th Annual Conference of The Labour Party. Southport 1919, S. 217.

[2]) Vgl. Webb, a. a. O., S. 696. Ausführlich in Labour and The new Social Order. A Report on Reconstruction 1918.

[3]) Labour and the New Social Order, S. 22.

daß kein Volk durch das wirtschaftliche Gedeihen und den kommerziellen Fortschritt eines anderen geschädigt wird, sondern daß die Völker im Gegenteil hierdurch reicher werden. Wir möchten deswegen die alten Fallstricke und Hinterhältigkeiten der geheimen Diplomatie und die Bildung von einander feindlichen Bündnissen abschaffen. Wir treten ein für die sofortige Errichtung eines allgemeinen Völkerbundes als Teil des Friedensvertrages, der den gegenwärtigen Krieg beenden wird, für eine Autorität über den Nationen mit einem internationalen Gerichtshof, der über alle Rechtsfragen zwischen den Völkern entscheiden soll; für eine internationale Gesetzgebung zur Aufstellung solcher allgemeinen Rechtssätze, über die Einverständnis erzielt werden kann, und für die Schaffung einer internationalen Vermittlungsinstanz, die versuchen soll, ohne blutigen Austrag auch solche Streitigkeiten zu schlichten, die keine Rechtsfragen darstellen. Wir wünschen, daß alle Nationen der Welt sich feierlich verpflichten und versprechen, gemeinsam vorzugehen gegen jeden aus ihrer Mitte, der dieses grundlegende Abkommen überschreitet. Die Welt hat zu sehr durch den Krieg gelitten, als daß die Arbeiterpartei eine andere Politik verfolgen könnte, als eine solche, die auf dauernden Frieden gerichtet ist."

Ebenso haben führende Persönlichkeiten der Arbeiterpartei wiederholt auf den Zusammenhang der in England herrschenden Arbeitslosigkeit und allgemeinen wirtschaftlichen Depression mit Fragen der europäischen Politik hingewiesen und eine für alle Teile erträgliche Lösung des Reparationsproblems gefordert. „Eine friedliche äußere Politik ist, nach den Worten des Führers der Partei, Henderson, nicht nur der Schlüssel für die Lösung der Arbeitslosenfrage, sondern auch vieler anderer innerpolitischen Fragen mit Einschluß des Finanzproblems" [1]).

Indem die Arbeiterpartei erkannte, daß die Heilung der Kriegschäden und der Wiederaufbau Europas nur durch gemeinsame Arbeit aller Völker möglich sei und nicht auf dem Wege der Versklavung und brutalen Ausbeutung der Besiegten durch die Sieger hat sie, wie S. u. B. Webb mit Recht bemerken, einen größeren politischen und wirtschaftlichen Weitblick bewiesen als die Staatsmänner der

---

[1]) Parties and Programmes. The Contemporary Review. März 1922.

Parteien, die über eine jahrhundertalte Erfahrung und Schulung auf dem Gebiete der auswärtigen Politik verfügen.

Die Wahlen zum Unterhaus im Dezember 1918 haben der Partei aus Gründen, die in der allgemeinen politischen Konstellation und in Mängeln ihrer eigenen Organisation lagen, zunächst nur bescheidene Erfolge gebracht. Dennoch ist die Stellungnahme der Arbeiterpartei gegenüber den Fragen der äußeren Politik nicht ohne Einfluß auf manche ihr nicht angehörenden Kreise der englischen Bevölkerung und auf die Haltung der englischen Regierung gewesen. Auch haben die seitherigen Nachwahlen und vor allem die starken Erfolge bei den Munizipalwahlen im Jahre 1919 gezeigt, daß sie im Aufstieg begriffen ist.

75. Die russischen Sozialisten.

Während unter der Herrschaft der wiedererstarkten Reaktion die sozialistisch revolutionäre Bewegung durch Unterdrückung und Auflösung ihrer Organisationen, durch Strafverbannung oder Ausweisung ihrer Führer geschwächt und in sich durch theoretische und taktische Meinungsverschiedenheiten einer gefährlichen Zersplitterung anheimgefallen war, machte sich dennoch etwa seit 1912 ein Wiederaufleben der revolutionären Kräfte bemerkbar, zunächst im Anschwellen der Zahl der politischen Streiks und Demonstrationen [1]). Zugleich erstanden der Bewegung neue Führer, die im Gegensatz zu früher weniger aus der „Intelligenz" als aus der gewerkschaftlich und genossenschaftlich geschulten Arbeiterschaft hervorgingen [2]).

Die Intelligenz, die ehemals die Kerntruppen der revolutionären und sozialistischen Parteien gebildet hatte, war zu einem großen Teile in das Lager der konstitutionellen Demokratie (Kadetten) übergegangen. Im Jahre 1909 war ein Sammelwerk „Grenzpfähle" erschienen, in dem leitende Persönlichkeiten der demokratischen und sozialistischen Bewegung ihren bis dahin vertretenen Zielen entsagt, reuig den orthodoxen Glauben wieder bekannt und sich mit Haut und Haaren dem Panslawismus verschrieben hatten.

---

[1]) Mautner, Der Bolschewismus. 1920. S. 107—120; Masaryk a. a. O., I, S. 168; Trotzky, Krieg und Internationale. S. 29.

[2]) Masaryk a. a. O., II, S. 288.

Hatte man früher seine Aufmerksamkeit der inneren Politik zugewendet, und sogar Niederlagen im Kampfe mit dem Ausland gewünscht, um die Sache der Revolution zu fördern, so war nunmehr ein völliger Umschlag eingetreten. Bis weit in die links gerichteten Kreise hinein hatte sich ein Kriegs- und eroberungslüsterner Imperialismus als „Neoslavismus" durchgesetzt. Konstantinopel! lautete die Losung für die gesamten fortschrittlichen Elemente Rußlands[1]). Konstantinopel! koste es, was es wolle! „Es ist für uns die Frage unseres täglichen Brotes und unserer gesamten politischen Macht." Die Verkehrssperren in den Dardanellen während des Balkankrieges hatten die russische Volkswirtschaft eben stark benachteiligt. So erfreute sich der Krieg mit Deutschland einer ungeheuren Popularität. Immerhin traten zwischen den einzelnen Gruppen des russischen Sozialismus bemerkenswerte Unterschiede auf. Der linke Flügel der Sozialdemokratie, die Bolschewisten, hatten sich 1912 unter Lenin zu einer selbständigen Partei, der „Russischen Sozialdemokratischen Partei" konstituiert[2]).

Die im Juli 1914 bei der Julisitzung des Internationalen Sozialistischen Bureaus in Brüssel von Plechanow und von Trotzky angestrebte Einigung der verschiedenen sozialistischen Gruppen scheiterte an der Weigerung der Bolschewisten. Nach Kriegsausbruch trat eine weitere Verschärfung der Gegensätze zwischen einzelnen Gruppen ein; in geringerem Maße fand durch Absplitterungen auch eine Umgruppierung innerhalb der Parteien statt. Die sozialdemokratische Dumafraktion, der Bolschewisten und Menschewisten angehörten, lehnte zwar einstimmig die Kriegskredite ab[3]). Im übrigen trat jedoch, wie im weiteren Verlauf des Krieges in allen kriegführenden Staaten, unter den russischen Sozialisten von Anbeginn an eine Spaltung zu Tage zwischen „Sozialpatrioten", die sich bedingungslos hinter die Politik ihrer Regierung stellten und einer pazifistisch-internationalistisch gestimmten Richtung, die baldige Beendigung des Krieges und Wiederanknüpfung der das Proletariat der einzelnen

---

[1]) Vgl. die äußerst charakteristischen Darlegungen Professors Mitrofanoff's in dessen offenen Brief an H. Delbrück. Preußische Jahrbücher, Juni 1914.

[2]) Arthur Luther, Aus der Frühzeit des Bolschewismus. J. f. G. V., 43. Jahrg., 2. Heft, S. 212 ff.

[3]) Mautner, Der Bolschewismus, S. 101.

Länder verbindenden Fäden forderte[1]). Zu der erstgenannten Gruppe gehörte ein großer Teil der Menschewisten unter Führung Plechanows, dem sich einige Sozialrevolutionäre und sogar einzelne Bolschewisten — so der „Ultrabolschewik" Alexinsky — zugesellten (Tschudnowsky, S. 63).

Keine größere Gefahr für die Sache des revolutionären russischen Proletariates, erklärten die Männer dieser Richtung, als ein Sieg des antidemokratischen und besonders kriegslustigen deutschen Imperialismus. Deutschland werde dann Rußland ausbeuten und unterdrücken, wie England es gegenüber Irland getan. Dann gebe es keine Möglichkeit mehr für die Entfaltung der Produktivkräfte Rußlands, für die Entwicklung seiner Industrie, also auch kein Wachstum seiner Arbeiterklasse und seines Sozialismus. Selbst die russische Landwirtschaft werde ruiniert werden, da Deutschland Industrie u n d Landwirtschaft durch hohe Zölle schütze. Auch gegen die deutsche Sozialdemokratie wurden heftige Anklagen geschleudert. Von Bethmann-Hollweg verführt sei sie zu einer Stütze des Junkertums und der Bourgeoisie herabgesunken. Sie trage die Verantwortung für den Zusammenbruch der Internationale. Sie habe mit ihrer materialistischen Geschichtsauffassung die ethischen Faktoren, die Ideen, den Willen überhaupt zurückgedrängt.

Einen streng internationalen und insofern gegenüber Deutschland und dessen Sozialdemokratie gerechteren Standpunkt nahm nur der im Auslande lebende Führer der Bolschewiki, Lenin, ein. Deutschland trage an dem Kriege keine größere Schuld als seine Gegner. Überall werde der Sieg die Macht der reaktionären Parteien stärken. Der revolutionäre Sozialist müsse also die Niederlage aller kriegführenden Mächte wünschen, d. h. einen Zustand, in dem es weder Sieger noch Besiegte gebe. Erst dadurch würde die imperialistische und militaristische Politik der herrschenden Klasse überall den Boden verlieren. Auch während des Krieges sei der revolutionäre Kampf fortzusetzen, ohne Rücksicht auf die Interessen der Landesverteidigung, aber natürlich in internationaler Übereinstimmung. Der Krieg, den die Proletarier der verschiedenen Länder vom nationalen Standpunkte aus gegeneinander führten, müsse in einen gemeinsamen Kampf der vereinigten Proletarier aller Länder gegen ihre

[1]) Tschudnowsky, Schriften russischer Sozialisten über den Krieg. Grünberg's Archiv, 7. Jahrg., Heft 1/2, S. 60 ff.

Unterdrücker und Ausbeuter verwandelt werden. Dieser Auffassung schloß sich mehr und mehr auch der ursprünglich den Menschewiki angehörende, ebenfalls im Auslande lebende Trotzky an. Er erklärte: „Die Bedingungen, unter welchen der Friede geschlossen werden solle, ein Friede der Völker selbst und nicht die Aussöhnung der Diplomaten — müsse der gleiche sein für die ganze Internationale: Keine Kontributionen! Das Recht jeder Nation auf Selbstbestimmung! Er fügte aber noch hinzu: „Die Vereinigten Staaten Europas ohne Monarchien, ohne ständige Heere, ohne regierende Feudalkasten, ohne Geheim-Diplomatie!" Dagegen wandte sich Lenin und zwar mit der Begründung: Entweder ist dies eine während der Herrschaft des Kapitalismus unerfüllbare Losung, welche die Planmäßigkeit der Volkswirtschaft bei der Verteilung der Kolonien und Einflußsphären unter verschiedenen Ländern voraussetzt; oder sie ist reaktionär, indem sie das zeitweise Bündnis der europäischen Großmächte zum Zwecke der vorteilhafteren Ausbeutung der Kolonien und der Plünderung des sich rasch entfaltenden Japans und Amerikas bedeutet.

Als Lenin und Trotzky diese Ideen verfochten, lebten sie als einflußlose politische Flüchtlinge im Ausland und dürften kaum geglaubt haben, bald selbst dieses Programm bei Friedensverhandlungen vertreten zu können. Welche Umstände haben diese Männer an die Spitze Rußlannds gestellt? [1])

Mit Schrecken hatten die Mittelparteien der Duma erkannt, daß die bestehende Regierung weder imstande war, sich im Felde siegreich zu behaupten noch den ernährungs- und transportpolitischen Aufgaben des Krieges Genüge zu leisten. Mit wachsendem Nachdruck wurde die Bildung einer neuen Regierung aus Vertrauensmännern der Duma-Parteien gefordert, also der Übergang zum Parlamentarismus. Die Regierung vertrat dagegen, ähnlich wie im Deutschen Reiche, den Standpunkt, während des Krieges müßten alle Reformen ruhen. In diesen Zeiten größter Not habe jeder an seine Pflichten, nicht an die Gewinnung neuer Rechte zu denken. Die Wünsche der liberalen

---

[1]) Vgl. P. Rohrbach und Axel Schmidt, Die russische Revolution 1917; ferner die unter dem Titel „Die russische Revolution" herausgegebenen Mitteilungen von der russischen Presse des Ausschusses für deutsche Ostpolitik, Mai 1917 bis Mai 1918; Trotzky, Von der Oktober-Revolution bis zum Brester Friedensvertrag.

Parteien fanden aber nicht nur bei England und Frankreich, sondern auch bei russischen Generalen volles Verständnis. Schon früher hatten manche Vertreter des russischen Liberalismus eine Revolution nach jungtürkischem Vorbilde befürwortet, d. h. eine Revolution Hand in Hand mit der Armee. Diese Gedanken machten sich aber auch, in aller Stille, die zu neuem Leben erwachenden sozialistischen Parteien zu eigen. Gerade die ungemein starken Ersatzbataillone der Petersburger Garderegimenter boten ihnen ein sehr lohnendes Feld der Betätigung dar. Ihre streng monarchistisch und konservativ gesinnten, zum Teil dem baltischen Adel angehörenden Offiziere waren bereits gefallen oder in Kriegsgefangenschaft geraten. An ihre Stelle waren russische Studenten getreten, in denen die alte Liebe zu sozialistischen und revolutionären Ideen doch nicht ganz eingerostet war. Mit Hilfe dieser Subalternoffiziere gelang es unter den Mannschaften eine wirksame Propaganda für eine neue Revolution zu betreiben. Dabei wurde auch auf die Hilfe der Bauernmassen gerechnet, die durch die Stolypin'schen Reformen keineswegs zufrieden gestellt worden waren. Die Eigentumsverleihungen hatten ja nur den Beifall der wohlhabenden Bauern gefunden, die allein imstande waren, das zum Ankaufe angebotene Kronland zu erwerben. Die kleinen Leute dagegen wollten von der Beseitigung des Gemeineigentums am Boden nichts wissen. Zwar ist die Revolution nicht unmittelbar aus diesen Verhältnissen hervorgegangen, sie haben aber dazu geführt, daß das Rad der Revolution, nachdem es einmal ins Rollen gekommen war, schließlich die Richtung der extremsten Parteien einschlug.

Während die Duma alles aufbot um die politische Gewalt an sich zu reißen und die Waffenehre der russischen Armee wiederherzustellen, verweigerte der Zar jede Reform und machte Miene einen Sonderfrieden mit Deutschland abzuschließen. So wurde von leitenden Männern der Duma und der Armee seine Absetzung beschlossen und durchgeführt. Für die Straßenkämpfe in Petersburg war die Mitwirkung der sozialistischen Parteien nicht zu entbehren. Gewitzigt durch die Erfahrungen der ersten Revolution waren diese aber, nachdem die meisten Truppen, selbst die Leibregimenter des Zaren, mit ihnen fraternisiert hatten, durchaus nicht geneigt, die Gewalt einfach dem Duma-Ausschuß zu überlassen. Überall wurden wieder Arbeiter-, Soldaten- und Bauernräte eingerichtet. Es entstand ein eigenartiges politisches System, das zuerst nur als Überwachungsstelle gegenüber der liberal-demokratischen neuen Regierung funktionieren sollte, schließlich aber, als in bezug auf die Fortsetzung des Krieges und die inneren Reformen der Zwiespalt zwischen Liberalen und Sozialisten immer größer geworden war, den Bruch mit allen parlamentarisch-demokratischen Überlieferungen am 7. November erzwang und in dem Rate der Volkskommissare eine selbständige Regierungsgewalt schuf. Als die Wahlen zur Konstituierenden Nationalversammlung im Januar 1918 keine Mehrheit für die in der Macht befindlichen Bolschewiki ergaben, wurden die Abgeordneten mit Waffengewalt verjagt und die sozialistische Sowjet-Republik und damit die Diktatur des revolutionären Proletariats proklamiert. Diese Regierung hat den Frieden von Brest-Litowsk geschlossen, hat den Völkern das Recht zugestanden, sich von Rußland zu trennen, hat versucht die sozialistische Produktionsweise zu organisieren und damit den alten Traum der russischen Sozialisten zu verwirklichen, die ja immer behauptet hatten, Rußland sei das einzige Land, das wegen seiner kollektivistischen Agrarverfassung und Arteln von heute auf morgen zum Sozialismus übergehen könne. Sie hat aber auch in die Verhältnisse Deutschlands eingegriffen und den Ausbruch der Revolution vorbereitet.

76. Die Internationale.

Durch den Krieg war die internationale Organisation der sozialistischen Arbeiterparteien tatsächlich zerrissen worden. Es bildeten sich nunmehr vier besondere Gruppen aus. Einmal traten sowohl die Sozialisten der Zentralmächte wie diejenigen der Entente in engere Fühlung miteinander. Sodann versuchten die Sozialisten neutraler Länder in Anlehnung an das internationale Büro der Vorkriegszeit zwischen den Sozialisten der kriegführenden Länder eine Annäherung im Interesse des Friedens herbeizuführen. Schließlich entstand aber noch eine vierte Gruppe, welche die radikalsten Elemente aller Länder zu einer neuen Internationale vereinigen wollte.

Nachdem in anderem Zusammenhange der besonderen Beziehungen bereits gedacht worden ist, die namentlich zwischen reichsdeutschen und deutschösterreichischen Sozialisten während des Krieges bestanden, handelt es sich vor allem um die Sozialistenkonferenz, zu der die britische Sektion des internationalen Büros nach London

(14. Februar 1915) eingeladen hatte und die vorzugsweise von Engländern, Franzosen und Belgiern beschickt worden war. Nach heftigen Streitigkeiten wurden Resolutionen gefaßt, in denen der Sieg des deutschen Imperialismus als gleichbedeutend mit der Niederlage und der Vernichtung der Demokratie und Freiheit in Europa bezeichnet wurde. Man wolle nicht die politische Zertrümmerung Deutschlands, führe keinen Krieg gegen die Völker Deutschlands und Österreichs, sondern nur gegen die Regierungen dieser Länder. In ganz Europa, von Elsaß-Lothringen bis zum Balkan, sollten jene Bevölkerungen, die durch Gewalt annektiert worden seien, das Recht erhalten, frei über sich zu verfügen.

Mit dieser Forderung war der Bestand Österreich-Ungarns unvereinbar. Aus anderen Veröffentlichungen ging auch deutlich genug hervor, wie man sich die Zertrümmerung Österreichs in dem Lager der westlichen Demokratie vorstellte. Danach sollten auch die Tschechen unabhängig und die mehr als 2 Millionen Deutschen Böhmens ihnen unterworfen werden. Im Hinblicke auf die tschechischen Minoritäten ginge es nicht an, diese Teile Böhmens an Deutschland gelangen zu lassen[1]). Trotzdem wurde versichert, man sei entschlossen, diesen Verteidigungskrieg in keinen Eroberungskrieg umzuwandeln. Anscheinend auf Veranlassung eines russischen Sozialisten wurde aber doch gegen die Verhaftung der sozialistischen Dumamitglieder, gegen die Unterdrückung der russischen sozialistischen Presse und die Verurteilung ihrer Redakteure, sowie gegen die Unterdrückung der Finnen, Juden, sowie der russischen und deutschen Polen protestiert. Diese Stellungnahme gegen Rußland und die Ablehnung eines Eroberungskrieges erregte die größte Entrüstung der Pariser Presse. Die sozialistischen Minister Guesde und Sembat beeilten sich, zu erklären, daß die Wiedergewinnung Elsaß-Lothringens in ihren Augen keine Eroberung, sondern eine Wiederherstellung bedeute. Und Gustav Hervé schrieb gegen eine von der Minderheit der deutschen Sozialdemokratie ausgegangene Kundgebung zugunsten eines Friedens ohne Annexionen: „Wenn sie glauben, daß wir . . . den Habsburgern die Polen, Rumänen, Tsche-

---

[1]) „So far as there is to be any sacrifice, it must be made by the losers rather than by the winners in this war.“ The War and Democracy, by R. W. Seton-Watson, J. Dover Wilson, A. Zimmern and A. Greenwood, 1915, S. 274.

chen, Serbekroaten und Italiener, auf die sie ihre Stiefel setzen; wenn sie glauben, daß wir ihrem Volke erlauben würden, die deutsche Kultur den Dänen Schleswigs, den Polen Posens und Schlesiens und den Elsaß-Lothringern aufzuzwingen, so liegt das daran, daß sie uns nicht kennen. . . . Keine Annexionen, nein, aber Befreiung der annektierten Völker." Das hieß aber nur Befreiung derjenigen Völker, welche durch das Deutsche Reich, Österreich-Ungarn oder die Türkei annektiert worden waren. Daß die Annexionen Rußlands, Englands oder Frankreichs rückgängig gemacht werden sollten, davon war nicht die Rede. Das nannte man den Grundsätzen der Internationale treu bleiben!

Denselben Standpunkt nahm der Präsident der Internationale, der belgische Staatsminister Vandervelde ein. Der Krieg sei von Deutschland vorbereitet, provoziert und erklärt worden. Man müsse den Kampf fortsetzen, bis Wilhelm II. das Schicksal Napoleons III. bereitet worden sein werde. Solange Belgien und Polen besetzt seien, würde der Friede der gefährlichste der Waffenstillstände und das schreiendste Unrecht sein. Der Schuld müßte die Sühne folgen. Von einer Aufrechterhaltung des status quo der Zentralmächte könne keine Rede sein, da er offenkundig allen Rechten der Nationalitäten zuwider laufe. Als belgischer Sozialist könne er sich niemals an einen Tisch setzen, an dem ein deutscher Sozialist Platz genommen habe, solange er das Volkshaus in Brüssel von deutschen Soldaten bewacht wisse, von denen jeder dritte ein Sozialist sei. „Staunen Sie nicht", rief er in einer Rede in St. Denis bei Paris aus, „wenn ich auch Rußland in die Nationen einreihe, welche die Unabhängigkeit der Völker und die Sache des Fortschritts der Menschheit verteidigen. Eine hohe Persönlichkeit hat mir erklärt, daß Rußland die größte Demokratie sein könnte, wenn es nicht seit langem von den Bazillen des deutschen Einflusses vergiftet wäre. Und es ist wahr, ohne Zweifel. Der größte Teil des Absolutismus, unter dem das russische Volk zu leiden hat, kommt aus Deutschland". Im kleinsten Finger eines Moskauer oder Petersburger Arbeiters gebe es mehr revolutionäre Kraft, als im ganzen Körper, im ganzen Herzen und Kopfe eines Mitgliedes der Mehrheit des Vorstandes der deutschen Sozialdemokratie.

Außerdem fanden in Paris (1. Mai 1916) und in Leeds (5. Juli 1916) Zusammenkünfte von Arbeitervertretern aus den Entente-Ländern statt, die gewerkschaftlichen Fragen und solchen der internationalen Arbeiterschutzgesetzgebung gewidmet waren.

In den neutral verbliebenen Staaten waren die Stimmungen nicht ganz einheitlich. Es fehlte sowohl in der Schweiz, wie in Holland und Schweden nicht an einzelnen hervorragenden Persönlichkeiten, welche für die Haltung des nationalgesinnten Teils der deutschen Sozialdemokratie volles Verständnis bekundeten. Hier ist vor allem des ausgezeichneten schwedischen Soziologen Gustaf F. Steffen zu gedenken, der in glänzenden Studien[1]), „Krieg und Kultur", „Weltkrieg und Imperialismus", „Demokratie und Weltkrieg", „Der Weltfriede und seine Hindernisse" die aus dem Lager der Feinde Deutschlands kommenden Anklagen einer treffenden Kritik unterwarf. Steffens Stellungnahme, der die Sozialdemokratie in der ersten Kammer vertrat, für die deutsche Sache wog um so schwerer, weil er infolge seines langjährigen Aufenthaltes in England und vieler persönlicher Beziehungen zu den Kreisen der Fabier-Gesellschaft, sich dort eines erheblichen Ansehens erfreute. Leider wurde durch Branting, dem Führer der schwedischen Sozialdemokratie, die Stimmung der arbeitenden Klasse dieses Landes im entgegengesetzten Sinne anscheinend noch erfolgreicher bearbeitet.

Noch übler als in Schweden war es in Norwegen, Dänemark, Holland und selbst in der deutschen Schweiz um die deutsche Sache bestellt.

Immerhin ist doch durch ein holländisch-skandinavisches Komitee die Stockholmer Konferenz zustande gebracht worden, die zwar nicht zu einer direkten Aussprache zwischen den Sozialisten der feindlichen Länder führen konnte, da die Ententeregierungen die Pässe verweigerten, aber doch zur Klärung der Lage beitrug. Die Antworten der Ententesozialisten, die im Februar 1917 nochmals in London getagt hatten, entsprachen ungefähr den Londoner Beschlüssen vom Februar 1915[2]). Da die deutsche und deutsch-österreichische Sozialdemokratie in ihrer Mehrheit die territoriale Integrität ihrer Staaten forderte, war eine Verständigung ausgeschlossen.

Auf Grund eines in Stockholm gefaßten Beschlusses trat im Oktober 1917 eine Konferenz der gewerkschaftlichen Landeszentralen

---

[1]) Erschienen bei Diederichs in Jena, 1915, 1916 und 1918.

[2]) E. Bernstein, Völkerrecht und Völkerpolitik. Berlin 1919, S. 165—169.

Deutschlands, Österreichs, Ungarns, Böhmens, Bulgariens, Dänemarks, Norwegens, Schwedens, Hollands und der Schweiz zusammen. Es wurden im wesentlichen die von den Gewerkschaftsdelegierten der Entente in Leeds gefaßten Beschlüsse gutgeheißen.

Größere Bedeutung kam den ursprünglich von Italienern, Schweizern und Russen (Lenin, Trotzky) ausgehenden Bemühungen zu, eine Zusammenkunft derjenigen Sozialistenführer aus allen Ländern zu veranstalten, welche die „sozialpatriotische“ Politik überhaupt verwarfen [1]). Sie fand vom 5.—8. September 1915 in dem Dörfchen Zimmerwald bei Bern statt. Abgesehen von den Engländern, die keine Pässe erhalten konnten, waren die meisten Länder repräsentiert. Aus Deutschland waren Adolf Hoffmann und Georg Ledebour eingetroffen. Nachdem die Spannung zwischen Deutschen und Franzosen durch einen gemeinsamen Protest gegen die Verletzung der belgischen Neutralität ausgeglichen worden war, wurden die Sozialpatrioten für gefährlichere Feinde des Proletariates erklärt als die bürgerlichen Apostel des Imperialismus. Im Übrigen forderte man „Ablehnung der Kriegskredite, den Austritt der sozialistischen Minister aus den Ministerien, die Denunzierung des kapitalistisch-antisozialistischen Charakters des Krieges vor den Tribünen des Parlamentes, in den Spalten der legalen und, wo nötig, illegalen Presse, die schroffste Bekämpfung des Sozialpatriotismus, die Ausnützung jeder durch die Kriegsfolgen, Not und große Verluste verursachten Bewegung des Volkes zur Organisation von Straßendemonstrationen gegen die Regierungen, die Propaganda der internationalen Solidarität in den Schützengräben, die Förderung ökonomischer Streiks, das Bestreben sie bei günstigen Bedingungen in politische zu verwandeln, Burgkrieg, nicht Burgfrieden.“ Immerhin wollte die Mehrheit der Zimmerwalder nicht den Anschein erwecken, als wolle man eine Spaltung herbeiführen und eine neue Internationale gründen, die Rosa Luxemburg in ihrer „Junius-Broschüre“ bereits gefordert hatte [2]).

Eine zweite Konferenz von Männern dieser Richtung fand vom 24.—30. April 1916 in dem Berner Dörfchen Kiental statt.

---

[1]) Vgl. R. Fester, Die Internationale 1914—1919. Halle 1919.

[2]) Vgl. R. Luxemburg, Die Krise der Sozialdemokratie. Anhang: Leitsätze über die Aufgaben der internationalen Sozialdemokratie. Nr. 12.

Hier kam die Absicht der äußersten Linken, eine neue kommunistische Internationale zu begründen, bereits zum deutlichen Ausdruck. Die Arbeiter in Stadt und Land wurden zum Kampfe für den sofortigen Frieden ohne Annexionen aufgeboten. „Denkt daran, daß ihr die Mehrzahl seid und, wenn ihr es wollt, die Macht sein könnt.“ Von einer gleichzeitigen Aktion in allen kriegführenden Ländern war nicht mehr die Rede. „Der Militarismus einer Nation kann nur durch sie selbst vernichtet werden.“ Mit dem Ausbruche der russischen Revolution und dem Sieg des Bolschewismus wurde Rußland zum Mittelpunkte dieser Propaganda, die ja stets vor allem unter dem Einflusse der Lenin, Trotzky, Radek, Sinowjew, Luxemburg und des von ihnen geführten Spartakus-Bundes gestanden hatte.

Zwölftes Kapitel.

Die sozialistische Arbeiterbewegung nach dem Weltkriege.

77. Die deutsche Revolution.

Mit dem Zusammenbruche des kaiserlichen Deutschland[1]) war eingetreten, wovor sich einsichtige Sozialdemokraten immer gefürchtet hatten, nämlich ein Zustand, in dem die Lebensbedingungen der alten Wirtschaftsordnung nicht mehr mit unbedingter Zuverlässigkeit gewährleistet, eine sozialistische Produktionsweise aber noch nicht aufgebaut werden konnte. Das Staatsschiff mußte zwar vom

[1]) Es gibt Schriftsteller, denen kein Wort hart genug ist um dieser Revolution ihre Verachtung zu bezeugen. Es wird ihr sogar abgestritten, daß sie eine richtige Revolution gewesen sei. So schreibt O. Spengler (Preußentum und Sozialismus 1920, S. 11): „Die unbeschreibliche Häßlichkeit der Novembertage ist ohne Beispiel, kein mächtiger Augenblick, nichts Begeisterndes; kein großer Mann, kein bleibendes Wort, kein kühner Frevel, nur Kleinliches, Ekel, Albernheiten. Nein, wir sind keine Revolutionäre.“ Eine ähnliche Stellung wird in einer, einem bekannten Historiker

kapitalistischen Ufer abstoßen, vermochte aber noch nicht nach dem sozialistischen zu steuern. Der reife Marxismus hatte immer einen ungeheuren Wirkungsgrad und ein gewaltiges Wachstum der Produktivkräfte als Vorbedingung der sozialistischen Produktionsweise bezeichnet. Erst dann bestünde die wirtschaftliche Möglichkeit allen Volksgenossen bei mäßiger Arbeit ein menschenwürdiges Dasein zu erschließen. Nun hatte zwar die Auflösung des alten Systems alle Macht der Arbeiterklasse verliehen, aber die wirtschaftliche Lage Deutschlands war weiter denn je davon entfernt, die Bedingungen zu erfüllen, von denen die Marxisten die Verwirklichung des Sozialismus abhängig gemacht hatten. Trotzdem wurden die Massen von dem Wahne erfaßt, sie könnten in dem Deutschland, das den Weltkrieg verloren und auf dem die ganze entsetzliche Wucht des Vae victis! lastete, ihr Leben mindestens ebensogut wie vor dem Kriege, aber mit geringerer Arbeitsleistung führen.

Die deutsche Volkswirtschaft blutete aus tausend Wunden. Zwar waren ihr durch die Kampfeshandlungen des Krieges nur geringe unmittelbare, äußere Schädigungen zugefügt worden. Um so schlimmer aber war die innere Auflösung, der sie anheimgefallen war. Die organisierte Hungersnot der Kriegs- und Nachkriegszeit — die Blockade wurde ja nach dem Waffenstillstand noch wirkungsvoller durchgeführt als es während des Krieges, in dem Deutschland den Ostseeverkehr beherrschte, der Fall gewesen — hatte die physische und moralische Kraft eines großen Teiles des deutschen Volkes gebrochen. Arbeitsscheu und wilde Profitgier, Bestechlichkeit und Unredlichkeit, Schundproduktion und Wucher, Verschwen-

---

zugeschriebenen Denkschrift aus dem Juli 1919 „Was ist geschehen? Was muß geschehen?" (Tübingen, Klarer) eingenommen. Es ist gewiß richtig, daß das herrschende System weniger durch die Kraft des revolutionären Proletariates als durch die zum Himmel schreienden Fehler, die es selbst begangen, ein unrühmliches Ende gefunden hat. Aber war es bei dem Sturze der Stuarts 1688, der Bourbonen 1791/92, Karls X. 1830, Louis Philippe's 1848, Napoleons III. 1870, in den Berliner und Wiener Märztagen 1848, in Rußland 1907 und 1917 wesentlich anders? — Über die geschichtliche Ursachen der deutschen Revolution vgl. die zutreffenden Darlegungen F. Meinecke's, Nach der Revolution. München und Berlin 1919. S. 9—47; vgl. auch H. Waentig, Zusammenbruch und Wiederaufbau. 1920.

dung und Genußsucht, Steuerflucht und Schiebertum machten sich breit. Es lösten sich alle Bande frommer Scheu. Die Produktions- und Verkehrsmittel waren bis zur Unbrauchbarkeit abgenutzt, der Grund und Boden verarmt, die kriegswirtschaftliche Organisation entartet, der weltwirtschaftliche Zusammenhang zerrissen. Die Reichsbank war während des Krieges dazu mißbraucht worden, ungeheure Massen von bankmäßig nicht gedeckten Noten auszugeben und damit deren Entartung in Papiergeld zu bewirken. Die Ausgaben des Reiches betrugen 1919 74,4 Milliarden (1918: 44 Milliarden) und nur 8,8 Milliarden standen als Einnahmen zu Gebote. Der Anleihekredit war vernichtet. Die Notenpresse mußte fieberhaft arbeiten. Der Kurs der Mark fiel in katastrophaler Weise: Hatte im Oktober 1918 die Notierung in der Schweiz immerhin noch 71,50 betragen, so war sie Ende Mai 1919 unter der Einwirkung der unerhörten Friedensbedingungen bereits auf 35, Ende 1919 auf 11,50, Ende Februar 1920 auf 6,15 gesunken. Da auch auf den Weltmärkten mit guter Valuta wegen des Mißverhältnisses zwischen Nachfrage und Angebot Preissteigerungen bis zu 300% eingetreten waren, erklommen die Preise der ganz oder teilweise aus ausländischem Material bestehenden Waren eine Höhe, die dem dreißig und vierzigfachen des Friedenswertes entsprach, während die Einkommen selbst der durch die Revolution begünstigten Arbeitergruppen auf das Zwölffache sich erhöhten. Weite Kreise mußten sich aber mit viel geringeren Einkommenserhöhungen begnügen; manche, die nur feste Kapitalrenten bezogen, konnten überhaupt keine Steigerungen erreichen und fielen der Not und dem Elend anheim.

Je geringer der Wert des Papiergeldes, um so größer wurden die Summen, die der Staat für die Leistungen aus dem Friedensvertrag auszugeben hatte. Dazu traten Ausgaben für Erwerbslosenunterstützung, für Besoldungserhöhungen, für Zuschüsse zur Verbilligung der aus dem Auslande bezogenen Lebensmittel, für die Wiederherstellung der abgenutzten Betriebsmittel der Eisenbahnen u. dgl. m. Je größer die Staatsausgaben, desto größer aber auch die Notenemission. Im Oktober 1918 haben die diskontierten Reichsschatzanweisungen 48 Milliarden, Ende 1918 55,2, Ende Dezember 1919 86,3, Ende 1920 152,8, 31. März 1921 166, 31. Mai 1922 289 Milliarden betragen. Dabei konnten manche Unternehmungen märchenhafte Gewinne, 50—100 %, ausschütten, teils weil sie im Auslande zu Weltmarktpreisen in guter Valuta verkauften, während ihre Erstehungskosten sich noch nicht entsprechend erhöht hatten, teils weil die Gewinne in Papiermark, noch auf ein in Goldmark berechnetes Anlagekapital bezogen wurden[1]).

Diese Zustände bildeten den wirtschaftlichen Unterbau für die Ereignisse, die sich nach der Revolution abspielten.

Vom sozialistischen Standpunkte aus ließen sich zwei verschiedene Auffassungen vertreten. Die Einen erklärten: Die Produktivität der deutschen Volkswirtschaft ist um Jahrzehnte zurückgeworfen worden. Deshalb besteht für absehbare Zeit keine Möglichkeit, sozialistische Ideale in die Wirklichkeit umzusetzen. Es bleibt nichts anderes übrig, als den Wiederaufbau im Anschlusse an das privatkapitalistische Unternehmertum durchzuführen. Dabei braucht auf soziale Reformen um so weniger verzichtet werden, da manche von ihnen auch mit den Interessen der kapitalistischen Produktionsweise durchaus vereinbar sind. Die vornehmste Aufgabe der Revolution ist daher nicht wirtschaftlicher und sozialer, sondern politischer Art: der Übergang zur demokratischen Republik, die Erziehung des deutschen Volkes zur Selbstbestimmung und Selbstregierung, zur Fähigkeit, neue Wege in der inneren und auswärtigen Politik zu betreten.

Nach der Meinung einer anderen Richtung war die kapitalistische Organisation der deutschen Volkswirtschaft bereits so gründlich zerstört worden, erschien der Wiederaufbau unter dem Drucke der Versailler Friedensbedingungen auf kapitalistischer Grundlage so aussichtslos, daß nur noch der Wille zum Sozialismus, der eherne Wille des revolutionären Proletariates sich schöpferisch für den Aufbau einer sozialistischen Produktionsweise einzusetzen, Errettung vor dem Untergange versprach[2]). Solange noch

---

[1]) Eine eingehendere Analyse des Zustandes der deutschen Volkswirtschaft im Sommer 1920 habe ich als Berichterstatter des wirtschafts- und sozialpolitischen Unterausschusses über den Antrag Wissell in Nr. 28 der Drucksachen des vorl. Reichswirtschaftsrates gegeben.

[2]) Vgl. E. Lederer, Deutschlands Wiederaufbau und weltwirtschaftliche Neueingliederung durch Sozialisierung. 1920. S. 70 bis 77, 114—120.

die Klassenschichtung und die Ausbeutung bestehe, komme der Demokratie nur eine formelle Bedeutung zu. Erst müsse durch die Diktatur des revolutionären Proletariates, durch dessen Arbeiter- und Soldatenräte die sozialistische Ordnung fest begründet sein, ehe man von Demokratie sprechen dürfe. Da wegen der weltwirtschaftlichen Zusammenhänge der Sozialismus von einem Volke allein schwerlich durchzuführen sei, komme es auch darauf an, überall durch nachdrückliche Propaganda die Weltrevolution zu entfesseln und damit zugleich die Ungerechtigkeit des Versailler Friedens zu vernichten.

Auf dem Boden des erstgenannten Programms standen die maßgebenden Persönlichkeiten der Mehrheitspartei, auf dem des zweiten der linke Flügel der Unabhängigen und des Spartakusbundes.

Die Mehrheitssozialisten besaßen nicht die Macht, lediglich auf ihre eigenen Anhänger gestützt, die von ihnen vertretenen politischen Ideen durchzusetzen. Sie hatten durch die weitgehende Unterstützung, die sie während des Krieges der kaiserlichen Regierung geleistet, in den großen Massen eine starke Einbuße an Vertrauen erlitten. Man hoffte durch Konzessionen an die Unabhängigen und Spartakisten die alte Stellung zurückgewinnen zu können. Die Unabhängigen erklärten sich bereit mit ihnen gemeinsam zu regieren, wenn die oberste politische Gewalt in die Hand der Arbeiter- und Soldatenräte, die zu einer Vollversammlung aus dem ganzen Reiche zusammenzuberufen seien, gelegt, das Kabinett nur aus Sozialisten gebildet und für beide Richtungen volle Parität gewahrt würde. So kam die Regierung der Volksbeauftragten zustande, in der die Mehrheitspartei durch Ebert, Scheidemann[1]) und Landsberg, die Unabhängigen durch Haase, Dittmann und Barth vertreten waren. Im übrigen wurden die politisch wichtigen Behörden durch je einen Vertreter beider Richtungen überwacht.

Im Berliner Vollzugsrat der Arbeiter- und Soldatenräte, der sich als die maßgebende Verkörperung des deutschen Volkswillens ansah, erlangten die Mehrheitssozialisten das Übergewicht. Auch die Reichskonferenz der Arbeiter- und Soldatenräte, die am 16. Dezember 1918

[1]) Über die Tätigkeit Scheidemanns vgl. dessen Memoiren unter dem Titel: Der Zusammenbruch. Berlin, Verlag für Sozialwissenschaft, 1920.

zusammentrat, und der aus ihr hervorgegangene Zentralrat, der bis zur Wahl der verfassunggebenden Nationalversammlung als Vertretung des deutschen Volkes gelten sollte, setzten sich in ihrer Mehrheit aus Anhängern der alten Partei zusammen. Das Rätesystem wurde verworfen und die Wahl einer verfassunggebenden Nationalversammlung auf Grund eines dem Erfurter Programm entsprechenden Wahlrechts beschlossen. Das Bekenntnis zur Demokratie hatte gesiegt.

Weder in Berlin, noch im Reiche waren die radikalen Kreise gesonnen, sich der Mehrheit widerstandslos zu fügen. Unter Führung der Spartakisten kam es schon Ende November, besonders aber in der zweiten Hälfte des Dezember 1918 zu politischen Streiks, Unruhen aller Art, und Straßenkämpfen.

Obwohl die Spartakisten sich bereits als kommunistische Partei konstituiert hatten, wollten die Unabhängigen die Verbindung mit ihnen doch nicht ganz aufgeben. Die Zusammenarbeit mit den Mehrheitssozialisten erschien ihnen deshalb unmöglich, sobald diese sich genötigt sahen, gegen die Spartakisten mit Entschlossenheit vorzugehen. Unter dem Eindrucke der Berliner Kämpfe traten die Unabhängigen in der Nacht vom 28. auf den 29. Dezember 1918 aus der Regierung aus und wurden durch ziemlich weit rechtsstehende Mehrheitssozialisten, R. Wissell und Gustav Noske, ersetzt. Nochmals versuchten die Kommunisten unter der Führung Rosa Luxemburgs, Karl Liebknechts, G. Ledebours, Eichhorns und des russischen Emissärs K. Radek (recte Sobelsohn) dem Gange der Ereignisse mit Gewalt eine andere Wendung zu geben. Der Tatkraft und Umsicht Noskes gelang es, die für die erfolgreiche Bekämpfung des Aufstandes erforderliche Truppenmacht verfügbar zu machen. Leider wurde der Sieg der Regierunng durch die Ermordung K. Liebknechts und Rosa Luxemburgs befleckt[1]).

---

[1]) Die Zeit ist noch nicht gekommen um das Charakterbild dieser beiden Persönlichkeiten sine ira et studio zeichnen zu können. Eines steht aber fest. Beide waren ehrliche Kämpfer und jederzeit bereit, ihre ganze Person für die Verwirklichung ihrer Ideale einzusetzen. Über Liebknecht als Mensch unterrichten dessen Briefe aus dem Felde, aus der Untersuchungshaft und aus dem Zuchthaus. Berlin-Wilmersdorf 1920. Verlag der „Aktion" (F. Pfemfert). Über seine Stellung zum Marxismus die „Grundzüge einer Marxkritik", A. f. S., 46. Bd., S. 605—635, ferner seine Reden und Aufsätze. Herausgegeben von J. Gumperz, Hamburg

Die Wahlen zur verfassunggebenden Nationalversammlung konnten am 19. Januar 1919 im ganzen Reiche ohne wesentliche Störungen durchgeführt werden. Die Mehrheitssozialisten erhielten beinahe 40 % der Stimmen und 163 Abgeordnete, während sich die Unabhängigen mit 7,65 % der Stimmen und 22 Abgeordneten begnügen mußten. Die Mehrheitssozialisten überragten aber auch die ihnen am nächsten kommenden Parteien, die Christliche Volkspartei (Zentrum) und die Deutsche Demokratische Partei ganz erheblich. Die erstere errang 88, die letztere 75 Mandate. Die rechtsstehenden, monarchistischen und konservativ gerichteten Parteigruppen der Deutschnationalen Volkspartei und der Deutschen Volkspartei sanken mit 42, bezw. 21 Mandaten zu parlamentarischer Bedeutungslosigkeit herab.

Wenn auch eine Koalition zwischen den beiden sozialistischen Parteien zustande gebracht worden wäre, hätten sie allein doch keine Mehrheit in der Nationalversammlung erlangt, da diese 421 Mitglieder zählte. Außerdem wäre das Zusammenarbeiten wegen der unsicheren Stellungnahme der Unabhängigen zur Demokratie (am 2. März 1919 stellten sie sich in einer programmatischen Kundgebung offen auf den Boden des Rätesystems und der Diktatur des Proletariats) ohnehin mit den größten Schwierigkeiten verknüpft gewesen.

Viel natürlicher erschien daher eine Koalition zwischen den drei größten, sich unumwunden zur demokratischen Staatsform bekennenden Parteien. Die wichtigsten Aufgaben der unter mehrheitssozialistischer Führung stehenden Koalitionsregierung gipfelten in der Aufrechterhaltung der Rechtsordnung im Zusammenhange mit der Reorganisation der Wehrmacht, in der Ausarbeitung der neuen Verfassung, in der Beschaffung neuer Reichseinnahmen und in dem Abschlusse des Friedensvertrages. Der letzte Punkt war der weitaus wichtigste und gefährlichste.

Immer deutlicher trat zutage, daß die übermütigen Sieger keineswegs gewillt waren, das Wilson'sche Programm der 14 Punkte, obwohl es von ihnen selbst mit wenigen Einschränkungen noch beim Abschluß des Waffenstillstandes anerkannt worden war, dem Frieden zugrunde zu legen. Nicht den 14 Punkten, sondern der im Verlaufe des Krieges abgeschlossenen, vom Geiste nationalistisch-imperialisti-

---

1921. Über die Stellung G. Ledebour's vgl. Ledebour vor den Geschworenen. Berlin, „Freiheit", 1919.

scher Gewaltpolitik erfüllten Geheimverträgen wurde die maßgebende Bedeutung zuerkannt. Damit wurde einer der schmachvollsten Rechtsbrüche, welche die Geschichte kennt, gegenüber dem deutschen Volke verübt[1]). Wie spätere Veröffentlichungen über die Organisation der Propaganda gegen Deutschland ergeben haben[2]), war die Verherrlichung der demokratischen und pazifistischen Ideen für Lord Northcliffe nichts anderes als eine Kriegslist gewesen. Tatsächlich kam das vielgerühmte nationale Selbstbestimmungsrecht nur dort zur Geltung, wo es die Handhabe bot, den Krieg gegen das deutsche Volk mit anderen Mitteln fortzusetzen. Im Westen und Osten des Reiches, ferner in Böhmen, Mähren und Österreichisch-Schlesien, sowie im deutschen Südtirol wurden die deutschen Bevölkerungen ohne sie zu befragen, der Fremdherrschaft ihrer nationalen Feinde ausgeliefert. Stürmisch hatten die Deutschösterreicher unter der Führung der großdeutsch gesinnten Sozialdemokraten den Anschluß an die deutsche Republik gefordert. Alles vergebens. Der Friedensvertrag verbot ihnen den Anschluß im Interesse ihrer „Unabhängigkeit". Und das alles durfte geschehen, ohne daß Amerika, das sich für eine neue bessere Ordnung der Welt mindestens moralisch verpflichtet hatte, offenen Widerstand leistete und die sozialistischen Parteien des feindlichen und neutralen Auslandes mehr als bestenfalls ein Wort lauen Protestes lispelten. Auf der französischen Politik lastet der Fluch, daß sie sich, als alle Welt nach Verständigung, Ruhe, Frieden lechzte und für eine überstaatliche Organisation des Völkerlebens innerlich herangereift war, nur von Herrschsucht, Rache, Haß, Furcht, Habgier und schlechtem Gewissen leiten ließ[3]) und alle hohen Ideale, mit denen die französische Geisteskultur seit 1789 sich gebrüstet hatte, ohne Wimperzucken preisgab, um eine Hegemonie über Europa im Stile Ludwig XIV. und Napoleons I. zu begründen[4]). Man erweist allerdings den Poincaré, Clemenceau, Tardieu

[1]) J. M. Keyne, Die wirtschaftlichen Folgen des Friedensvertrages. München 1920; Derselbe, Revision des Friedensvertrages 1922; F. Nitti, Das friedlose Europa. 1921.

[2]) Vgl. Secrets of Crew House, London 1920.

[3]) Selbst ein franzosenfreundlicher Engländer wie Gilbert Murray gibt zu (The Problem of foreign Policy, London 1921), daß man diese Politik teuflisch nennen könne.

[4]) Abgesehen von dem bolschewistisch gesinnten Teile der französischen Sozialisten hat nur der Nationalökonom Charles

und Foch eine unverdiente Ehre, wenn man sie mit einem Titanen wie Napoleon vergleicht, der doch bei allen Verirrungen immer noch der Testamentsvollstrecker der großen Revolution geblieben war und neben ungeheurem Unheil auch dauernde Segnungen der Welt gebracht hatte. Jedenfalls hat er seine Unterwerfung und Beherrschung Deutschlands nicht mit Senegalnegern durchgeführt.

Stärker als andere Parteien traf diese zynische Verhöhnung der demokratischen und pazifistischen Ideale die deutschen Sozialisten. Gerade die besten von ihnen hatten stets ihre ganze Kraft für diese Weltanschauung eingesetzt. Für die bürgerlichen Parteien dagegen mußte das Versailler Diktat, soweit sie selbst Macht- und Gewaltpolitik getrieben hatten, eine Bekräftigung ihrer Auffassung bedeuten, daß es nur die Wahl gebe, Hammer oder Amboß zu sein.

So haben gerade die Ententemächte die Ideale, für die sie angeblich geblutet hatten, nicht nur im deutschen Volke, sondern wohl auch in der ganzen Welt schlimmer diskreditiert, als es je von irgend einer anderen Seite geschehen war.

Der vom Kabinett ursprünglich geplante Widerstand gegen die Unterzeichnung des Versailler Friedens erwies sich im Hinblicke auf die innere Lage nicht als durchführbar. Es fand eine Umbildung der Regierung statt. An die Stelle von Scheidemann trat der Mehrheitssozialist Hermann Müller an die Spitze der Regierung. Die demokratischen Minister wurden durch Angehörige der Sozialdemokratie und des Zentrums ersetzt.

Auch im Innern blieb die Lage äußerst gespannt. Hatten die kommunistischen und die ihnen wahlverwandten syndikalistischen Gruppen auch bei den Wahlen keine Erfolge erzielt, so gelang es ihnen doch in die Leitung einzelner gewerkschaftlicher Zentralverbände einzudringen und durch Entfachung politischer Streiks und Putsche den Wiederaufbau immer wieder in empfindlicher Weise zu stören. In München konnte sich sogar vom 7. April bis 2. Mai 1919 nach der Ermordung des bayrischen Ministerpräsidenten Kurt Eisner durch den Grafen Arco eine Räterepublik unter Führung landfremder, zum Teil geisteskranker Männer (Leviné, Levien, Axelrod, Landauer, Neurath) behaupten.

Gide dieses Treiben verurteilt. Ihm wird das vor kurzem erschienene Buch „Le Bilan de la Guerre“, 1921, zugeschrieben, das sich mit Keynes'schen Gedanken berührt.

Das Schlagwort des Rätesystems schien nur dadurch entgiftet werden zu können, daß es bis zu einem gewissen Grade für das Wirtschaftsleben anerkannt wurde. So entstand unter dem Drucke schwerer Streikbewegungen auf Veranlassung des Arbeitsministeriums der Art. 165 der Reichsverfassung und als dessen Folge das Betriebsrätegesetz [2]) und die Verordnung über den vorläufigen Reichswirtschaftsrat vom 4. Mai 1920 [3]).

Das Schlagwort des Rätesystems besaß in dem der „Sozialisierung" einen Zwillingsbruder. Die wichtigste Aufgabe, die den Räten zugedacht werde, bestand, abgesehen von der Sicherung der revolutionären Errungenschaften, in der Sozialisierung des Wirtschaftslebens. Da man keine übereinstimmenden Vorstellungen von dem Wesen, dem Umfang, der Realisierbarkeit und Technik der Sozialisierung besaß [4]), wurde — wie es in der Regel geht, wenn

---

1) Eine Darstellung der Münchener Ereignisse, vom Standpunkte der Unabhängigen aus angesehen, enthält die Broschüre: Die Münchener Tragödie. Berlin, Verlag der „Freiheit", 1919.

2) Vgl. Bd. I, §§ 20, 77.

3) Vgl. H. Herrfahrdt, Das Problem der berufsständischen Vertretung. 1921, S. 111—133; H. Schäffer, Der vorläufige Reichswirtschaftsrat 1920. (Kommentar zur Verordnung vom 4. Mai 1920 mit wertvoller geschichtlicher Einleitung); Max Cohen, Deutscher Aufbau und die Kammer der Arbeit. 1920; v. Oppeln-Bronikowski, Reichswirtschaftsrat und berufsständischer Gedanke. 1920.

4) Die Literatur, welche den Problemen der Sozialisierung gewidmet ist, hat bereits einen sehr erheblichen Umfang erreicht. Es mag an dieser Stelle genügen zu nennen: K. Ballod, Der Zukunftsstaat. Stuttgart 1919; O. Bauer, Der Weg zum Sozialismus. Wien 1919; H. Beck, Sozialisierung als organisatorische Aufgabe. Berlin 1919; K. Bücher, Die Sozialisierung. Tübingen 1919; M. Cohen, Sozialismus und Kohlensozialisierung. Berlin, Der Firn; Gestaldio (Pseudonym), Die Sozialisierung des Kohlenbergbaues. J. f. G. V., 45. Jahrg., S. 185—207; Ed. Heimann, Die Sozialisierung, ihre Aufgabe und ihre Form. Berlin 1919; A. Horten, Sozialisierung und Wiederaufbau. Berlin 1920; K. Kautsky, Was ist Sozialisierung? Berlin 1919; K. Korsch, Was ist Sozialisierung? Hannover o. J.; E. Lederer, Deutschlands Wiederaufbau und weltwirtschaftliche Neueingliederung durch Sozialisierung. Tübingen 1920; W. v. Moellendorf, Deutsche Gemeinwirtschaft. 1916; O. Neurath, Die Sozialisierung Sachsens. Chemnitz 1919; Derselbe, Durch die Kriegswirtschaft

über das, was zu tun ist, völlige Ratlosigkeit herrscht, aus politischen Erwägungen aber doch der Anschein erweckt werden soll, als ob etwas getan würde — zunächst eine Sozialisierungskommission im Dezember 1918 eingesetzt, in der sozialistische Theoretiker ausländischer Herkunft, die den Unabhängigen angehörten, unverhältnismäßig stark vertreten waren. Über die im Vordergrunde stehende Frage der Sozialisierung des Kohlenbergbaues wurde bereits unter dem 15. Februar 1919 ein Mehrheits- und ein Minderheits-Gutachten erstattet. Einig waren alle Mitglieder der Kommission aber in der Verurteilung des Staatsbetriebes und deshalb auch in der Ablehnung einer Verstaatlichung des Kohlenbergbaues. „Die ganze Behördenorganisation, die Anstellungs-, Avancements- und Gehaltsverhältnisse, das Etat- und Rechnungswesen, kurz die gesamte Einordnung in den normalen Staatsbetrieb mit seiner bürokratischen Auffassung bedeutet schwere Hindernisse für eine wirtschaftliche Ausnützung der Bergwerke. Jegliche Ausdehnung des staatlichen Betriebes ist unökonomisch und daher abzulehnen, solange nicht die völlige Loslösung dieser wirtschaftlichen Tätigkeit des Staates von seiner politischen und verwaltungsmäßigen, solange nicht der Bruch mit den bürokratischen Traditionen in den wirtschaftlichen Betrieben des Staates erfolgt“[1]). Der gesamte Kohlenbergbau solle vielmehr

---

zur Naturalwirtschaft. München 1919; Aug. Müller, Sozialisierung oder Sozialismus. Berlin 1919; A. Spiethoff, Einige Bemerkungen zur Lehre von der Sozialisierung. J. f. G. V., 43. Jahrg., S. 437—458; L. Stephinger, Grundsätze der Sozialisierung. Tübingen 1919; R. Wilbrandt, Sozialismus. Jena 1919; R. Wissell, Praktische Wirtschaftspolitik. Berlin 1919; B. Thorsch, Sozialisierung und Gesellschaftsverfassung. 1920. — Schriften des Vereins f. Sozialpolitik, Bd. 159, 1920 (Verhandlungen über die Sozialisierungsfrage mit Berichten und Gutachten von E. Lederer, Th. Vogelstein, F. Eulenburg und v. Wiese). — Gegen Sozialisierung haben namentlich Stellung genommen: L. Pohle, Kapitalismus und Sozialismus. Leipzig 1919; H. Schumacher, Unternehmertum und Sozialismus. J. f. G. V., 43. Jahrg., S. 405—436; Derselbe, Gegenwartsfragen des Sozialismus. J. f. G. V., 44. Jahrg., S. 1—29; J. Wolf, Ist das Wirtschaftsprogramm der Sozialdemokratie durchführbar? Berlin 1919.

[1]) Bericht der Sozialisierungskommission über die Frage der Sozialisierung des Kohlenbergbaues vom 31. Juli 1920. Anhang:

zu einem einheitlichen, leistungsfähigen selbständigen Wirtschaftskörper, der „Deutschen Kohlengemeinschaft“ umgeformt werden. Er bekäme eine besondere juristische Persönlichkeit gegenüber Staat und Reich, ähnlich wie sie die Reichsbank besitze. An die Kohlengemeinschaft hätten alle Rechte des Staates am Bergwerkseigentum überzugehen. Dem Reiche verbleibe nur das Recht die Preispolitik zu beeinflussen und Überschüsse zu beziehen.

Für die Leitung wurde vorgesehen a) ein Kohlenrat von 100 Mitgliedern (je 25 Betriebsleiter, Arbeiter und Angestellte, Verbraucher und vom Reiche ernannte Mitglieder); b) ein Reichskohlendirektorium als Exekutivorgan, vom Kohlenrat einzusetzen. An die Spitze der 20—25 Bezirke, in die der Kohlenbergbau einzuteilen wäre, sollte je ein vom Direktorium ernannter Generaldirektor stehen. Die Beamten seien mit privatrechtlichen Verträgen anzustellen bei freier Bemessung der Bezüge und Beteiligung am Gewinn, um der Kohlengemeinschaft die ausgezeichnetsten organisatorischen, kaufmännischen und technischen Kräfte auch im Wettbewerb mit den kapitalistischen Unternehmungen zu sichern.

Die Kohlengemeinschaft hätte ferner die fiskalischen und privaten Vorbesitzer mit festverzinslichen, konvertierbaren Obligationen zu entschädigen.

Die Minderheit der Kommission hielt an dem Privateigentum fest, schlug aber eine Wegsteuerung der im Kohlenbergbau so wichtigen Differenzialrenten zu Gunsten des Reiches vor. Auch sollten Reich, Verbraucher, Arbeiter und Angestellte eine gewisse Kontrolle über die Kartelle des Kohlenbergbaues ausüben.

Es ergingen, zum Teil unter dem Drucke der Berliner Straßenkämpfe [1]), ein Sozialisierungsgesetz vom 23. März 1919, ein Gesetz über die Regelung der Kohlenwirtschaft vom 23. März 1919 und Ausführungsbestimmungen zu diesem Gesetze vom 21. August 1919 [2]).

Vorläufiger Bericht vom 15. Februar 1919. Berlin, H. R. Engelmann 1920, S. 32.

[1]) Vgl. die Bemerkung des Reichswirtschaftsministers R. Wissell auf dem Weimarer Parteitage. Protokoll S. 304.

[2]) Die wichtigsten Bestimmungen sind im Bande 5 (Neue Wirtschaft) der Textbücher zu Studien über Wirtschaft und Staat, herausgegeben von J. Jastrow, Berlin und Leipzig 1920, S. 83 bis 93, abgedruckt worden.

Die bestehenden Syndikate blieben bestehen, an den Eigentumsverhältnissen wurde nicht gerüttelt, aber durch Einsetzung eines Kohlenrates und Kohlenverbandes in Verbindung mit einem Vetorechte der Reichswirtschaftsministerien sollte eine den öffentlichen Interessen bessere Bewirtschaftung der Kohle gesichert werden.

Im übrigen war in dem von R. Wissell geleiteten Reichswirtschaftsministerium durch den Staatssekretär W. v. Moellendorff eine Denkschrift ausgearbeit worden, welche eine planwirtschaftliche Regelung des ganzen deutschen Wirtschaftslebens vorschlug. Neben den regionalen Bildungen der Gemeinden, Bezirke und Einzelstaaten sollten fachliche Wirtschaftsgruppen, jeweils aus Unternehmern und Arbeitern, Kaufleuten und Verbrauchern zusammengesetzt, gebildet werden. Die Gesamtheit dieser Wirtschaftsgruppen, die als sachliche Selbstverwaltungskörper gedacht waren, wäre dann neben den regional gewählten Vertretern in einen Reichswirtschaftsrat zu vereinigen. Diesem würde die oberste Leitung der deutschen Wirtschaft im Zusammenwirken mit den berufenen höchsten Organen des Reiches obliegen. Beachtenswert war, daß für einen bestimmten Zeitraum und eine Anzahl von Gewerben das Streikrecht ausgeschlossen werden sollte.

Hier kam es aber vor allem auf eine Steigerung der Produktivität, der Ökonomisierung und Rationalisierung der Produktion und des Vertriebes durch horizontal und vertikal gegliederte Syndikate an, während die vom radikalen Sozialismus so stark latente Forderung der Aufhebung des Privateigentums an den Produktionsmitteln zurücktrat. Die Wissell-Moellendorff'schen Pläne fanden aber im Kabinette keinen Anklang. Die Leitung des Reichswirtschaftsministeriums fiel dem gleich Wissell aus der Gewerkschaftsbewegung hervorgegangenen bisherigen Ernährungsminister Robert Schmidt zu, der mehr auf die Förderung der Konsumenteninteressen und einen Abbau der kriegswirtschaftlichen Organisationen im Sinne einer Wiederherstellung des freien Verkehrs bedacht war.

[1]) Er hat auf dem Weimarer Parteitag über die Wissell-Mallendorff'sche Planwirtschaft sehr abfällig geurteilt: „Die Kohlengemeinschaft ist ja ein Stück der großen Planwirtschaft . . . Wenn das Sozialisierung ist, dann danke ich dafür. Bisher ist die ganze Kohlengemeinschaft doch nichts weiter als eine Gesellschaft zur Bestimmung der Preise, und zwar bisher für eine erhebliche Höhersetzung der Preise." Protokoll S. 383.

Während die Sozialisierungsfragen somit zurücktraten, nahm die Steuerreform die volle Kraft der Regierung und Nationalversammlung in Anspruch. Vom September 1919 bis Ende März wurde eine Reihe äußerst radikaler Finanzgesetze (Erbschaftssteuer, Reichsnotopfer, Einkommensteuer, Körperschaftssteuer, Kapitalertragsteuer, Landessteuergesetz und Reichsabgabenordnung) angenommen [1]. Lag die Führung dieser Aktion auch bei dem Minister Erzberger, der dem linken Flügel des Zentrums angehörte, so hat doch die maßgebende Stellung der Mehrheitssozialisten im Kabinett und in der Nationalversammlung auch auf die Steuerpolitik einen starken Einfluß ausgeübt. Erzberger [2]) stellte sich auf den Standpunkt, daß die Steuerreform die beste Sozialisierung sei. Zweifelsohne hat sie in die Sphäre des Privateigentums schärfer eingegriffen als irgend eines der sogenannten Sozialisierungsgesetze, wenn sich auch das Kapital in großem Umfange durch Flucht nach dem Auslande den Gesetzen zu entziehen versuchte.

Unter diesen Umständen hielten die rechtsstehenden Gegner der Regierung den Versuch einer Gegenrevolution für sehr aussichtsreich. Der ostpreußische Generallandschaftsdirektor a. D. Kapp, der schon während des Krieges eine so überaus unheilvolle Rolle durch Bekämpfung der guten Seiten der Bethmann-Hollwegschen Regierung und als Begründer der sogenannten Vaterlandspartei gespielt hatte, verband sich mit dem General von Lüttwitz im März 1920 zur gewaltsamen Beseitigung der Regierung und Vertreibung der Nationalversammlung. Der Putsch scheiterte an der Entschlossenheit, mit der nicht nur die Arbeiterklasse durch Eintritt in den Generalstreik, sondern auch des Beamtentums durch Nichtanerkennung der „Kapp-Regierung“ die neuen verfassungsmäßigen Zustände verteidigte.

Von Seiten der Arbeiter- und Angestelltenverbände wurde nachher, gestützt auf die erfolgreiche Bekämpfung der Gegenrevolution, danach gestrebt in die Rechte der Nationalversammlung einzugreifen. Mit großer Entschiedenheit forderte man ein rascheres Tempo in der Behandlung der Sozialisierungsfragen. Und wiederum wurde die

---

[1]) E. Respondek, Die Reichsfinanzen auf Grund der Reform von 1919/20. Berlin 1920.

[2]) Erzberger, Reden zur Neuordnung des deutschen Finanzwesens. Berlin 1919.

Sozialisierungskommission, nur in etwas veränderter Zusammensetzung einberufen.

Schien zunächst als Folge des Kapp-Putsches eine Wendung des politischen Kurses nach links bevorzustehen, so hat der Ausfall der Reichstagswahlen vom 6. Juni 1920 dieser Tendenz Einhalt geboten. Die Mehrheitssozialisten erhielten nur 112 Mandate, während den Unabhängigen 81 und den Kommunisten 2 zufielen. Auch Zentrum und Demokraten erlitten erhebliche Verluste. Die Rechte (Deutschnationale und Deutsche Volksparteiler) brachte es auf 66, bezw. 62 Abgeordnete. Bei einer Gesamtzahl von 466 Abgeordneten bestand auch dieses Mal keine sozialistische Mehrheit. Es mußte wiederum der Weg der Kompromisse betreten werden. Da die Unabhängigen nur in eine rein sozialistische Regierung eintreten wollten, kamen sie für die Kabinettsbildung nicht in Betracht. Die alte Koalition besaß ebenfalls keine tragfähige Mehrheit. So wurde die Einbeziehung der Deutschen Volkspartei versucht. Mit ihr glaubte aber die Mehrheitssozialdemokratie nicht zusammen arbeiten zu können. Sie lehnte deshalb den Eintritt in das Kabinett ab, trat aber nicht in eine grundsätzliche Opposition gegen die schließlich aus Zentrum, Demokraten und Deutschen Volksparteilern gebildete Regierung. Da in der Volkspartei sehr maßgebende Persönlichkeiten jede Sozialisierung grundsätzlich bekämpften, so war das Kabinett Fehrenbach kaum imstande, in der gewisse Arbeiterkreise so tief bewegenden Sozialisierungsfrage eine klare Stellung einzunehmen. Die Sozialisierungskommission [1]) hatte zwar einen neuen Bericht erstattet, der im wesentlichen an den Vorschlägen des ersten Berichtes festhielt, die Regierung überließ es aber dem Reichswirtschaftsrat die Angelegenheit weiter zu verfolgen [2]). Auch diesem ist es bis jetzt nicht gelungen vorwärts zu kommen. Unter der Führung von Hugo Stinnes, A. Vögler und Dr. Silverberg ist ein Plan zur Regelung der Gesamtwirtschaft Deutschlands zur Diskussion gestellt worden, in dem der Begriff der Sozialisierung folgende Deutung erhält [3]):

---

[1]) Die Sitzungsberichte der zweiten Sozialisierungskommission sind im Verlage von H. R. Engelmann 1920 erschienen.

[2]) Die Sitzungsberichte des Unterausschusses des Reichswirtschaftsrats zur Sozialisierungsfrage (11. Oktober 1920 bis 12. November 1920) sind als Drucksache des Reichswirtschaftsrates veröffentlicht worden.

[3]) a. a. O., S. 90.

„Die Sicherstellung, daß alle Produktionsmittel im höchsten gesamtwirtschaftlichen Interesse der Volksgesamtheit so vollständig und so rationell wie möglich ausgenutzt werden unter gleichberechtigter vollwertiger Mitbeteiligung und dementsprechend Mitbestimmung und Mitverantwortung aller an der Produktion Beteiligten.“ Die Eigentumsfrage wird zur Seite geschoben, dagegen Interessengemeinschaften zwischen Kohlenbergbau und Weiterverarbeitung das Wort geredet. Die Mitwirkung der Angestellten und Arbeiter soll, außer durch die bereits eingeführten Betriebsräte, durch eine Beteiligung am Kapital der großen unpersönlich gewordenen Unternehmungen mit Hilfe von Kleinaktien erfolgen. Für den Kohlenbergbau wird eine Zusammenlegung der Zechen mit Flözverhältnissen verschiedener Güte befürwortet. Die Preise sollen sich dann nicht nach den Kosten der Zechen geringster Produktivität, sondern nach den Durchschnittskosten der zusammengelegten Zechen richten. In bezug auf die am Produktionsprozeß beteiligten Menschen wird betont, „daß ohne die Arbeitsteilung zwischen freier Führerarbeit und ausführender Arbeit und ohne Disziplin in der Gesinnung und im Handeln keine Produktion gedeihen und gefördert werden kann.“ Von sozialistischer Seite sind diese Pläne verworfen worden. Dagegen schien es nicht ganz ausgeschlossen, daß die christlichen Arbeiterorganisationen zu Verhandlungen auf dieser Grundlage sich bereit fanden.

Es drängt sich zum Schlusse die Frage auf, was die nun zu einer so maßgebenden Stellung gelangte Arbeiterpartei geleistet hat. Bei billiger Beurteilung wird vor allem festgestellt werden müssen, daß durch die vom alten System betriebene Politik Deutschland in eine so entsetzliche Lage versetzt worden war, daß auch ein an Bismarck oder den Freiherrn vom Stein heranreichendes staatsmännisches Genie gewiß keine Erfolge zu erzielen vermocht hätte. Unter diesen Umständen ist es nicht gering zu achten, daß der Gedanke der parlamentarischen demokratischen Republik gegenüber den auf bolschewistische Ziele eingestellten Parteigruppen siegreich behauptet und das deutsche Volk vor dem Schicksal Rußlands und Ungarns bewahrt worden ist.

Und wie gegen die äußerste Linke hat die neue Ordnung auch gegenüber der skrupellosesten Bekämpfung durch die monarchistisch-konservativen Kreise standgehalten. Auch der traditionelle Arbeitswille der deutschen Arbeiterschaft ist in erheblicham Umfange wiederhergestellt worden. Die unendlichen Schwierigkeiten, mit denen die deutsche Volkswirtschaft zu kämpfen hat, haben ihre Wurzeln nicht so sehr in der Haltung der deutschen Arbeiter, als in dem Versailler Diktat und dessen shylockartiger Durchführung.

Das alles sind für eine Partei, die in keiner Weise zur Übernahme der Regierung vorbereitet war, keine ganz verächtlichen Ergebnisse. In Preußen war Angehörigen der Sozialdemokratie vor dem Kriege jede selbständige Mitwirkung an der Exekutive selbst im kommunalen Leben versagt worden. Dazu kam, daß der Marxismus, dem die Partei wenigstens offiziell huldigte und der in der Tat für Kritik und Agitation eine vortreffliche Schulung gewährte, positive, für die Regierungspraxis verwendbare Ideen kaum darbietet. Es hat der Partei nicht an vorzüglichen Parlamentariern, Rednern und Schriftstellern gefehlt. Auch organisatorisch befähigte Kräfte haben im Parteileben, in dem Aufbau der gewerkschaftlichen und konsumgenossenschaftlichen Verbände ein lohnendes Feld der Wirksamkeit gefunden. Aber in der Leitung eines großen Staates und in der Praxis der öffentlichen Verwaltung hatte sich noch keiner der Sozialdemokraten, denen mit der Revolution die Führung zugefallen war, bewähren können. Schon deshalb wäre die Partei, auch bei einem anderen Wahlergebnisse, nicht imstande gewesen, allein zu regieren. Sie besaß gar nicht so viele Köpfe, um auch nur die leitenden Stellen in den wichtigsten Ämtern allein mit ihren Leuten zu besetzen. Trotz der Koalition hat sie schon aus ihrer Parteiorganisation und aus den Gewerkschaften mehr Persönlichkeiten herausnehmen müssen, als mit der durch die Parteispaltung entstandenen überaus schwierigen Lage vereinbar war. Sie blieb deshalb in erheblichem Maße auf die Leistungen des alten, konservativ gerichteten Beamtentums angewiesen. Dieses Beamtentum stellte aber kein Roß dar, das sich willig von jedem Reiter leiten ließ. Es gab im Beamtentum Männer, die unter der Einwirkung der heillosen Kriegspolitik ihre politischen Überzeugungen einer gründlichen Revision unterzogen hatten. Aber aus verständlichen Gründen haben sich gerade die Besten von ihnen nicht an die neuen Machthaber gedrängt und blieben ihnen deshalb oft unbekannt.

Trotz alledem hätten die sozialistischen Minister vielleicht auf dem Gebiete der ausschlaggebenden äußeren Politik einige Erfolge buchen können, wenn ihnen durch die ausländischen Parteigenossen, mit den sie sich auf so vielen internationalen Kongressen begeistert verbrüdert hatten, und die zum Teil in der Politik ihrer Länder ebenfalls zu sehr großer Geltung gelangt waren, irgend eine nennenswerte Unterstützung zuteil geworden wäre. Hatten Millerand, Briand, Viviani, Vandervelde, Branting doch einst zu den großen Hoffnungen des internationalen Sozialismus gezählt. Aber soweit die ausländischen Sozialisten noch Neigung besaßen mit Deutschen zu verkehren, waren es fast ausschließlich Männer der Unabhängigen und der Kommunisten, die sich ihrer Sympathien rühmen durften.

Natürlich hat auch die Tatsache der Parteispaltung die Bewegungsfreiheit der Mehrheitssozialisten stark beeinträchtigt. Die Abnutzung, der jede regierende Partei unterliegt, hatte, wie die Wahlen vom 6. Juni 1920 bewiesen, bereits eine dem Parteibestande überaus gefährliche Abwanderung der Massen in das Lager der mit ihnen rivalisierenden Unabhängigen zur Folge gehabt.

Seit der Revolution haben drei Parteitage der Mehrheitssozialisten stattgefunden. Der erste wurde vom 10.—15. Juni 1919 in Weimar abgehalten und mit nicht sehr belangreichen Debatten über die auswärtige Politik, die Rätefrage und die Einigungsverhandlungen mit den Unabhängigen ausgefüllt. Bemerkenswert waren die schroffen Gegensätze, die zwischen dem damals noch im Amte befindlichen Reichswirtschaftsminister Wissell und dem Ernährungsminister Robert Schmidt in der Sozialisierungspolitik und der Wirtschaftspolitik überhaupt zum Ausdrucke kamen [2]). Noch geringer war das Interesse, das der vom 10.—17. Oktober 1920 in Kassel abgehaltene Parteitag erweckte, auf dem, nach dem Berichte Wally Zeplers „eine Atmosphäre der Gleichgültigkeit, fast der Langeweile lag“ [2]). Wieder waren es Fragen der auswärtigen Politik, die im Vordergrunde standen. In dem Referate über die Agrarfrage nahm der Leiter der Landarbeitergewerkschaft G. Schmidt als Referent gegen die Zerschlagung des Großgrundbesitzes Stellung. Zur Revision des Parteiprogrammes [3]) wurde eine Kommission ernannt.

[1]) Vgl. Protokoll des Weimarer Parteitages S. 363—370, 383 bis 385, 402 und 403.

[2]) Soz. Monatshefte, 55. Bd., S. 961.

[3]) Vgl. Das Programm der Sozialdemokratie. Vorschläge zu seiner Erneuerung. Herausgegeben von Adolf Braun. Berlin 1920.

Für Debatten großen Stils, wie auf früheren Parteitagen, bestand eben, nachdem die Vertreter des orthodoxen Marxismus (das „Zentrum") und die äußerste Linke aus der Mehrheitspartei ausgeschieden waren, keine rechte Möglichkeit mehr. Die Meisterkämpfe, die früher innerhalb der Partei selbst ausgefochten worden waren, hatten sich in Streitigkeiten umgewandelt, die von Partei zu Partei geführt werden mußten. Bedeutungsvoller war der vom 18. bis 24. Sept. 1921 in Görlitz abgehaltene Parteitag schon deshalb, weil er an die Stelle des Erfurter ein neues Programm setzte[1]).

Lebhafter ging es auf den Parteitagen der Unabhängigen zu, solange noch eine starke dem Kommunismus zuneigende Minderheit vorhanden war. Auf dem außerordentlichen Parteitag (2. bis 6. März 1919) in Berlin wurde eine „Programmatische Kundgebung" beschlossen. Nach einer heftigen Kritik der Mehrheitssozialisten, deren Sozialisierungspolitik als Gaukelspiel bezeichnet wurde, sprach man sich für das Rätesystem und die Diktatur des Proletariates aus, aber in der etwas zweideutigen Weise, daß das Rätesystem in die Verfassung eingeordnet werden solle. Es sei „entscheidende Mitwirkung der Räte bei der Gesetzgebung, Staats- und Gemeindeverwaltung und in den Betrieben" zu fordern. Es wurde also nicht der spartakistischen Parole „Alle Macht den Arbeiterräten" Folge geleistet, sondern doch ein Nebeneinander von Räten und Demokratie als Ziel aufgestellt. Um ihr Programm durchzusetzen, bediene sich die U.S.P. *aller* politischen und wirtschaftlichen Kampfmittel, *einschließlich der Parlamente*. Man verwerfe *planlose* Gewalttätigkeiten, also nicht Gewalttätigkeiten überhaupt. Auch mit der „Annullierung der Kriegsanleihen" und dem Verlangen, sofort die diplomatischen Beziehungen zur russischen Räterepublik und zu Polen aufzunehmen, kam man der Linken entgegen. Die Wiederherstellung der Arbeiter-Internationale solle im Geiste der Konferenzen von Zimmerwald und Kiental erfolgen.

Wie an anderer Stelle bereits dargelegt worden ist, war die Unabhängige Sozialdemokratie aus Meinungsverschiedenheiten hervorgegangen, die sich über die während des Krieges zu befolgende Parteitaktik ergeben hatten. Überwog in der neuen Partei auch das Zentrum und die Linke, so hatte sich doch auch der Urheber des Revisionismus E. Bernstein ihr angeschlossen, da er die Stellung-

[1]) Vgl. den Text des Programmes im Anhang S.

nahme der Mehrheit in den Kriegs- und Schuldfragen verurteilte. Mit der Beendigung des Krieges hatte dieses Band, das sonst sehr verschieden gerichtete Persönlichkeiten zusammengehalten, seine Bedeutung verloren. Es fehlte den Unabhängigen an einem festen gemeinsamen prinzipiellen Fundamente. Sie stellten doch nur eine Gruppe von Leuten dar, die mit der Mehrheitssozialdemokratie aus den verschiedensten Gründen, zum Teil auch solchen persönlicher Art unzufrieden waren. So trug sie den Keim des Zerfalles in sich.

Neben Männern, die der Mehrheitspartei in wichtigen Dingen doch noch recht nahe standen, wie z. B. Kautsky, zum Teil auch Stroebel und Hilferding, gab es Elemente, die alles Heil von Moskau erwarteten. So konnten in politischer Beziehung vier in gewerkschaftlicher, wie auf der Berliner Reichskonferenz (9. u. 10. September 1919) festgestellt wurde, sogar fünf verschiedene Richtungen unterschieden werden: „eine gewerkschaftsfeindliche syndikalistische, eine kommunistische, die eine einheitliche politisch-gewerkschaftliche Bewegung anstrebe, eine, die Ausbildung von Betriebsorganisationen und deren Zusammenfassung in Industrieverbänden wünsche, die Oppositionsströmung innerhalb der Gewerkschaft, und endlich eine, die Gewerkschaften für ganz überwunden halte“[1]). Auf dem Parteitage, der vom 1. bis 8. Dezember 1919 in Leipzig stattfand, kam es zu heftigen Auseinandersetzungen zwischen den Gegnern und Anhängern der dritten (Moskauer) Internationale. Diese Gegensätze führten auf dem Parteitage in Halle (12. Oktober 1920) zur Spaltung. Es ergaben sich 237 Stimmen für Moskau, 156 dagegen. Die Mehrheit der Unabhängigen trat nun in Verhandlungen mit der Kommunistischen Partei, um eine Verschmelzung durchzuführen.

Die Kommunistische Partei war aus dem vorzugsweise von Rosa Luxemburg und K. Liebknecht geleiteten Spartakusbund hervorgegangen und am 30. Dezember 1918 konstituiert worden. Eine Beteiligung an den Wahlen zur Nationalversammlung hatte sie, da sie Demokratie und Parlamentarismus grundsätzlich verwarf, abgelehnt. Ihr ganzes Sinnen und Trachten galt dem Kampfe „mit eiserner Faust“. Aber auch diese Gruppe zerfiel der Zersetzung. Wolffheim und Laufenberg vertraten einen sogenannten „Nationalbolschewismus“ und wurden als „Reaktionäre“ aus der Partei ausgeschlossen. Sie wandten sich dann der „Kommunistischen Arbeiter-

[1]) Vgl. S. M., 53. Bd., S. 1086.

partei Deutschlands" zu und als auch diese den „Nationalbolschewismus" verworfen hatte, gründeten sie den „Bund der Kommunisten" und traten mit der syndikalistischen Arbeiter-Union und der „Freien Vereinigung zum Studium des deutschen Kommunismus" in Verbindung. Die mit dem Parteitage der Unabhängigen in Halle ausgeschiedenen Kommunisten haben die Vereinigung mit der Kommunistischen Partei Deutschlands auf dem Einigungskongreß in Berlin (4.—7. Dez. 1920) durchgeführt und Levi und Däumig zu Parteivorsitzenden gewählt. Der Zwiespalt zwischen diesen nunmehr Vereinigten Kommunisten und der Kommunistischen Arbeiterpartei Deutschlands, deren Leitung bei Franz Pfemfert und seiner „Aktion" liegt, konnte aber nicht überbrückt werden.

Da der deutsche Kommunismus in voller Abhängigkeit von dem asiatisch-tartarischen Despotismus Moskaus lebt, ist er im übrigen besser im Zusammenhange mit der Moskauer Internationale darzustellen.

Angesichts der fortgesetzten Spaltungen in der einst auf ihre Geschlossenheit so stolzen sozialistischen Arbeiterbewegung Deutschlands ist es verständlich, daß einige wohlmeinende Mitglieder der Mehrheitspartei und der Unabhängigen auch Versuche zur Wiedervereinigung unternommen haben. Im Gefolge der durch die Ermordung Rathenaus eingetretenen politischen Krise hatte eine bemerkenswerte Annäherung zwischen der Mehrheitspartei und den Unabhängigen durch Begründung einer parlamentarischen Arbeitsgemeinschaft stattgefunden. Die im September 1922 abgehaltenen Tagungen beider Richtungen haben die vollständige Wiedervereinigung beschlossen.

78. Arbeiterbewegung und Sozialismus in England[1]).

Während des Krieges hat sich die Unabhängige Arbeiterpartei in pazifistischem Sinne betätigt[2]). In neuester Zeit hat sie sich entschiedener als bisher zum Klassenkampf bekannt. Aus ihrer grundsätzlichen Gegnerschaft gegen ein Vorgehen Englands gegen die russische Sowjetregierung hat sich eine Annäherung an die Bolschewisten entwickelt, ohne daß die J.L.P. jedoch den Boden

---

1) Die folgenden Darlegungen (S. 609—622) sind von Frl. Privatdozent Dr. Ch. Leubuscher verfaßt worden.

2) Vgl. S. 573 ff. dieses Bandes.

der Demokratie verlassen hat. In einer Anfang 1920 für die Genfer Konferenz der Internationale abgefaßten Denkschrift[1]) wird eine Nachahmung russischer Methoden und Einrichtungen ausdrücklich verworfen, da „die politische und historische Entwicklung und der Charakter jedes Landes die genaue Form bestimmen werden, in der der Übergang (zum Sozialismus) sich vollzieht.“ „Die Sowjet-Regierungsform ist nicht die beste Form für eine industrielle Demokratie, obwohl sie eine sehr wirksame revolutionäre Form sein kann.“ Die Unabhängige Arbeiterpartei sieht vielmehr ihre Aufgabe darin, „das parlamentarische System den Erfordernissen der Demokratie anzupassen und ihm eine industrielle Organisation hinzuzufügen, die nötig ist, um das Parlament in lebendiger Berührung mit dem proletarischen Leben zu halten.“ Eine derartige industrielle Organisation erblickt die J. L. P. in repräsentativen Industrieräten mit umfassenden Machtvollkommenheiten für die Kontrolle der Arbeitsbedingungen in den Werkstätten und mit bestimmter beratender Autorität sowohl in der staatlichen Verwaltung wie in der Gesetzgebung. Die Partei sieht jedoch keinen Grund für ein Abgehen von ihrem alten Standpunkt, daß ohne die Beeinflussung der öffentlichen Meinung durch die sozialistische Propaganda, und ohne daß Sozialisten als Vertreter in öffentliche Körperschaften gewählt werden, keine sichere Basis für den sozialistischen Staat gelegt werden kann; und ferner, daß die Wahl von Sozialisten in das Parlament die beste Garantie dafür bleibt, daß die arbeitenden Klassen die Beeinflussung des Parlaments mit ihren Anschauungen erreichen werden.“

Auf ihrer Jahreskonferenz in Glasgow im April 1920 beschloß die Unabhängige Arbeiterpartei mit großer Mehrheit aus der 2. (Genfer) Internationale auszutreten; ein weiterer Antrag, sich der 3. (Moskauer) Internationale anzuschließen, wurde mit geringer Mehrheit abgelehnt[2]). Im Februar 1921 beteiligte sie sich an der Gründung der „Internationalen Arbeitsgemeinschaft sozialistischer Parteien“ und vertritt in dieser nachdrücklich den Gedanken eines Zusammenschlusses aller sozialistischen Richtungen in einer neuzuschaffenden Internationale.

---

[1]) Abgedruckt in „Der Sozialist“, 6. Jahrg., Nr. 2, S. 29.

[2]) Vgl. den Aufsatz von Tony Breitscheid „Die Internationale“ in Nr. 16, 6. Jahrg. von „Der Sozialist“.

Die „Britische Sozialistische Partei", die Fortsetzung der früheren „Sozialdemokratischen Föderation", die wie diese streng marxistische Anschauungen vertritt, hat sich 1919 der Moskauer Internationale angeschlossen, hält aber an der politisch-parlamentarischen Aktion fest[1]).

Ausgesprochen revolutionär in Ziel und Taktik waren die von Schottland ausgegangene, stark von bolschewistischen und syndikalistischen Ideen beeinflußte Socialist Labour Party und die Worker's Socialist Federation; letztere lehnte jeden Parlamentarismus ab. Im August 1920 haben sich beide Organisationen mit den B.S.P. als „Kommunistische Partei" vereinigt; trotz ihrer Zugehörigkeit zur 3. Internationale suchte diese Anschluß an die parlamentarische Arbeiterpartei nach, wurde aber von ihr mit großer Mehrheit zurückgewiesen. (Beschluß des Parteitags in Edinburgh, Juni 1922.)

Von nationalistischem Geiste erfüllt ist die während des Krieges von Hyndman und William Thorne gegründete National Socialist Party[2]).

Im Jahre 1918 hat sich im inneren Aufbau der Labour Party eine wichtige Veränderung vollzogen. Bisher hatte sie keine eigene politische Organisation im Lande besessen und war für Agitationszwecke vollständig von den örtlichen Organen der Gewerkvereine und der ihr angeschlossenen sozialistischen Vereinigungen abhängig; namentlich die Trades Councils — Gewerkschaftskartelle — versehen häufig die Aufgaben von sog. Local Labour Parties. Diese Abhängigkeit, derzufolge die politische Tätigkeit gleichsam im Nebenamt von den gewerkschaftlichen Organen besorgt wurde, mußte lähmend auf die Entfaltung der politischen Bewegung wirken, für die im wesentlichen nur in Wahlzeiten eine lebhafte Propagandatätigkeit entfaltet wurde. Im Februar 1918 hat sich die Partei die Grundlagen für eine eigene Wahlkreisorganisation geschaffen. Die Gewerkvereine und sozialistischen Vereinigungen, die auch heute noch das finanzielle Rückgrat der Partei bilden, behielten zwar ihre Rechte auf Vertretung in den Parteiorganen, aber neben sie traten lokale Parteiorganisationen in den einzelnen Wahlkreisen. Den Aus-

[1]) Vgl. J. M. Beer, Der britische Sozialismus der Gegenwart. 1920, S. 37—39.

[2]) a. a. O., S. 39.

gangspunkt werden auch in Zukunft vielfach die Trades Councils bilden[1]). Während bisher Einzelpersonen nur mittelbar durch die Mitgliedschaft zu einem Gewerkverein oder zu einer sozialistischen Organisation der Partei gehören konnten, werden jetzt auch Einzelmitglieder in die Partei aufgenommen[2]). Diese Änderung wurde namentlich im Hinblick auf die 6 Millionen Frauen getroffen, die nach der letzten Wahlreform (Representation of the People Act von 1918) das Wahlrecht erhalten haben, und von denen ein großer Teil nicht für die Mitgliedschaft zu einem Gewerkverein in Betracht kommt.

Der weitere Rahmen, den die Partei künftig ihrer Wirksamkeit spannen will, kommt auch in ihren programmatischen Grundsätzen zum Ausdruck. Hatte die Labour Party auch nie in gleichem Maße wie die sozialistischen Parteien des Festlandes den Charakter einer rein proletarischen Klassenpartei, so hebt sie jetzt mit großem Nachdruck hervor, daß sie eine Partei „aller Arbeitenden, gleichviel ob mit der Hand oder mit dem Kopf“, sein will und betont besonders die Forderungen ihres Programmes, die jedes Klassencharakters entbehren.

Sie will jedoch nicht nur eine soziale Reformpartei sein, die bessere Lebensbedingungen für die Lohnarbeiter auf Grundlage der bestehenden Wirtschaftsordnung anstrebt, sondern ihr Ziel ist, „den Produzenten — Hand- und Kopfarbeitern — die volle Frucht ihres Gewerbefleißes und ihre möglichst gerechte Verteilung auf Grundlage des Gemeineigentums an den Produktionsmitteln sowie das beste durchführbare System volkstümlicher Verwaltung jeder Gewerbetätigkeit und jedes Dienstzweiges zu sichern“[3]).

---

[1]) Vgl. Webb, History, S. 561; Cole, Introduction to Trade Unionism. S. 20.

[2]) § 2 des Parteistatuts sagt: Die Labour Party soll bestehen aus allen ihr angeschlossenen Organisationen zusammen mit den Männern und Frauen, die Einzelmitglieder einer Local Labour Party sind und die Verfassung und das Programm der Partei anerkennen. Unter den „angeschlossenen Organisationen“ werden unterschieden: Gewerkvereine, Sozialistische Vereinigungen, Genossenschaften, Gewerkvereinskartelle und lokale Arbeiterparteien.

[3]) Sidney Webb, The new Constitution of the Labour Party (Flugblatt).

Da sie das Gemeineigentum an den Produktionsmitteln anstrebt, erhebt sie den Anspruch, eine sozialistische Partei zu sein, legt sich aber auf keine bestimmte Formel fest, sondern behält sich vor, jeweils von Fall zu Fall die Entscheidung zwischen einer mehr genossenschaftlichen Unternehmungsform oder dem reinen Staatsbetrieb zu treffen. Diese elastische Fassung ihres Zieles wurde zweifellos vor allem gewählt, um den verschiedenen Richtungen, die heute im englischen Sozialismus sich gegenüberstehen, die Unterstützung der Partei zu ermöglichen.

Für die Gegenwart und die nächste Zukunft hat die Arbeiterpartei im Juni 1918 ein umfassendes Programm praktischer Politik aufgestellt[1]). Sie geht davon aus, daß nach dem Kriege „nicht die eine oder die andere Abteilung der Regierung oder der eine oder andere Teil des sozialen Mechanismus rekonstruiert werden muß, sondern die Gesellschaft in ihrer Gesamtheit.“ Der Krieg bedeutet nach ihrer Ansicht den endgültigen Zusammenbruch der individualistischen, kapitalistischen Produktionsweise, deren Haupttriebkräfte freier Wettbewerb und privates Gewinnstreben sind. Die Arbeiterpartei hält daher den Zeitpunkt für gekommen, ein praktisches Programm für den Aufbau der Gesellschaft auf gemeinwirtschaftlicher Grundlage zu entwerfen. Die Eckpfeiler der neuen Gesellschaftsordnung sollen sein: 1. Die allgemeine Durchführung eines nationalen Minimum der Lebenshaltung, 2. Demokratische Kontrolle der Industrie, 3. Völlige Umgestaltung der Staatsfinanzen, 4. Sicherung des Überschusses der Produktion für Zwecke der Allgemeinheit.

Unter diesen vier leitenden Gesichtspunkten wird ein eingehendes soziales und politisches Reformprogramm aufgestellt. Auf dem engeren Gebiete der Sozialpolitik werden unter anderem gefordert neben der Sicherung der Existenz durch einen allgemeinen Minimallohn, der in erster Linie durch weitere Ausdehnung der Lohnamtgesetzgebung zu erstreben ist, bedeutend erweiterte Maßnahmen zur Verhütung und Bekämpfung der Arbeitslosigkeit, Ausbau und verbesserte Durchführung des Arbeiterschutzes, zielbewußtes Vorgehen auf dem Gebiete des Wohnungs- und Siedlungswesens. Die

---

[1]) Labour and the new Social Order. A Report on Reconstruction. London 1918.

politischen und wirtschaftspolitischen Forderungen betreffen vornehmlich die lückenlose Durchführung des allgemeinen und gleichen Wahlrechts, auch für Frauen, und eine Dezentralisation der Regierungsgewalt nach Art eines Bundesstaates, ferner die Ausschaltung des privaten Kapitalisten von der Kontrolle der Industrie. Für sofort durchführbar und notwendig wird erklärt die Nationalisierung der Eisenbahnen, Bergwerke und elektrischen Krafterzeugung sowie der privatkapitalistisch betriebenen Lebensversicherung, ferner die Herstellung eines einheitlichen nationalen Transport- und Nachrichtendienstes durch Zusammenlegung der Verwaltung von Eisenbahnen, Kanälen, Häfen, Straßen, Post und Telegraph. Die im Kriege eingeführte staatliche Kontrolle über Zweige der Privatindustrie, besonders die Festsetzung der Preise für die wichtigsten Bedarfsgegenstände und die Überwachung der technischen Leistungsfähigkeit und Rechnungslegung der Betriebe als Grundlage der Preisfestsetzung, ist festzuhalten.

Im Finanzwesen lehnt die Labour Party jeden Versuch auf Einführung von Schutzzöllen ab. Das Steuersystem soll im Sinne einer noch stärkeren Belastung der hohen Einkommen und Vermögen durch direkte Steuern ausgebaut werden; zur Abtragung der Kriegsschuld wird eine Vermögensabgabe unter Freilassung der Vermögen bis £ 1000 verlangt. Sehr geschickt hebt das Programm die Interessengemeinschaft breiter Schichten des Mittelstandes mit der Arbeiterschaft auf finanziellem Gebiet hervor: „Über diese Frage, wie die finanzielle Last des Krieges getragen und der Finanzbedarf aufgebracht werden soll, werden die erbittertsten politischen Kämpfe ausgefochten werden. In dieser Angelegenheit kann die Labour Party auf die Unterstützung von $^{4}/_{5}$ des gesamten Volkes rechnen, denn die Interessen des Büroangestellten, des Lehrers, des Arztes, des Geistlichen, des durchschnittlichen Detailkaufmanns und Händlers, der ganzen Masse jener, die von kleinen Einkommen leben, fallen mit denen des Handarbeiters zusammen.“

Durch Nationalisierung und Munizipalisierung einerseits, durch in steiler Progression ansteigende Besteuerung der privaten Einkommen und Vermögen anderseits, soll der Kapitalzuwachs der Allgemeinheit zugeführt und für Zwecke der öffentlichen Wohlfahrt und zum Ausbau der dem allgemeinen Nutzen dienenden Unternehmungen verwendet werden.

Wie im inneren Aufbau der englischen Gesellschaft, so will die Labour Party das Prinzip demokratischer Selbstverwaltung auch hinsichtlich der einzelnen Teile des britischen Reiches durchführen, in erster Linie in bezug auf Indien. Anstelle eines Weltreiches im bisherigen Sinne soll nicht eine „imperialistische Föderation" treten, wie sie von englischen Politikern anderer Parteien angestrebt wird, sondern eine „britannische Allianz", ein auf Freiwilligkeit beruhendes Bündnis sich selbstregierender Gemeinwesen. Daß die Labour Party den Grundsatz der Selbstbestimmung auch in der äußeren Politik, vor allem in der Zusammensetzung und in der Arbeit des Völkerbundes, allgemein zur Geltung gebracht wissen will, wurde an anderer Stelle näher ausgeführt[1]. S. u. B. Webb[2]) fassen ihr Urteil über die reorganisierte Labour Party folgendermaßen zusammen: „Die Formulierung eines umfassenden sozialen Programmes und von Friedensbedingungen, die auf die Prinzipien gegründet waren, für die der Krieg offenkundig geführt worden ist — Prinzipien, die sicherlich nicht im Friedensvertrag verwirklicht worden sind — hat die Labour Party aus einer Gruppe, die ausschließlich die Klasseninteressen der handarbeitenden Lohnarbeiter vertrat in eine vollständig ausgebaute politische Partei von nationaler Ausdehnung umgewandelt, die bereit ist, die Regierung des Landes zu übernehmen und sowohl die innere wie die äußere Politik nach festen Prinzipien zu führen."

Bei den Parlamentswahlen[3] im Dezember 1918 erschien die reorganisierte Arbeiterpartei zum ersten Male in größerem Umfange auf dem Plan; sie stellte 361 Kandidaten in $^2/_3$ aller Wahlkreise auf, die Liberale und Konservative in gleicher Weise bekämpften. Der Zeitpunkt der Wahlen, in dem noch viele Arbeiter wegen des Militärdienstes ihr Wahlrecht nicht ausüben konnten — unter dem unmittelbaren Einfluß der nach dem siegreichen Kriegsausgang herrschenden Hochstimmung, die wenig Verständnis für die von der Labour Party vertretene Politik der Gerechtigkeit und keine Besinnung auf die der Lösung harrenden sozialen Probleme aufkommen ließ — war für die Partei äußerst ungünstig. Angesichts dieser Tat-

---

[1]) Vgl. S. 551 fg.

[2]) History of Trade Unionism, 1920, S. 698.

[3]) Vgl. für das Folgende vor allem S. u. B. Webb, History, S. 699 ff.

sache und angesichts der Mängel ihrer Organisation im Vergleich zu den älteren Parteien war das Ergebnis — die Gewinnung von 60 Sitzen, d. h. doppelt soviel wie die Unabhängigen Liberalen zu sichern vermochten — nicht so unbefriedigend, wie es zunächst scheinen mag. Zahlreiche Stimmen gingen der Partei in Wahlkreisen verloren, in denen sie sich gegen die beiden anderen Parteien zu behaupten hatte; insgesamt erhielt sie fast $^1/_4$ aller abgegebenen Stimmen (etwa $2^1/_2$ Mill.), während der Regierungskoalition, für die nur doppelt soviele Stimmen abgegeben wurden, 8 mal soviele Sitze zufielen. Ein schwerer Schlag war es allerdings für die Partei, daß sich unter den ausgefallenen Kandidaten ihre hervorragendsten Führer, Mac Donald, Henderson [1]), Snowden, Anderson befanden. Bei verschiedenen Nachwahlen und vor allem bei den Munizipalwahlen im Jahre 1919 ist die Partei erfolgreich gewesen, so daß sie in einer großen Anzahl von städtischen Selbstverwaltungskörpern über die Mehrheit verfügt.

Eine Schwierigkeit für den Aufstieg der Arbeiterpartei, namentlich im Hinblick auf die Möglichkeit, daß sie in nicht allzu ferner Zeit zur Regierung berufen sein kann, liegt in dem Mangel an Persönlichkeiten, die sich zu parlamentarischen Führern eignen. Die Abgeordneten der Partei wurden bisher zum überwiegenden Teil dem Kreise der Gewerkschaftsbeamten entnommen, die meist ihre Gewerkschaftsarbeit neben der parlamentarischen Tätigkeit beibehalten und daher letzterer nur eine halbe Kraft widmen können; auch fehlt ihnen der für eine große Partei mit allgemeinen politischen Zielen notwendige weite Blick, die Großzügigkeit und Vertrautheit mit Fragen außerhalb des engeren Kreises der Arbeiterpolitik. Bildungseinrichtungen, die von der Arbeiterklasse allein oder unter ihrer Mitwirkung geschaffen worden sind, wie vor allem die Workers' Educational Association und Ruskin College in Oxford, sollen den künftigen politischen Führern aus den Reihen der Trade Unions das geistige Rüstzeug für die politische Tätigkeit vermitteln. Ein schwerer Nachteil gegenüber den anderen Parteien ist ferner die bereits erwähnte organisatorische und finanzielle Abhängigkeit der Labour Party von den Gewerkvereinen; diese sowie die übrigen Organisationen, die hinter der Labour Party stehen, brauchten bisher nicht

[1]) Henderson wurde 1919 bei einer Nachwahl in Lancashire wiedergewählt.

mehr als 2 d pro Mitglied jährlichen Beitrag zu zahlen. Der bescheidene Umfang ihrer Mittel hinderte die Partei einen Stab hauptamtlicher Parteibeamten anzustellen; sie war deshalb völlig auf den organisatorischen Apparat der Gewerkvereine angewiesen. Weiter behinderten innere Reibungen, namentlich Rivalitäten zwischen Parteileitung und Parlamentarischem Ausschuß des Gewerkvereinskongresses, die Schlagfertigkeit der Partei. Ende 1919 ist durch Beschluß eines außerordentlichen Gewerkvereinskongresses die Schaffung eines gemeinsamen Stabes der Arbeiterbewegung eingeleitet worden, dessen Aufgabe die Anbahnung einer engeren Zusammenarbeit zwischen den einzelnen Zweigen der Arbeiterbewegung — der gewerkschaftlichen, genossenschaftlichen und politischen Bewegung — und die Abgrenzung des gegenseitigen Tätigkeitsgebietes sein soll[1]). Bemerkenswert ist die Wendung zur Politik, die sich während des Krieges innerhalb des dritten Zweiges der englischen Arbeiterbewegung, der Genossenschaftsbewegung, vollzogen hat. Während sich die britischen Genossenschaften bis zum Kriege streng von jeder politischen Betätigung ferngehalten haben, beschloß der Genossenschaftskongreß in Swansea im Jahre 1917, daß die Genossenschaften künftig eine eigene Vertretung im Parlament und in den lokalen Vertretungskörperschaften anstreben sollten. Die Ursache für diesen weittragenden Beschluß war die Unzufriedenheit, ja Erbitterung, die in den Kreisen der Genossenschaften über die kriegswirtschaftlichen Maßnahmen der Regierung, vor allem über die Unterstellung der Konsumvereine unter das Kriegsgewinnsteuergesetz (Exceß Profits Duty) Wurzel gefaßt hatte. In Ausführung des Beschlusses wurde auf einer späteren Konferenz in London beschlossen, auf dem Wege der Umlage auf die einzelnen Konsumvereine einen parlamentarischen Fonds aufzubringen und eine besondere zentrale und lokale Organisation für die Zwecke der parlamentarischen Vertretung zu schaffen[2]). Wie weit diese Wendung der Genossenschaften praktische Wirkungen haben wird, läßt sich noch nicht übersehen. Zunächst war ein von allen politischen Parteien selbständiges Vorgehen ins

---

[1]) Webb, History, S. 574.

[2]) The New Statesman, October 27th 1917: A Revolution among Cooperators, ferner Cole, Introduction to Trade Unionism, S. 94; S. und B. Webb, The Consumers' Cooperative Movement. 1921, bes. S. 244—271.

Auge gefaßt. Da aber auf demselben Kongreß ein engeres Zusammengehen mit den Gewerkvereinen beschlossen wurde, und da zudem eine Reihe von Genossenschaften der Labour Party angeschlossen sind, werden die von der Genossenschaftsbewegung für politische Zwecke aufgebrachten Mittel in erster Linie dieser zu gute kommen.

Gemeinsam von Gewerkschaften, Arbeiterpartei, Genossenschaften und anderen der Arbeiterbewegung nahestehenden Organisationen wird das ursprünglich von der Fabian Society gegründete Labour Research Department unterhalten, an dessen Spitze einige der hervorragendsten geistigen Führer der neueren sozialen Bewegung Englands stehen. Neben einer laufenden Berichterstattung über alle wichtigen Vorgänge auf sozialem und wirtschaftlichem Gebiet liefert es der Bewegung vor allem das Rüstzeug für die politische Propagandatätigkeit.

Etwa seit 1912 hat eine neue sozialistische Theorie in England Verbreitung gefunden, deren Träger — meist jüngere Akademiker — zum Teil aus dem Kreise der Fabier hervorgegangen sind. Sie bezeichnen sich selbst als „nationale Gildenleute" (national Guildsmen), die von ihnen vertretene Lehre als Gildensozialismus[1]). Auch unter den jüngeren Führern der Gewerkvereine hat sie in wachsendem Maße Anhänger gefunden.

---

[1]) Die wichtigsten von Gildensozialisten stammenden Bücher sind: G. D. H. Cole, The World of Labour. 1. Aufl. 1913. „National Guilds", herausgegeben von A. R. Orage, London 1914. S. G. Hobson, Guild Principles in War and Peace, London 1917. A. J. Penty, Old Worlds for New. 1918. M. B. Reckitt und C. E. Bechhofer, The Meaning of National Guilds. Neu bearbeitet 1920. Cole, Self-Government in Industry, 1. Aufl. 1917. Derselbe, Labour in the Commonwealth, 1918. Cole und Mellor, The Meaning of Industrial Freedom, 1918. Cole, Social Theory, 1920. Derselbe, Chaos and Order in Industry, 1920. Derselbe, Guild Socialism Restated, 1920. R. H. Tawney, The Acquisitive Society. 1921. A. J. Penty, Post-Industrialism. 1922. In deutscher Übersetzung sind erschienen Cole, Selbstregierung in der Industrie. Berlin 1921. Schriften der englischen Gildenbewegung: 1. G. R. Stirling Taylor, Der Gildenstaat. Tübingen 1911. 2. A. J. Penty, Handel, Gewerbe und Landwirtschaft. 1922. Vgl. ferner S. und B. Webb, The History of Trade Unionism, 1920, S. 660—663; Ch. Leubuscher, Sozialismus und Sozialisierung in England, 1921, S. 58—102, und über

Der Gildensozialismus greift in seinem Ausgangspunkt auf die von Ruskin und William Morris in das soziale Denken Englands eingeführten Gedankengänge zurück[1]). Zwar stehen die meisten seiner Vertreter dem industriellen Großbetrieb nicht ausgesprochen feindlich gegenüber[2]), aber wie Ruskin und Morris wenden sie sich gegen die Verkrüppelung der Persönlichkeit, die Einengung der Initiative, die Tötung der Arbeitsfreude bei der Masse der Arbeiter unter den herrschenden Produktionsverhältnissen und zeigen eine gewisse Vorliebe für ältere wirtschaftliche Organisationsformen. An Morris erinnert auch die Geringschätzung praktischer sozialpolitischer Maßnahmen zur Heilung sozialer Schäden und die Betonung der Notwendigkeit, vor allem die geistige Durchdringung der Arbeiterschaft mit sozialistischen Gedanken zu bewirken und sie dadurch zu revolutionieren[3]). Die Wurzel alles sozialen Übels sehen die Gildensozialisten in der Auffassung der Arbeit als einer Ware und im Lohnsystem als dem praktischen Niederschlag dieser Auffassung, nicht so sehr wegen der unter dem Lohnsystem häufig ungünstigen wirtschaftlichen Lage des Arbeiters, sondern vor allem wegen der nachteiligen Rückwirkung auf seinen Charakter. „Armut ist das Symptom, Sklaverei ist das Übel. Der Gegensatz von Reichtum und Elend geht mit Naturnotwendigkeit aus dem Gegensatz von Zügellosigkeit und Sklaverei hervor. Die Masse ist nicht versklavt, weil sie arm ist,

---

die Anfänge der Bewegung C. K. Ogden, Der Syndikalismus in England. Archiv für Sozialwissenschaft und Sozialpolitik, Band 37, Heft 2, S. 424—482.

[1]) Über die bewußte Anknüpfung an Morris vgl. besonders Cole, Self-Government in Industry, S. 43—45. The World of Labour, S. 9.

[2]) Einzelne Gildensozialisten — besonders aus dem Kreis der Mitarbeiter der Wochenschrift „The New Age" — sind ausgesprochene Gegner der modernen Betriebsweise und verlangen die Rückkehr zu mittelalterlichen Betriebs- und Organisationsformen; die Gilden werden bei ihnen zu getreuen Nachbildungen der mittelalterlichen Zünfte. Vgl. besonders die Bücher von A. J. Penty. Aber auch ein der modernen Entwicklung nicht feindlich gesinnter Schriftsteller wie Cole glaubt, daß die Ideale der G.-S. sich leichter im Mittel- und Kleinbetrieb als im Großbetrieb verwirklichen lassen. Vgl. Self-Government in Industry, S. 232—234.

[3]) Vgl. Cole, Labour in the Commonwealth, S. 143.

sondern sie ist arm, weil sie versklavt ist"[1]). Dieses Übel bleibt nach Ansicht der Gildensozialisten auch unter dem von den älteren Fabiern befürworteten Staats- und Kommunalsozialismus bestehen, da auch unter ihm den Arbeitern jedes Mitbestimmungsrecht am Produktionsprozeß versagt bleibt. Sie treten deswegen im Gegensatz zu den Kollektivisten für eine Trennung des Eigentums an den Produktionsmitteln und der Betriebsführung ein. Das Eigentum soll durch Enteignung der Privatkapitalisten an die Gesamtheit, d. h. an den Staat, übergehen, die Aufgaben der Betriebsführung, die „Kontrolle der Industrie" dagegen soll den in dem betreffenden Industriezweig tätigen Kopf- und Handarbeitern übertragen werden. Die Gildensozialisten sind der Ansicht, daß der Staat schon jetzt mit wirtschaftlichen Aufgaben überlastet sei, denen er nicht gewachsen ist, daß daher eine „Funktionsteilung" auf Grund der natürlichen Gliederung der Gesellschaft stattfinden müsse; die wirtschaftlichen Tätigkeiten und Dienste soll der Staat an autonome Körperschaften der Produzenten delegieren[2]). Diese öffentlich rechtlichen Körperschaften, die sämtliche in einem Wirtschaftszweig tätigen Personen umfassen sollen, werden als G i l d e n bezeichnet. Sie sind in der Anordnung der Produktion und in der Regelung der Beziehungen zueinander völlig selbständig und genießen auf wirtschaftlichem Gebiet dieselbe Souveränität wie der Staat auf politischem Gebiet[3]). Aus ihren Überschüssen haben sie den Staatsbedarf aufzubringen als Entgelt für die ihnen vom Staat zur Verfügung gestellten Betriebsanlagen[4]). Die Macht der einzelnen Gilden beruht darauf, daß sie ein absolutes Arbeitsmonopol in ihrem Wirtschaftszweig besitzen. Zum Schutze des Interesses der Konsumenten werden in den verschiedenen Gildenorganen Vertretungen der Verbraucher vorgesehen, denen vor allem eine Stimme bei Festsetzung der Preise eingeräumt wird. Im einzelnen werden ihre Befugnisse von den einzelnen Gildensozialisten verschieden weit gezogen; doch

---

[1]) C o l e, Self-Government, S. 35.

[2]) Die Lehre von der Funktionsteilung, die nicht auf die wirtschaftlichen Aufgaben beschränkt bleibt, wird ausführlich dargelegt und begründet von C o l e, Social Theory, London 1920.

[3]) Vgl. C o l e, Self-Government, S. 145—147.

[4]) H o b s o n, Guild Principles, S. 60; C o l e, Self-Government, S. 238.

muß es zweifelhaft erscheinen, ob sie zu einer wirksamen Wahrung der Konsumenteninteressen gegenüber mächtigen Produzentenmonopolen imstande sein würden.

Die innere Organisation der Gilden ist nach demokratischen Grundsätzen aufgebaut. Die Grundlage jeder Gilde bildet die Verwaltung des Betriebes durch die in ihm Beschäftigten[1]). Auch die oberen Stufen der Gildenorganisation gehen aus Wahlen hervor; die Beamten der Gilde werden teils gewählt, teils von den Vertretungsorganen ernannt, jedoch steht auch in letzterem Falle den Mitgliedern ein weitgehender Einfluß zu[2]). Den einzelnen arbeitenden Mitgliedern tritt die Gilde nicht als Arbeitgeber gegenüber, sondern jeder Arbeiter ist gleichberechtigter Teilhaber der Gilde und als solcher Träger der Produktion. Durch Übertragung der Kontrolle der Industrie an die Produzenten glauben die Gildensozialisten nicht nur dem einzelnen Arbeiter Freude und Interesse an seiner Arbeit wiederzugeben und eine Neubelebung der Kunstfertigkeit im Sinne von Ruskin und Morris zu bewirken, sondern sie erwarten auch eine erhebliche Steigerung der Produktion, weil nur das durch die Selbstverwaltung gesteigerte Verantwortungsgefühl den höchsten Leistungsgrad gewährleiste und zudem die bisherigen Reibungen zwischen Kapitalisten und Arbeitern und die hierdurch bei letzteren erzeugte Unlust und Gleichgültigkeit am Arbeitsergebnis fortfallen würden[3]).

Die Zellen der neuen Wirtschaftsordnung sehen die Gildensozialisten in den Gewerkvereinen. Deswegen richten sie ihr Hauptaugenmerk auf die gewerkschaftlichen Organisations- und Verfassungsprobleme[4]) und fordern die Ersetzung des Berufsvereins

---

[1]) Cole, Self-Government, S. 95.

[2]) Im einzelnen weichen die Entwürfe für eine Gildenorganisation voneinander ab; vgl. Cole, Self-Government, S. 211—229; Orage, National Guilds, S. 141—151; Hobson, Guild Principles, S. 56.

[3]) Cole, Self-Government, S. 181 ff., World of Labour, S. 420.

[4]) Vgl. besonders Cole, The World of Labour, 4. Aufl. 1920. Derselbe, An Introduction to Trade Unionism, 1918. Derselbe, Self-Government in Industry, 3. Kap. Cole und R. Page Arnot, Trade Unionism on the Railways, 1917. S. G. Hobson,

von Facharbeitern durch den weiteren Rahmen des Industrieverbandes, da diese Organisationsform allein die Gewerkvereine befähigen würde, Träger der Produktion zu werden. Ferner wird die Einbeziehung der geistigen Arbeiter in die gewerkschaftliche Organisation angestrebt. In ihrer Stellungnahme zu den Gegenwartsproblemen der Gewerkvereine liegt die wichtigste praktische Wirkung der Gildensozialisten. Namentlich die zahlreichen Schriften von Cole sind weit in Gewerkvereinskreisen verbreitet worden und haben einen unverkennbaren Einfluß ausgeübt. Vor allem sind die von den Bergarbeitern und den Eisenbahnern ausgearbeiteten Sozialisierungspläne stark vom gildensozialistischen Gedanken beeinflußt. Aber auch von anderen Arbeitergruppen wird mit Nachdruck die Forderung nach einem Anteil an der Kontrolle der Industrie („a share in management“) erhoben.

Auch auf die kollektivistisch gerichteten englischen Sozialisten ist der Gildensozialismus nicht ohne Einfluß geblieben. So halten z. B. S. u. B. Webb in der Ausgabe von 1920 ihrer „History of Trade Unionism“ zwar an ihrer früheren Auffassung fest, daß die oberste Autorität in jedem Wirtschaftszweig der Gesamtheit und nicht einer Gruppe von Produzenten zustehen müsse, aber sie treten dafür ein, daß den Gewerkvereinen und sonstigen Berufsorganisationen ein gleicher Anteil wie den Vertretern der Konsumenten bei der Führung der Industrie eingeräumt wird, ohne sich auf einen bestimmten Organisationsplan festzulegen [1]).

79. Die Theorie des Bolschewismus [2]).

Die Bolschewisten oder, wie sie sich in Anknüpfung an die Frühzeit der sozialistischen Bewegung nennen, Kommunisten bezeichnen sich als die alleinigen wahren Hüter der Lehre von Karl Marx, die von allen anderen sozialistischen Richtungen verwässert

---

Guild Principles in War and Peace, 1917, S. 53 ff. Orage, National Guilds, S. 102 ff.

[1]) Webb, History, S. 715 ff. Einen eigenen, von gildensozialistischen Gedankengängen zweifellos beeinflußten Plan für einen Neuaufbau des Staats- und Wirtschaftslebens entwickeln die Webbs in ihrem Buch The Socialist Commonwealth of Great Britain. 1920. Vgl. Ch. Leubuscher, Sozialismus und Sozialisierung. S. 44—56.

[2]) Verfaßt von Frl. Privatdozent Dr. Ch. Leubuscher.

worden sei. Sie stützen sich bei diesem Anspruch auf den Marx des kommunistischen Manifestes, während sie die späteren Schriften von Marx, besonders seine Wertlehre, unberücksichtigt lassen. Vor allem haben sie die Marxistische Lehre vom Klassenkampf und von der Diktatur des Proletariats übernommen und ihr eine eigene, den russischen Verhältnissen angepaßte, von nichtbolschewistischer Seite aber stark angefochtene Auslegung gegeben[1]).

Trotz seines starken marxistischen Ideengehaltes läßt sich der Bolschewismus jedoch nicht ausschließlich als eine Weiterführung oder auch russische Umbildung des Marxismus erklären. Er trägt in viel höherem Grade nationalrussische Züge, wie sie durch die wirtschaftlich-soziale und geistesgeschichtliche Entwicklung Rußlands bedingt sind, als seine Anhänger und Befürworter außerhalb Rußlands meist Wort haben wollen. Vor allem hat der russische Anarchismus Einfluß auf Lehre und Taktik der Bolschewisten ausgeübt, so nachdrücklich auch diese einen Trennungsstrich zwischen sich und dem Anarchismus ziehen, und so sehr sie sich durch die starke Betonung der Zentralisation in wichtigen Punkten von den Anarchisten unterscheiden. Anarchistisch ist namentlich die Verneinung des Staates und der Demokratie, sowie die Neigung, trotz aller offiziellen Ablehnung des Terrors zur Erreichung der für richtig erkannten Ziele auch den Weg über Leichen nicht zu scheuen[2]); dagegen hat sich der kommunistische Anarchismus die Agitationsmethoden und Organisationsformen der Sozialdemokratie angeeignet[3]).

---

[1]) Auf die Widersprüche, die gerade hinsichtlich der Diktatur des Proletariats zwischen den Lehren von Marx und Theorie und Praxis der Bolschewisten bestehen, weisen besonders hin Mautner, Der Bolschewismus, 1920, S. 127 ff. Derselbe, Bolschewismus und Marxismus, Schmollers Jahrbuch, 44. Jahrg., 1. Heft, S. 29 ff. Karl Diehl, Die Diktatur des Proletariats und das Rätesystem, 1920, S. 29—62.

[2]) So erklärt Lenin ausdrücklich, daß die Bolschewisten den individuellen Terror nur „aus Gründen der Zweckmäßigkeit", nicht aber grundsätzlich ablehnen. Vgl. Lenin, „Der Radikalismus, die Kinderkrankheit des Kommunismus", S. 15.

[3]) Über die Geistesverwandtschaft zwischen Anarchismus und Bolschewismus vgl. besonders Hirschberg, Bolschewismus, S. 96—98, ferner Masaryk II, S. 364 und N. E. Verow, Die Staatsauffassung der Bolschewiki. N. Z., 37. Jahrg., 2. Bd., S. 6 ff.

Hierbei kann es dahin gestellt bleiben, welche der beiden Bewegungen mehr von der andern übernommen hat. Masaryk[1]) kommt zu dem Schluß, daß zwar der individuelle Anarchismus unsozialistisch sei, daß aber der kommunistische Anarchismus, der sich seit 1901 immer mehr ausgebreitet und auch auf die Arbeiterschaft übergegriffen habe, ein System des Sozialismus darstelle und im Marxismus wurzele. Wichtig für das Verständnis des Bolschewismus ist nur, daß beide, kommunistischer Anarchismus und extremer Marxismus, in Rußland demselben Boden entsprossen sind, der revolutionären Stimmung gegen den Absolutismus, und das Gepräge einer Kampfesweise tragen, die sich infolge der in Rußland üblichen Unterdrückung jeder oppositionellen Bewegung vielfach „unterirdisch" in Geheimbünden und Verschwörerzirkeln betätigen mußte[2]). Wenn, wie Masaryk bemerkt, der Anarchismus heute sozialistischer, kommunistischer als früher geworden ist, so kann andererseits der russische Sozialismus seine Geistesverwandtschaft mit dem Anarchismus nicht verleugnen. Nicht nur Marx sondern auch Bakunin ist sein Stammvater.

Neben der geistesgeschichtlichen Vergangenheit des russischen Sozialismus ist der Bolschewismus in weitem Maße bestimmt durch die Struktur der russischen Gesellschaft, den wirtschaftlichen Entwicklungsgrad des Landes. Ausschlaggebend ist vor allem die Tatsache, daß die Industriearbeiterschaft in Rußland nur einen ganz geringen Bruchteil der Bevölkerung darstellt, daß es sich also bei ihrer Erhebung keinesfalls um „die selbständige Bewegung der ungeheuren Mehrzahl im Interesse der ungeheuren Mehrzahl handelt," daß sie aber an wenigen Brennpunkten des Wirtschaftslebens konzentriert ist. So mußte sich in Rußland ähnlich wie in den romanischen Ländern eine Theorie der aktiven Minderheit ausbilden, die allein handelnd auftritt und die schwerfällige Masse — in Rußland vor allem der Bauern — mit sich fortreißt. Mit demselben Rechte, mit dem man den französischen revolutionären Syndikalismus aus den organisatorischen und finanziellen Mängeln der französischen Gewerkschaftsbewegung zu erklären versucht hat, kann man den Bolschewismus als einen Ausfluß der zahlenmäßigen Schwäche und der kulturellen und wirtschaftlichen Rückständigkeit der russischen

[1]) II, S. 379 ff.
[2]) Masaryk II, S. 365.

arbeitenden Schichten bezeichnen. Indem der Bolschewismus es unternimmt, den Marxismus nicht nur theoretisch zu vertreten, sondern ihn auch auf russischem Boden in die Praxis zu überführen, ist er ferner genötigt, seine für eine im Klassenbewußtsein fortgeschrittene Industriearbeiterschaft geprägte Lehre so umzudeuten, daß sie auch in einem überwiegenden Agrarland wie Rußland Anwendung finden kann. Dieser Zwang hat namentlich in der Praxis zu weitgehenden Abweichungen vom bolschewistischen Programm geführt, über die später zu sprechen sein wird.

Die Betrachtung des kommunistischen Lehrgebäudes wie der kommunistischen Politik hat zwei Stadien der Entwicklung zu unterscheiden: 1. das Stadium, in dem der Bolschewismus im Kampfe gegen die bisher herrschenden Klassen steht und alle Mittel auf ihre Niederwerfung konzentriert, 2. die Zeit, in der nach Erreichung dieses Zieles die Ausgestaltung und das Leben des kommunistischen Gemeinwesens einsetzt, d. h. eines Gemeinwesens, in dem jede wirtschaftliche Ausbeutung fortgefallen ist, in dem die Produktion planmäßig vor sich geht und die Verteilung der Konsumgüter nach Maßgabe der Bedürfnisse erfolgt. In der Praxis lassen sich beide Zeitabschnitte naturgemäß nicht so scharf trennen wie in der Theorie; vielmehr geht die Einführung kommunistischer Grundsätze neben der Bekämpfung der herrschenden Schichten her. Der erste Zeitabschnitt ist soweit gleichzeitig Ziel und Weg zum Endziel. Über seine Dauer drücken sich die Vertreter des Kommunismus sehr unbestimmt aus; Radek spricht von mindestens einer Generation[1]), nach dem von Bucharin dargelegten Programm der Kommunisten[2]) wird er dauern, „solange die Arbeiterklasse ihre Herzen noch nicht gezügelt, bis sie die ganze Bourgeoisie eingedrillt, bis sie ihr allen Hochmut ausgetrieben, bis sie jegliche Hoffnung der Bourgeoisie, wieder zur Macht zu gelangen, vernichtet hat."

Das Ziel des Kommunismus im ersten Zeitabschnitt ist die Aufrichtung und Befestigung der Diktatur des Proletariats auf politischem und auf wirtschaftlichem Gebiete. Diese ist notwendig, um dem Kapitalisten nicht nur die politische Macht zu entreißen, sondern um ihm auch wirtschaftlich das Rückgrat zu brechen, da der

---

1) Radek, Die Entwicklung des Sozialismus von der Wissenschaft zur Tat, S. 17.

2) S. 16.

Bolschewist den marxistischen Standpunkt vertritt, daß die wirtschaftliche Machtverteilung bestimmend für die gesellschaftlichen Herrschaftsverhältnisse ist. Das Mittel zur Erreichung dieses Zieles ist die politische Entrechtung und die wirtschaftliche Erdrosselung der Bourgeoisie. Der Kampf zur Aufrichtung der Diktatur des Proletariats wird somit gleichzeitig auf politischem und auf wirtschaftlichem Gebiet geführt. Auf politischem Gebiet gilt es, den Klassenstaat der Kapitalisten zu beseitigen, und zwar nicht nur derart, daß Mitglieder des Proletariats in die bisher von Kapitalisten versehenen Posten einrücken, sondern die gesamte Staatsmaschine der Bourgeoisie muß zertrümmert werden[1]). Vor allem sind die Machtmittel des bürgerlichen Staates, Beamtentum und stehendes Heer, zu beseitigen. Auch die äußere Verfassungsform des modernen kapitalistischen Staates, die Demokratie, ist zu verwerfen, da sie in Wahrheit nichts als „die denkbar beste Umhüllung des Kapitalismus“ ist[2]). Da die Bourgeoisie kein Mittel unterlassen wird, die ihr entrissene Machtstellung zurückzuerobern, „bedarf die Sache der Revolution und der Errichtung der kommunistischen Ordnung notwendig des eisernen Apparates der Arbeiterdiktatur“; „in den Händen der Arbeiterklasse ist die Staatsmacht eine Axt, die sie bereit hält gegen die Bourgeoisie“[3]).

Der äußere Rahmen, in dem sich die Macht der Arbeiterklasse auswirkt, ist die Räteverfassung. Sie unterscheidet sich von der parlamentarischen Republik dadurch, daß sie die Trennung zwischen Gesetzgebung und Verwaltung aufhebt und fest in den Massen der Arbeiter und armen Bauern verankert wird[4]). Nur diese erhalten Stimmrecht und Anteil an der Staatsverwaltung. Die Wahleinheit und Grundzelle des Staates bildet nicht ein territorialer Begriff, sondern eine Produktionseinheit[5]). Durch die Möglichkeit, die gewählten Vertreter zu überwachen und jederzeit abzuberufen, bleibt die Masse der Wähler in ständiger Fühlung mit der Leitung der öffentlichen Angelegenheiten[6]). Da das städtische Industrieprole-

[1]) Vgl. Lenin, Staat und Revolution, S. 25, 27.

[2]) Lenin, ebenda, S. 13.

[3]) Bucharin, S. 18, 19.

[4]) Derselbe, S. 20 ff.

[5]) Programm der kommunistischen Partei Rußlands vom Mai 1919, S. 9.

[6]) Lenin, Die nächsten Aufgaben der Sowjetmacht, S. 49, 51.

tariat „als der am meisten konzentrierte, geschlossene, aufgeklärte und im Kampf gestählte Teil der werktätigen Massen" zur Führung in der Revolution berufen ist, wird ihm in der Räteverfassung ein Mehrstimmrecht eingeräumt, das ihm trotz seiner zahlenmäßigen Schwäche das Übergewicht in den Räten sichert. Dies gilt namentlich hinsichtlich der Zusammensetzung des Zentralexekutivkomitees. Der schärfste Kampf wird jeder Bürokratie angesagt. Um zu verhindern, daß sich nach Zertrümmerung des bürgerlichen Staates eine neue Bürokratie bildet, müssen die Verwaltungsfunktionen so vereinfacht werden, daß sie von den Arbeitern ohne besondere Vorbildung als reine Registrier- und Kontrollmaßnahmen wahrgenommen werden können[1]). Der Kapitalismus hat durch die Vervollkommnung des technischen Verwaltungsapparates dem Kommunismus in dieser Richtung bereits weitgehend vorgearbeitet[2]). Indem die Verwaltung aufhört, Sonderfunktion einer bestimmten Schicht zu sein, wird das allmähliche Absterben des Staates als Zwangsanstalt angebahnt, und je mehr Angehörige der arbeitenden Klasse sich den Aufgaben der „Kontrolle und Buchhaltung" widmen, um so mehr wird dieser von den Kommunisten erstrebte Absterbeprozeß beschleunigt.

Auch die übrigen in der Demokratie jedem Staatsbürger zustehenden Rechte, wie das Vereins- und Versammlungsrecht, die Preßfreiheit, ja das Recht der Freizügigkeit und der persönlichen Freiheit, sind den Kapitalisten in der Übergangszeit zu entziehen[3]).

Die Arbeiterklasse braucht die politische Macht, um das wirtschaftliche Hauptziel des Kommunismus zu verwirklichen, die Vergesellschaftung der Produktionsmittel. Zu diesem Zwecke sind die Kapitalisten ohne Entschädigung zu enteignen. Die enteigneten Güter sollen nicht unter die bisher Besitzlosen aufgeteilt, sondern Eigentum der Gesellschaft werden, die als eine „ungeheure Arbeitsgemeinschaft"[4]) anzusehen ist. Ebenso hat die Verteilung der Produkte planmäßig und unter strengster Kontrolle der Gesellschaft zu erfolgen. Die bei Regelung der Produktion und der Verteilung notwendigen Kontroll- und Registrierungsmaßnahmen dürfen ausschließ-

---

[1]) a. a. O., S. 52.

[2]) Lenin, Staat und Revolution, S. 44.

[3]) Bucharin, Programm, S. 27.

[4]) Ebenda, S. 11.

lich von Arbeitern wahrgenommen werden[1]). Diese Periode des Überganges, die politisch durch die Unterdrückung und Entrechtung der Bourgeoisie bis zur Ausrottung, wirtschaftlich durch ein System weit verzweigter Überwachungsmaßnahmen gekennzeichnet ist, wird im Unterschiede zu dem in vollem Umfange durchgeführten Kommunismus als die Periode des Sozialismus bezeichnet[2]). Auf sie folgt die Phase des eigentlichen Kommunismus. Sie ist erreicht, wenn auf politischem Gebiete der Staat aufgehört hat zu existieren und das gesamte gesellschaftliche Leben in eine Reihe einfachster Kontroll- und Rechnungsfunktionen aufgelöst ist, die von der Gesamtheit der Mitglieder in arbeitsfreien Stunden nebenamtlich versehen werden. „Zum Sozialismus strebend, sind wir überzeugt, daß er zum Kommunismus hinüberwachsen muß und im Zusammenhang damit jede Notwendigkeit einer Vergewaltigung der Menschen überhaupt, einer Unterordnung eines Menschen unter den andern, eines Teiles der Bevölkerung unter den andern, wird verschwinden müssen, denn die Menschen werden sich gewöhnen, die elementaren Regeln des gesellschaftlichen Zusammenlebens ohne Vergewaltigung und ohne Unterordnung innezuhalten[3]).

Während auf wirtschaftlichem Gebiet in der ersten sozialistischen Phase nur die Ausbeutung, die in dem Privateigentum an den Produktionsmitteln wurzelt, beseitigt werden kann, wird unter dem Kommunismus auch die weitere wirtschaftliche Ungerechtigkeit ausgetilgt werden, die darin besteht, daß die Verteilung der Konsumtionsmittel auf Grund der geleisteten Arbeit und nicht nach den Bedürfnissen erfolgt[4]). In der kommunistischen Gesellschaft „wird jeder frei nehmen nach seinen Bedürfnissen." Dies wird möglich sein, weil dann jeder nach seinen Fähigkeiten freiwillig tätig sein wird, und weil zu erwarten ist, „daß die Expropriation der Kapitalisten unzweifelhaft eine erstaunliche Entwicklung der Produktivkräfte der menschlichen Gesellschaft zur Folge haben wird"[5]). Die kommunistische Wirtschaft ist „die Benutzung aller Produktivkräfte nach einem Plan im Interesse der Volksmassen", deswegen ist auch

---

1) Lenin, a. a. O., S. 91.
2) Ebenda, S. 92.
3) Ebenda, S. 75.
4) Ebenda, S. 87.
5) Ebenda, a. a. O., S. 90.

der Kommunismus der einzige Weg, um aus dem Elend der durch den Krieg zerrütteten kapitalistischen Wirtschaft herauszukommen[1]). Mit dem kapitalistischen Staat und der kapitalistischen Wirtschaft hört auch die Bedeutung des Geldes für das gesellschaftliche Zusammenleben auf, denn „je mehr die Arbeiter sich der Produktion und der Verteilung des Produkts bemächtigen, desto geringer wird die Notwendigkeit des Geldes", unter dem vollkommen durchgeführten Kommunismus aber verwandelt sich die Gesellschaft „in eine ungeheure Arbeitergenossenschaft, die produziert und das Produzierte verteilt ohne jegliche Produktion von Gold- oder Papiergeld." In der sozialistischen Übergangszeit stellen dagegen Geldwesen und Finanzen eines der wichtigsten Mittel zur wirtschaftlichen Vernichtung der Bourgeoisie dar. Durch konfiskatorische Einkommens- und Vermögenssteuern, durch häufige Auferlegung von Kontributionen und durch wiederholte Einziehung der Geldzeichen und Zurückbehaltung eines mit der Höhe des eingereichten Betrages progressiv steigenden Teiles beim Umtausch in neue Zeichen sind ihre wirtschaftlichen Grundlagen zu untergraben. In dem Maße, in dem dieses Ziel erreicht wird, schwinden auch die Steuerquellen, aber mit fortschreitender Sozialisierung braucht der Staat kein Geld mehr, „das Geld hört überhaupt auf, nötig zu sein. Also hört es auch auf, der Regierung notwendig zu sein. Die Finanzwirtschaft stirbt ab"[2]).

Diese höhere Phase des Kommunismus läßt sich nicht durch einen Gesetzesakt einführen; man kann ihr nur durch vorbereitende Maßnahmen den Weg bahnen, damit sie sich aus der Phase des Sozialismus von selbst entwickelt[3]). Diese dagegen stellt durchaus das Ergebnis zielbewußten Handelns dar und zwar des Wollens und Handelns einer Minderheit. Hier ist der Punkt, in dem der bolschewistische Kommunismus am weitesten den Boden des Marxismus, den er rein wiederzugeben behauptet, verläßt, und in dem am stärksten der Einfluß der russischen Geisteswelt und realen Verhältnisse zum Ausdruck kommt. Auch Marx wollte den Sozialismus über die Diktatur des Proletariats verwirklichen, aber erst nachdem das Proletariat die überwältigende Mehrheit im Rahmen der Demokratie erlangt hat; das allgemeine Wahlrecht ist ihm und Engels

---

[1]) Radek, a. a. O., S. 14.

[2]) Bucharin, a. a. O., S. 56—59.

[3]) Lenin, a. a. O., S. 91.

das Mittel, um das Proletariat in den Besitz der politischen Macht zu setzen [1]). Unter dem Zwang der russischen Verhältnisse wurde jedoch der Bolschewismus, wie bereits angedeutet, zu einer Theorie der aktiven Minderheit. Nur die werktätige Bevölkerung soll politische Rechte haben; aus dieser aber wird das industrielle Proletariat als der aktivste Bevölkerungsteil herausgehoben; indessen, auch nicht die Industriearbeiter in ihrer Gesamtheit, die bei dem geringen Bildungsgrad und der organisatorischen Rückständigkeit der russischen Arbeiterschaft auch gar nicht hierzu imstande wären, sollen die Herrschaft ausüben, sondern nur „der Vortrupp des Proletariats" (Lenin), der in der kommunistischen Partei organisiert ist. In Wahrheit liegt also nicht eine Klassen-, sondern eine Parteidiktatur vor [2]). Ihre Aufgabe ist es, „die Macht an sich zu nehmen und das ganze Volk zum Sozialismus zu führen, die neue Ordnung zu leiten und zu organisieren, Lehrer, Leiter und Führer aller Werktätigen und Ausgebeuteten bei Gestaltung ihres gesellschaftlichen Lebens ohne und entgegen der Bourgeoisie zu sein" [3]). Da aber innerhalb der kommunistischen Partei selbst der straffste Zentralismus herrscht, bei dem alle Gewalt in den Händen des Zentralkomitees zusammengefaßt und jedes Eigenleben der lokalen Organisationen unterdrückt ist, so bedeutet die kommunistische Lehre in ihrer Anwendung auf den Staat tatsächlich die Diktatur weniger Personen. Bereits 1904 hat Rosa Luxemburg die Taktik dieser ultrazentralistischen Richtung, damals in bezug auf die Parteiorganisation, charakterisiert als „einerseits scharfe Heraushebung und Absonderung des organisierten Trupps der ausgesprochenen und tätigen Revolutionäre von dem sie umgebenden, wenn auch unorganisierten, aber revolutionär aktiven Milieu, andererseits die straffe Disziplin und die direkte, entscheidende und bestimmende Einwirkung der Zentralbehörde in allen Lebensäußerungen der lokalen Organisation der Partei." Sie hat darauf hingewiesen, daß die Allmacht eines derartigen Zentralkomitees in Wahr-

[1]) Vgl. Mautner, Bolschewismus und Marxismus, S. 59 und 61.

[2]) Ebenda, S. 64. Diese Tatsache wird auch von den Führern der Bolschewisten offen zugegeben; vgl. Lenin, Der Radikalismus als Kinderkrankheit, S. 28.

[3]) Lenin, a. a. O., S. 25.

heit nur die Übertragung des Gewaltprinzips des russischen Absolutismus auf revolutionären Boden darstellt[1]).

Ein weiterer grundlegender Punkt, in dem die marxistische Lehre mit Rücksicht auf die Rückständigkeit der industriellen Entwicklung Rußlands eine Umbiegung erfahren hat, betrifft den Reifegrad für den Eintritt in die soziale Revolution.

Während nach Marx der Übergang zum Sozialismus erst nach höchster Entfaltung aller produktiven Kräfte im Rahmen der kapitalistischen Wirtschaftsform stattfinden kann, wird in völliger Umkehr der marxistischen Entwicklungslehre behauptet, daß die sozialistische Revolution leichter in Ländern mit junger kapitalistischer Organisation als in solchen mit starkem, gefestigten Kapitalismus durchführbar sei; derartige Länder seien die „Durchbruchspunkte des Sozialismus“[2]). Bereits 1908 hatte Trotzky[3]) ausgeführt, es komme beim Übergang zum Sozialismus nicht auf den zahlenmäßigen Anteil des Proletariats an der Gesamtbevölkerung an, entscheidend sei vielmehr seine Bedeutung in den Hauptproduktionszweigen des Landes. Diese ist aber um so größer, je mehr die Industrie in wenigen großen Betrieben konzentriert ist. Deswegen ist das russische Proletariat zur führenden politischen Stellung berufen, obgleich es nur etwa 15% der Bevölkerung ausmacht, ein Prozentsatz, bei dem das Proletariat in anderen europäischen Staaten in der ersten Hälfte des 19. Jahrhunderts unfähig zu selbständiger politischer Aktion war. Bei der Schwäche der russischen Bourgeoisie hat das russische Proletariat mehr Aussicht bei einer revolutionären Erhebung zur Herrschaft zu gelangen als diese. Einmal im Besitz der Macht, muß es sich aber das Proletariat angelegen sein lassen, die russische Volkswirtschaft baldmöglichst auf den Entwicklungsgrad, welcher der Reife zum Sozialismus entspricht, zu bringen[4]). Um sich zu behaupten, genügt es, daß die proletarische Armee stark genug ist, die gegenrevolutionäre Armee des Kapitals zu besiegen und die gleichgültige, unentschiedene Menge auf die Seite des Proletariats zu ziehen[5]). Auch eine

---

[1]) „Organisationsfragen der russischen Sozialdemokratie“, N. Z. 1904, S. 484 ff. und 529 ff.

[2]) Radek, a. a. O., S. 15.

[3]) Perspektiven der russischen Revolution (russisch). 1908.

[4]) a. a. O., S. 40 ff.

[5]) a. a. O., S. 64.

moralische Erziehung des Proletariats zum Sozialismus braucht der Ergreifung der Macht nicht voranzugehen; der Sozialismus ist vielmehr Voraussetzung für die Entstehung einer neuen sozialistischen Denkweise [1]).

Die sich aus den besonderen Verhältnissen Rußlands ergebende Lehre, daß der Übergang zum Sozialismus unbedingt das Werk einer Minderheit sein wird und von dieser der Mehrheit der Bevölkerung unter Umständen aufgezwungen werden muß, führt notwendigerweise zur Gewaltpolitik; ja der Bolschewismus scheint im Gegensatz zum Marxismus, der auch friedliche Revolutionen kennt, die Möglichkeit eines anderen Vorgehens gar nicht ins Auge zu fassen. „In Wirklichkeit hat der Klassenkampf stets und unvermeidlich die Form des Bürgerkrieges angenommen, und der Bürgerkrieg ist undenkbar sowohl ohne Zerstörungen der schlimmsten Art wie auch ohne Terror und Einschränkungen der formalen Demokratie im Interesse des Krieges“ [2]). „Die Revolution diskutiert nicht mit ihren Feinden, sie zerschmettert sie“ [3]). Charakteristisch wiederum für die russischen Verhältnisse ist, daß fast ausschließlich von einer gewaltsamen Bekämpfung der dünnen Schicht der Bourgeoisie gesprochen wird, während die große ländliche Bevölkerung auf friedlichem Wege gewonnen werden soll [4]).

Da der Kommunismus den bürgerlichen Staat und die kapitalistische Wirtschaftsform grundsätzlich bekämpft, kann er sich nicht mit ihrer Niederringung in einem einzelnen Lande begnügen, schon deshalb nicht, weil die eigene niedergeworfene Bourgeoisie sich zur Wiedererlangung der verlorenen Stellung mit ausländischen Bourgeoisien verbinden wird. Es ist daher für die proletarische Diktatur ein Gebot der Selbsterhaltung, mit den Waffen wie gegen ihre inneren so auch gegen äußere Feinde vorzugehen und zwar ebenso wie gegen diese nicht nur defensiv, sondern auch offensiv. „Das Programm der kommunistischen Partei ist nicht nur das Programm

---

1) a. a. O., S. 78.

2) Lenin, Brief an die amerikanischen Arbeiter, zitiert bei Mautner, a. a. O., S. 245.

3) Radek, a. a. O., S. 21. Vgl. auch Bucharin, a. a. O., S. 16 und 18. Lenin, Der Radikalismus als Kinderkrankheit, S. 6.

4) Vgl. Trotzky, Perspektiven, S. 46.

der Befreiung des Proletariats eines Landes — es ist das Programm der Befreiung des Proletariats der ganzen Welt, denn es ist das Programm der internationalen Revolution"[1]). In der ganzen Welt ist deswegen die internationale Revolution zu fördern auf dem Wege der revolutionären Propaganda, durch Unterstützung von Streiks und Aufständen in imperialistischen Ländern und in ihren Kolonien[2]). Indem die russischen Kommunisten sich bewußt sind, zum erstenmal den Widerstand der Bourgeoisie in einem Lande nachhaltig gebrochen und die Diktatur des Proletariats aufgerichtet zu haben, glauben sie die typischen konkreten Formen für die Durchführung der sozialen Revolution geschaffen zu haben[3]), und leiten daraus den Anspruch ab, gegenüber dem Proletariat anderer Länder als Lehrmeister aufzutreten. Sie verlangen deswegen auch von anderen kommunistischen oder sozialistischen Parteien, die sich der von ihnen geleiteten 3. (Moskauer) Internationale anschließen, in bezug auf Organisation und Taktik unbedingte Unterwerfung unter ihr Gebot[4]).

80. Der Bolschewismus in der Praxis[5]).

Die Politik der Bolschewisten stieß von Beginn ihrer Regierungstätigkeit an auf den inneren Widerspruch, daß ihre Lehre in Voraussetzung und Endziel auf das Vorhandensein einer zahlreichen großindustriellen Arbeiterschaft gegründet war, daß sie es aber unternommen hatten, ein Land zu regieren, dessen Bevölkerung zu 75 % aus Bauern besteht. Wie jeder russischen Regierung trat ihnen als das am dringlichsten lösungheischende Problem die Agrarfrage, die

---

[1]) Bucharin, S. 75.

[2]) a. a. O., S. 77.

[3]) Radek, a. a. O., S. 18; N. Bucharin, Ökonomik der Transformationsperiode, 1922, sieht in der russischen Entwicklung „die erste erfahrungsgemäße Bestätigung" für die mit allgemeingültiger Gesetzmäßigkeit zu durchlaufenden Phasen der sozialistischen Revolution. S. 75.

[4]) Vgl. Leitsätze und Statuten der Kommunistischen Internationale, 1920. Vgl. die Ausführungen über die 3. Internationale, S. 647—653. Charakteristisch für den lehrhaften Ton, der von den Bolschewisten gegenüber ausländischen Parteien angewendet wird, ist besonders die Schrift Lenins, Der „Radikalismus, die Kinderkrankheit des Kommunismus", 1920.

[5]) Verfaßt von Frl. Privatdozent Dr. Ch. Leubuscher.

Befriedigung des Landhungers der Masse der russischen Bauern, entgegen. Die Bolschewisten suchten zunächst auch diese Kernfrage der russischen Volkswirtschaft wenigstens teilweise im Sinne der marxistischen Doktrin durch Beseitigung des Privateigentums am Grund und Boden zu lösen. Das „Grundgesetz über die Sozialisierung des Bodens“ vom 19. Februar 1918 hob jedes Privateigentum am Boden, auch das bäuerliche, auf und übertrug die Verwaltung des Landes Dorfagrarkomitees und Bauernkreisräten. Als „Agrarfonds des ganzen Volkes“ sollte das Land periodisch neu aufgeteilt werden, derart, daß jeder Bauer soviel erhielt, als er selbst bebauen konnte; die Verwendung fremder Arbeitskräfte wurde verboten. Daneben sollten einzelne Staats- und Krongüter als staatliche Groß- und Musterbetriebe von den örtlichen Sowjets bewirtschaftet werden. Ihre Zahl ist niemals groß gewesen [1]).

Tatsächlich bemächtigten sich die Bauern des Landes der Großgrundbesitzer, betrachteten es jedoch als ihr Privateigentum, ohne vielfach imstande zu sein, es mit dem vorhandenen Inventar an Maschinen und mit den verfügbaren menschlichen und tierischen Arbeitskräften in voller Ausdehnung zu bebauen. Die Folge war ein erheblicher Rückgang der Ernteerträge, die zwar bis zu der Mißernte in den Jahren 1920/21 für den Eigenbedarf der ländlichen Bevölkerung ausreichten, aber nur geringe Überschüsse für die Ernährung der Städte lieferten, wo die Preise für die Mittel des täglichen Lebensbedarfs eine phantastische Höhe erreichten, der Schleichhandel trotz des staatlichen Getreidehandelmonopols blühte und die Schrecken des Hungers um sich griffen.

Die Maßnahmen, die von den bolschewistischen Machthabern angeordnet wurden, um die Bauern zu reichlicheren Ablieferungen zu zwingen, gingen von äußerster Strenge und Gewalt aus und endeten mit dem Versuche, Kompromisse mit den Bauern zu schließen und sie an der Erhaltung der Räteregierung zu interessieren. In den ersten Monaten wurden bewaffnete Arbeiterbataillone zu gewaltsamen Requisitionen auf das Land geschickt; gleichzeitig versuchte man, den Gegensatz zwischen den wohlhabenden Bauern und der sog. Dorfarmut zu vertiefen und nutzbar zu machen, indem man die arme Landbevölkerung an den Requisitionen und an ihren Er-

[1]) Vgl. Otto Bauer, Bolschewismus oder Sozialdemokratie, S. 41.

gebnissen beteiligte[1]). Doch scheint es den Bolschewisten nicht gelungen zu sein, den Klassenkampf auf das Land zu tragen, vielmehr haben ihre eigenen Maßnahmen einen Ausgleich der Besitzunterschiede auf dem russischen Dorfe durch Stärkung des Elementes der mittleren und kleineren Eigentümer bewirkt[2]). Nach dem Scheitern der Gewaltpolitik erklärte Lenin öffentlich, daß es darauf ankomme, den Bauern die Vorzüge der kommunistischen Landwirtschaft zu beweisen, und daß man ihnen den Sozialismus nicht mit Gewalt aufzwingen könne[3]). Das Dekret vom 4. Juni 1920 sprach jedem Bauern soviel Land zur Benutzung zu, als er bebauen kann, auch wenn dadurch die für das betreffende Gebiet aufgestellte Norm überschritten wird; damit wurde tatsächlich der von den Bauern eigenmächtig herbeigeführte Zustand legitimiert[4]). Die Bauern zeigten sich um so weniger geneigt, ihre Erzeugnisse in die Städte zu liefern, als sie infolge des Stockens und des Rückganges der industriellen Produktion weder die erforderlichen landwirtschaftlichen Maschinen und Geräte noch sonstige von ihnen benötigte Fabrikate erhalten konnten. Sie waren nur noch bereit, landwirtschaftliche Erzeugnisse auf dem Wege des Naturaltausches gegen Industrieprodukte abzugeben, ein Zustand, der gleichfalls von der Räteregierung als zu Recht bestehend anerkannt worden ist, indem sie selbst eine staatliche Sammel- und Verteilungsstelle für Industrieprodukte geschaffen hat, die gegen eine entsprechende Menge von Nahrungsmitteln auf das Land abgegeben werden[5]). Die Schwierigkeiten, anders als durch Naturaltausch Nahrungsmittel vom Lande zu erhalten, waren so groß, daß die Arbeiter verschiedener Fabriken die Zuweisung von Fabrikaten verlangt haben, um sich damit Nahrungsmittel beschaffen zu können[6]). Einen scharfen Bruch mit der bisher von der Räteregierung befolgten Wirtschaftspolitik bedeutete die Einführung der

---

[1]) Vgl. O. Bauer, S. 36. Kaplun-Kogan, Russisches Wirtschaftsleben seit der Herrschaft der Bolschewiki, 1919, S. 195 ff.

[2]) Vgl. Galin, Sowjetrußland in der Wirklichkeit, 1920, S. 38; Lenin, Über die Naturalsteuer. Russische Korrespondenz, Jahrg. 1921, Nr. 5.

[3]) Diehl, a. a. O., S. 103.

[4]) Galin, a. a. O., S. 37.

[5]) Kaplun-Kogan, a. a. O., S. 59.

[6]) Kaplun-Kogan, S. 62.

Naturalsteuer im Frühjahr 1921, einer progressiv nach Ackergröße, Bodenertrag und Kopfzahl gestaffelten Grundsteuer, deren Gesamthöhe kontingentiert ist. Sie trat an die Stelle des Ablieferungszwanges für den gesamten den Eigenbedarf der bäuerlichen Familie überschreitenden landwirtschaftlichen Ertrag; über den nicht von ihr erfaßten Teil seines Produktes ist dem Bauern freie Verfügung eingeräumt. Durch Wiederherstellung des freien Handels hofften die bolschewistischen Machthaber, den Bauern den als volkswirtschaftlich dringend notwendig erkannten Anreiz zu intensiverer Bodennutzung zu geben und den Städten die auf dem Wege des Zwanges nicht beizutreibenden Nahrungsmittel zu sichern[1]).

Wurden die Bolschewisten zur Beschäftigung mit der Landfrage nur durch die Eigenart der russischen Verhältnisse gedrängt, so bildete die Großindustrie ihr natürliches Wirkungsfeld. Das Ziel mußte hier die Überführung der Produktionsmittel in den Besitz der Gesamtheit und ihre Nutzbarmachung durch die politisch organisierte Arbeiterklasse sein. Die erste einschneidende Maßnahme in dieser Richtung war das Dekret vom 16. November 1917 über die Arbeiterkontrolle, durch das sämtliche Anordnungen der Betriebsleitung der Aufsicht eines von der Arbeiterschaft aus ihrer Mitte gewählten Betriebsrates unterstellt wurden; über den Betriebsräten selbst war ein aus Vertretern der Arbeiterorganisationen gebildetes System von Stadt- und Gouvernementsräten mit einem „allrussischen Rat der Arbeiterkontrolle" an der Spitze vorgesehen[2]). Die Unternehmungen, deren Leiter sich der Kontrolle der Räte widersetzten, wurden von den Arbeitern enteignet und von diesen selbst in Betrieb genommen. Zu einer planmäßigen Sozialisierung ganzer Produktionszweige schritt man erst vom Frühjahr 1918 ab; namentlich wurden damals die Berg- und Hüttenwerke des Urals und ein großer Teil der metallverarbeitenden Industrien sozialisiert[3]). Gleichzeitig fand eine zen-

---

[1]) Lenin, Über die Naturalsteuer, S. 291; Spectator, Der neue Kurs in der Wirtschaftspolitik Sowjet-Rußlands. 1921. S. 66.

[2]) Vgl. Klibanski, Die Gesetzgebung der Bolschewiki, 1920, S. 17 und 18. Bulletin des Internat. Arb., 1918, Nr. 11/12, S. 52*.

[3]) Miljutin, Die Organisation der Volkswirtschaft in Sowjetrußland, 1920, S. 8.

tralistische Zusammenfassung und Verstaatlichung der Verteilungsorgane großer Industriezweige statt, so für Metalle, Kohlen und Textilwaren[1]). Die sozialisierten Betriebe wurden, da sich das System der Kontrolle durch die unmittelbar beteiligten Arbeiter nicht bewährt hatte[2]), auf Beschluß des Wirtschaftsrates vom Mai 1918 einer kollegialen Verwaltung unterstellt, die sich zusammensetzte zu $^1/_3$ aus Arbeitern des betr. Betriebes und zu $^2/_3$ aus vom Wirtschaftsrat gewählten Personen; von diesen war die Hälfte von den beteiligten Gewerkschaften vorzuschlagen; $^1/_3$ des Kollegiums sollte aus fachmännisch geschulten Technikern bestehen. Als zentrales Aufsichtsorgan des gesamten Wirtschaftslebens wurde ein oberster Wirtschaftsrat geschaffen[3]).

Die Sozialisierung erstreckte sich im wesentlichen auf die Industriezweige mit vorherrschendem Großbetrieb, die an wenigen Plätzen konzentriert waren, während in den Industriezweigen mit überwiegendem Klein- und Mittelbetrieb die privaten Unternehmer unter Aufsicht der Räteorgane belassen wurden. Ganz unberührt blieben die Kustarbetriebe (Hausindustrie). Am 18. Juni 1918 wurde das Vermögen aller Aktiengesellschaften mit einem Aktienkapital von mehr als 200 000 Rbl. für Nationaleigentum erklärt und unter staatliche Kontrolle gestellt[4]). Mit dem Fortschreiten der Sozialisierung entglitt die Kontrolle des Wirtschaftslebens mehr und mehr der Arbeiterschaft selbst und ging auf die Bürokratie der Räte über, die sich ausschließlich aus Mitgliedern der kommunistischen Partei zusammensetzte[5]). An die Stelle der Diktatur des Proletariats trat die „Diktatur der Idee des Proletariats.“ (O. Bauer).

---

1) Ebenda, S. 7.

2) Kaplun-Kogan, S. 84.

3) Klibanski, a. a. O., S. 20; L. Thal, Die Wirtschaftsverwaltung und Wirtschaftsverfassung Sowjet-Rußlands. Recht und Wirtschaft, Mai 1922.

4) O. Bauer, a. a. O., S. 56.

5) „Nicht eine einzige wichtige politische oder organisatorische Frage wird in irgendeiner Regierungsinstitution unserer Republik entschieden, ohne die leitenden Fingerzeige des Zentralkomitees der Partei.“ Lenin, Der Radikalismus usw., S. 28. Nach der Angabe Lenins, a. a. O., zählte die Kommunistische Partei im April 1920 611 000 Mitglieder.

Die äußerst unbefriedigenden Betriebsergebnisse der sozialisierten Industrie, der anhaltende Rückgang der Produktion, das Fehlen jeder Arbeitslust und Arbeitsdisziplin, führten bereits seit Mitte 1918 eine völlige Umkehr der bisher befolgten Industriepolitik herbei. An die Stelle der Kollegialverwaltung, die auf der Beteiligung der Arbeiter aufgebaut war, trat die Diktatur einzelner Personen, denen die Sowjetorgane die Betriebsleitung übertragen hatten. Zur Wiederherstellung der Disziplin wurden strenge Arbeitsordnungen erlassen, auf deren Übertretung hohe Strafen gesetzt wurden. Dazu trat eine allgemeine Arbeitspflicht, die zuerst nur für die Mitglieder der Bourgeoisie bestanden hatte. In eindringlichen Worten suchten die bolschewistischen Führer die Arbeiter zu überzeugen, daß „die proletarische bewußte Diszipliniertheit über die elementare kleinbürgerliche Anarchie“ siegen müsse[1]), und daß sie im Interesse des Kommunismus erhöhte Arbeitsleistungen auf sich nehmen müßten. Die Sowjetregierung blieb nicht bei Worten stehen, um den Arbeitern die Notwendigkeit von Arbeit und Gehorsam klar zu machen; so stand auf Übertretung des allgemeinen Arbeitszwanges als Strafe die Einziehung eines Teiles der Lebensmittelrationen. Streiks wurden mitunter blutig unterdrückt; beispielsweise wurden streikende Arbeiter einer Petersburger Druckerei in ein Konzentrationslager gebracht und zu Zwangsarbeit verurteilt[2]).

Auch zu den Hilfsmitteln, die in der kapitalistischen Wirtschaft zur Steigerung der Arbeitsleistung angewendet zu werden pflegen, griff man zurück, so zur Einführung der Akkordlöhnung in Verbindung mit Prämienzahlung und des Taylorsystems. Die Arbeiterkontrolle wurde offiziell abgeschafft. Geschulte Techniker und Verwaltungsbeamte wurden gegen hohe Besoldung auf leitende Posten berufen ohne Rücksicht darauf, ob sie sich zum Kommunismus bekannten oder nicht. Zwar bezeichnete Lenin diesen Schritt als einen „Tribut“ an die Rückständigkeit, der in dem Maße in Wegfall kommen könne, als die Arbeiter selbst sich höhere Arbeitsdisziplin und Arbeitstechnik aneigneten, aber er verkannte die Schwierigkeiten nicht, die der Erreichung dieses Zieles im Wege stehen[3]). „Die

---

1) Lenin, Die nächsten Aufgaben der Sowjet-Macht, S. 29.
2) Galin, a. a. O., S. 34.
3) Lenin, Die nächsten Aufgaben usw., S. 27, 28.

Verwirklichung des Sozialismus wird eben durch unsere Erfolge bei der Verquickung der Sowjetmacht und der Sowjetorganisation in der Verwaltung mit dem letzten Fortschritte des Kapitalismus bestimmt werden," erklärte er im Jahre 1918[1]). Die Bolschewisten sind indessen nicht dabei stehen geblieben, die Methoden des Kapitalismus sich anzueignen, sondern sie haben auch dem Kapitalismus selbst neue Betätigungsmöglichkeiten in Rußland eingeräumt. Bereits seit 1920 haben sie wertvolle Konzessionen zur Ausbeutung der russischen Naturschätze an ausländische Kapitalisten erteilt und haben selbst mit inländischen Spekulanten Abschlüsse, z. B. über die Lieferung von Holz, getätigt, obgleich durch ihr eigenes Gesetz der Handel aufgehört hatte zu bestehen[2]).

Eine feste Rechtsgrundlage und systematische Ausgestaltung hat dieses Vorgehen in der im März 1921 eingeleiteten sog. „neuen Wirtschaftspolitik" gefunden. Ihr Wesen läßt sich charakterisieren als der Versuch, das private Erwerbsinteresse und die private Unternehmertätigkeit in die von der Rätebürokratie geleitete und kontrollierte Volkswirtschaft einzuschalten, ohne daß der Staat auf die bisher ausgeübte Kontrolle zu verzichten braucht. Die Bolschewisten bezeichnen sie selbst als ein System des „Staatskapitalismus"[3]). Auf dem Gebiete der Agrarpolitik bestand sie, wie bereits dargelegt, im Übergang zur Naturalsteuer und in der Freigabe des Handels mit landwirtschaftlichen Erzeugnissen. Diese bedingte wiederum freie Austauschmöglichkeiten im Innern mit Industrieprodukten. Auch Handwerk und Kleinindustrie wurden freigegeben. Großindustrie, Verkehrswesen und Außenhandel blieben zwar grundsätzlich dem Staate vorbehalten, doch ist man auch hier zu Unternehmungsformen übergegangen, die eine Beteiligung privaten Kapitals an ihnen ermöglichen sollen. Ein Teil der nationalisierten Betriebe wurde an private Unternehmer verpachtet, wobei eine feste Beteiligung des Staates am Ertrage vorgesehen, der Rest des Produktes

---

1) a. a. O., S. 30. Vgl. auch Trotzky, Arbeit, Disziplin und Ordnung usw., S. 10.

2) Galin a. a. O., S. 63.

3) Lenin, Über die Naturalsteuer, S. 293; Ders., Rede über die Taktik, Protokoll des III. Kongresses der K. I., S. 760; Spectator, a. a. O., S. 20.

aber dem Unternehmer zur freien Verwertung belassen wird[1]). Die unter staatlicher Leitung verbleibenden Unternehmungen sollen volle wirtschaftliche Selbstverwaltung erhalten und nach kaufmännischen Grundsätzen geführt werden[2]). Eine besondere Bedeutung für den Wiederaufbau Rußlands und namentlich für die Wiederanknüpfung der auswärtigen Handelsbeziehungen mißt die Räteregierung der gemischtwirtschaftlichen Unternehmungsform zu. Vor allem gedenkt sie mit ihrer Hilfe die Mitarbeit ausländischen Kapitals der russischen Volkswirtschaft in großem Maßstabe zu sichern. Das Kapital der in Form von Aktiengesellschaften errichteten Unternehmungen wird grundsätzlich zu gleichen Teilen vom russischen Staate und von den ausländischen Kapitalisten aufgebracht; auch die Verwaltungsorgane der Gesellschaften sind paritätisch zusammengesetzt[3]). Bei grundsätzlicher Aufrechterhaltung des staatlichen Außenhandelsmonopols ist ihnen unter der Oberaufsicht des Volkskommissariats für Außenhandel der Ankauf von Exportwaren in Rußland, ihr Absatz im Auslande und die Einfuhr der für den Wiederaufbau Rußlands benötigten Waren gestattet; auch können sie Unternehmungen zur Herstellung von Exportwaren errichten und betreiben. Die gleichen Befugnisse wie den gemischtwirtschaftlichen Gesellschaften sind dem russischen Genossenschaftsverband hinsichtlich des Warenaustausches mit ausländischen Genossenschaften eingeräumt[4]). Gleichzeitig wird die Erteilung von Konzessionen an ausländische Kapitalisten zur Errichtung und zum Betrieb von Unternehmungen in Rußland fortgesetzt; das Eigentum der Konzessionäre genießt einen besonderen Rechtsschutz gegenüber Enteignungen und Requisitionen[5]).

Die Vertreter der „neuen Wirtschaftspolitik" leugnen nicht, daß diese eine Abweichung von den kommunistischen Grundsätzen darstellt, daß es sich bei ihr um „Wiederherstellung in einem gewissen

---

[1]) Vgl. Thal, a. a. O.

[2]) Ebenda, ferner Deutscher Wirtschaftsdienst. 8. Jahrg. Nr. 17/18 vom 4. 5. 1922, S. 491.

[3]) Ausführliche Angaben über Organisation und Arbeitsweise der gemischtwirtschaftlichen Gesellschaften in „Deutscher Wirtschaftsdienst", a. a. O., S. 492.

[4]) Vgl. Verordnung über den russischen Außenhandel, ebenda, S. 488; Totomianz, Die Konsumvereine in Rußland. S. d. V. f. S. 150 Bd. II. 1922. S. 59—70.

[5]) Die Rechtsverhältnisse Rußlands, ebenda, S. 491.

Rahmen bürgerlicher privatkapitalistischer Verhältnisse"[1]) handelt. Sie suchen diese Wendung ihrer Politik, die in ihren eigenen Reihen nicht ohne Widerspruch geblieben ist, mit verschiedenen Argumenten zu rechtfertigen. Einmal wird hervorgehoben, daß „Staatskapitalismus" in einem proletarischen Staatswesen ganz anders zu beurteilen sei als in einem Staate, dessen Machtmittel sich in der Hand der Bourgeoisie befinden[2]). Ein geregelter Staatskapitalismus bedeute außerdem immer eine der kleinbürgerlichen Produktionsweise überlegene Wirtschaftsform und leiste daher Vorarbeit für den Sozialismus[3]), ja einzelne bolschewistische Schriftsteller sehen in der eingeschlagenen Richtung eine historisch notwendige Phase auf dem Wege zum Kommunismus[4]). Von anderen, so vor allem von Lenin, wird zugegeben, daß der Fortschritt der Revolution in Rußland nicht so „gradlinig" verlaufen sei, wie es die Bolschewisten erwartet hatten, daß vor allem ihre Hoffnungen hinsichtlich eines schnellen Übergreifens der Revolution auf Mittel- und Westeuropa enttäuscht worden seien. Das langsame Fortschreiten der Weltrevolution zwinge aber Rußland, das Tempo des eigenen revolutionären Vorgehens zu verlangsamen, die „Front bis zu einem gewissen Grade abzubauen"[5]).

Sehr radikal sind die Bolschewisten auf dem Gebiete des Geldwesens und der Finanzen vorgegangen. Allerdings läßt sich im einzelnen nicht klar unterscheiden, inwieweit sie hierbei mehr von dem programmatischen Ziele, das finanzielle Rückgrad des kapitalistischen Staates zu brechen, oder von den finanziellen Notwendigkeiten ihres eigenen Staatswesens geleitet worden sind. Eine ihrer ersten Maßnahmen war die Sozialisierung der Banken (Gesetze vom 16. 12. 17 und 19. 1. 18) und damit in Zusammenhang die Konfiskation der Guthaben und des in den Banksafes vorgefundenen Geldes[6]). Ferner wurden sämtliche öffentlichen Anleihen annulliert

---

[1]) Spectator, a. a. O., S. 26.

[2]) Lenin, Über die Taktik, Protokoll, S. 760; Bucharin, Ökonomik der Transformationsperiode, 1922, S. 133; Spectator, a. a. O., S. 20.

[3]) Lenin, Über die Naturalsteuer, S. 295.

[4]) Bucharin, a. a. O., S. 198.

[5]) Lenin, Über die Taktik, S. 761; Spectator, a. a. O., S. 27 ff.

[6]) Kaplun-Kogan, a. a. O., S. 157 ff.; Klibanski, a. a. O., S. 32.

(Dekret vom 21. 1. 1918); nur minderbemittelte Bürger erhielten bis zum Betrage von 10 000 Rbl. eine Entschädigung. Kommissionen der Arbeiter-, Soldaten- und Bauernräte konnten alle Ersparnisse, die nicht aus Arbeit stammten, konfiszieren, selbst wenn sie den Betrag von 5000 Rbl. nicht überstiegen[1]). Diese Eingriffe in Vermögensrechte und die dadurch verursachte Erschütterung jedes Vertrauens auf wirtschaftlichem Gebiet hatten eine allgemeine Auflösung des Steuerwesens zur Folge, die noch dadurch gefördert wurde, daß die lokalen Instanzen für ihre Zwecke willkürlich Steuern ausschrieben und gegen den Willen der Zentralregierung Konfiskationen vornahmen[2]). Diese suchte ihren Geldbedarf, der mit dem Fortschreiten der Sozialisierung und dem lawinenartigen Anwachsen des Beamtenapparates immer mehr anschwoll, durch Ausgabe von Papiergeld zu decken; kurzfristige Schuldverschreibungen und Schatzanweisungen des Staates wurden als Zahlungsmittel erklärt. Die Folge war eine außerordentliche, unaufhaltsam fortschreitende Geldentwertung[3]), die schwer auf der städtischen Bevölkerung lastete, während die Bauern mehr und mehr dazu übergingen, auch ihren gewerblichen Bedarf selbst herzustellen und sich dadurch von der Geldwirtschaft unabhängig zu machen. Bald kehrte aber die Sowjetregierung auch auf dem Gebiete der Finanzen zu rationellen, in bürgerlichen Staatswesen erprobten Methoden zurück. Vor allem wurde scharf gegen das eigenmächtige Vorgehen der lokalen Instanzen eingeschritten und eine straffe Zentralisation der Finanzen angestrebt. Eine progressive Einkommensteuer wurde eingeführt, die von den Beamten durch Abzüge bei der Gehaltszahlung erhoben

---

[1]) Kaplun-Kogan, a. a. O., S. 126.

[2]) Ebenda, a. a. O., S. 126.

[3]) Nach Galin, a. a. O., S. 62, kostete

	im März 1919	Februar 1920
1 Pfd. Brot	20—30 Rbl.	240—280 Rbl.
1 Pfd. Butter	100—120 „	2400 „
1 Ei	7 „	140 „
1 Pfd. Zucker	90 „	1200 „
1 Pfd. Fleisch	25—35 „	650 „

Setzt man den Wert der Ernährungseinheit von 2700 Kalorien im Januar 1918 = 100, so betrug der entsprechende Wert im Januar 1919 : 450, Januar 1920 : 7000, Januar 1921 : 50 000, Juni 1921 : 300 000 (Deutscher Wirtschaftsdienst a. a. O.).

wird[1]). Der Volkskommissar für Finanzen erklärte ferner auch eine indirekte Besteuerung des Massenkonsums für notwendig, weil nur auf diesem Wege die von den Bauern gehamsterten Zahlungsmittel erfaßt werden könnten[2]). Auch die Ausgabe neuer und die Einziehung der bisherigen Zahlungsmittel wurde versucht, wobei die Besitzer einen Betrag erhielten, der in umgekehrtem Verhältnis zu der von ihnen eingereichten Summe stand[3]). Pläne zu einer Devalvation des Rubels wurden erwogen, aber nicht durchgeführt. Auch die im Rahmen der „neuen Wirtschaftspolitik" eingeleiteten währungs- und bankpolitischen Maßnahmen — wie die scharfe Beschneidung der Staatsausgaben, die Errichtung einer staatlichen Depositenbank, als deren Hauptaufgaben die Annahme von Spargeldern zwecks Aufsaugung des im Übermaß ausgegebenen Papiergeldes, die Erteilung von Kredit an industrielle Unternehmungen und die Vornahme von Transaktionen in Devisen und Edelmetall bezeichnet werden[4]), und die Zulassung privater Kreditinstitute — haben der Notenpresse nicht Einhalt zu tun und das rapide Sinken des Rubelwertes nicht aufzuhalten vermocht[5]).

Freunde und Gegner der bolschewistischen Methoden stimmen darin überein, daß ein volkswirtschaftlich geradezu vernichtender Produktionsrückgang nicht nur in der Landwirtschaft, sondern auch in der Industrie unter der Herrschaft der Bolschewisten stattgefunden

---

1) Kaplun-Kogan, a. a. O., S. 137.

2) Ebenda, S. 135.

3) Ebenda, S. 137.

4) Vgl. Deutscher Wirtschaftsdienst, a. a. O.

5) Nach J. M. Keynes (The Russian Rouble and the Basis of Future Trade, The Manchester Guardian Weekly Ed., 5. Mai 1922) betrugen die in einem Monat ausgegebenen Noten

im Dezember 1921	6	Trillionen Rubel,
„ Januar 1922	12	„ „
„ Februar „	19	„ „
„ März „	23	„ „

Im April 1922 waren 71 Trillionen Rubel im Umlauf.

Einem Goldrubel entsprachen Papierrubel:

1. Dezember	1921	107	Tausend,
1. Januar	1922	170	„
1. Februar	„	420	„
1. März	„	1060	„
1. April	„	2100	„

hat. Die Meinungen scheiden sich aber in bezug auf die Hauptursache dieser Erscheinung. Während die einen die Schuld überwiegend den psychologisch und wirtschaftlich verfehlten Maßnahmen der bolschewistischen Machthaber geben, schreiben diese selbst die Hauptursache der durch den Krieg hervorgerufenen Lahmlegung des Wirtschaftslebens, vor allem der Desorganisation des Transportwesens zu, die durch den mehrjährigen Bürgerkrieg zwischen den Bolschewisten und ihren inneren Feinden noch erheblich verschärft worden ist und ihrerseits Rohstoff- und Brennstoffmangel zur Folge hat. Nach einem Ausspruch von Rykow, dem Vorsitzenden des obersten Wirtschaftsrates, wurden Anfang 1920 in den wichtigsten Industriezweigen nur durchschnittlich 30—40 % der Friedensproduktion erreicht; eine Reihe von Industrien bringe aber nicht einmal diese Leistung auf; so sei die Arbeitsleistung der völlig nationalisierten Textilindustrie aus Mangel an Baumwolle, der wieder eine Folge der Transportmittelkrise ist, auf 10 % des Normalstandes gesunken. Von etwa 4000 nationalisierten Unternehmungen waren nur 2000 in Betrieb[1]). Seitdem ist die Produktionsleistung weiter gesunken[2]).

Auf der anderen Seite wird von Vertretern der Sowjetregierung darauf hingewiesen, daß es dieser unter den schwierigsten Bedingungen gelungen sei, neue Produktionszweige aufzunehmen, um den Druck der von England verhängten Blockade zu mildern; so wird über die Anlage großer Elektrizitätswerke berichtet[3]). Rykow fügt aber selbst dieser Mitteilung den Satz hinzu: „Alle diese Lichtblicke im Bilde unserer Industrie können jedoch nichts an dem allgemeinen Schluß ändern, daß unsere Wirtschaft die ganze Zeit über zurückgegangen ist und jetzt nur noch zu einem Drittel arbeitet. Immerhin zeigen diese Lichtblicke, daß man bei Anspannung der Kräfte in unserem Räterußland Wunder zu bewirken vermag."

---

1) Rykow und Trotzky, Die Wirtschaft in Sowjetrußland und in Westeuropa. 1920, S. 14 und 15.

2) So war die Zahl der betriebsfähigen Lokomotiven im Dezember 1921 um 14 %, die der Güterwagen um 17 % niedriger als im gleichen Monat des Vorjahres. Deutscher Wirtschaftsdienst, a. a. O.

3) Rykow, a. a. O., S. 17.

Auf weitere Seiten des bolschewistischen Regierungssystems, unter denen namentlich die auswärtige Politik[1]) und das Heereswesen[2]) sowie die Kulturpolitik[3]) der Räteregierung hervorzuheben wären, kann hier nicht eingegangen werden.

Ähnliche Erscheinungen wie in Rußland hat die kurze Periode eines bolschewistischen Regierungssystems in Ungarn gezeitigt; doch haben hier die viel schwächeren realen Grundlagen, innere Unzulänglichkeit der führenden Persönlichkeiten und die militärischen Machtmittel äußerer Gegner zu einem schnellen Zusammenbruch geführt und dadurch das Auswirken der bolschewistischen Maßnahmen verhindert[4]).

81. Die internationalen Organisationen der Sozialistischen Arbeiterschaft.

Bald nach Abschluß des Waffenstillstandes wurden die Versuche, die sogenannte zweite, 1889 in Paris begründete Internationale zu erneuern, wieder aufgenommen. Es fand eine internationale Arbeiter- und Sozialistenkonferenz in Bern vom 3. bis 10. Februar 1919 statt. Die Belgier hatten es abgelehnt, mit deutschen Sozialisten zusammenzutreffen. Die Parteien anderer Länder, wie der Schweiz, Italiens, Rumäniens und Rußlands fehlten, da sie bereits zu Gunsten einer neuen, der dritten oder Moskauer Internationale Partei ergriffen hatten. Deutschland war durch Mehrheitssozialisten und Unabhängige vertreten. Es wurde wie ein Angeklagter behandelt. Scharfe Auseinandersetzungen waren die Folge. Leichter konnte man sich über den Ausbau der internationalen Arbeiterschutzgesetzgebung einigen. Auch Resolutionen gegen die drohende Verfälschung des Wilsonschen Friedensprogrammes kamen zustande. In Amsterdam (26. bis 29. April) wurden in engerem Kreise Schritte beraten, durch

---

1) Galin, a. a. O., S. 25—27.

2) Ebenda, S. 30.

3) Ebenda, S. 41 ff. Ferner Lunatscharsky, Die Kulturaufgaben der Arbeiterklasse.

4) Vgl. über die kurzlebige Phase des Bolschewismus in Ungarn Reinhard Junge, Zur Wirtschaftsführung des ungarischen Bolschewismus. Schmollers Jahrbuch, 43. Jahrg., S. 1213 ff. E. Varga, Die wirtschaftlichen Probleme der proletarischen Diktatur. Wien 1920.

die eine Einwirkung auf den Friedensvertrag erzielt werden könnte. Tatsächlich baten auch fünf Vertreter der Internationale bei Wilson, Lloyd George, Clemenceau und Sonnino um eine Audienz, in der sie ihre Gedanken über einen gerechten und dauerhaften Frieden entwickeln wollten. Sie wurde ihnen am 14. Mai verweigert, da sie nach Übergabe der Friedensbedingungen zwecklos sei. In Luzern trat am 10. August 1919 eine Konferenz vorbereitenden Charakters zusammen. Auch hier wurden ebensowenig wie auf der Genfer Konferenz im August 1920 entscheidende Fortschritte erzielt. Immer wieder nahm die Erörterung der Schuldfrage am Kriegsausbruch einen breiten Raum ein. Obwohl Kapitalismus und Imperialismus als Kriegsursachen anerkannt wurden, war man doch sehr geneigt, Deutschland als Hauptschuldigen zu betrachten. Von einer kraftvollen Stellungnahme gegen die kapitalistisch-imperialistische Gewaltpolitik des Versailler Friedens war keine Rede. Man begnügte sich, dessen „einseitigen" Charakter zu betonen. Es ließ sich eben nicht verkennen, daß die Stimmungen der Kriegszeit in den „sozialpatriotischen" Gruppen der sozialistischen Parteien noch lange nicht verschwunden waren. Aber auch die Spaltungen, unter denen die sozialistischen Parteien aller Länder litten, waren der internationalen Zusammenarbeit schädlich.

Die Sozialisten, die mit den deutschen Unabhängigen sympathisieren, haben vom 23. bis 27. Februar 1921 in Wien getagt und Kundgebungen für eine einheitliche Internationale veranstaltet. Das Ergebnis war die Gründung einer neuen Internationale neben den bereits bestehenden, der „Arbeitsgemeinschaft sozialistischer Parteien", wie ihre offizielle Bezeichnung lautet, der „Internationale 2½", wie sie wohl scherzhaft genannt wird.

Der Schwerpunkt der internationalen Aktion hat in den ersten Nachkriegsjahren in Moskau gelegen.

Schon [1]) nachdem die Bolschewisten mit Lenin und Trotzky an der Spitze im April 1917 mit Hilfe der deutschen Regierung nach Rußland zurückgekehrt und dort im November desselben Jahres zur Herrschaft gelangt waren, begannen sie geheime Fäden zu den geistesverwandten Elementen in den übrigen Ländern zu knüpfen.

[1]) Die folgenden Ausführungen sind von Frl. Privatdozent Dr. Ch. Leubuscher verfaßt worden.

Daneben gingen offene Aufforderungen an die Proletarier aller Länder zur Weltrevolution einher. Das Moskauer Kommissariat für auswärtige Angelegenheiten wurde nach Abbruch jeglicher Art völkerrechtlicher Beziehungen zu fremden Staaten zum Zentrum der kommunistischen Propaganda in Mittel- und Westeuropa[1]). Nachdem es der unterirdischen Diplomatie geheimer Sendboten und der öffentlichen Propaganda der Moskauer Funkstation gelungen war, den Kontakt mit den revolutionären Richtungen in anderen Ländern herzustellen, schritten Lenin und Genossen dazu, dieser Verbindung eine festere Organisation zu geben. Dies geschah durch die Gründung der 3. Kommunistischen Internationale, die im März 1919 in Moskau stattfand. Einen Monat vorher war in Bern der Versuch unternommen worden, die zweite Internationale aus den Trümmern, in die sie der Weltkrieg zerschlagen hatte, neu aufzubauen; nationale und taktische Gegensätze hinderten jedoch einen festen Zusammenschluß und verurteilten die wiedererwachte 2. Internationale zu einem Schattendasein. Dagegen atmete die Moskauer Gründung einen durchaus einheitlichen Geist. Dieser wurzelt in der unbestrittenen Vormacht der russischen Bolschewisten, die deutlich in den auf dem 2. Kongreß im Juli-August 1920 beschlossenen Leitsätzen und Statuten zum Ausdruck kommt[2]). Ausdrücklich heißt es in den Statuten (§ 8): „Die Hauptarbeit des Exekutivkomitees lastet auf der Partei des Landes, wo auf Beschluß des Weltkongresses das Exekutivkomitee seinen Sitz hat. Die Partei des betreffenden Landes entsendet 5 ihrer Vertreter in das Exekutivkomitee mit beschließender Stimme. Außerdem entsenden die 10 bedeutendsten Parteien, deren Liste von dem ordentlichen Weltkongreß bestätigt wird, je einen Vertreter mit beschließender Stimme in das Exekutivkomitee. Den anderen in die Kommunistische Internationale aufgenommenen Organisationen und Parteien steht das Recht zu, je einen Vertreter mit beratender Stimme in das Exekutivkomitee zu delegieren.“ Dem Exekutivkomitee stehen außerordentlich weitgehende Befugnisse gegenüber den angeschlossenen Organisationen zu. Es „leitet die gesamte Arbeit der Kommunistischen Internationale von einer Tagung bis zur andern, gibt in

---

[1]) Vgl. Galin, Sowjet-Rußland in der Wirklichkeit. 1920, S. 25.

[2]) Leitsätze und Statuten der Kommunistischen Internationale. Verlag der Kommunistischen Internationale. 1920.

mindestens vier Sprachen das Zentralorgan der kommunistischen Internationale (die Zeitschrift „Kommunistische Internationale“) heraus, tritt mit den erforderlichen Anfragen im Namen der Kommunistischen Internationale hervor und gibt für alle der K. I. angehörenden Organisationen und Parteien bindende Richtlinien.“ (§ 9). Es hat ferner das Recht, von den der K. I. angehörenden Parteien „den Ausschluß von Gruppen und Personen zu verlangen, die die internationale Disziplin verletzen, und ebenso diejenigen Parteien aus der K. I. auszuschließen, welche gegen die Beschlüsse des Weltkongresses verstoßen“; die Ausgeschlossenen können Berufung beim Weltkongreß einlegen (§ 9). Der politische Verkehr zwischen den einzelnen der K. I. angeschlossenen Parteien soll in der Regel durch das Exekutivkomitee geführt werden; nur in dringenden Fällen ist direkter Verkehr gestattet, doch ist gleichzeitig dem Exekutivkomitee Mitteilung zu machen (§ 13). Das Exekutivkomitee selbst ist nur dem einmal jährlich tagenden Weltkongreß verantwortlich, der es wählt und seinen Sitz bestimmt (§ 5). Dieser aber ist bisher unbestritten Moskau gewesen.

Die 3. Internationale will das Werk der 1. Internationalen Arbeiter-Assoziation vom Jahre 1864 fortsetzen und macht sich deren Satz zu eigen, „daß die Emanzipation der Arbeiterklasse durch die Arbeiterklasse selbst erobert werden muß.“ Sie stellt sich dagegen in bewußten Gegensatz zur 2. Internationale, die sich in Wahrheit auf die Arbeiter weißer Hautfarbe beschränkt habe, während sie die Werktätigen der ganzen Erde zu umfassen strebt [1]). Sie ist geschaffen „zur Organisierung von gemeinsamen Aktionen der Proletarier der verschiedensten Länder, die das eine Ziel anstreben: Sturz des Kapitalismus, Errichtung der Diktatur des Proletariats und einer internationalen Sowjetrepublik zur vollen Beseitigung der Klassen und zur Verwirklichung des Sozialismus, dieser ersten Stufe der Kommunistischen Gesellschaft“ [2]). Schärfster Kampf wird nicht nur dem Kapitalismus und „der kleinen Minderheit der vom Kapitalismus verdorbenen Arbeiteraristokratie, den alten tradeunionistischen und Konsumvereinsführern“, sondern auch den „Zentrumsleuten und Verteidigern der Demokratie“ in den sozialistischen

[1]) Leitsätze und Statuten, S. 6.

[2]) Ebenda, S. 7.

Parteien angesagt[1]). Zur Vorbereitung der Weltrevolution sind in allen Ländern neben legalen auch illegale unterirdische Organisationen zu gründen; das Exekutivkomitee ist verpflichtet, über deren Durchführung zu wachen (§ 12). Vor allem müssen in allen Arten von Arbeiterorganisationen — Gewerkschaften, Genossenschaften, Betriebsräten, militärischen, Bildungs- und Sportvereinen — offene und geheime kommunistische Zellen geschaffen werden, „die durch andauernde und beharrliche Arbeit die Gewerkschaften usw. für die Sache des Kommunismus gewinnen sollen“[2]). Auch im Heere und unter der Landbevölkerung ist eine systematische kommunistische Propaganda zu treiben[3]). Alle diese Zellen sind auf Grundlage einer strengen Rangordnung dem System der Kommunistischen Partei einzugliedern. Diese selbst ist auf einem „eisernen proletarischen Zentralismus“ und auf der unbedingten Unterordnung der einzelnen Parteien unter die von den maßgebenden Instanzen der K. I. erlassenen Vorschriften auch hinsichtlich der inneren Organisation und der im eigenen Lande zu befolgenden Taktik aufzubauen. Unter den Parteimitgliedern und -organen ist eine strenge Auslese zu treffen; alle unsicheren und lauen Elemente sind auszuschließen. „Regelrecht und planmäßig müssen aus allen mehr oder weniger verantwortlichen Posten der Arbeiterbewegung die reformistischen und Zentrumsleute entfernt und durch bewährte Kommunisten ersetzt werden“, ferner sind „Parteien, die der 3. Internationale angehören wollen, verpflichtet, den persönlichen Bestand der Parlamentsfraktion einer Revision zu unterwerfen, alle unzuverlässigen Elemente aus ihnen zu beseitigen, diese Fraktionen nicht nur in Worten, sondern in der Tat den Parteivorständen unterzuordnen, indem von jedem einzelnen Parlamentsmitglied gefordert wird, seine gesamte Tätigkeit den Interessen einer wirklich revolutionären Propaganda und Agitation zu unterwerfen“[4]). Von Zeit zu Zeit sind Säuberungen des Bestandes der Parteiorganisation vorzunehmen, um die Partei von den sich in sie einschleichenden kleinbürgerlichen Elementen systematisch zu reinigen[5]). Ebenso muß sich die Partei in bezug auf ihre Taktik im Klassenkampf unbedingt den Richtlinien der Internationale, d. h. dem Diktat Moskaus unterwerfen. „Die gesamte

---

1) Leitsätze und Statuten, S. 13 und 15.

2) Ebenda, S. 28.
3) Ebenda, S. 27.

4) Ebenda, S. 28.
5) Ebenda, S. 29.

Propaganda und Agitation muß einen wirklich kommunistischen Charakter tragen und dem Programm und den Beschlüssen der K. I. entsprechen. Alle Preßorgane der Partei müssen von zuverlässigen Kommunisten geleitet werden, die ihre Hingebung für die Sache des Proletariats bewiesen haben. Von der Diktatur des Proletariats darf nicht einfach wie von einer landläufigen eingepaukten Formel gesprochen werden, sondern sie muß so propagiert werden, daß ihre Notwendigkeit jedem einfachen Arbeiter, Arbeiterin, Soldaten und Bauern verständlich wird aus den Tatsachen des täglichen Lebens, die von unserer Presse systematisch beobachtet und Tag für Tag ausgenutzt werden müssen"[1]). Die Programme der Parteien, die sich der 3. Internationale anzuschließen wünschen, müssen im Sinne der Beschlüsse der K. I. umgearbeitet und vom Kongreß der Internationale oder vom Exekutivkomitee bestätigt werden. Alle Beschlüsse der Kongresse wie des Exekutivkomitees sind für die angeschlossenen Parteien bindend, doch soll den verschiedenartigen Verhältnissen der einzelnen Länder Rechnung getragen werden[2]). Schließlich muß jede Partei, die der K. I. angehören will, den Namen „Kommunistische Partei" des und des Landes tragen (Sektion der 3. Internationale). In jedem Lande kann nur eine kommunistische Partei anerkannt werden[3]).

Die Richtlinien, die den Parteien der einzelnen Länder für ihre Haltung gegenüber einzelnen praktischen Fragen vorgeschrieben werden, bauen sich durchaus auf der von den Bolschewisten in Rußland befolgten Politik und auf den von ihnen gesammelten Erfahrungen auf. Das Parlament hat zwar keine selbständige Bedeutung für den Befreiungskampf des Proletariats, doch ist es falsch, wie die Syndikalisten es tun, jede Beteiligung an ihm abzulehnen. Es wird vielmehr „ein neuer Parlamentarismus als eines der Werkzeuge zur Vernichtung des Parlaments überhaupt" befürwortet; die bürgerlichen Staatseinrichtungen sind zum Zwecke ihrer Zerstörung auszunutzen[4]). Immer jedoch ist die Parlamentsfraktion der strengen Kontrolle des Parteivorstandes zu unterwerfen[5]). Vor allem muß jeder kommunistische Abgeordnete des Parlaments eingedenk sein, „daß er kein Gesetzgeber ist, der mit anderen Gesetzgebern eine Verständigung

[1]) Ebenda, S. 26.
[2]) Ebenda, S. 29.
[3]) Ebenda, S. 30.
[4]) Ebenda, S. 44, 45.
[5]) Ebenda, S. 48.

sucht, sondern ein Agitator der Partei, der ins feindliche Lager entsandt ist, um dort Parteibeschlüssen nachzukommen. Der kommunistische Abgeordnete ist nicht der losen Wählermasse, sondern seiner legalen oder illegalen kommunistischen Partei gegenüber verantwortlich"[1]). Ebenso sind Gewerkschaften und Betriebsräte der Leitung der Partei unterzuordnen; sie bilden die Kampforgane des Proletariats auf wirtschaftlichem Gebiet und sind gleichzeitig auf ihre Aufgaben als künftige Träger der kommunistischen Wirtschaft vorzubereiten[2]). Der Kampf um die Kontrolle der Produktion ist auf Grund der brennendsten Tagesfragen, wie des Heizstoffmangels, des Verfalls des Transportwesens und ähnlichem, zu führen[3]).

Besonders interessant sind die Leitsätze über die Stellung der 3. Internationale zur National- und Kolonialfrage. Sie stellen ein getreues Abbild der von der Sowjetregierung gegenüber den Nationalitätskämpfen des Auslandes eingenommenen Haltung dar. Hier sind „nicht abstrakte und nicht formale Prinzipien in den Vordergrund zu rücken", sondern die Untergrabung der Macht der imperialistischen Staaten ist allein maßgebend. Im Brennpunkt der Weltpolitik aber steht heute der Kampf der Weltbourgeoisie gegen die russische Sowjetrepublik. In diesem Kampf „darf man sich gegenwärtig nicht auf die bloße Anerkennung oder Proklamierung der Annäherung der Werktätigen verschiedener Nationen beschränken, sondern muß eine Politik der Verwirklichung des engsten Bündnisses aller nationalen und kolonialen Freiheitsbewegungen mit Sowjetrußland führen, wobei die Formen dieses Bündnisses von der Entwicklungsstufe der kommunistischen Bewegung unter dem Proletariat jedes Landes oder unter den rückständigen Nationalitäten bestimmt werden"[4]). Die 3. Internationale hält sich fern von der engherzigen Stellungnahme der 2. Internationale, welche die Bedeutung der Kolonien für die Weltrevolution vollkommen verkannte. „Die K. I. muß sich in enger Verbindung mit den Kräften befinden, die sich gegenwärtig in den politisch und wirtschaftlich unterdrückten Ländern an dem Sturz des Imperialismus beteiligen. Zum vollen Erfolge der Weltrevolution ist das Zusammenwirken dieser beiden Kräfte notwendig. — — — Die 3. Internationale ist eine kriege-

---

[1]) Ebenda, S. 49.
[2]) Ebenda, S. 57.
[3]) Ebenda, S. 56.
[4]) Ebenda, S. 63 und 64.

rische Einheit, die die revolutionären Kräfte aller Länder der Welt vereinigen muß“ [1]). Im Sinne dieses Programmes haben die russischen Bolschewisten durch Anfachung und Unterstützung der nationalistischen Bestrebungen in Persien, Indien und Afghanistan die englische Herrschaft an ihren verwundbarsten Punkten zu treffen gesucht [2]). Die Interessen des proletarischen Kampfes eines Landes sind den Interessen dieses Kampfes im Weltmaßstabe unterzuordnen; von der Nation, die ihren Sieg über die Bourgeoisie durchführt, ist die Fähigkeit und Bereitwilligkeit zu den größten nationalen Opfern zu verlangen, um den internationalen Kapitalismus zu stürzen [3]).

Trotz des geforderten, weitgehenden Verzichts auf die Selbstbestimmung auch in den inneren Parteiangelegenheiten und der damit verbundenen bedingungslosen Unterwerfung unter das Gebot der Moskauer Machthaber haben sich in einer großen Zahl von Ländern die linksradikalen Flügel der sozialistischen Parteien als kommunistische Partei konstituiert und den Anschluß an die 3. Internationale nachgesucht. Über die Zulassung entscheidet eine Kommission, die aus den russischen Bolschewisten Radek, Bucharin und Sinowjew besteht [4]).

So haben sich Parteien bez. Parteiteile in folgenden Ländern der 3. Internationale angeschlossen [5]): Italien, Norwegen, Bulgarien, Griechenland, Schweden, Holland, Ungarn, England (1919), Vereinigten Staaten [6]), Spanien (mit Vorbehalten), Deutschland, Deutsch-Österreich, Frankreich (1920), Tschechoslowakei, Rumänien (1921). In einigen dieser Länder hatte der Beschluß, in die 3. Internationale einzutreten, die Spaltung bisher einheitlicher Parteien zur Folge, so der Unabhängigen Sozialdemokratischen Partei Deutschlands auf dem Parteitage in Halle im Oktober 1920 und der Französischen Sozialistischen Partei auf dem Parteitag in Tours im Dezember 1920. Die

---

[1]) Leitsätze und Statuten, S. 65.

[2]) Galin, a. a. O., S. 25 und 26.

[3]) Ebenda, S. 69.

[4]) Labour Research Department Monthly Circular, Juni 1920.

[5]) Eine zusammenhängende Darstellung der internationalen sozialistischen Bewegung und ihres Standes bis März 1920 gibt R. Palme Dutt, The two Internationals. London 1920.

[6]) 1921 hat das Exekutivkomitee der amerikanischen Socialist Party diesen Beschluß wieder aufgehoben, da Moskau die verlangten Vorbehalte verworfen hatte. S. M. 1921, I, S. 155.

Spaltung kam in beiden Fällen dadurch zustande, daß eine Minderheit in der Partei sich dem Anschluß widersetzte (in Halle 156 Stimmen gegenüber 237 für den Anschluß, in Tours 1022 gegen 3208 Stimmen), und daß Moskau vor Aufnahme den Ausschluß der Führer des rechten Flügels und des Zentrums, darunter eines so angesehenen Führers wie Longuets, verlangte. In Frankreich hat der Kommunismus als Sprengkörper nicht nur gegenüber der Einheit der Sozialistischen Partei, sondern auch gegenüber dem Zusammenhalt der Gewerkschaftsbewegung gewirkt. Im Dezember 1921 beschlossen die kommunistischen und anarcho-syndikalistischen Elemente die Gründung einer neuen Gewerkschaftszentrale neben und im Gegensatz zu der Confédération Générale du Travail. Den Anlaß zu diesem Vorgehen bot ein auf dem Gewerkschaftskongreß in Lille (Juni 1921) von der reformistischen Mehrheit gefaßter Beschluß, der die Gründung von kommunistischen Sonderorganisationen (Comités syndicalistes révolutionaires) innerhalb der bestehenden Syndikate für unzulässig erklärte, und der in seiner Ausführung von der Exekutive vorgenommene Massenausschluß von Mitgliedern und Syndikaten, die ihm zuwidergehandelt hatten. Unmittelbar auf Geheiß Moskaus erfolgte die Spaltung der Italienischen Sozialistischen Partei im Januar 1921, die bereits seit 1919 in ihrer Gesamtheit der 3. Internationale angehört hatte. Ein Beschluß der 3. Internationale hatte im Hinblick auf die revolutionäre Reinheit der Partei den Ausschluß des von Turati geführten rechten Flügels verlangt. Als dagegen der Führer der Mitte, Serrati, Einwendungen geltend machte, verfügte der Exekutivausschuß der 3. Internationale, daß der linke Flügel auch mit Serrati und seinen Anhängern zu brechen und sich als Italienische Kommunistische Partei zu konstituieren habe. Dies ist auf dem Parteitag in Leghorn im Januar 1921 geschehen.

Im Frühjahr 1922 eingeleitete Bestrebungen, die auf eine Annäherung der drei sozialistischen Internationalen abzielen, haben bisher zu keinem greifbaren Ergebnis geführt.

Anhang.

Programm
der Sozialdemokratischen Partei Deutschlands,
beschlossen auf dem Görlitzer Parteitag 1921.

Die Sozialdemokratische Partei Deutschlands ist die Partei des arbeitenden Volkes in Stadt und Land. Sie erstrebt die Zusammenfassung aller körperlich und geistig Schaffenden, die auf den Ertrag eigener Arbeit angewiesen sind, zu gemeinsamen Erkenntnissen und Zielen, zur Kampfgemeinschaft für Demokratie und Sozialismus.

Die kapitalistische Wirtschaft hat den wesentlichen Teil der durch die moderne Technik gewaltig entwickelten Produktionsmittel unter die Herrschaft einer verhältnismäßig kleinen Zahl von Großbesitzern gebracht, sie hat breite Massen der Arbeiter von den Produktionsmitteln getrennt und in besitzlose Proletarier verwandelt. Sie hat die wirtschaftliche Ungleichheit gesteigert und einer kleinen, in Überfluß lebenden Minderheit weite Schichten entgegengestellt, die in Not und Elend verkümmern. Sie hat damit den Klassenkampf für die Befreiung des Proletariats zur geschichtlichen Notwendigkeit und zur sittlichen Forderung gemacht.

Der Weltkrieg und die ihn abschließenden Friedensdiktate haben diesen Prozeß noch verschärft. Sie haben die Konzentration der Betriebe und des Kapitals beschleunigt, die Kluft zwischen Kapital und Arbeit, Reichtum und Armut erweitert. In Industrie und Bankwesen, in Handel und Verkehr hat eine neue Epoche der Angliederungen und Verschmelzungen, der Kartellierungen und Vertrustungen eingesetzt. Während rücksichtsloses Gewinnstreben eine neue Bourgeoisie von Kriegslieferanten und Spekulanten emporhob, sanken kleine und mittlere Besitzer, Gewerbetreibende, Scharen geistiger Arbeiter, Beamte, Angestellte, Künstler, Schriftsteller, Lehrer, Angehörige aller Art der freien Berufe zu proletarischen Lebensbedingungen hinab. Korrumpierung des öffentlichen Lebens, wachsende Abhängigkeit der bürgerlichen Presse von übermächtigen Wirtschaftsdiktatoren, die auf diese Weise den Staat unter ihre Botmäßigkeit zu bringen versuchen, sind unausbleibliche Folgen.

Die Entwicklung zum Hochkapitalismus hat das Streben nach Beherrschung der Weltwirtschaft durch imperialistische Machterweiterung noch gesteigert. Sie hat ebenso wie die unbefriedigende Lösung der nationalen und wirtschaftlichen Weltprobleme durch die geltenden Friedensverträge die Gefahr neuer blutiger Konflikte heraufbeschworen, die den Zusammenbruch der menschlichen Kultur herbeizuführen drohen.

Zugleich hat der Weltkrieg morsche Herrschaftssysteme hinweggefegt. Politische Umwälzungen haben den Massen die Rechte der Demokratie gegeben, deren sie zu ihrem sozialen Aufstieg bedürfen. Eine gewaltig erstarkte Arbeiterbewegung, groß geworden durch die ruhmvolle opferreiche Arbeit von Generationen, stellt sich dem Kapitalismus als ebenbürtiger Gegner. Mächtiger denn je erhebt sich der Wille, das kapitalistische System zu überwinden und durch internationalen Zusammenschluß des Proletariats, durch Schaffung einer zwischenstaatlichen Rechtsordnung, eines wahren Bundes gleichberechtigter Völker, die Menschheit vor neuer kriegerischer Vernichtung zu schützen.

Diesem Willen den Weg zu weisen, den notwendigen Kampf der schaffenden Massen zu einem bewußten und einheitlichen zu gestalten, ist die Aufgabe der Sozialdemokratischen Partei.

Die Sozialdemokratische Partei ist entschlossen, zum Schutz der errungenen Freiheit das Letzte einzusetzen. Sie betrachtet die demokratische Republik als die durch die geschichtliche Entwicklung unwiderruflich gegebene Staatsform, jeden Angriff auf sie als ein Attentat auf die Lebensrechte des Volkes.

Die Sozialdemokratische Partei kann sich aber nicht darauf beschränken, die Republik vor den Anschlägen ihrer Feinde zu schützen. Sie kämpft um die Herrschaft des im freien Volksstaat organisierten Volkswillens über die Wirtschaft, um die Erneuerung der Gesellschaft im Geiste sozialistischen Gemeinsinns. Die Überführung der großen konzentrierten Wirtschaftsbetriebe in die Gemeinwirtschaft und darüber hinaus die fortschreitende Umformung der gesamten kapitalistischen Wirtschaft zur sozialistischen, zum Wohl der Gesamtheit betriebenen Wirtschaft erkennt sie als notwendige Mittel, um das schaffende Volk aus den Fesseln der Kapitalherrschaft zu befreien, die Produktionserträge zu steigern, die Menschheit zu höheren Formen wirtschaftlicher und sittlicher Gemeinschaft emporzuführen.

In diesem Sinne erneuert die Sozialdemokratische Partei Deutschlands ihr im Erfurter Programm niedergelegtes Bekenntnis: Sie kämpft nicht für neue Klassenprivilegien und Vorrechte, sondern für die Abschaffung der Klassenherrschaft und der Klassen selbst und für gleiche Rechte und gleiche Pflichten aller, ohne Unterschied des Geschlechts und der Abstammung. Sie führt diesen Kampf in dem Bewußtsein, daß er das Schicksal der Menschheit entscheidet in nationaler wie in internationaler Gemeinschaft, in Reich, Staat und Gemeinde, in Gewerkschaften und Genossenschaften, in Werkstatt und Haus.

Für diesen Kampf gelten die folgenden Forderungen:

Wirtschaftspolitik.

Grund und Boden, die Bodenschätze, sowie die natürlichen Kraftquellen, die der Energieerzeugung dienen, sind der kapitalistischen Ausbeutung zu entziehen und in den Dienst der Volksgemeinschaft zu überführen. Gesetzliche Maßnahmen gegen die Extensivierung oder das gänzliche Unbenutztlassen landwirtschaftlicher Bodenflächen oder deren Verschwendung zu privaten Luxuszwecken. Kontrolle des Reichs über den kapitalistischen Besitz an Produktionsmitteln, vor allem über die Interessengemeinschaften, Kartelle und Trusts. Fortschreitender Ausbau der Betriebe des Reichs, der Länder und der öffentlichen Körperschaften unter demokratischer Verwaltung unter Vermeidung der Bureaukratisierung. Förderung der nicht auf Erzielung eines Profits gerichteten Genossenschaften. Ausgestaltung des wirtschaftlichen Rätesystems zu einer Vertretung der sozialen und wirtschaftspolitischen Interessen der Arbeiter, Angestellten und Beamten.

Sozialpolitik.

Einheitliches Arbeitsrecht. Sicherung des Koalitionsrechts. Wirksamer Arbeiterschutz: Gesetzliche Festlegung eines Arbeitstages von höchstens acht Stunden, Herabsetzung dieser Arbeitszeit in Betrieben mit erhöhten Gefahren für Leben und Gesundheit. Äußerste Einschränkung der Nachtarbeit für Männer, Verbot der Nachtarbeit für Frauen und Jugendliche. Verbot der Arbeit von Frauen und Jugendlichen in besonders gesundheitsschädlichen Betrieben, sowie an Maschinen mit besonderer Unfallgefahr. Verbot jeder Erwerbsarbeit schulpflichtiger Kinder. Überwachung aller Betriebe und Unternehmungen. Eine wöchentliche ununterbrochene Ruhepause von mindestens 42 Stunden. Jährlicher Urlaub unter Fortzahlung des Lohnes. Unterstützung aller Bestrebungen zur Beseitigung der Übelstände der Heimarbeit und ihre Aufhebung, wo es ohne schwere wirtschaftliche Schädigung der Heimarbeiter möglich ist. Umbau der sozialen Versicherung zu einer allgemeinen Volksfürsorge. Auf diesen Grundlagen Förderung des internationalen Arbeiterschutzes.

Allgemeines Recht der Frauen auf Erwerb.

Sicherung und Ausbau der staatsbürgerlichen und wirtschaftlichen Rechte der Beamten.

Planmäßige, den sozialen Bedürfnissen der Arbeiterklasse angepaßte Bevölkerungspolitik. Besondere Fürsorge für kinderreiche Familien.

Finanzen.

Sicherung und Weiterbildung der Einkommens-, Vermögens- und Erbschaftssteuern, ihre Anpassung an die Wertveränderungen und an die Leistungsfähigkeit des werbenden Kapitals. Erbrecht des Reichs bei entfernteren Verwandtschaftsgraden, Pflichtteil des Reichs, abgestuft nach der Zahl der Erben. Wirksame Verfolgung der Steuerhinterziehung und Kapitalflucht. Schonung der Arbeitskraft und Belastung jedes verschwenderischen Überverbrauches. Beteiligung der öffentlichen Gewalten am Vermögen der kapitalistischen Erwerbsunternehmungen.

Verfassung und Verwaltung.

Sicherung der demokratischen Republik. Festigung der Reichseinheit. Ausbau des Reichs zum organisch gegliederten Einheitsstaat. Selbstverwaltung der Gemeinden und der zu höheren Selbstverwaltungskörpern gesetzlich organisierten Gemeindeverbände (Kreise, Bezirke, Provinzen). Überordnung der demokratischen Volksvertretung über die berufsständischen Organisationen. Demokratisierung aller staatlichen Einrichtungen. Vollständige verfassungsmäßige und tatsächliche Gleichstellung aller über 20 Jahre alten Staatsbürger ohne Unterschied des Geschlechts, der Herkunft und der Religion.

Gemeindepolitik.

Schaffung einer einheitlichen Gemeindeordnung für Stadt und Land, sowie eines einheitlichen Gemeindevertreterkörpers. Initiative und Volksabstimmung in den Gemeinden. Unterstellung aller Gemeindebeamten unter die Gemeindevertretung. Wahl der Bürgermeister auf Zeit. Bildung und Förderung großer und leistungsfähiger Kommunaleinheiten. Beschränkung des staatlichen Aufsichtsrechts auf das Recht der Beanstandung ungesetzlicher Verwaltungsakte der Gemeinde, Beseitigung des Bestätigungsrechtes der Aufsichtsbehörden für Gemeindeorgane. Reichsgesetzliche Freigabe der kommunalen Sozialisierung.

Rechtspflege.

Überwindung der herrschenden privatrechtlichen durch eine soziale Rechtsauffassung. Unterordnung des Vermögensrechts unter das Recht der Person und das Recht der sozialen Gemeinschaft. Kampf gegen Klassenjustiz, entscheidende Mitwirkung gewählter Volksrichter in allen Zweigen der Justiz. Erziehung zu allgemeiner Rechtskenntnis, volkstümliche Gesetzessprache. Zusammensetzung des Richterstandes aus allen Volksklassen, Mitwirkung der Frauen in allen Justizämtern. Neuordnung des juristischen Bildungsganges in sozialistischem Geiste. Übertragung der gesamten Justiz auf das Reich. Berufung in Strafsachen. Reichsgesetzliche Regelung des Strafvollzugs. Schutz- und Erziehungs-, nicht Vergeltungsstrafrecht. Abschaffung der Todesstrafe.

Kultur- und Schulpolitik.

Recht aller Volksgenossen an den Kulturgütern. Oberstes Erziehungsrecht der Volksgemeinschaft.

Religion ist Privatsache, Sache innerer Überzeugung, nicht Parteisache, nicht Staatssache: Trennung von Staat und Kirche.

Ausgestaltung der Schule zur weltlichen Einheitsschule. Unentgeltlichkeit des Unterrichts, der Lernmittel und der Verpflegung in den Schulen.

Umwandlung der Schulen in Lebens- und Arbeitsgemeinschaften der Jugend mit weitgehender Selbstverwaltung. Gemeinsame Erziehung beider Geschlechter durch beide Geschlechter. Mitarbeit pädagogisch hervorragend begabter Laien, verantwortliche Mitwirkung der Eltern an der Schulerziehung und Schulaufsicht durch Elternräte.

Erziehung des heranwachsenden Menschen in der Familie, in der Schule und der freien Jugendbewegung zum bewußten Glied der sozialen Volks- und Menschheitsgemeinschaft, zu den Idealen der Republik, der sozialen Pflichterfüllung und des Weltfriedens.

Jugendhilfe (als selbständiges, öffentliches Arbeitsgebiet mit eigenen beamteten Organen), beginnend mit dem werdenden Kind und endend mit dem Eintritt der Volljährigkeit.

Bildungsstätten für erwachsene Volksgenossen als freie Arbeitsgemeinschaften zum Aufbau einer lebendigen Volkskultur.

Völkerbeziehungen und Internationale.

Internationaler Zusammenschluß der Arbeiterklasse auf demokratischer Grundlage als beste Bürgschaft des Friedens.

Ein Völkerbund, der kein die Völkerbundsatzungen anerkennendes Volk ausschließt und in dem die Parlamente aller Länder durch Delegierte nach der Stärke der Parteien vertreten sind. Ausbau des Völkerbundes zu einer wahrhaften Arbeits-, Rechts- und Kulturgemeinschaft. Entscheidung aller internationalen Streitigkeiten durch ein internationales Gericht. Selbstbestimmung der Völker im Rahmen des für alle gleichmäßig geltenden internationalen Rechts. Völkerrechtlicher Schutz aller nationalen Minderheiten nach dem Grundsatz vollkommener Gegenseitigkeit. Internationale Abrüstung unter Garantie des Völkerbundes, Herabsetzung der Wehrmacht in allen Staaten auf das Maß, das die innere Sicherheit der Staaten und die Erzwingung internationaler Verpflichtungen durch gemeinschaftliches Vorgehen des Völkerbundes erfordert. Unterstellung aller Kolonien und Schutzgebiete unter die Oberhoheit des Völkerbundes. Durchführung des Grundsatzes der Offenen Tür für alle wirtschaftlichen Austauschgebiete. Demokratisierung und Vereinfachung der diplomatischen Vertretungen der Staaten.

Revision des Friedensvertrags von Versailles im Sinne wirtschaftlicher Erleichterung und Anerkennung der nationalen Lebensrechte.

Alphabetisches Personenregister.

Alphabetisches Sachregister.

B.

C.

D.

K.

M.

N.

O.

Q.

R.

Ü.

V.

W.

Druck von Julius Beltz in Langensalza.